Matthias Uhl
Krieg um Berlin?

Quellen und Darstellungen zur
Zeitgeschichte
Herausgegeben vom Institut für
Zeitgeschichte

Band 73

R. Oldenbourg Verlag München 2008

Matthias Uhl

Krieg um Berlin?

Die sowjetische Militär- und Sicherheitspolitik in der zweiten Berlin-Krise 1958 bis 1962

Veröffentlichungen zur SBZ-/DDR-Forschung
im Institut für Zeitgeschichte

R. Oldenbourg Verlag München 2008

Unterstützt durch die gemeinsame Kommission für die Erforschung der jüngeren Geschichte der deutsch-russischen Beziehungen, gefördert aus Mitteln des Bundesministeriums des Innern

Bibliografische Information Der Deutschen Nationalbibliothek
Die Deutsche Nationalbibliothek verzeichnet diese Publikation in der Deutschen Nationalbibliografie; detaillierte bibliografische Daten sind im Internet über <http://dnb.d-nb.de> abrufbar.

© 2008 Oldenbourg Wissenschaftsverlag GmbH, München
Rosenheimer Straße 145, D-81671 München
Internet: oldenbourg.de

Das Werk einschließlich aller Abbildungen ist urheberrechtlich geschützt. Jede Verwertung außerhalb der Grenzen des Urheberrechtsgesetzes ist ohne Zustimmung des Verlages unzulässig und strafbar. Dies gilt insbesondere für die Vervielfältigungen, Übersetzungen, Mikroverfilmungen und die Einspeicherung und Bearbeitung in elektronischen Systemen.

Umschlaggestaltung: Dieter Vollendorf

Gedruckt auf säurefreiem, alterungsbeständigem Papier (chlorfrei gebleicht).
Satz: Schmucker-digital, Feldkirchen b. München
Druck: Memminger MedienCentrum, Memmingen
Bindung: Buchbinderei Klotz, Jettingen-Scheppach

ISBN 978-3-486-58542-1

Inhalt

1. Einleitung 1
   Fragestellungen 3
   Quellen 6

2. Drei Säulen sowjetischer Militär- und Sicherheitspolitik zwischen
   erster und zweiter Berlin-Krise 9
   Die sowjetischen Streitkräfte von 1945 bis 1957 9
   Exkurs – Von der Gruppe der sowjetischen Besatzungstruppen in
   Deutschland zur Gruppe der sowjetischen Streitkräfte 1945 bis 1958 .. 39
   Von Stalin zu Chruschtschow – Die sowjetische Rüstungswirtschaft
   zwischen 1945 und 1957 56
   Die Nachrichtendienste und ihre Aufgaben 70

3. Das sowjetische Militär in der zweiten Berlin-Krise 87
   Die sowjetischen Streitkräfte und Chruschtschows erstes
   Berlin-Ultimatum 90
   Intermezzo – Abrüstung oder Streitkräftereform? 108
   Die Sowjetunion und die militärische Absicherung des Mauerbaus .. 114
   Militärische Vorbereitungen zur Grenzschließung in Ost-Berlin,
   Mai bis Juli 1961 120
   Frühsommer 1961 – Die militärischen Maßnahmen der Sowjetunion
   zur Absicherung der neuen Berlin-Politik Chruschtschows 126
   Die Moskauer Konferenz der Partei- und Staatschefs
   des Warschauer Paktes 134
   Die Grenzabriegelung 138
   Von der Konfrontation am Checkpoint Charlie zur Kuba-Krise .. 146
   Der sowjetische Militäreinsatz und die zweite Berlin-Krise:
   Ergebnisse 152

4. Von der Verteidigung zum Angriff – Der militärische Strategiewechsel
   der Sowjetunion in der zweiten Berlin-Krise 155
   Vom Konzept der „strategischen Verteidigung" zum „unbegrenzten
   Kernwaffenkrieg" 157
   Das sowjetische Szenario für den einseitigen Friedensvertrag –
   Die Kommandostabsübung Burja 165
   Berlin, Burja und die neue sowjetische Kernwaffenstrategie .. 176

5. Die Rüstungsindustrie – Akteur und Profiteur in der Berlin-Krise.... 183
Produktion und Entwicklung des sowjetischen MIAK während der
zweiten Berlin-Krise 183
Die Berlin-Krise und die Aufrüstung des Warschauer Paktes 195
Ziel: Interkontinentalrakete – Die sowjetischen Raketenbauprogramme
unter Chruschtschow 201

6. Die Informationen der sowjetischen Nachrichtendienste und die zweite
Berlin-Krise 209
Die sowjetischen Nachrichtendienste und Chruschtschows erstes
Berlin-Ultimatum 210
Der Einfluss von KGB und GRU auf die politischen Entscheidungen
des Kremls während des Mauerbaus – Möglichkeiten und Grenzen... 219

7. Zusammenfassung.. 233

Anhang 239
Quellen- und Literaturverzeichnis................................... 265
Abkürzungsverzeichnis.. 289
Personenregister.. 293

1. Einleitung

Mit seinem Ultimatum vom 27. November 1958 brach Nikita S. Chruschtschow die zweite Berlin-Krise vom Zaun. Er forderte von den Westmächten binnen sechs Monaten nichts weniger als ein Ende der alliierten Besetzung der ehemaligen deutschen Hauptstadt und deren Umwandlung in eine entmilitarisierte und selbständige politische Einheit – eine Freie Stadt. Sollte der Westen diese Forderung nicht erfüllen, würde die Sowjetunion nach Ablauf des Ultimatums einen einseitigen Friedensvertrag mit der DDR unterzeichnen. Dieser schloss nach dem Wortlaut des Ultimatums die Übertragung der alliierten Kontrollrechte an die Behörden in Ost-Berlin – besonders in Bezug auf die westlichen Militärtransporte von und nach Berlin – ein. Jeden Versuch, die DDR an der Wahrnehmung der ihr durch den Separatfrieden übertragenen souveränen Rechte zu hindern, müsse die Sowjetunion als militärische Aggression gegen einen verbündeten Staat betrachten. Für den Fall, dass die Westmächte versuchen würden, einen gewaltsamen Zugang nach West-Berlin zu erzwingen, drohte Chruschtschow mit dem bewaffneten Widerstand der DDR und UdSSR, was Krieg bedeuten würde.

Erneut wollte also nach Josef W. Stalin und dessen Berlin-Blockade ein sowjetischer Regierungschef der amerikanischen Supermacht und dem westlichen Bündnis ihre Verwundbarkeit im Brennpunkt des Kalten Krieges demonstrieren. Hierfür griff Chruschtschow, wie im Folgenden gezeigt wird, nicht nur auf diplomatische Mittel zurück, sondern setzte immer wieder auch gezielt seinen Militär- und Sicherheitsapparat ein.

Da sich die militärische Unterstützung seines ersten Ultimatums im Wesentlichen nur auf die Entsendung einer mit atomaren Mittelstreckenraketen bewaffneten Brigade in die DDR beschränkte, ließ der sowjetische Parteichef angesichts des umfangreichen gedeckten Truppenaufmarsches der Amerikaner und der NATO im Mai 1959 sein halbjähriges Ultimatum geräusch- und folgenlos verstreichen. Das hieß jedoch nicht, dass er seine politischen Pläne für West-Berlin aufgab.

Im Frühsommer 1961 verschärfte sich die Situation um Berlin erneut. Zugleich verschlechterte sich allerdings auch zunehmend die strategische Position der Sowjetunion. Zwar hatte 1957 der sowjetische Parteichef mit dem Start des Sputnik einen weltpolitischen Propagandasieg verbuchen können, doch brauchte es weitere drei Jahre, bis die für den Sputnik verwendete Trägerrakete endlich zur interkontinentalen strategischen Waffe weiterentwickelt worden war. Dennoch erwies sich die Rakete als unzuverlässig, teuer und aufwändig, weshalb an eine massenhafte Stationierung nicht zu denken war – bis Anfang 1962 wurden nur fünf Startanlagen für die R-7 gebaut. Sie stellten im Sommer 1961 zusammen mit einem Dutzend Fernbomber das gesamte strategische Arsenal der UdSSR gegenüber der

Supermacht USA dar. Auch die hastig aufgelegten Rüstungsprogramme für eine verbesserte Nachfolgegeneration entsprachen trotz gewaltiger Investitionen nicht den Erwartungen des Kremlchefs und konnten an der bestehenden militärischen Situation kaum etwas ändern.

Für Chruschtschow war im Sommer 1961 auf der Grundlage verschiedener Geheimdienst-Berichte deutlich, dass sich das strategische Gleichgewicht rasch weiter zuungunsten der Sowjetunion entwickelte[1]. Für eine Lösung der Berlin-Krise in seinem Sinne blieb immer weniger Zeit, so dass er sich im Juli 1961 dazu entschloss, das Problem zunächst durch eine Abriegelung des Westteils der Stadt zu regeln[2].

Begünstigend für die Durchführung dieser Operation war die genaue Kenntnis der Planungen der Westalliierten für den Fall eines bewaffneten Konfliktes um Berlin sowie der vorgesehenen politischen und wirtschaftlichen Maßnahmen des Westens für den Krisenfall. Dem KGB war es im Juli 1961 gelungen, verschiedene Schlüsseldokumente des streng geheimen alliierten Planungsstabes für Berlin *Live Oak* zu erbeuten und diese auf den Tisch der politischen Führung in Moskau zu legen. Dies betraf vor allem alliierte Überlegungen zur Durchführung einer Luftbrücke für den Fall, dass der Landweg nach Berlin durch die Sowjetunion und die DDR unterbrochen würde[3]. Die genaue Kenntnis des Vorgehens der Westalliierten für diesen Fall, das unter anderen bewaffneten Begleitschutz für die Lufttransporte und die Zerstörung von Flugabwehrstellungen auf dem Gebiet der DDR einschloss, bewog Chruschtschow dazu, von den ursprünglichen Plänen einer Luftblockade Berlins Abstand zu nehmen, da eine unbeabsichtigte militärische Eskalation des Konfliktes bis hin zu einem Kernwaffenkrieg nicht ausgeschlossen werden konnte[4]. Stattdessen setzte Chruschtschow jetzt zusammen mit Walter Ulbricht auf eine Abriegelung des Westteils der Stadt durch kaum zu überwindende Grenzbefestigungen.

Im Frühsommer 1961 drängte der sowjetische Partei- und Regierungschef auf die rasche Durchführung des Mauerbaus. Am Morgen des 25. Juli 1961 – also noch vor der Kennedy-Rede – trafen sich in Ost-Berlin die Stabschefs von GSSD und NVA, um die militärischen Details der Schließung der Sektorengrenze zu besprechen. Am 27. Juli 1961 lag schließlich eine genaue Karte der zu treffenden Sperrmaßnahmen vor, die mit der sowjetischen Militärführung in der DDR abgestimmt war, und am 1. August 1961 begannen Polizeieinheiten damit, das für die Schließung der Grenze notwendige Baumaterial nach Berlin zu transportieren[5].

---

[1] Vgl. RGANI, 5/30/372, Bl. 123–141, Schreiben von GRU-Chef Ivan A. Serov an das ZK der KPdSU, 22. 6. 1961; ebenda, Bl. 99–122, Schreiben von GRU-Chef Ivan A. Serov an das ZK der KPdSU, 23. 6. 1961.
[2] Vgl. Fursenko, Kak byla postroena berlinskaja stena, S. 73.
[3] Vgl. Očerki istorii rossijskoj vnešnej razvedki, Bd. 5, Moskva 2003, S. 116; Kolpakidi/Prochorov, Vnešnjaja razvedka Rossii, Moskva 2001, S. 66 f.
[4] Noch Ende Mai 1961 hatte Chruščev auf einer Sitzung des ZK erwogen, westalliierte Flugzeuge während einer Luftblockade West-Berlins abzuschießen. Vgl. Aussagen N. S. Chruščevs auf der Sitzung des Präsidiums des ZK der KPdSU zur Frage des Meinungsaustausches mit Kennedy in Wien, 26. 5. 1961, in: Presidium CK KPSS 1954–1964, S. 505. Siehe auch: Bernštejn, S čego načinalas' „berlinskaja stena", S. 39–43.
[5] Vgl. BA-MA, DVW-1/6284, Bl. 832, Plan zur Durchführung der verstärkten Kontrolle und Siche-

Zuvor waren bereits mehr als 30 000 Soldaten aus der UdSSR in die DDR verlegt worden und in Ungarn und Polen verstärkten nach Erkenntnissen des BND zusätzlich rund 100 000 Mann die dort stationierten sowjetischen Streitkräftegruppierungen. Am 3. August 1961 legten schließlich Chruschtschow und Ulbricht, unmittelbar vor der Sitzung des Politisch Beratenden Ausschusses des Warschauer Paktes, den 13. August als Datum für die Durchführung des „Mauerbaus" fest[6].

Chruschtschow war allerdings auch auf der Grundlage von Geheimdienstinformationen bewusst, dass jede zusätzliche Verschärfung der Krise in Berlin das unkalkulierbare Risiko des Ausbrechens eines militärischen Konfliktes mit den Westmächten barg. Deshalb wies er nach Schließung der Grenzen in Berlin seine Militärs an, die Lage zunächst nicht durch weitere Schritte zu verschärfen[7]. In letzter Konsequenz verzichtete der sowjetische Partei- und Regierungschef deshalb auch auf die Unterzeichung des immer wieder angekündigten separaten Friedensvertrages mit der DDR.

Fragestellungen

Die zweite Berlin-Krise ist noch immer im kollektiven Bewusstsein verankert, nicht zuletzt, weil Reporter, etwa beim Bau der Mauer oder der Panzerkonfrontation am Checkpoint *Charlie*, „live" an ein Millionenpublikum berichteten. Die Berlin-Krise war eine globale Konfrontation, von der vor allem Schlagworte und Fernsehbilder in Erinnerung geblieben sind. Sätze wie „Niemand hat die Absicht eine Mauer zu errichten" oder „Ich bin ein Berliner!" können heute noch ohne weiteres Walter Ulbricht und John F. Kennedy zugeordnet werden. Weitgehend verborgen blieben den Zeitgenossen der Jahre 1958 bis 1962 jedoch die vielfältigen diplomatischen Initiativen der beiden Großmächte USA und Sowjetunion zur vermeintlichen Lösung der Berlinfrage[8]. Unbekannt war lange Zeit auch, welche militärischen Optionen die Akteure in Erwährung gezogen hatten. Sicher, dass die Welt am Abgrund eines nuklearen Schlagabtausches stand, war den Zeitgenossen bewusst, aber von den konkreten Planungen der amerikanischen Stäbe zu Live Oak – dem kombinierten konventionell-nuklearen Einsatz für die Freiheit West-Berlins, und damit Westeuropas – drang bis zum Ende des Kalten Krieges nichts nach außen[9]. Gar nichts erfuhr die Öffentlichkeit von den heftigen Auseinander-

---

rung der Grenzen Groß-Berlins, 27. 7. 1961; Ulbricht, Chruschtschow und die Mauer, S. 35–38; 89–94.
[6] Vgl. SAPMO-DDR, DY30/3682, Bl. 150, Handschriftliche Notizen Ulbrichts während seines Treffens mit Chruščev, 3. 8. 1961.
[7] Vgl. RGANI, 5/30/367, Bl. 25–28, Schreiben von Malinovskij an das ZK der KPdSU über die Situation in Ost-Berlin und der DDR, 26. 8. 1961; Menning, The Berlin Crisis from the Perspective of the Soviet General Staff, S. 49–62.
[8] Siehe hierzu als aktuelle Erscheinungen Wettig, Chruschtschows Berlin-Krise; Steininger, Der Mauerbau; Harrison, Driving the Soviets up the Wall.
[9] Zu Live Oak: Pedlow, Allied Crisis Management; Burr, Avoiding the Slippery Slope, S. 177–205; Maloney, Notfallplanung für Berlin, S. 3–15; Bremen, Das Contingency Planning der Eisenhower-Administration, S. 117–147.

setzungen in der Führungsspitze der Sowjetunion, die letztlich zu einem Wechsel in der Militärstrategie führten. Die Doktrin des „unbegrenzten Kernwaffenkrieges" entstand während der Berlin-Krise und wurde nach dem Mauerbau erstmals beim Manöver „Burja"[10] 1961 geübt. Im Bewusstsein der Zeitgenossen erstickte der Mauerbau die Berlin-Krise, zumal die DDR alles tat, um diesen Eindruck zu erwecken. Das SED-Regime erklärte die Abriegelung West-Berlins rasch zur Normalität und feierte sie als Erfolg ihrer Politik. Dass diese Lebenslüge lange Zeit unwidersprochen bleiben musste, war dem hartnäckigen Schweigen der sowjetischen Politiker und Historiker geschuldet. Die historische Forschung hat dieses Missverständnis korrigiert[11]. Zwar kam der SED-Spitze beim Mauerbau durchaus eine aktive Rolle zu, die Initiative lag jedoch bei Moskau. Denn die politische Führung der Sowjetunion wollte sich durchaus nicht mit dem am 13. August 1961 betonierten Status quo abfinden. Erst am Jahresende gestand sich der sowjetische Partei- und Regierungschef ein, dass die Position der Amerikaner mit den ihm zur Verfügung stehenden Mitteln nicht zu erschüttern war. Eine Lösung im Sinne der Sowjetunion hätte Krieg bedeutet, dessen Führung in Moskau ernsthaft diskutiert wurde. Was sich im Einzelnen hinter der scheinbar monolithischen Fassade der Sowjetunion abspielte, die heftigen Debatten über Sinn und Zweck operativer Maßnahmen und über eine strategische Neuorientierung sind immer noch weitgehend unbekannt. Trotz aller bisher erreichten Forschungsergebnisse gilt, dass die eigentlichen politischen Zielsetzungen und Motivationen Moskaus im Zusammenhang mit der Auseinandersetzung um Berlin bis heute nicht endgültig geklärt sind. Diese Feststellung trifft vor allem für die Rolle der sowjetischen Armee und des militärisch-industriell-akademischen Komplexes der UdSSR sowie der sowjetischen Nachrichtendienste in der zweiten Berlin-Krise zu. Während die Interessensabsichten und Handlungsspielräume von KPdSU und SED sowie der Außenpolitik der Sowjetunion und der DDR in der zweiten Berlin-Krise bisher breite Beachtung fanden, mussten die drei zuvor genannten Akteure von der Forschung zumeist vernachlässigt werden. Jedoch liegt gerade in der Untersuchung der sowjetischen Militär- und Sicherheitspolitik von 1958 bis 1962 ein wesentlicher Schlüssel zum besseren Verständnis der Ursachen und Wirkungen der zweiten Berlin-Krise. So lässt sich zum Beispiel aus der Kenntnis der militärischen Gesamtsituation der UdSSR erklären, warum Chruschtschows Berlin-Politik blufforientiert sein musste und es der Partei- und Regierungschef letztendlich nicht vermochte, die sowjetischen Interessen in der Krise mit aller Konsequenz durchzusetzen.

Die vorliegende Studie versucht deshalb, wesentliche Grundfragen des Konflikts um Berlin aus militär- und sicherheitspolitischer Perspektive zu betrachten. Zu diskutieren ist vor allem der Einsatz des sowjetischen Militärs zur Absiche-

---

[10] Burja meint im Russischen einen gewaltigen Sturm, der alles auf seinem Weg Liegende hinwegfegt.
[11] Hope Harrison hat mit ihrer These, dass Ulbricht Chruščev zum Mauerbau getrieben habe, eine heftige Forschungskontroverse ausgelöst. Vor allem Gerhard Wettig widersprach dieser These vehement. Ansonsten sei an dieser Stelle auf eine Literaturdiskussion verzichtet. Sie ist u.a. zu finden bei: Lemke, Einheit oder Sozialismus?; Steininger, Die Berlin-Krise und der 13. August, S. 63 ff.

rung von Chruschtschows Berlin-Politik. Wann griff Moskau auf den Einsatz militärischer Macht zur Durchsetzung seiner Berlin-Forderungen zurück? Bei welchen Konfrontationsschritten setzte der sowjetische Partei- und Regierungschef bewusst auf die Wirkung der ihm zur Verfügung stehenden militärischen Mittel? Wie baute er entsprechende Drohkulissen auf, um den Westen vor möglichen Reaktionen auf seine Schritte hinsichtlich Berlins unter Druck zu setzen? Ungeklärt ist bislang auch die Frage, welches militärische Potential die Sowjetunion zur Absicherung des Mauerbaus überhaupt einsetzte. Wurde hierfür auch auf die Truppen des Warschauer Paktes zurückgegriffen? Insgesamt möchte die vorliegende Studie das sowjetische Militär im Spannungsfeld von Ad-hoc-Politik und strategischer Planung während der Berlin-Krise untersuchen.

Militär ist ohne Rüstung nicht denkbar. Ein zweiter Schwerpunkt der Untersuchung liegt deshalb auf der Entwicklung des militärisch-industriell-akademischen Komplexes (MIAK) der UdSSR während der Konfrontation um West-Berlin. Gefragt werden soll beispielsweise nach dem sowjetischen Rüstungsausstoß von 1958 bis 1963. Bewirkte die Krise eine Steigerung der sowjetischen Waffenproduktion oder gingen vor dem Hintergrund der von Chruschtschow angestoßenen Streitkräftereduzierung die Ausgaben für Verteidigung und Beschaffung gar zurück? Welche Prioritäten setzte die politische und militärische Führung der Sowjetunion bei ihren Rüstungsbemühungen? Wurden zugunsten einer strategischen Aufrüstung die konventionellen Kräfte vernachlässigt? Zugleich stellt sich vor dem Hintergrund der Berlin-Krise die Frage, ob es dem militärisch-industriell-akademischen Komplex gelang, seinen Einfluss im sowjetischen System weiter auszubauen und wie er seine Interessen gegenüber der Politik und dem Militär durchsetzen konnte.

Geheim- und Nachrichtendienste sind ebenfalls unverzichtbare Werkzeuge der Sicherheitspolitik. Im Rahmen dieser Studie wird deshalb die Frage gestellt, ob und wie die sowjetischen Nachrichtendienste Einfluss auf die Außenpolitik der UdSSR unter Chruschtschow nehmen konnten. Welche Informationen beschafften sie im Westen für die Kremlführung, und wie wurden diese für die Entscheidungsfindung der sowjetischen Regierung aufbereitet? Fanden diese möglicherweise gar Berücksichtigung bei Beschlüssen der sowjetischen Partei- und Staatsführung zu Fragen des Konfliktes um Berlin? Bereits hier sei aber darauf hingewiesen, dass die Beantwortung der letzten Frage nur sehr bedingt erfolgen kann, da der Aktenzugang zu Dokumenten der höchsten Führungsebene der UdSSR bis heute nur sehr eingeschränkt möglich ist.

Um entsprechende Kontinuitäten aufzuzeigen und die sowjetische Berlin-Politik von 1958 bis 1962 vor dem historischen Hintergrund verständlich zu machen, wird zunächst allerdings die Entwicklung der oben genannten drei Bereiche und Säulen sowjetischer Militär- und Sicherheitspolitik zwischen 1945 und dem Beginn der zweiten Berlin-Krise untersucht.

Insgesamt möchte diese Arbeit die Frage beantworten, ob die sowjetische Führung unter Chruschtschow bereit war, für eine Lösung des Konfliktes um Berlin in ihrem Sinne das Risiko eines möglichen Krieges einzugehen, oder ob ihre Berlin-Politik konsequent jede Anwendung militärischer Gewalt ausschloss.

Quellen

Im Russischen Staatsarchiv für Zeitgeschichte (RGANI) gelang in Zusammenarbeit mit russischen Archivaren der Zugriff auf wichtige, bislang kaum zugängliche Dokumente der sowjetischen Partei- und Staatsführung zur zweiten Berlin-Krise. Gleichzeitig wurden hier die Bestände der Allgemeinen ZK-Abteilung systematisch durchgearbeitet. Auch wenn nicht immer nachvollzogen werden kann, warum ausgerechnet hier einzelne Akten des Verteidigungsministeriums oder der Geheim- und Nachrichtendienste abgelegt wurden, so sind doch diese Archivsplitter für das Projekt von erheblicher Bedeutung gewesen. Denn sie erlaubten die Rekonstruktion bestimmter Vorgänge im sowjetischen Sicherheitsapparat, die durch noch geheim gehaltene Akten nur begrenzt nachvollziehbar sind.

Das Russische Staatsarchiv für Wirtschaft (RGAE) gewährte für das Projekt Einsicht in wichtige Aktenbestände des militärisch-industriell-akademischen Komplexes der Sowjetunion im Zeitraum zwischen Berlin- und Kuba-Krise. Die Auswertung dieser Dokumente zeigte vor allem die enormen Aufrüstungsanstrengungen der UdSSR während der zweiten Berlin-Krise, gerade im strategischen Bereich – ein wichtiges Indiz dafür, dass die Sowjetunion für die Durchsetzung ihrer außenpolitischen Ziele verstärkt auf den Einsatz militärpolitischer Mittel setzte. Zugleich war es durch die hier befindlichen Akten möglich, Einblick in Planungen und Überlegungen der sowjetischen Militärführung zu nehmen, die bislang nicht zugänglich waren.

Im Bundesarchiv-Militärarchiv (BA-MA) in Freiburg wurden im Rahmen der Arbeit umfangreiche Bestände der Nationalen Volksarmee der DDR (NVA) eingesehen. Dabei konzentrierte sich die Quellenarbeit vor allem auf Fragen der Zusammenarbeit mit der Gruppe der sowjetischen Streitkräfte in Deutschland und den Truppen des Warschauer Pakts. Die Akten zeigen zum einen den erheblichen Ausbau der NVA während der zweiten Berlin-Krise und belegen, wie die Sowjetunion vor dem Mauerbau versuchte, den Warschauer Pakt in ein schlagkräftiges Militärbündnis umzuwandeln. Zugleich ließen sich durch die Unterlagen des BA-MA, zumindest teilweise, die im Rahmen der zweiten Berlin-Krise erarbeiteten möglichen sowjetischen Pläne für einen bewaffneten Konflikt in Europa rekonstruieren. Im BA-MA erfolgte zudem, Dank der Unterstützung durch die Gemeinsame Kommission für die Erforschung der jüngeren Geschichte der deutsch-russischen Beziehungen, die Einsicht in bisher gesperrte Dokumente des Führungsstabes der Bundeswehr zur Militär- und Sicherheitspolitik der Sowjetunion zwischen 1958 und 1962. Ihre Auswertung ermöglichte nicht nur fundierte Aussagen über die Perzeption bestimmter sowjetischer Schritte auf sicherheitspolitischem Gebiet durch den Westen. Zugleich ist es so auch möglich, einige militärpolitische Maßnahmen der UdSSR während des Konfliktes um Berlin zu rekonstruieren, über die bislang kein zugängliches sowjetisches Archivmaterial vorliegt. Dies war umso wichtiger, als es im Rahmen der Forschungen trotz aller Bemühungen nicht gelang, einen Zugang zu den Akten des Verteidigungsministeriums der UdSSR und des KGB zu erhalten.

Dieser Nachteil konnte zum Teil dadurch ausgeglichen werden, als im Bundesarchiv Abteilung Koblenz unlängst an das Archiv abgegebene Dokumente des

Bundesnachrichtendienstes über die Militär- und Sicherheitspolitik der Sowjetunion für die wissenschaftliche Auswertung zur Verfügung standen. Deren Analyse bestätigt die aus anderen Quellen gewonnenen Erkenntnisse und zeigt, dass während der zweiten Berlin-Krise die sowjetische Führung der militärpolitischen Seite des Konfliktes erhebliche Bedeutung beimaß. Ergänzt wurden diese Bestände durch Akten aus dem National Security Archive in Washington D.C. Auch die im Internet zugänglichen Dokumenten-Onlinesammlungen, beispielsweise der CIA und des Parallel History Projects, erwiesen sich für die Arbeit als außerordentlich hilfreich.

Insgesamt zeigt sich, dass sich deutsche und russische Archivbestände ergänzen. So wurde eine Neubewertung der Rolle des Akteurs Sowjetunion in der Zeit dieser Krise möglich. In bestimmten Gebieten bleibt die Arbeit allerdings ein „Steinbruch", aus dem sich die forschenden Historiker bedienen mögen. Es war auch ein grundsätzliches Anliegen der Gemeinsamen Kommission für die Erforschung der jüngeren Geschichte der deutsch-russischen Beziehungen, die dieses Forschungsvorhaben gefördert hat, so viele Aktenauszüge und Details wie möglich zu publizieren. Denn die Deklassifizierungspraxis in Russland ist ständigen Wandlungen unterworfen. Was heute als freigegeben eingestuft wird, ist beim Erscheinen dieses Buches möglicherweise wieder gesperrt. Zugleich können noch geheime Akten bereits morgen für den Historiker zugänglich sein. Der Autor ermutigt daher jeden Forscher sich mit den besonderen Gegebenheiten der russischen Archive auseinanderzusetzen und weiteres Material zu erschließen.

Im Interesse der leichteren Lesbarkeit werden im Text russische Namen und Begriffe entsprechend der Duden-Transkription geschrieben, wie dies auch in der Publizistik üblich ist. In den Fußnoten wird hingegen die exaktere wissenschaftliche Transliteration verwendet.

* * *

Kein Buch entsteht ohne die Hilfe anderer. An erster Stelle sei deshalb der Gemeinsamen Kommission für die Erforschung der jüngeren Geschichte der deutsch-russischen Beziehungen gedankt, die dieses Projekt initiierte und förderte. Dem Institut für Zeitgeschichte München/Berlin und seinem Leiter Prof. Dr. Dr. h. c. mult. Horst Möller gilt mein besonderer Dank für die hervorragenden Arbeitsbedingungen und die geduldige wissenschaftliche Begleitung. Bei allen Kollegen der Berliner Abteilung des IfZ möchte ich mich herzlich für die zahllosen Gespräche und Diskussionen bedanken, die den Forschungen wertvolle Anregungen gaben. Trotz der nicht immer einfachen Aufbauphase am Deutschen Historischen Institut Moskau erlaubte mir das große Verständnis seines Direktors Prof. Dr. Bernd Bonwetsch das vorliegende Manuskript abzuschließen. Hierfür gebührt ihm besonderer Dank.

Allen Mitarbeitern der von mir genutzten Archive danke ich für ihr Engagement und ihre Hilfsbereitschaft. Stellvertretend für alle seinen hier Jelena A. Tjurina, Direktorin des Russischen Staatsarchivs für Wirtschaft, die Leiterin der dortigen Abteilung für gesonderte Aufbewahrung Irina W. Sasonkina und ihre tatkräftigen Mitarbeiter sowie Michail Ja. Prosumenschtschikow, stellvertretender Direktor des Russischen Staatsarchivs für Zeitgeschichte, genannt. Sie haben unter den nicht immer einfachen Arbeitsbedingungen in den russischen Archiven durch die Bereitstellung zahlloser Dokumente dieses Buch überhaupt erst möglich gemacht.

Frau Ruth Wunnicke sei für ihren Fleiß und die hervorragende Mitarbeit am Projekt gedankt. Dr. Isabel Pantenburg, Dr. Burghard Ciesla und Dr. Henrik Eberle nahmen die Mühe auf sich, das Manuskript zu lesen und es durch gute Ratschläge zu ergänzen. Nicht zuletzt schulde ich Dr. Gerhard Wettig, Prof. Dr. Wladimir N. Chaustov, Prof. Dr. Dimitrij N. Filippovych, Prof. Dr. Alexej M. Filitow, Prof. Dr. Jordan Baev sowie den Kollegen des DHI Moskau Dank. Sie unterstützten mich in vielfältiger Hinsicht.

Mein ganz besonderer Dank gilt allerdings meiner Frau und meiner Tochter, die für die Arbeit am Manuskript nur zu oft auf Mann und Vater verzichten mussten. Diese verlorene Zeit ist nicht mehr zurückzuholen und fehlt deshalb umso schmerzlicher. Dass sie mich dennoch immer mit großer Liebe und Hilfe unterstützten und mir zur Seite standen, half nicht nur, das Buch zu beenden sondern sorgte auch dafür, über die Arbeit das Leben nicht zu vergessen.

2. Drei Säulen sowjetischer Militär- und Sicherheitspolitik zwischen erster und zweiter Berlin-Krise

Die sowjetischen Streitkräfte von 1945 bis 1957

Am Ende des Zweiten Weltkrieges verfügte die Sowjetunion mit mehr als 11,3 Millionen Soldaten über die zahlenmäßig stärksten Streitkräfte der Welt. Allein in den insgesamt sechs Panzerarmeen und 66 allgemeinen Armeen der Landstreitkräfte waren über 430 Schützendivisionen, 20 Kavalleriedivisionen, 32 Panzer- und mechanisierte Korps sowie 43 Artilleriedivisionen zusammengefasst. Diese verfügten über mehr als 89 600 Geschütze, 194 500 Granatwerfer, 35 200 Panzer und Selbstfahrlafetten sowie 34 600 gepanzerte Fahrzeuge. Die Luftstreitkräfte bestanden aus insgesamt 16 Luftarmeen mit 138 Fliegerdivisionen, die mit mehr als 47 300 Kampfflugzeugen ausgerüstet waren. Hinzu kamen neun Garde-Luftlande-Divisionen mit knapp 100 000 Mann. Die in vier Flotten und elf Flottillen gegliederte Kriegsmarine zählte vier Linienschiffe, neun Kreuzer, 52 Zerstörer, 176 U-Boote und mehrere hundert kleinere Kampfschiffe zu ihrem Bestand[1]. Mit dieser unbezwingbar scheinenden Streitmacht schien die Durchsetzung aller künftigen außenpolitischen Ambitionen der sowjetischen Führung möglich.

Im August 1945 änderte sich mit den amerikanischen Atombombenabwürfen über Hiroshima und Nagasaki das bis dahin bestehende Kräfteverhältnis schlagartig. Kennzeichnend für diesen Wandel ist, was der britische Botschafter in Moskau, Archibald Clerk Kerr, Ende 1945 nach London kabelte: „Then plump came the Atomic Bomb. At a blow the balance which had now seemed set and steady was rudely shaken. Russia was balked by the west when everything seemed to be within her grasp. The three hundred divisions were shorn of much of their value."[2] Dass es sich um eine einschneidende Veränderung handelte, war der politischen und militärischen Führung der Sowjetunion sofort bewusst. Zwar spielte Stalin öffentlich den Einfluss der Atombombe auf die zukünftige sowjetische Militär- und Sicherheitspolitik herunter und behauptete, Kernwaffen seien „zur Einschüchterung von Leuten mit schwachen Nerven bestimmt, sie können aber nicht das Schicksal eines Krieges entscheiden"[3]. Gleichwohl hatte er noch im August 1945 den Volkskommissar für Bewaffnung, Boris L. Wannikow, und den wissen-

---

[1] Vgl. Rossija i SSSR v vojnach XX veka, S. 404–407; 477–480; Kostev, Voenno-morskoj flot, S. 26; Vooružennye sily SSSR.
[2] Der britische Botschafter in Moskau, Archibald C. Kerr, an den britischen Außenminister, Ernest Bevin, 3. 12. 1945, in: FRUS, 1945, Vol. II, S. 83.
[3] Stalin über die internationale Lage, die Bedeutung der Atombombe und die eigene Ideologie, 17. 11. 1946, abgedruckt in: Weingartner, Die Außenpolitik der Sowjetunion, S. 67.

schaftlichen Leiter seines Atomprojekts, Igor W. Kurtschatow, angewiesen: „Genossen, beschafft uns Atomwaffen in der allerkürzesten Zeit. Ihr wisst, dass Hiroshima die ganze Welt erschüttert hat. Das Gleichgewicht ist zerstört. Baut die Bombe – sie wird eine große Gefahr von uns abwenden."[4]

Die Entscheidung, eigene Nuklearwaffen zu bauen, bedeutete nicht nur einen radikalen Wandel in der sowjetischen Militär- und Sicherheitspolitik, sondern beeinflusste die gesamte Innen- und Außenpolitik. Zur Wiederherstellung des durch die Atombombe erschütterten strategischen Kräfteverhältnisses musste Stalin nicht nur seine Rüstungsindustrie radikal restrukturieren, um mit den Amerikanern im Bereich der Kernwaffenentwicklung technologisch gleichziehen zu können. Zugleich stand er vor der schwierigen Aufgabe, die Rote Armee zum Einsatz der neuen Waffe auch gegen die USA zu befähigen[5].

Die Außenpolitik der UdSSR hatte unmittelbar nach dem Ende des Zweiten Weltkrieges Saturierungscharakter. Die Sowjetunion strebte mit allen ihr zur Verfügung stehenden Mitteln danach, die neu gewonnenen politischen, ökonomischen und militärischen Positionen zu festigen. Gleichwohl war das Land einer der Staaten, dessen Wirtschaft während des Zweiten Weltkrieges umfangreichste Zerstörungen und Verluste erlitten hatte. Deshalb konzentrierte sich die politische Führung der UdSSR in der unmittelbaren Nachkriegszeit zunächst darauf, die Volkswirtschaft so rasch wie möglich wiederherzustellen, die territoriale Integrität des Staates mit seinen ausgedehnten Grenzen zu sichern und die neu errungene Macht in den Ländern Osteuropas zu konsolidieren[6].

Das Militär selbst stand vor der Aufgabe, die Streitkräfte des Landes nach dem Ende des Krieges tief greifend umzustrukturieren. Dabei waren eine hohe Stufe der Gefechtsbereitschaft sowie eine ausreichend starke Kampfkraft sicherzustellen. Deshalb konnte in den Augen der politischen Führung das Ziel der Restrukturierungsmaßnahmen nicht nur eine einfache Truppenreduzierung in Armee und Flotte sein. Gleichzeitig mussten die Modernisierung und Verbesserung des technischen Ausrüstungsstandes der Streitkräfte, die Reorganisation ihrer inneren Strukturen einschließlich der militärischen Führungsorgane sowie eine ganze Reihe weiterer Maßnahmen vorangetrieben werden. Zur Umsetzung und Koordination dieser Aufgaben wurde noch Ende 1945 beim Politbüro eine Sonderregierungskommission eingerichtet[7].

Stalin war jedoch auch bestrebt, wieder die unmittelbare und absolute politische Kontrolle über die Streitkräfte zu erlangen. Aus diesem Grund ließ er herausragende und prominente Truppenführer des Zweiten Weltkrieges ablösen, degradieren, verhaften oder hinrichten. Anfang 1946 traf es zunächst den Chef der Luftstreitkräfte, Hauptmarschall Alexander A. Nowikow. Er wurde angeklagt, die Ausstattung der Streitkräfte mit modernen Flugzeugen hintertrieben zu ha-

---

[4] Zit. nach Adomeit, Die Sowjetmacht, S. 180f.; Werth, Russia at War, S. 1037f.
[5] Vgl. Subok/Pleschakow, Der Kreml im Kalten Krieg, S. 73–77; Zubok, Stalin and the Nuclear Age, S. 45f. Zum sowjetischen Atombombenprogramm siehe: Holloway, Stalin and the Bomb; Atomnyj proekt SSSR; Jadernye ispytanija SSSR.
[6] Vgl. Volokitina, Stalin i smena strategičeskogo kursa Kremlja, S. 14–21; Poslevoennaja konversija, S. 22–50; Bystrova, Voenno-promyšlennyj kompleks SSSR, S. 22–25.
[7] Vgl. Babakov, Vooružennye Sily SSSR, S. 28–33; Sovetskie vooružennye sily, S. 388–394; Baluevskij, Dejatel'nost' General'nogo štaba, S. 16.

ben, und zu einer langjährigen Haftstrafe verurteilt. Wenig später geriet Weltkriegsheld Marschall Georgij K. Shukow ins Visier. Den Oberkommandierenden der Gruppe der sowjetischen Besatzungstruppen in Deutschland, Oberbefehlshaber der Landstreitkräfte und stellvertretenden Verteidigungsminister ließ Stalin im Mai 1946 seiner Ämter entheben und auf den unbedeutenden Posten des Chefs des Militärbezirkes Odessa abschieben. Obgleich der Diktator durch seinen Militärgeheimdienst umfangreiche Ermittlungen gegen den Marschall anstellen ließ, schreckte er vor dessen endgültiger Verhaftung zurück[8]. Ein ähnliches Schicksal ereilte auch Flottenchef Admiral Nikolaj G. Kusnezow. Ende 1947 wurde der stellvertretende Verteidigungsminister wegen angeblicher Spionage verhaftet. Eine Aburteilung erfolgte jedoch nicht, vielmehr wurde Kusnezow degradiert und nach Fernost versetzt. Weniger prominente Militärs, wie beispielsweise den Chef der 12. Luftarmee, Luftmarschall Sergej A. Chudjakow, oder den stellvertretenden Befehlshaber des Militärbezirkes Transwolga, Marschall Grigorij I. Kulik, ließ Stalin jedoch ohne Bedenken hinrichten. Dem Ziel, die uneingeschränkte Vormachtstellung der Partei in der Armee wiederherzustellen, diente u.a. auch die 1946 erfolgte Wiedereinführung des politischen Stellvertreters des Kommandeurs bis auf Kompanieebene[9].

Parallel verfügte die sowjetische Führung die Auflösung militärpolitischer und militärstrategischer Führungsorgane der Kriegszeit, darunter des Staatlichen Verteidigungskomitees und des Hauptquartiers des Kommandos des Obersten Befehlshabers (STAWKA) sowie zahlreicher Militärbezirke, Verbände, Einheiten, Flottenstützpunkte und militärischer Lehreinrichtungen. Allein bis zum Spätsommer 1946 wurden insgesamt 30 Armeeoberkommandos, 53 Schützenkorps, acht Kavalleriekorps, 200 Schützendivisionen, zwei motorisierte Schützendivisionen, 20 Kavalleriedivisionen, 18 Maschinengewehr-Artilleriedivisionen sowie zwei Marineinfanteriebrigaden aufgelöst. Zugleich verringerte sich die Zahl der Militärbezirke von 33 auf 21. Auch die finanziellen Verteidigungsaufwendungen wurden stark zurückgefahren. Hatte der Anteil der Militärausgaben am Staatshaushalt 1945 noch 43 Prozent betragen, so sank er bis 1948 auf 17,9 Prozent[10].

Die sowjetischen Truppen zogen sich zudem bis Ende 1946 aus den Territorien Norwegens, der Tschechoslowakei, Dänemarks, Chinas, Irans und Bulgariens zurück. Abgesehen von Deutschland verblieben Einheiten der Roten Armee zur Sicherung des sowjetischen Einflusses in Korea, Österreich, Polen, Rumänien und Ungarn sowie in den chinesischen Häfen Dairen und Port Arthur. Neben den 22 Divisionen der sowjetischen Landstreitkräfte in der SBZ/DDR standen 1948 je zwei Divisionen in Österreich und in Ungarn, in Rumänien vier Divisionen und fünf Divisionen in Polen. In Dairen und Port Arthur hatte die sowjetische Mili-

---

[8] So wurde gegen Žukov u.a. wegen Korruption ermittelt. MGB-Chef Abakumov setzte Stalin persönlich von diesen Vorgängen in Kenntnis. Vgl. G. K. Žukov, S. 189–207.
[9] Vgl. Hildermeier, Geschichte der Sowjetunion, S. 679; Georgij Žukov, S. 15–23; Pichoja, Sovestskij sojuz, S. 41–56; Kuznetsov, Stalin's Minister Abakumov, S. 156–163; Zalesskij, Imperija Stalina, S. 259f.
[10] Vgl. RGAE, 7733/36/3588, Bl. 105, Spravka von Zverev an Berija über Staatshaushalt 1940, 1948–1952, 8. 9. 1952; Fes'kov/Kalašnikov/Golikov, Sovetskaja armija v gody „cholodnoj vojny", S. 163f.; Garelov, Otkuda ugroza, S. 17.

tärführung die 39. Armee stationiert, um ihre Position gegenüber China zu sichern[11].

Bis Anfang 1948 verringerte sich die zahlenmäßige Stärke der sowjetischen Streitkräfte, die im Mai 1945 noch 11 365 000 Mann betragen hatte, auf 2 874 000 Soldaten und Offiziere, was in etwa dem Niveau des Jahres 1939 entsprach. Das heißt, rund 8,7 Millionen Soldaten (33 Jahrgänge des Mannschafts- und Unteroffiziersbestands sowie ein gewisser Teil der Offiziere) wurden aus dem aktiven Wehrdienst entlassen[12].

Zugleich muss angemerkt werden, dass die einzelnen Teilstreitkräfte von den Truppenreduzierungen recht unterschiedlich getroffen wurden. Während vor allem in den Landstreitkräften eine große Zahl an Verbänden und Einheiten aufgelöst und eine ganze Reihe von Divisionen zu gekaderten Rahmenverbänden umgegliedert wurden, blieben beispielsweise Panzerwaffe, Marine und Luftwaffe von den Entlassungen weitgehend verschont. Im Gegenteil, in diesen Waffengattungen und Teilstreitkräften erfolgte eine nicht unerhebliche Modernisierung und Neustrukturierung[13].

Im November 1945 startete beispielsweise das bis dahin größte Flottenbauprogramm in der Geschichte der sowjetischen Seestreitkräfte. Nach den Wünschen der Marineführung sollten bis 1955 insgesamt acht Flugzeugträger, neun Schlachtschiffe, zwölf schwere Kreuzer, 30 Kreuzer, 60 leichte Kreuzer, 188 Zerstörerführer, 222 Zerstörer, 546 Fregatten und 489 U-Boote sowie mehrere Hundert weitere Kampf- und Hilfsschiffe gebaut werden[14]. Ziel der Marineführung war nicht nur der Aufbau einer Flotte, die in der Lage sein sollte, „a) die Versorgungslinien des Gegners im Atlantik und in den europäischen Gewässern zu zerstören; b) mit der Roten Armee an den Flanken zusammenzuhandeln und c) Landungsoperationen durchzuführen"[15]. Zugleich sollte die Sowjetunion nach den USA über die zweitgrößte Kriegsmarine der Welt verfügen und den Amerikanern hinsichtlich U-Booten sogar überlegen sein. Da in dem schwer kriegszerstörten Land für ein derartiges Bauprogramm jedoch kaum Ressourcen vorhanden waren und zeit-

---

[11] Vgl. Handzik, Politische Bedingungen sowjetischer Truppenabzüge, S. 45–180; Pochlebkin, Velikaja vojna, S. 368 f.; General'nyj štab Rossijskoj armii, S. 247. In Österreich standen die 95. GSD und die 13. mech. GD, hinzu kamen die 23. Flak-Division sowie die 10. und 330. Jagdfliegerdivision (JFD). In Ungarn waren die 2. und 17. mech. GD stationiert, hinzu kamen die 195. JFD sowie die 177. Bombenfliegerdivision. In Rumänien stand die Selbständige Mechanisierte Armee mit der 19. PD, 19. mech. D sowie der 4. und 33. mech. GD. In Polen hatte die Sowjetarmee ihre 20. PD und 26. mech. GD sowie die 18., 26. und 27. SD stationiert, hinzu kam die 37. Luftarmee. Zur 39. Armee in Port Arthur gehörten die 17. und 19. GSD, die 262., 338. und 358. SD sowie die 7. mech. D und die 25. Garde-Maschinengewehr-Artilleriedivision.

[12] Vgl. Auskunftsschreiben über den Stand der Demobilisierung in der Roten Armee, 18. 6. 1947, abgedruckt in: Omeličev, S pozicij sily, S. 27–29; 50 let Vooruzennych Sil SSSR, S. 474. Ende 1939 dienten in der Roten Armee 2 408 583 Mann. Siehe hierzu: Schreiben von Vorošilov und Šapošnikov an Stalin und Molotov, 23. 10. 1939, abgedruckt in: Prosim rassmotret' i utverdit', S. 105; Rede von Chruščev vor dem Obersten Sowjet, 14. 1. 1960, abgedruckt in: Sbornik osnovnych aktov i dokumentov Verchovnogo Soveta SSSR, S. 150.

[13] Vgl. Beschluss des Ministerrats der UdSSR Nr. 632-260 „Über die Umrüstung der Luftstreitkräfte, der Jagdflieger der PVO und der Luftwaffe der Seestreitkräfte auf moderne Flugzeuge einheimischer Produktion, 22. 3. 1946, abgedruckt in: Voenno-Vozdušnye Sily, S. 194–196; Volkogonov, Stalin (II), S. 423.

[14] Vgl. Drogovoz, Bol'šoj flot, S. 147–154; Tri veka Rossijskogo flota, Bd. 3, S. 215–218; Usenko/Kotov, Kak sozdavalsja atomnyj podvodnyj flot, S. 20.

[15] Gribovskij, Pervaja poslevoennaja korablestroitel'naja programma VMF SSSR, S. 12.

gleich mit Nachdruck an der Atombombe gearbeitet werden musste, befahl Stalin eine Kürzung des vorgesehenen Flottenbauprogramms. Als der Rat der Volkskommissare am 27. November 1945 den Beschluss „Über den Zehnjahresplan für den Kriegsschiffbau von 1946–1955" verabschiedete, wurde dennoch ein maritimes Beschaffungsprogramm beschlossen, das alle bisherigen Vorstellungen in der Sowjetunion übertraf. Bis 1955 sollte die Marine vier schwere Kreuzer, 30 leichte Kreuzer, 188 Zerstörer, 177 Fregatten, 367 U-Boote, 36 Kanonenboote, 345 Korvetten, 600 U-Boot-Jäger, 736 Minensucher, 828 Torpedoboote und 195 Landungsschiffe erhalten. Mit den insgesamt 3524 neu zu bauenden Kampfschiffen und -booten wollte die politische und militärische Führung der Sowjetunion den endgültigen Übergang von einer unbedeutenden Küstenmarine zu einer kampfstarken Hochseeflotte erreichen. Gleichwohl war der Marineführung bewusst, dass mit dem Verzicht auf Flugzeugträger nur begrenzt Operationen außerhalb der sowjetischen Küstengewässer möglich waren[16].

Aber auch die sowjetische Luftwaffe profitierte von den Restrukturierungsmaßnahmen. Um während des Zweiten Weltkrieges hohe Produktionszahlen von Kampfflugzeugen erzielen zu können, hatte die Führung der Luftstreitkräfte während des Weltkrieges weitgehend auf die Einführung neuer Flugzeugtypen bzw. moderner Technologien verzichtet. Deshalb war ein Großteil der sowjetischen Luftwaffe bei Kriegsende veraltet und lag hinter der technischen Ausstattung der Luftstreitkräfte der anderen kriegführenden Staaten zurück. Besonders deutlich wurde dieser Rückstand auf dem Gebiet der Strahltriebwerkstechnik. Auf diesem Technologiefeld hatten Deutschland, Großbritannien und die USA gegenüber der UdSSR einen großen Vorsprung erzielt.[17] Die Luftwaffe erhielt deshalb seit Ende 1946 erstmals moderne Strahljäger der Typen Jak-15 und MiG-9, die schrittweise die veralteten Kolbenmotorflugzeuge ersetzen sollten. Auffällig blieb, dass diese neuen Waffen, die im wesentlichen auf der bei Kriegsende erbeuteten deutschen Luftfahrttechnologie beruhten, vorwiegend bei den im Ausland stationierten Gruppen der sowjetischen Streitkräfte sowie in den Luftarmeen der westlichen Militärbezirke der UdSSR zum Einsatz kamen. Weil die überhastet entwickelten Flugzeuge jedoch an zahlreichen Defekten litten und ihre Einsatzbereitschaft insgesamt nur gering war, wurden sie während des Koreakrieges an die verbündete Volksrepublik China abgegeben und ab 1949 durch die wesentlich verbesserte MiG-15 ersetzt, von der bis 1952 fast 10 000 Exemplare produziert wurden[18].

---

[16] Vgl. RGANI, 5/30/231, Bl. 78f., Schreiben von Admiral Nikolaj G. Kuznecov an Chruščev, 8. 11. 1957; Istorija otečestvennogo sudostrenija, Bd. 5, S. 7–11. Für das Flottenrüstungsprogramm entband Stalin das Volkskommissariat für Schiffbau von allen zivilen Bauvorhaben: „Diese Frage würde gesondert entschieden." Der sowjetische Partei- und Staatschef löste das Problem vor allem durch Reparationslieferungen aus der SBZ/DDR. Bis 1953 lieferte der ostdeutsche Staat mehr als 1000 Schiffe an die UdSSR. Vgl. Karlsch, Allein bezahlt, S. 183–185; Möller, Wunder an der Warnow, S. 66–124.

[17] Vgl. Sobolev, Nemeckij sled v istorii sovetskoj aviacii, S. 59; Albrecht/Nikutta, Die sowjetische Rüstungsindustrie, S. 44–46 u. 209.

[18] Zwischen 1946 und 1948 wurden insgesamt 280 Jak-15 und 604 MiG-9 gebaut und an die Luftstreitkräfte ausgeliefert. Vgl. RGAE, 29/1/1792, Bl. 2; Produktion von Flugzeugen und Motoren 1939–1961, 1961; Drogovoz, Vozdušnyj ščit, S. 68–73; Ordena Lenina Moskovskij Okrug PVO, S. 177–179.

2. Drei Säulen sowjetischer Militär- und Sicherheitspolitik

Besondere Aufmerksamkeit widmete Stalin allerdings dem Aufbau einer sowjetischen Fernbomberflotte. Als Ausgangsmuster diente erneut ausländische Technologie. Auf der Grundlage des amerikanischen Fernbombers Boeing B-29 *Superfortress* – Flugzeuge dieses Typs hatten über Hiroshima und Nagasaki die Atombombe abgeworfen – sollte unter der Leitung des Konstrukteurs Andrej N. Tupolew innerhalb kürzester Zeit eine genaue Kopie des strategischen US-Bombers, die Tu-4 *Bull*, geschaffen werden. Mit ihrer Hilfe wollten Stalin und die sowjetische Militärführung die 1945 aus 32 veralteten Flugzeugen bestehende Fernluftwaffe der UdSSR zu einer kampfstarken Bomberflotte ausbauen, die fähig sein sollte, aus der Luft kriegsentscheidende strategische Schläge zu führen. Bereits 1948 lief deshalb die Serienfertigung der Tu-4 an und bis 1950 konnten insgesamt neun Regimenter der Fernluftwaffe mit dem neuen Flugzeugmuster ausgerüstet werden[19]. Als die Produktion des Bombers 1953 endete, hatten die Luftstreitkräfte insgesamt 1295 Tu-4 verschiedener Modifikation erhalten. Nach den Informationen des US-Geheimdienstes CIA konnten mit diesen Flugzeugen insgesamt drei Luftarmeen der Fernfliegerverbände aufgestellt werden[20]. Diese Angaben werden durch sowjetische Quellen bestätigt. Am 3. April 1946 beschloss der Ministerrat der UdSSR die Ausgliederung der Fernflieger aus der Luftwaffe und die Aufstellung einer selbständigen Fernbomberflotte, die zunächst aus drei Armeen bestehen sollte. Das Stammpersonal für die Neuaufstellung stellten die Einheiten der bisherigen 18. Luftarmee. Aus Regimentern der Frontluftwaffe wurden zwei weitere Luftarmeen aufgestellt. Jede verfügte über zwei Korps mit je zwei Divisionen, die Divisionen gliederten sich in vier Regimenter. Am Tag ihrer Gründung verfügten die Verbände der Fernflieger über 336 Bomber des Typs Il-4, 26 Pe-8, 252 Boing B-25, die aus dem Lend-Lease-Programm stammten, sowie mehrere Boing B-17 und B-24. Zwei Luftarmeen der Fernfliegerkräfte stationierte die sowjetische Militärführung im europäischen Teil der UdSSR: die 1. Luftarmee mit Stabssitz in Smolensk und die 2. Luftarmee mit Hauptquartier im ukrainischen Winniza. Die Einsatzflughäfen der zugehörigen Divisionen und Regimenter lagen in der Ukraine, bei Leningrad, in Karelien, im Baltikum und in Weißrussland. In Spannungszeiten wurden später einzelne Einheiten nach Osteuropa verlegt, um hier günstigere Ausgangsbasen für Bombenangriffe gegen die NATO-Streitkräfte in Europa zu beziehen. In der DDR fungierten die GSBT-Flugplätze Brand, Werneuchen und Zerbst als vorgeschobene Einsatzbasen für die Tu-4. Einen dritten operativen Verband der Fernfliegerkräfte, die 3. Luftarmee, stationierte die Luftwaffenführung im fernöstlichen Chabarowsk.

Bei Alarm patrouillierten einzelne Flugzeuge oder Flugzeuggruppen der Fernfliegerkräfte an den Grenzen des Ostblocks, wobei sich später gelegentlich auch Kernwaffen an Bord befanden[21]. Gleichwohl stand außer Frage, dass die Tu-4 we-

---

[19] Vgl. Hardesty, Made in the USSR, S. 68–79; Il'in/Levin, Bombardirovščiki, tom 2, S. 61–65; Ganin/Karpenko/Kolnogornov/Trušenkov, Tjaželye bombardirovščiki, S. 17–22.
[20] Vgl. RGAE, 29/1/1792, Bl. 4, Produktion von Flugzeugen und Motoren 1939–1961, 1961; CIA Special Estimate 36: Soviet Capabilities for Attack on the US through mid-1955, 5. 3. 1953, Bl. 2 f.
[21] Vgl. Beschluss des Ministerrats der UdSSR Nr. 721–283 „Über die Bildung einer Fernluftwaffe der Streitkräfte der UdSSR", 3. 4. 1946, abgedruckt in: Voenno-Vozdušnye Sily, S. 199–202; Dal'njaja aviacija, S. 179–186; Rigmant, Pod znakami „ANT" i „TU", S. 41–43; Freundt, Sowjetische Fliegerkräfte (I), S. 34.

gen ihrer viel zu geringen Reichweite völlig ungeeignet war, Luftangriffe gegen die USA zu fliegen. Der Operationsradius von knapp 1600 Kilometern reichte zwar aus, um von der UdSSR aus Ziele in Europa, Nordafrika, Fernost und Japan anzugreifen, doch der neue Hauptgegner – die USA – konnte selbst von der geografisch günstig gelegenen Tschuktschen-Halbinsel nicht angeflogen werden. Allenfalls das menschenleere Alaska und Teile Nordwestkanadas lagen in Reichweite der Tu-4. Deshalb gingen westliche Militärexperten davon aus, dass im Kriegsfall die sowjetischen Bomberpiloten sogenannte „One-way missions" durchführen würden, wobei es sich praktisch um Selbstopfereinsätze gehandelt hätte. Die in diesem Fall mögliche Reichweite von rund 5000 Kilometern reichte nach CIA-Schätzungen aus, um jedes wichtige Ziel in den USA anzugreifen. Völlig abwegig schien dieser Gedanke, für den es derzeit allerdings keine Belege aus sowjetischen Quellen gibt, den westlichen Nachrichtendiensten nicht, plante doch auch das Strategic Air Command der US Air Force für seine Bomber „One-way missions" gegen Ziele in der Sowjetunion[22].

Stalin selbst hielt offenbar von derartigen Einsätzen angesichts ihrer geringen Erfolgsaussichten wenig. Dem kühl kalkulierenden Machtstrategen war bewusst, dass die Vereinigten Staaten zunächst noch außerhalb seines militärischen Machtbereiches lagen, und er zog deshalb eine direkte Konfrontation mit der atomaren Supermacht vorerst nicht ins Kalkül. In den nächsten 10–15 Jahren, so der sowjetische Parteichef auf einer Sitzung mit führenden Militärs im November 1945, müsse man sich auf Verteidigung beschränken[23]. Der Generalstab der sowjetischen Streitkräfte legte deshalb im Juli 1946 dem Obersten Militärrat einen „Plan zur aktiven Verteidigung des Territoriums der Sowjetunion" vor. Darin wurde der Sowjetarmee die strategische Aufgabe gestellt, die „ zuverlässige Abwehr einer Aggression und die Unverletzlichkeit der in internationalen Verträgen nach dem Zweiten Weltkrieg festgelegten Grenzen" zu garantieren[24]. Zugleich arbeite der Generalstab einen neuen Mobilmachungsplan aus, der bereits im Juni 1946 bestätigt wurde. Auffallend blieb, dass der von der Partei- und Staatsführung abgesegnete Verteidigungsplan lediglich den Einsatz von Streitkräften auf dem Westeuropäischen Kriegsschauplatz vorsah[25].

Mit dieser defensiv ausgelegten Doktrin verfolgte Stalin – im späteren Gegensatz zu Chruschtschow – zunächst eine Strategie, die den wirtschaftlichen und militärischen Möglichkeiten seines durch den Krieg schwer zerstörten Landes entsprach. Der Alleinbesitz der Atombombe durch die USA und ihre weit überlegenen Luft- und Seestreitkräfte ließen ein vorsichtiges Taktieren notwendig erscheinen. Ein direkter militärischer Zusammenstoß mit den Amerikanern musste auf jeden Fall vermieden werden[26].

---

[22] Vgl. Zaloga, The Kremlin's Nuclear Sword, S. 15f.; CIA Special Estimate 10: Soviet Capabilities for a Surprise Attack on the Continental United States before July 1952, 15. 9. 1951, Bl. 3; Interview des John A. Adams '71 Center for Military Military History and Strategic Analysis im Rahmen des Cold War Oral History Projects mit Colonel Ross Schmoll, Februar 2004, Bl. 34.
[23] Vgl. Simonov, Voenno-promyšlennyj kompleks SSSR, S. 208.
[24] Garelov, Otkuda ugroza, S. 24.
[25] Vgl. Baluevskij, Dejatel'nost' General'nogo štaba, S. 16; Kokošin, Armija i politika, S. 207f.
[26] Vgl. Pilster, Russland, S. 160; CIA's Analysis of the Soviet Union, S. 19–21.

2. Drei Säulen sowjetischer Militär- und Sicherheitspolitik

Das hielt den Diktator jedoch nicht davon ab, die sowjetischen Streitkräfte immer wieder für militär- und machtpolitische Zwecke im Inneren und an der Peripherie seines Imperiums einzusetzen. Bereits seit Kriegsende führte die Rote Armee im Baltikum, in Weißrussland und in der Ukraine einen erbitterten Kampf gegen bewaffnete national und antikommunistisch eingestellte Kräfte, die sich dem Anschluss ihrer Territorien an die UdSSR widersetzten. Allein in Litauen, einem Zentrum der Aufstandsbewegung, wurden zwischen Januar und Oktober 1946 „339 Partisaneneinheiten und 436 antisowjetische Organisationen liquidiert, getötet und mehr als 10000 Partisanen, Untergrundkämpfer und andere antisowjetische Elemente verhaftet"[27]. Noch heftigere militärische Auseinandersetzungen gab es in der Ukraine. Hier lieferten sich seit 1944 Angehörige der Ukrainischen Aufständischen Armee (Ukrajinskaja Powstanska Armija – UPA) und sogenannte „Bandera-Leute" zum Teil heftige Gefechte mit den sowjetischen Truppen. Diese hatten bis Ende 1950 allein in der Westukraine mehr als 250000 Aufständische getötet, gefangen genommen und inhaftiert. Nach offiziellen russischen Angaben starben bei den Kämpfen gegen die nationalen Aufstandsbewegungen im Baltikum und in der Ukraine bis 1956 insgesamt 6223 Angehörige der Sowjetarmee und der Truppen des Innenministeriums, mehr als 8600 wurden verletzt[28].

Auch in den von der Roten Armee besetzten Ländern Osteuropas setzte Stalin die sowjetischen Streitkräfte zur Durchsetzung seiner politischen Interessen und zum Machterhalt ein. Nach der Besetzung Polens bekämpften beispielsweise Einheiten des NKWD und der Roten Armee die hier operierenden Verbände der polnischen Heimatarmee (Armija Krajowa – AK). Die von der polnischen Exilregierung in London geführte Untergrundarmee hatte sich mit ihren mehr als 400000 Angehörigen als zentrale Trägerin des Widerstandes gegen das deutsche Besatzungsregime in Polen erwiesen. Ihr angestrebtes Fernziel, die Schaffung eines unabhängigen und westlich orientierten polnischen Nationalstaates stand jedoch der von Stalin angestrebten „Sowjetisierung" Osteuropas entgegen. Deshalb erhielten ab dem Sommer 1944 Einheiten der Roten Armee und des NKWD den Befehl, die in ihrem Zugriffsbereich befindlichen AK-Truppen zu entwaffnen und zu zerschlagen. Diesen blutigen Auseinandersetzungen, die sich weit bis in das Jahr 1947 hinzogen, fielen rund zehntausend Polen und eine nicht bekannte Anzahl von sowjetischen Militärangehörigen zum Opfer[29]. Allein zwischen Sommer 1944 und Mai 1945 verhafteten das sowjetische Militär und die Staatssicherheit 50000 Soldaten der AK, der NKWD deportierte zahlreiche Inhaftierte in die Lager des GU-Lag. Noch in den ersten vier Monaten des Jahres 1946 erschossen Soldaten von Einheiten der Roten Armee und des MWD bei sogenannten „Bandenoperationen" 596 AK-Angehörige und verwundeten 200. Mehr als 10950 „Aufständische" wurden festgenommen und inhaftiert. Die Verluste der Sowjetarmee während die-

---

[27] Zit. nach: Rossija (SSSR) v lokal'nych vojnach, S. 122; Pod maskoj nezavisimosti, S. 119–123; Včera eto bylo sekretom, S. 139. Siehe hierzu u. a. auch die Dokumentation: Policy of occupation powers in Latvia.

[28] Vgl. Stöver, Die Befreiung vom Kommunismus, S. 309–311; Rossija (SSSR) v lokal'nych vojnach, S. 122–126; Rossija i SSSR v vojnach XX veka, S. 544–548; Baberowski, Der rote Terror, S. 247f.

[29] Vgl. Moldenhauer, Der sowjetische NKVD und die Heimatarmee, S. 276–292; Paczkowski, Terror und Überwachung, S. 10–13; Russkij Archiv: Krasnaja Armija, S. 416–470; NKVD i pol'skoe podpole, S. 8–26.

ser Kämpfe betrugen 70 Tote und 21 Verletzte[30]. Erst Ende 1946 hielt Moskau die Situation für so weit gesichert, dass erste Truppen des Innenministeriums abgezogen werden konnten. Ein Großteil dieser Einheiten sowie die fünf Divisionen der Zentralgruppe der Streitkräfte verblieben jedoch weiter in Polen.

Nachdem es der Sowjetunion, wie am Beispiel Polen kurz demonstriert, gelungen war, trotz aller Widerstände das stalinistische Machtmodell erfolgreich auf Osteuropa zu übertragen und mit der Errichtung des *cordon sanitaire* eines der wichtigsten politischen Ziele nach Kriegsende zu verwirklichen, drängte Stalin wieder auf eine offensivere Außenpolitik gegenüber dem Westen[31]. Damit endete eine Phase, die von einer maximalistischen Sicherheitspolitik geprägt war. An ihre Stelle trat nun eine offensive Konsolidierungspolitik, deren Ziel neben der Stabilisierung des neu gebildeten osteuropäischen „Blocks" unter sowjetischer Hegemonie die Verhinderung des Marshall-Planes und damit der politisch-wirtschaftlichen Konsolidierung Westeuropas war. Ganz Machtpolitiker, setzte Stalin dabei immer wieder auf den dosierten Einsatz des sowjetischen Militärs[32].

Im Sommer 1948 führte Stalins Versuch, „die Alliierten aus Berlin zu drängen"[33] und die Gründung eines westdeutschen Teilstaates zu verhindern, zur ersten Berlin-Krise. Mit der Blockade der Zufahrtswege nach Berlin wählte die Sowjetunion bewusst eine gewaltsame politische Handlungsoption und balancierte hart an der Grenze zum militärischen Konflikt mit den ehemaligen Verbündeten[34]. Die erste Berlin-Krise führte dazu, dass Stalin und die sowjetische Militärführung ihre kurzfristige Politik einer Streitkräftereduzierung wieder aufgaben. Bereits ab Oktober 1948 erließ der Generalstab der Streitkräfte der UdSSR mehrere Direktiven, in welchen die Reorganisation einer Vielzahl von Rahmeneinheiten zu voll aufgefüllten und ausgestatteten Linienverbänden befohlen wurde. Das bedeutete, dass die Militärführung eine ganze Reihe von bisher gekaderten Bataillonen erneut zu Regimentern umformte und aus Regimentern wieder Divisionen formierte[35]. Durch diese Maßnahme stieg bis 1949 die Mannschaftsstärke der Sowjetarmee um rund 1,5 Millionen Mann auf 3,868 Millionen an[36]. 1950 dienten in den Streitkräften der UdSSR dann wieder mehr als 4,3 Millionen Soldaten. Dies entsprach in etwa dem Mannschaftsbestand der Roten Armee vom Juni 1941[37].

---

[30] Vgl. Kołakowski, Die Unterwanderung, S. 216; NKWD i polskie podziemie, S. 427–443; Bericht an den Innenminister der UdSSR, Sergej N. Kruglov, über den Kampf mit bewaffneten Untergrundeinheiten in Polen von Januar bis April 1946, 10. 5. 1946, abgedruckt in: Iz Varšavy, S. 318–324.
[31] Zur „Sowjetisierung" Osteuropas siehe u. a. O'Sullivan, Stalins „Cordon sanitaire"; Fowkes, Aufstieg und Niedergang; Gleichschaltung unter Stalin?; Sovetskij faktor v Vostočnoj Evrope.
[32] Vgl. Weingartner, Die Außenpolitik der Sowjetunion, S. 21–32; Luks, Geschichte Russlands, S. 407–409.
[33] Aufzeichnung einer Unterredung des Gen. I.V. Stalin mit den Führern der SED, Wilhelm Pieck und Otto Grotewohl, 26. 3. 1948, in: Die UdSSR und die deutsche Frage (III), S. 546.
[34] Vgl. Hildermeier, Geschichte der Sowjetunion, S. 739. Für Details zur ersten Berlin-Krise siehe den Abschnitt: Von der Gruppe der sowjetischen Besatzungstruppen in Deutschland zur Gruppe der sowjetischen Streitkräfte 1945–1958, S. 50–53.
[35] Vgl. Drogovoz, Tankovyj meč, S. 90 f.; Vooružennye sily SSSR – Poslevoennaja istorija supochotnych vojsk; Ural'skij dobrovol'českij tankovyj korpus – Tankovaja divizija.
[36] Vgl. RGASPI, 17/165/153, Bl. 6, Stenogramm der Sitzung der Chefs der Teilstreitkräfte, Flotten und Militärbezirke zu den Abrüstungsvorschlägen Chruščevs, 18. 12. 1959.
[37] Vgl. Fes'kov/Kalašnikov/Golikov, Sovetskaja armija v gody „cholodnoj vojny", S. 2; Rossija i SSSR v vojnach XX veka, S. 220.

Hatte sich Stalin während der ersten Berlin-Krise noch gescheut, seine Truppen aktiv einzusetzen, so wechselte er nach dem Scheitern der Blockade und der empfindlichen Niederlage seiner offensiven Konsolidierungsstrategie in Europa den Konfrontationsschauplatz. In Ostasien wollte die sowjetische Führung auch mit dem Einsatz militärischer Mittel das erreichen, was ihr 1948/49 in Mitteleuropa verwehrt geblieben war – den weiteren Ausbau des eigenen Interessen- und Herrschaftsbereiches.

Nach der Kapitulation der japanischen Streitkräfte in der Mandschurei boten sich der Sowjetunion in China völlig neue außenpolitische Gestaltungsmöglichkeiten. Im Kampf um ein unabhängiges „Reich der Mitte" unterstützte Stalin bereits seit den zwanziger Jahren die Kommunistische Partei unter Mao-Tse-tung[38]. Entsprechend ihrer maximalistischen Sicherheitspolitik vermied die sowjetische Führung jedoch nach dem Ende des Zweiten Weltkrieges zunächst jede Konfrontation mit dem ehemaligen Verbündeten USA in Ostasien und drängte Mao, vorerst einen Kompromiss mit der von Amerika unterstützten Guomindang zu finden. Das hinderte Stalin allerdings nicht daran, den chinesischen Kommunisten die Waffenbestände der entwaffneten und internierten japanischen Truppen zu überlassen. Diese erwiesen sich sehr bald als äußerst nützlich, da Anfang 1947 der mit der Guomindang ausgehandelte Waffenstillstand zerbrach und der Bürgerkrieg erneut aufflammte[39].

Je mehr dabei die militärische Initiative auf die Seite der Kommunisten überging, desto stärker wurde das Interesse Stalins an Mao. Als schließlich die kommunistische Partei Chinas im Laufe der Jahre 1948/49 militärisch die Oberhand gewann, entschloss sich die Sowjetunion zu deren verstärkter Unterstützung, auch durch den Einsatz von militärischen und geheimdienstlichen Beratern. Zunächst ließ Stalin allerdings den chinesischen Kommunisten die sowjetischen Militärposten in der Mandschurei übergeben und ermöglichte es Mao damit, große Teile Chinas unter seine Kontrolle zu bringen. Als sich im Herbst 1949 schließlich die von Chiang Kai-shek geführten Guomindang-Truppen auf die Insel Taiwan zurückziehen mussten und Mao am 1. Oktober 1949 die Volksrepublik China ausrief, entschied sich die Sowjetunion für ein offenes Bündnis mit den chinesischen Kommunisten. Am 14. Februar 1950 unterzeichneten beide Seiten einen Bündnisvertrag, der auch die militärische Unterstützung der Volksrepublik durch die UdSSR einschloss[40].

Der Ministerrat der UdSSR hatte ohnehin bereits am 19. September 1949 die Entscheidung getroffen, offiziell Militärberater nach Peking zu entsenden. Ihre Zahl stieg rasch an, Ende Dezember 1949 bildeten bereits mehr als 1000 sowjetische Soldaten und Offiziere Angehörige der chinesischen Volksbefreiungsarmee aus. Nur zwei Monate später ordnete die sowjetische Führung den Aufbau einer „Gruppe der sowjetischen Streitkräfte der Luftverteidigung" in Shanghai an. Zu-

---

[38] Siehe hierzu vor allem die umfassende Dokumentation: KPdSU(B), Komintern und die Sowjetbewegung in China.
[39] Vgl. Berghe, Der Kalte Krieg, S. 135f.; Subok/Pleschakow, Der Kreml im Kalten Krieg, S. 91–94; Lavrenov/Popov, Sovetskij sojuz v lokal'nych vojnach, S. 49–54.
[40] Vgl. O'Sullivan, Die Sowjetunion, der Kalte Krieg und das internationale System 1945–1953, S. 164–166; Ch'ên, Mao and the Chinese Revolution, S. 281–312.

gleich gab Stalin sein Einverständnis dafür, dass der Generalstab der sowjetischen Streitkräfte Pläne für eine Invasion Taiwans ausarbeitete und in Port Arthur die Ausbildung von chinesischen Marinesoldaten anlief[41].

Am 13. März 1950 ereignete sich der erste Luftkampf der aus drei Fliegerregimentern und einer Flakdivision bestehenden Gruppe der sowjetischen Streitkräfte über Shanghai. Sowjetische Jagdflieger schossen dabei einen Bomber der Guomindang-Truppen ab. Bis zum Oktober 1950, als die Flugtechnik und Ausrüstung der Gruppe der chinesischen Volksarmee übergeben wurden, flogen die sowjetischen Piloten insgesamt 238 Kampfeinsätze. Während die Verluste der Gruppe der sowjetischen Streitkräfte von Februar bis Oktober 1950 nur drei Mann betrugen, fielen oder starben zwischen 1946 und 1950 mehr als 930 sowjetische Militärberater in China, darunter 155 Offiziere, 216 Unteroffiziere und 521 Soldaten[42].

Noch stärker sollte allerdings das militärische Engagement der Sowjetunion auf der koreanischen Halbinsel werden. Im Sommer 1945 besetzten sowjetische und amerikanische Truppen das Land und teilten ihre jeweiligen Einflusszonen entlang des 38. Breitengrades, wobei der nördliche Teil an die UdSSR und der südliche an die USA fiel. Im Norden agierten bald darauf die von Moskau unterstützten koreanischen Kommunisten unter Kim Il Sung, während sich im Süden 1948 eine westlich orientierte Regierung unter Syngman Rhee etablierte. Beide Seiten drangen auf eine rasche Wiedervereinigung des Landes, wobei man natürlich das jeweilige gesellschaftliche System favorisierte. Lange Zeit widersetzte sich Stalin den Anschlussbestrebungen Kim Il Sungs. Nachdem sich jedoch die Amerikaner bis Mitte 1949 aus Korea zurückgezogen hatten (die sowjetischen Truppen räumten die Halbinsel bereits Ende 1948, gleichwohl verblieben bis zu 4200 Militärberater im Land) und US-Außenminister Dean Acheson im Januar 1950 erklärte, Korea liege außerhalb der vitalen Interessenzone seines Landes, bewertete Stalin die politische und militärische Gesamtsituation neu und sicherte Kim Il Sung im April 1950 bei einem Besuch in Moskau seine volle Unterstützung für dessen Angriffspläne gegen den Süden zu[43].

Mehr noch, Stalin finanzierte nicht nur die Ausstattung der koreanischen Volksarmee mit Waffen im Wert von mehr als 70 Millionen Rubel; zugleich entwarf der sowjetische Chefmilitärberater in Nordkorea, Generalleutnant N. A. Wasiljew, in Zusammenarbeit mit dem nordkoreanischen Generalstab den Angriffsplan gegen den Süden. Dieser wurde am 16. Juni 1950 nach Moskau übermittelt und der sowjetische Diktator billigte den für den 25. Juni vorgesehenen Angriffstermin. Auch nachdem in den Morgenstunden dieses Tages die nordkoreanischen Truppen die Demarkationslinie überschritten und rasch in Richtung Seoul vorstießen, „leitete Stalin alles persönlich: er entschied, wann mit der „Befreiung" zu beginnen sei, er wies die Koreaner an, wie sie zu kämpfen hatten, erließ Anordnungen zu buchstäblich jeder ihrer Aktionen"[44].

[41] Vgl. Rossija (SSSR) v lokal'nych vojnach, S. 62 f.; Stalin's Coversations, S. 4–9.
[42] Vgl. Rossija i SSSR v vojnach XX veka, S. 522 f.; Rossija (SSSR) v vojnach vtoroj poloviny XX veka, S. 32–35.
[43] Vgl. Isaacs/Dowing, Der Kalte Krieg, S. 86 f.; Subok/Pleschakow, Der Kreml im Kalten Krieg, S. 87–90; Zentner, Die Kriege der Nachkriegszeit, S. 68; Rossija (SSSR) v vojnach vtoroj poloviny XX veka, S. 88, Bechtol, Paradigmenwandel des Kalten Krieges, S. 143–148.
[44] Torkunov, Zagadočnaja vojna, S. 77.; Weathersby, Soviet Aims in Korea, S. 29–36. Im Gegensatz

Bis zum 15. September 1950 glaubten Stalin und seine nordkoreanischen Bündnispartner an einen leichten Sieg, kontrollierten sie doch zu diesem Zeitpunkt bereits mehr als 90 Prozent des gesamten Landes. Die erfolgreiche Landung der UN-Streitkräfte unter General Douglas MacArthur bei Inchon und ihr rascher Vorstoß auf Seoul führten jedoch zum Zusammenbruch der nordkoreanischen Armee und ihrer überstürzten Flucht nach Norden. Nur das Eingreifen Chinas, das sich von Stalin in den Konflikt drängen ließ, bewahrte die Nordkoreaner vor einer totalen Niederlage. Am 26. November 1950 überschritten chinesische „Freiwilligenverbände" in einer Stärke von 36 Divisionen zur Unterstützung der Nordkoreaner den Grenzfluss Jalu und drängten die UN-Truppen binnen weniger Wochen erneut bis hinter Seoul zurück. Danach begann ein für beide Seiten verlustreicher Stellungskrieg, indem keine der Kriegsparteien entscheidende Geländegewinne erzielen konnte[45].

Zu diesem Zeitpunkt kämpften im Luftraum über Korea bereits sowjetische und amerikanische Piloten erbittert gegeneinander. Zur Sicherung des chinesischen Aufmarsches und des Nachschubes für die „Freiwilligenverbände" über die nordkoreanische Grenze hatte Stalin im Herbst 1950 die Verlegung des 64. Jagdflieger-Korps nach China befohlen. Zugleich wies er für den Fall einer weiteren Verschlechterung der militärischen Situation die Vorbereitung der Entsendung von fünf sowjetischen Divisionen nach Korea an, deren Einsatz dann allerdings doch nicht erfolgte. Das an den Kämpfen in Korea beteiligte Korps der sowjetischen Luftstreitkräfte bestand aus drei Jagdfliegerdivisionen mit je zwei Jagdfliegerregimentern, zwei Flakdivisionen, einem Flakscheinwerferregiment und einer Fliegertechnischen-Division. Die durchschnittliche Mannschaftsstärke des Expeditionskorps betrug 1952 rund 26000 Mann. Im Verlauf des Konfliktes wurden die eingesetzten Einheiten insgesamt viermal ausgetauscht, so dass mehr als 70000 sowjetische Soldaten im Koreakrieg kämpften. Das erste Luftgefecht zwischen amerikanischen und sowjetischen Flugzeugen ereignete sich am 1. November 1950 und endete mit dem Abschuss einer P-51 Mustang der US Air Force[46].

Wurden die sowjetischen Luftwaffenverbände zunächst zumeist von China aus eingesetzt, so begann ab August 1951 ihre Stationierung auch auf nordkoreanischem Territorium. Um zu verhindern, dass die Amerikaner eine direkte sowjetische Beteiligung am Krieg um Korea vor der Weltöffentlichkeit beweisen konnten, steckte man die sowjetischen Piloten in chinesische Uniformen, und ihre Flugzeuge erhielten Erkennungszeichen der Volksbefreiungsarmee. Auch nachdem beide Seiten im Sommer 1951, ermattet von den verlustreichen Kämpfen, erste Waffenstillstandsverhandlungen aufgenommen hatten, drängte Stalin auf eine Fortsetzung des Konfliktes, sah er doch mittels des Abnutzungskrieges in Korea die Weltmacht Amerika durch ihr Engagement im Fernen Osten gebunden und geschwächt. Denn, so der sowjetische Diktator am 20. August 1952 gegen-

hierzu behauptet O'Sullivan immer noch, die genauen Umstände des Angriffs seien noch unklar, selbst der sowjetische Geheimdienst hätte nichts von dem bevorstehenden Angriff gewusst. Vgl. O'Sullivan, Die Sowjetunion, der Kalte Krieg und das internationale System 1945–1953, S. 168.
[45] Vgl. Torkunov, Zagadočnaja vojna, S. 81–132; Freedman, The Cold War, S. 40–43; Hershberg/Zubok, Russian Documents on the Korean War, S. 369–378.
[46] Vgl. Istorija vnešnej politiki SSSR, S. 165; Drogovoz, Vozdušnyj ščit, S. 118–128; Rossija (SSSR) v lokal'nych vojnach, S. 71–75.

über dem chinesischen Außenminister Tschou En-lai: „Die Amerikaner sind nicht fähig, einen großen Krieg zu führen. Ihre ganze Kraft liegt in Luftangriffen und der Atombombe. [...] Die Deutschen bekämpften Frankreich in 20 Tagen: Die USA können schon seit zwei Jahren das kleine Korea nicht besetzen. Was ist das für eine Macht?"[47] Zugleich vermochte der Kreml durch seine Hinhaltestrategie China und Nordkorea immer enger an den kommunistischen Machtblock zu binden und für seine Interessen zu instrumentalisieren.

Um den Durchhaltewillen der Chinesen und Nordkoreaner zu stärken, setzte Stalin auf den weiteren Einsatz seiner Luftstreitkräfte, selbst als deren Verluste stiegen. Bis zum Ende des Krieges im Juli 1953 flog das 64. Jagdfliegerkorps nach sowjetischen Angaben insgesamt 63 229 Kampfeinsätze, in deren Verlauf sich 1790 Luftkämpfe ereigneten. Dabei schossen die sowjetischen Piloten bei 335 eigenen Flugzeugverlusten 1097 Flugzeuge der UN-Truppen ab. Weitere 212 Flugzeuge der UN-Streitkräfte in Korea fielen dem Feuer der sowjetischen Flak zum Opfer[48]. Die personellen Verluste der sowjetischen Streitkräfte während des Koreakrieges betrugen 315 Mann, darunter 168 Offiziere sowie 147 Unteroffiziere und Soldaten[49].

Insgesamt entsprach der politische Gewinn aus dem militärischen Engagement in Nordkorea nicht den hochgesteckten Erwartungen der sowjetischen Führung. Weder gelang es, die Amerikaner aus Ostasien „zu werfen", noch stellte sich der erhoffte Machtverlust der USA an der europäischen Flanke ein. Im Gegenteil, als Ergebnis ihrer offensiven Außenpolitik weckte die Sowjetunion in der westlichen Welt zunächst Misstrauen, das rasch in Bedrohungsängste umschlug. Zur Eindämmung der expansiven Sicherheitspolitik Stalins setzten jetzt auch die USA auf das Militär, das nicht nur in Asien, sondern vor allem in Europa verstärkt wurde. Belief sich der Personalbestand der US-Streitkräfte im Juli 1950 noch auf 1,37 Millionen Soldaten, so standen 1953 bereits mehr als 3,45 Millionen Mann unter Waffen. Aber auch die Streitkräfte der anderen Mitgliedstaaten der 1949 gegründeten NATO wurden personell aufgestockt. Zugleich erhöhten sich die Verteidigungsausgaben des nordatlantischen Bündnisses zwischen 1949 und 1953 sprunghaft von 18,723 Milliarden US-Dollar auf 64,014 Milliarden. Die fortschreitende Militarisierung des Ost-West-Konfliktes im Zuge des Koreakrieges wurde damit zum entscheidenden Merkmal der ersten Hochphase des Kalten Krieges[50].

[47] Gespräch zwischen Stalin und Tschou En-lai, 20. 8. 1952, zit. nach: Volkogonov, Sem' voždej (I), S. 302.
[48] Vgl. Drogovoz, Vozdušnyj ščit, S. 128; Rossija (SSSR) v lokal'nych vojnach, S. 74f. Demgegenüber geben westliche Quellen 1041 eigene Flugzeugverluste für die UN-Truppen an, von denen allerdings nur 147 Maschinen nachweislich bei Luftkämpfen abgeschossen wurden, die Verluste der nordkoreanischen, chinesischen und sowjetischen Seite werden mit 935 Abschüssen beziffert. Die Validität dieser unterschiedlichen Angaben diskutiert: Blasser, Research in the U.S. – Russian Archives: The Human Dimension.
[49] Vgl. Rossija i SSSR v vojnach XX veka, S. 524f. Demgegenüber fielen während des Koreakrieges 500 000 nordkoreanische Soldaten, und rund zwei Millionen Zivilisten aus Nordkorea kamen während der Kämpfe ums Leben. Die chinesischen „Freiwilligenverbände" verloren ca. eine Million Mann. Südkorea beklagte in Folge des Krieges 1,47 Millionen Tote, die Verluste der US-Truppen betrugen 54 046 Mann, die britischen Streitkräfte verloren 686 Soldaten, die anderen Koalitionsstreitkräfte zusammen 2508 Mann. Vgl. Halliday/Cumings, Korea, S. 200f.
[50] Vgl. RGANI, 5/30/311, Bl. 132, Informationsmitteilung Nr. 119 der Hauptverwaltung Aufklärung des Generalstabes (GRU) an das ZK der KPdSU, 30. 9. 1959; Stöver, Der Kalte Krieg,

Dem von ihr angestoßenen Militarisierungsprozess konnte sich auch die Sowjetunion nicht entziehen. Besonders deutlich wurde dieser im Anstieg der Verteidigungsausgaben, die 1952 einen neuen Höhepunkt nach dem Ende des Zweiten Weltkrieges erreichten und in etwa auf das Niveau des Kriegsjahres 1942 stiegen.

Staats- und Militärausgaben der Sowjetunion zwischen 1948 und 1952

Ausgaben	1948	1949	1950	1951	1952
Staatshaushalt (gesamt) in Mrd.	370,9	412,3	413,2	443,0	476,9
Prozent	100	100	100	100	100
Finanzierung Volkswirtschaft	149,6	161,9	157,6	179,6	180,4
Prozent	40,3	39,3	38,1	40,5	37,8
Finanzierung Streitkräfte	66,3	79,2	82,8	93,9	113,8
Prozent	17,9	19,2	20,0	21,2	23,9
Finanzierung MWD/MGB	23,1	21,7	20,6	21,2	22,8
Prozent	6,2	5,2	5,0	4,8	4,8
Finanzierung sozial-kult. Maßnahmen	105,7	116,0	116,7	119,4	124,8
Prozent	28,5	28,1	28,2	27,0	26,2
Finanzierung Staatsverwaltung	13,0	13,5	13,9	14,0	14,4
Prozent	3,5	3,3	3,4	3,2	3,0

Quelle: RGAE, 7733/36/3588, Bl. 105, Spravka von Zverev an Berija über Staatshaushalt 1940, 1948–52, 8. 9. 1952.

Dieser Zuwachs an finanziellen Ressourcen wurde zunächst vor allem in der Mannschaftsstärke sichtbar. Verfügten die sowjetischen Streitkräfte 1948 über rund 2,784 Millionen Soldaten, so hatte sich ihre Zahl bis 1952 mehr als verdoppelt. Nach Quellen der CIA dienten zum damaligen Zeitpunkt mehr als 6,8 Millionen Mann in der sowjetischen Armee[51].

Besonders deutlich wird dieser umfangreiche Aufwuchs der sowjetischen Streitkräfte in der ersten Phase des Kalten Krieges beispielsweise bei den Truppen der Heimatluftverteidigung (PWO). Zum Stichtag 1. September 1948 zählten zum Bestand der PWO-Streitkräfte 69398 Mann, 1909 Jagdflugzeuge, 2272 Flakgeschütze und 174 Funkmessstationen. Allein der Moskauer Luftverteidigungsbe-

S. 98 ff.; Schmidt, Strukturen des „Kalten Krieges", S. 175–188; Wiggershaus, Bedrohungsvorstellungen, S. 79–93; Eisenhower, Die Jahre im Weißen Haus, S. 495; NATO: Strategie und Streitkräfte, S. 103–131; Engel, Handbuch der NATO, S. 944.

[51] Vgl. CIA Intelligence Report: Trends in Soviet Military Manpower, Oktober 1972, Bl. 9. Auch andere Quellen gehen auf dem Höhepunkt des Koreakrieges von mehr als sechs Millionen sowjetischen Soldaten aus. Siehe z.B.: Statistics of the Soviet Army; Bluth/Boden/Jakir/Plaggenborg, Die Streitkräfte, S. 1025. Bestätigte sowjetische Zahlenangaben über die Streitkräftestärke für die Zeit zwischen 1948 und 1953 liegen bis heute nicht vor. Malinovskij nannte jedoch im Dezember 1959 auf einer Versammlung der Chefs der Militärbezirke für 1949 die Zahl von 3,838 Millionen Mann. Vgl. RGASPI, 17/165/153, Bl. 6, Stenogramm der Sitzung der Chefs der Teilstreitkräfte, Flotten und Militärbezirke zu den Abrüstungsvorschlägen Chruščevs, 18. 12. 1959.

zirk besaß im Mai 1953 mehr Personal und Ausrüstung als die gesamten PWO-Truppen 1948. Insgesamt verfügten am 1. Mai 1953 die Streitkräfte der Heimatluftverteidigung über 266407 Soldaten und Offiziere, die mit 2958 Jagdflugzeugen, 8546 Flakgeschützen sowie 473 Funkmessstationen ausgerüstet waren[52].

Auch die Heerestruppen wurden nach 1949 wieder zahlenmäßig aufgestockt. 1953 gehörten zu den Landstreitkräften 29 Panzerdivisionen, 70 mechanisierte Divisionen, 144 Schützendivisionen, jeweils sechs Gebirgs- und Kavalleriedivisionen sowie 22 Maschinengewehr-Artilleriedivisionen. Besonderer Aufmerksamkeit erfreuten sich die Fallschirmjäger. Die Anzahl ihrer Divisionen vergrößerte sich von neun auf 15. Gleichzeitig erfolgten in den Landstreitkräften eine umfangreiche Mechanisierung und Motorisierung der Truppen. In den ersten sieben bis acht Jahren nach dem Krieg erhielten die sowjetischen Liniendivisionen eine Vielzahl moderner Militärtechnik, darunter neue gepanzerte Fahrzeuge und Artillerie. Hatte die Rüstungsindustrie beispielsweise an das Verteidigungsministerium 1948 insgesamt 200 Panzer des Typs T-54 geliefert, so waren es 1951 bereits 1566[53].

Allein die zahlenmäßige Vergrößerung der Streitkräfte bedeutete allerdings in der Realität nicht unbedingt eine Erhöhung ihrer Effektivität. Besonders deutlich wird dies bei den Truppen der Luftverteidigung. Der seit 1949 einsetzenden amerikanischen Luftaufklärung über sowjetischem Territorium mussten die sowjetischen Streitkräfte deshalb zuweilen relativ hilflos zusehen. Zwar attackierten sowjetische Jagdflieger am 22. Oktober 1949 erstmals ein US-Spionageflugzeug über den Territorialgewässern der UdSSR. Der erste Abschuss einer amerikanischen Aufklärungsmaschine im sowjetischen Luftraum erfolgte im Frühjahr 1950. Am 8. April schossen vier Flugzeuge des 30. Garde-Jagdfliegeregimentes acht Kilometer westlich der lettischen Ortschaft Liepaja über der Ostsee ein in Wiesbaden gestartetes Flugzeug der US Navy vom Typ PB4Y2-*Privateer* ab, das sich auf einer Aufklärungsmission befand. Die zehnköpfige Besatzung kam während des Angriffs ums Leben und gilt bis heute als vermisst. Die vier am Abschuss beteiligten sowjetischen Piloten wurden auf geheimen Befehl Stalins mit dem Rotbannerorden ausgezeichnet[54].

Für 1950 reklamierten sowjetische Piloten fünf weitere Abschüsse amerikanischer Flugzeuge über sowjetischem Territorium, wobei von amerikanischer Seite allerdings nur einer bestätigt ist. Im Verlauf von sieben Monaten des Jahres 1951 registrierte die sowjetische Luftverteidigung 15 Grenzverletzungen durch ausländische Flugzeuge und schoss im November 1951 in der Nähe von Wladiwostok eine P2V-3W *Neptune* der US Navy ab. Die zehnköpfige Besatzung der Maschine, die ebenfalls eine Spionagemission durchführte, verlor beim dem Abschuss ihr Leben und wird in den Akten des US-Verteidigungsministeriums als

---

[52] Vgl. Protivozdušnaja oborona strany, S. 269; Vojska protivo-vozdušnoj oborony, S. 340–359.
[53] Vgl. RGAE, 4372/11/142, Bl. 1–15, Schreiben von Saburov an Stalin, 31.1.1952; Pavlovskij, Suchoputnye vojska SSSR, S. 205–210; Fes'kov/Kalašnikov/Golikov, Sovetskaja armija v gody „cholodnoj vojny", S. 2 f.; 163 f.; Simonov, Voenno-promyšlennyj kompleks SSSR, S. 236–238; General'nyj štab Rossijskoj armii, S. 259 f.
[54] Vgl. Orlov, Vozdušnaja razvedka SŠA nad territoriej SSSR, S. 41 f.; 1992–1996 Findings of the Cold War Working Group, S. 7–13. Die Cold War Working Group besteht aus amerikanischen und russischen Militärhistorikern und untersucht seit 1992 ungeklärte Luftzwischenfälle während des Kalten Krieges.

vermisst geführt. Für 1952 meldete das sowjetische Luftverteidigungskommando 34 Luftraumverletzungen. Obwohl in fast allen Fällen Jagdflugzeuge der PWO aufstiegen, gelang nur siebenmal ein Abfangen der „Eindringlinge". Da diese den sowjetischen Landeaufforderungen nicht nachkamen, wurden bei den nachfolgenden Luftkämpfen vier ausländische Maschinen abgeschossen und drei weitere Flugzeuge beschädigt. Nach sowjetischen Angaben ging dabei eine eigene Maschine verloren[55]. Die Ursachen für die von der Führung als unzureichend eingeschätzten Leistungen der Luftabwehr lagen zum einen in der mangelnden Ausbildung der Flugzeugbesatzungen: „In den Fliegerdivisionen fehlen Piloten, die bei schlechten Witterungsbedingungen und nachts fliegen können, zudem sind die Fähigkeiten beim Schießen auf Luftziele nur gering."[56] Doch auch die technische Ausrüstung entsprach nicht den Anforderungen. Die Bodenradarstationen arbeiteten zu ungenau, um nachts Jäger an die Eindringlinge heranführen zu können. Zudem erwiesen sich die Radargeräte der eingesetzten Flugzeuge, soweit sie überhaupt vorhanden waren, als „absolut einsatzunfähig", sobald die „Gegenseite" diese mit funkelektronischen Maßnahmen störte. Traten bis Ende 1951 im sowjetischen Radarnetz keine dieser „Störungen" auf, so stieg deren Zahl bis zum August 1952 auf insgesamt mehr als 421 Fälle[57].

Am 18. November 1952 lieferten sich sogar 60 Meilen südlich von Wladiwostok sieben Jagdflugzeuge der im Pazifik stationierten 5. Flotte[58] einen Luftkampf mit vier US-Maschinen der 781. Jagdstaffel des Flugzeugträgers *Oriskany*, der mit dem Verlust von drei sowjetischen MiG-15 endete. Die außerhalb der sowjetischen Territorialgewässer operierenden Jäger hatten von ihrem Kommandeur den Befehl erhalten, eine Gruppe von US-Trägerflugzeugen abzufangen, die von einem Einsatz über Nordkorea zurückkehrte. Dabei, so der offizielle sowjetische Bericht, gerieten die Flugzeuge durch eine „undurchdachte Entscheidung in einen Hinterhalt, der von den Amerikanern organisiert wurde"[59].

Bereits 1950 hatten US-Flugzeuge zudem in Fernost eine sowjetische A-20 abgeschossen, die sich auf einem Aufklärungsflug befand. Die dreiköpfige Besat-

---

[55] Vgl. RGASPI, 17/164/694, Bl. 82f., Spravka des Verteidigungsministeriums über Luftraumverletzungen vom 1. Mai 1952 bis zum 30. November 1952, 28. 1. 1953; Drogovoz, Vozdušnyj ščit, S. 134–138; Protivozdušnaja oborona strany, S. 271 f.; Baschin/Stulle, Heißer Himmel im Kalten Krieg, S. 46. 1952 schoss die sowjetische Luftverteidigung zwei schwedische und zwei US-Flugzeuge ab. Die beiden US-Maschinen und ein schwedisches Flugzeug hatten sich auf Aufklärungsmissionen befunden. Das zweite schwedische Flugzeug wurde bei der nachfolgenden Suchaktion abgeschossen. 20 US-Piloten und acht schwedische Militärangehörige kamen dabei ums Leben.
[56] RGASPI, 17/164/693, Bl. 17f., Beschlussentwurf für den Ministerrat der UdSSR über Unzulänglichkeiten bei der Organisation der Luftverteidigung der Staatsgrenzen der UdSSR, Dezember 1952.
[57] Vgl. RGANI, 17/164/694, Bl. 55–64, Schreiben von Veršinin an Bulganin und Vasilevskij über die Arbeit des Systems der Grenzluftverteidigung, 25. 12. 1952.
[58] Im Januar 1947 hatte die sowjetische Marineführung auf Anweisung Stalins die Pazifikflotte in einen südlichen und nördlichen Bereich aufgeteilt und in 5. beziehungsweise 7. Flotte umbenannt. Gleiches geschah auch mit der Baltischen Flotte, sie wurde in die 4. und 8. Flotte geteilt. Am 27. Januar 1956 machte ein Ministerratsbeschluss diese Aufteilung wieder rückgängig. Vgl. Baltijskij flot, S. 194–204; Tri veka Rossijskogo flota, Bd. 3, S. 221.
[59] RGASPI, 17/164/693, Bl. 248, Bericht an Bulganin über Verlust von 3 MiG-15bis der 5. Flotte, 19. 12. 1952. Siehe hierzu auch: CVG 102 Action Report 28 October 1952 through 22 November 1952, 22. 11. 1952, Bl. 4; Orlov, Tajnaja bitva sverchderžav, S. 350; Kotlobovskij/Seidov, Gorjačee nebo „cholodnoj vojny" (I).

zung war dabei ums Leben gekommen. Am 27. Juli 1953, dem Tag der Unterzeichnung des Waffenstillstandes in Korea, ereignete sich ein weiterer folgenschwerer Zwischenfall, als ein sowjetisches Transportflugzeug vom Typ Il-12 auf dem Weg von Port Arthur nach Wladiwostok von einem US-Flugzeug abgeschossen wurde und alle 20 Besatzungsmitglieder und Passagiere den Tod fanden. Nur zwei Tage später schossen sowjetische Jagdflugzeuge über dem Japanischen Meer eine Maschine der US Air Force ab, die sich auf einer Erkundungsmission befand. Von der siebzehnköpfigen Besatzung überlebte nur der Co-Pilot, der von einem US-Zerstörer gerettet wurde[60].

Vor dem Hintergrund dieser ständigen Zusammenstöße ist es mehr als plausibel, dass die sowjetische Führung Planungen für die militärstrategische Auseinandersetzung mit den USA machte. Bisher gehen westliche Militärhistoriker zumeist davon aus, dass Stalin dabei den Nuklearwaffen und ihrem Einsatz nur eine eingeschränkte Bedeutung zumaß, da er die strategischen und politischen Auswirkungen der neuen Technologie nicht in ihrer vollen Bedeutung erkannt habe[61]. Als Beweis für diese These dienen öffentliche Äußerungen Stalins, in denen er die Bedeutung von Atomwaffen herunterspielte. Das Fehlen einer in der militärischen Fachpresse geführten Diskussion über ihren Einsatz wird ebenfalls als Beleg herangezogen[62].

Neuere Forschungen und Erkenntnisse aus russischen Archiven bestätigen dieses Bild jedoch nicht. Sie zeigen vielmehr, dass Stalin sehr wohl bestrebt war, eine eigene Atomstreitmacht aufzubauen und diese gegenüber den USA in Stellung zu bringen. Als Haupteinsatzmittel setzten dabei er und seine Militärführung auf die 1946 geschaffenen Fernbomberkräfte. 1949 erfolgte im Rahmen der verstärkten Zuführung des Fernbombers Tu-4 eine Reorganisation der strategischen Luftstreitkräfte. Die ihr unterstehenden drei Luftarmeen stationierte die sowjetische Militärführung jetzt zunehmend in Richtung der vorgesehenen „Hauptschläge", das heißt gegen Westeuropa (zwei) und Fernost (eine). Aufgabe der Fernflieger, so die Militärs, war „die Bekämpfung von Zielen in der Tiefe des Hinterlandes des Gegners, auf den kontinentalen und ozeanischen Kriegsschauplätzen sowie die Durchführung von operativer und strategischer Luftaufklärung"[63]. Zugleich begann ab 1950 ein umfangreiches Programm zur Stationierung von Fernfliegerkräften im Hohen Norden. Von hier aus hoffte Stalin die USA besser ins Visier nehmen zu können, ließen sich doch durch die relative geografische Nähe zu den Vereinigten Staaten die Reichweitenprobleme der sowjetischen Bomber umgehen. Anfang der 50er Jahre waren die ersten Flugplätze in der Arktis einsatzbereit. 1952 begann schließlich am Polarkreis ein umfangreiches Training für ausgewählte Bomberbesatzungen, das Flüge bis zur amerikanischen Küste beinhaltete. Die gestiegene militärstrategische Bedeutung der arktischen Region in den Plänen des

---

[60] Vgl. Rossija i SSSR v vojnach XX veka, S. 108–110; Orlov, Vozdušnaja razvedka SŠA nad territoriej SSSR, S. 44 f.; Lednicer, Aircraft Downed During the Cold War.
[61] Vgl. Evangelista, Innovation and the Arms Race, S. 175; Die sowjetische Militärmacht, S. 202; Scott/Scott, The Armed Forces of the USSR, S. 38 f.; 47; Holloway, The Soviet Union and the Arms Race, S. 27–31; Garthoff, Sowjetstrategie im Atomzeitalter, S. 82–84.
[62] Vgl. Adomeit, Militärische Macht, S. 209 f.; Holloway, Innovation in the Defence Sector, S. 394 f.
[63] Zit. nach: Dal'njaja aviacija, S. 188.

sowjetischen Generalstabes wird auch dadurch deutlich, dass man 1953 die dort vorhandenen Flugplätze und Kommandostrukturen zur „Operativen Gruppe in der Arktis" zusammenfasste[64].

Obgleich der Sowjetunion bereits am 29. August 1949 die erfolgreiche Zündung einer Nuklearwaffe gelungen war, dauerte es wegen technischer Probleme allerdings noch bis zum Herbst 1951, bis ein Versuchsmuster unter Einsatzbedingungen getestet werden konnte[65]. Am 18. Oktober 1951 warf eine Tu-4A der 72. selbständigen Bomberstaffel um 9.52 Uhr in 10 000 Meter Höhe über dem Testgelände von Semipalatinsk eine Atombombe des Typs RDS-3 ab. Als die Kernwaffe in 380 Metern Höhe explodierte, entwickelte sie eine Sprengkraft von 42 Kilotonnen TNT. Dieser erste erfolgreiche Nukleartest unter realen Einsatzbedingungen bewog die sowjetische Führung, die Serienfertigung der RDS-3 unverzüglich anlaufen zu lassen und die Umrüstung einzelner Tu-4 zu Kernwaffenträgern zu beschleunigen[66]. Obwohl bereits im September 1947 innerhalb des sowjetischen Generalstabes eine für Kernwaffen zuständige Spezialabteilung geschaffen worden war, stand – wie in den USA auch – die Lagerung der ersten Atombomben zunächst nicht unter der Kontrolle der Militärs. Die Aufbewahrung der Nuklearwaffen erfolgte vorerst im Werk Nr. 2 des Konstruktionsbüros Nr. 11 (KB-11), das dem Ministerium für mittleren Maschinenbau unterstand. Im Krisenfall, so die Planungen, sollten die Atombomben erst auf Anordnung der sowjetischen Staatsführung an die Streitkräfte übergeben werden. Am 20. September 1949 wurde dann im Generalstab die bisherige Spezialverwaltung zur 6. Verwaltung erweitert, die erstmals konkrete Einsatzpläne für Atomwaffen ausarbeitete. Zwei Monate später unterstellte sich bereits das Verteidigungsministerium die 6. Verwaltung. Zugleich legten die Militärs jetzt Listen von strategischen Zielen des „wahrscheinlichen Gegners" an und wirkten aktiv an der Entwicklung von Kernwaffenträgern mit. 1950 begannen für die ersten Offiziere spezielle Ausbildungskurse im Umgang mit Nuklearwaffen. Ein Jahr später wurde hierfür beim KB-11 ein besonderes Schulungszentrum geschaffen. An den sechsmonatigen Kursen nahmen jeweils 35 bis 50 Militärangehörige teil, die später das Personal für eigene Trainingseinrichtungen der 6. Verwaltung stellten. Ihnen wurden dabei nicht nur Kenntnisse über die fachgerechte Lagerung von Atomwaffen, sondern auch die notwendigen Fertigkeiten zur Herstellung von deren militärischer Einsatzbereitschaft vermittelt. Ab Mai 1951 war dann das Militär über eine Sonderkommission direkt an der Kernwaffenfertigung und -lagerung beteiligt[67].

---

[64] Vgl. Zaloga, The Kremlin's Nuclear Sword, S. 17; Drogovoz, Vozdušnyj ščit, S. 41–44; Chajrjuzov, Vozdušnyj meč Rossii, S. 75 f.

[65] Die erste sowjetische Atombombe vom Typ RDS-1 wurde von 1949 bis 1950 in insgesamt fünf Exemplaren gebaut. Technische Probleme zwangen zu einer Überarbeitung. Ab Ende 1951 begann in Arzamas-16 die Produktion einer Kleinserie der RDS-1. Die insgesamt fünf Atombomben wurden jedoch nie an die Streitkräfte ausgeliefert. Vgl. Zaloga, The Kremlin's Nuclear Sword, S. 10 f.; Andrjušin/Černyšev/Judin, Ukroščenie jadra, S. 315–318; Bystrova, Voenno-promyšlennyj kompleks, S. 69–72.

[66] Vgl. Mezelev, Oni byli pervymi (I), S. 34–36; Kulikov, Aviacija i jadernye istpytanija, S. 62–66; Filmausschnitte vom Test der RDS-3, 18. 10. 1951, auf: CD: Rossija atomnaja.

[67] Vgl. Zavališin, Ob'ekt 551, S. 102–110; Jadernye ispytanija SSSR (I), S. 67 f.; Andrjušin/Černyšev/Judin, Ukroščenie jadra, S. 323–325; Skvorcov, General'nyj štab, S. 7; Roždennye atomnoj ėroj, S. 17–40.

Ab 7. November 1951 erfolgte auf dem Luftwaffenstützpunkt der 45. Fernbomberdivision in Balbasowo der Aufbau einer sogenannten Atomgruppe. Ihre Aufgabe war die Vorbereitung und Ausbildung von ausgewählten Flugzeugbesatzungen zum Atombombenabwurf. Dabei trainierten die Piloten den gesamten Ablauf des Nuklearwaffeneinsatzes vom Empfang des Gefechtsbefehls bis zur Auslösung des Bombenabwurfknopfes. Zeitgleich begann auf dem Flugplatz unter strengster Geheimhaltung der Bau der erforderlichen Bunker zur Kernwaffenlagerung sowie von Spezialanlagen zur Aufmunitionierung der Flugzeuge. Im September 1954 wurde die „Atomgruppe" schließlich zum 402. schweren Bomberregiment erweitert, das als erster sowjetischer Truppenteil für den nuklearen Einsatz gegen Ziele in Westeuropa vorgesehen war. Zunächst standen für diese Aufgabe allerdings nur insgesamt zehn ausgebildete Besatzungen zur Verfügung. Die strikte Geheimhaltung und das strenge Sicherheitsregime – die Atombomben lagerten in den Zentraldepots in ihre einzelnen Komponenten auseinandergebaut – bedingten zudem einen geringen Bereitschaftsgrad. Allein die Prozedur zur Ausrüstung der Flugzeuge mit Atombomben nahm von der Auslösung des Alarms bis zum Verschluss der Bombenluke fast 72 Stunden in Anspruch. Der weitere Aufbau von Luftwaffeneinheiten für den Kernwaffeneinsatz erfolgte allerdings zügiger. Anfang 1955 war das 402. schwere Bomberregiment komplettiert und in Balbasowo wurde mit dem 291. schweren Bomberregiment eine zweite Einheit für den Nuklearwaffeneinsatz aufgestellt. Beide Einheiten fasste die sowjetische Militärführung wenig später in der 160. Fliegerdivision zusammen, die direkt dem Oberkommando der Luftstreitkräfte unterstellt war[68].

Als Ende 1952 die M-4 *Bison* und die Tu-95 *Bear* als Nachfolgemuster für die Tu-4 kurz vor dem Beginn ihrer Flugerprobung standen, widmeten sich Stalin und seine Militärführung erstmals auch detaillierten Atomkriegsplänen gegen die USA. Mit den beiden neuen Flugzeugmustern, die einen Einsatzradius von 5175 bzw. 7650 Kilometer haben sollten, rückten die Vereinigten Staaten erstmals in die Reichweite der sowjetischen Streitkräfte. Am 10. Januar 1953 wurde der sowjetischen Partei- und Staatsführung vom Generalstab ein umfangreicher Plan zur „Dislokation von Flugplätzen für Fernbomber" vorgelegt, der am 27. Januar 1953 durch den Ministerrat der UdSSR bestätigt wurde. Nach dem Papier sollten zwischen 1953 und 1954 insgesamt elf neue Flugplätze für die M-4 bzw. Tu-95 neu gebaut oder rekonstruiert werden. Zwei von ihnen, Kotschalewo bei Saransk und Engels in unmittelbarer Nähe von Saratow, waren als Heimatbasen für jeweils 40 bzw. 30 Flugzeuge vorgesehen. Vier operative Flughäfen sollten für Schläge gegen die USA sowie Ziele im Atlantik und Stillen Ozean dienen. Die 100 Kilometer südlich von Murmansk gelegene Basis Olenja war als Sprungbrett für Einsätze der Tu-95 gegen die Vereinigten Staaten vorgesehen. Von hier aus waren es über das Eis- bzw. Nordmeer 6540 Kilometer bis New York, 6830 Kilometer bis Washington, 6870 Kilometer bis Chicago und 6130 Kilometer bis Ottawa. Vom in Fernost gelegenen Ukrainka aus sollten die Tu-95-Verbände Angriffe gegen Pearl Harbor (7040 Kilometer), Midway (5150 Kilometer) und Guam (4400 Kilometer) sowie

---

[68] Vgl. Rošin, Istorija Dal'nej aviacii, S. 97f.; Dal'njaja aviacija, S. 189f.; Roždennye atomnoj èroj, S. 108.

gegen Ziele in West- und Zentralkanada fliegen. Der Flughafen Uzin bei Kiew war als Operationsbasis für Angriffe gegen Ziele in Afrika vorgesehen. Als Reserveflughafen diente die südlich von Riga gelegene Luftwaffenbasis Schaljaj. Gleichzeitig forderten die Militärs für den besseren Angriff auf Ziele in den USA einen Einsatzflughafen auf der Tschuktschen-Halbinsel. Um verstärkt über dem Atlantik und dem nordamerikanischen Festland operieren zu können, sollten im europäischen Machtbereich der UdSSR zudem vier Reserveflughäfen gebaut werden. Eine weitere Reservebasis im chinesischen Chenjan sollte Angriffen gegen Ziele in Australien sowie im Stillen und Indischen Ozean dienen[69]. Die geplanten mitteleuropäischen Einsatzbasen der Fernbomberflotte im Herrschaftsgebiet der Sowjetunion waren in der ČSSR, Polen, Ungarn und der DDR zu errichten. Während bei den Regierungen der jeweiligen Länder eine entsprechende Zustimmung einzuholen war, sah die sowjetische Führung eine derartige Vorgehensweise für die DDR nicht vor[70].

Der Ausbau der Einsatzbasis Engels und die Fertigstellung der vier operativen Flughäfen in der UdSSR sollte spätestens bis zum IV. Quartal 1954 abgeschlossen sein. Hierfür stellte die sowjetische Partei- und Staatsführung mehr als 600 Millionen Rubel zur Verfügung. Da beispielsweise die Entfernung zwischen Templin, dem für die DDR vorgesehenen Reserveflugplatz für die sowjetischen Fernfliegerkräfte, und New York „lediglich" 6400 Kilometer betrug, wies die sowjetische Führung ebenfalls die rasche Fertigstellung der ausländischen Einsatzbasen an. Spätestens bis 1955 sollten alle dafür erforderlichen Maßnahmen abgeschlossen sein[71]. Entsprechend diesen Vorgaben begannen u. a. im Frühjahr 1953 in Templin umfangreiche Bauarbeiten. Noch im gleichen Jahr wurde die 3500 Meter lange und 80 Meter breite Start- und Landebahn, damals die größte in der DDR, fertiggestellt. Dass ihre Aufsetzzone aus 60 Zentimeter dickem Stahlbeton bestand, beweist den vorgesehenen Einsatzzweck als vorgeschobene Fernbomberbasis. Bereits 1954 war der Neubau des Flugplatzes im Wesentlichen abgeschlossen[72].

Die dargestellten Fakten zeigen, dass Stalin nicht nur erhebliche Anstrengungen unternahm, um endlich eine Kernwaffe in die Hand zu bekommen. Der sowjetische Diktator versuchte in Zusammenarbeit mit seinen Militärs auch, ein mögliches Einsatzkonzept für sie zu skizzieren. Dafür spricht ebenfalls, dass Stalin nicht nur die Arbeiten seiner Atomwissenschaftler und Flugzeugkonstrukteure persönlich kontrollierte, sondern ebenfalls nach weiteren Trägermitteln für Kernwaffen suchte. Deshalb mussten auch die Generäle der 1946 neu geschaffenen Raketentruppe vor ihrem Oberkommandierenden genaue Rechenschaft über

---

[69] Vgl. RGASPI, 17/164/693, Bl. 195 f., Entscheidungen der Rüstungskommission des ZK der VPK(b), 16. 1. 1953; RGASPI, 17/164/697, Bl. 13–17, Erläuterungen zur Dislokation von Flugplätzen für Fernbomber, 10. 1. 1953; RGASPI, 17/164/697, Bl. 85, Karte des Einsatzradius der von den Flugzeugen Tupolev und Mjacišcev erreicht wird – ausgearbeitet vom Chef der Operativen Verwaltung des Hauptstabes der VVS, Generalleutnant Sinjakov, 2. 7. 1952.
[70] Vgl. RGASPI, 17/164/682, Bl. 60, Schreiben von Vasilevskij und Sokolovskij an Stalin, 12. 1. 1953; Bystrova, Voenno-promyšlennyj kompleks SSSR, S. 84–86.
[71] Vgl. RGASPI, 17/164/682, Bl. 54–59, Beschlussentwurf der Rüstungskommission für eine Verfügung des Ministerrats der UdSSR, 20. 1. 1953; RGASPI, 17/164/697, Bl. 131–135, Beschluss Nr. 250–117 des Ministerrats der UdSSR: „Über den Bau von Flugplätzen für schwere Fernbomber", 27. 1. 1953.
[72] Vgl. Freundt, Sowjetische Fliegerkräfte (III), S. 19 f.

den Aufbau ihrer Einheiten ablegen. So hatten die hierfür verantwortlichen Chefs der Hauptverwaltung für Artillerie, Marschall Nikolaj N. Woronow und Marschall Mitrofan I. Nedelin, dem Partei- und Regierungschef jedes Vierteljahr schriftlich Bericht über die Fortschritte bei der Entwicklung der Raketentechnik und der Schaffung militärischer Strukturen für ihren Einsatz zu erstatten. Zwischen 1946 und 1953 wuchs die neue Waffengattung von einer Versuchseinheit zu insgesamt sechs Raketenbrigaden der Reserve des Oberkommandos[73].

Dass Stalin auch der praktischen Verwendung dieser neuen Streitkräfte bis hin zum Auslandseinsatz große Bedeutung zumaß, geht aus einem Befehl hervor, den er 1952 Verteidigungsminister Alexander M. Wasilewskij gab. Dieser erhielt den Auftrag zu prüfen, ob mit den neuen Raketen R-1 und R-2 ausgestattete Verbände der Raketentruppen in der DDR, Rumänien und Bulgarien stationiert werden könnten. Zwischen 1953 und 1955 suchten dann sowjetische Experten in den genannten Ländern nach geeigneten Stationierungsorten. In der DDR sollten in der Nähe von Güstrow zwei Raketenabschussbasen errichtet werden. Die dafür erforderlichen Bauarbeiten waren Ende 1953 bereits zu rund 75 Prozent abgeschlossen. Wegen der geringen Einsatzeffektivität der R-1 und R-2 nahmen die Militärs allerdings nach dem Tod des Diktators von der Realisierung dieses Vorhabens wieder Abstand[74].

Stalin war demnach bestrebt, ein wirkungsvolles militärisches und politisches Konzept für den Einsatz von Nuklearwaffen mit Hilfe von Flugzeugen und Raketen zu entwickeln. Dass dies nicht in letzter Konsequenz gelang, war dem damaligen technischen Entwicklungsstand der sowjetischen Kernwaffen-, Flugzeug- und Raketentechnik geschuldet. Weil einsatzbereite Fernbomber und Atomraketen nur bedingt bzw. nicht zur Verfügung standen, fehlte freilich eine dementsprechende umfassende Militärdoktrin, die auf deren Einsatz abzielte[75]. Dennoch, und das zeigen gerade die umfassenden Fortschritte nach Stalins Tod, wurden unter seiner Führung die entscheidenden Grundlagen für den militärischen Einsatz von sowjetischen Streitkräften geschaffen, die mit Atomwaffen ausgerüstet waren. Dass diese Schritte unter strengster Geheimhaltung und ohne öffentliche Diskussion erfolgten, lag im stalinistischen System selbst begründet. Die Sowjetunion wollte auf jeden Fall verhindern, dass Informationen über ihr im Aufbau befindliches atomares Potential nach außen drangen, weil sie hierin eine unverantwortliche Gefährdung ihrer strategischen Position sah[76].

Stalins Nachfolger setzten dessen Militär- und Sicherheitspolitik zunächst weitgehend unverändert fort. Die neue sowjetische Partei- und Staatsführung versuchte vor allem, das offensive Militärpotenzial der UdSSR weiter zu stärken. Al-

[73] Vgl. Voenačal'niki RVSN, S. 7f.; Uhl, Stalins V-2, S. 225–229.
[74] Vgl. Aktennotiz von Nedelin an Sokolov über den Bau einer Spezialbasis in der DDR, 16.7.1953, abgedruckt in: Pervyj raketnyj maršal, S. 131f.; Pervov, Raketnoe oružie, S. 51; Dolinin, Sovetskie rakety na nemeckoj zemle.
[75] Vgl. Holloway, Stalin and the Bomb, S. 250–252; Freedman, The Evolution of Nuclear Strategy, S. 58–61.
[76] Vgl. RGAE, 4372/96/675, Bl. 45f., Schreiben von Paškov an Voznesenskij: „Der Platz der reaktiven Antriebe in der zukünftigen Militärtechnik und dringende organisatorische Fragen", 15.12.1947. Die Geheimhaltung beim Aufbau der Raketentruppen war so streng, dass z.B. entsprechende Berichte darüber an das ZK von den verantwortlichen Generälen per Hand und ohne Sekretärin geschrieben werden mussten. Siehe: Voenačal'niki RVSN, S. 20.

lein in den Luftstreitkräften sollten hierfür die Angriffsverbände binnen kürzester Zeit nahezu verdoppelt werden. Am 25. November 1954 beschloss der Ministerrat der UdSSR zwischen 1955 und 1957 insgesamt 39 Bomberdivisionen, darunter acht für strategische und elf für Fernbomber neu aufzustellen. Dabei verfügte die Sowjetarmee zu diesem Zeitpunkt bereits über mehr als 140 Fliegerdivisionen[77]. Auch der Ausbau der Marine besaß weiter hohe Priorität. Das Ende 1945 verabschiedete Flottenbauprogramm konnte allerdings wegen der wirtschaftlichen Schwierigkeiten nicht entsprechend den Planungsvorgaben abgeschlossen werden. Dennoch, zwischen 1945 und 1955 erhielt die sowjetische Kriegsmarine insgesamt 19 neue Kreuzer, 87 Zerstörer, 48 Fregatten, 243 Korvetten, 225 U-Boote, 250 Minensucher und 732 Torpedoschnellboote. Damit rückte die sowjetische Flotte nach den USA zur zweitgrößten Seemacht der Welt auf. Da jedoch das angestrebte Ziel einer kampfstarken Hochseeflotte immer noch nicht erreicht worden war, wurde 1955 ein neues Flottenbauprogramm aufgelegt. Bis Ende 1964 sollten die sowjetischen Werften – so die Wünsche der Marineführung – den Seestreitkräften neun Flugzeugträger, 21 Kreuzer, 124 Zerstörer, 99 Fregatten, 388 Korvetten, 404 Minensucher, 505 Schnellboote, 150 Landungsschiffe sowie 877 U-Boote übergeben[78].

Große Bedeutung maß die sowjetische Führung ebenfalls der strategischen Luftverteidigung zu. Besonders die Hauptstadt Moskau wollte Chruschtschow vor amerikanischen Luftangriffen gesichert sehen. Bereits seit Ende der vierziger Jahre entwickelten sowjetische und deutsche Spezialisten, die man im Oktober 1946 in die UdSSR verbracht hatte, gemeinsam ein Flugabwehrraketensystem. Nachdem im Herbst 1951 erste Tests erfolgt waren, gelang am 25. Mai 1953 der Abschuss eines realen Abfangobjektes. In 7000 Metern Höhe zerstörte eine Fla-Rakete des Typs S-25 *Berkut* einen ferngelenkten Tu-4 Bomber. Am 7. Mai 1955 wurde das neue Waffensystem offiziell in die Bewaffnung der sowjetischen Streitkräfte aufgenommen[79]. Zeitgleich begann die sowjetische Heimatluftverteidigung mit dem Bau eines zweifachen stationären Fla-Raketenringes um Moskau. Am 15. Juli 1955 übernahm die aus 56 Fla-Raketenregimentern neu aufgestellte 1. Sonder-Luftverteidigungsarmee die Kontrolle über den Moskauer Luftraum. Ihr standen insgesamt 3360 Raketenabschussrampen zur Verfügung. Es zeigte sich jedoch rasch, dass dieses extrem kosten- und mannschaftsintensive Luftverteidigungssystem den Anforderungen eines möglichen Nuklearkrieges nicht mehr entsprach, weshalb die Militärführung auf die geplante Stationierung der S-25 um Leningrad und Baku verzichtete[80].

Nachdem Anfang 1955 Chruschtschow durch die partielle Entmachtung von Georgij Malenkow im Machtkampf um die politische Nachfolge Stalins einen

---

[77] Vgl. Spravka zur Reduzierung der Streitkräfte, 12. 8. 1955, abgedruckt in: Sokraščenie Vooružennych Sil SSSR, S. 280f.; Fes'kov/Kalašnikov/Golikov, Sovetskaja armija v gody „cholodnoj vojny", S. 176; Drogovoz, Vozdušnyj ščit, S. 145.
[78] Vgl. Tri veka Rossijskogo flota, Bd. 3, S. 246–249; Drogovoz, Bol'šoj flot, S. 158. Allerdings wurde das ehrgeizige Programm der Marine von GOSPLAN und dem ZK der KPdSU gekürzt.
[79] Vgl. Zaloga, Soviet Air Defence Missiles, S. 32–35; Uhl, Stalins V-2, S. 207f.; Kisun'ko, Sekretnaja zona, S. 229f.; Korovin/Fomičev, Rakety nenačavšejsja vojny.
[80] Vgl. Al'perovič, Rakety vokrug Moskvy, S. 60–63; Zaloga, Defending the Capitals, S. 32–38; CIA-NIE-11-5-58: Soviet Capabilities in Guided Missiles and Space Vehicles, 19. 8. 1958, S. 7–10.

wichtigen Teilsieg verbuchen konnte, wandte sich der sowjetische Parteichef verstärkt dem Militär zu[81]. Zunächst ließ die ZK-Führung am 7. Februar 1955 einen Verteidigungsrat der UdSSR schaffen, der als ständiges politisches Führungsorgan fungieren und „Fragen der Verteidigung des Landes und der Streitkräfte" erörtern sollte. Zum Vorsitzenden ließ sich Chruschtschow ernennen. Weitere Mitglieder des Gremiums waren Bulganin, Kaganowitsch, Molotow, Shukow, Wasilewskij und Woroschilow[82]. Zugleich wurde beschlossen, als ständiges „Beratungsorgan" einen Militärrat beim Verteidigungsrat einzurichten. Ihm gehörten insgesamt 35 Generale und Admirale an, den Vorsitz übernahm Marschall Shukow. Dieser war am gleichen Tag zum neuen Verteidigungsminister der UdSSR ernannt worden[83].

Shukow ging zügig daran, die sowjetischen Streitkräfte weiter zu modernisieren, um sie noch besser an die neuen militärstrategischen Bedingungen des Kernwaffenkrieges anpassen zu können.

Mitte der 50er Jahre wurde die sowjetische Militärstrategie endgültig auf den neuen „wahrscheinlichen Gegner" – die USA und ihre europäischen NATO-Verbündeten – umorientiert. Der nuklearen Überlegenheit der USA stellte die Sowjetunion zunächst noch eine Überlegenheit an konventioneller Bewaffnung entgegen. Gleichwohl waren die sowjetischen Streitkräfte bemüht, ihr Nuklearwaffenarsenal beständig auszubauen[84].

Ab der zweiten Hälfte der fünfziger Jahre begann für die sowjetischen Streitkräfte eine neue Entwicklungsetappe. Diese war, bedingt durch die Einführung von Raketenkernwaffen und anderer Waffen- und Militärtechnik, geprägt von einer grundlegenden Umstrukturierung der Streitkräfte. Die technische Umrüstung der Sowjetarmee erforderte nicht nur Modifikationen in der Ausbildung des Personalbestands, auch die Struktur der Streitkräfte sowie die existierende Strategie und Taktik zur Führung von Kampfhandlungen mussten massiv verändert werden. Sie waren vor allen an die Bedingungen des Einsatzes von Kernwaffen auf dem Gefechtsfeld anzupassen[85].

Hierzu modernisierte und reorganisierte die Militärführung zunächst vor allem die Landstreitkräfte. Den unumkehrbaren Übergang zur Nuklearstrategie verdeutlichte im September 1954 das erste sowjetische Großmanöver mit realem Kernwaffeneinsatz. Mehr als 45 000 Soldaten, ausgerüstet mit 600 Panzern, 500 Geschützen, 600 Schützenpanzern und 320 Flugzeugen trainierten in der Nähe der westsibirischen Ortschaft Tozkoe den Durchbruch „durch die vorbereitete taktische Verteidigung des Gegners unter Verwendung einer Atomwaffe". Dabei war es kein Zufall, dass während der von Marschall Shukow geleiteten Übung die angreifenden „Östlichen" über dem Herzstück der „westlichen" Verteidigung,

---

[81] Vgl. Taubman, Khrushchev, S. 265f.; Medvedev/Medvedev, Khrushchev, S. 53–55; Pichoja, Sovetskij sojuz, S. 138.
[82] Beschluss des Präsidiums des ZK der KPdSU „Über die Schaffung eines Verteidigungsrates der UdSSR, 7. 2. 1955, abgedruckt in: Georgij Žukov, S. 28.
[83] Vgl. Protokoll Nr. 106 der Sitzung des Präsidiums des ZK der KPdSU, 7. 2. 1955, abgedruckt in: Prezidium CK KPSS 1954–1964, S. 40.
[84] Vgl. Strategičeskoe jadernoe vooruženie Rossii, S. 3–6; Pervov, Zenitnoe raketnoe protivovozdušnoj oborony strany, S. 104f.; Sovetskaja voennaja mošč', S. 150–161.
[85] Vgl. Panow, Geschichte der Kriegskunst, S. 505ff.; Schröder, Geschichte und Struktur der sowjetischen Streitkräfte, S. 50–52.

einem in allen Details nachgebauten Bataillonsstützpunkt der US-Army, eine Kernwaffe des Typs RDS-3 mit einer Sprengkraft von 42 Kilotonnen zündeten. Insgesamt bestätigte das Manöver die Annahme der sowjetischen Militärführung, dass zur Führung von Kampfhandlungen unter Nuklearkriegsbedingungen nur Panzer- und mechanisierte Divisionen geeignet waren. Demgegenüber verloren die bisherigen Schützendivisionen, die seit der Gründung der Roten Armee die Masse der sowjetischen Landstreitkräfte stellten, ihre militärische Bedeutung völlig[86]. Infolgedessen löste die sowjetische Militärführung ab 1955 die noch verbliebenen Schützendivisionen auf und wandelte den Großteil von ihnen in motorisierte Divisionen um. Zugleich wurde ein Teil der bisherigen mechanisierten Divisionen zu Panzerdivisionen umgerüstet, so dass deren Zahl zwischen 1953 und 1957 von 29 auf insgesamt 47 stieg. Der verbleibende Rest der mechanisierten Divisionen wurde ebenfalls zu motorisierten Schützendivisionen umstrukturiert. Damit verfügte die Sowjetarmee bis Mitte 1957 über insgesamt 156 motorisierte Schützendivisionen. Diese Verbände und die Panzerdivisionen waren entsprechend der sowjetischen Militärdoktrin dafür vorgesehen, „durch die feindliche Verteidigung zu stoßen, den Durchbruch zu entwickeln und mobile Operationen in der Tiefe auszuführen"[87].

Struktur der sowjetischen Landstreitkräfte zwischen 1945 und 1957

Anzahl der Truppenformationen	Mai 1945	August 1946	Mai 1953	Mai 1955	Mai 1957
Allgemeine Armeen	72	42	18	16	15
Panzerarmeen	6	10	9	9	8
Schützenkorps	174	121	64	55	45
Schützendivisionen	516	316	144	125	–
Gebirgsdivisionen	4	4	6	4	4
Motorisierte Schützendivisionen	2	–	–	–	156
Mechanisierte Divisionen	14	65	70	69	–
Panzerdivisionen	26	29	29	32	47
Luftlandekorps	–	5	5	3	–
Luftlandedivisionen	9	10	15	13	11
Kavalleriekorps	8	–	–	–	–
Kavalleriedivisionen	26	6	6	–	–
MG-Artillerie Divisionen/Brigaden	44	26	22	17	23

Quelle: Fes'kov/Kalašnikov/Golikov, Sovetskaja armija v gody „cholodnoj vojny", S. 165.

---

[86] Fischer/Trenin, Das sowjetische Nukleardenken, S. 93 f. Für Details zum Großmanöver siehe: Andrjušin/Černyšev/Judin, Ukroščenie jadra, S. 102–104; Jadernye ispytanija SSSR, S. 254–301; CD Rossija atomnaja.
[87] Malinovskiy, Some Thoughts on the Development of the Soviet Army Tank Troops, S. 35. Dieser Aufsatz erschien im Dezember 1961 in der streng geheimen Ausgabe der Militärzeitschrift „Voennyj mysl". Zugang zu dieser Publikation hatten hochrangige Kommandeure der sowjetischen Streitkräfte bis hinunter zum Armeebefehlshaber. Die CIA-Quelle Oberst Oleg Penkovskij, Offizier der GRU, übergab dem US-Geheimdienst zwischen 1961 und 1962 zwei komplette Jahrgänge dieser Zeitschrift. Siehe hierzu u. a.: Schechter/Deriabin, Die Penkowskij-Akte.

Zugleich nahm in den Luftstreitkräften die Zahl der für einen Atomkrieg einsatzfähigen Einheiten weiter zu. Ab 1954 wurde bei den Fernfliegerkräften der strahlgetriebene Bomber Tu-16 eingeführt, dessen Gefechtsradius von 2500 Kilometern Einsätze gegen Westeuropa und Nordafrika gestattete. Zwischen 1953 und 1963 gingen insgesamt 1507 Maschinen dieses Typs an die Einsatzverbände[88]. Seit 1956 befanden sich zudem erstmals im Rahmen eines neu geschaffenen Bereitschaftssystems auf verschiedenen Stützpunkten in der UdSSR einzelne mit Atombomben ausgerüstete Flugzeuge der Fernfliegerkräfte in ständiger Alarmbereitschaft am Boden. Vorgesehene Ziele waren Einsatzflughäfen des Strategic Air Command in den USA und Westeuropa.

1954 führten die Fernfliegerkräfte ebenfalls den strategischen Bomber M-4 ein. Mit Maschinen dieses Typs und seines Nachfolgemodells 3M, dessen Reichweite von 11 800 Kilometern nun auch den Einsatz gegen transkontinentale Ziele gestattete, wurden bis Ende 1957 insgesamt zwei strategische Bomberdivisionen ausgerüstet. Allerdings besaß die M-4 nur eine maximale Reichweite von 9500 Kilometern, was im Kriegsfall eine Rückkehr in die Sowjetunion nach abgeschlossener Mission unmöglich machte. Die entsprechenden Einsatzplanungen sahen deshalb vor, dass die Besatzungen im westlichen Atlantik in der Nähe von dort stationierten Rettungsschiffen abspringen sollten, um dann von dort per U-Boot wieder zurück in die UdSSR zu gelangen. Ob diese abenteuerliche Strategie Aussicht auf Erfolg gehabt hätte, mag dahingestellt sein. Sie zeigt jedoch, welche hohe Priorität das sowjetische Militär Atomschlägen gegen die Vereinigten Staaten beimaß[89].

Mitte 1956 begann schließlich die Einführung des Fernbombers Tu-95, der bei einer Reichweite von mehr als 12 100 Kilometern direkt Ziele in den USA angreifen konnte. Um diese gestiegenen Einsatzmöglichkeiten den Amerikanern wirkungsvoll zu demonstrieren, starteten Ende 1956 neun Tu-95 des 1006. schweren Bomberregimentes im ukrainischen Uzina zu einem Flug zum Nordpol und wieder zurück[90].

Zugleich war es der Sowjetunion gelungen, ihr Kernwaffenarsenal weiter auszubauen. Bereits im Sommer 1953 testeten sowjetische Wissenschaftler erfolgreich eine erste Wasserstoffbombe vom Typ RDS-6. Ihre Sprengkraft von 400 Kilotonnen übertraf die Zerstörungskraft der bisherigen Atombombentypen um mehr als das Zehnfache. Zwei Jahre später, im Spätherbst 1955, detonierten über dem Testgelände von Semipalatinsk schließlich zwei weiterentwickelte Wasserstoffbombentypen, die eine Sprengkraft von 250 Kilotonnen bzw. 1,6 Megatonnen entwickelten[91]. Doch nicht nur die strategischen Fernfliegerkräfte wurden ab

---

[88] Vgl. RGAE, 29/1/1792, Bl. 5, Die Produktion von Flugzeugen und Motoren 1947–1961, 1961.
[89] Vgl. Moroz, Dal'nie bombardirovščiki, S. 15 f.; Mjasiščev M-4.
[90] Vgl. Dal'njaja aviacija, S. 192–211; Zaloga, The Kremlin's Nuclear Sword, S. 23–30; Strategičeskoe jadernoe vooruženie Rossii, S. 293–328.
[91] Vgl. Istorija sovetskogo atomnogo proekta, S. 113–139; Kulikov, Aviacija i jadernye istpytanija, S. 86–101; Rossija atomnaja. Beim Test der RDS-37 unterschätzten die sowjetischen Wissenschaftler die Sprengkraft der Bombe von 1,7 Megatonnen erheblich. Auf dem Erprobungsfilm ist in der vom Testgelände 70 Kilometer entfernten Garnisonstadt das Splittern zahlreicher Fenster zu hören, die durch die Druckwelle zerbrachen. Die auf den Straßen befindlichen Menschen wurden durch die Kraft der Detonation zu Boden geworfen, was der Kommentator mit hämischen Anmerkungen begleitete.

Mitte der fünfziger Jahre im größeren Umfang mit Kernwaffenträgern ausgerüstet. Auch die Frontflieger erhielten ab Mitte der 50er Jahre mit der RDS-4 eine Atombombe für den taktischen Nukleareinsatz. Als Einsatzträger für die Kernwaffe, die über eine Sprengkraft von 28 Kilotonnen verfügte, diente neben der Tu-16 auch die Il-28. Zudem war die RDS-4 die erste sowjetische Nuklearwaffe, die direkt in den Atomdepots der Streitkräfte gelagert wurde[92]. Seit dem Frühjahr 1953 experimentierten sowohl Luft- als auch Landstreitkräfte zudem mit Spezialbomben bzw. mit Gefechtsköpfen für Raketen, die hochradioaktive Kampfstoffe enthielten. Sie waren als taktische Waffen zur atomaren Verseuchung des Gefechtsfeldes gedacht. Dies ist ein wichtiger Hinweis darauf, dass die Ausstattung der Truppen mit Kernwaffen von der Armeeführung als ungenügend eingeschätzt wurde. Denn bis Mitte der 50er Jahre standen den sowjetischen Truppen kaum mehr als 200 einsatzfähige Nuklearwaffen zur Verfügung[93].

So war es weniger die beginnende Ausstattung der sowjetischen Streitkräfte mit Kernwaffen als viel mehr die drückenden Rüstungslasten, die es Chruschtschow unter dem Eindruck der Détente mit den USA sinnvoll erscheinen ließ, die bisherige Stärke der Sowjetarmee zu verringern. Im Zeitalter der Atombombe waren die traditionellen sowjetischen Massenheere obsolet geworden. Die UdSSR benötigte ausgewogene, modern strukturierte, technisch und materiell gut ausgestattete Truppen, die es ermöglichten, die Streitkräfte für die Durchsetzung politischer Ziele effektiv einzusetzen. Dieses Modernisierungskonzept erforderte allerdings erhebliche Investitionen. Diese waren jedoch kaum möglich, wenn der finanzielle Unterhalt der personell überdimensionierten Streitkräfte mehr als 30 Prozent des Verteidigungsbudgets verschlang[94].

Am 12. August 1955 leitete der Ministerratsbeschluss Nr. 1481-825 deshalb eine Reduzierung der Streitkräftestärke um vorerst 350 000 Mann ein. Zu diesem Zeitpunkt betrug die Etatstärke der sowjetischen Streitkräfte 4 815 870 Mann; tatsächlich dienten in der Armee jedoch nur 4,637 Millionen Mann, darunter 905 093 Offiziere[95]. Zugleich schlug der sowjetische Parteichef den Mitgliedstaaten des eben erst gegründeten Warschauer Paktes vor, „in Verbindung mit der Änderung der internationalen Lage nach der Genfer Konferenz der Staatschefs der Vier-Mächte und mit dem Ziel der Verringerung der Militärausgaben" die Mannschaftsstärke ihrer Streitkräfte ebenfalls um insgesamt 179 000 Mann zu verringern[96].

---

[92] Vgl. Čuprin, Bomby; Andrjušin/Černyšev/Judin, Ukroščenie jadra, S. 84–86.
[93] Vgl. Mezelev, Oni byli pervymi (I), S. 49–52; Čertok, Rakety i Ludi, S. 304; Bystrova, Sovetskij voenno-promyšlennyj kompleks, S. 283 f. Erst 1958 wurden diese Versuche auf Anweisung des ZK der KPdSU eingestellt. Vgl. RGAE, 298/1/77, Bl. 133–137, Befehl KS-202/58, 12. 5. 1958.
[94] Vgl. CIA-Report: Soviet Spending for Defense: Trends Since 1951 and Prospects for the 1980s, 1. 11. 1981, S. 3 f., auf: CD: CIA's Analysis (II); Firth/Noren, Soviet Defense Spending, S. 100–105. Zwischen 1953 und 1961 sanken die Personalkosten der sowjetischen Streitkräfte nach CIA-Informationen um mehr als 25 Prozent.
[95] Vgl. Beschluss des Ministerrats der UdSSR Nr. 1481-825, 12. 8. 1955, abgedruckt in: Sokraščenie Vooružennych Sil, S. 272; Spravka zur Reduzierung der Streitkräfte, 12. 8. 1955, abgedruckt in: Georgij Žukov, S. 52–54.
[96] Schreiben des Sekretärs des ZK der KPdSU an die Sekretäre der kommunistischen Parteien Polens, der ČSSR, Ungarns, Rumäniens, Bulgariens und Albaniens, 12. 8. 1955, abgedruckt in: Sokraščenie Vooružennych Sil SSSR, S. 274–279. Insgesamt sollten die Streitkräfte der genannten Länder von 1,172 Millionen Mann auf 993 000 Mann verringert werden.

Im Februar 1956 empfahl Verteidigungsminister Shukow dem ZK der KPdSU, bis zum Jahresende weitere 420 000 Mann aus der Armee zu entlassen. Erstmals wurden dabei im Zuge einer Streitkräfteverringerung ganze Verbände aufgelöst. Zumeist sollten die Personalfreisetzungen jedoch durch eine Straffung der Führungsstruktur unter Auflösung der bisherigen Korpsebene und die „Verschlankung" bestimmter Einheiten erreicht werden. Auffallend blieb, dass kampfkräftige Verbände von den Reduzierungen nicht betroffen waren; im Gegenteil: das durch die Restrukturierungsmaßnahmen freiwerdende Kriegsmaterial wurde ihnen zum Zwecke der Verstärkung übergeben[97]. Am 17. März 1956 stimmte die sowjetische Führung diesen Vorschlägen zu, wobei allerdings 120 000 der „Entlassenen" dazu bestimmt waren, noch nicht besetzte Planstellen bei den Streitkräften zu komplettieren, so dass die tatsächliche Zahl der in die Reserve Verabschiedeten bei 300 000 Soldaten lag[98].

Das hinderte Chruschtschow freilich nicht daran, die Streitkräftereduzierungen für seine Abrüstungspropaganda einzusetzen. So hatte er im August 1955 offiziell verkündet, dass mehr als 640 000 sowjetische Armeeangehörige ausscheiden würden. Im Mai 1956 vermeldete der sowjetische Parteichef die bevorstehende Entlassung von mehr als 1,2 Millionen Soldaten und Offizieren[99]. Mit diesen Zahlen beeindruckte Chruschtschow nicht nur die Weltöffentlichkeit, sondern verunsicherte auch große Teile der Armee, vor allem der Offiziere. Denn die Entlassungen waren nur unzureichend von sozialpolitischen Maßnahmen flankiert und ein nicht geringer Teil der Längerdienenden wurde sogar ohne jede Rentenansprüche, gesicherte Versorgung mit Wohnraum usw. buchstäblich auf die Straße geworfen[100].

Obgleich sich 1955/56 die sowjetischen Streitkräfte aus Österreich, Finnland und Port Arthur zurückgezogen hatten, zeigte sich im Spätherbst 1956, dass auch die neue Führung unter Chruschtschow nicht auf den Einsatz der Sowjetarmee zur Durchsetzung ihrer politischen Ziele verzichten konnte und wollte. Während in Polen der Einsatzbefehl für die sowjetischen Truppen gerade noch zurückgezogen wurde, schlugen Militäreinheiten der UdSSR den Volksaufstand in Ungarn mit blutiger Waffengewalt nieder. Wie massiv der sowjetische Militäreinsatz war, verdeutlicht allein die Tatsache, dass neben den vier Divisionen der Zentralgruppe zwei Schützendivisionen, sechs mechanisierte Divisionen, zwei Luftlandedivisionen, zwei Flakdivisionen und eine Panzerdivision mit ca. 120 000 Mann gegen die knapp 60 000 Aufständischen eingesetzt wurden[101].

---

[97] Vgl. Schreiben von Žukov und Sokolovskij an das ZK über die weitere Reduzierung der Streitkräfte der UdSSR, 9. 2. 1955, abgedruckt in: Fes'kov/Kalašnikov/Golikov, Sovetskaja armija v gody „cholodnoj vojny", S. 22–24. Aufgelöst wurden lediglich drei Schützendivisionen im Fernost sowie zwei Luftlandedivisionen. Die Restrukturierung von 23 selbständigen schweren Panzer-SFL-Regimentern sollte hingegen zur Neuaufstellung bzw. Auffüllung von drei schweren Panzerdivisionen dienen.
[98] Vgl. Beschluss des Ministerrats der UdSSR Nr. 362-233, 17. 3. 1956, abgedruckt in: Sokraščenie Vooružennych Sil, S. 290 f.
[99] Vgl. Wolfe, Soviet Power, S. 164–166. Zum Problem der Streitkräftereduzierungen siehe: Evangelista, Why Keep Such an Army.
[100] Vgl. Schreiben der Allgemeinen ZK-Abteilung über „ungesunde Erscheinungen" in der Sowjetarmee, 11. 10. 1956, abgedruckt in: Georgij Žukov, S. 602–605.
[101] Vgl. Vartanov, Die Sowjetunion und die Ereignisse in Ungarn, S. 73–88.

Stärke der sowjetischen Streitkräfte 1946–1957 in Mill. Mann

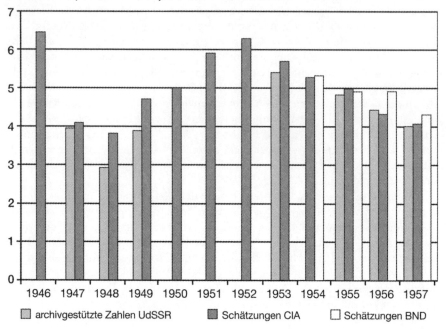

Während der Kämpfe verloren 2652 Ungarn ihr Leben, 19 226 wurden verletzt. Nach der Niederschlagung des Aufstandes nahmen Einheiten des ungarischen Geheimdienstes allein im November 1956 ca. 4700 Personen fest, von denen 1400 inhaftiert und 860 in sowjetische Gefängnisse überstellt wurden. Insgesamt führten Sondergerichte 22 000 Verfahren gegen „Aufständische" durch, von denen 20 000 verurteilt und bis zu 500 hingerichtet wurden. Für die Festigung ihres Herrschaftsbereiches zahlte auch die sowjetische Seite einen hohen Preis. 720 tote sowjetische Offiziere und Soldaten, 1540 Verletzte und 51 Vermisste kostete Chruschtschow die weitere Sicherung des sowjetischen Vorfeldes in Mitteleuropa. Noch größer war allerdings der politische Verlust. Der sowjetische Parteichef verlor im Ausland seinen Nimbus als Reformer, und die Détente erlitt einen schweren Schlag, der letztlich auch mit ihr Ende einleitete[102].

In der zeitgleich einsetzenden Suez-Krise setzte Chruschtschow erstmals auch für seine außenpolitischen Ambitionen gegenüber dem Westen auf das Drohpotential des sowjetischen Militärs. Unverhohlen drohten er und sein Regierungschef Bulganin Frankreich und Großbritannien mit dem Einsatz von Atomraketen. Kurze Zeit später, im März 1957, warnte die Sowjetunion Dänemark und Norwegen vor einem Einsatz von Nuklearwaffen, falls beide Länder für atomare Fernlenkwaffen ihrer NATO-Partner Stützpunkte bereitstellen würden. In der

---

[102] Vgl. Göllner, Die ungarische Revolution, S. 116–120; Hildermeier, Geschichte der Sowjetunion, S. 993; Rogoza/Ačkasov, Zasekrečennye vojny, S. 76–97. Allgemein zu den Ereignissen des Jahres 1956 siehe: Das internationale Krisenjahr 1956; Aufstände im Ostblock.

1956 in Ungarn eingesetzte sowjetische Divisionen

Verband	ständiger Stationierungsort	Datum und Zeit der Alarmierung	Datum und Zeit des Grenzübertritts
Kommando Sonderkorps	Ungarn – Szekesfehervar	23. 10. 1956 – 22.00 Uhr	
2. mech. Gardedivision	Ungarn – Kecskemet	23. 10. 1956 – 22.10 Uhr	
17. mech. Gardedivision	Ungarn – Körmend	23. 10. 1956 – 22.10 Uhr	
177. Garde-Bomberdivision	Ungarn – Debrecent	Nacht vom 23. zum 24. 10. 1956	
195. Garde-Jägerdivision	Ungarn – Papa	Nacht vom 23. zum 24. 10. 1956	
8. Mech. Garde-Armee	MB Prikaparten – Shitomir	Nacht zum 28. 10. 1956	Nacht zum 2. 11. 1956
11. mech. Gardedivision	MB Prikaparten – Nowograd	Nacht zum 28. 10. 1956	1. 11. 1956
32. mech. Gardedivision	MB Prikaparten – Berditschew	27. 10. 1956 – 22.15 Uhr	Nacht zum 29. 10. 1956
35. mech. Gardedivision	MB Odessa – Kischinew	31. 10. 1956 – 20.45 Uhr	Morgen des 4. 11. 1956
70. Garde-Schützendivision	MB Prikaparten	26. 10. 1956	28. 10. 1956 – 10.00 Uhr
31. Garde-Panzerdivision	MB Prikaparten – Shitomir	Nacht zum 1. 11. 1956	3. 11. 1956 – 10.00 Uhr
60. Flak-Division	MB Prikaparten	27. 10. 1956 – 23.00 Uhr	30. 10.–1. 11. 1956
38. Armee	MB Prikaparten	23. 10. 1956 – 21.45 Uhr	24. 10. 1956
27. mech. Divison	MB Prikaparten – Drogobytsch	27. 10. 1956	27. 10. 1956 – 10.00 Uhr
39. mech. Gardedivision	MB Prikaparten	23. 10. 1956 – 21.45 Uhr	24. 10. 1956 – 2.15–9.00 Uhr
128. Garde-Schützendivison	MB Prikaparten – Mukatschewo	23. 10. 1956 – 21.45 Uhr	24. 10. 1956 – 2.15–9.00 Uhr
61. Flak-Division	MB Prikaparten	23. 10. 1956 – 21.45 Uhr	24. 10. 1956
7. Garde-Luftlandedivision	Kaunas	19. 10. 1956	3. 11. 1956 – 19.30 Uhr
31. Garde-Luftlandedivision	Nowograd	28. 10. 1956 – 10.00 Uhr	30. 10. 1956

Quelle: Sovetskij sojuz i vengerskij krizis, S. 376 f.

syrischen Krise im gleichen Jahr drohte die UdSSR erneut mit Atomraketen. Die Reihe solcher sowjetischen Erpressungsversuche ließe sich fast beliebig fortsetzen[103].

Damit wandelte sich die sowjetische Außenpolitik entscheidend. Hatte Stalin zumeist auf ausdrückliche Drohungen gegenüber dem Westen verzichtet und auf die faktische Wirkung der starken konventionellen sowjetischen Streitkräfte vertraut, so setzte Chruschtschow jetzt auf eine enge Verbindung von atomarer militärischer Macht und sowjetischer Außenpolitik[104]. Militärische Drohungen gegenüber dem Westen wurden damit wie Hannes Adomeit feststellte, „zu einem wichtigen Bindeglied zwischen dem militärischen Potential und den außenpolitischen Zielsetzungen und zu einem beherrschenden Charakteristikum der Außenpolitik Chruschtschows"[105].

Dass der sowjetische Parteichef während der Suez-Krise und auch danach freilich nur bluffte, blieb zunächst selbst den Analysten der westlichen Geheimdienste verborgen. Denn tatsächlich begann die Einführung der ersten strategischen Atomrakete bei den Streitkräften der UdSSR, der Rakete R-5M, die einen Atomsprengkopf von 40 Kilotonnen Sprengkraft über eine Reichweite von 1200 Kilometern befördern konnte, erst 1958. Die insgesamt 48 Abschussrampen für diesen Raketentyp stellten zu diesem Zeitpunkt das gesamte strategische Bedrohungspotential der UdSSR dar, denn die ersten einsatzfähigen Interkontinentalraketen des Typs R-7A standen, wie später noch zu zeigen ist, erst ab 1960 zur Verfügung[106].

Damit ist auch das Hauptproblem beschrieben, vor dem Chruschtschow während der gesamten zweiten Berlin-Krise stand. Zwar war es ihm durch die überraschende Entlassung Shukows und die Einsetzung seines Vertrauten Rodion Ja. Malinowskij als Verteidigungsminister im Oktober 1957 gelungen, die absolute Vorherrschaft der Partei und damit auch seiner Person in der Armee wiederherzustellen[107], doch fehlten ihm für die Durchsetzung seiner außenpolitischen Ambitionen und der sowjetischen Sicherheitsinteressen ausbalancierte Streitkräfte. Obgleich sich die sowjetische Partei- und Staatsführung seit Mitte der fünfziger Jahre für den raschen Aufbau strategischer Nuklearstreitkräfte einsetzte und hierfür gewaltige Ressourcen aufwendete, blieb ein Ungleichgewicht zugunsten der konventionellen Truppen weiter bestehen. Damit stand Chruschtschow vor dem Dilemma, dass durch die andauernde strategische Unterlegenheit der Sowjetunion gegenüber den USA sein militärpolitischer Hebel stets zu kurz war, um seine weitgesteckten außenpolitische Ziele zu erreichen. Wie noch zu zeigen sein wird, zog sich dieses Kardinalproblem wie ein roter Faden durch die gesamte sowjetische Militär- und Sicherheitspolitik während der zweiten Berlin-Krise.

---

[103] Vgl. Biörklund, Lenkwaffen und die Zukunft, S. 599; Wolfe, Soviet Power, S. 80–89.
[104] Vgl. Zubok/Pleshakov, Inside the Kremlin's Cold War, S. 190. Allgemein zur nuklearen Außenpolitik Chruščevs siehe: Zubok/Harrison, The Nuclear Education of Nikita Khrushchev, S. 141–168.
[105] Adomeit, Militärische Macht, S. 214.
[106] Vgl. RGAE, 298/1/1429, Bl. 115–130, Befehl Nr. 42 des Vorsitzenden des Staatskomitees für Verteidigungstechnik „Über die Einführung der R-7 in den Truppendienst", 1. 2. 1960; Raketnyj ščit, S. 68–80; Karpenko/Utkin/Popov, Raketnye kompleksy, S. 106 ff.
[107] Zur Entmachtung Žukovs siehe u. a.: Georgij Žukov; Medvedev, Khrushchev, S. 122 f.; Taubman, Khrushchev, S. 361–364; Taylor, Politics and the Russian Army, S. 185–190.

Exkurs – Von der Gruppe der sowjetischen Besatzungstruppen in Deutschland zur Gruppe der sowjetischen Streitkräfte 1945 bis 1958

Zum Zeitpunkt der deutschen Kapitulation am 8. Mai 1945 befanden sich auf dem Territorium der späteren Sowjetischen Besatzungszone mehr als eine Million Angehörige der sowjetischen Streitkräfte. Die Masse der Soldaten und Offiziere wurde von der 1. und 2. Belorussischen Front gestellt. Die restlichen Kräfte gehörten Teilen der 1. Ukrainischen Front, Verbänden des NKWD und anderen sowjetischen Sonderformationen sowie zwei polnischen Armeen an[108].

Bereits am 29. Mai 1945 wies das Oberkommando der sowjetischen Streitkräfte den Kommandierenden der 1. Belorussischen Front, Marschall Georgij K. Shukow an, seine operative Gruppierung mit Wirkung vom 10. Juni 1945 in Gruppe der sowjetischen Besatzungstruppen in Deutschland (GSBT) umzubenennen. Gleichzeitig sollten drei Armeen der 2. Belorussischen Front ebenfalls in die neu zu bildenden Besatzungstruppen eingegliedert werden. Damit setzte sich die Gruppe der sowjetischen Besatzungsstreitkräfte in Deutschland zunächst aus sieben Armeen, zwei Panzerarmeen sowie mehreren selbständigen Korps zusammen. Diese Streitmacht wiederum gliederte sich in 63 Schützendivisionen, 20 Panzerbrigaden, 12 mechanisierte Brigaden sowie drei Kavalleriedivisionen und neun Artilleriedivisionen. Operativ unterstanden der GSBT auch noch zwei Divisionen der 1. Polnischen Armee sowie die Dnjepr-Flottille[109].

Darüber hinaus befanden sich auf dem Territorium der SBZ noch zehn Regimenter der Inneren Truppen des Sowjetischen Innenministeriums (NKWD/MWD), die über mehr als 15000 Mann verfügten. Ihnen oblag vor allem der Objektschutz wichtiger Gebäude und Einrichtungen des sowjetischen Geheimdienstes in der SBZ. Die Soldaten der Inneren Truppen übernahmen auch die Bewachung der zehn vom NKWD in der SBZ errichteten Speziallager, die der Inhaftierung ehemaliger Nationalsozialisten und politischer Gegner dienten[110].

---

[108] Vgl. Arlt, Sowjetische Truppen in Deutschland, S. 594. Nachdem bereits im Sommer 1941 in der UdSSR eine polnische Armee unter General Wladislaw Anders aufgestellt worden war, die jedoch 1942 nach Nordafrika verlegte, wurde ab Herbst 1943 die aus polnischen Freiwilligen bestehende Infanteriedivision „Tadeusz Kościuszko" zum Armeekorps erweitert, das unter dem Kommando von Generalleutnant Zygmunt Berling stand. Im August 1944 erfolgte dann die Aufstellung einer 2. Polnischen Armee. Ende 1944 verfügten die von der Sowjetunion formierten polnischen Streitkräfte über rund 290000 Mann. Im Frühjahr 1945 nahmen beide polnische Armeen dann an der „Berliner Operation" teil und stellten später den Grundstock der „Polnischen Volksarmee". Siehe hierzu u. a.: Gosztony, Stalins fremde Heere.

[109] Vgl. Direktive der STAVKA des Oberkommandierenden an den Kommandierenden der Streitkräfte der 1. Belorussischen Front über die Umbenennung der Front in Gruppe der sowjetischen Besatzungsstreitkräfte in Deutschland, 29. 5. 1945, abgedruckt in: Russkij archiv: Bitva za Berlin, S. 419 f. Zur GSBT gehörten die 1. Garde-Panzerarmee (Stab in Radebeul), 2. Garde-Panzerarmee (Stab in Fürstenberg/Havel), 2. Stoß-Armee (Stab in Goldberg), 3. Stoß-Armee (Stab in Stendal), 5. Stoß-Armee (Stab in Nauen), 8. Garde-Armee (Stab in Jena), 47. Armee (Stab in Eisleben), 49. Armee (Stab in Wittenberg) sowie die 70. Armee (Stab in Rostock). Die 1943 neu gebildete Dnjepr-Flottille verfügte über bis zu 130 Schiffe und Boote (darunter 6 Kanonenboote, 34 Flusspanzerschiffe sowie 9 schwimmende Batterien) und drang zwischen 1943/45 über Dnjepr, Beresina, Pripjat, Bug, Weichsel, Oder und Spree bis Berlin vor. Kurz nach Kriegsende wurde die Flottille aufgelöst.

[110] Gosudarstvennyj archiv Rossijskoj Federacii – Staatsarchiv der Russischen Föderation (künftig:

Für die Luftdeckung dieser Streitkräftegruppierung in der Sowjetischen Besatzungszone war die 16. Luftarmee verantwortlich, deren Stab zunächst in Woltersdorf bei Berlin lag. Diese verfügte über neun Jagdflieger-, drei Schlachtflieger-, sechs Bomber- und eine Nachtbomberdivision mit mehr als 2000 Flugzeugen[111].

Zusammen mit der Bildung der Gruppe der sowjetischen Besatzungsstreitkräfte in Deutschland hatte Stalin die Auflösung von 13 Schützenkorps und 45 Schützendivisionen angewiesen, die sich ebenfalls noch auf dem Territorium der SBZ befanden[112]. Gleichzeitig begann die Verlegung zahlreicher Einheiten nach Fernost, wo sie am Krieg gegen Japan teilnehmen sollten. Damit sank die Zahl der im Sommer 1945 in der sowjetischen Besatzungszone stationierten sowjetischen Soldaten auf ca. 700 000 Mann. Gleichzeitig begannen die in der SBZ verbliebenen sowjetischen Verbände per Befehl Nr. 4 des Oberkommandierenden der GSBT, Marschall Shukow, am 15. Juni 1945 wieder mit ihrer militärischen Ausbildung. Von der ab Juli 1945 einsetzenden Demobilisierung der sowjetischen Armee, bei der insgesamt 33 Jahrgänge aus dem Militärdienst entlassen wurden, wurde auch die GSBT erfasst. Noch Ende 1945 verlegten die Verbände der 47., 49. und der 70. Armee zurück in die UdSSR, wo sie aufgelöst wurden. Bis zum Herbst 1946 schieden mit der 2. und der 5. Stoß-Armee zwei weitere operative Vereinigungen aus dem Bestand der Gruppe der sowjetischen Besatzungsstreitkräfte aus[113]. Gleichzeitig wechselten im Rahmen der Truppenauflösungen innerhalb der GSBT einzelne Divisionen ihr bisheriges Unterstellungsverhältnis. So wurde beispielsweise die Führung des IX. Schützenkorps, bisher zur 5. Stoß-Armee gehörig, in die 3. Stoß-Armee eingegliedert. In deren Bestand ging ebenfalls die 94. Garde-Schützendivision ein, die als Verband der aufzulösenden 5. Stoß-Armee in der SBZ verblieb. Das von der Armee zurückgelassene Kriegsmaterial wurde zudem genutzt, um die 416. Schützendivision zur 18. mechanisierten Division umzuformen. Da ihr Standort weiter in Perleberg blieb, unterstellte das Kommando der GSBT auch diese Division jetzt der 3. Stoß-Armee[114].

Insgesamt verringerte sich innerhalb eines Jahres der ursprüngliche Personalbestand der GSBT um mehr als 50 Prozent auf rund 500 000 Mann. Im November

---

GARF), 9401/2/97, Bl. 10, Schreiben von Berija an Stalin über die Reorganisation des Apparates des Bevollmächtigten des NKVD bei der 1., 2. und 3. Belorussischen Front sowie der 1. und 4. Ukrainischen Front, 22. 6. 1945; Semirjaga, Kak my, S. 170.

[111] Vgl. Direktive der STAVKA des Oberkommandierenden an den Kommandierenden der Streitkräfte der 1. Belorussischen Front über die Umbenennung der Front in Gruppe der sowjetischen Besatzungsstreitkräfte in Deutschland, 29. 5. 1945, abgedruckt in: Russkij archiv: Bitva za Berlin, S. 419f.; Freundt, Sowjetische Fliegerkräfte (II), S. 28; 16-ja Vozdušnaja, S. 333ff.

[112] Vgl. Direktive der STAVKA des Oberkommandierenden an den Kommandierenden der Streitkräfte der 1. Belorussischen Front über die Umbenennung der Front in Gruppe der sowjetischen Besatzungsstreitkräfte in Deutschland, 29. 5. 1945, abgedruckt in: Russkij archiv: Bitva za Berlin, S. 420.

[113] Vgl. Sovetskie vooružennye sily, S. 374–377; Burlakow, Wir verabschieden uns, S. 22f; Naimark, The Russians, S. 17; Fronty, Floty, Armii, S. 77–183; Štutman, 70-ja armija. Für einen Überblick zu den Strukturveränderungen der GSBT und der GSSD zwischen 1945–1965 siehe im Anhang Abschnitt a).

[114] Vgl. Direktive der STAVKA des Oberkommandierenden an den Kommandierenden der Streitkräfte der 1. Belorussischen Front über die Umbenennung der Front in Gruppe der sowjetischen Besatzungsstreitkräfte in Deutschland, 29. 5. 1945, abgedruckt in: Russkij archiv: Bitva za Berlin, S. 419–420; Standortkartei des BND – Militärische Objekte der GSBT/GSSD in Perleberg, BA Koblenz, B 206/112; Drogovoz, Tankovyj meč, S. 401 f.

1946 befehligte der neue Oberkommandierende der GSBT, Marschall Wasilij D. Sokolowskij, noch insgesamt fünf Armeen: die im Norden der SBZ stationierte 3. Stoß-Armee, die im Südwesten befindliche 8. Garde-Armee, die im Nordosten stationierte 2. mechanisierte Garde-Armee und die 1. mechanisierte Garde-Armee, deren Hauptquartier sich in Dresden befand. Die 16. Luftarmee gehörte ebenfalls weiterhin zur Struktur der Gruppe der sowjetischen Besatzungsstreitkräfte in Deutschland. Ende 1946 verfügte die GSBT damit noch über fünf Schützendivisionen, sieben mechanisierte Divisionen und sechs Panzerdivisionen. An Unterstützungsverbänden standen dem Oberkommando der Gruppe der sowjetischen Besatzungsstreitkräfte in Deutschland vier Artilleriedivisionen, zwei Panzerjägerbrigaden sowie fünf Flakartilleriedivisionen zur Verfügung[115].

1947 wurden dann mit der 1. und 11. Panzerdivision zwei gepanzerte Verbände aus der GSBT herausgelöst. Die 11. Panzerdivision verlegte in die Sowjetunion und ihre Regimenter teilte die Militärführung dort verschiedenen Verbänden zu. Auch die 1. Panzerdivision wurde nur formal aufgelöst. Ihre drei Panzerregimenter unterstellte die GSBT-Führung der 39. und 207. Schützendivision sowie der 20. mechanisierten Division, womit vor allem die Kampfkraft der beiden Infanteriedivisionen beträchtlich gesteigert wurde[116]. Die 1945 aus der 33. sowie der 364. Schützendivision gebildete 15. mechanisierte Division hingegen löste die sowjetische Militärführung im gleichen Jahr vollständig auf, das gleiche Schicksal traf auch die 82. Garde-Schützendivision. Teile ihrer Einheiten fanden jedoch in der 9. mechanisierten Division Verwendung. Die Gesamtstärke der GSBT sank damit nach Schätzungen des US-Militärgeheimdienstes bis Ende 1947 auf ca. 300000 Mann[117].

Während die in der SBZ stationierten sowjetischen Truppen beträchtlich reduziert und zahlreiche Verbände, Mannschaften und Technik in die UdSSR zurückgeführt worden waren, wurde die Kampfkraft der weiterhin in Deutschland befindlichen Einheiten auf höchstes Niveau gesteigert. Die Bewaffnung und Ausrüstung der aufgelösten Einheiten gingen zum Großteil in den Besitz der GSBT-Divisionen über, wo sie zur Vereinheitlichung, Komplettierung und Modernisierung der Verbände verwendet wurden. Hatten 1945 noch Panjewagen und verschlis-

[115] Vgl. Arlt, Fremdbestimmung der DDR, S. 173; Operativnyj plan dejstvij Gruppy sovetskich okkupacionnych vojsk v Germanii, 5. 11. 1946, abgedruckt in: Garelov, Otkuda ugroza, S. 27–31. Eine deutsche Übersetzung des Dokuments findet sich bei: Garelow, Woher droht Gefahr, S. 358–364. Gliederung der GSBT Ende 1946: 3. Stoß-Armee (Magdeburg): IX. Schützenkorps mit 94. Garde-Schützendivision (GSD) und 18. mechanisierter Division (mech. D.); LXXIX. Schützenkorps mit 207. Schützendivision (SD) und 15. mech. D.; 11. Panzerdivision (PD) – 8. Garde-Armee (Weimar): XXIX. Garde-Schützenkorps mit 57. GSD, 82. GSD und 21. mech. Garde-Division (mech. GD); XXVIII. Garde-Schützenkorps mit 39. GSD und 20. mech D. – 2. mech. Garde-Armee (Fürstenberg): 1. PD, 9. und 12. Garde-Panzerdivision (GPD), 1. mech. D. – 1. mech. Garde-Armee (Dresden): 9. PD, 11. GPD, 8. und 19. mech. GD. – 16. Luftarmee (Woltersdorf): 6. Schlachtfliegerkorps, 3. Bombenfliegerkorps, 1. Garde-Jagdfliegerkorps, 3. Jagdfliegerkorps und 246. Jagdfliegerdivision. Folgende Verbände unterstanden direkt dem Kommando der GSBT: 4. Artillerie-Durchbruchskorps mit 4. und 5. Artilleriedivision, die 5. und 34. Artilleriedurchbruchsdivision sowie 3. und 4. Garde-Panzerjägerbrigade; 2. Garde-Flakartilleriedivision (mech. GD); 6., 10., 24. und 32. Flakartilleriedivision.
[116] Vgl. Drogovoz, Tankovyj meč, S. 360–393. Zu Details für die Reorganisation der zur GSBT/GSSD gehörenden Divisionen ab Herbst 1945 siehe im Anhang Abschnitt b).
[117] Vgl. Foitzik, Der Sicherheitsapparat der SMAD, S. 119; Fes'kov/Kalašnikov/Golikov, Sovetskaja armija v gody „cholodnoj vojny", S. 113–117.

sene Uniformen das Bild von der Roten Armee in Deutschland geprägt, verschwanden diese jetzt schnell aus dem Blickfeld. Ab 1947 waren alle Einheiten der GSBT bereits vollständig motorisiert. Verfügte 1944 eine Schützendivision über lediglich 418 Fahrzeuge, so hatte sich deren Zahl bis 1948 auf 1488 mehr als verdreifacht. Gleichzeitig erhielten die Schützendivisionen jetzt ein eigenes Panzer-SFL-Regiment, während den Schützenregimentern zusätzlich eine selbständige SFL-Batterie unterstellt wurde[118]. Da immer noch mehr als genug Rüstungsmaterial vorhanden war, ging die GSBT zur weiteren Erhöhung ihrer Kampfkraft gleichzeitig dazu über, mehrere Schützendivisionen in motorisierte Divisionen umzurüsten[119].

Die Gefechtsmöglichkeiten der Schützenkorps nahmen durch die Modernisierung und Umstrukturierung im Vergleich zum Kriegsende erheblich zu. Sie verfügten ab 1946 über ein bis zwei Schützendivisionen, eine mechanisierte Division sowie Korpstruppenteile. Während sich die Anzahl der Geschütze und Granatwerfer um 21 Prozent erhöht hatte, stieg die Zahl der jetzt zur Verfügung stehenden Panzer und Selbstfahrlafetten um mehr als das 20fache. Durch die Eingliederung der mechanisierten Division sowie neuer Artillerieverbände sollten die Schützenkorps nach den Planungen des sowjetischen Generalstabes vor allem dazu befähigt werden, „die taktische Verteidigung selbständig zu durchbrechen und den Angriff mit hohem Tempo in die Tiefe vorzutragen"[120].

Ähnliche Aufgaben waren auch den allgemeinen Armeen zugedacht, denen zwei Schützenkorps nebst Unterstützungseinheiten unterstanden. Sie hatten sich bis zum Anfang der fünfziger Jahre zu einem beweglichen operativen Verband entwickelt, der mehr Panzer und SFL besaß als eine sowjetische Panzerarmee am Ende des Zweiten Weltkrieges. Ihre Aufgabe sollte es sein, die Front des Gegners bereits am ersten Gefechtstag zu durchstoßen und den Angriff mit hoher Geschwindigkeit in die operative Tiefe fortzusetzen[121]. Wichtigste Kampfkraft der GSBT waren jedoch ihre beiden mechanisierten Armeen. Sie waren aus den Panzerarmeen hervorgegangen und setzten sich aus jeweils zwei Panzer- sowie zwei mechanisierten Divisionen bzw. drei Panzer- und einer mechanisierten Division zusammen, die die bisherige Korpsstruktur ersetzten. Die Zuführung neuer Waffensysteme und Divisionstruppen bewirkte gleichzeitig, dass ihre Verbände über mehr Panzer, motorisierte Infanterie und Artillerie verfügten als die alten Korps[122]. Weil die mechanisierten Armeen zudem mit Feld- und Flakartillerie verstärkt worden waren, lag ihre Stoßkraft weit über der einer sowjetischen Panzerarmee im Zweiten Weltkrieg. Die sowjetische Militärstrategie nach 1945 dachte den mechanisierten Armeen deshalb als Hauptaufgabe zu, den taktischen Angriff

---

[118] Arlt, Sowjetische Truppen in Deutschland, S. 595; Auf Gefechtsposten, S. 75.
[119] Vgl. Drogovoz, Tankovyj meč, S. 393f. Dies betraf neben der bereits erwähnten 15. und 18. mech. Division auch die 19., 20. und 21. mech. Garde-Division. Sie waren aus der 47., 79. sowie der 27. Garde-Schützendivision hervorgegangen.
[120] Die Streitkräfte der UdSSR, S. 610.
[121] Vgl. Panow, Geschichte der Kriegskunst, S. 506; Korabljow/Anfilow/Mazulenko, Kurzer Abriß, S. 261.
[122] Vgl. Befehl Nr. 0013/1945 des Volkskommissars für Verteidigung, 10. 6. 1945, abgedruckt in: Russkij archiv: Prikazy, S. 373f.

der allgemeinen Armeen zum operativen oder bei besonders guten Bedingungen sogar zum strategischen Erfolg auszuweiten[123].

Doch für die Gruppe der sowjetischen Besatzungsstreitkräfte in Deutschland standen zunächst Verteidigungsaufgaben im Vordergrund. Dies geht zumindest aus dem Operativen Plan hervor, der im November 1946 von der Operativen Verwaltung des Generalstabes der Streitkräfte der UdSSR für die GSBT erarbeitet worden war. Die Planungen des Generalstabes sahen für den Fall eines bewaffneten Konfliktes mit den ehemaligen Verbündeten vor, das Territorium der SBZ zunächst auf keinen Fall direkt an der Grenze zu verteidigen. Stattdessen sollte die Hauptverteidigungslinie der GSBT ostwärts von Elbe und Saale liegen. Dabei hatten die allgemeinen Armeen den Vormarsch des Gegners verlangsamen, um den beiden in der SBZ stationierten mechanisierten Armeen Zeit geben, zum Gegenangriff anzutreten. Besonderen Wert legte die sowjetische Verteidigungskonzeption bereits damals auf die Sicherung Berlins:

„4. Die wahrscheinlichsten Handlungsrichtungen starker Kräfte des Gegners sind:
1. Helmstedt, Magdeburg, Berlin   3. Kassel, Leipzig
2. Hamburg, Schwerin   4. Hof, Plauen, Leipzig

Die Richtung Helmstedt, Magdeburg, Berlin ist dabei als die wichtigste Richtung anzusehen. Ausgehend von dieser Einschätzung:
– ist die größte Truppendichte im Hauptverteidigungsstreifen in folgenden Abschnitten zu fassen:
1. Burg, Magdeburg, Bernburg mit der Aufgabe, die Berliner Richtung zu decken.
2. Halle, Kahla (10 km südlich Jena) mit der Aufgabe, einen Durchbruch des Gegners in Richtung Leipzig und einen Vorstoß auf Berlin nicht zuzulassen."[124]

Entsprechend diesen Vorgaben sah der Befehl Nr. 015 des Oberkommandierenden der Gruppe der sowjetischen Besatzungsstreitkräfte in Deutschland vom 15. Januar 1946 vor, in folgender Reihenfolge militärische Handlungen zu üben: a) Verteidigungsoperationen, b) Rückzugsoperationen, c) Angriffsoperationen[125]. Bereits zwei Jahre später deutete sich eine erste Wandlung im Übungsverhalten der GSBT an. Jetzt standen vor allem Offensivhandlungen wie umfangreiche Marschübungen im Korpsverband sowie die Durchführung von Gegenangriffen im Frontmaßstab und Luftlandungen auf dem Manöverplan[126]. Die im Juni 1948 einsetzende Berlin-Krise sorgte schließlich dafür, dass der Verteidigungsplan der GSBT aus dem Jahre 1946 endgültig zu den Akten gelegt wurde.

Als in der Nacht vom 23. zum 24. Juni 1948 mit der Einstellung des gesamten Schienen- und Straßenverkehrs zwischen Berlin und Helmstedt die heiße Phase der Blockade begann, stand die Gruppe der sowjetischen Besatzungskräfte in Deutschland vor der Aufgabe, den Plänen Stalins zur Einverleibung West-Berlins militärisch Nachdruck zu verleihen[127]. Die notwendigen Grundlagen für diesen

---

[123] Vgl. Sovetskie vooružennye sily, S. 393; Pavlovskij, Suchoputnye vojska SSR, S. 207–209.
[124] Operativnyj plan dejstvij Gruppy sovetskich okkupacionnych vojsk v Germanii, 5. 11. 1946, abgedruckt in: Garleov, Otkuda ugroza, S. 27; Glantz, The Military Strategy of the Soviet Union, S. 180–186.
[125] Vgl. Prikaz glavnokomandujuščego Gruppoj sovetskich okkupacionnych vojsk v Germanii Nr. 015, 19. 1. 1946, abgedruckt in: Omeličev, S pozicij sily, S. 21–24.
[126] Vgl. Plan komandirskich zanjatij po operativno-taktičeskoj podgotovke v polevom upravlenii Gruppy sovetskich okkupacionnych vojsk v Germanii na 1948 god, 15. 1. 1948, in: Ebenda, S. 25 f.
[127] Zur ersten Berlin-Krise siehe u. a.: Sterben für Berlin; Keiderling, Die Berliner Krise 1948.

Militäreinsatz waren jedoch bereits im Frühjahr 1948 getroffen worden. Unmittelbar nach dem Ende der Londoner Sechs-Mächte-Konferenz, die sich auf eine föderale Regierungsform eines zu bildenden westdeutschen Staates und dessen Einbeziehung in das Europäische Wiederaufbauprogramm geeinigt hatte, erging an den sowjetischen Generalstab die Anweisung, einen Plan für „Kontroll-Begrenzungsmaßnahmen der Verbindungen Berlins und der sowjetischen Zone mit den westlichen Besatzungszonen Deutschlands" auszuarbeiten. Dieser sah vor, die westlichen Alliierten durch die schrittweise Blockade der land- und seeseitigen Transportrouten zu deren Berliner Besatzungszonen unter Druck zu setzen. Mit der Umsetzung des Operationsplanes beauftragten Stalin und der Generalstab in Moskau den Oberbefehlshaber der Gruppe der sowjetischen Besatzungstruppen in Deutschland und Chef der sowjetischen Militäradministration, Marschall Sokolowskij[128].

Sokolowskij erließ daraufhin am 25. bzw. am 27. März 1948 die streng geheimen Befehle Nr. 002 und 003. Mittels dieser Anordnungen sollten nicht nur der Passagierverkehr und die Gütertransporte für die westlichen Besatzungstruppen von und nach Berlin auf ein Minimum beschränkt werden. Zugleich wurde die Bewachung der westlichen Zonengrenze der SBZ erheblich verstärkt. Zu diesem Zweck hatten die 3. Stoß-Armee und die 8. Garde-Armee insgesamt drei Schützenregimenter und sechs Schützenbataillone, mithin fast das Äquivalent einer gesamten Division, an die Demarkationslinie nördlich und südlich der Elbe zu verlegen. Auch den Ring um Berlin zogen die Sowjets fester. Entsprechend dem Befehl Nr. 003, der die „Verstärkung der Bewachung und Kontrolle an den Außengrenzen Groß-Berlins" vorsah, gingen an den Randbezirken der Stadt vier motorisierte Schützenbataillone der 1. und der 18. mechanisierten Division in Stellung[129]. Die westlichen Geheimdienste, allen voran die CIA, waren über die militärischen Schritte der UdSSR in der SBZ, die mit der Verlegung von 20000 Mann der Sowjetarmee und 12000 Soldaten der Streitkräfte des Innenministeriums der UdSSR an die westlichen Außengrenzen des sowjetischen Blocks sowie einer Vielzahl von Manövern einhergingen, alarmiert. Gleichwohl kamen die Nachrichtendienstexperten zu dem Schluß, dass die Sowjetunion keinesfalls auf einen Krieg mit den USA und ihren Verbündeten vorbereitet sei[130].

Unterdessen forderte die seit Anfang April 1948 verschärfte sowjetische Blockadepolitik ihre ersten Opfer. Nachdem am 31. März Jagdflugzeuge der 16. Luftarmee Scheinangriffe auf West-Berlin ansteuernde US-Maschinen geflogen hatten, kollidierte am 5. April 1948 unweit des Flugplatzes Gatow innerhalb des Luftkorridors eine Transportmaschine der British European Airlines mit einem sowjetischen Jäger von Typ Jak-9, der versucht hatte, das britische Flugzeug von seinem Kurs abzudrängen. Die fünf englischen Besatzungsmitglieder, ihre neun Passagiere und der sowjetische Pilot fanden dabei den Tod[131]. Während der

---

[128] Vgl. Rossija (SSSR) v lokal'nych vojnach, S. 132; Scherstjanoi, Deutschlandpolitische Absichten der UdSSR 1948, S. 42.
[129] Vgl. Narinskij, Berlinskij krizis 1948–1949, S. 21 f.; Laufer, Die Ursprünge der Berlin-Blockade, S. 575; Gobarev, Soviet Military Plans, S. 13 ff.
[130] Vgl. On the Front Lines of the Cold War, S. 133 f.; Harris, March Crisis 1948.
[131] Vgl. Parrish, Berlin, S. 148 f.; Adomeit, Die Sowjetmacht, S. 110.

Militär-Gouverneur der amerikanischen Besatzungszone, General Lucius D. Clay, nach dem Zwischenfall eine vollständige Schließung der Luftkorridore befürchtete und für diesen Fall Jagdschutz für die amerikanischen Transportflüge von und nach Berlin erwog, reagierten sein französischer und britischer Amtskollege wesentlich verhaltener, da ihre Regierungen sie angewiesen hatten, „die Beziehungen zu den Russen nicht zu verschlechtern."[132]

Stalin hingegen setzte seine Politik der kleinen Schritte: Druck ausüben, Reaktion abwarten, bis zum 24. Juni 1948 fort. Dann nahm die UdSSR die an diesem Tag durchgeführte westliche Währungsreform in Berlin zum Anlaß, eine völlige Verkehrsblockade gegen alle Land- und Wasserwege zwischen den drei Westzonen und Berlin zu verhängen. Gleichzeitig verstärkte die GSBT ihr militärisches Muskelspiel und versetzte ihre in der SBZ stationierten Truppen in Alarmbereitschaft[133].

An den Außengrenzen Berlins brachte die sowjetische Militärführung in der SBZ fünf bis sechs ihrer Divisionen sowie Einheiten der Luftstreitkräfte und Luftverteidigung in Stellung. Ihre Aufgabe war die Sicherstellung einer vollständigen Blockierung der land- und wasserseitigen Verkehrswege nach West-Berlin. Zugleich hatten sie den Auftrag, mögliche Versuche der Westalliierten, mit bewaffneten Versorgungskonvois zur abgeschnittenen Stadt vorzustoßen, abzuwehren[134]. Die starke Präsenz sowjetischer Truppen um Berlin und an den Verbindungsrouten der Stadt nach Westen schloss für die USA und ihre Verbündeten zumindest die Option eines gewaltsamen Durchbruches aus. Während Clay diese Variante bei Krisenbeginn noch für aussichtsreich hielt, machte Washington dem Oberbefehlshaber der amerikanischen Streitkräfte in Europa rasch klar, dass die US-Regierung „im Hinblick auf das mögliche Krisenrisiko und die mangelnde Vorbereitung der Vereinigten Staaten auf einen globalen Konflikt" gegen bewaffnete Konvois nach West-Berlin war[135]. Vielmehr verzichteten die westlichen Alliierten auf die offene Anwendung militärischer Gewalt und setzten auf die Versorgung der Stadt durch eine Luftbrücke. Diese sollte nicht nur das Überleben der alliierten Truppen in den abgeschnittenen westlichen Stadtteilen, sondern auch der zwei Millionen West-Berliner sichern.

Hatte die UdSSR in der SBZ bis Mitte 1948 rund 300000 Mann ihrer Streitkräfte stationiert, so erhöhte sie im Verlauf der Berlin-Blockade ihre Truppenpräsenz auf ostdeutschem Territorium beträchtlich[136]. Aus Österreich wurden zwischen 1947 und 1948 von der *Zentralgruppe der Streitkräfte* die 3. sowie die 4. mechanisierte Garde-Armee abgezogen und südöstlich bzw. nordöstlich von Berlin stationiert. Gleichzeitig brachte die sowjetische Militärführung die dort liegenden

---

[132] Baily/Kondraschow/Murphy, Die unsichtbare Front, S. 78.
[133] Vgl. Arlt, Sowjetische Truppen in Deutschland, S. 602; Kowalczuk/Wolle, Roter Stern, S. 164.
[134] Vgl. Istorija voennoj strategii Rossii, S. 480; Gobarev, Soviet Military Plans, S. 15 ff.
[135] Zit. nach: Adomeit, Die Sowjetmacht, S. 133. Unmittelbar nachdem Clay diese Überlegung ventiliert hatte, wurde er in die US-Hauptstadt zitiert. Auf einer Sitzung des Nationalen Sicherheitsrates am 22. 7. 1948 schloß Truman die Möglichkeit bewaffneter Konvois eindeutig aus. Vgl. Clay, Entscheidung in Deutschland, S. 406 ff.; Truman, Years of Trial and Hope, S. 149–152; Smyser, From Yalta to Berlin, S. 79.
[136] Vgl. Telegram von Clay an Eisenhower, 6. 11. 1947, abgedruckt in: The Papers of General Clay, S. 492; Davison, The Berlin Blockade, S. 150.

gekaderten Rahmenverbände auf volle Kampfstärke. Durch diese Maßnahmen standen der Gruppe der sowjetischen Besatzungsstreitkräfte in Deutschland auf dem Höhepunkt der ersten Berlin-Krise zusätzlich vier Panzerdivisionen und vier mechanisierte Divisionen einschließlich entsprechender Armeeeinheiten zur Verfügung. Die Einheiten der GSBT waren durch die umfangreichen Verlegungen aus Österreich und der Sowjetunion um knapp 95000 Mann sowie mindestens 2450 Panzer, 1400 SPW sowie 884 Geschütze und Granatwerfer verstärkt worden[137]. Zum Vergleich: Dies entsprach in etwa der Zahl der zu diesem Zeitpunkt in Europa befindlichen US-Streitkräfte[138]. Mit der zusätzlichen Stationierung von zwei Armeen im Großraum Berlin verschob die sowjetische Militärführung das bestehende Kräfteverhältnis erheblich zu ihren Gunsten und baute zudem eine beträchtliche Drohkulisse auf.

Da Stalin jedoch davor zurückschreckte, die westalliierte Luftbrücke mittels militärischer Gewalt zu unterbinden und offensichtlich nicht die Absicht hatte, wegen Berlin einen Krieg zu beginnen, musste seine Erpressungspolitik gegenüber den Westalliierten fehlschlagen. Am 12. Mai 1949 hob er die Blockade West-Berlins auf und gab damit die „erste große Schlacht" des Kalten Krieges verloren. Wenig später bekräftigten das Agreement von New York und das Schlußkommunique der Pariser Viermächte-Konferenz die westalliierte Präsenz in Berlin und damit den Status quo ante[139].

Die unmittelbar danach erfolgte Bildung der Bundesrepublik Deutschland und nachfolgend die Gründung der Deutschen Demokratischen Republik blieben für die militärische Mission der GSBT ohne unmittelbare Auswirkung. Die Proklamation eines „Arbeiter- und Bauernstaates" auf deutschem Boden änderte weder den Status der Besatzungstruppen noch die bisherigen Stationierungsmodalitäten. Die GSBT, die nicht einmal ihren Namen änderte, diente nach wie vor als wichtigstes Machtinstrument der UdSSR zur Sicherung ihrer Position in der DDR und im westeuropäischen Vorfeld[140].

Der im Juni 1950 beginnende Koreakrieg sorgte dafür, dass die USA und ihre Verbündeten nicht nur in Asien militärisch aktiv wurden, sondern sich zugleich immer stärker auf einen möglichen Krieg in Europa einstellten. Westeuropa sollte dabei so weit östlich wie möglich verteidigt werden, was dazu zwang, die bisher hier stationierten Truppen zu verstärken. Allein 1951 verlegten zu diesem Zweck

---

[137] Vgl. Glantz, The Military Strategy of the Soviet Union, S. 186, 295 f.; Direktive der STAVKA des Oberkommandierenden an den Kommandierenden der Streitkräfte der 1. Ukrainischen Front über die Umbenennung der Front in Gruppe der sowjetischen Besatzungsstreitkräfte in Deutschland, 29. 5. 1945, abgedruckt in: Russkij archiv: Bitva za Berlin, S. 421 f.; Drogovoz, Tankovyj meč, S. 90 ff., Andronikow/Mostowenko, Die Roten Panzer, S. 176–205; Hart, Die Rote Armee, S. 341–344; Anfänge westdeutscher Sicherheitspolitik – Bd. 1, S. 369; Wolfe, Soviet Power and Europe, S. 39. Die 3. mech. Garde-Armee (Stab Luckenwalde) bestand aus der 6. GPD (Wittenberg), 7. GPD (Roßlau), 9. mech. D. (Cottbus) und der 14. mech. GD (Jüterbog) sowie entsprechenden Armeeeinheiten. Nordöstlich von Berlin war die 4. mech. Garde-Armee (Stab Eberswalde) stationiert. Ihr unterstanden die 10. GPD (Krampnitz), 25. PD (Vogelsang), 6. mech. GD. (Bernau) und 7. mech. GD. (Fürstenwalde) sowie entsprechende Armeeeinheiten.
[138] Vgl. Occupation Forces in Europe Series, 1948: The Fourth Year of the Occupation, 1 July–31 December 1948, Volume V, S. 9.
[139] Vgl. Mastny, The Cold War, S. 63 ff.; Subok/Pleschakow, Der Kreml im Kalten Krieg, S. 85; Wetzlaugk, Die Alliierten, S. 43–46.
[140] Vgl. Lippert, Die GSTD, S. 554; Arlt, Sowjetische Truppen in Deutschland, S. 602.

aus den USA drei Infanterie- und eine Panzerdivision in die Bundesrepublik. Doch wenn die neu gebildete NATO einen möglichen sowjetischen Angriff spätestens am Rhein stoppen wollte, so waren hierfür nach Planungen der amerikanischen Stabschefs allein in Zentraleuropa mindestens 54 Divisionen notwendig. Ende 1951 standen jedoch zwischen Nordsee und Alpen gerade einmal 20 aktive Divisionen, so dass an eine Verteidigung der sogenannten „Rheinlinie" auch nicht im Entferntesten zu denken war[141].

Diese westlichen Sicherheitsbemühungen führten zu einer sowjetischen Gegenreaktion und mithin zu einem noch größeren Ausbau des Militärpotentials der UdSSR in ihrem europäischen Machtbereich. Hiervon war auch die GSBT betroffen. Da sich jedoch, bedingt durch die bereits hohe Dichte sowjetischer Streitkräfte in der DDR, die Zahl der Truppen nicht beliebig erhöhen ließ, setzte die Militärführung der UdSSR vor allem auf eine qualitative Verbesserung der in Ostdeutschland stationierten Verbände. So erhielten die Landstreitkräfte u. a. Maschinenpistolen des Typs Kalaschnikow, neue MG-Bewaffnung und Pistolen, aber auch schwere Schützenpanzerwagen und modernere Artilleriegeschütze, Pioniertechnik sowie Nachrichtenmittel. Die Luftstreitkräfte der GSBT ersetzten ihre bisherigen Kolbenmotormaschinen durch Strahlflugzeuge und führten im großen Umfang erstmals Funkmessstationen ein. Gleichzeitig wurden jedoch weiterhin Truppenkontingente aus der UdSSR in die DDR verlegt, so dass Anfang der 50er Jahre etwa 500 000 bis 600 000 sowjetische Soldaten auf ostdeutschem Territorium stationiert waren[142]. Ihr offizieller Auftrag: „die zuverlässige Wacht an den westlichen Grenzen des sozialistischen Lagers" zum „bewaffneten Schutz des deutschen Arbeiter-und-Bauern-Staates vor äußeren Feinden"[143].

Der erste wirkliche Kampfeinsatz der GSBT erfolgte jedoch nicht gegen einen imaginären äußeren Feind, sondern gegen die Arbeiter und Bauern, zu deren „Schutz" die sowjetischen Besatzungstruppen in der DDR angeblich angetreten waren. Mitte Juni 1953 erhoben sich weite Teile der ostdeutschen Bevölkerung spontan gegen die SED-Diktatur. Die konnte ihre Macht nur retten, weil Moskau zur Sicherung seines deutschen Vorpostens brutal und massiv die Besatzungsstreitkräfte zur Niederschlagung des Aufstandes einsetzte, als abzusehen war, dass der Polizei-, Militär- und Sicherheitsapparat der SED in der entstandenen Situation völlig überfordert agierte und sich der Zusammenbruch der Herrschaft Ulbrichts deutlich abzeichnete[144]: „Vom Hohen Kommissar Gen. Semenow wurde im Einverständnis mit den Gen. Grotewohl, Ulbricht und den anderen Mitgliedern des Politbüros des ZK der SED die Entscheidung getroffen, die Macht dem Kommando der sowjetischen Streitkräfte zu übergeben."[145]

---

[141] Vgl. Mastny, Die NATO im sowjetischen Denken, S. 405 f.; Anfänge westdeutscher Sicherheitspolitik 1945–1956, Bd. 2, S. 627; Hammerich/Kollmer/Rink/Schlaffer, Das Heer, S. 19–56; 94–102.
[142] Vgl. Arlt, Sowjetische Truppen in Deutschland, S. 601 f.; Auf Gefechtsposten, S. 75.
[143] Turantajew, Die Gruppe der sowjetischen Streitkräfte, S. 13.
[144] Zum 17. Juni 1953 gab es vor allem zum 50. Jahrestag des Aufstandes eine wahre Publikationsflut. Als wichtigste neuere Arbeiten sind zu nennen: Diedrich, Waffen gegen das Volk; Hagen, DDR – Juni 1953; Ostermann, Uprising in East Germany. An Lokalstudien sind herauszuheben: Roth, Der 17. Juni 1953 in Sachsen; Löhn, Spitzbart, Bauch und Brille; Ciesla, Freiheit wollen wir.
[145] Schreiben des Bevollmächtigten des MGB der UdSSR für Deutschland, Fadejkin, an Berija, 17. Juni 1953 – 14.00 Uhr, abgedruckt in: Christoforov, Dokumenty Central'nogo archiva FSB, S. 90.

Die sowjetischen Truppen schlugen die Erhebung vor allem durch massive Einschüchterung nieder. Alle 22 Divisionen der GSTB waren auf Befehl des Oberbefehlshabers, Marschall Andrej A. Gretschko, nach einem bereits vorliegenden Alarmplan seit den Morgenstunden des 17. Juni 1953 zur Bekämpfung des Aufstandes eingesetzt. Über 167 der insgesamt 217 Stadt- und Landkreise der DDR verhängten die sowjetischen Militärkommandeure den Ausnahmezustand[146]. Allein in Berlin ließ die 2. mechanisierte Garde-Armee ihre 1. und 14. mechanisierte Division sowie die 12. Panzerdivision mit mehr als 600 Panzern auffahren[147]. Während der Einsatz in Ost-Berlin und die in den Einsatzplanungen vorgesehene Abriegelung zum Westteil der Stadt für die sowjetischen Truppen ohne größere Komplikationen verlief, gestalteten sich die Militäraktionen in anderen Städten der DDR nicht reibungslos. Weil die GSBT vor 1953 nicht wenige Garnisonen in Städten und größeren Gemeinden zugunsten ländlicher Objekte aufgegeben hatte, dauerte es zumeist bis in die Nachmittagsstunden des 17. Juni, bevor die sowjetischen Einheiten in für die Einschüchterungstaktik genügender Truppenstärke eingriffen. Versagte die Taktik der Drohung, gingen die Soldaten teilweise unter Einsatz von Handfeuerwaffen gegen die Demonstranten vor. In Magdeburg lieferten sich nach Angaben des sowjetischen Staatssicherheitsdienstes Einheiten der GSBT Feuergefechte mit Aufständischen, bei denen mehr als 56 Personen getötet oder verletzt wurden. In Leipzig nahmen Angehörige der sowjetischen Besatzungstruppen während der Niederschlagung der Demonstrationen „sechs aktive Rädelsführer" fest und erschossen diese noch an Ort und Stelle standrechtlich[148]. Insgesamt wurden nach sowjetischen Angaben während des Juni-Aufstandes 29 Demonstranten erschossen, sechs sogenannte „Rädelsführer" abgeurteilt und hingerichtet sowie 350 Personen verletzt. Die Verluste der Sicherheitsorgane der DDR wurden auf elf Tote und 83 Ver-

---

[146] Ältere Forschungen gingen davon aus, dass lediglich 16 Divisionen der GSBT eingesetzt wurden, neuere Untersuchungen belegen jedoch, dass alle 22 Kampfdivisionen an der Niederschlagung des Aufstandes beteiligt waren: Bericht der Org. Gehlen: Juni-Aufruhr 1953 in Ost-Berlin, Juli 1953, BA Koblenz, B 206/933, Bl. 34–43; Gobarev, Soviet Military Planning, S. 14–21; Uhl, Die militärischen Informationen der „Organisation Gehlen"; Ost-Büro SPD: Einsatz der sowjetischen Kampfdivisionen anläßlich des Aufruhrs in Ostberlin und der SBZD, o. Datum (1953) – Der Autor dankt Dr. Hans-Hermann Hertle für die Überlassung des Dokumentes. Die Existenz des Einsatzplanes bestätigte Grečko in einer Besprechung mit NVA-Militärs im Jahre 1961: „Ein einheitlicher Plan für das Handeln im Inneren ist notwendig, weil auch sowjetische Truppenteile im Interesse der Regierung der DDR eingesetzt werden. Es gab diesen Plan, er muß wieder erneuert werden. Einheitlicher Plan, auf dessen Grundlage das Zusammenwirken zu organisieren ist, die Räume festzulegen sind und durch beide Seiten zu bestätigen sind. Der Kreis der Personen muß sehr begrenzt bleiben (3–4 Mann). Den Ausführenden persönlich zuleiten. Ich war Teilnehmer (53) und kenne die Wichtigkeit dieses Planes." BA-MA, DVW-1/18771, Bl. 25–29, Niederschrift über Beratung im Ministerium für Nationale Verteidigung (MfNV), 10. 2. 1961.
[147] Bericht von Grečko und Tarasov an Bulganin, 17. Juni 1953 – 11.00 Uhr, abgedruckt in: Ostermann, This is not a Politburo, but a Madhouse, S. 89. Die 14. mech. Gardedivision hatte ursprünglich zur 3. mech. Garde-Armee gehört, war jedoch im Zuge von Umstrukturierungsmaßnahmen innerhalb der GSBT der 2. mech. Garde-Armee unterstellt worden.
[148] Vgl. Schreiben des Bevollmächtigten des MGB der UdSSR für Deutschland, Fadejkin, an Berija, 18. Juni 1953, abgedruckt in: Christoforov, Dokumenty Zentral'nogo archiva FSB, S. 96; Schreiben des Bevollmächtigten des MGB der UdSSR für Deutschland, Fadejkin, an Berija, 18. Juni 1953 – 22.30 Uhr, abgedruckt in: Ebenda, S. 95. Neuere deutsche Forschungen können hingegen für den 17.–18. 6. 1953 nur vier Personen nachweisen, die während der Niederschlagung des Aufstandes ums Leben kamen. Vgl. Die Toten des Volksaufstandes, S. 119–134.

letzte beziffert[149]. Allein bis zum 29. Juni 1953 nahmen die sowjetischen Streitkräfte und Sicherheitsdienste in der DDR sowie ihre ostdeutschen „Bruderorgane" 9344 Personen fest. 5122 von ihnen setzten die Untersuchungsführer nach der sogenannten „Filtrierung" wieder auf freien Fuß und für 2196 Personen wurde Haft beantragt. Weitere 1063 Teilnehmer des Aufstandes waren bereits angeklagt und an die entsprechenden Gerichte überstellt worden[150].

Während die Führung der Gruppe der sowjetischen Besatzungstruppen keine Toten oder Verletzten nach Moskau meldete, berichtete der Militärkommandant des sowjetischen Sektors in Berlin, Generalmajor Pawel A. Dibrowa, dem Stabschef der GSBT, Generalleutnant Alexander P. Tarasow, dass zwei seiner Soldaten während der Unruhen verletzt worden seien[151]. Dennoch stellte sein Politstellvertreter fest: „Der politisch-moralische Zustand des Personalbestands der Einheiten und Truppen der Verwaltung der Militärkommandantur ist gesund. Die politische Wachsamkeit und die militärische Disziplin haben zugenommen. Der gesamte Personalbestand versteht die aus der komplizierten Lage resultierenden Aufgaben richtig."[152] Auch in der Provinz bewährten sich in den Augen der sowjetischen Militärführung die eingesetzten Truppen bei der Niederschlagung des Aufstandes[153]. Vor diesem Hintergrund erscheint die immer wieder behauptete Erschießung von 41 sowjetischen Soldaten, die sich weigerten gegen die Aufständischen vorzugehen, extrem unwahrscheinlich. Alle vorliegenden historischen Fakten sprechen gegen deren Hinrichtung. Die Meldungen über die Erschießung sowjetischer Soldaten im Juni 1953 dürften ein Produkt der Propagandaschlachten des Kalten Kriegs gewesen sein[154].

---

[149] Vgl. Bericht von Sokolovskij, Semenov und Judin über die Ereignisse vom 17.–19. Juni 1953 in Berlin und der DDR, 24. 6. 1953, abgedruckt in: Ostermann, Uprising in East Germany, S. 257–285.
[150] Vgl. Bericht von Fadejkin und Fedotov an Berija, 29. 6. 1953, abgedruckt in: Christoforov, Dokumenty Zentral'nogo archiva FSB, S. 123f. Innenminister Lavrentij P. Berija war zu diesem Zeitpunkt bereits in Moskau verhaftet worden und als englischer Agent, der die „Liquidation des Arbeiter- und Bauernstaates, die Restauration des Kapitalismus und die Wiederherstellung der Herrschaft der Bourgeoisie" verfolgte, angeklagt.
[151] Vgl. Bericht von Generalmajor Dibrova an den Stabschef der GSBT und Semonov über die Lage in Berlin am 19. Juni 1953 um 22.00 Uhr, 19. 6. 1953 – Dokument im Besitz des Autors.
[152] Politbericht des kommissarischen Chefs der Politabteilung der Berliner Kommandantur, Garde-Oberstleutnant Šuprikov, an den Leiter der Politverwaltung der GSBT, Generalmajor F. A. Dubovskij, über die Ereignisse im demokratischen Sektor von Berlin, (nicht später als 26. 6. 1953) – Dokument im Besitz des Autors.
[153] Vgl. Bericht des Militärkommandaten der 9. Kreiskommandantur, Garde-Oberst Makovev, an den Kommandeur der 3. mechanisierten Garde-Armee über die Arbeit der Kommandantur in Bitterfeld vom 1. bis zum 30. Juni, o. Datum – Dokument im Besitz des Autors. Hierin hieß es u.a.: „Der politisch-moralische Zustand des Personalbestandes ist gesund. Die militärische Disziplin ist gut. Die Militärkommandantur befindet sich in ständiger Bereitschaft zur Erfüllung der Gefechtsaufgaben. Das Programm zur Gefechts- und Politausbildung wird erfüllt."
[154] Nach Berichten der russischen Exilorganisation NTS sollen in Biederitz bei Magdeburg 18 Angehörige des 73. Schützenregiments erschossen worden sein. Dieses Regiment, das zur 33. Schützendivision gehörte, war wie die Division jedoch bereits 1946 in die Sowjetunion zurückverlegt und dort aufgelöst worden. Quelle der Information war der geflüchtete sowjetische Major Nikita Ronšin, Politoffizier in der 4. mech. Garde-Armee, der sich bereits im April 1953 in die Bundesrepublik abgesetzt hatte. Für die Hinrichtung von 23 sowjetischen Offizieren in Berlin existieren bislang ebenfalls keine Beweise. Vgl. Wiegrefe, Helden im Zwielicht, S. 64; Kowalczuk, 17. 6. 1953, S. 257f.

Nach der Niederschlagung des 17. Juni 1953 trat, in Verbindung mit dem massiven Ausbau des Repressionsapparates der DDR, die „Polizeifunktion" der GSBT wieder in den Hintergrund. Die Besatzungstruppen verschwanden erneut in ihren Garnisonen und auf ihre Übungsplätze. Obgleich die Sowjetunion in ihrer Erklärung vom 25. März 1954 der DDR die volle Souveränität eingeräumt hatte, blieb die GSBT weiter ein Staat im Staate. Daran änderte sich auch nichts, als die Besatzungstruppen einen Tag später in „Gruppe der sowjetischen Streitkräfte in Deutschland" (GSSD) umbenannt wurden. Auch der 1955 erfolgte Beitritt der DDR zum Warschauer Pakt und der Abschluss eines Staatsvertrages zwischen der DDR und der Sowjetunion veränderten den bestehenden Sonderstatus der GSSD in keiner Weise[155]. Gleichwohl hatte sich der neue sowjetische Parteichef Nikita Chruschtschow vom 1. Stellvertretenden Außenminister Andrej A. Gromyko in zwei Memoranden Anfang 1955 zumindest darüber informieren lassen, welche vertraglichen Grundlagen in der Bundesrepublik für die Stationierung alliierter Streitkräfte galten und ob die Westalliierten noch besatzungsrechtliche Funktionen ausübten[156]. Jedoch konnte sich die sowjetische Führung erst im März 1957 zum Abschluß eines Stationierungsabkommens mit der DDR entschließen. Für den ostdeutschen Staat waren damit erstmals seine Rechte aber auch Pflichten als Stationierungsland vertraglich geregelt worden. Die neue formaljuristische Grundlage änderte die bisherige Praxis allerdings kaum. Das Oberkommando der GSSD war nur zu bedingten Abstrichen an den bisherigen Regelungen bereit. So sollten beispielsweise die Änderungen von Truppenstärken und Dislokationen „Gegenstand von Konsultationen zwischen der Regierung" der DDR und der Sowjetunion sein. Tatsächlich wurde die DDR-Führung in derartigen Fragen nie hinzugezogen. Artikel 5 des Abkommens legte fest, dass bei Straftaten von GSSD-Angehörigen DDR-Recht gelten sollte, dieser Paragraph kam jedoch bis zum Ende der DDR nicht zur Anwendung. Wie bisher wurden Straftäter aus den Reihen der Besatzungstruppen der sowjetischen Militärjustiz übergeben[157]. Die politische Führung der DDR, so der Militärhistoriker Kurt Arlt, „akzeptierte stillschweigend diese Tatbestände und war bestenfalls punktuell um Abhilfe bemüht"[158].

Zumindest auf die Finanzierung der Stationierungskosten hatten die verschiedenen Abkommen Auswirkungen. Bis 1953 kam die SBZ/DDR für die auf deutschem Territorium verursachten Unterhaltungskosten der GSBT vollständig auf. Zwischen 1945 und 1953 flossen insgesamt 16,8 Milliarden Mark in den Haushaltstitel „Besatzungskosten". Nach dem 17. Juni 1953 entschied die sowjetische Regierung diese erhebliche finanzielle Belastung für die wirtschaftlich angeschla-

---

[155] Vgl. Arlt, Sowjetische Truppen in Deutschland, S. 603 f.
[156] Vgl. RGANI, 5/30/114, Bl. 57–80, Schreiben von Gromyko an Chruščev über „die Bedingungen des Aufenthalts von Streitkräften der USA, Englands und Frankreichs auf dem Territorium der Bundesrepublik", 22. 1. 1955; ebenda, Bl. 89–114, Schreiben von Gromyko an Chruščev über „die Lage in Westdeutschland und die Rechte der USA, Englands und Frankreichs in Westdeutschland", 21. 1. 1955.
[157] Vgl. Abkommen zwischen der DDR und der UdSSR über Fragen, die mit der zeitweiligen Stationierung sowjetischer Streitkräfte auf dem Territorium der DDR zusammenhängen, 12. 3. 1957, abgedruckt in: Dokumente zur Außenpolitik der DDR – Bd. 5, S. 677–685; Bassistow, Die DDR – ein Blick aus Wünsdorf, S. 215 f.
[158] Arlt, Sowjetische Truppen in Deutschland, S. 605.

gene DDR zu verringern. Am 22. August 1953 unterzeichneten beide Seiten in Moskau ein Protokoll, in dem u. a. festgelegt wurde, dass die jährlichen Besatzungskosten fünf Prozent der Staatseinnahmen der DDR nicht überschreiten und 1954 bei 1,6 Milliarden Mark liegen sollten[159]. Diese Summe reichte allerdings nach internen sowjetischen Berechnungen aus, um die Unterhaltskosten für die GSSD voll zu decken, da diese rund 1,2 Milliarden Mark betrugen. 1957 reduzierte die Sowjetunion die Summe der von der DDR zu leistenden Besatzungskosten auf nunmehr 800 Millionen Mark. Einen Großteil der Stationierungskosten für die GSSD übernahm damit die UdSSR, die im gleichen Jahr zusätzliche drei Milliarden Rubel für ihre Truppen in der DDR ausgab. In dieser Summe nicht enthalten waren die notwendigen Aufwendungen für die Bewaffnung der GSSD[160]. Anfang 1958 entschloß sich Chruschtschow, erneut aus wirtschaftlichen Überlegungen im Interesse der DDR, zu einer weiteren Kürzung der Stationierungslasten für den ostdeutschen Staat. Sie sollten 1958 um 150 Millionen Mark und 1959 um weitere 50 Millionen Mark auf nunmehr 600 Millionen Mark verringert werden[161].

Nachdem Mitte der fünfziger Jahre eine erste Phase der Entspannung im Kalten Krieg einsetzte, beschloß die sowjetische Führung im Sommer 1955 eine Verringerung ihrer Armee um 340 000 Mann[162]. Auch die GSSD war von dieser Reduzierung der Streitkräfte betroffen. Innerhalb eines Jahres verlegten die Führungen und Stäbe der bis dahin noch in der DDR vorhandenen vier Schützenkorps der 3. Stoß-Armee sowie der 8. Garde-Armee in die Sowjetunion, wo man sie auflöste. Abgezogen wurden zudem zwei schwere Panzer-SFL-Regimenter, ein Bataillon sowie eine Kompanie für flugplatz-technische Sicherstellung und eine Unteroffiziersschule für Flugzeugtechniker. Insgesamt verließen bis Sommer 1956 knapp 7500 Mann der GSSD die DDR. Dass mit der Verlegung dieser Einheiten jedoch keinesfalls die Kampfkraft der in der DDR stationierten sowjetischen Streitkräfte verringert werden sollte, verdeutlicht folgender Auszug aus einem Schreiben des Verteidigungsministers der UdSSR, Marschall Shukow, an das ZK der KPdSU: „Um der Schwächung der Artillerie der Gruppe der Streitkräfte zu begegnen, werden auf Basis der Korpsartillerie- und Flakeinheiten der vier aufzulösenden Korps zwei Armeeartilleriedivisionen sowie eine Flakartilleriedivision gebildet."[163]

Im Frühjahr 1956 erwog die sowjetische Führung eine weitere Verringerung ihrer Streitkräfte. Am 17. März 1956 beschloß der Ministerrat der UdSSR nochmals 420 000 Mann aus der Armee zu entlassen[164]. Um diese Zielstellung zu erreichen,

---

[159] Vgl. Karlsch, Allein bezahlt, S. 219–222; Protokoll über den Erlass der deutschen Reparationszahlungen und über andere Maßnahmen zur Erleichterung der finanziellen und wirtschaftlichen Verpflichtungen der DDR, die mit den Folgen des Krieges verbunden sind, 22. August 1953, abgedruckt in: Dokumente zur Außenpolitik der DDR – Bd. 2, S. 286–288.
[160] Vgl. RGAE, 4372/76/174, Bl. 3 f., Spravka über Ausgaben für den Unterhalt der GSSD, 12. 8. 1957.
[161] Vgl. SAPMO-DDR, DY 30/3683, Bl. 85, Schreiben von Chruščev an Ulbricht, 14. 4. 1958.
[162] Vgl. Beschluß Nr. 4181–825 des Ministerrats der UdSSR vom 12. 8. 1955, abgedruckt in: Sokraščenie Sil SSSR, S. 273.
[163] Aktennotiz des Verteidigungsministers der UdSSR, Marschall Žukov, an das ZK der KPdSU, 9. 2. 1956, abgedruckt in: Prosim rassmotret', S. 125.
[164] Vgl. Beschluß Nr. 362–233 des Ministerrats der UdSSR vom 17. 3. 1956, abgedruckt in: Sokraščenie Vooružennych Sil SSSR, S. 290f.

schlug Chruschtschow am 1. März 1956 auf einer Sitzung des Politbüros vor, „vier bis fünf sowjetische Divisionen aus Deutschland abzuziehen"[165]. Da dies jedoch in den Augen der Parteihardliner und der Militärs die Kampfkraft der GSSD zu sehr geschwächt hätte, wurde vom Präsidium des ZK der KPdSU beschlossen, lediglich weitere 26 000 Soldaten aus DDR in die UdSSR zu verlegen und ihre Einheiten dort aufzulösen. Der Rückzug betraf neben dem bei Magdeburg stationierten 136. SFL-Panzer-Regiment der 3. Stoß-Armee auch die 200. Schlachtfliegerdivision in Brandenburg und andere Luftwaffeneinheiten[166].

Gegenwärtig bleibt unklar, ob der sowjetische Parteichef Chruschtschow während der Ungarnkrise nicht sogar einen vollständigen Abzug der sowjetischen Streitkräfte aus der DDR erwogen hatte. Sein Verteidigungsminister, Marschall Shukow, widersprach diesen Überlegungen allerdings vehement und konnte durchsetzen, dass die GSSD nicht wie die sowjetischen Truppen in Ungarn, Rumänien oder Polen zur Disposition stand[167]. In einer am 31. Oktober 1956 veröffentlichten Erklärung der Regierung der UdSSR bekannte die Sowjetunion, Streitkräfte in diesen Staaten stationiert zu haben. Sie stimmte weiterhin zu, mit den Staaten des Warschauer Paktes die „Frage der in den oben genannten Ländern befindlichen sowjetischen Streitkräfte zu erörtern". Die GSSD hingegen schien gar nicht zu existieren, behauptete die Regierungserklärung doch: „In den anderen Ländern der Volksdemokratie befinden sich keine sowjetischen Truppenteile."[168]

Damit bestätigt sich erneut die Sonderposition der sowjetischen Truppen in Deutschland und die des Juniorpartners DDR. Zu sehr übte die GSSD als sowjetisches Bollwerk, wie Marschall Malinowskij bestätigte, „Einfluss auf unsere Gegner" aus und war damit ein unverzichtbarer Bestandteil der Militär- und Sicherheitspolitik der UdSSR[169].

Gleichwohl erlaubten die weitere internationale Entspannung und der mit der Bildung der Nationalen Volksarmee (NVA) abgeschlossene Aufbau eigener ostdeutscher Streitkräfte zwischen 1957 und 1958 eine erneute Reduzierung der sowjetischen Streitkräfte in der DDR[170]. Um die geplante Verringerung der Truppenstärke der GSSD um mehr als 41 700 Mann sicherzustellen, hatte der Generalstab den Abzug von zwei Divisionen aus der DDR befohlen. Bis zum Sommer 1958 verließen deshalb die Einheiten der 82. (9). motorisierten Schützendivision und der 11. (7.) Garde-motorisierten Schützendivision ihre Garnisonen in Cottbus bzw. Fürstenwalde. Während eine der in die UdSSR zurückgeführten Divisionen komplett aufgelöst wurde, diente die zweite künftig als Reservedivision der

---

[165] Protokoll Nr. 2 der Sitzung des Präsidiums des ZK der KPdSU, 1. 3. 1956, abgedruckt in: Prezidium CK KPSS 1954–1964, S. 109.
[166] Vgl. Dokumentation der Zeit, Nr. 122, S. 9920–9925; Sovetskie Vojska v Germanii, S. 36; Drogovoz, Vozdušnyj ščit, S. 151.
[167] Vgl. Protokoll Nr. 49 der Sitzung des Präsidiums des ZK der KPdSU, 30. 10. 1956, abgedruckt in: The 1956 Hungarian Revolution, S. 295–299.
[168] Erklärung der Regierung der UdSSR zur Entwicklung und Festigung der Freundschaft und Zusammenarbeit zwischen den sozialistischen Staaten, 30. 10. 1956, abgedruckt in: Neues Deutschland, 31. 10. 1956.
[169] Vgl. Protokoll Nr. 253a der Sitzung des Präsidiums des ZK der KPdSU, 14. 12. 1959, abgedruckt in: Prezidium CK KPSS 1954–1964, S. 393–397.
[170] Zum Aufbau der ostdeutschen Streitkräfte siehe u. a: Volksarmee schaffen ohne Geschrei; Diedrich/Wenzke, Die getarnte Armee.

III. Kategorie. Gleichzeitig wies Moskau an, dass, um das für die Truppenreduzierung geforderte Personal freizusetzen, sieben Flakdivisionen und zwei Artilleriedivisionen, die direkt dem Kommando der GSSD unterstanden, in Brigaden umzuwandeln waren[171].

Das Echo auf den Abbau der sowjetischen Streitkräfte war zumindest in der GSSD nicht ungeteilt. Verunsichert durch das plötzliche Ende der zahlreichen Aufrüstungsmaßnahmen, fragten sich einige Offiziere: „Ob die Regierung die Reduzierung der Armee nicht zu frühzeitig" durchführen würde, schließlich begänne Adenauer mit dem Aufbau eigener Streitkräfte und auch die USA seien nicht bereit, ihre Truppen zu reduzieren[172]. Hinter derartigen Bedenken verbarg sich allerdings zumeist berechtigte Zukunftsangst, denn die Entlassungen aus der Armee waren kaum durch entsprechende Sozialmaßnahmen abgefedert. Ein Großteil der entlassenen Offiziere hatte keinerlei Rentenansprüche, zudem waren sie ohne Wohnung und Arbeitsplatz in das zivile Leben entlassen worden. Entsprechend groß war im sowjetischen Offizierskorps und auch in der GSSD der Unmut über die befohlene Truppenreduzierung, büßte man doch seinen bisherigen sozialen Status und die wenigen Privilegien zumeist ersatzlos ein[173].

Mit der Truppenreduzierung gingen umfangreiche Umstrukturierungsmaßnahmen einher, die darauf ausgerichtet waren, den Verlust an Kampfkraft möglichst gering zu halten. Zum einen wurde Ende 1957 zu einer neuen Truppenstruktur übergegangen. Sämtliche bisherigen Schützen- und mechanisierte Divisionen der GSSD waren bis zu diesem Zeitpunkt in motorisierte Schützendivisionen umgewandelt worden. Mit diesen wesentlich beweglicheren und manövrierfähigeren Verbänden legte die sowjetische Militärführung eine essentielle Grundlage für die Umsetzung ihrer neuen Nuklearstrategie. Umgewandelt wurden zum anderen auch die bisherigen mechanisierten Großverbände: aus der 1. und 2. mechanisierten Garde-Armee entstanden die 1. und 2. Panzerarmee, aus der 3. und 4. mechanisierten Garde-Armee die 18. bzw. 20. allgemeine Armee. Diese beiden Großverbände waren zwar weiterhin im wesentlichen wie Panzerarmeen gegliedert, erhielten jedoch aus Tarnungs- sowie Geheimhaltungsgründen und vor allem, um den Westen nicht weiter militärisch zu verschrecken, die harmloser erscheinende Bezeichnung „allgemeine Armee"[174].

---

[171] Vgl. Schreiben von Marschall Malinovskij und Marschall Sokolovskij an das ZK der KPdSU, 3.1.1958, abgedruckt in: Sokraščenie Vooružennych Sil SSSR, S. 297. Divisionen der Kategorie III verfügten mit rund 3000 Mann über 25 Prozent des Sollbestandes an Personal, waren jedoch voll mit Kampftechnik aufgefüllt, um im Spannungsfall eine rasche Mobilmachung sicherstellen zu können. Von der 82. MSD blieb allerdings das 69. MSR in der DDR, es wurde der 14. MSD unterstellt. Die 11. MSD gehörte zunächst zum MB Moskau und wurde im Zuge der Spannungen mit China 1968 wieder voll aufgefüllt und zum MB Transbaikal verlegt.
[172] Schreiben von Konev und Želtov an das ZK der KPdSU, 1.6.1956, abgedruckt in: Sokraščenie Vooružennych Sil SSSR, S. 292.
[173] Vgl. Evangelista, Why Keep Such an Army?, S. 9–13.
[174] Vgl. Sovetskie Vojska v Germanii, S. 35; Drogovoz, Tankovyj meč, S. 163; 386–401. Hierzu zählten folgende Divisionen: 1. mech. D (Krampnitz) zur 19. MSD, 6. mech. GD (Bernau) zur 6. GMSD, 7. mech. GD (Fürstenwalde) zur 11. GMSD, 8. mech. GD (Grimma) zur 20. GMSD, 9. mech. D (Cottbus) zur 9. MSD, 14. mech. GD (Jüterbog) zur 14. GMSD, 18. mech. D. (Perleberg) zur 21. MSD, 21. mech. GD (Halle) zur 21. GMSD, 39. GSD (Ohrdruf) zur 39. GMSD, 57. GSD (Naumburg) zur 57. GMSD, 94. GSD (Schwerin) zur 94. GMSD und 207. SD (Stendal) zur 207. MSD.

Die Panzerarmeen galten als die wichtigste konventionelle Stoßkraft der sowjetischen Streitkräfte. Zum damaligen Zeitpunkt hatten sie drei Panzerdivisionen und eine motorisierte Schützendivision in ihrem Bestand. Damit besaßen die Panzerarmeen in den Augen der Militärführung der UdSSR eine große Schlagkraft, hohe Beweglichkeit und geringe Anfälligkeit gegenüber den Atomwaffen des Gegners. Als Panzerkeile sollten sie auf dem westeuropäischen Kriegsschauplatz nach den ersten Kernwaffenschlägen tief in die operative Gliederung des Gegners eindringen, seine Front aufreißen und der NATO die Möglichkeit eines weiteren organisierten Widerstandes nehmen. Mit einem durchschnittlichen Angriffstempo von 100 km pro Tag hatten die Panzerarmeen der GSSD tiefe und vernichtende Schläge gegen das Verteidigungssystem der NATO zu führen. Ziel war das schnelle Erreichen der Atlantikküste, um Verstärkungen aus den USA unmöglich zu machen. Während die Panzerarmeen in der gesamten Operationstiefe eingesetzt werden sollten, plante die sowjetische Militärführung für die allgemeinen Armeen eine Angriffstiefe von bis zu 400 km. Auch hier sollte die tägliche Angriffsgeschwindigkeit nicht unter 100 km pro Tag liegen. Zu diesem Zweck verfügte eine allgemeine Armee über drei motorisierte Schützendivisionen und eine Panzerdivision. Mit diesen Kräften sollten sie in der Lage sein, große Truppenkonzentrationen des Gegners eigenständig zu vernichten und, so Malinowskij „alles von ihrem Weg fortzufegen, was ihrer Vorwärtsbewegung Widerstand leistet und sie behindert"[175].

Entsprechend dieser Strategie verstärkte die sowjetische Militärführung ihr in der DDR konzentriertes Offensivpotential. Neben der bereits erwähnten „Neuaufstellung" von insgesamt zwölf motorisierten Schützendivisionen wurden zwei ehemalige mechanisierte Divisionen in Panzerdivisionen umgewandelt[176]. Hierfür wurde zum Großteil die Ausrüstung eingesetzt, welche die 1956 abgezogenen Truppenteile zurückgelassen hatten. Da die neu gebildeten Panzerdivisionen jeweils der 3. Stoß-Armee bzw. der 8. Garde-Armee unterstanden, konnten diese Großverbände zu allgemeinen Armeen umformiert und damit ebenfalls an die neue sowjetische Militärdoktrin angepaßt werden. Gleichzeitig stellten die beiden in der DDR stationierten sowjetischen Panzerarmeen jeweils eine sogenannte „schwere Panzerdivision" auf. Aus der 9. Panzerdivision der 1. Panzerarmee in Riesa wurde die 13. schwere PD und aus der 25. Panzerdivision der 2. Panzerarmee in Vogelsang die 25. schwere PD. Sie waren dafür vorgesehen, die Schwerpunkte der NATO-Verteidigungslinien zwischen Elbe und Rhein frontal zu durchbrechen und damit Lücken für die nachströmenden Divisionen aufzureißen. Zu diesem Zweck war der neue Typ Panzerdivision mit bis zu drei schweren Panzerregimentern ausgestattet worden. Diese verfügten über schwere Panzer vom Typ IS-3, IS-4 und T-10. Deren starke Panzerung von bis zu 200 mm und ihre schwere Bewaffnung von bis zu 122 mm machte sie gegen Ende der fünfziger Jahre in den Augen der sowjetischen Militärführung den westlichen Panzermodellen weit überlegen. Zugleich vertraute die Generalität unter Marschall Shukow

---

[175] Vgl. BA-MA, DVW-1/5203, Bl. 56 ff., Auszug aus der Rede Malinovskijs zur Auswertung der Kommandostabsübung „Burja", o. Datum (1961).
[176] Vgl. Drogovoz, Tankovyj meč, S. 393. Hierzu zählten: 19. mech. GD (Hillersleben) zur 26. GPD und 20. mech. GD (Jena) zur 27. GPD.

weiter auf das bereits im Zweiten Weltkrieg erfolgreich angewendete Rezept einer umfangreichen Massierung der Kräfte, deren Überlegenheit dann jeden Gegner überwinden sollte. Gleichwohl erwies sich dieses Konzept als wenig innovativ, konnten doch Nuklearwaffen ganze Divisionen in wenigen Augenblicken zertrümmern[177].

Zugleich ging die sowjetische Militärführung ab Mitte der fünfziger Jahre dazu über, die Bewaffnung ihrer Verbände in der DDR erneut zu modernisieren. Der Weltkriegspanzer T-34 wurde durchgängig von den wesentlich moderneren Modellen T-54 und T-55 ersetzt. Neue Schützenpanzer der Typen BTR-40, BTR-152 und BTR-50 gehörten ab sofort zur Standardbewaffnung der motorisierten Schützenverbände. Auch die Luftstreitkräfte profitierten von den Umrüstungen. Sie erhielten allwettertaugliche Abfangjäger der Typen Jak-25 und MiG-19 sowie Strahlbomber vom Typ Il-28. Diese konnten mit taktischen Atombomben ausgerüstet werden. Damit verfügte die GSSD erstmals über eine eigene nukleare Einsatzkomponente. Zugleich wurde die 24. Luftarmee mit Hubschraubern der Typen Mi-1 und Mi-4 ausgestattet. Neue Kommunikations- und Nachrichtenmittel ermöglichten eine bessere Truppenführung, zugleich rüsteten die Artillerie- und Flugabwehrverbände auf neue Geschütztypen um, die zielgenauer waren und über eine höhere Reichweite verfügten. Im Zulauf befanden sich ebenfalls neue Geschoß- und Granatwerfer. Auch der allgemeine KfZ-Park wurde erneuert und damit die Logistiktruppen wesentlich leistungsfähiger gemacht[178].

Mit diesen Umstrukturierungen und Modernisierungen hatten sich bis zum Beginn der zweiten Berlin-Krise das Erscheinungsbild und die Mission der sowjetischen Truppen in der SBZ/DDR entscheidend gewandelt. Aus den teilweise schlecht ausgerüsteten und wenig beweglichen Besatzungstruppen war eine kampfstarke, hochmobile, offensiv eingestellte und schlagkräftige Streitkräftegruppierung geworden, die eine Schlüsselposition bei der Umsetzung der sowjetischen Militär- und Sicherheitsinteressen gegenüber Westeuropa und im Vorfeld der UdSSR einnahm. Die GSSD sollte nicht nur wie die GSBT die sowjetische Position in der DDR und damit den Machterhalt der SED schützen. Sie hatte zugleich den Auftrag, ein aktives militärisches Drohinstrument gegenüber der NATO, vor allem aber gegen die Bundesrepublik, zu sein. Der zum Beginn der zweiten Berlin-Krise getroffenen Einschätzung des Militärgeheimdienstes der US Army in Europa ist nichts hinzuzufügen:

„Culmination of recent reorganisation activities in the GSFG has resulted in an increased offensive capability, inasmuch as the Soviets, by „motorizing" their rifle divisions, now have a balanced, mobile armored force capable of effective employment under conditions of modern warfare. The army and divisional level organizations underwent a structural change characterized by a streamlining of units, mechanization and modernizing of weapons and

---

[177] Vgl. ebenda, S. 133 f.; Einzelbericht Entwicklung und Stand der sowjetischen Landstreitkräfte, in: Militärischer Lagebericht BND Dezember 1960, zugleich Jahresabschlussbericht, 20. 12. 1960, BA Koblenz, B 206/117, Bl. C V-3.

[178] Vgl. Organisatorische Veränderungen in der Roten Armee, S. 403 f.; Umrüstung der Sowjetarmee, S. 207 f.; Sovetskie Vojska v Germanii, S. 35; Auf Gefechtsposten, S. 82. Allein 1955 erhielt die GSSD nach Angaben westlicher Militärbeobachter: 1000 T-54, 1500 Geschütze, 600 SPW und 150 Amphibienfahrzeuge.

equipment. As a consequence of these changes, the GSFG has evolved from a marginal, inadequately transportable force into a mobile, armored organization with all elements of the infantry – tank – artillery combat team capable of rapid movement and concerted employment."[179]

Von Stalin zu Chruschtschow – Die sowjetische Rüstungswirtschaft zwischen 1945 und 1957

Die sowjetische Partei- und Staatsführung betrachtete die ökonomische Sicherstellung ihrer Landesverteidigung als integralen Bestandteil der Gesamtpolitik der UdSSR. Das Ziel des Auf- und Ausbaus der sowjetischen Rüstungsindustrie – so eine offizielle Quelle – bestand darin, „auf der Grundlage leistungsfähiger volkswirtschaftlicher Potenzen, eines starken Wirtschaftspotentials des Landes bzw. der Koalition den Schutz des sozialistischen Vaterlandes bzw. des sozialistischen Weltsystems und damit der Vollendung des Sozialismus und des Aufbaus des Kommunismus militärisch zu garantieren"[180]. Entsprechend dieser Vorgaben sei, äußerte bereits 1924 der sowjetische Militärtheoretiker Michail W. Frunse, bei jedem wirtschaftlichen, kulturellen und sonstigen Vorhaben die Frage zu stellen, in welchem Maße die Ergebnisse dieses Vorhabens der Landesverteidigung zugute kommen[181]. Damit wird deutlich, dass bereits mit der Gründung der UdSSR die Rüstungsindustrie eine herausragende Stellung im Staatssystem der Sowjetunion einnahm. Diese Prioritätensetzung änderte sich während der gesamten Existenz der UdSSR nicht. Vielmehr bewirkten Zweiter Weltkrieg und Kalter Krieg, dass der Sektor der Rüstungsindustrie immer mehr an wirtschaftlicher Größe und Eigendynamik gewann. Damit stieg zugleich sein Einfluss auf Partei, Staat und Gesellschaft. Er verzahnte sich zunehmend mit allen wichtigen Strukturen der zentralgeleiteten Planwirtschaft.

Die Entwicklung und Produktion von Waffen aller Art wie auch die Herstellung eines Großteils der Ausrüstung der sowjetischen Streitkräfte erfolgten in der UdSSR nach 1945 innerhalb des militärisch-industriell-akademischen Komplexes. Seit den dreißiger Jahren existierte in der Sowjetunion eine umfangreiche Rüstungsindustrie und ein speziell darauf ausgerichteter Forschungs- und Entwicklungsbereich. Der Zweite Weltkrieg beschleunigte den Ausbau der bestehenden Strukturen und verfestigte das entstandene Gefüge. Nach Kriegsende war eine klare Trennung der zivilen wissenschaftlichen und industriell-technischen Sektoren vom Rüstungsbereich nicht mehr möglich[182].

---

[179] National Security Archive (NSA), Berlin Crisis, box 29, USAREUR – Special intelligence estimate Nr. 2–59: Soviet intentions, capabilities and probable courses of action regarding Berlin, 28. 2. 1959, Bl. 21.
[180] Militärlexikon, S. 287–288.
[181] Vgl. Militär-Strategie, S. 74.
[182] Zur Entwicklung der sowjetischen Rüstungsindustrie und zum Aufbau des militärisch-industriellakademischen Komplexes nach 1945 siehe u. a.: Albrecht/Nikutta, Die sowjetische Rüstungsindustrie; Simonov, Voenno-promyšlennyj kompleks SSSR; Sovetskaja voennaja mošč'; Barber/Harrison, The Soviet Defence-Industry Complex; Bystrova, Voenno-promyšlennyj kompleks SSSR; dieselbe, Sovetskij voenno-promyšlennyj kompleks.

Die Grundlagen der „akademischen" Komponente des Rüstungssektors waren zwar bereits vor 1941 gelegt worden, doch zeigte der Zweite Weltkrieg schließlich die unbedingte Notwendigkeit der „Verwissenschaftlichung" von Waffenentwicklung und Kriegsführung. In unterschiedlichen Ausprägungen entstanden in den großen Sieger- und Verliererstaaten des Krieges neue Strukturen in Form von wissenschaftlichen Waffenschmieden, die die Entwicklung von Atombomben, Fernraketen, Computertechnik, Radar und strahlgetriebenen Flugzeugen ermöglichen sollten. Der Krieg auf dem eigenen Territorium ließ der Sowjetunion zunächst aber nur wenige Möglichkeiten, diese Prozesse so intensiv wie in den USA, Großbritannien oder Deutschland auszuprägen[183].

Mit dem Abwurf der amerikanischen Atombomben und dem beginnenden Kalten Krieg erhielt die „akademische" Komponente des militärisch-industriellen Komplexes jedoch auch in der Sowjetunion endgültig eine überragende Bedeutung. Die politische Führung der UdSSR orientierte ihre Erwartungen immer deutlicher an Wissenschaft und Technik, um auf diese Weise ihre Interessen durchsetzen zu können[184]. Politikern, Wissenschaftlern, Rüstungsmanagern und Militärs war im Verlauf des Zweiten Weltkrieges bewusst geworden, dass der militärisch nutzbaren Wissenschaft und Technik künftig eine entscheidende Rolle zukommen würde. Dies führte in wehrtechnischen Forschungsbereichen zur starken finanziellen Förderung und schnell sichtbaren Erfolgen, was in einer Art Rückkopplung noch größere Förderungsaufwendungen nach sich zog. Es entstanden militärisch-industriell-wissenschaftliche Strukturen in Form von wissenschaftlichen Forschungsinstituten mit angegliederten Rüstungswerken, wie etwa das für die Entwicklung von ballistischen Fernkampfraketen zuständige NII-88 und das dazugehörige Werk Nr. 88, in denen sich politische, wissenschaftliche, industrielle und militärische Strukturen eng miteinander verzahnten. In der Sowjetunion forcierte vor allem der sich immer schärfer abzeichnende Ost-West-Konflikt nach 1945 die Herausbildung solcher Strukturen.

Die UdSSR musste sich zudem darum bemühen, den während des Zweiten Weltkrieges entstandenen technologischen Rückstand in wichtigen Rüstungsbereichen (Atom-, Raketen-, Luftfahrt-, Radartechnik) aufzuholen, wenn sie rüstungstechnisch gegen den Westen bestehen wollte. Dabei verfolgten die „Manager" der sowjetischen Rüstungsindustrie ein Konzept, das zunächst auf einen nachholenden Kompetenzerwerb von Technologie und Know-how ausgerichtet war. Dadurch sollten die sowjetischen Konstrukteure und Techniker in die Lage versetzt werden, ihren technischen Rückstand aufzuholen, um dann ausgehend von ihrem neuen wissenschaftlichen Kenntnisstand die Entwicklung eigenständiger Projekte anzuschließen. Dieses Konzept des nachholenden Technologietransfers kann in der sowjetischen Rüstungsindustrie auf eine lange Tradition zurückblicken. Ulrich Albrecht und Randolph Nikutta haben Ende der 80er Jahre in einer eindrucksvollen Studie nachgewiesen, dass wesentliche Bereiche der Rüs-

---

[183] Siehe hier u.a.: Milward, Die deutsche Kriegswirtschaft; Lužerenko, Gosudarstvennyj komitet oborony, S. 82–124; Baxter: Scientists Against Time; Ford, Geheime alliierte Waffen. Zum Einsatz der sowjetischen Wissenschaftler in der Rüstungswirtschaft der UdSSR von 1941 bis 1945 siehe: Nauka i učenye Rossii v gody Velikoj Otečestvennoj vojny.
[184] Vgl. Kranzberg, Science-Technology and Warfare, S. 124–155.

tungswirtschaft der UdSSR wie die Panzer-, Luftfahrt, Raketen- und Giftgasherstellung immer wieder auf die Akquisition ausländischer Technologie angewiesen waren, um den Anschluss an das rüstungstechnologische Niveau ihrer potentiellen Gegner herstellen zu können[185].

Das Jahr 1945 stellt in diesem Zusammenhang eine entscheidende Zäsur dar. Obwohl die Sowjetunion bis Kriegsende relativ leicht Zugang zu moderner ausländischer Rüstungstechnologie erhielt, bestimmte deren Kopie nicht die Kernbereiche der eigenen Waffenentwicklung. Weder die deutschen Waffenlieferungen im Rahmen des Hitler-Stalin-Pakts noch die umfangreiche Militärhilfe der westalliierten Verbündeten der UdSSR verhalfen der sowjetischen Rüstungsindustrie zu einem merklichen technologischen Modernisierungsschub. Die Ursache hierfür ist weniger in der fehlenden technischen Kompetenz der sowjetischen Wissenschaftler, als vielmehr im ungenügenden Ausbau der Rüstungsindustrie zu suchen. Erst nach 1945 konnte die Sowjetunion neben der Akkumulierung technischen Wissens auch die Schaffung der erforderlichen Produktionskapazitäten vorantreiben. Durch die Verknüpfung beider Komponenten gelang der Rüstungswirtschaft der UdSSR der entscheidende technologische Durchbruch zur Produktion modernster Waffensysteme[186].

Gerade weil die Sowjetunion nach dem Krieg eben nicht nur Technologie und Wissenschaftler in ihre Dienste stellte, sondern auch im umfangreichen Maß die Entwaffnung des ehemaligen Gegners nutzte, um das eigene rüstungswirtschaftliche Potential zu vergrößern, gelang diesmal nicht nur die Akquisition ausländischer Technologie, sondern sie fand erstmals auch Eingang in die Entwicklung zahlreicher neuer Waffensysteme wie Raketen, Flugabwehrraketen, U-Boote und Strahlflugzeuge. Dieser Transfer war die bestimmende Voraussetzung für den technologischen Sprung der sowjetischen Rüstungswirtschaft nach 1945[187].

Der technologische Sprung konnte jedoch nur erreicht werden, weil die sowjetische Führung dem Ausbau ihrer Rüstungskapazitäten – trotz eines kurzzeitigen Konversionsversuches – auch nach dem Ende des Zweiten Weltkriegs weiter uneingeschränkte Priorität zumaß. Bereits 1950 lag die Bruttoproduktion der Rüstungsministerien wieder weit über dem Stand von 1940 (Ministerium für Flugzeugindustrie: 133%; Ministerium für Bewaffnung: 175%; Ministerium für

---

[185] Vgl. Albrecht/Nikutta, Die sowjetische Rüstungsindustrie; Sutton, Western Technology and Soviet Economic Development; Stoecker, Forging Stalin's Army, S. 115–128. Zur deutsch-sowjetischen Zusammenarbeit auf dem Rüstungssektor vor dem Zweiten Weltkrieg: D'jakov/Bušueva, Fašistkij meč sowie Schwendmann, Die wirtschaftliche Zusammenarbeit zwischen dem Deutschen Reich und der Sowjetunion.

[186] Vgl. Cooper, Technologisches Niveau der sowjetischen Verteidigungsindustrie, S. 185–196; Andronikow/Mostowenko, Die roten Panzer, S. 211–237.

[187] Vgl. Cielsa/Mick/Uhl, Rüstungsgesellschaft und Technologietransfer, S. 190–213. Obwohl jetzt konkrete Zahlen über die in der SBZ von der UdSSR demontierten Anlagen vorliegen, ist immer noch unklar, wie viele der insgesamt 3472 demontierten Objekte zur ehemaligen Rüstungsindustrie des Dritten Reiches gehörten. Es kann jedoch davon ausgegangen werden, dass ihre Zahl weit über 1000 lag. So waren beim Ministerium für landwirtschaftlichen Maschinenbau, zuständig für die Produktion von Munition und Geschossen, von 66 bis Ende 1946 in der SBZ demontierten Betrieben 57 eindeutig ehemalige Rüstungswerke, in denen während des Krieges mehr als 150000 Personen gearbeitet hatten. Vgl. RGAE, 1562/329/2150, Bl. 94–103, Liste der in der sowjetischen Besatzungszone in Deutschland demontierten und in die UdSSR abtransportierten Betriebe, o. Datum. Die genausten Zahlen zu den Demontagen in der SBZ liefern, gestützt auf sowjetische Dokumente, Jürgen Laufer und Rainer Karlsch in: Sowjetische Demontagen in Deutschland.

Schiffbau: über 240%)[188]. Stalins Atom-, Flugzeug- und Raketenprojekte verschlangen umfangreiche finanzielle Mittel und wirtschaftliche Ressourcen, die beim Wiederaufbau der zerstörten Volkswirtschaft fehlten. Um einen effektiven Einsatz dieser Kapazitäten zu ermöglichen, installierte die Partei- und Staatsführung zugleich moderne und wirkungsvolle Verwaltungsstrukturen. Hierzu gehörten nur der Staatsführung unmittelbar unterstellte Kommissionen die sich aus Fachleuten aller Bereiche zusammensetzten, interdisziplinäre Planungsteams und kleine effektive Kontrollgruppen. So konnten, anders als in der üblichen industriellen Kommandostruktur der UdSSR, Probleme relativ rasch erkannt und durch die Mobilisierung außerordentlicher, nicht plangebundener Mittel gelöst werden. Die wichtigste Organisationsform waren die drei Staatskomitees, die 1945, 1946 und 1947 beim Ministerrat für die als vorrangig eingestuften Rüstungsbereiche Atomwaffen, Raketen und Radar eingerichtet wurden. An der Spitze dieser Komitees standen hochrangige Parteikader mit unmittelbarem Zugang zu Stalin und eigener institutioneller Machtbasis, die bürokratische Verfahren umgehen und damit Entscheidungsprozesse beschleunigen und bevorzugte Ressourcenzuweisungen herbeiführen konnten[189]

Getrieben wurde der sowjetische Partei- und Regierungschef beim Ausbau der sowjetischen Rüstungsindustrie vom Fortschreiten der technologischen Entwicklung in den USA, die er zunehmend als Referenzsystem betrachtete[190]. Deutlich wird dieser Zusammenhang u. a. bei der Atombombenentwicklung, der Stalin höchste Priorität zuwies. Die Entwicklung der Raketentechnologie stand damit in unmittelbarem Zusammenhang. Im Bereich dieser Waffenentwicklungen wird unter anderem deutlich, dass die entsprechenden Volkskommissare in ihren Bereich wie „kleine Stalins" agierten. Gerade die Vorgehensweise des für die Atombomben- und später auch für die Raketenwaffenentwicklung verantwortlichen Lawrentij P. Berija lässt erkennen, wie seine Forderungen und Entscheidungen an den etablierten bürokratischen Strukturen vorbeiliefen und dadurch zu flexiblen zielorientierten Problemlösungen führten[191].

Die ideologisch-politische Priorität der Wehrwirtschaft führte aber auch dazu, dass die sowjetische Führung die Rüstung gegenüber dem zivilen Sektor privilegierte. Zugleich existierte ein dichtes Kontrollnetzwerk, das argwöhnisch darüber wachte, dass die beschlossenen rüstungspolitischen Direktiven eingehalten wurden. Dieses Kontrollnetzwerk lässt in der Rückschau indirekt die Existenz verschiedener Interessengruppen in der sowjetischen Rüstungsindustrie erkennen, die weniger informell organisiert waren als in einem liberal-demokratischen System. Gerade in der zweiten Hälfte der vierziger Jahre wird die Bedeutung solcher Interessengruppen im entstehenden sowjetischen militärisch-industriell-akademischen Komplex deutlich, als verschiedene Personen der militärisch-politischen Elite im inneren Machtkreis in Ungnade fielen und dadurch institutionelle Um-

---

[188] Vgl. Simonov, Voenno-promyšlennyj kompleks SSSR, S. 202. Zum Konversionsproblem siehe: Poslevoennaja konversija.
[189] Vgl. Mick, Forschen für Stalin, S. 119ff.; Uhl, Stalins V-2, S. 106–109.
[190] Vgl. Zubok/Pleshakov, Inside the Kremlin's Cold war, S. 9–77.
[191] Vgl. Rubin, Lavrentij Berija, S. 280–326; Antonov-Ovseenko, Berija, S. 386–405; Berija, Moj otec, S. 257–305; Starkov, The Security Organs and the Defence-Industry Complex, S. 260–265.

strukturierungen, Projektabbrüche sowie Neuverteilungen der Ressourcen stattfanden. Dabei spielten informelle Aktivitäten und Beziehungen eine gewichtige Rolle und sorgten in erheblichem Maße dafür, dass politische Entscheidungsprozesse weniger formalisiert abliefen, als für gewöhnlich angenommen wird[192].

Besonders verdeutlicht wird die zunehmende Verschmelzung von wissenschaftlich-technischen Sektoren mit den wehrwirtschaftlichen Strukturen durch die Gliederung der sowjetischen Rüstungsindustrie nach 1945. Die Masse der so genannten Kaderbetriebe, also der Unternehmen, die fast ausschließlich Waffen, Munition und militärische Ausrüstung produzierten, war in den Ministerien für Luftfahrtindustrie, Bewaffnung, Schiffbau und funktechnische Industrie konzentriert. In diesen Bereichen arbeiteten auch viele der wissenschaftlichen Forschungsinstitute und Konstruktionsbüros, die sich mit der Entwicklung neuer Waffen beschäftigten. Mitte der fünfziger Jahre verfügten die vier genannten Behörden über insgesamt 781 „Kaderbetriebe" sowie 270 Forschungs- und Entwicklungseinrichtungen, in denen mehr als drei Millionen Menschen beschäftigt waren[193]. Daneben existierte eine ganze Reihe weiterer Ministerien, deren offizielle Bezeichnung zwar auf eine zivile Nutzung hinzuweisen schien, die jedoch in Wirklichkeit ganz oder zumindest teilweise für das Militär produzierten. So lieferte z. B. das Ministerium für Automobil- und Traktorenbau an die sowjetischen Streitkräfte Panzer und gepanzerte Fahrzeuge, während das Ministerium für landwirtschaftlichen Maschinenbau die Versorgung der Armee mit Munition und Sprengstoffen übernahm. Der bekannteste dieser Rüstungsgiganten mit „ziviler Tarnung" dürfte das 1953 geschaffene Ministerium für mittleren Maschinenbau gewesen sein. Diese Behörde war aus dem im August 1945 gegründeten Sonderkomitee Nr. 1 hervorgegangen und in der Sowjetunion primär für die Entwicklung und die Herstellung von Nuklearsprengköpfen sowie den Bau von Antriebsreaktoren für Kriegsschiffe und U-Boote verantwortlich[194]. Der Bereich der Kernwaffenentwicklung und ihrer Serienproduktion gehörte zu den Rüstungszweigen, die in der UdSSR nach dem Zweiten Weltkrieg quasi aus dem Nichts geschaffen wurden. Als wichtiger strategischer Sektor standen für seinen Aufbau fast unbegrenzte Ressourcen zur Verfügung. Hatten Ende 1944 kaum mehr als 370 Personen, davon ca. 40 Wissenschaftler, am sowjetischen Atomprojekt gearbeitet[195], so waren 1948 bereits mehr als 68 000 in der Produktion von Kernwaffen beschäftigt. Auf zahllosen Baustellen stampften darüber hinaus 250 000 GULag-Häftlinge Forschungszentren und Produktionsstätten aus dem Boden. Allein von 1947 bis 1949 kostete Stalins Atombombenprojekt mehr als 14,5 Milliarden Rubel. Dank dieser gewaltigen Investitionen, dem enormen Ressourceneinsatz und des erfolgreichen Transfers westlicher Kernwaffentechnik gelang den Wissen-

---

[192] Vgl. Cielsa/Mick/Uhl, Rüstungsgesellschaft und Technologietransfer, S. 193–196; Duskin, Stalinist Reconstruction, S. 83–88; Kosenko, Tajna aviacionnogo dela, S. 55–64; Bystrova, Sovetskij voenno-promyšlennyj kompleks, S. 507–514.
[193] Vgl. RGAE, 4372/76/329, Bl. 5, Aufstellung der Betriebe und Forschungseinrichtungen der Ministerien für Luftfahrtindustrie, Radiotechnik, Verteidigungsindustrie und Schiffbau, Januar 1956.
[194] Vgl. Holloway, Stalin and the Bomb, S. 321; Kruglov, Kak sozdavalas' atomnaja promyčlennost', S. 36f.
[195] Vgl. Spravka des GKO an Berija über den Stand der Arbeiten zum Uranproblem, 2. 11. 1944, abgedruckt in: Atomnyj proekt SSSR, S. 150–153.

schaftlern um Igor Kurtschatow am Morgen des 29. August 1949 die Zündung der ersten sowjetischen Atombombe. Dies war der Auftakt für noch umfangreichere Investitionen in das Kernwaffenprogramm der UdSSR. Von 1950 bis 1955 sollten weitere 73,45 Milliarden Rubel in die Entwicklung und den Serienbau von Nuklearwaffen fließen. Allein 1954 verschlang die Finanzierung des Ministeriums für mittleren Maschinenbau mit mehr als 2,25 Milliarden Rubeln fast genauso viel Geld, wie die sowjetische Regierung für das Gesundheitswesen ausgab[196]. Diese hohen Investitionen erlaubten es, neben der Aufnahme der Serienproduktion von Atombomben auch die weitere Nuklearwaffenentwicklung voranzutreiben. 1953 wurde die erste sowjetische Wasserstoffbombe erfolgreich getestet, 1955 konnte erstmals eine Kernwaffe mit mehr als einer Megatonne Sprengkraft gezündet werden. Wegen der immer noch sehr strikt gehandhabten Geheimhaltung der sowjetischen Kernwaffenproduktion fällt es schwer, weitere Angaben über den Ausbau dieses Sektors der sowjetischen Rüstungsindustrie zu machen. Immerhin liegen für 1964 gesicherte Zahlen vor. Zu diesem Zeitpunkt waren im Bereich der Nuklearwaffenproduktion und -entwicklung insgesamt 607 000 Personen beschäftigt[197].

Entwicklung des sowjetischen Nuklearwaffenarsenals von 1949 bis 1958

Jahr	Anzahl in Stück
1949	1
1950	5
1951	25
1952	50
1953	120
1954	150
1955	200
1956	426
1957	660
1958	869

Quelle: Simonov, Cholodnaja vojna kak javlenie jadernogo veka, S. 617.

Bis zum Ende der fünfziger Jahre erreichte auch der Aufbau der sowjetischen Raketentechnik eine solche Eigendynamik, dass sich die Entwicklung und der Bau von Fernlenkwaffen von einem vernachlässigten Sonderbereich zu einem Sektor der sowjetischen Rüstungsindustrie mit höchster Priorität entwickelte. Dieser sog immer umfangreichere finanzielle und materielle Ressourcen des Staates auf. Von 1951 bis 1955 investierte die UdSSR allein in den Aus- und Neubau von Betrieben im Bereich der Fernlenkwaffenproduktion mehr als 6,35 Milliarden Rubel. Dank dieser und anderer Maßnahmen hatte sich, ähnlich wie bei der Atomindustrie, aus einem Nischenbereich der sowjetischen Rüstungswirtschaft, in dem 1947 kaum

[196] Vgl. Simonov, Voenno-promyšlennyj kompleks SSSR, S. 242–246; Kruglov, Štab Atomproma, S. 94f.
[197] Vgl. Andrjušin/Černyšev/Judin, Ukroščenie jadra, S. 328; Strategičeskoe jadernoe vooruženie Rossii, S. 63ff.; Simonov, Voenno-promyšlennyj kompleks SSSR, S. 276.

10 000 Personen beschäftigt waren, ein eigenständiger Bestandteil des militärisch-industriell-akademischen Komplexes entwickelt. Als Stalin 1953 starb, arbeiteten im Bereich der Raketenwaffenproduktion bereits 40 000 Personen. Diese waren in 42 Fertigungswerken beschäftigt, die insgesamt fünf verschiedenen Ministerien unterstanden. Weitere 12 159 Wissenschaftler, Konstrukteure und Ingenieure arbeiteten in 23 Forschungs- und Entwicklungseinrichtungen der Raketenindustrie[198].

Dieser Zuwachs an Fertigungskapazitäten zeigt sich auch deutlich in den Kennziffern der sowjetischen Rüstungsproduktion zwischen 1948 und 1953. Zugleich wird anhand dieser hier erstmals veröffentlichten Zahlen sichtbar, welchen Einfluss die erste Berlin-Krise und der nachfolgende Koreakrieg auf die Rüstungspolitik Stalins hatten. In allen wichtigen Bereichen militärischer Bewaffnung kam es zu erheblichen Steigerungen der Produktion. Hatte die Rüstungsindustrie 1947 den sowjetischen Streitkräften lediglich neue 274 Panzer übergeben, so waren es fünf Jahre später, auf dem Höhepunkt des Koreakrieges bereits knapp 2000. Insgesamt profitierten alle Teilstreitkräfte von den umfangreichen Beschaffungsprogrammen. Diese ermöglichten nicht nur eine merkliche Modernisierung der Armee, sondern erlaubten auch die Aufstellung zahlreicher neuer Einheiten. Die neu formierten Verbände konnten dabei mit Waffen ausgerüstet werden, die den neuen strategischen und rüstungstechnischen Anforderungen nach 1945 Rechung trugen. Bestes Beispiel hierfür dürfte neben der Schaffung von ersten Raketeneinheiten die Neuaufstellung von drei Luftarmeen sein, die mit mehr als 1200 strategischen Fernbombern des Typs Tu-4 ausgestattet waren.

Auch der sowjetischen Bevölkerung blieben diese Modernisierungsanstrengungen nicht verborgen. Vor dem Hintergrund des Kalten Krieges stießen sie sogar zum Teil bei den Menschen auf Zustimmung. Nicht ohne Stolz berichtete der für die Ukraine zuständige Erste ZK-Sekretär Alexej I. Kiritschenko über den Eindruck, den 1953 die Herbstmanöver der Sowjetarmee bei der Bevölkerung hinterlassen hatten: „In der Sowjetunion ist die Technik absolut nicht die, wie sie vor dem Krieg und sogar während des Krieges 1941–1945 war. Mit diesen Flugzeugen kann man selbst bis Amerika fliegen. Deshalb fürchten die Amerikaner Russland. Jetzt werden Manöver durchgeführt und die gesamte Technik ist ganz neu und um vieles leistungsstärker als während des Krieges. Und all das wird dafür getan, dass die Amerikaner und Engländer bei sich zu Hause bleiben und nicht zu uns eindringen".[199]

Um unter sowjetischen Bedingungen überhaupt eine derartige Rüstungsfertigung realisieren zu können, bedurfte es der zentralen Planung als Organisationsform der Wirtschaft. Erst die zentrale Planung versetzte die Partei- und Staatsführung der Sowjetunion in die Lage, die vorhandenen Produktionskapazitäten und Investitionsmittel des Landes zum Auf- und Ausbau der rüstungswirtschaftlichen Kapazitäten einzusetzen. Dabei diente die zentralgeleitete Planung nicht nur als formales Gestaltungsprinzip, das es erlaubte, der militärischen Forschung, Ent-

---

[198] Vgl. RGAE, 4372/11/709, Bl. 23–26, Spravka über Beschäftigten im Bereich Raketentechnik, 1953; Bystrova, Razvitie voenno-promyšlennogo kompleksa, S. 180. Zur sowjetischen Raketenindustrie siehe: Siddiqi, Challenge to Apollo, sowie Uhl, Stalins V-2.
[199] RGANI, 5/30/36, Bl. 90, Schreiben von Kiričenko an Chruščev, 21. 10. 1953.

Sowjetische Rüstungsproduktion zwischen 1948 und 1953

	1948	1949	1950	1951	1952	1953	Gesamt
ball. Raketen	–	–	18	76	320	432	846
davon R-1	–	–	18	76	240	338	672
davon R-2	–	–	–	–	80	94	174
Flügelraketen	–	–	–	–	2	125	127
Fla-Raketen	–	–	–	–	89	1432	1521
Kampfflugzeuge	2994	2164	2761	5653	6122	5042	24736
davon Jagdflugzeuge	2287	1527	2281	4645	4777	3298	18815
hiervon mit Strahltriebwerk	581	1174	2181	4463	4777	3298	16474
davon MiG-15	–	729	1996	4421	3491	497	11134
davon MiG-17	–	–	–	–	1286	2801	4087
Schlachtflugzeuge	155	178	–	–	–	104	437
Bombenflugzeuge	535	298	168	587	977	1624	4189
strat. Bomber Tu-4	17	161	312	421	368	16	1295
Transportflugzeuge	694	670	301	313	312	130	2420
Hubschrauber	–	–	–	20	41	65	126
Panzer	425	1081	1003	1616	1963	2220	8308
davon T-54	200	551	1003	1566	1832	2000	7152
Schützenpanzer	50	400	640	1170	1220	1450	4930
Artilleriesysteme	16241	19140	17064	26962	27797	28416	135620
MG	17320	20250	32708	40558	38617	41620	191073
Gewehre/Karabiner	161700	170000	303784	400995	435000	600000	2071479
MPi Kalaschnikow	–	–	150815	250354	282656	350000	1033825
Patronen (Mrd.)	0,583	0,583	1,07	1,432	1,539	1,713	6,92
Artilleriegeschosse (Mio.)	2,977	4,54	4,36	7,718	8,535	k.A.	k.A.
Kreuzer	–	–	5	–	5	4	14
Zerstörer	5	12	20	21	22	3	83
U-Boote	6	12	11	9	17	34	89
Fregatten	2	4	2	2	4	3	17
U-Jäger	12	21	27	32	40	38	170
Torpedoschnellboote	74	83	83	51	92	121	504
Minensucher	17	33	24	36	52	52	214
Hilfsschiffe	159	135	k.A.	203	272	301	k.A.

Quelle: Berichte über die Erfüllung der Rüstungsproduktion 1949–1953, RGAE, 4372 – Bestand GOSPLAN

wicklung sowie Produktion vorrangig Kapazitäten und Ressourcen zuzuführen. Gleichzeitig galt sie der politischen Führung auch als wirksames Kontrollinstrument[200].

Innerhalb des Systems der zentralen Planung nahm die Staatliche Plankommission beim Ministerrat der UdSSR (GOSPLAN) eine Schlüsselstellung ein. Vor allem die in den wehrwirtschaftlichen Abteilungen der Behörde tätigen Wirtschafts-, Wissenschafts- und Rüstungsmanager übten einen entscheidenden Einfluss auf den Aufbau des militärisch-industriell-akademischen Komplexes in der UdSSR aus, da

---

[200] Vgl. Walter, Zivile Wirtschaft und Rüstungswirtschaft, S. 363.

sie bei ständig mangelnden Ressourcen den Interessenausgleich zwischen Staat, Partei, Militär, Rüstungswirtschaft und Wissenschaft organisieren mussten[201]. Die Arbeit von GOSPLAN beschränkte sich nicht nur auf die erforderlichen Planungen zur Entwicklung und Produktion von Waffen. Dieses Koordinationszentrum übernahm, wie neuere Forschungen zeigen konnten, auch die Ausarbeitung von Konzepten zum militärischen Einsatz neuer Waffen[202]. Dies beweist auf der einen Seite das gestiegene Selbstvertrauen und die neue Position der Rüstungsplaner nach dem Ende des Zweiten Weltkrieges innerhalb des sowjetischen Systems. Auf der anderen Seite wird deutlich, dass weite Teile des sowjetischen Militärs modernen Waffen nicht immer großes Interesse entgegenbrachten[203].

Zum anderen wurde die Führung der Streitkräfte von der Parteispitze und den Rüstungsfachleuten aber auch absichtlich über bestimmte Waffenentwicklungen im Unklaren gelassen, um die Projekte nicht frühzeitig durch militärische Bedenken „torpedieren" zu lassen. Ein besonderes Beispiel hierfür ist die Entwicklung des ersten sowjetischen Atom-U-Bootes vom Typ 627. Das Ministerium für mittleren Maschinenbau hatte Stalin 1952 vorgeschlagen, einen großkalibrigen Torpedo mit einem Nuklearsprengkopf zu entwickeln. Nach den Vorstellungen der Atomwissenschaftler sollte das 1,5 Meter breite, 23 Meter lange und über 40 Tonnen schwere Unterwassergeschoss aus einer Entfernung von bis zu 30 Kilometern gegen amerikanische Hafen- und Küstenstädte abgefeuert werden. Als Trägerschiff sollte ein ebenfalls neu zu entwickelndes U-Boot mit Kernantrieb dienen. Stalin war von dem Projekt, das weder der Marine- noch der Armeeführung zur Begutachtung vorgelegt worden war, so begeistert, dass er am 12. September 1952 einen Beschluss des Ministerrates zum Bau von Torpedo und U-Boot unterschrieb. Erst im Sommer 1954 erhielt die Spitze der Marine Kenntnis von diesem abenteuerlichen Projekt und konnte nach zähen Verhandlungen und unter dem Hinweis, dass es nahezu unmöglich sei, ein sowjetisches U-Boot so dicht an die amerikanische Küste zu bringen, erreichen, dass man auf den „Supertorpedo" verzichtete und stattdessen für den Seekrieg übliche Torpedowaffen einbaute[204]

Die von GOSPLAN nach 1945 ausgearbeiteten Konzeptionen für neue strategische Waffen zeigen deutlich den Einfluss der Ergebnisse des Zweiten Weltkriegs auf das Denken der sowjetischen Rüstungselite. Den Entscheidungsträgern in der wohl wichtigsten Schnittstelle der sowjetischen Rüstungsindustrie war bewusst, dass neben herausragender Wirtschaftskraft fortschrittliche Technologie und Wis-

---

[201] Vgl. Holloway, Innovation in the Defence Sector, S. 391; Sovetskaja voennaja mošč', S. 88–91.
[202] Vgl. RGAE, 4372/96/439, Bl. 69–75, Schreiben des Leiters der 2. Abteilung von GOSPLAN, Georgij N. Paškov, an den Vorsitzenden von GOSPLAN, Nikolaj A. Voznesenskij: „Über grundlegende Fragen bei der Entwicklung von Raketenwaffen im Zeitraum 1946–1965", 1946; Uhl, Von Peenemünde nach Kapustin Jar, S. 52 ff.
[203] Vgl. RGAE, 397/1/64, Bl. 23–25, Beschluss der 4. Hauptverwaltung der GAU zum Projekt R-2, 31. 1. 1950, sowie Pervov, Mežkontinental'nye ballističeskie rakety, S. 23–27. Der russische Raketenkonstrukteur Boris E. Čertok zitiert in diesem Zusammenhang gerne ein Gespräch mit einem ehemaligen Frontgeneral, das 1949 in Kapustin Jar bei der Erprobung der ersten sowjetischen Fernkampfrakete R-1 stattfand. Es macht die Position vieler sowjetischer Militärs zu den neuen Raketenwaffen deutlich: „Was macht ihr? Ihr füllt eine Rakete mit mehr als vier Tonnen Alkohol. Wenn man meiner Division diesen Alkohol geben würde, dann nimmt sie jede Stadt im Sturm. Und eure Rakete trifft diese Stadt nicht einmal!" Zit. nach: Čertok, Rakety i ljudi, S. 321.
[204] Vgl. Podvodnye sily Rossii, S. 289–295; Andrjušin/Černyšev/Judin, Ukroščenie jadra, S. 17.

senschaft entscheidende Bedingungen für einen zukünftigen militärischen Erfolg sein mussten. Für die politischen Manager der sowjetischen Rüstungsindustrie stand fest, dass sich künftige militärische Auseinandersetzungen radikal von bisherigen Kriegen unterscheiden würden, „weil es ein Krieg der hochentwickelten und massenhaften Technik sein wird. Er ist überraschend und allumfassend (d. h. das Verständnis von Hinterland und Front verliert noch mehr an Bedeutung). [...] Folglich wird die Fähigkeit der normalen Führung eines Krieges mit neuen Waffen noch mehr von den Industriekapazitäten abhängen, als es bereits im letzten Krieg der Fall war"[205]. Zu diesen neuen Waffen zählte der Leiter der Abteilung für Raketentechnik bei GOSPLAN, Georgij N. Paschkow, bereits Anfang 1947 „Fernkampfraketen mit großer Zerstörungskraft für die effektive Vernichtung von Industrie- und Verwaltungszentren des Gegners, entsprechende Muster sollen bis 1960 jeden Punkt der Erde erreichen"[206]. Die Planung der sowjetischen Waffenentwicklung erscheint damit überaus konsequent. Wie gezeigt, verfügte die sowjetische Seite – anders als die Amerikaner – über ein langfristig angelegtes Raketenbauprogramm. Eine besondere Rolle spielte in diesem Zusammenhang Paschkow und seine 2. Abteilung von GOSPLAN, die alle hierfür nötigen Maßnahmen koordinierte. Sie versuchte den Ausgleich der unterschiedlichen Interessen und Anforderungen von Staat, Partei, Militär, Rüstungswirtschaft und Wissenschaft. Ihr Ziel war bereits unmittelbar nach Kriegsende die Entwicklung einer strategischen Raketenwaffe innerhalb von zwanzig Jahren. Dieses Vorhaben wurde, wie später noch gezeigt wird, buchstäblich mit einer Punktlandung verwirklicht. Im Januar 1960 wurde mit der R-7 die erste sowjetische Interkontinentalrakete offiziell in die Bewaffnung der Streitkräfte aufgenommen[207].

Von GOSPLAN gingen also wesentliche Impulse für den Aufbau der sowjetischen Raketenindustrie aus. Die dort beschäftigten Wirtschaftsplaner, Rüstungsfachleute und Wissenschaftler machten schon früh auf die strategische Bedeutung der Raketenwaffe aufmerksam und trieben deren Entwicklung immer wieder voran. Die Spitzen der sowjetischen Armee hingegen erkannten erst Mitte der fünfziger Jahre das militärische Bedrohungspotential der Raketen in seiner ganzen Tragweite[208].

GOSPLAN war damit weit aus mehr als eine Behörde, die den Plan für die militärische Produktion entwickeln und ihn in die Volkswirtschaft integrieren sollte[209]. Das Staatliche Planungskomitee fungierte unter Stalin wie später auch unter Chruschtschow als rüstungsindustrieller *brain trust* für die sowjetische Partei- und Staatsführung, der über erhebliche technologische, wirtschaftliche und wissenschaftliche Kompetenzen verfügte.

---

[205] RGAE, 4372/96/675, Bl. 46f., Schreiben von Paškov an Voznesenskij: „Der Platz der reaktiven Antriebe in der zukünftigen Militärtechnik und dringende organisatorische Fragen", 15. 12. 1947. Der vollständige Wortlaut der Konzeption ist abgedruckt in: Uhl, Die Rolle von GOSPLAN, S. A 182–A 186.
[206] RGAE, 4372/96/439, Bl. 71, Schreiben von Paškov an Voznesenskij: „Über grundlegende Fragen bei der Entwicklung von Raketenwaffen im Zeitraum 1946–1965", Ende 1946.
[207] Vgl. RGAE, 298/1/1429, Bl. 115–130, Befehl Nr. 42 des Vorsitzenden des GKOT, 1. 2. 1960.
[208] Vgl. Solovcov/Ivkin, Mežkontinental'naja ballističeskaja raketa, S. 2ff.; Suchina/Ivkin/Reznik, Strategičeskie raketčiki Rossii, S. 19–22.
[209] So noch Alexander, Decision-making in Soviet Weapons Procurement, S. 20.

Ohne die Rüstungs- und Wissenschaftsmanager bei GOSPLAN wäre nach Ende des Zweiten Weltkrieges der militärisch-industriell-akademische Komplex in der UdSSR als ein wesentlicher Bestandteil der sowjetischen Gesellschaft sicher nicht entstanden[210].

Auch nach Stalins Tod setzte sich die verstärkte Aufrüstung und Modernisierung der Sowjetarmee weiterhin ungebremst fort. Zwar halbierte sich – vor allem durch die bereits erwähnte Verringerung der Mannschaftsstärke – zwischen 1953 und 1957 der Anteil der Streitkräfteausgaben am Staatshaushalt von 31,2 Prozent auf 16 Prozent, doch die Beschaffungskosten selbst stiegen[211]. Hatte die Sowjetarmee 1950 rund 24 Milliarden Rubel bzw. 29 Prozent ihres Budgets für den Ankauf von Rüstungsgütern ausgegeben, so waren es 1957 bereits 35,3 Milliarden bzw. 36,5 Prozent des Haushaltes des Verteidigungsministeriums[212]. Dieser Anstieg der Beschaffungsausgaben führte dementsprechend zu einem weiteren Ausbau der rüstungsindustriellen Kapazitäten. So stieg beispielsweise die Bruttoproduktion der ab Ende 1957 zum Staatskomitee für Verteidigungstechnik zugehörigen 17 Fertigungswerke zwischen 1955 und 1957 von 2,4 Milliarden Rubel auf 3,12 Milliarden. Gleichzeitig nahm die Zahl der hier Beschäftigten von 74680 auf 79397 zu[213].

Zugleich ist jedoch festzustellen, dass bedingt durch die technologisch immer anspruchsvolleren und teureren Waffensysteme der Produktionsausstoß selbst sank. So hatte sich beispielsweise bei der Produktion von Kampfflugzeugen von 1944 bis 1957 die Zahl der nötigen Arbeitsstunden für die Herstellung eines Flugzeuges vervierfacht und sich das Gewicht des benötigten Materials fast verdreifacht. Dauerte während des Krieges die Produktion eines schweren Flakgeschützes ca. 1800 Arbeitsstunden, so waren es jetzt für dessen Fertigung schon 7000 Stunden[214]. Liefen 1953 noch 2801 Jagdflugzeuge des Typs MiG-17 vom Band, so lag 1956 die Fertigungsrate des Nachfolgemodells MiG-19 bei 615 Exemplaren. Allerdings erreichte die MiG-19 gegenüber ihrem Vorgängermuster anderthalbfache Schallgeschwindigkeit, verfügte über ein Radargerät und konnte mit Luft-Luft-Raketen bewaffnet werden[215].

Ende 1957 wurden schließlich im Zuge der allgemeinen Umstrukturierung der Wirtschaft auf Anweisung von Partei- und Regierungschef Nikita S. Chruschtschow die bisherigen vier Kernministerien der sowjetischen Rüstungsindustrie aufgelöst und in die Staatskomitees für Verteidigungstechnik, Flugzeugtechnik, Funkelektronik und Schiffbau umgewandelt. Diese wiederum unterstanden ab

---

[210] Vgl. Cielsa/Mick/Uhl, Rüstungsgesellschaft und Technologietransfer, S. 224f.; Behind the Facade of Stalin's Command Economy, S. 91.
[211] Vgl. RGANI, 5/30/56, Bl. 25, Schreiben von Finanzminister Zverev an Chruščev, 14. 4. 1954; Sovetskaja voennaja mošč', S. 86f.
[212] Vgl. RGAE, 4372/76/320, Bl. 7f., Spravka über Ausgaben des Verteidigungsministeriums für Militärtechnik, 28. 11. 1957; Simonov, Voenno-promyšlennyj komplex SSSR, S. 294.
[213] Vgl. RGAE, 1562/33/3531, Bl. 20, Bericht über Produktionserfüllung des GKOT für 1958, o. Datum. Diese elf Fertigungswerke stellen nur einen kleinen Teil des damaligen Ministeriums für Bewaffnung dar, dem 1956 insgesamt 210 Produktionswerke sowie Forschungs- und Entwicklungseinrichtungen unterstellt waren.
[214] Vgl. RGAE, 4372/76/95, Bl. 28, Erläuterungsschreiben zum Mobilmachungsplan der Volkswirtschaft für das Berechnungsjahr 1957, 29. 11. 1957.
[215] Vgl. RGAE, 29/1/1792, Bl. 2f., Produktion von Flugzeugen und Motoren 1939–1961, 1961.

sofort direkt dem Ministerrat der UdSSR[216]. Während damit der Großteil der bisherigen Serienfertigungswerke der Rüstungsministerien unter die Verwaltung der örtlichen Volkswirtschaftsräte (*sovnarchrozy*) gestellt wurden, verblieben die Forschungs- und Entwicklungseinrichtungen sowie die Vorserienwerke in der Zuständigkeit der Staatskomitees. Durch deren Konzentration auf die Bereiche Forschung und Entwicklung sowie die gleichzeitige Entlastung von allgemeinen Produktionsaufgaben sollte es nach dem Willen der Parteiführung und den Vorstellungen der Rüstungsplaner gelingen, die sowjetische Armee wesentlich rascher als bisher mit modernsten Waffen auszurüsten. Es hatte sich gezeigt, dass in vielen Bereichen längerfristige Entwicklungspläne fehlten und dass die Führung der Luftstreitkräfte beispielsweise Flugzeugentwicklungen in Auftrag gab, deren taktisch-technische Daten bereits in der Phase der Erprobung nicht mehr den militärischen Forderungen entsprachen und damit obsolet wurden. Auch schienen die Generäle bestimmte Entwicklungen der Militärtechnik buchstäblich „verschlafen" zu haben. So existierte 1956, als die USA mit Höhenaufklärungsflügen über der Sowjetunion begannen, kein entsprechendes Abwehrsystem, weil niemand ein solches in Auftrag gegeben hatte. Verschärfend kam hinzu, dass nicht selten die Konstruktionsbüros dem Militär eigene Fertigungsvorhaben zur Begutachtung übergaben, die auf jeweilige westliche Entwicklungstrends aufsprangen und nicht immer die in sie gesetzten Erwartungen erfüllten. Zugleich widerstand die Armeeführung dem Druck der Rüstungsministerien nur unzureichend, wenn diese eigene Entwicklungsprojekte vorschlug und dabei natürlich Vorhaben favorisierte, die in ihren technisch-taktischen Daten weniger anspruchsvoll waren, um eine erfolgreiche Realisierung zu ermöglichen[217]. Im Einzelnen waren den Staatskomitees des Rüstungssektors deshalb zur Verbesserung der bisherigen Forschungs- und Entwicklungsarbeit von Rüstungsminister Dimitrij F. Ustinow Anfang 1958 folgende drei Schwerpunktaufgaben gestellt worden:

1. „Festlegung der zukünftigen Entwicklungsrichtungen bei der Schaffung von neuen Waffenmustern, mit dem Ziel, dass unsere einheimische Technik der ausländischen überlegen ist.
2. Die Planung, Leitung und Koordination der Arbeiten aller wissenschaftlichen Forschungsorganisationen und Konstruktionsbüros, die sich mit der Entwicklung neuer Muster von Militärtechnik beschäftigen. Dazu gehören sowohl die Einrichtungen, die dem Komitee unterstellt sind, wie auch die Institutionen die unter der Verwaltung der Volkswirtschaftsräte stehen.
3. Die gemeinsam mit den Volkswirtschaftsräten durchzuführende Aufnahme der Serienfertigung von neuer Militärtechnik sowie die Einführung hochproduktiver und moderner Technologien, die eine hohe Qualität der Waffenfertigung gewährleisten."[218]

---

[216] Die Bildung dieser vier Staatskomitees ist im engen Zusammenhang mit den seit Anfang 1957 von Chruščev durchgeführten Wirtschaftsreformen zu sehen, mit denen dieser vergeblich versuchte, die negativen ökonomischen Auswirkungen einer zentral geleiteten Industrie zu beheben. Siehe hierzu u. a. Pichoja, Sovetskij sojuz, S. 235–239; Nove, Das sowjetische Wirtschaftssystem, S. 81–87 sowie Filtzer, Die Chruschtschow-Ära, S. 79–82.
[217] Vgl. RGAE, 4372/76/231, Bl. 11–15, Schreiben von Sergej A. Novikov „Über Unzulänglichkeiten bei den Planungen zur Entwicklung von Militärtechnik und Bewaffnung" an Chruščev, 17. 9. 1957.
[218] RGAE, 298/1/132, Bl. 21, Rede von Ustinov auf der Sitzung der ZK-Kommission für Rüstungsfragen, 10. 2. 1958.

Um diese Aufgaben umsetzen zu können, verfügten die Staatskomitees der Rüstungswirtschaft über eine Struktur, wie sie hier beispielhaft am Staatskomitee für Verteidigungstechnik (GKOT) dargestellt werden soll.

Die Behörde war am 14. Dezember 1957 auf Basis des Ministeriums für Verteidigungsindustrie durch eine Anweisung des Präsidiums des Obersten Sowjets der UdSSR gebildet worden. Zu ihrem Leiter wurde zunächst Alexander W. Domratschew (1906–1961) ernannt. Dieser kam aus dem militärisch-industriell-akademischen Komplex und war während des Zweiten Weltkriegs vom Direktor eines Rüstungswerkes in Sibirien bis zum Ersten stellvertretenden Minister für Bewaffnung aufgestiegen. Nur wenige Monate nach seiner Ernennung wurde er jedoch auf den Posten des Leiters des Leningrader Volkswirtschaftsrates abgeschoben. An seine Stelle trat im Frühjahr 1958 Konstantin N. Rudnew (1911–1980), zuvor ebenfalls stellvertretender Minister für Bewaffnung. Als dieser im Juni 1961 zum stellvertretenden Vorsitzenden des Ministerrats befördert wurde, folgte ihm auf den Posten des Leiters des GKOT Leonid W. Smirnow (1916–?) nach. Der ehemalige Direktor einer der größten Raketenfabriken des Landes, des Werks Nr. 586 in Dnepropetrowsk, war zuvor Leiter der 7. Hauptverwaltung (Raketen) des GKOT gewesen. Als er 1963 ebenfalls zum stellvertretenden Vorsitzenden des Ministerrats der UdSSR befördert wurde, trat an seine Stelle Sergej A. Swerew (1912–1978), der das GKOT bis zu seiner Auflösung 1965 leitete. Swerew, der wie seine Vorgänger auch ursprünglich aus dem Ministerium für Bewaffnung kam, hatte gleichfalls eine steile Karriere in der sowjetischen Rüstungsindustrie hinter sich und war vor seiner Ernennung Erster stellvertretender Vorsitzender des GKOT gewesen. Nach der Auflösung des Staatskomitees für Verteidigungstechnik wurde er am 2. März 1965 zum Minister für Verteidigungsindustrie der UdSSR ernannt, in dieser Funktion verblieb er bis zu seinem Tod im Dezember 1978[219].

Die Organisation und Struktur des neuen Staatskomitees für Verteidigungstechnik bestimmten der Beschluss des Ministerrates der UdSSR Nr. 38–19 vom 9. Januar 1958 sowie der Befehl Nr. 15–1958 des GKOT. Die Behörde verfügte neben der zentralen Leitung des Staatskomitees über insgesamt zwölf Hauptverwaltungen, die u. a. für die Entwicklung und den Bau von Artilleriebewaffnung, optisch-mechanischen Geräten, Sprengstoffen und Munition, Waffenlenksystemen, Raketen und deren Startanlagen, Schützenwaffen sowie Panzern und gepanzerten Fahrzeugen zuständig waren. Darüber hinaus gehörten zum GKOT eine ganze Reihe von Verwaltungseinrichtungen und ein Wissenschaftlich-technischer Rat[220].

Dieser Führungsebene des GKOT unterstanden Anfang 1958 insgesamt 31 wissenschaftliche Forschungsinstitute, 17 Konstruktionsbüros sowie 18 Werke für die Versuchs- und Vorserienfertigung, die mehr als 134 800 Personen beschäftigten[221]. Im Staatskomitee für Flugzeugtechnik (GKAT) waren diese Strukturen

---

[219] Vgl. Sovet narodnych komissarov, S. 116–125; Albrecht/Nikutta, Die sowjetische Rüstungsindustrie, S. 135.
[220] Vgl. RGAE, 298/1, Bd. 1, Bl. 2–4, Findbuch zum Bestand Staatskomitee für Verteidigungstechnik.
[221] Vgl. RGAE, 1562/33/4398, Bl. 97–98, Bericht über die Planerfüllung im GKOT für 1960, 1. 2.

ähnlich. Insgesamt arbeiteten in den über 71 Forschungs- und Entwicklungseinrichtungen sowie sechs Vorserienwerken des GKAT mehr als 204 000 Personen an über 3500 verschiedenen Themen[222].

Obgleich die Staatskomitees über umfangreiche Kapazitäten verfügten, waren sie doch trotz ihrer Größe nicht in der Lage, eine eigenständige Waffenentwicklung zu betreiben. Ohne Kooperationspartner aus anderen Rüstungs- und Industriezweigen ließ sich kein modernes und effektives Waffensystem mehr herstellen. Am Programm für das Flugabwehrraketensystem „S-75", das ab Beginn der sechziger Jahre das Rückgrat der sowjetischen Luftverteidigung bildete, waren 38 Konstruktionsbüros aus 9 Ministerien beteiligt. Für die Produktion einer ersten Versuchsserie musste die Fertigung in Unternehmen organisiert werden, die 26 verschiedenen örtlichen Volkswirtschaftsräten unterstanden. Selbst die Herstellung eines modernen mittleren Panzers erforderte die Koordination von 13 Entwicklungseinrichtungen aus sechs unterschiedlichen Behörden sowie von 14 Betrieben, die sieben Volkswirtschaftsräten und einem Staatskomitee unterstanden[223].

Vor diesem Hintergrund wird deutlich, dass die neu gegründeten Staatskomitees unter den sowjetischen Bedingungen an ihrer Aufgabe scheitern mussten. Zum einen bestand ein ständiges Kommunikations- und Abstimmungsproblem zwischen den zahlreichen beteiligten Behörden, das vor allem auf die strikten Geheimhaltungsvorschriften zurückzuführen war. Zudem koppelten sich die Staatskomitees allmählich von der allgemeinen Rüstungsindustrie ab, da die örtlichen Volkswirtschaftsräte oft andere Prioritäten verfolgten und versuchten, zivilwirtschaftliche Projekte zu fördern. Hieraus entstanden ständige Verteilungskämpfe um die vorhandenen Ressourcen, die immer wieder zu beträchtlichen Verzögerungen führten. Im Gegenzug lässt sich, wie noch detailliert zu zeigen sein wird, eine ständige Tendenz zur Aufblähung der Staatskomitees erkennen, mit dem der „Geburtsfehler" der Trennung von Entwicklung und Fertigung wieder rückgängig gemacht werden sollte. Dieser stetige Zufluss immer neuer Ressourcen führte letztlich zu einer kaum noch überschaubaren Flut neuer Waffenprogramme, mit denen jeweils Fehler vorangegangener Entwicklungen ausgeglichen werden sollten. Verschärft wurde dieses Problem dadurch, dass die Partei- und Staatsführung immer häufiger parallele Entwicklungsprogramme an konkurrierende Einrichtungen vergab, ohne dass nach Abschluss der Erprobungsarbeiten dann tatsächlich das „bessere" System in die Bewaffnung aufgenommen wurde. Nicht selten wurde unter dem Druck der Chefs der Konstruktionsbüros – die jetzt anders als bei Stalin für Fehlentwicklungen nicht mehr in den Sondergefängnissen des Geheimdienstes landeten, sondern ihre Karriere fortsetzen konnten – die Entscheidung getroffen, auch das unterlegene Produkt den Streitkräften zu übergeben. Dies zog unter den Eigenarten der sowjetischen Wirtschaft, in denen

---

1961. Für detaillierte Informationen zu den einzelnen Instituten und Werken siehe: The Numbered Factories and Other Establishments of the Soviet Defence Industry.
[222] Vgl. RGAE, 29/1/600, Bl. 195–207, Bericht des GKAT an das ZK der KPdSU, 2. 6. 1959.
[223] Vgl. RGAE, 298/1/132, Bl. 21, Rede von Ustinov auf der Sitzung der ZK-Kommission für Rüstungsfragen, 10. 2. 1958.

jeder Produktionsstrang auf Zulieferer mit entsprechenden Eigenprodukten zurückgriff, einen weiteren Ausbau paralleler Fertigungsstrukturen nach sich[224].

Insgesamt hatte der Kalte Krieg die Macht des sowjetischen militärisch-industriell-akademischen Komplexes nach 1945 so sehr anwachsen lassen, dass er bereits unter Chruschtschow auch gegen die Interessen der Spitzen der sowjetischen Partei- und Staatsführung kostspielige Waffenprojekte, die Ressourcen- und Prestigegewinn versprachen, durchsetzen konnte, selbst wenn sie von zweifelhaftem militärischen Wert waren. Diese Tatsache sollte auf die zweite Berlin-Krise einen entscheidenden Einfluss ausüben; denn während der gesamten Dauer der Krise gelang es der Sowjetunion trotz zum Teil erheblicher Anstrengungen nicht, die rüstungstechnische und militärstrategische Dominanz der USA zu überwinden, was entscheidende Konsequenzen auf den Fort- und Ausgang des Ringens um Berlin haben musste.

Die Nachrichtendienste und ihre Aufgaben

Unmittelbar nach dem Ende des Zweiten Weltkrieges verfügte die Sowjetunion über mindestens sechs Organisationen, die für das Sammeln von Geheimdienstinformationen im Ausland verantwortlich waren – die Erste Hauptverwaltung (PGU) des Ministeriums für Staatssicherheit (MGB), die Hauptverwaltung für Aufklärung (GRU) des Ministeriums der Streitkräfte, die Aufklärungsverwaltung der Seekriegsflotte sowie nachrichtendienstliche Strukturen beim Zentralkomitee der Kommunistischen Partei, im Außenministerium und im Ministerium für Außenhandel. Jeder der einzelnen Geheimdienste hatte dabei eigene Beobachtungsschwerpunkte. So sammelte der Marinenachrichtendienst unter Konteradmiral Michail A. Woronzow vorwiegend Material über die Seekriegsflotten anderer Staaten und neuer Entwicklungen auf dem Gebiet des Kriegsschiffbaus, während die Abteilung für internationale Information beim ZK der VPK(b) für den illegalen Einsatz kommunistischer Parteikader im Ausland zuständig war[225].

Allerdings waren nur zwei Organisationen für die Spionage gegen das Ausland von wesentlicher Bedeutung. Die Agenten der Hauptverwaltung für Aufklärung versuchten dabei, vornehmlich an Informationen mit militärischer Bedeutung zu gelangen. Die GRU beobachtete folglich die Streitkräfte fremder Staaten und sammelte Angaben über deren Struktur, Organisation und Bewaffnung. Weiterhin sollten Informationen über vorhandene Operationspläne, Stationierungsorte, rüstungswirtschaftliche Kapazitäten sowie zur politischen Stimmung unter den Offizieren und Mannschaften beschafft werden[226]. Die seit Ende der 20er Jahre in den Nachbar- sowie potentiellen Feindstaaten aufgezogenen Spionagenetze der Militäraufklärung sollten dabei sicherstellen, dass diese auch unter Kriegsbedingungen

---

[224] Vgl. Cockburn, Die sowjetische Herausforderung, S. 90–96; Uhl, „Rakete ist Verteidigung und Wissenschaft", S. 91 f.
[225] Vgl. Kolpakidi/Prochorov, Vnešnjaja razvedka Rossii, S. 52; Prochorov, Razvedka ot Stalina do Putina, S. 350 ff.; Lur'e/Kočik, GRU, S. 121.
[226] Vgl. Bezymenskij, Sovetskaja razvedka, S. 79 f. Allgemein zur GRU siehe: Kolpakidi/Prochorov, Imperija GRU und Suworow, GRU.

Die Nachrichtendienste und ihre Aufgaben 71

arbeitsfähig blieben. Zu diesem Zweck wurden in den betreffenden Ländern illegale Residenturen eingerichtet, d.h. ihre Mitarbeiter waren nicht durch einen Diplomatenstatus geschützt und sie besaßen auch keine Tarnung als Angehörige einer sowjetischen Auslands- oder Außenhandelsorganisation. Zudem verfügten die illegalen Residenturen über eigene Beschaffungssysteme für Spionageausrüstung, zur finanziellen Sicherstellung sowie gedeckte Funk- und Kurierverbindungen zur Moskauer Zentrale. Leiter dieser illegalen Netze konnten Angehörige der GRU, ausnahmslos durch gefälschte Papiere als ausländische Staatsangehörige getarnt, oder aber auch prosowjetische Ausländer sein. Zu den bekanntesten von ihnen zählten im Zweiten Weltkrieg beispielsweise Ilse Stöbe (Netz „Alta" – Deutschland), Leopold Trepper (Netz „Kent" – Belgien) und Richard Sorge (Netz „Ramzaj" – Japan)[227].

Darüber hinaus erhöhte sich seit den 30er Jahren die Zahl der Militärattachés beträchtlich. Sie führten für die GRU die „offizielle" Spionage durch. Die Zahl der dort tätigen Agenten hing von der Größe der Botschaft ab. In wichtigen Ländern – wie den USA, Frankreich, Deutschland und Großbritannien – gab es neben dem Militärattaché auch noch Marine- und Luftwaffenattachés. Unterstützt wurden sie bei ihrer Arbeit von inoffiziellen Mitarbeitern der GRU in den verschiedensten sowjetischen Auslandsbehörden und -organisationen. Auch sie sammelten, wie die Attachés, zumeist offene Informationen über die Streitkräfte der betreffenden Staaten, versuchten aber auch geheime Quellen abzuschöpfen und führten eigene Agentennetze[228].

Die Internationale Abteilung (Inostrannyj otdel' – INO) des NKWD/NKGB, 1920 geschaffene Vorläuferorganisation der PGU, hatte vor allem die Aufgabe, Informationen aus dem politischen Leben anderer Staaten zu beschaffen und Wirtschaftsspionage zu betreiben[229]. Die INO verfügte ebenfalls über legale und illegale Residenturen. Der Leiter der legalen Residentur besaß im Allgemeinen keinen offiziellen Botschaftsposten, sondern war als Sekretär oder Berater des Botschafters getarnt. Ihm unterstanden mehrere Mitarbeiter der INO des NKWD/NKGB, die zumeist in der Konsularabteilung arbeiteten. Sie waren mit der Anwerbung neuer Agenten beauftragt oder führten bereits existierende Spionagenetze. Die illegalen Residenturen arbeiteten im Wesentlichen wie die der GRU, ihre Verbindung nach Moskau lief allerdings zumeist über die legalen Residenturen des NKWD[230]. Eine besondere Rolle bei der Schaffung der Residenturen spielten auch hier die illegalen Sonderagenten. Dem Österreicher Arnold Deutsch gelang es beispielsweise, in England eine fünfköpfige Gruppe um Kim Philby – die späteren Cambridge Five – für die INO anzuwerben[231]. Begünstigend für die Anwerbung von sowjetischen Geheimdienstquellen wirkte die politische Situation der UdSSR. Die Ideale des Kommunismus, die Ideen des proletarischen Internationalismus und der Solidarität mit dem einzigen sozialistischen Land der

---

[227] Vgl. Pavlov, Sovetskaja voennaja razvedka, S. 51. Zur Tätigkeit Treppers für den NKVD siehe: Piekalkiewicz, Kennwort: Rote Kapelle, S. 168–183; Trepper, Die Wahrheit.
[228] Vgl. Garthoff, Die sowjetischen Spionageorganisationen, S. 284; Bezymenskij, Razvedka, S. 80.
[229] Vgl. Sudoplatov, Specoperacii, S. 191.
[230] Vgl. Očerki istorii rossijskoj vnešnej razvedki-2, S. 9–15; Bezymenskij, Razvedka, S. 80.
[231] Vgl. Andrew/Mitrochin, Das Schwarzbuch des KGB, S. 85–90; Razvedka i kontrrazvedka v licach, S. 149.

Welt waren ein günstiger Nährboden für die Gewinnung von potentiellen Informanten. Um an dringend benötigte Quellen zu gelangen, wurde aber auch kompromittierendes Material und finanzielles Interesse ausgenutzt. Dadurch vermochten es GRU und INO bis Mitte der 30er Jahre wirksame Spionagenetze aufzubauen, die in der Lage waren, die sowjetische Partei- und Staatsführung mit den Informationen zu versorgen, die für wichtige Entscheidungsprozesse in Fragen der Außen- und Militärpolitik unabdingbar waren[232].

Die Massenrepressalien Stalins in den Jahren 1937 bis 1938 erwiesen sich als schwerer Rückschlag für die Aufklärungsdienste, da weder GRU noch INO von den politischen Verfolgungen verschont blieben. Das gesamte Ausmaß dieses Aderlasses verdeutlicht ein Schreiben von GRU-Chef Iwan I. Proskurow an den Volkskommissar für Verteidigung vom 25. Mai 1940: „Innerhalb der letzten zwei Jahre wurden die Agenturverwaltungen und die Aufklärungsorgane periodisch von fremden und feindlichen Elementen gesäubert. Während dieser Jahre verhafteten die Organe des NKWD mehr als 200 Personen, die gesamte Führung bis hinunter zu den Abteilungsleitern wurde ausgewechselt."[233]

Die Informationsnetze von GRU und NKWD brachen damit Ende der 30er Jahre fast völlig zusammen. Die für Kriegszeiten vorbereiteten Spionagegruppen waren in ihrer Wirksamkeit nachhaltig gestört worden. Ihr Neuaufbau, durchgeführt von schlecht ausgebildeten Geheimagenten, die oft nicht einmal die Sprache des Einsatzlandes beherrschten, erforderte viel Zeit. Zeit, die nach Ausbruch des Zweiten Weltkrieges nicht mehr zur Verfügung stand. Zudem waren zahlreiche Geheimdienstangehörige demotiviert, verängstigt und nicht in der Lage, selbständig verantwortliche Entscheidungen zu treffen[234].

Bis Anfang 1941 gelang dennoch zumindest die organisatorische Wiederherstellung des Auslandsnetzes der INO des NKWD. Der „zivile" sowjetische Nachrichtendienst verfügte zu diesem Zeitpunkt über mehr als 40 Auslandsresidenturen, in denen 242 legale und illegale Mitarbeiter tätig waren, die mehr als 600 Agenten und Informanten führten. In der Moskauer Zentrale koordinierten und leiteten weitere 695 INO-Angehörige die Arbeit des Auslandsnachrichtendienstes[235]. Zwischen Juni 1941 und November 1944 wurden von Moskau aus insgesamt 566 INO-Offiziere zur nachrichtendienstlichen Tätigkeit illegal ins Ausland entsandt, die dort 1240 Quellen führten oder abschöpften und insgesamt mehr als 41 700 geheime Dokumente nach Moskau übermittelten. Ungefähr 3000 dieser Berichte wurden als so wichtig eingeschätzt, dass die NKGB-Führung diese dem ZK der VKP(b) bzw. dem Staatlichen Verteidigungskomitee zur Kenntnisnahme vorlegte. Der Militärgeheimdienst verfügte während des Krieges über rund 1000 Mitarbeiter, von denen die Hälfte im illegalen Einsatz war[236].

Stalin interessierten im späteren Gegensatz zu Chruschtschow vor allem die Rohinformationen dieser sowjetischen Nachrichtendienstquellen. Von einer zu-

---

[232] Vgl. Peščerskij, „Vrag moego vraga …", S. 59.
[233] Zit. nach: Kolpakidi/Prochorov, Imperija GRU-1, S. 247. Zum Ausmaß der Säuberungen in der GRU siehe: Uhl, „Und deshalb besteht die Aufgabe darin", S. 86–96.
[234] Vgl. Kirpičenkov, Razvedka vychodit iz zony, S. 83; Sudoplatov, Specoperacii, S. 193.
[235] Vgl. Očerki istorii rossijskoj vnešnej razvedki-3, S. 13–18.
[236] Vgl. Poznjakov, Tajnaja vojna Iosifa Stalina, S. 190.

sammenfassenden Analyse oder gar einer umfassenden Lageeinschätzung durch die Geheimdienste hielt der Diktator im Allgemeinen wenig, betrachtete er sich doch selbst als uneingeschränkte Autorität auf dem Gebiet der Spionage. Damit ist ein wesentliches Grundproblem der sowjetischen Nachrichtendienste unter Stalin genannt, das sich auch durch die zahlreichen Reorganisationen nicht beheben ließ: Das Fehlen von Strukturen, die sich mit einer qualifizierten Auswertung der gesammelten Informationen befassten. Weder im politischen Nachrichtendienst noch in der Militärspionage gab es bis zum Beginn des Zweiten Weltkrieges eigenständige Abteilungen zur Bearbeitung und Analyse der eintreffenden Agentenmeldungen. Für die Bewertung der Spionageberichte existierte erst ab Dezember 1943 im NKWD/NKGB eine entsprechende Analytikergruppe, die vom vormaligen Leiter der Deutschlandabteilung der INO, Michail A. Allachwerdow, geleitet wurde. Auch die GRU verfügte erst spät über eine ähnliche Struktureinheit. Die Effektivität und Qualität der Auswertungsgruppen waren allerdings gering. Mit viel zu wenigen Mitarbeitern ausgestattet, konnten sie die eintreffende Informationsflut nur zu selten sinnvoll auswerten und entsprechende strategische Rückschlüsse ziehen[237].

Verstärkt wurde diese offensichtliche Schwäche der sowjetischen Auslandsnachrichtendienste noch durch die Besonderheiten des stalinistischen Machtsystems. Berija als Chef des NKWD entschied darüber, welche Berichte direkt an Stalin gingen. Zugleich legte er auch fest, welche Politbüromitglieder Zugang zu den entsprechenden Geheimdienstinformationen erhalten sollten. Deren Zahl ging selten über mehr als vier hinaus. Hierzu gehörten zumeist neben dem Generalissimus der Außenminister und Vorsitzende des Rates der Volkskommissare, Wjatscheslaw M. Molotow, der Sekretär des ZK der VKP(b), Georgij M. Malenkow, und der stellvertretende Vorsitzende des Rates der Volkskommissare, Anastas I. Mikojan. Für die nur mangelhafte Auswertung der Ageninformationen kam erschwerend hinzu, dass Stalin, wie oben erwähnt, stets nach Originalberichten der Quellen ohne Kommentare und analytische Verallgemeinerungen verlangte. Zusammenfassende Analysen forderte er selten an. Die Bewertung der eintreffenden Geheiminformationen behielt sich der selbst ernannte Spezialist für Spionageoperationen persönlich vor[238]. Dass Stalin dabei nicht immer die notwendige Distanz zur Sache und analytische Klarheit besaß, belegt seine handschriftliche Bemerkung auf einer Information des Agenten mit dem Decknamen „Starschina" (dt. Stabsfeldwebel – es handelte sich hierbei um den von der INO geführten Oberleutnant im Führungsstab der Luftwaffe Harro Schulze-Boysen) über den kurz bevorstehenden deutschen Überfall auf die UdSSR vom 17. Juni 1941:

„Genosse Merkulov. Ihre „Quelle" aus dem Stab der deutschen Luftwaffe soll sich zu seiner gefickten Mutter scheren. Das ist keine „Quelle" sondern ein Desinformator. I.St."[239]

---

[237] Vgl. Mel'tjuchov, Sovetskaja razvedka, S. 14 f.; Očerki istorii rossijskoj vnešnej razvedki-4, S. 303–309.
[238] Vgl. Bezymenskij, Sovetskaja razvedka, S. 84 f.; Lur'e/Kočik, GRU, S. 573–582.
[239] Handschriftliche Bemerkung Stalins auf einem Schreiben des Volkskommissars für Staatssicherheit der UdSSR, Vsevolod M. Merkulov, mit Agenturberichten aus Berlin an Stalin, 17. 6. 1941, abgedruckt in: Rodina, 2005, Nr. 4, S. 2.

Dementsprechend mangelte es der durch die stalinistischen Repressalien verunsicherten Auslandsaufklärung in ihren Berichten an die politische Führung an der für einen Nachrichtendienst erforderlichen Objektivität, klaren Bewertung und Durchsetzungsvermögen. Vielen Meldungen fehlten prinzipielle Analysen und Schlussfolgerungen. Zudem waren die leitenden Mitarbeiter der Nachrichtendienste aufgrund der während der politischen Säuberungen gemachten negativen Erfahrungen nicht gewillt, Stalin die Brisanz ihrer Informationen kompromisslos klar zu machen und auf entsprechende Befehle und Erlasse des Politbüros zu drängen[240].

Unter anderem darf deshalb der Einfluss der Geheimdienste auf die sowjetische Partei- und Staatsführung unter Stalin nicht überschätzt werden. Personell gering ausgestattet, hatten sie zumeist selten einen direkten und ständigen Zugang zum unmittelbaren Machtzentrum. Die wenigen Informationen der Auslandsnachrichtendienste, die bis hierhin vordrangen, widersprachen sich zudem nicht selten. Dieses Faktum ist zum einen durch die erwähnte Praxis der unkommentierten Weiterleitung von Rohinformationen, als auch durch die Verschiedenheit der einzelnen Quellen zu erklären. Zudem waren die Informanten nicht selten selber Fehlinformationen aufgesessen. Da die Auswertung und Analyse der eintreffenden Nachrichten aus den bereits erwähnten Gründen nur unzureichend durchgeführt werden konnten, wurden diese dann unkommentiert an die Partei- und Staatsführung weitergegeben[241]. Insgesamt muss man zu dem Ergebnis kommen, dass es den sowjetischen Nachrichtendiensten unter Stalin bis zum Zweiten Weltkrieg gelang, zahlreiche wertvolle Informationen zu gewinnen. Da für die nachrichtendienstliche Analyse und Auswertung dieser Mitteilungen jedoch kaum entsprechende Strukturen innerhalb der Geheimdienste vorhanden waren und solches auch durch die Führung nicht gefordert wurde, fehlte das wichtige Element der Informationsverarbeitung. Dadurch war es den sowjetischen Geheimdiensten selten möglich, strategische Schlussfolgerungen zu ziehen und diese in entsprechende politische Konzeptionen einfließen zu lassen. Deshalb konnten die sowjetischen Nachrichtendienste unter Stalin die selbstdefinierte Hauptaufgabe der strategischen Aufklärung, „die Beschaffung und *die Analyse* von Informationen zur politischen und militärischen Lage des wahrscheinlichen oder tatsächlichen Gegners, zu seinem ökonomischen Potential, der Kampfkraft seiner Streitkräfte und den Absichten seiner Führung", nur zu 50 Prozent zu realisieren.

Doch auch hier bewirkten das Ende des Zweiten Weltkrieges und der heraufziehende Kalte Krieg einen kurzfristigen Paradigmenwechsel. Zunächst gelang es den sowjetischen Nachrichtendiensten, erfolgreich Schlüsselinformationen der westalliierten Atomwaffenprogramme zu beschaffen. Auch die Bemühungen des Deutschen Reiches zur Entwicklung einer Kernwaffe blieben ihnen nicht verborgen. Am 23. März 1945 informierte der Chef der Militäraufklärung, Generalleutnant Iwan I. Iljitschow, die Kremlführung sogar über zwei deutsche Tests mit nuklearen Sprengsätzen, die kurz zuvor auf einem Truppenübungsplatz in Thürin-

---

[240] Vgl. Pavlov, Sovetskaja voennaja razvedka, S. 60.
[241] Vgl. Peščerskij, Dva dos'e „Krasnoj kapelly", S. 20; Kirpičenkov, Razvedka vychodit iz zony, S. 84.

gen durchgeführt worden waren[242]. Um die immer noch bestehenden Auswertungsprobleme zu überwinden, entschlossen sich die Geheimdienste – in Überwindung der bisher strikten Abschottung gegeneinander – nicht nur zur Bildung einer interministeriellen Arbeitsgruppe, der Nachrichtendienstspezialisten aus NKGB, Außenministerium, Armee und Seekriegsflotte angehörten. Auch außenstehende Personen erhielten erstmals Zugang zu Geheimdienstinformationen, um diese zu bewerten. So wurde dem Leiter des sowjetischen Atombombenprogramms, Igor W. Kurchatow, am 28. März 1945 der GRU-Bericht über die deutschen Tests in Thüringen vorgelegt. Nur zwei Tage später ging seine handschriftliche Analyse des Materials an Stalin. Der Wissenschaftler hielt das Material für „außerordentlich interessant" und „sehr glaubwürdig", dennoch zeigte er sich abschließend nicht völlig davon überzeugt, dass die Deutschen tatsächlich Kernwaffentests durchgeführt hatten[243].

Bei der deutschen Atombombenforschung konnten die sowjetischen Nachrichtendienste nur auf bruchstückhafte Informationen zurückgreifen. Umso detaillierter war ihr Wissen über das Kernwaffenprogramm der verbündeten USA. Vom hohen Kenntnisstand zeugt, dass es der Sowjetunion bis zum August 1949 gelang, den über Nagasaki zum Einsatz gebrachten US-Atombombentyp „Fat Man" im wesentlichen eins zu eins zu kopieren[244].

Sowohl der Erfolg dieses koordinierten Geheimdienstvorgehens als auch der dringende Bedarf nach verbesserter Auswertung der beschafften Nachrichten veranlasste Stalin im Mai 1947 zu einer radikalen Umbildung der bisherigen sowjetischen Nachrichtendienststrukturen. Die bisher eigenständig arbeitenden Spionagedienste von Staatssicherheit, Armee, Außen- und Außenwirtschaftsministerium sowie der Partei wurden ab sofort direkt dem Ministerrat unterstellt. Ein hier angesiedeltes Komitee für Information (KI) sollte unter der Leitung von Außenminister Molotow zukünftig die Einsätze der zahlreichen Auslandsnachrichtendienste koordinieren und für eine integrierte und kompetente Analyse der aus den verschiedenen Quellen beschafften Spionageinformationen sorgen[245].

Gleichwohl zeigte sich relativ rasch, dass die neu geschaffene Superbehörde die in sie gesetzten hohen Erwartungen nicht erfüllen konnte. Zum einen wirkte sich die Trennung des militärischen wie auch des politischen Nachrichtendienstes von ihren bisherigen Ministerien, auf deren Ressourcen sie bei Operationen und Einsätzen bislang immer wieder hatten zurückgreifen können, negativ auf die Nachrichtengewinnung im Ausland aus, da die jetzt fehlenden Strukturen durch den Ministerrat nur ungenügend ersetzt werden konnten. Zum anderen wurde sichtbar, dass die unterschiedlichen nachrichtendienstlichen Einsatzphilosophien und

---

[242] Vgl. Schreiben von GRU-Chef Il'ičev an Armeegeneral Antonov, 23. 3. 1945. Kopien des Schreibens gingen an Stalin und Molotov. Bemerkenswert ist, dass Berija und der NKWD/NKGB keine Einsicht in das GRU-Dokument erhielten. Der Autor dankt Rainer Karlsch für die Überlassung des Dokumentes, das Original befindet sich in AP RF, 93/81. Karlsch, Hitlers Bombe, S. 219–221.
[243] Vgl. Einschätzung Igor' V. Kurčatovs: Über das Material mit dem Titel „Über eine deutsche Atombombe", übermittelt von der GRU, 30. 3. 1945, abgedruckt in: Atomnyj proekt SSSR, S. 260 f.; Lota, GRU i atomnaja bomba, S. 183–186.
[244] Vgl. Strategičeskoe jadernoe vooruženie Rossii, S. 62; Staroverov, Rol' specslužb, S. 169–175; Sudoplatov, Pobeda v tajnoj vojne, S. 362–430.
[245] Vgl. Gosudarstvennaja bezopasnost' Rossii, S. 596 f.; Lubjanka 1917–1960, S. 37.

Geheimdienstmentalitäten der jeweiligen Mitarbeiter von Militär- und Auslandsspionage nur schwer in einer Behörde zu integrieren waren. So waren die an den Militärhochschulen ausgebildeten GRU-Mitarbeiter auf die widerspruchslose Ausführung von Anweisungen getrimmt. Selbst zweifelhafte Aufträge quittierten sie widerspruchslos mit einem „zu Befehl". Demgegenüber versuchten die Mitarbeiter der politischen Auslandsspionage, ihre unmittelbare Führung über Probleme beim Einsatz vor Ort zu orientieren und scheuten nicht davor zurück, auch den Vorgaben widersprechende Bewertungen an ihre Vorgesetzten zu melden[246].

Infolge dieser Probleme und des ständigen Kompetenzgerangels zwischen den Führungsebenen des Komitees für Information gelang es der Militärführung bereits Ende 1948, die Hauptverwaltung für Aufklärung wieder aus dem KI herauszulösen. 1949 wurden dessen Kompetenzen weiter eingeschränkt, als das KI von der Unterstellung des Ministerrates zum Außenministerium wechselte. Zugleich wurde dem KI ab Frühjahr 1950 verboten, in den Ländern der Volksdemokratie eigenständig Spionageoperationen durchzuführen. Als Ersatz richtete das KI jedoch eigene Vertretungen bei den Auslandsnachrichtendiensten dieser Länder ein, um „sich gemeinsam bei der Aufklärungsarbeit" gegen die kapitalistischen Länder und die Clique Titos in Jugoslawien zu helfen"[247].

Im November 1951 wurde schließlich auch der politische Auslandsnachrichtendienst wieder aus dem KI herausgelöst und dem Ministerium für Staatssicherheit übergeben. Der hierfür neu gebildeten Ersten Verwaltung unterstanden ab sofort alle Auslandsresidenturen des KI. Dem neuen „kleinen" Komitee für Information beim Außenministerium verblieben damit nur noch Auswertungs- und Analysefunktionen sowie die für politische Desinformation zuständige Abteilung „D"[248].

Nach 1945 lag der Schwerpunkt der geheimdienstlichen Nachrichtenbeschaffung zunächst vor allem in den USA. Hier wurden von rund 100 sowjetischen Nachrichtendienstoffizieren und 590 US-Quellen vor allem Informationen über künftige strategische Planungen und militärtechnische Entwicklungen sowie zur Außen- und Innenpolitik gesammelt. Von besonderem Interesse für die sowjetische Führung waren dabei vor allem Dokumente aus den Führungsstäben der US-Streitkräfte. So legte das KI Stalin im Sommer 1950 eine Kopie des strategischen Langzeitplans der Vereinigten Stabschefs der USA mit dem Decknamen „Dropshot" vor. Dieses sah für den Fall einer durch die Sowjetunion 1957 ausgelösten kriegerischen Auseinandersetzung vor, die UdSSR am Ende der Kampfhandlungen zur Kapitulation zu zwingen. Hierfür sollten in einer ersten Etappe 200 sowjetische Städte mit 300 Atombomben angegriffen werden, danach traten nach den US-Planungen 160 Divisionen der Vereinigten Staaten und ihrer Verbündeten zum Vorstoß auf den Ostblock und die Sowjetunion an, die anschließend besetzt werden sollte. Doch auch andere strategische Studien der US-Militärs landeten

---

[246] Vgl. Pavlov, Operacija „sneg", S. 96; Gladkov, Lift v razvedku, S. 430ff.; Sudoplatov/Sudoplatov, Der Handlanger der Macht, S. 270ff.
[247] Zit. nach Prochorov, Razvedka ot Stalina do Putina, S. 248. Zur Zusammenarbeit zwischen den sowjetischen Staatssicherheitsdiensten mit den Geheimdiensten der Volksdemokratien siehe: Lazarev, Sotrudničestvo organov, S. 168–174.
[248] Vgl. Enciklopedija sekretnych služb, S. 289f.; Kolpakidi/Prochorov, Vnešnjaja razvedka Rossii, S. 54f.

auf dem Schreibtisch des sowjetischen Diktators, der daraufhin seine strategischen Aufrüstungsprogramme noch mehr beschleunigte[249]. Gleichzeitig ließen diese Dokumente jedoch Stalin auch die gegenwärtige militärische Schwäche der Vereinigten Staaten erkennen, die nach Ende des Zweiten Weltkrieges ihre Truppen im großen Umfang demobilisiert hatten[250]. Ein aktives militärisches Engagement der USA zur Lösung außenpolitischer Krisensituationen schien also in den Augen der sowjetischen Führung ein wenig realistisches Szenario zu sein. Gerade derartige Geheimdienstinformationen dürften die Entscheidung des Kremls begünstigt haben, die erste Berlin-Krise vom Zaun zu brechen und im Sommer 1950 Nordkorea bei der Invasion des Südens zu unterstützen[251].

Den im Aufbau befindlichen strategischen Kräften der Amerikaner gedachte Moskau zunächst durch Diversion und Sabotage zu begegnen. Die am 7. September 1950 erfolgte Bildung des beim Ministerium für Staatssicherheit angesiedelten Büros Nr. 1 dürfte folglich im Zusammenhang mit den amerikanischen Planungen für den Fall eines militärischen Konfliktes mit der Sowjetunion stehen. Auftrag der für verdeckte Operationen zuständigen Geheimdiensttruppe sollte im Kriegsfall die „Diversion von wichtigen militärstrategischen Objekten und Infrastruktur auf dem Territorium der [...] Hauptaggressoren" – USA und England sein. In das Visier der von Pawel Sudoplatow – dieser hatte bereits das NKWD-Kommando zur Ermordung Trotzkis geleitet – geführten Einheit gerieten aber auch wichtige Militärbasen der US-Amerikaner in Westeuropa und Nordafrika. Auf den Ziellisten fanden sich Einsatzflugplätze des Strategischen Bomberkommandos der US Air Force auf denen Nuklearwaffen stationiert waren, Munitions- und Ausrüstungsdepots für die im Konfliktfall geplanten Verstärkungen der US-Truppen in Europa sowie Kommunikationszentren und Treibstofflager. Unterstützt werden sollten die Agenten des Büros Nr. 1 durch die sowjetischen Militärgeheimdienste, denn auch die GRU und der Marinenachrichtendienst stellten ab 1951 erste Einheiten für Sabotage- und Diversionseinsätze im Hinterland des Gegners auf. Bereits 1952 standen insgesamt 46 Spezialkompanien mit knapp 5500 Mann bereit. Der Plan, Einsatzgruppen aus Geheimdienstleuten zum Angriff gegen zentrale Militärobjekte der USA und ihrer NATO-Verbündeten einzusetzen, ist allerdings als Eingeständnis der eigenen strategischen Schwäche durch die sowjetische Führung zu werten. Er war der untaugliche Versuch, das bestehende Ungleichgewicht der Kräfte mit Mitteln der Nachrichtendienste wenigstens teilweise zu durchbre-

---

[249] Vgl. Očerki istorii rossijskoj vnešnej razvedki-5, S. 36–39; Sibirskij, Jadernyj blickrig SŠA, S. 36 ff.; Stöver, Die Befreiung vom Kommunismus, S. 380–389. Für Details zu „Dropshot" und anderen US-Planungen gegen die UdSSR siehe: Brown, Dropshot; Greiner/Steinhaus, Auf dem Weg zum 3. Weltkrieg?

[250] Nach Kriegsende verringerten die USA ihre Streitkräfte von 11,8 Mio. Mann bis 1947 auf 1,7 Mio., zugleich sanken die Militärausgaben im genannten Zeitraum von 75,9 Mrd. Dollar auf 11,4 Mrd. Dollar. 1948 verfügten die USA über 59 Kernwaffen, erst ab 1950 stieg deren Zahl massiv an – 1957 dem fiktiven Zeitpunkt für „Dropshot" waren es bereits 5828. Auch die Zahl der in Europa stationierten US-Truppen sank drastisch. Am 8. Mai 1945 befanden sich auf dem europäischen Kontinent 3 Mio. US-Soldaten, am 1. Juli 1947 waren es noch 135 000, während des Korekrieges stieg ihre Zahl auf rund 256 000. Vgl. Swering, Sicherheitsarchitektur im Wandel, S. 338–343; NATO: Strategie und Streitkräfte, S. 45 ff.; Wainstein, The Evolution of US Strategic Command and Control, S. 34, veröffentlicht in: US Nuclear History, NH00039.

[251] Vgl. Steininger, Der vergessene Krieg, S. 33 f.; Poznjakov, Razvedka, S. 341–346; Subok/Pleschakow, Der Kreml im Kalten Krieg, S. 100.

chen[252]. Die CIA zeigte sich über eventuelle sowjetische Sabotageaktionen zwar beunruhigt, räumte ihnen jedoch keine entscheidende Bedeutung bei. Zudem war es der Spionageabwehr der USA seit Mitte 1946 im Rahmen der Operation „Venona" gelungen, in die Codes der sowjetischen Auslandsnachrichtendienste einzubrechen. Am 4. März 1949 verhaftete das FBI mit Judith Coplon erstmals eine durch das entschlüsselte Venona-Material aufgeflogene sowjetische Agentin. Weitere 205 sowjetische Quellen und ihre Führungsoffiziere wurden bis in die fünfziger Jahre in den USA enttarnt, ausgewiesen, zum Teil verurteilt oder zu Doppelagenten umgedreht[253].

Diese Verluste sowie mehrere hochkarätige Überläufer beeinträchtigten die sowjetischen Spionageaktivitäten in den USA nachhaltig. Nach Einschätzung des KI hatten die sowjetischen Nachrichtendienste ab März 1951 ihre Quellen im US-Außenministerium, im Nachrichtendienst, in der Spionageabwehr sowie in anderen wichtigen Regierungseinrichtungen, die maßgeblichen Einfluss auf die Außen- und Innenpolitik der USA ausübten, verloren. Sie konnten erst ab der Mitte der fünfziger Jahre nach und nach durch neue Zuträger ersetzt werden[254].

Die Erfolge der amerikanischen Spionageabwehr aber auch die 1949 erfolgte Bildung der NATO sorgten schließlich dafür, dass Westeuropa und vor allem die Bundesrepublik immer stärker in das Visier der sowjetischen Auslandsnachrichtendienste gerieten. Im November 1952 wurde dieser Kurswechsel auch noch einmal von Stalin persönlich bestätigt, als er vor einer Runde der höchsten Geheimdienstvertreter des Landes erklärte: „Unser Hauptfeind ist Amerika. Allerdings muss man den grundlegenden Schwerpunkt nicht auf Amerika selbst legen. Illegale Residenturen müssen vor allem in den angrenzenden Staaten geschaffen werden. Die wichtigste Basis, wo wir über unsere Leute verfügen müssen, ist Westdeutschland."[255]

Gerade in Deutschland konnten die sowjetischen Nachrichtendienste auf eine außerordentlich breite Informationsbasis zurückgreifen. Seit dem Frühjahr 1945 hatten alle in Deutschland tätigen sowjetischen Geheimdienste eigenständige Agentennetze aufgebaut, die sowohl in der SBZ als auch in den Westzonen operierten. Bereits zum 1. Januar 1946 verfügte man über 2304 Quellen. Die Zuträgernetze wurden auch im Verlauf des Jahres 1946 weiter zügig ausgebaut. Allein das Informantennetz der Aufklärungsabteilung des Stabes der Inneren Truppen des MWD bestand Mitte 1946 aus 3083 Agenten. Es waren ausnahmslos Deutsche[256]. Bei der Anwerbung der Spione schreckte der sowjetische Geheimdienst

---

[252] Vgl. Sudoplatov, Razvedka i Kreml'. S. 286–292; Stepakov, Specnaz Rossii, S. 181–184; Zavermbovskij/Kolesnikov, Morskoj specnaz, S. 40–48.
[253] Vgl. CIA Special Estimate-10: Soviet Capabilities for a Surprise Attack on the Continental United States before July 1952, 15. 9. 1951; FBI Belmont to Boardman Memo, 26. 11. 1957; Venona, S. VII–XXXI.
[254] Vgl: Weinstein/Vassiliev, The Haunted Wood, S. 297–300; Gosudarstvennaja bezopasnost' Rossii, S. 609; Enciklopedija voennoj razvedki Rossii, S. 398–402; Prochov/Lemechov, Perebežčiki, S. 128–151.
[255] Zit nach: Šerbašin, Ruka Moskvy, S. 189f.
[256] Vgl. Semirjaga, Kak my, S. 169; Naimark, The Russians in Germany, S. 379ff. Auch in Ostpreußen verfügte der sowjetische Geheimdienst im Juli 1945 über mehr als 1500 Quellen, die „im allgemeinen auf der Grundlage von kompromittierendem Material angeworben worden waren". GARF,

auch nicht vor Gewalt zurück. Wer die Mitarbeit verweigerte oder nur ungenügende Resultate lieferte, konnte inhaftiert und zu langjährigen Gefängnisstrafen verurteilt werden[257].

Zudem wurde das besetzte Deutschland rasch zum Feld der ersten Geheimdienstoperationen des beginnenden Kalten Krieges[258]. Bereits im August 1945 verhaftete die sowjetische Militärspionageabwehr in Erfurt einen englischen Agenten, der u. a. die Stimmung in der Roten Armee auskundschaften sollte. Weiterhin hatten ihn seine Führungsoffiziere beauftragt, so der Spion im Verhör, Informationen über die Tätigkeit der KPD, das Verhältnis von Russen und Deutschen, Reaktionen der Bevölkerung auf Maßnahmen der sowjetischen Militäradministration sowie Material über demontierte Betriebe zu sammeln[259].

Folglich dürfte es kaum bemerkenswert sein, dass bereits im Juli 1946 der erste Agentenaustausch des Kalten Krieges stattfand. Drei von den Amerikanern in Berlin-Wannsee verhaftete MWD-Mitarbeiter des Operativsektors Brandenburg wurden gegen zwei Offiziere des Intelligence-Service ausgetauscht, die bei dem Versuch, ein Speziallager zu besichtigen, festgenommen worden waren[260].

Für die Spionage gegen die Westzonen war zunächst das NKGB verantwortlich. Bereits im April 1945 hatte Stalin bei den im Westen operierenden Fronten Stellen für politische Berater – sie kamen ausnahmslos aus den Reihen des NKWD/NKGB – einrichten lassen. Unterstützt wurden die Berater von operativen Gruppen des Geheimdienstes. Diese sollten die politische Führung in Moskau über die Situation in den befreiten Gebieten, die Stimmung unter der Bevölkerung sowie die wirtschaftliche Lage informieren. Nach Kriegsende beobachteten die NKGB-Abteilungen allerdings zunehmend die amerikanischen und britischen Aktivitäten in Deutschland. Ab Juni 1945 dienten sie dann als Grundlage für den Aufbau der NKGB-Residentur in Berlin-Karlshorst, deren Leitung Oberst Alexander M. Korotkow übernahm. Korotkow galt als erfahrener Geheimdienstler, der zudem bereits Deutschlanderfahrung hatte, denn nach einem dortigen Agenteneinsatz 1936 hatte er zwischen August 1940 und Juni 1941 als stellvertretender NKWD-Resident in Berlin fungiert[261]. In der Karlshorster Residentur arbeiteten

---

9401/2/98, Bl. 44, Bericht an Berija über die Arbeit der Operativgruppen des NKVD in Ostpreußen, 6. 8. 1945.

[257] Vgl. Beschluss der Rehabilitierungskommission der Russischen Föderation zu Jürgen S., 15. 2. 1996, Dokument im Besitz des Autors. S. wurde am 24. 4. 1948 zu zehn Jahren Zwangsarbeit in der UdSSR verurteilt, weil er als Informant des MGB „nicht die ihm gestellten Aufgaben" erfüllt, „provokatives Material" übergeben und „gegenüber den Organen der Staatssicherheit Desinformation" verübt hatte.

[258] Zu den amerikanischen Geheimdienstoperationen gegen den Ostblock siehe das Standardwerk von Stöver, Die Befreiung vom Kommunismus. Die Sowjetunion reagierte auf die westliche Geheimdiensttätigkeit mit umfangreichen Verhaftungen. 1947 nahm das MGB 1926 „Agenten amerikanischer, englischer und französischer Nachrichtendienste" fest, 1948 bereits 3247 und 1949 insgesamt 3214. Vgl. Dilanjan, O nekotorych voprosach, S. 33.

[259] Vgl. GARF, 9401/2/98, Bl. 284, Bericht Serovs an Berija über die Arbeit der Operativgruppen des NKVD auf dem Territorium Deutschlands, 22. 8. 1945.

[260] Vgl. GARF, 9401/2/138, Bl. 264f., Aktennotiz von Serov an Kruglov über die Verhaftung von drei Mitarbeitern des Operativsektors Brandenburg durch die amerikanische Polizei in Berlin, 20. 7. 1946.

[261] Vgl. Beschluss des GKO über die Stellvertreter der Frontkommandeure für zivile Angelegenheiten, 2. 5. 1945, abgedruckt in: Lubjanka: Stalin, S. 511 f.; Bailey/Kondraschow/Murphy, Die unsichtbare Front, S. 50–60; Kolpakidi/Prochorov, Vnešnjaja razvedka Rossii, S. 130 f.

bis Ende 1945 allerdings nur 36 Offiziere. Da diese den Informationsdurst der Moskauer Führung nicht stillen konnten, wurde kurzerhand beschlossen, auch bei Operativsektoren der Länder Abteilungen für Auslandsspionage einzurichten[262].

Die sowjetischen Nachrichtendienste in Deutschland sollten zunächst vor allem Angaben über die Dislozierung westalliierter Truppen und ihrer Verbündeten beschaffen sowie Informationen aus Politik, Wissenschaft und Wirtschaft in den Westzonen sammeln[263]. Die heftigen Kämpfe zwischen NKWD-Truppen und der polnischen Heimatarmee im Sommer 1945 sorgten dafür, dass beispielsweise Lager von Exilpolen in der britischen Besatzungszone in das Visier des Geheimdienstes gerieten. Moskau befürchtete offenbar, dass hier Verstärkungen für die polnische Heimatarmee ausgebildet werden sollten[264]. Das brutale Vorgehen der NKWD-Truppen gegen die antisowjetischen Kräfte in Polen sorgte dafür, dass die polnischen Lager rasch wieder aus dem Interesse des Geheimdienstes verschwanden.

Ab Sommer 1946 gerieten zunehmend die alliierten Streitkräfte selbst ins Visier. In den sich ständig verschlechternden Beziehungen zwischen den ehemaligen Verbündeten sah die sowjetische Führung eine mögliche Kriegsgefahr, deshalb sollten so viele Informationen wie möglich über Stärke und Bewaffnung der in Westdeutschland stationierten Truppen gewonnen werden. Hierfür griff der Geheimdienst vor allem auf den Einsatz von Reiseagenten zurück. Die auf Grundlage ihrer Informationen erstellten Berichte dürften das Misstrauen Stalins gegenüber den ehemaligen Verbündeten weiter verstärkt haben und bedienten seine ständigen Bedrohungsängste[265]: „Die Amerikaner konzentrieren an der Demarkationslinie Geschütze, Panzer und Munition, weiterhin bauen sie Flugplätze. Seit März wird die Bewachung der Demarkationslinie verstärkt."[266]

Gerade während der ersten Berlin-Krise sollten sich „geschönte" Geheimdienstbulletins als verhängnisvoll für die Taktik der sowjetischen Führung erweisen. So meldete kurz nach dem Beginn der Blockade der KI-Resident in Berlin Wasilij P. Roschtschin an den Oberbefehlshaber der Gruppe der sowjetischen Besatzungsstreitkräfte „die Stimmung der Amerikaner ist nicht mehr kriegerisch, sondern niedergeschlagen", zudem diene die Luftbrücke wohl dazu, „Dokumente und anderes Eigentum der amerikanischen Verwaltung" aus Berlin zu schaffen[267]. Auch in den nachfolgenden Wochen und Monaten berichtete der Geheimdienst immer wieder nach Moskau, „dass die Westmächte der Sowjetunion nachgeben müssen". Gelang es den Nachrichtendienste dann aber, Material aus Originalquellen zu beschaffen, das den Willen der Westalliierten belegte, Berlin nicht aufzuge-

---

[262] Vgl. GARF, 9401/2/134, Bl. 241, Schreiben von Kruglov und Merkulov an Stalin, 11. 1. 1946.
[263] Vgl. Petrov, Pervyj predsedatel' KGB general Ivan Serov, S. 30 f.; Parrish, The Last Relic, S. 121.
[264] Vgl. GARF, 9401/2/98, Bl. 274 ff., Bericht Serovs an Berija über polnische Militärlager im Raum Hannover, 21. 8. 1945.
[265] Vgl. GARF, 9401/2/138, Bl. 119–129, Aktennotiz von Serov an Kruglov über den Umfang der Streitkräfte der Verbündeten und deutsche Formationen in den westlichen Besatzungszonen Deutschlands, zu den von ihnen durchgeführten Manövern und Gerüchte über einen möglichen Krieg, 3. 7. 1946.
[266] Ebenda, Bl. 126.
[267] Zit. nach: Bailey/Kondraschow/Murphy, Die unsichtbare Front, S. 84.

ben, so erreichten diese Papiere nur selten die Führungsspitze des Kremls, oder die Geheimdienstführung versuchte, sich von derartigen Agentenmeldungen zu distanzieren, um den Erwartungen Stalins gerecht werden zu können. Deshalb erscheint es kaum verwunderlich, dass die Kremlführung die Blockade West-Berlins vor allem auf der Grundlage der Geheimdienstberichte aus Berlin bis zum Frühjahr 1949 fortsetzen ließ. Demgegenüber hatten die aus Paris und London eintreffenden Informationen des Nachrichtendienstes bereits spätestens seit Herbst 1948 gezeigt, dass der Westen seine Positionen in Berlin halten werde[268].

Wie angedeutet, gelang es dem KI und seinen Vorläufern, gerade aus britischen und französischen Quellen wichtiges Geheimmaterial zu beschaffen. Dies betraf nicht nur Angaben zur Position Londons bei der Potsdamer Konferenz und zur Stellung Frankreichs und Großbritanniens in der Berlin-Krise. Zwischen 1949 und 1953 lieferten sowjetische Agenten darüber hinaus umfangreiches Material zur Gründung der NATO und deren ersten sicherheitspolitischen Schritten, zur deutschen Wiederbewaffnung sowie zum Koreakonflikt[269]. Erneut zeigte sich die Fähigkeit der Nachrichtendienste, die sowjetische Führung mit erstklassigen Geheiminformationen zu versorgen, die Grundlage für weitreichende politische Entscheidungen hätten sein können. Doch Stalin und der innere Führungszirkel bevorzugten durch Nachrichtendienste beschaffte Originaldokumente aus den „Aggressorenstaaten" als Grundlage für ihre Politikentscheidungen, die jedoch nur allzu selten mit dem tatsächlichen Lagebild korrelierten. Geheimdienstliche Empfehlungen und Prognosen, die auf einer umfassenden Analyse des Nachrichtenmaterials beruhten, waren in der UdSSR auch nach 1945 bis zum Tod Stalins nicht sonderlich gefragt, womit der Einfluss der Geheimdienste auf die Gestaltung der sowjetischen Außenpolitik insgesamt gering bleiben musste[270].

Unter Chruschtschow hingegen zeigte sich alsbald eine völlig neue Arbeitsweise der Auslandsgeheimdienste. Zunächst wurde der ohnehin begrenzte Zugang der Nachrichtendienstchefs zu den wichtigsten politischen Entscheidungsgremien noch stärker eingeschränkt als unter seinem Amtsvorgänger. Hatte beispielsweise GRU-Chef Semen P. Urickij im Jahr 1937 Stalin sechsmal persönlich Bericht erstattet und sein Amtsnachfolger Generalleutnant Iwan I. Iljitschow zwischen 1942 und 1945 dreizehnmal dem Generalissimus im persönlichen Gespräch berichtet, so zitierte Chruschtschow den zwischen 1958 und 1963 amtierenden Chef der Militäraufklärung, Armeegeneral Iwan A. Serow, nur ein einziges Mal – am 31. Dezember 1959 – zu sich. Der Leiter der Auslandsspionage des KGB, Generalleutnant Alexander M. Sacharowskij, wurde sogar nie zum Rapport einbestellt[271].

---

[268] Vgl. Poznjakov, Razvedka, S. 342.
[269] Siehe hierzu beispielsweise: Tsarev, Soviet Intelligence on British Defense Plans, S. 53–63. Ingesamt 73 Dokumente der Nachrichtendienste der UdSSR, die zwischen 1945 und 1953 an die sowjetische Führung gingen, sind abgedruckt in: Očerki istorii rossijskoj vněšnej razvedki-5, S. 507–686.
[270] Vgl. Prokof'ev, Aleksandr Sacharovskij, S. 83 f. So wurde Anfang 1953 die für Auswertung zuständige Informationsverwaltung der PGU, die 170 Mitarbeiter hatte, zur Abteilung herabgestuft und der Personalstellenplan auf 12 Mitarbeiter sowie 12 Übersetzer gekürzt.
[271] Vgl. Posetiteli kremlevskogo kabineta I. V. Stalina, S. 4–203; Posetiteli kremlevskogo kabineta N. S. Chruščeva, S. 56–112.

Während unter Stalin die Chefs der politischen und militärischen Nachrichtendienste noch direkten Zugang zum Generalsekretär der kommunistischen Partei und damit zur obersten Entscheidungsinstanz der Sowjetunion hatten, bestand unter Chruschtschow diese unmittelbare Verbindung nicht mehr. Damit war den Nachrichtendiensten auch die Möglichkeit genommen, unmittelbar persönlichen Einfluss auf die politische Entscheidungsfindung der höchsten Führungsebene auszuüben.

Infolge dessen reichte es nach Stalins Tod nicht mehr aus, die Informationen der einzelnen Agenten und Quellen zusammenzustellen und ohne umfassende Analyse den politischen Entscheidungsträgern vorzulegen. Vielmehr kam es für die Führung der Nachrichtendienste unter dem neuen Parteichef darauf an, stärker als bisher gründliche Lageberichte zur jeweiligen politischen, ökonomischen, militärischen oder rüstungswirtschaftlichen Situation zu erstellen. Diese sollten der sowjetischen Führung als Entscheidungshilfe für die Lösung wichtiger politischer Fragen dienen.

Um diese Aufgabe besser bewerkstelligen zu können, ließ Chruschtschow den Auslandsnachrichtendienst erneut umstrukturieren. Bereits unmittelbar nach Stalins Tod wurde die wenige Monate zuvor geschaffene Hauptverwaltung für Aufklärung des MGB, die die Aufgaben von Auslandsspionage und Spionageabwehr erstmals vereinigt hatte, wieder aufgelöst, dem Ministerium für Innere Angelegenheiten unterstellt und die Gegenspionage als eigenständige Struktureinheit ausgegliedert[272]. Nachdem im März 1954 das Komitee für Staatssicherheit (KGB) gegründet wurde, wechselte der Auslandsnachrichtendienst als Erste Hauptverwaltung (PGU) zu dieser neuen Geheimdienstorganisation, die, formell beim Ministerrat der UdSSR angegliedert, vor allem der besseren Überwachung durch die Parteiführung dienen sollte. Denn die unmittelbare Führung und Kontrolle des Geheimdienstes oblagen nicht der sowjetischen Regierung sondern dem Zentralkomitee der KPdSU[273].

Bereits bei der Gründung des KGB hatte sich ZK-Mitglied Malenkow über das „niedrige Niveau" der Auslandsaufklärung beklagt[274]. Am 30. Juni 1954 erließ deshalb die Parteiführung den Beschluss über „Maßnahmen zur Verbesserung der Aufklärungsarbeit der Organe der Staatssicherheit im Ausland". Als wichtigste Aufgabe des Nachrichtendienstes galt ab sofort: Die Verstärkung der Aufklärungsarbeit gegen die USA und England als Hauptgegner sowie gegen „die von ihnen zum Kampf gegen die Sowjetunion genutzten Länder, in erster Linie Westdeutschland, Frankreich, Österreich, Türkei, Iran, Pakistan und Japan"[275]. Hierfür sollte die PGU die „aggressiven Pläne der USA und der NATO sowie anderer, der UdSSR feindlich gesinnter Staaten, die auf die Vorbereitung und Entfesselung eines neuen Krieges gerichtet sind" aufdecken, „zuverlässige, hauptsächlich in Form von Dokumenten, Aufklärungsinformationen über die außenpolitischen

---

[272] Vgl. Befehl des MGB Nr. 005 über die Schaffung einer Hauptverwaltung für Aufklärung des MGB, 5. 1. 1953, abgedruckt in: Lubjanka 1917–1991, S. 680; Enciklopedija sekretnych služb, S. 291 f.
[273] Vgl. Gosudarstvennaja bezopasnost' Rossii, S. 635–640.
[274] Protokoll Nr. 50 der Sitzung des Präsidiums des ZK der KPdSU, 8. 2. 1954, abgedruckt in: Prezidium CK KPSS 1954–1964, S. 23.
[275] Očerki istorii rossijskoj vnešnej razvedki-5, S. 9.

Pläne und praktischen Maßnahmen der USA und Englands, den Differenzen zwischen ihnen und den anderen kapitalistischen Staaten" beschaffen und die „innenpolitische und wirtschaftliche Lage der führenden kapitalistischen Staaten, ihrer Handels- und Wirtschaftspolitik, die Tätigkeit internationaler Organisationen und auch die Pläne der USA und Englands zur Nutzung dieser Organisationen gegen die UdSSR" beleuchten[276].

Obwohl uns bis heute nur einige wenige Originalberichte der für politische Spionage zuständigen Ersten Hauptverwaltung des KGB und der Militäraufklärung aus der Chruschtschow-Zeit vorliegen, zeigen die Dokumente, dass es offensichtlich gelang, diese Aufgabenstellung weitgehend zu verwirklichen. Zudem wird aus ihnen das Bemühen um verbesserte Analyse der Geheimdienstinformationen deutlich. Was unter Chruschtschow weitgehend fehlt, ist der für Stalin so typische „Rohbericht", in dem Agentenmeldungen auf der Basis von Quelleninformationen unkommentiert weitergegeben oder der übersetzte Text beschaffter Geheimdokumente zitiert wurde. An seine Stelle traten bald zusammenfassende Analysen, die versuchten, das beschaffte Spionagematerial differenziert auszuwerten.

Ein gutes Beispiel für diesen beginnenden neuen Berichtstyp unter Chruschtschow sind die am 31. Dezember 1954 verfassten GRU-Memoranden zur „Verteidigung eines britischen Armeekorps unter der Anwendung von Atomwaffen" sowie zum „Allgemeinen Plan der Verteidigung des amerikanischen Kontinents (S-019)". Während das erstgenannte Dokument eine kurz gefasste Darstellung der englischen Konzeption für den Einsatz eines Armeekorps in der Verteidigung unter den Bedingungen eines Nuklearkrieges referierte, war das zweite Dokument bereits deutlich analytischer angelegt[277].

Mit eindeutiger Konsequenz zeigte die Militärspionage auf, dass nach Ansicht der amerikanischen Streitkräfte „die Sowjetunion noch nicht über eine ausreichende Anzahl von Fernbombern verfügt, die fähig sind, Atomschläge gegen die wichtigsten Objekte auf dem amerikanischen Kontinent zu führen"[278]. Damit war für Chruschtschow die entsprechende Schlussfolgerung klar: der weitere Ausbau der strategischen Fernfliegerkräfte und die Entwicklung sowjetischer Interkontinentalraketen, um den amerikanischen Kontinent endlich in die Reichweite der eigenen Atomwaffen zu bringen[279].

Im Winter und Frühjahr 1955 legte das immer noch existierende KI des Außenministeriums dem sowjetischen Parteichef und seinem engsten Beraterkreis schließlich eine ganze Reihe von umfangreichen Studien zu Fragen der Stationie-

---

[276] Prochorov, Razvedka ot Stalina do Putina, S. 92.
[277] Vgl. RGANI, 5/30/127, Bl. 41–43, Memorandum des stellv. GRU-Chefs, Generalleutant Fedor A. Fedenko, „Die Verteidigung eines britischen Armeekorps mit der Anwendung von Atomwaffen" an Nikita S. Chruščev, 31. 12. 1954.
[278] RGANI, 5/30/127, Bl. 45, Memorandum des Stellv. GRU-Chefs, Generalleutant Fedor A. Fedenko, „Allgemeiner Plan zur Verteidigung des amerikanischen Kontinents (S–019)" an Chruščev, 31. 12. 1954.
[279] Vgl. Simonov, Voenno-promyšlennyj kompleks, S. 206–210; 294–305; Schreiben von Georgij K. Žukov über die Verringerung der Streitkräfte, 12. 8. 1955, abgedruckt in: Georgij Žukov, S. 52–54. Ende 1954 hatte das ZK der KPdSU u. a. beschlossen, zusätzlich acht strategische Fernbomberdivisionen und elf Fernbomberdivisionen aufzustellen.

rung westalliierter Truppen in der Bundesrepublik[280] sowie zur Struktur und den Funktionen der NATO vor[281]. Offenbar wollte Chruschtschow diese Informationen für den Aufbau eines eigenen militärischen Bündnisses des Ostblocks – den im Mai 1955 geschaffenen Warschauer Vertrag – nutzen, welchen er allerdings zunächst nur als Tauschobjekt für Verhandlungen mit dem Westen betrachtete[282].

Für die folgenden Jahre sind u. a. Berichte des Militärgeheimdienstes zu rüstungstechnischen Entwicklungen in den Vereinigten Staaten sowie zu militärischen Krisensituationen überliefert[283]. Das KI des Außenministeriums lieferte weiterhin Hintergrundberichte zur NATO und deren verstärktem Ausbau zu einem wirksamen militärischen Bündnis[284]. Der KGB hingegen berichtete nicht selten zeitnah über westliche Positionen bei Verhandlungen mit der Sowjetunion, wie beispielsweise den Außenministergesprächen in Genf. Einen Tag nach Beginn der Gespräche, am 28. Oktober 1955, legte der 1. Stellvertretende KGB-Vorsitzende Konstantin F. Lunew dem sowjetischen Parteichef den Bericht der Arbeitsgruppe für die drei westlichen Außenminister vor. Diese hatten ihn am 24./25. Oktober bei einem Vorbereitungstreffen in Paris als Grundlage für ihre Verhandlungspositionen gebilligt. Gleichzeitig machten Ageninformationen Differenzen und Schwachpunkte in der westalliierten Gesprächsführung für den Kreml sichtbar[285].

Insgesamt erscheint die Tätigkeit der sowjetischen Nachrichtendienste im Vorfeld der zweiten Berlin-Krise beeindruckend. Allein von den zahlreichen Berichten der 800 im „kapitalistischen Ausland" tätigen PGU-Offiziere legte die Führungsspitze des Nachrichtendienstes zwischen März 1954 und Juli 1957 exakt 2508 persönlich Chruschtschow vor. Weitere 2316 Ageninformationen erhielt der Ministerrat, hier waren zunächst Malenkow und nach dessen Entmachtung Bulganin die Empfänger. Die restlichen Mitglieder des Präsidiums des ZK hingegen scheinen von dieser exklusiven Informationsquelle weitgehend ausgeschlos-

---

[280] Vgl. RGANI, 5/30/114, Bl. 57–80, Spravka von Gromyko an Chruščev über die Stationierung von Streitkräften der USA, Englands und Frankreichs in Westdeutschland, 22. 1. 1955.

[281] Vgl. RGANI, 5/30/114, Bl. 135–164, Spravka des KI und der III. Europäischen Abteilung des sowjetischen Außenministeriums zur NATO, 1. 3. 1955.

[282] Vgl. Umbach, Das rote Bündnis, S. 117 ff.; Mastny/Byrne, A Cardboard Castle?, S. 2–7; Chruščev ließ das oben erwähnte Dokument am 4. 3. 1955 in seinem Archiv ablegen, nur einen Tag später sandte der sowjetische Parteichef einen ersten Entwurf zur Schaffung des Warschauer Paktes an die Partei- und Regierungschefs der Verbündeten. Mastny dazu: „the text of the Warsaw Treaty followed closely the model of NATO's founding charter" (S. 4).

[283] Vgl. RGANI, 5/30/127, Bl. 31–34, Information des stellv. GRU-Chefs, Generalleutnant Fedor A. Fedenko, an Chruščev über die Umrüstung von US-Kreuzern des Typs „Baltimore" mit Fernlenkwaffen, 17. 1. 1955; RGANI, 5/30/276, Bl. 2–4, GRU-Bericht an Verteidigungsminister Malinovskij über amerikanische Bestrebungen gegenüber Syrien, 14. 1. 1958; ebenda, Bl. 47–53, Bericht von Verteidigungsminister Malinovskij an Chruščev über die Situation im Raum Taiwan, 28. 9. 1958; ebenda, Bl. 131–134, GRU-Bericht an Verteidigungsminister Malinovskij über die Entwicklung des amerikanischen Experimentalflugzeuges X-15, 31. 10. 1958. Auf dem Dokument befindet sich der handschriftliche Vermerk von Malinovskij „An Gen. Chruščev N.S. senden".

[284] Vgl. RGANI, 5/30/276, Bl. 5–13, Informationsbericht des KI an das ZK der KPdSU über Perspektiven zur Realisierung der Entscheidungen der Dezembersitzung des NATO-Rates zur Stärkung der Organisation, 23. 1. 1958.

[285] Vgl. RGANI, 5/30/115, Bl. 1–117; Schreiben des 1. stellv. KGB-Chefs Lunev an Chruščev mit dem Bericht der Arbeitsgruppe für die Außenminister der USA, Großbritanniens und Frankreichs sowie Agentenberichte über die Tätigkeit der Arbeitsgruppe und das Pariser Außenministertreffen, 28. 10. 1955.

sen gewesen zu sein. Nur 293 Geheimdienstinformationen aus „kapitalistischen Staaten zu politischen, wirtschaftlichen und militärischen Fragen" wurden auf Anweisung des ZK an besagten Personenkreis verteilt. Zudem vermochte das KGB, den diplomatischen Postverkehr umfangreich zu überwachen. Im genannten Zeitraum übermittelte der Geheimdienst in 2057 sogenannten „blauen Mappen" mehr als 64 500 Telegramme mit „diplomatischem Schriftverkehr kapitalistischer Staaten" an ZK und Ministerrat[286]. Nach Selbsteinschätzung des KGB gelang es auf Grundlage dieser Informationsbasis immerhin, „das Zentralkomitee und die sowjetische Regierung rechtzeitig über einige wichtige Pläne und Absichten der Spitzen der kapitalistischen Mächte zu internationalen Fragen" in Kenntnis zu setzen[287].

Damit ist davon auszugehen, dass unter Chruschtschow eine weitere Professionalisierung der sowjetischen Auslandsnachrichtendienste erfolgte, auch wenn diese nicht mehr unmittelbar in wichtige Entscheidungsprozesse der Partei- und Staatsführung eingebunden waren. Ihre Lageanalysen und Berichte veranlassten die Kremlführung jedoch gelegentlich, sich bei zentralen Entscheidungen nicht allein auf politische oder ideologische Vorgaben zu stützen, sondern für die eigene Strategie auch Geheimdienstinformationen zu berücksichtigen und mit zur Grundlage bestimmter politischer Entscheidungen zu machen.

Diese Verhaltensweise hatte allerdings Grenzen, denn nicht immer vertraute die Kremlführung ihren Geheimdienstanalytikern. Als 1958 das KI des Außenministeriums endgültig aufgelöst wurde, wechselten drei seiner Mitarbeiter mit Valentin M. Falin an der Spitze zum ZK und bildeten dort die Abteilung für Information. Dieses Analytikerzentrum sollte für die Parteispitze unabhängige und unvoreingenommene Expertisen auf der Grundlage verschiedener Geheiminformationen erstellen. Als Anfang 1959 die Experten Chruschtschow wissen ließen, dass seine Idee, West-Berlin in eine „demilitarisierte freie Stadt" umzuwandeln, nicht umzusetzen sei und ein entsprechender Versuch zum Krieg führen könnte, löste der Parteichef die neu geschaffene Informationsabteilung kurz entschlossen wieder auf und versetzte ihre Mitarbeiter zurück in das Außenministerium[288]. Wie auch Stalin zeigte sich Chruschtschow zu Beginn der zweiten Berlin-Krise unfähig, reale, seinen Absichten jedoch zuwiderlaufende, Lagebeurteilungen zur Kenntnis zu nehmen und in entsprechendes politisches Handeln umzusetzen.

---

[286] Vgl. Schreiben von Serov an Chruščev über an Instanzen abgesandte KGB-Dokumente, 22. 7. 1957, abgedruckt in: Lubjanka 1917–1991, S. 687f.
[287] Schreiben von Serov an das ZK der KPdSU über die Arbeit des KGB, Juni 1957, abgedruckt in: Lubjanka 1917–1991, S. 692.
[288] Falin, Politische Erinnerungen, S. 26f.; Falin, Diplomat.

3. Das sowjetische Militär in der zweiten Berlin-Krise

Als KPdSU-Chef Nikita S. Chruschtschow mit seiner Rede vom 10. November 1958 und dem am 27. November gestellten Ultimatum[1] die zweite Berlin-Krise auslöste, wollte er das Problem des „Schaufensters" West-Berlin aus der Welt schaffen und durch einen Friedensvertrag die völkerrechtliche Anerkennung der DDR erreichen. Damit sollte die Anwesenheit alliierter Truppen in West-Berlin beendet und die DDR mit der vollen Souveränität über ihr Staatsgebiet inklusive des Zugriffs auf die Transitwege West-Berlins ausgestattet werden. Der von Chruschtschow vorgeschlagene Status einer „Freien Stadt" mit innenpolitischer Selbstbestimmung hätte die Bindung an den westlichen deutschen Teilstaat gekappt und die West-Berliner Administration einer „Wohlverhaltenspflicht" unterworfen; auf Dauer wäre die Stadt nicht nur jederzeit erpressbar, sondern auch unfähig zum selbständigen Überleben geworden[2]. Der sowjetische Partei- und Regierungschef ging offensichtlich davon aus, dass die Westmächte seinen Vorschlag akzeptieren, wegen Berlin keinen Krieg riskieren und letztendlich nachgeben würden. Gleichzeitig mit dem politischen Gewicht des ostdeutschen Teilstaates gedachte Chruschtschow, auf dem Weg des Friedensvertrages auch sein eigenes Prestige zu stärken[3].

Im folgenden Kapitel wird gezeigt, dass Chruschtschow bereits zu Beginn des von ihm provozierten Berlin-Konfliktes über eine klare Einschätzung der militärstrategischen Situation verfügte. Trotz der von ihm erkannten militärstrategischen Unterlegenheit glaubte der Kremlchef bei Auslösung der Krise an seine politische Stärke. Den Einsatz militärpolitischer Macht zur Durchsetzung seiner Berlin-Forderungen sah er als zweitrangiges Problem. Bestärkt durch seinen 1955 in Genf gewonnenen Eindruck, dass die USA die Sowjetunion mehr fürchte als die UdSSR die Vereinigten Staaten, und seine Fehlperzeption während der Suez-Krise, die Drohung eines Kernwaffeneinsatzes habe nicht nur den militärischen Rückzug Großbritanniens und Frankreichs, sondern auch eine US-Intervention verhindert, ging er davon aus, seine politischen Ziele hinsichtlich Berlins allein mit

---

[1] Vgl. Wettig, Die sowjetische Politik während der Berlinkrise, S. 383–398; Lemke, Die Berlinkrise, S. 96. Bevor Chruščev am 10. November 1958 die Berlin-Krise auslöste, hatte er sich diesen Schritt vom Präsidium des ZK der KPdSU absegnen lassen. Von den Anwesenden äußerte lediglich Mikojan Zweifel am Erfolg des Unternehmens, deren genauer Wortlaut aus dem Protokoll leider nicht hervorgeht. Siehe: Protokoll Nr. 190 des Präsidiums des ZK der KPdSU, 6. 11. 1958, abgedruckt in: Prezidium CK KPSS 1954–1964, S. 338 f.; Beschluss des Präsidiums des ZK der KPdSU Nr. P 190/VII „Über Deutschland", 6. 11. 1960, abgedruckt in: Prezidium CK KPSS 1954–1964 – Postanovlenija 1954–1958, S. 895.
[2] Vgl. Wettig, Die UdSSR und die Krise um Berlin, S. 592–613.
[3] Vgl. Lemke, Die Berlinkrise, S. 103–106.

Drohungen und Bluff durchsetzen zu können[4]. Eine besondere militärische und sicherheitspolitische Vorbereitung seines am 27. November 1958 verkündeten Berlin-Ultimatums hielt Chruschtschow für weitgehend verzichtbar. Eine gefährliche Fehleinschätzung, denn noch am 19. November 1958 hatte der frühere Chef des Militärgeheimdienstes und damalige sowjetische Militärattache in der DDR, Generaloberst Michail A. Schalin, den Kreml vor einer leichtfertigen Berlin-Politik gewarnt. Zwar würden England und Frankreich bei „entschlossenen Handlungen der Regierungen der UdSSR und DDR in einen Abzug ihrer Streitkräfte aus West-Berlin einwilligen, die USA aber würden hiergegen Widerstand leisten"[5]. Auch westliche Diplomaten hatten aus persönlichen Gesprächen mit dem sowjetischen Partei- und Regierungschef den Eindruck „that Khrushchev dangerously misjudges real situation", wenn er glaubte „that it was unthinkable [...] the West would fight over Berlin"[6]. Chruschtschow blieb jedoch bei seiner Position, allein durch die Androhung eines Nuklearkrieges die Westalliierten zum Abzug aus Berlin zwingen zu können. Unbeirrt von Einwänden aus dem sowjetischen Außenministerium, aber auch von engen Freunden und Beratern setzte der sowjetische Partei- und Regierungsschef auf den unbedingten Erfolg seines Vabanquespiels[7].

Am 10. Januar 1959 ließ der Kremlchef seiner Note vom 27. November des Vorjahres daher den Entwurf eines Friedensvertrages mit beiden deutschen Staaten folgen, dessen Abschluss eine Berlin-Regelung im Sinne Moskaus bedeutet hätte. Am 6. März 1959 drohte Chruschtschow während eines DDR-Besuches in Leipzig damit, dass die UdSSR mit ihrem ostdeutschen Satelliten einen separaten Friedensvertrag unterzeichnen werde, sollten die Westmächte nicht auf seine Vorstellungen eingehen[8].

Mit dem Vorschlag eines Friedensvertrags wollte die Sowjetunion aber auch die Sicherheitspolitik des Westens untergraben. Die Klauseln bezüglich eines Bündnisverzichtes und des Abzugs der ausländischen Truppen aus Deutschland waren klar gegen die NATO gerichtet. Falls es dem Kreml tatsächlichen gelingen sollte, dem atlantischen Bündnis den wichtigen Partner Bundesrepublik zu entziehen, so ging Außenminister Gromyko davon aus, dass dies den „Zerfall der NATO" bewirken würde. Ob, wie Gerhard Wettig schreibt, Chruschtschow ernsthaft bereit war, die sowjetischen Truppen aus Ostdeutschland abzuziehen und die DDR aus dem Warschauer Vertrag zu entlassen, oder das östliche Bündnis gar vollkommen aufzulösen, darf allerdings bezweifelt werden[9]. Selbst wenn der Warschauer Pakt 1955 als Tauschobjekt gegen die NATO gegründet worden war, so zeigte sich

---

[4] Vgl. Wettig, Chruschtschows Berlin-Krise, S. 27; Taubman, Krushchev, S. 352–360.
[5] Zit. nach Orlov, Tajnaja bitva sverchdažav, S. 415.
[6] The Berlin Crisis, Doc. 00516, Telegram from Ambassador Thompson to Secretary of State, 15. 12. 1958. Thompson bezog sich dabei auf Informationen des norwegischen Botschafters, der zwei Wochen zuvor ein entsprechendes Gespräch mit Chruščev hatte.
[7] Vgl. Subok/Pleschakow, Der Kreml im Kalten Krieg, S. 281; Očerki istorii Ministerstva inostrannych del Rossii, S. 395f.
[8] Vgl. Eisenfeld/Engelmann, 13. 8. 1961: Mauerbau, S. 13. Vorher äußerte Chruščev die Idee eines separaten Friedensvertrages auf einer ZK-Sitzung am 24. Januar 1959. Siehe: Protokoll Nr. 203 des Präsidiums des ZK der KPdSU, 24. 1. 1959, abgedruckt in: Prezidium CK KPSS 1954–1964, S. 345.
[9] Vgl. Wettig, Chruschtschows Berlin-Krise, S. 35f.

doch bereits seit 1958 und gerade im Verlauf der Berlin-Krise, dass die UdSSR immer mehr auf den Ausbau des Bündnisses zur Militärallianz unter sowjetischer Hegemonie setzte. Eine wie auch immer geartete Auflösung des sozialistischen Blocks wäre gegen die Interessen der Militär- und Parteiführung nicht durchzusetzen gewesen, selbst wenn sich Chruschtschow in dieses Abenteuer hätte stürzen wollen[10]. Dass er dies nie beabsichtigte, geht auch aus der Äußerung gegenüber Ulbricht am 30. November 1960 hervor, dem er erklärte, Malenkow und Berija hätten die DDR liquidieren wollen, deshalb sei der eine entlassen und der andere erschossen worden. Im gleichen Atemzug versicherte er ihm, dass er immer ein sozialistisches Deutschland unterstützen würde[11].

Das Ultimatum aus Moskau bot folglich der DDR die Chance, West-Berlin für eine internationale Aufwertung der DDR zu instrumentalisieren[12]. Ein Friedensvertrag mit der UdSSR hätte der DDR die Kontrolle des Zugangs zum Westteil der Stadt übertragen. Die Autorität des ostdeutschen Staates wäre innenpolitisch gestiegen, und außenpolitisch wäre dieser Schritt ein erster Hebel zur Neutralisierung der Hallstein-Doktrin gewesen. Da die SED-Führung aber international nicht über eigene Mittel zur Erreichung ihrer Ziele verfügte, versuchte sie entsprechend ihren Möglichkeiten, das Handeln ihrer Blockführungsmacht zu beeinflussen[13].

Bei genauerem und unvoreingenommenem Studium der Lage hätte Chruschtschow indessen erkennen müssen, dass ein separater Friedensvertrag eher geeignet war, die sowjetische Position zu schwächen als zu stärken. Schließlich konnte die UdSSR aufgrund ihrer Rechte als Siegermacht des Zweiten Weltkrieges und des fehlenden Friedensschlusses nach 1945 auf die Politik in Mitteleuropa unmittelbar einwirken und war durch ihre Militärmissionen in ganz Deutschland präsent[14]. Es machte in ihren Augen außerdem keinen Sinn, die DDR durch einen diplomatischen Akt stärken zu wollen, der vom Westen abgelehnt wurde – was der UdSSR ihr vorrangiges Ziel verbaut hätte, den Status quo in Europa und Deutschland vertraglich zu sanktionieren. Ulbricht hingegen hatte andere Interessen. Sein Maximalziel blieb ein separater Friedensvertrag; hätte doch ein gesamtdeutscher Vertrag zu viele Kompromisse und zu wenig Unabhängigkeit von Bonner Mitsprache bedeutet. Weil dieses Ziel dem Kreml trotz der voreiligen Versprechungen des KPdSU-Chefs letztlich nicht abzuringen war, schwenkte Ulbricht 1961 auf sein Minimalziel um, die Schließung des Schlupflochs West-Berlin[15].

---

[10] Vgl. A Cardboard Castle, S. 2–13; Umbach, Das rote Bündnis, 115–121.
[11] Vgl. Harrison, Driving the Soviets up the Wall, S. 154.
[12] Vgl. Lemke, Einheit oder Sozialismus, S. 449.
[13] Vgl. Lemke, Die Berlinkrise, S. 108–112. Hierzu ausführlich: Harrison, The Bargaining Power; dies., Driving the Soviets up the Wall.
[14] Vgl. Lemke, Die SED und die Berlin-Krise, S. 123–137; Schmidt, Dialog über Deutschland, S. 85 f.
[15] Vgl. Lemke, Die Berlinkrise; ders., Einheit oder Sozialismus, S. 462 f.: „Unter dem Druck insbesondere der Republikflucht koppelte das Politbüro jedoch das strategische Ziel des separaten Friedensvertrages von der aktuellen Hauptaufgabe, der Schließung der Fluchtpforte Westberlin, ab" (S. 463).

Die sowjetischen Streitkräfte und Chruschtschows erstes Berlin-Ultimatum

Als Chruschtschow die zweite Berlin-Krise auslöste, war ihm vollkommen bewusst, wie sehr die Sowjetunion den Vereinigten Staaten militärisch unterlegen war. Vor allem auf strategischem Gebiet hatten die sowjetischen Streitkräfte den USA wenig entgegenzusetzen. Im Sommer 1958 lag fast das gesamte Gewicht der nuklearen Einsatzkapazitäten der UdSSR in den Händen der Fernluftwaffe. Insgesamt verfügten die Luftstreitkräfte kurz vor Beginn des Konfliktes um Berlin über 308 Bomber, die zum Einsatz von Kernwaffen mit einer Sprengkraft von bis zu 200 Kilotonnen TNT ausgelegt waren. Allerdings besaßen nur 18 von ihnen die nötige Reichweite, um Einsätze gegen das Territorium der USA zu fliegen[16]. Weitere 199 Flugzeuge waren entsprechend ihrer Ausrüstung in der Lage, Atombomben mit einer Sprengkraft von bis zu zwei Megatonnen abzuwerfen, doch auch von diesen Flugzeugen konnten lediglich 17 Tupolew Tu-95 und 36 Mjasischtschew 3M über den Vereinigten Staaten operieren. Diese 67 strategischen Bomber stellten zu Beginn des Konfliktes um Berlin das gesamte sowjetische Bedrohungspotential gegen die USA dar[17]. An dieser Stelle muss allerdings erwähnt werden, dass diese Zahl nur eine theoretische Annahme darstellt, da die Flugzeuge aus dem Konstruktionsbüro Mjasischtschew wegen fortwährender technischer Probleme Anfang 1958 mit einem über ein Jahr andauernden Startverbot belegt worden waren[18]. Dass sich die Zahl der sowjetischen Interkontinentalbomber während der Auseinandersetzung um Berlin nicht wesentlich erhöhen würde, war Chruschtschow und der sowjetischen Führung bereits bei Beginn der Krise klar. Bis Ende 1960 sollte die Zahl der zur Verfügung stehenden strategischen Bomber allenfalls auf knapp über 100 steigen[19]. Zum Vergleich: im gleichen Jahr patrouillierten täglich durchschnittlich 122 Bomber und Tanker des Strategic Air Command der US-Streitkräfte in der Luft und alle 6,8 Minuten wurde eine Luftbetankung durchgeführt. Zudem standen die Chancen, dass im Ernstfall sowjetische Flugzeuge tatsächlich amerikanischen Luftraum erreichen würden, nicht besonders hoch. Im Sommer 1958 zeigte die Übung des US-Luftverteidigungskommandos NORAD *Red Sea*, dass es selbst unter schwierigen Bedingungen gelang, mehr als 97 Prozent aller „Eindringlinge" vor Erreichen des US-Kontinents abzufangen[20].

Demgegenüber war das in zahlreichen Reden immer wieder propagierte Potential an einsatzfähigen Interkontinentalraketen noch geringer. Es lag trotz aller

---

[16] Vgl. RGAE, 29/1/35, Bl. 220f., Schreiben von Dement'ev, Veršinin und Tichomirov an das ZK der KPdSU, 9. 7. 1958. Unter den 308 Atombombern waren 269 Tu-16, 21 M-4 und 18 Tu-95.
[17] Vgl. RGAE, 29/1/35, Bl. 80f., Schreiben von Dement'ev, Veršinin und Tichomirov an das ZK der KPdSU und den Ministerrat der UdSSR, 4. 5. 1958.
[18] Vgl. RGAE, 29/1/26, Bl. 32. Befehls Nr. 10 des GKAT, 8. 1. 1958; Moroz, Dal'nie bombardirovščiki, S. 13–16. Zwischen 1955 und 1957 waren sechs Mjasistschew-Bomber wegen Triebwerksversagen abgestürzt, weshalb die verbleibenden Maschinen bis zur Beseitigung der Defekte und Konstruktionsfehler über ein Jahr „gegrounded" wurden.
[19] Vgl. RGAE, 29/1/35, Bl. 229ff., Schreiben von Ustinov und Malinovskij an das ZK der KPdSU, 23. 6. 1958.
[20] Vgl. Wainstein, The Evolution of U.S. Strategic Command, S. 169–205.

sowjetischen Bemühungen im Frühjahr 1959 bei Null. Obgleich die sowjetische Führung den am 21. August 1957 nach mehreren Fehlversuchen geglückten ersten Test einer R-7 Rakete wenige Tage später der Weltöffentlichkeit als erfolgreichen Start einer „interkontinentalen mehrstufigen ballistischen Fernrakete"[21] präsentierte, war dem Kreml bewusst, dass es bis zu einer einsatzbereiten Waffe noch ein weiter Weg sein würde. Chruschtschow selber war nicht nur durch die zahlreichen Testberichte über die zahllosen Schwierigkeiten bei der Raketenentwicklung informiert[22]. Seit dem 17. April 1958 leitete der sowjetische Partei- und Regierungschef auch persönlich das „Militärisch-wissenschaftlich-technische Komitee für Atom-, Wasserstoff- und Raketenwaffen beim Verteidigungsrat der UdSSR"[23]. Als Vorsitzender des neu geschaffenen Gremiums – Chruschtschow selber hatte aus der Vorlage Breschnew als Leiter herausgestrichen und seinen eigenen Namen an dessen Stelle gesetzt – beaufsichtigte er nicht nur die „taktisch-technischen Anforderungen für die Entwicklung neuer Arten von Atom-, Wasserstoff- und Raketenwaffen für die Sowjetarmee und Seekriegsflotte", sondern überwachte neben der Serienfertigung auch „die wissenschaftlich-technische Information über den Stand der Spezialbewaffnung in der UdSSR und im Ausland sowie die Vorbereitung von Vorschlägen, die ein modernes wissenschaftlich-technisches Niveau und die korrekte Richtung der Arbeiten zur Schaffung dieser Waffen sicherstellen"[24]. Im November 1958 äußerte der sowjetische Partei- und Regierungschef sogar auf einer Sitzung des Verteidigungsrates intern ernste Zweifel am Sinn der weiteren Arbeiten an der R-7: „Gen. Koroljow muss in Betracht ziehen, dass Sauerstoffraketen ausgesondert werden können, wenn es nicht gelingt, die Zeit zur Herstellung ihre Bereitschaft auf ein absolutes Minimum zu reduzieren. Die Sauerstoffrakete – das ist schon keine Waffe mehr."[25] In dieser Aussage ist nur wenig von dem gestiegenen Selbstbewusstsein der sowjetischen Führung nach dem „Sputnik-Schock" zu spüren, das immer wieder mit als Hintergrund für die Auslösung der zweiten Berlin-Krise angegeben wird[26].

Auch die sowjetische Marine war Ende der fünfziger Jahre nicht in der Lage, merklichen militärstrategischen Einfluss auf die USA und ihre Verbündeten auszuüben. Trotz umfangreicher Rüstungsprogramme und einer Flotte von mehr als 460 U-Booten waren die sowjetischen Seestreitkräfte kaum mehr als eine unbe-

---

[21] Pravda, 27. 8. 1957.
[22] Vgl. u. a. Telegramm von Rjabikov, Nedelin und Korolev an das ZK der KPdSU, 3. 6. 1957 (auf dem Dokument befindet sich folgender handschriftlicher Vermerk: „Auf der Sitzung des Präsidiums des ZK am 5. Juni 1957 verlesen. In das Archiv des Präsidiums des ZK. 5. 7. 57 V. Malin"; Bericht von Rjabikov und Nedelin an das ZK der KPdSU über den Fortgang der Erprobung der R-7, 19. 7. 1957; Bericht von Nedelin an das ZK über Ergebnisse der Starts von Raketen der Typen R-7 und R-12, 1. 8. 1959, abgedruckt in: Pervyj raketnyj maršal, S. 83–94. Die Originale befinden sich im Archiv des Präsidenten der Russischen Föderation.
[23] Vgl. Protokoll Nr. 150a der Sitzung des Präsidiums des ZK der KPdSU, 17. 4. 1958, abgedruckt in: Prezidium CK KPSS 1954–1964, S. 305.
[24] Beschluss des ZK der KPdSU Nr. P150/VII „Über die Organisation des Militärisch-wissenschaftlich-technischen Komitees für Atom-, Wasserstoff- und Raketenwaffen beim Verteidigungsrat der UdSSR", 17. 4. 1958, abgedruckt in: Pervyj raketnyj maršal, S. 56–59. Das Original befindet sich im AP RF 3/52/323, Bl. 51–54.
[25] Zit. nach: Solovcov/Ivkin, Mežkontinental'naja ballističeskaja raketa, S. 4.
[26] Vgl. Lemke, Die Berlinkrise, S. 104; Wolfe, Soviet Power and Europe, S. 84–89; Speier, Die Bedrohung Berlins, S. 31 f.; Wetzlaugk, Berlin und die deutsche Frage, S. 146.

deutende Küstenmarine. Es brauchte bis 1955 als sich wenigstens ein sowjetisches U-Boot erstmals für 30 Tage auf Schnorchelfahrt ins Nordmeer wagte, um dort befindliche NATO-Schiffe zu beschatten. Im Sommer 1956 drangen zwei U-Boote der Pazifikflotte zum ersten Mal in der sowjetischen Flottengeschichte bis in die Nähe des Midway-Atolls vor. Da die für das Unternehmen verwendeten Schiffe für diese südlichen Breiten jedoch weitgehend ungeeignet waren – die Temperaturen im Bootsinnern erreichten nicht selten bis über 50 Grad – mussten nach Ende der Fahrt 122 Besatzungsmitglieder vor allem wegen Herz-Kreislauferkrankungen aus dem aktiven Dienst ausscheiden. 1957 operierten erstmals drei U-Boote der Nordflotte im Atlantik; im Stillen Ozean überquerte zum ersten Mal ein sowjetisches Unterseeschiff den Äquator. 1958 gelang dies einem sowjetischen U-Boot im Atlantik, zudem drangen die Seestreitkräfte der UdSSR jetzt bis in Reichweite des U-Abwehrsystems der US Navy vor. Zwischen November 1958 und Januar 1959 operierte erstmals ein U-Boot zeitgleich vor der amerikanischen Ostküste während im westlichen Atlantik zwei weitere U-Boote auf gemeinsamer Patrouillenfahrt waren. Gleichzeitig begannen Schiffe der sowjetischen Seestreitkräfte 1959 mit der detaillierten Vermessung des Nordmeers und der Dänemarkstraße und auch vom nördlichen und östlichen Teil des Atlantiks wurden neue Karten erstellt. Deshalb dürfte es kaum verwundern, dass es bis zum Mai 1959 dauerte, bis die US Navy in den Seegewässern um Island zum ersten Mal im Kalten Krieg ein sowjetisches U-Boot aufspürte und zum Auftauchen zwang[27]. Dass die sowjetische Marine bis zum Beginn der Berlin-Krise so wenig auf den Weltmeeren aktiv war, Flagge und damit militärpolitische Wirkung zeigte, lag z.T. auch darin begründet, dass die sowjetische Führung zu diesem Zeitpunkt über keine in sich geschlossene Konzeption für den strategischen Einsatz ihrer Flotte verfügte. Die Marine hatte lediglich den Auftrag, Operationen der Landstreitkräfte von Seeseite her zu unterstützen, die eigenen Küsten und Versorgungslinien auf dem Meer zu schützen sowie die Seetransporte des angenommenen Gegners zu behindern. Wie und mit welchen Mitteln vor allem die letzte Aufgabe umgesetzt werden konnte, war allerdings weitgehend ungeklärt, da vor allem die Fragen des Zugangs zum offenen Meer und der nötigen Luftdeckung für die Flotte nicht entschieden werden konnten[28].

So ungünstig wie die strategische Gesamtsituation für die UdSSR war, so günstig gestaltete sich für die sowjetischen Streitkräfte die taktische Lage für die Situation um Berlin. Den knapp 10 000 amerikanischen, englischen und französischen Soldaten sowie 14 000 Westberliner Polizisten standen in einem Umkreis von weniger als fünfzehn Kilometern 12 200 sowjetische Soldaten und 35 500 ostdeutsche Armee- und Polizeiangehörige gegenüber. Sie konnten in weniger als zweieinhalb Stunden von weiteren sieben GSSD-Regimentern unterstützt werden. Insgesamt

[27] Vgl. RGANI, 5/30/311, Bl. 70 f., Schreiben von Malinovskij und Golikov an das ZK der KPdSU, 23. 5. 1959; Borisov/Lebed'ko, Podvodnyj front „cholodnoj vojny", S. 301–309; Podvodnyj flot Rossii, S. 88–95; Kursom česti i slavy, S. 132 f.; Podvodnye sily Rossii, S. 286 ff. Demgegenüber drangen US-U-Boote seit 1948 systematisch für Spionageoperationen in sowjetische Küstengewässer ein. Siehe hierzu: Sontag/Drew, Jagd unter Wasser.
[28] Vgl. Docenko, Voenno morskaja strategja Rossii, S. 294–305; Protokoll des Gespräches zwischen Mao und Chruščev, 31. 7. 1958, abgedruckt in: Zubok, The Mao-Khrushchev Conversations, S. 251–256.

waren in einem Radius von 50 Kilometern um Berlin 67 500 Mann mit mehr als 1200 Panzern stationiert. Mit diesen Kräften hätte die Stadt bei Bedarf zu jeder Zeit abgesperrt oder blockiert werden können[29]. Auch der Versuch der Alliierten, West-Berlin auf dem Landweg mit einem militärisch geschützten Konvoi zu entsetzen, konnte von den sowjetischen Truppen und ihrem DDR-Verbündeten Dank der überlegenen Kräfte jederzeit unterbunden werden: „The United States does not have military capability to enforce continuous access to Berlin or the maintenance of our rights there."[30]

Was den sowjetischen Truppen in der DDR allerdings noch fehlte, war eine nukleare Komponente mit der die dort stationierten Streitkräfte strategisch hätten unterstützt werden können. Ende der fünfziger Jahre verfügten die Landstreitkräfte der UdSSR im Gegensatz zu den in Europa stationierten US-Truppen nicht über einsatzfähige taktische und operative Atomwaffen. Wie die USA auch hatte die sowjetische Militärführung Anfang der fünfziger Jahre zunächst auf den Bau von großkalibrigen Atomgeschützen gesetzt. Die zwischen 1955 und 1959 entwickelten Selbstfahrlafetten der Typen S-54 *Kondensator* und 2B2 *Oka*, die jeweils über ein Kaliber von 406 bzw. 420 Millimetern verfügten, erwiesen sich jedoch als so schwerfällig und unbrauchbar, dass ein Truppeneinsatz außer Frage stand. Beide Projekte mussten auf Anweisung des ZK der KPdSU im Frühjahr 1959 eingestellt werden. Das hinderte Chruschtschow – wie später in ähnlichen Fällen auch – nicht daran, beide Waffensysteme bereits am 7. November 1957 bei der alljährlichen Militärparade auf dem Roten Platz der staunenden Weltöffentlichkeit vorzuführen. Als „Propagandawaffen" erwiesen sich auch die am selben Tag gezeigten taktischen Atomraketen der Typen *Filin/FROG-1* und *Mars/FROG-2*. In die Ausrüstung der GSSD wurden diese Kernwaffen nicht übernommen[31]. Dies lag auch im tiefen Misstrauen Chruschtschows gegen jede Art von taktischen Atomwaffen begründet, das dieser zumindest bis zum Ende der 50er Jahre hegte. Er ging davon aus, dass die „Atombombe eine strategische Waffe ist" und deshalb weder auf der Ebene von Kompanie, Bataillon oder Division zur Bewaffnung gehören sollte[32].

Um die sowjetischen Truppen in der DDR entsprechend dieser Auffassung dennoch für die bevorstehende Krise um Berlin mit einer nuklearen Feuerkomponente auszustatten, die darüber hinaus im Konfliktfall auch noch strategisch und militärpolitisch eingesetzt werden konnte, entschloss sich Moskau dazu, erstmals atomare Mittelstreckenraketen außerhalb des sowjetischen Territoriums zu stationieren.

[29] Vgl. NSA, Berlin Crisis, box 29, USAREUR Special Intelligence Estimate 2–59, Soviet Intentions, Capabilities and Probable Courses of Action Regarding Berlin, 28. 2. 1959, S. 21–63; Thoß, NATO-Strategie und nationale Verteidigungsplanung, S. 302–306.
[30] The Berlin Crisis, Doc. 00428, Notes by the Secretaries to the Joint Chiefs of Staff on State Defense JCS: Hoc Working Group Report on Possible Courses of Action on Berlin, 28. 11. 1958.
[31] Vgl. RGAE, 298/1/77, Bl. 60–63, Befehl des Staatskomitees für Rüstungsindustrie der UdSSR Nr. KS-125/58 zur Aufnahme des Raketensystems Mars in die Bewaffnung der Sowjetarmee vom 20. 3. 1958, Rossija (SSSR) v lokal'nych vojnach, S. 437 f.; Karpenko, Raketnye kompleksy, S. 3–7. Zu den Kernwaffen der US-Army in Europa: Zilian, Gleichgewicht und Militärtechnologie, S. 353–356.
[32] RGASPI, 17/165/153, Bl. 20, Rede Chruščevs auf der Sitzung des ZK der KPdSU mit den Kommandeuren, Stabschefs und Mitglieder der Militärräte der Militärbezirke, 18. 12. 1959.

Im Zuge dieser militärischen Absicherung seines Berlin-Ultimatums griff der sowjetische Partei- und Regierungschef auf eine Mitte der fünfziger Jahre geplante Operation der sowjetischen Streitkräfte zur Stationierung von Atomraketen in Mitteleuropa zurück. Am 26. März 1955 hatten Chruschtschow und der Vorsitzende des Ministerrats der UdSSR, Nikolaj A. Bulganin, einen Regierungsbeschluss unterschrieben, mit dem eine der bisher geheimsten Militäraktionen des Kalten Krieges eingeleitet werden sollte: Die Stationierung von strategischen Atomraketen der UdSSR in der DDR[33].

Bereits Anfang 1955 reiften in der UdSSR konkrete Pläne für einen militärischen Einsatz der ersten Atomrakete der Sowjetunion heran. Noch vor dem erfolgreichen Abschluss der Erprobungen der R-5M begann im Generalstab der sowjetischen Armee die Ausarbeitung von entsprechenden Einsatzkonzepten. Dabei war den zuständigen Planern im Verteidigungsministerium bewusst, dass es die mit 1200 Kilometern immer noch geringe Reichweite der R-5M notwendig machte, die Rakete außerhalb des sowjetischen Territoriums zu stationieren. Nur so konnten die wichtigsten politischen, militärischen und wirtschaftlichen Zentren Westeuropas ins Fadenkreuz genommen werden[34].

Bei der Ausarbeitung der dafür notwendigen Einsatzkonzeption half Material, das Sondergruppen des Verteidigungsministeriums seit 1953 bei Rekognoszierungen in Rumänien, Bulgarien und der DDR gesammelt hatten. Dabei untersuchte der Generalstab Möglichkeiten zur Stationierung von Raketen des Typs R-1, R-2 und R-5 in den genannten Ländern. Wegen der geringen Einsatzeffektivität der Geschosse, die eher Versuchsmodelle als einsatzbereite Waffen waren, verzichteten die Militärs allerdings auf die konkrete Umsetzung dieser Pläne. Sie waren jedoch Ausgangspunkt für die geplante Stationierung der sowjetischen R-5M im Ausland[35]. Im März 1955 legte das Verteidigungsministerium dann den Beschlussentwurf für die oben genannte Verfügung vor. Er sah vor, jeweils eine gefechtsmäßig ausgerüstete Raketenbrigade der Reserve des Oberkommandos auf dem Territorium des Transkaukasischen sowie des Fernöstlichen Militärbezirks, in der DDR und in Bulgarien zu stationieren. Während für die Stationierung in der Bulgarischen Volksrepublik das sowjetische Außenministerium zunächst noch von der dortigen Regierung das dafür erforderliche Einverständnis einholen sollte, verzichtete die sowjetische Führung bei der DDR auf eine solche Vorgehensweise. Denn die für die Verlegung vorgesehene Raketenbrigade sollte in den Truppenbestand der GSSD eingliedert werden und befand sich damit quasi auf exterritorialem Gebiet. Die Sowjetunion sah deshalb keinen Anlass, ihren ostdeutschen Verbündeten über die beabsichtigte Stationierung zu informieren[36]. Auch später hiel-

---

[33] Vgl. Beschluss des ZK der KPdSU und des Ministerrats der UdSSR Nr. 589–365, 26. 3. 1955, abgedruckt in: Pervoe raketnoe, S. 208f. Das Original befindet sich im AP RF, Fond 93, Akte mit Beschlüssen des Ministerrats der UdSSR für das Jahr 1955.
[34] Vgl. Drogovoz, Raketnye vojska SSSR, S. 32–36; Raketnyj ščit, S. 48f.
[35] Vgl. Aktennotiz des Verteidigungsministeriums über den Bau von Spezialbasen in der DDR, 16. 6. 1953, abgedruckt in: Pervyj raketnyj maršal, S. 83–94; Dolinin, Sovetskie rakety na nemečkoj zemle; Pervov, Raketnye kompleksy RVSN, S. 34.
[36] Vgl. Verfügung des ZK der KPdSU und des Ministerrats der UdSSR Nr. 589–365, 26. 3. 1955, abgedruckt in: Pervoe raketnoe, S. 208f.

ten die sowjetischen Militärs die gesamte Operation zur Stationierung der R-5M in der DDR vor dem Waffenbruder geheim[37].

Obwohl Chruschtschow und Bulganin den vorliegenden Entwurf im Frühjahr 1955 unterschrieben hatten, verzögerte sich dessen Umsetzung auf Grund technischer Probleme mit der vorgesehenen Rakete immer wieder[38]. Erst nach dem erfolgreichen Abschluss der Tests mit der R-5M und deren Aufnahme in die Bewaffnung der sowjetischen Streitkräfte konkretisierte die UdSSR die Planungen für die vorgesehene Stationierung in der DDR. Jetzt wurde neben der Operationsabteilung des Generalstabes auch der Stab der Raketentruppen an der Vorbereitung der Operation beteiligt. Anfang 1957 erhielt der Stellvertretende Chef der Operationsabteilung der Raketentruppen vom Leiter der Operativen Hauptverwaltung des Generalstabes, Generaloberst Alexander O. Pawlowskij, den Auftrag, in der DDR geeignete Stationierungsorte für die R-5M auszuwählen. Wenige Tage später reiste Generalmajor Petr P. Puzik zum Stab der GSSD nach Wünsdorf. Von hier aus begab er sich auf die Suche nach den geeigneten Standorten. Diese sollten möglichst in kaum bewohnten Gebieten liegen, leicht zu überwachen sein und über eine gute Eisenbahnanbindung verfügen. Die Wahl fiel schließlich auf die ungefähr 80 Kilometer nördlich von Berlin gelegenen Ortschaften Fürstenberg/Havel und Vogelsang. Die Planungen für die Operation erfolgten unter allerstrengster Geheimhaltung. General Puzik durfte während der gesamten Dauer seiner Inspektionsreise keinerlei Aufzeichnungen anfertigen. Auch die exakte Karte der vorgesehenen Stützpunkte entstand erst nach seiner Rückkehr in der Operationsabteilung des sowjetischen Generalstabes[39].

Die zur Stationierung ausgewählte Truppe galt als Elitetruppe und verfügte bereits über Deutschlanderfahrung. Die Raketeneinheit war bereits 1946 in Thüringen aufgestellt worden. Jetzt lag die Truppe als 72. Ingenieurbrigade der Reserve des Oberkommandos in der Siedlung Medwed bei Nowgorod. Ab März 1957 begannen erste Vorbereitungen für die Verlegung. Hierfür rüstete man die erste der drei im Bestand der Brigade befindlichen Feuerabteilungen mit dem Waffensystem R-5M aus. Nur einen Monat später stellte die Führung der Raketentruppen bei dieser Abteilung auch die für die Montage und den Einsatz der Atomsprengköpfe zuständige Sondereinheit – die 23. Feldmontagebrigade – auf. 1958 liefen die zahlreichen Umstrukturierungen weiter. Jetzt erhielten auch die 635. und 638. Feuerabteilung – sie waren für den Einsatz in der DDR vorgesehen – die neue

---

[37] Vgl. Gespräch Heinz Keßler – von 1985 bis 1989 Verteidigungsminister der DDR, 24. 10. 1999. Wörtlich führte Keßler aus: „Die sowjetische Armeeführung gab 1959 den führenden DDR-Militärs keine Informationen über die Raketenstationierung in Vogelsang und Fürstenberg. In meiner damaligen Funktion als Chef der Luftstreitkräfte habe ich über eine derartige Aktion keine Kenntnis gehabt. Auch der damalige Verteidigungsminister Willi Stoph noch dessen 1. Stellv., Generalleutnant Heinz Hoffmann, haben nach meinem Wissen von den Sowjets zu dieser Frage keine Informationen erhalten. Auch in meiner späteren Funktion als Verteidigungsminister ist die Aktion aus dem Jahr 1959 weder vom jeweiligen Chef der Gruppe der sowjetischen Streitkräfte in Deutschland noch vom Oberkommando des Warschauer Paktes in irgendeiner Art und Weise erwähnt wurden. Dieses Verhalten deckt sich auch mit meinen späteren Erfahrungen. Die sowjetischen Militärs haben uns beispielsweise auch nie darüber in Kenntnis gesetzt, an welchen Standorten in der DDR während meiner Dienstzeit Atomsprengköpfe gelagert waren."
[38] Vgl. Sozdateli raketno-jadernogo, S. 250 ff.; Voennyj ėnciklopedičeskij slovar' RVSN, S. 619.
[39] Vgl. Pervoe raketnoe, S. 124–125.

Atomrakete. Gleichzeitig stellten auch diese Einheiten die für den Gebrauch der Sprengköpfe erforderlichen Montagebrigaden auf, die nur wenig später in Bewegliche Raketen-technische Basen umbenannt wurden. Die Brigade entwickelte zudem eine rege Übungstätigkeit. Bis zum Jahresende verschoss die 72. Ingenieurbrigade im Rahmen verschiedener Manöver insgesamt acht R-5M[40].

Parallel zur Vorbereitung der Truppe auf ihre Verlegung begannen in der DDR Ende 1957/ Anfang 1958 in Fürstenberg und Vogelsang die erforderlichen Bauarbeiten zur Unterbringung der Raketen, Atomsprengköpfe, Technik, Ausrüstung und Soldaten. An den ausgewählten Standorten wurden Bunkeranlagen, Raketen- und Fahrzeugdepots, Kasernen, Stabsgebäude, ja selbst Turnhallen und Heizhäuser errichtet. Anders als 1962 auf Kuba ging die sowjetische Militärführung 1958/ 59 offenbar von einer sehr langfristigen Präsenz ihrer Raketeneinheiten in der DDR aus, entsprechend umfangreich waren die Baumaßnahmen. Die Durchführung der Arbeiten erfolgte unter allerstrengster Geheimhaltung. Auf den Baustellen arbeiteten ausschließlich sowjetische Soldaten, deutsche Firmen waren an der Ausführung der Projekte nicht beteiligt, lieferten allerdings zu einem nicht geringen Teil Material und Anlagen. Zudem streute die sowjetische Militärabwehr gezielt das Gerücht, die neuen Objekte seien dazu da, um NVA-Einheiten zusammen mit Truppen der sowjetischen Streitkräfte in Deutschland auszubilden[41].

Die strengen Sicherheitsmaßnahmen werden verständlich, wenn man bedenkt, dass die Sowjetunion erstmals daran ging, Nuklearwaffen im Ausland zu stationieren. Denn Kernstück der sowjetischen Bauprogramme in Fürstenberg und Vogelsang waren zwei ca. 100 Meter lange und elf Meter breite Bunker der Serie Nr. 20, die zur Lagerung von Atomsprengköpfen des Typs 4 dienten. Hier wurden nach der Stationierung die notwendigen Inspektions- und Wartungsarbeiten an den rund 1,2 Tonnen schweren Nuklearsprengsätzen durchgeführt, die eine Zerstörungskraft von bis zu 40 Kilotonnen TNT besaßen. Zur Aufbewahrung der dabei entstehenden schwach radioaktiven Abfälle wie als Putzmittel dienende Lappen und Watte, errichtete man kleine Bunker des Typs 22. Für das Scharfmachen der Kernladungen und ihre Verladung auf die Spezialtransportfahrzeuge der Raketeneinheiten wurden direkt neben den Lagerdepots verbunkerte Anlagen der Serie Nr. 21 errichtet, die eine Größe von elf mal elf Metern hatten. Der bauliche Aufwand für die Kernwaffendepots war beträchtlich, denn die sowjetischen Atomwaffen der zweiten Generation galten als überaus empfindlich. Die zulässige Lagertemperatur durfte fünf Grad nicht unter und fünfzehn Grad nicht überschreiten. Noch sensibler reagierten die Nukleargefechtsköpfe allerdings auf eine zu hohe Luftfeuchtigkeit. Lag diese über 70 Prozent so arbeiteten die konventionellen Sprengkapseln der Ladung mit einer unzulässigen Zeitverzögerung, was die

---

[40] Vgl. ebenda, S. 12f.; Pervov, Mežkontinental'nye ballističeskie rakety, S. 29f.; Raketnye vojska strategičeskogo naznačenija: istoki i razvitie, S. 166–170.
[41] Vgl. BA Koblenz, B 206/114, Standortkartei der Militärischen Auswertung des BND – Allgemeine Beobachtungen in der Panzertruppenschule Wünsdorf (Stab GSSD), Bl. 5, 29. 11. 1957. Die Quelle zitierte den deutschen Leiter der Abteilung Sonderbau in Potsdam, die normalerweise der Bauarbeiten für die GSSD ausführte, wie folgt: „Es wäre schon so weit, dass die Russen Bauten in eigener Regie unter Ausschaltung des ZSBB u. des VEB Entwurf durchführten. So z.B. einen „Geheimbau" in Fürstenberg; ebenda, B 206/109 Allgemeine Beobachtungen Objekt 2191 Fürstenberg, Bl. 6, August 1958.

Initiierung der Kettenreaktion gefährden konnte. Eine Be- und Entlüftungsanlage der deutschen Firma *Junkalor* sorgte allerdings dafür, dass die geforderten Parameter eingehalten werden konnten[42].

Trotz aller Vorsicht und Abwehrmaßnahmen schien den verantwortlichen sowjetischen Militärs in der Anfangsphase ein fataler Fehler unterlaufen zu sein. Die zum Transport der Baumaterialien eingesetzten Lkw, trugen – so meldete BND-Agent *V 18670* Anfang Juli 1958 nach Pullach – am rückwärtigen Fahrgestell den Schriftzug *ATOM*, was verständlicherweise besonderes Interesse hervorrief. Als das sowjetische Kommando diesen Missgriff bemerkte und die verräterischen Schilder abgedeckt wurden, war es bereits zu spät. Von nachrichtendienstlichen Quellen vor Ort – dabei handelte es sich zumeist um Zivilbeschäftigte in den Garnisonen der GSSD sowie Landwirtschafts- bzw. Forstarbeiter, die Zutritt zu militärischen Sperrgeländen hatten – erhielt der Bundesnachrichtendienst noch vor der Berlin-Krise erste Kenntnisse über die merkwürdigen Vorgänge im Raum Fürstenberg/Vogelsang[43]. Auch die Amerikaner bekamen durch die ständige Luftüberwachung dieses Teils der DDR, die von den Luftkorridoren nach West-Berlin aus erfolgte, erste Informationen über die umfangreichen und verdächtigen Baumaßnahmen im Gebiet von Vogelsang. Im August und September 1958 zeigten Aufnahmen einer 100-inch Panoramakamera umfangreiche Arbeiten an einem Objekt, das von der NATO die Zielnummer 4823 erhalten hatte. Hierbei handelte es um die erwähnte Kaserne in Vogelsang, Fürstenberg lag vorerst außerhalb der Reichweite der US-Aufklärungsmaschinen[44].

Die strenge Geheimhaltung der Sowjets schlug damit ins Gegenteil um. Vor allem der ausschließliche Einsatz von Baueinheiten der Roten Armee und die bisher unübliche strikte Abschottung der sowjetischen Garnisonen machte die örtliche Bevölkerung misstrauisch. Im September 1958 gab V-Mann *16800* schließlich seinem Führungsoffizier zu Protokoll, dass der umfangreiche Antransport von Material „mit dem Bau einer Raketen Abschuss-Basis im Dreieck VOGELSANG-TEMPLIN-GROSS DÖLLN" zusammenhänge[45]. Die Bewertung dieser Mitteilung durch den BND lautete C 3, also „zuverlässige Quelle/wahrscheinliche Information". Obwohl die Meldung Bearbeitungsmerkmale trägt, verliert sich ihre Spur in Pullach und Bonn, da weiterführende Unterlagen leider immer noch geheim sind[46]. Dennoch, mit dieser Meldung hatten westliche Nachrichtendienste bereits Kenntnis von dem Stationierungsvorhaben erhalten, bevor überhaupt eine erste Rakete auf dem Territorium der DDR eintraf.

[42] Vgl. Roždennye atomnoj eroj, S. 98 ff.; Belokorovičkaja Raketnaja Krasnoznamennaja, S. 91 f.; Grundrisse der Kernwaffenbunker in Fürstenberg. Besuch an den ehemaligen Standorten Fürstenberg/Havel und Vogelsang, 21. 3. 2006. Ich danke Herrn Dirk Heuschkel für seine fachkundige Führung durch die Kasernenanlagen.
[43] Vgl. BA Koblenz, B 206/114, Standortkartei der Militärischen Auswertung des BND – Allgemeine Beobachtungen in Vogelsang, Bl. 18, Meldung E 14093, 28. 6.–3. 7. 1958.
[44] Vgl. Tuten, Making the (right) Connections, S. 7. Die entsprechenden Aufnahmen sind allerdings noch bis heute geheim. Zu den Aufklärungsflügen der Alliierten in den Luftkorridoren über der DDR siehe auch die Filmproduktion der Ottonia Media: Krieg in den Wolken. Luftspionage über der DDR.
[45] Vgl. BA Koblenz, B 206/114, Standortkartei der Militärischen Auswertung des BND – Allgemeine Beobachtungen in Vogelsang, Bl. 20, Meldung E 14136, Mitte September 1958.
[46] Vgl. Schreiben des Bundesnachrichtendienstes an den Autor, 22. 4. 1998/4. 5. 2000.

Da die sowjetischen Militärs aber immer noch von der Geheimhaltung ihrer Operation ausgingen, liefen die Vorbereitungen wie geplant weiter. Im November und Dezember 1958 bereitete sich die 72. Ingenieurbrigade auf ihre Verlegung in die DDR vor. Der Stab der Brigade, die 635. und 638. Raketenabteilung sowie die 349. und 432. Bewegliche Raketen-technische Basis begannen zum Jahreswechsel 1958/59 mit dem geheimen Transport ihrer Soldaten und Technik in die DDR[47].

Hier waren die für die Stationierung erforderlichen Bauarbeiten weitgehend abgeschlossen. Gleichzeitig wurde die Geheimhaltung nochmals weiter verstärkt. Die Verwaltung der Gruppe der sowjetischen Streitkräfte in Deutschland entließ die in den Garnisonen Vogelsang und Fürstenberg beschäftigten deutschen Arbeitskräfte[48]. Trotzdem meldete Ende Januar 1959 *V-9771* das Eintreffen von Teilen der 635. Raketenabteilung an seinen BND-Agentenführer. An der Bahnstrecke Lychen-Fürstenberg, so der Gewährsmann, war ein Transport der sowjetischen Armee eingetroffen. Auf freier Strecke hätten die Soldaten dann mit Hilfe von Raupenschleppern „sehr große Bomben" entladen, wobei es sich zweifelsfrei um Komponenten der R-5M gehandelt haben dürfte. „Anschließend wurde alles mit Planen abgedeckt und unter Umgehung von Chausseen fuhren Sattelschlepper auf Waldwegen angeblich von [der] Rückseite ins Objekt".[49]

Am Standort der 635. Abteilung in Fürstenberg, der in unmittelbarer Nachbarschaft der Kommandozentrale der 2. Gardepanzerarmee der GSSD lag, waren der Stab der Brigade und die 349. Bewegliche Raketen-technische Basis stationiert. Im 20 Kilometer entfernten Nachbarort Vogelsang lagen die 638. Abteilung und die zu ihr gehörende 432. Bewegliche Raketen-technische Basis[50]. Jede der beiden Raketenabteilungen mit je 600 Mann verfügte über zwei Feuerbatterien, die mit einer Startrampe für den Abschuss der R-5M, einschließlich der dafür erforderlichen Bodenausrüstung, ausgestattet waren. Der Kampfsatz pro Rampe betrug drei Raketen. Demnach waren auf dem Territorium der DDR zunächst vier Abschusseinrichtungen und mindestens zwölf Kampfraketen stationiert. Daneben gehörten zu jeder Abteilung eine Transportbatterie, eine Einheit zur Betankung der Rakete sowie eine Lenkungsbatterie. Letztere hatte die Aufgabe, die Zielgenauigkeit der Rakete durch den Einsatz funktechnischer Mittel zu erhöhen. Dafür verfügte sie über einen Leitstrahlsender, der die Seitenabweichung des Flugkörpers verringern sollte[51]. Im Frühsommer 1959 verdoppelte sich die Zahl der Abschussrampen und Raketen durch die Erweiterung der Abteilungen zu Regimentern auf acht bzw. vierundzwanzig[52].

---

[47] Vgl. Bondarenko, Osobaja tajna Vtoroj armii, S. 24–25; Pervoe raketnoe, S. 13.
[48] Vgl. BA Koblenz, B 206/109, Bl. 6, Standortkartei der Militärischen Auswertung des BND – Allgemeine Beobachtungen in Fürstenberg, Meldung E 21235, Ende Januar 1959. Selbst den Stromablesern verbot man den Zutritt zu den entsprechenden Objekten.
[49] Ebenda, Bl. 6. Dafür, dass damals tatsächlich Raketen angeliefert wurden, spricht auch die sowjetische Vorgehensweise bei der Entladung des Transports, sie entspricht exakt den Weisungen, die für den Transport von Raketen des Typs R-5M erlassen worden waren. Siehe hierzu: RGAE, 397/1/201, Bl. 101–112, Sicherheitsanweisung an den Truppenteil Nr. 15644 für die Erprobung R-5M, „Generator" und anderer analoger Erzeugnisse, 31. 7. 1954.
[50] Vgl. Pervov, Raketnye kompleksy RVSN, S. 34; Pervoe raketnoe, S. 119–122.
[51] Vgl. Pervov, Raketnoe oružie, S. 51; Voennyj ènciklopedičeskij slovar' RVSN, S. 204 f.
[52] Vgl. Malinovskij, Zapiski raketčika, S. 83 f.; Tuten, Making the (right) Connections, S. 12. Alliierte

Einsatzbereit waren die Raketen allerdings nicht, da immer noch die Atomsprengköpfe fehlten. Sie trafen Ende April 1959 in der DDR ein. Unter starker Bewachung wurden die Nukleargefechtsköpfe per Bahn zum Militärflughafen Templin gebracht und dort zwischengelagert. In den folgenden Nächten verteilten sie die Beweglichen Raketen-technischen Basen auf die dafür vorgesehenen Bunkeranlagen in Vogelsang und Fürstenberg. Am 29. April 1959 kam es dabei zu einem Zwischenfall, der in dem bisher zugänglichen Material nicht genauer bezeichnet ist. Fest steht allerdings, dass während des Transports der Kernwaffen der Chef der 432. Beweglichen Raketen-technischen Basis, Oberstleutnant S. I. Nesterow, von Generalleutnant M. K. Nikolskij, dem Chefingenieur der für die Atomsprengköpfe zuständigen 12. Hauptverwaltung des Verteidigungsministeriums, an Ort und Stelle abgelöst und degradiert wurde[53].

Zugang zu den Nukleargefechtsköpfen hatten ausschließlich speziell von der KGB-Militärabwehr überprüfte Offiziere. Sie führten die notwendigen Prüf- und Wartungsarbeiten an den Atomwaffen durch, wobei diese aus Geheimhaltungsgründen ausschließlich nachts erfolgten. Im Ernstfall, der immer wieder trainiert wurde, hätten die Sonderkommandos nach Empfang eines speziellen Signals aus Moskau zunächst die Einsatzbereitschaft der Sprengköpfe hergestellt. Dazu versah man nach einer umfangreichen Überprüfung der Atomwaffen die konventionellen Sprengsätze für die Einleitung der nuklearen Reaktion mit Präzisionszündern. Danach übergab das Depot die Sprengköpfe den Montageeinheiten, die ebenfalls ausschließlich aus Offizieren bestanden. Sie transportierten die Gefechtsköpfe zu den Abschusseinheiten und montierten dort die Nuklearladungen auf die Raketen und stellten mit dem Entfernen der entsprechenden Sicherungen auch deren Gefechtsbereitschaft her. Aus Geheimhaltungsgründen hatte nur der Leiter der Montagegruppe die hierfür notwendigen Kenntnisse, da entsprechende elektronische Sicherheitssysteme noch nicht existierten[54].

Unmittelbar nach Lieferung der Sprengköpfe war die 72. Ingenieurbrigade der Reserve des Oberkommandos gefechtsbereit. Anfang Mai 1959, noch vor Ablauf des Berlin-Ultimatums, meldete der Oberbefehlshaber der GSSD, Marschall Matwej W. Sacharow, Generalsekretär Chruschtschow persönlich die Einsatzbereitschaft der Truppe[55]. Damit war die Brigade in der Lage, „zu jeder Zeit die vorgesehenen Startpositionen einzunehmen und die gestellten Gefechtsaufgaben zu erfüllen"[56]. Sie unterstand nur dem Generalstab, und über ihren Einsatz hatte allein der Partei- und Regierungschef zu befinden. Ende Mai, kurz vor Ablauf des Chruschtschow-Ultimatums erreichte die Raketeneinheit ihre höchste Einsatzbereitschaft[57].

Luftaufnahmen vom März 1965 lassen deutlich jeweils in der Nähe von Vogelsang bzw. Fürstenberg vier vorbereitete feldmäßige Abschussstellungen für Mittelstreckenraketen erkennen.
[53] Vgl. Pervoe raketnoe, S. 133f.
[54] Vgl. Roždennye atomnoj eroj, S. 176f.; Belokorovičkaja Raketnaja Krasnoznamennaja, S. 90–105.
[55] Vgl. Bondarenko, Osobaja tajna Vtoroj armii, S. 25; Glavnyi štab RVSN, S. 49–53.
[56] Voenačal'niki RVSN, S. 88.
[57] Vgl. Raketnye vojska strategičeskogo naznačenija: istoki i razvitie, S. 197; Gespräch mit Oberst a. D. Konstantin Monachov, 23. 6. 2006. Monachov war 1959 als Offizier einer technischen Batterie in Vogelsang stationiert gewesen.

Da entsprechende Unterlagen fehlen, kann über die möglichen Einsatzziele dieser Raketentruppe nur spekuliert werden. Nach dem gegenwärtigen Erkenntnisstand ist aber davon auszugehen, dass die 72. Ingenieurbrigade vier Raketen auf England gerichtet hatte. Durch atomare Schläge sollten im Ernstfall die britischen Raketenstellungen vom Typ *Thor* in Yorkshire und Suffolk ausgeschaltet werden. Außerdem gerieten die wichtigsten amerikanischen Luftstützpunkte in Westeuropa erstmals in die direkte Reichweite der sowjetischen Waffen. Damit waren die hier stationierten Atombomber, das wichtigste militärische Mittel der amerikanischen Strategie der atomaren Vergeltung, durch einen sowjetischen Überraschungsschlag gefährdet. Zudem ist eine dritte militärische Option denkbar: Durch die Zerstörung der Atlantikhäfen hätte Westeuropa im Kriegsfall vom Partner USA abgeschnitten werden können. Daneben scheint außer Zweifel zu stehen, dass die Raketen auch auf Lebens- und Politikzentren Westeuropas wie London, Paris, Bonn und das Ruhrgebiet zielten[58].

Eine weitere mögliche Raketenbasis der UdSSR in Albanien komplettierte die sowjetische Strategie. Ob dort allerdings tatsächlich Raketen mit Atomsprengköpfen gelagert wurden, ist bislang umstritten. Von Vlora aus konnten Rom und das NATO-Hauptquartier Südeuropa in Neapel ins Visier genommen werden[59]. In der albanischen Hafenstadt hatte Chruschtschow zur Sicherung der Südflanke des Warschauer Vertrages ebenfalls noch einen U-Boot-Stützpunkt errichten lassen. Die zwölf hier stationierten Schiffe der 40. selbständigen Brigade erlaubten es der sowjetischen Marine, erstmals im Mittelmeer zu operieren und Erfahrungen mit dem wahrscheinlichen Gegner, der 6. US-Flotte, zu sammeln. Zudem banden die dort eingesetzten Schiffe entsprechende Kräfte der NATO und machten damit deren Verlegung zu anderen Krisenherden schwierig[60].

Fest steht jedoch, dass sich Chruschtschow auf Berlin und Mitteleuropa konzentrierte. Insgesamt befanden sich Mitte 1959 annähernd ein Viertel aller einsatzbereiten strategischen sowjetischen Atomraketenstartrampen auf dem Territorium der DDR[61]. Zentrales Ziel der Raketenstationierung war eine bessere strate-

---

[58] Vgl. Ivkin/Uhl, „Operation Atom", S. 302f.; Bayer, Geheimoperation Fürstenberg, S. 42f.; Eyermann, Raketen, S. 19. Eyermann veröffentlichte hier eine Karte, die 1962 in der Schweizer Fachzeitschrift *Interavia* erschien und die atomare Verwundbarkeit der NATO in Europa darstellte. Danach wären die Haupteinsatzziele der sowjetischen R-5M die Großräume Darmstadt/Mannheim, Dortmund, Amsterdam, Brüssel, Paris, London und Birmingham gewesen.

[59] Vgl. Das Albanien des Enver Hocha, Produktion des Fernsehsenders Arte, 1997; Gosztony, Die Rote Armee, S. 347. Gosztony zitiert dabei eine Rede Enver Hochas anlässlich des 60. Jahrestages der Ausrufung der Unabhängigkeit Albaniens aus dem Jahr 1972. Darin äußerte sich Hocha über den Besuch Chruščevs im Jahr 1959 wie folgt: „Als dieser Renegat des Marxismus-Leninismus vor der herrlichen Bucht von Vlora stand, war er begeistert, und auf einmal hörte ich seinen Minister Malinowski, der ihm zuflüsterte: ‚Begreifst Du, Nikita Sergewitsch? Mit Raketen aus Berlin und Ostdeutschland können wir jetzt Gibraltar treffen: von der Bucht von Vlora aus hingegen haben wir das ganze Mittelmeer in der Hand!'".

[60] Vgl. Kostev, Voenno-morskoj flot, S. 173f.; Rossija (SSSR) v lokal'nych vojnach, S. 254f.; The Berlin Crisis, Doc. 01195, Memo JCS to CINCLANT, CINCPAC and USCINEUR, 22. 4. 1959.

[61] Vgl. Raketnyj ščit, S. 68. Im Jahre 1959 verfügten die Raketentruppen der UdSSR lediglich über 32 einsatzbereite Raketenrampen, die alle vom Typ R-5M waren. Bis 1960 kamen zwei Abschussanlagen für Interkontinentalraketen des Typs R-7A sowie 176 für Mittelstreckenraketen der Typen R-5M (4) und R-12 (172) hinzu. Nach damaliger sowjetischer Auffassung galten Raketen ab einer Reichweite von 500 Kilometern als strategische. Siehe hierzu: RGASPI, 17/165/152, Bl. 17, Beitrag Chruščevs auf der Sitzung der Befehlshaber der Militärbezirke, Streitkräftegruppen, Flotten und

gische Positionierung für eine mögliche militärische Auseinandersetzung in der vom sowjetischen Partei- und Regierungschef selbst provozierten Berlin-Krise. Bereits während der Suez-Krise hatten die sowjetischen Politiker und Militärs erkennen müssen, dass sie über kein wirkliches militärisches Drohpotential verfügten, um Westeuropa im Ernstfall unter Druck zu setzen. Durch die Verlegung der Atomraketen des Typs R-5M in die DDR sollte dieser als entscheidend empfundene strategische Nachteil behoben werden. Gleichzeitig ist, wie erwähnt, davon auszugehen, dass der atomare Vorposten der UdSSR dazu dienen sollte, das bisher in Europa zugunsten der USA bestehende Ungleichgewicht bei Nuklearwaffen abzubauen. Da die Sowjetunion militärisch nicht in der Lage war, der vermeintlichen Bedrohung durch das Strategische Bomberkommando der USA etwas Gleichwertiges entgegenzusetzen, antwortete sie mit der Stationierung ihrer Raketenwaffen[62].

Die in der DDR befindliche Brigade übte unterdessen immer wieder den Gefechtseinsatz ihrer Raketen. Aus Geheimhaltungsgründen fand das Training an den Startrampen nur nachts statt. Die Eliteeinheit war politisch hoch motiviert, wurde ständig von der Moskauer Militärführung inspiziert und lebte zudem in für sowjetische Verhältnisse ungewöhnlich günstigen materiellen Verhältnissen. Im Rahmen des umfangreichen Übungsbetriebes gelang es, die geplanten Vorbereitungs- und Startzeiten im Frühsommer 1959 von 30 auf fünf bis sechs Stunden zu senken. Damit waren hohe und schnelle Einsatzbereitschaft garantiert. Dennoch traten immer wieder technische Probleme auf. Vor allem der Ersatz der leicht flüchtigen Treibstoffkomponente Flüssigsauerstoff bereitete Probleme, ohne Nachbetankung waren die Raketen nicht länger als 30 Tage einsatzfähig[63].

Gerade der Nachschub mit dem Flüssigsauerstoff erwies sich als Achillesverse für die Geheimhaltung der Raketenoperation. Denn die für den Transport notwendigen Spezialwaggons waren für Nachrichtendienste leicht zu identifizieren. Hinzu kam, dass der Antransport aus der Sowjetunion erfolgte und damit bei der Überwachung des Grenzübergangs Frankfurt/Oder ins Visier der dort nachrichtendienstlich eingesetzten Angehörigen der westalliierten Militärverbindungsmissionen gerieten. Von hier aus wurden die Flüssigsauerstofftransporte bis in den Raum Vogelsang verfolgt, dokumentiert und zum Teil auch fotografiert. In Halle-Ammendorf wurden sogar fünf Transportanhänger für R-5M-Raketen gesichtet. Für die westlichen Geheimdienstanalysten zeichnete sich deshalb zusammen mit anderen Hinweisen die Erkenntnis ab, dass die Sowjetunion in der DDR möglicherweise Mittelstreckenwaffen stationiert hatte[64].

Auch beim BND verdichteten sich im Frühjahr diesbezügliche Informationen. Die weiterhin anhaltende Bautätigkeit durch ausschließlich sowjetische Einheiten, die strikte Absperrung der Baustellen und der zur Entfaltung der Raketeneinhei-

---

Luftverteidigungsbezirke sowie der Mitglieder der Militärräte und Stabschefs zur Erörterung der Abrüstungsvorschläge der UdSSR, 18. 12. 1959.
[62] Vgl. Uhl, Stalins V-2, S. 239.
[63] Vgl. Gespräch mit Oberst a. D. Konstantin Monachov, 23. 6. 2006; Pervoe raketnoe, S. 120 f.
[64] Vgl. NSA, Berlin Crisis, box 29, Quarterly Intelligence Estimate, 31. 3. 1961, S. 4–11; ebenda, USAREUR/CENTAG Periodic Intelligence Report (2–59), 30. 6. 1959, S. 5; Memo on Missile Activity in East Germany for Briefing, 20. 4. 1961. Der Autor dankt Charles Tuten für die Überlassung des Dokumentes.

ten benötigten Wälder sowie deren scharfe militärische Bewachung ließen die örtliche Bevölkerung vielfach darüber spekulieren, dass die Russen hier Abschussbasen für Raketen aufbauten. Die vor Ort befindlichen Informanten des BND nahmen dieses Gerücht auf und leiteten es umgehend nach Pullach weiter. In der Nachrichtendienstzentrale trafen unter dem Kennwort DIANA Ergebnisse aus der routinemäßigen Befragung von Republikflüchtigen in den bundesdeutschen Aufnahmelagern ein. Von der BND-Auswertung wurden alle diese Informationen analysiert und im April 1959 für so valide gehalten, dass man sie auch an befreundete Nachrichtendienste, wie die der USA, weiterleitete[65].

Allerdings war nicht nur der bundesdeutsche Geheimdienst im Stationierungsgebiet der 72. Raketenbrigade aktiv. Auch Amerikaner, Franzosen und Engländer versuchten, in der Region Material über die besonderen Vorgänge im Gebiet Fürstenberg/Vogelsang zusammenzutragen[66]. Bei einer derartigen Konzentration von Auslandsnachrichtendiensten der NATO auf einem räumlich begrenzten Gebiet muss angenommen werden, dass Informationen über die sowjetische Raketenstationierung in der DDR bis in höchste politische Entscheidungsebenen der einzelnen Regierungen des westlichen Bündnisses gelangten. Zumindest wäre so ein mögliches Erklärungsmuster für den weiteren Fortgang der „deutschen Raketenkrise" gegeben.

Für USA und NATO war offenbar, dass die sowjetischen Raketenstellungen in der DDR das wohl wichtigste Druckmittel der UdSSR hinsichtlich des Berlin-Ultimatums waren. Dies machte Chruschtschow selber am 23. Juni 1959 noch einmal in einem Gespräch mit dem US-Politiker Averell Harriman in Moskau deutlich: "It would take only a few Soviet missiles to destroy Europe: One bomb was sufficient for Bonn and three to five would knock out France, England, Spain and Italy. The United States would be in no position to retaliate because its missiles could carry a warhead of only ten kilograms whereas Russian missiles could carry 1300 kilogram."[67]

Nicht zuletzt deshalb musste das westliche Militärbündnis unter der Führung der USA der Sowjetunion deutlich machen, dass es hinsichtlich der Berlin-Frage keine Kompromisse geben konnte. Zentraler Angelpunkt dieser Taktik waren die Planungen des NATO-Stabs *Live Oak*, der 1959 eigens dafür eingerichtet worden war, die westalliierten Rechte in Berlin zu sichern. Die von *Live Oak* entworfenen

---

[65] Vgl. BA Koblenz, B 206/114, Bl. 25–29, Standortkartei der Militärischen Auswertung des BND – Allgemeine Beobachtungen in Vogelsang, Februar–Juni 1959. Ein nicht geringer Teil der Informationen ist mit eindeutigen Bearbeitungsvermerken versehen. Zur Weiterleitung der Nachrichtendienstinformationen an die US-Regierung siehe: The Berlin Crisis, Doc. 01211, Memo United States Government: Soviet Missiles in East Germany, 24. 4. 1959. Hier heißt es u. a. „A West German report dated April 22 stated that the GSFG now has on hand missiles of a type capable of attaining a range of 700–800 kilometers."

[66] Vgl. BA Koblenz, B 206/109, Bl. 6, Standortkartei der Militärischen Auswertung des BND – Allgemeine Beobachtungen in Fürstenberg, Meldung von USAREUR, April 1959; ebenda, Meldung von ASTER, 29. April 1959; ebenda, Bl. 7, Meldung von BSSO, Juli 1959; ebenda, B 206/114, Bl. 1, Standortkartei der Militärischen Auswertung des BND – Allgemeine Beobachtungen Baustelle VOGELSANG-BURGWALL, Meldung von NARZISSE, September 1959. ASTER ist der vom BND verwendete Deckname für den britischen Geheimdienst, während von der französischen Auslandsaufklärung an den BND gelieferte Informationen mit dem Decknamen NARZISSE versehen wurden, BSSO ist die British Services Security Organization.

[67] Zit. nach: Gaddis, We now Know, S. 242.

Krisenszenarien sahen bei einer möglichen gewaltsamen Auseinandersetzung um Berlin den kontinuierlich stärker dosierten Einsatz militärischer Gewalt vor. Das Spektrum reichte dabei vom bewaffneten Durchbruch von US-Kampfverbänden durch die DDR nach Berlin bis hin zu atomaren Gegenschlägen[68]. Chruschtschow jedoch wollte keine Eskalation der Krise bis hin zum Krieg, den die NATO notfalls zu führen bereit war. Zur Taktik des sowjetischen Partei- und Regierungschefs in der Berlin-Frage gehörte der Bluff. Die Atomraketen in der DDR sollten ihm beim Machtpoker offenbar als besonderer Trumpf dienen. Zum damaligen Zeitpunkt war der Generalsekretär jedoch nicht bereit, einen Dritten Weltkrieg wegen Berlin zu riskieren. Als er erkannte, dass sich bei weiterer Konfrontation ein militärischer Konflikt entwickeln würde, musste Chruschtschow bestrebt sein, als sichtbares Zeichen der Entspannung seine im sowjetischen Vorfeld stationierten Raketen zurückzuziehen[69].

Erleichtert wurde diese Vorgehensweise offenbar durch einsetzendes politisches Tauwetter. Bis zum Mai 1959 hatte der Westen alle sowjetischen Ultimaten in der Berlin-Frage strikt abgelehnt. Auf der Außenministerkonferenz in Genf erkannten Amerikaner und Briten dann plötzlich doch einen Verhandlungsbedarf hinsichtlich Berlins. Ob die vorhandene Einsatzbereitschaft der sowjetischen Raketen in der DDR bei diesem Positionswandel eine gewisse Rolle spielte, kann zum jetzigen Zeitpunkt leider nicht festgestellt werden. Das ständige Insistieren westdeutscher Diplomaten jedoch führte zum Abbruch der Konferenz. Die USA gingen nur kurze Zeit später trotzdem wieder auf die Sowjetunion zu. Am 12. Juli 1959 übergab Unterstaatssekretär Robert D. Murphy den Sowjets eine Einladung von Präsident Dwight D. Eisenhower. Bereits am nächsten Tag gingen die Verhandlungen in Genf weiter. Die deutsche Seite, die eine Aufweichung der Positionen der Westmächte befürchtete, protestierte. „Ohne die geringste Konzession" der sowjetischen Seite, so der Bundesaußenminister Heinrich von Brentano, werde über die deutschen Köpfe hinweg verhandelt[70]. Eine Konzession jedoch könnte es durchaus gegeben haben: den Rückzug der 72. Ingenieurbrigade[71].

Im August 1959 verließen die Raketeneinheiten völlig unerwartet und überstürzt ihre bisherigen Standorte in der DDR. Der Abzugsbefehl traf die Offiziere und Soldaten, die sich eine langfristige Stationierung erhofft und bereits Zukunftspläne für ein Leben in der DDR geschmiedet hatten, wie ein Blitz aus heiterem Himmel[72]. Noch am 1. Juli 1959 waren die beiden Abteilungen der Brigade auf Befehl des Generalstabes in Moskau zum 25. Raketenregiment (Fürstenberg)

---

[68] Vgl. Geheimoperation Fürstenberg, S. 46. Zu Live Oak: Pedlow, Allied Crisis Management; Burr, Avoiding the Slippery Slope, S. 177–205. Zur amerikanischen Position in der Berlin-Krise 1958/59 siehe u. a.: Bremen, Die Eisenhower-Administration und die zweite Berlin-Krise; Erdmann, „War No Longer Has Any Logic Wathever", S. 111–115.
[69] Vgl. Jochum, Eisenhower und Chruschtschow, S. 107; Zubok/Pleshakov, Inside the Kremlin's Cold War, S. 199; Bruce, Die Sowjetunion und die ostdeutschen Krisen 1953 bis 1961, S. 54 f.
[70] Vgl. Wetzlaugk, Berlin und die deutsche Frage, S. 152–159; Schwarz, Adenauer, S. 554; Jochum, Eisenhower, S. 107 ff.
[71] Geheimoperation Fürstenberg, S. 46. Gleichzeitig könnte es allerdings auch eine zusätzliche Konzession der USA gegeben haben: Der Verzicht Eisenhowers auf die Stationierung von Atomraketen in Griechenland. Siehe hierzu: Nash, The other Missiles of October, S. 62 ff.
[72] Vgl. Gespräch mit Oberst a. D. Konstantin Monachov, 23. 6. 2006.

bzw. zum 638. Raketenregiment (Vogelsang) umformiert worden, was die Soldaten als sicheres Zeichen eines langen Aufenthalts in der DDR deuteten. Innerhalb weniger Wochen wurden nun die Raketen und Sprengköpfe ins Kaliningrader Gebiet abgezogen. Paris und London lagen jetzt wieder außerhalb des Aktionsradius sowjetischer Atomraketen[73].

Denkbar wäre jedoch auch ein anderes Szenario. Bereits unmittelbar nach dem Chruschtschow-Ultimatum hatte Eisenhower deutlich gemacht, dass er den sowjetischen Forderungen nicht nachgeben werde. Die dafür zu treffenden militärischen Maßnahmen der USA sollten dabei allerdings „detectable through intelligence channels" sein und „not be of a nature to create public alarm"[74]. Hierzu gehörte u. a., dass Einheiten der Marineinfanterie auf volle Kampfstärke gebracht und teilweise auf Landungsschiffen stationiert wurden, die US Navy Kriegsschiffe sowie Flugzeuge reaktivierte und ihre auf See befindlichen Einheiten verstärkte. Gleichzeitig stationierte die US Marine U-Boote vor den wichtigsten Basen der sowjetischen Pazifikflotte; am Nordkap und vor Murmansk sollten amerikanische Jagd-Atom-U-Boote in Stellung gehen, um das Auslaufen sowjetischer Unterseeboote zu überwachen. Zwischen Grönland, Island und Großbritannien war eine U-Boot Barriere einzurichten[75]. In Europa ließ der US-Präsident zusätzliche Einheiten stationieren, die mit taktischen Kernwaffen ausgerüstet waren. Die dort befindlichen konventionellen Kräfte der US-Truppen wurden durch neues Personal und Ausrüstung verstärkt[76]. Einer der kampfstärksten Verbände der US-Truppen in Europa, das 11. gepanzerte Kavallerieregiment wurde vom Bereich der Armeegruppe Mitte (CENTAG) auf den Truppenübungsplatz Bergen-Hohe der Armeegruppe Nord (NORTHAG) verlegt. Der Truppenteil gehörte zur alliierten Task Force, die im Fall einer Blockade West-Berlins von Helmstedt aus entsprechend den Planungen von Live Oak eingesetzt werden sollte. Gleichzeitig entfalteten die US-Truppen bei der NORTHAG im zweiwöchigen Wechsel Unterstützungsbataillone, die mit taktischen Atomwaffen ausgestattet waren. Diese Truppenverlegungen dienten entsprechend den Weisungen von Präsident Eisenhower „the dual purpose of placing combat units in favourable locations in the event of an emergency and of enabling the Soviet Military Liaison Mission to become cognizant of this fact"[77]. Dass diese Rechnung zumindest zum Teil aufging und Moskau die amerikanischen Krisenreaktionsschritte argwöhnisch beobachtete, belegt ein Schreiben des Chefs der sowjetischen Luftverteidigung, Marschall Ser-

---

[73] Vgl. Raketnye vojska strategičeskogo naznačenija: istoki i razvitie, S. 170; Pervoe raketnoe, S. 13–122. Durch die Reorganisation verdoppelten sich die Einsatzkapazitäten. Die neu gebildeten Regimenter verfügten jetzt je über zwei Abteilungen, denen jeweils zwei Startbatterien mit einer Abschussrampe unterstanden. Damit erhöhte sich die Zahl der in der DDR stationierten Startanlagen auf acht, die der hier befindlichen R-5M auf 24.
[74] Vgl. The Berlin Crisis, Doc. 00887, Talking Paper for Meeting to be Held after NSC Meeting: US Military Actions Relative to the Developing Berlin Situation, 5. 3. 1959; Jochum, Eisenhower und Chruschtschow, S. 106 f.
[75] Vgl. The Berlin Crisis, Doc. 01112, Memo Status of Navy Actions Relative to the Berlin Crisis, 7. 4. 1959; Doc. 01195, Memo JCS to CINCLANT, CINCPAC and USCINEUR, 22. 4. 1959.
[76] Vgl. ebenda, Doc. 01166, Status of Military Preparations to Meet Berlin Situation, 17. 4. 1959; Doc. 01281, Memo for Chief of Staff US Army. Periodic Report on Actions to Increase Readiness to Meet the Berlin Situation, 18. 5. 1959.
[77] Annual History, United States Army, Europe (U) 1 July 1958–30 June 1959, o. Datum, S. 31.

gej Birjusow, an Verteidigungsminister Malinowskij. Dieser berichtete Ende April der Militärführung der UdSSR über Flüge von Atombombern des Typs B-52 des Strategic Air Command in unmittelbarer Nähe des sowjetischen Luftraumes, die „der verstärkten Aufklärung der nördlichen Luftrouten, die direkt zu Objekten im Ural und Zentralsibirien führen" dienen würden. Der Verteidigungsminister hielt diese Information für so wichtig, dass er sie umgehend an Chruschtschow weiterleiten ließ[78].

Diesen militärischen Maßnahmen der USA konnte Moskau neben der bereits erwähnten Raketen- und U-Boot-Stationierung nicht viel mehr als die in der DDR vorhandenen konventionellen Kräfte der GSSD entgegensetzen. Vom 15. bis 24. März fand im Großraum Berlin das bislang größte Manöver der Sowjetarmee in Deutschland statt, an dem fünf sowjetische Divisionen und drei NVA-Verbände des Militärbezirkes III teilnahmen. Auf ostdeutscher Seite übten mehr als 18 000 Soldaten und rund 3500 Bereitschafts- und Grenzpolizisten die „Abwehr und Zerschlagung eines imperialistischen Aggressors"[79]. Die USA werteten die für die Jahreszeit ungewöhnliche Übung – normalerweise wurden Großmanöver im Herbst durchgeführt – als „Soviet efforts to ascertain the current operational capabilities of GSFG units" und „efforts to bring East German Army units to the highest possible state of combat readiness in connection with the current Berlin tension"[80].

Um zumindest die Kräfte im europäischen Teil der Sowjetunion zu verstärken, wurde zudem ab Frühjahr 1959 die Führung der bislang im Militärbezirk Transbaikal stationierten 6. Garde-Panzerarmee zusammen mit zwei Panzerdivisionen in das Gebiet von Dnjepropetrowsk (Militärbezirk Kiew) verlegt[81]. Doch damit war das zur Verfügung stehende sowjetische Arsenal ausgeschöpft. Da Chruschtschow einen bewaffneten Konflikt ausgeschlossen hatte, traf er keine weiteren Maßnahmen zur militärpolitischen Absicherung seines Berlin-Ultimatums, das er deshalb ergebnis- und geräuschlos verstreichen lassen musste. Vielmehr setzte der sowjetische Regierungschef jetzt bei den Gesprächen in Genf auf eine Interimslösung und hoffte durch Verhandlungen seine Ziele hinsichtlich Berlins erreichen zu können. Dazu sollte auch das für Ende Sommer geplante Treffen mit Eisenhower dienen. Vor dem Hintergrund der Berlin-Gespräche war es für die sowjetische Seite offenbar wenig hilfreich, in der DDR eine mit Atomraketen ausgerüstete Einheit zu besitzen, wenn man dem Westen auf der einen Seite immer wieder vorwarf, die Bundeswehr mit Kernwaffen auszustatten und auf der anderen ständig betonte, selbst keine Nuklearwaffen im Ausland zu stationieren[82]. Die als Drohgebärde deshalb nicht mehr notwendige Raketenbrigade wurde aus Ostdeutschland abgezogen, da die Gefahr ihrer Entdeckung und deren öffentliche Bekanntmachung durch den Westen zu groß war. Moskau konnte nicht daran gelegen sein,

[78] Vgl. RGANI, 5/30/311, Bl. 68, Schreiben von Birjuzov an Malinovskij, 27. 4. 1959.
[79] Vgl. Kürschner, Zur Geschichte des Militärbezirkes III, S. 109f.; Zur geschichtlichen Rolle und Entwicklung der NVA, S. 134; Zeittafel zur Militärgeschichte, S. 109.
[80] The Berlin Crisis, Doc. 01057, Memo for General Taylor – Soviet Maneuvers, 28. 3. 1959.
[81] Vgl. Ustinov, Krepče stali, S. 138; Lenskij/Cybin, Sovetskie Suchoputnye vojska, S. 151.
[82] Vgl. Wettig, Chruschtschows Berlin-Krise, S. 59–73; Tuten, Making the (right) Connections, S. 8. Zur sowjetischen Position in der Frage der Nuklearbewaffnung siehe, wenn auch die Bedeutung übertreibend: Trachtenberg, A Constructed Peace, S. 251–402.

die gerade einsetzende Entspannung in der Berlin-Frage zu gefährden. Deshalb verlegten die sowjetischen Militärs auf Anweisung der politischen Führung ihre Raketen auf sowjetisches Territorium zurück, obgleich dadurch wichtige NATO-Basen wieder außerhalb der sowjetischen Schussweite gerieten[83].

Denkbar wäre auch noch eine dritte Variante des Abzuges. Sowjetische Quellen in den westlichen Nachrichtendiensten informierten die UdSSR über die Gefahr der bevorstehenden Enttarnung, woraufhin die Raketenregimenter zurückgezogen wurden. Bis heute jedenfalls können die meisten an der Aktion beteiligten Offiziere und Soldaten der 72. Ingenieurbrigade keinen schlüssigen Grund für den überhasteten Abzug der Raketentruppe finden. Sie und auch der Hauptstab der Raketentruppen vermuten jedoch, dass der Rückzug auf das Territorium der UdSSR wohl politischen Ursachen geschuldet war[84].

Nicht vollkommen ausgeschlossen werden kann, dass die 72. Ingenieurbrigade von einer anderen Raketeneinheit abgelöst wurde, die bereits mit dem Nachfolgemodell R-12 ausgerüstet war. Obgleich dies nach gegenwärtigem Kenntnisstand wenig wahrscheinlich scheint, finden sich gleichwohl einige Fakten für diese Vermutung. Immerhin berichtete der Oberkommandierende der sowjetischen Truppen in der DDR, Marschall Matwej W. Sacharow, Ende 1959 auf einer Kommandeurstagung beim ZK der KPdSU, dass der Unterhalt einer R-12 Brigade in der DDR ohne Material und Technik pro Jahr 8,1 Millionen in Valuta und 17,5 Millionen Rubel koste. Gleichzeitig kam der ehemalige CIA-Mitarbeiter Charles Tuten bei einer Untersuchung der in der Nähe von Vogelsang und Fürstenberg befindlichen Abschussstellungen zu dem Schluss, dass die dort vorhandenen Bodenplatten zum Aufstellen der Starttische für die Raketen identisch mit Anlagen in Litauen und Weißrussland sind, wo nachweislich R-12 Raketen stationiert waren[85].

Dennoch sorgte gerade der Rückzug der 72. Raketenbrigade für beträchtliche Verwirrung bei den westlichen Nachrichtendiensten. Im September 1959 fotografierten amerikanische Militärgeheimdienstoffiziere bei Frankfurt/Oder einen Zug, der, wie anschließende Analysen mit Vergleichsfotos aus Moskau ergaben, mit acht Transportlafetten für R-5M Raketen beladen war. Sie konnten allerdings nicht feststellen, in welche Richtung der Transport weiterfuhr. Deshalb wurde von den Auswertern des Geheimdienstes angenommen, die Lieferung sei für die GSSD bestimmt. Auch aus anderen Quellen mehrten sich Informationen über die Sichtung sowjetischer Raketen in der DDR[86]. Infolgedessen kann es kaum überraschen, dass westliche Nachrichtendienste seit 1960 immer wieder davon ausgingen, dass die Gruppe der sowjetischen Streitkräfte über atomare Mittelstreckenra-

---

[83] Die in der russischen Literatur immer wieder angeführte Erklärung für den Abzug, dass mit der R-12 ein verbessertes Nachfolgemuster bereitstand, kann nicht greifen, da die ersten mit der neuen Rakete ausgerüsteten Regimenter ihren Gefechtsdienst erst im Mai 1960 aufnahmen. Vgl. Chronika RVSN, S. 27.
[84] Vgl. Pervoe raketnoe, S. 126; 135; Glavnyi štab RVSN, S. 52f.
[85] Vgl. RGASPI, 17/165/154, Bl. 90, Redebeitrag Zacharovs auf der Sitzung des ZK der KPdSU mit den Kommandeuren, Stabschefs und Mitgliedern der Militärräte der Militärbezirke, 18.12.1959; Tuten, Making the (right) Connections, S. 11–15; Email von Charles Tuten an den Autor, 13.3.2007.
[86] Vgl. NSA, Berlin Crisis, box 29, Quarterly Intelligence Estimate, 31.3.1961, S. 10ff.; Memo on Missile Activity in East Germany for Briefing, 20.4.1961.

keten verfügen würde. Im Januar 1960 informierte der Vorsitzende der Vereinten Stabschefs, General Nathan F. Twining, sogar die Mitglieder des Unterausschusses für Verteidigung des Repräsentantenhauses über die mögliche Präsenz von SS-3 Raketen in der DDR[87]. Noch im Frühjahr 1961 vermeldete die CIA, dass in Ostdeutschland bis zu 200 sowjetische Mittelstreckenraketen stationiert seien. Diese wären in der Lage, bei einem Überraschungsschlag die Stützpunkte der Vergeltungsstreitkräfte der NATO in Europa auszuschalten. Letztlich könnte die UdSSR mit ihren Raketen in der DDR „extremly heavy attack on European and other peripheral targets in event of general war"[88]. Erst kurz vor der Kuba-Krise verschwanden die Operation Atom und die Stationierung sowjetischer Mittelstreckenwaffen in der DDR aus dem Blickfeld der westlichen Nachrichtendienste und wurden sogar aus dem kollektiven Gedächtnis der *Intelligence Community* getilgt. Bereits als im Oktober 1962 erste U-2 Fotos die Präsenz sowjetischer Raketen zeigten, erinnerte sich keiner der beteiligten Analysten mehr an die Informationen aus Deutschland[89].

Trotz des Rückzugs der 72. Raketenbrigade mit ihren Atomwaffen aus der DDR bewertete die politische Führung der Sowjetunion die Operation positiv. Eine zentralisierte Befehlsstruktur und die Umwandlung der Raketentruppen zur eigenständigen Teilstreitkraft innerhalb der sowjetischen Armee unterstützten die politisch gewollte Aufwertung des neuen Machtinstrumentes. Mit den strategischen Raketen verfügte die UdSSR über ein Mittel, dass es ermöglichte, im bisher nicht gekannten Maß militärpolitische Macht über weite Entfernungen zu exportieren. Die sowjetische Militärführung zog aus der Stationierung von Atomraketen in der DDR zudem zwei weitere wichtige Schlüsse: 1. Es war möglich, strategische Atomwaffen außerhalb der Grenzen der UdSSR zum Einsatz zu bringen. 2. Noch wichtiger, allein mit dem Vorhandensein dieser Waffen und der Drohung ihres Einsatzes ließen sich offenbar gezielt politische Forderungen oder eine günstigere Verhandlungsposition durchsetzen. Vor diesem Hintergrund ist die Operation *Atom* neben ihrer Unterstützungsrolle für Chruschtschows erstes Berlin-Ultimatum deshalb auch als Präludium der 1962 durchgeführten Aktion *Anadyr*, der Stationierung von sowjetischen Atomwaffen auf Kuba zu sehen[90].

Gleichzeitig hatte Chruschtschow jedoch auch erkennen müssen, dass es unmöglich war, seine Berlin-Politik durch einzelne, voneinander isolierte militärische Schritte abzusichern. Von derartigen Maßnahmen zeigte sich der Westen weitgehend unbeeindruckt[91]. Wollte der sowjetische Parteichef nach Ablauf der

---

[87] Vgl. US Nuclear History, Doc. 00417, Presentation before the Department of Defense Subcommittee of the House Committee on Appropriations by General N.F. Twining, 13. 1. 1960, Bl. 4.
[88] CIA Intelligence Note: Deployment of Soviet Medium Range Missile in East Germany, 4. 1. 1961. Der Autor dankt Herrn William Burr für die Überlassung des Dokuments. Siehe u. a. auch: NSA, Berlin Crisis, box 29, United States Army Europe (USAREUR) – Intelligence Estimate 1961 (U), 1. 1. 1961, S. 231–237; ebenda, United States Army Europe (USAREUR) – Intelligence Estimate 1962 (U), 1. 1. 1962, S. 247.
[89] Vgl. Tuten, Making the (right) Connections, S. 1 f. Für Tuten, ehemaliger Satellitenbildauswerter der CIA, ist dieses Phänomen nicht erklärbar.
[90] Vgl. Raketnyj ščit, S. 49 ff.
[91] Vgl. The Berlin Crisis, Doc. 01509, Harriman-Khrushchev Conversations, 19. 7. 1959. Harriman wies den US-Präsidenten in seinem Schreiben darauf hin, dass er die oben bereits erwähnte Dro-

jetzt eintretenden Pause eine Verständigung über Berlin in seinem Sinne erreichen
– so hatte der bisherige Krisenverlauf gezeigt – musste er seine Militär- und Sicherheitspolitik radikal ändern, denn aus dem Stand heraus waren seine Ziele nicht zu erreichen. Vielmehr würde ein erneuter Anlauf es erfordern, nicht nur die strategische Position der UdSSR durch neue Rüstungsprogramme zu verbessern. Zwingend notwendig für die Durchsetzung der sowjetischen Absichten war die stärkere Einbindung der sowjetischen Streitkräfte in eine Gesamtkonzeption zur Lösung der Krise. Hierfür mussten alle vorhandenen Kapazitäten mobilisiert und auch die Unterstützung der Verbündeten gesucht werden. Wie der weitere Verlauf der Krise zeigte, hatte der sowjetische Partei- und Regierungschef seine militärpolitische Lektion aus dem gescheiterten ersten Ultimatum gelernt. Er musste dem Westen mit dem gesamten sowjetischen Militärpotential drohen und dieses einsatzbereit halten und im Notfall wirkungsvoll dessen Stärke demonstrieren. Ohne einen wesentlich höheren Einsatz militärischer Mittel kam die weitere sowjetische Berlin-Politik nicht mehr aus.

Intermezzo – Abrüstung oder Streitkräftereform?

Das ergebnislos verstreichende erste Ultimatum Chruschtschows, die Verhandlungen in Genf und vor allem der erfolgreiche USA-Besuch des sowjetischen Präsidenten sowie der herzliche Empfang durch Eisenhower – er schenkte ihm unter anderem eines seiner Angus-Rinder – brachten für die Entspannung der Berlin-Krise greifbare Ergebnisse. Der Generalsekretär ließ sein Ultimatum vorerst verstreichen und stimmte einer Gipfelkonferenz der Vier Mächte zu, von der er sich eine Lösung der Berlin-Frage nach seinen Vorstellungen versprach[92].

Vor allem aber hoffte der sowjetische Partei- und Regierungschef darauf, mit den USA eine langfristige Abrüstungsvereinbarung erzielen zu können, um die drückenden Verteidigungslasten für die Sowjetunion reduzieren zu können. Bereits bei seinem Besuch im Mai/Juni 1959 hatte US-Politiker Harriman versucht, Chruschtschow eine goldene Brücke zu bauen und ihn von seiner starren Haltung in der Berlin-Frage abzubringen, indem er darauf hinwies, „dass die Berlin-Frage warten könne, das gegenwärtig wichtigste Problem sei vielmehr das Problem der Abrüstung, des Verbots von Kernwaffen und die Frage auf welchem Wege sich mögliche Formen der Zusammenarbeit und der Herstellung des Vertrauens zwischen den USA und der UdSSR finden lassen"[93].

Gerade die mit Eisenhower in den USA erzielte Übereinkunft, die Berlin-Krise für den Moment ruhen zu lassen, bestärkte Chruschtschow in der Ansicht, dass „die Sowjetunion auf der internationalen Arena jetzt eine gute Position erobert

hung als Bluff betrachte und der sowjetische Parteichef „present lack of confidence in his missiles" zeige.
[92] Vgl. Wettig, Chruschtschows Berlin-Krise, S. 73–76; Grinevskij, Tysjača i odin den', S. 144; Subok/Pleschakow, Der Kreml im Kalten Krieg, S. 283 f.
[93] RGANI, 5/30/309, Bl. 61, Bericht über den Besuch von Harriman in der UdSSR vom 12. 5.–25. 6. 1959, 2. 7. 1959. Auch gegenüber Verteidigungsminister Malinovskij hatte er ähnliche Gedanken im persönlichen Gespräch geäußert. Siehe ebenda, Bl. 28 f., Bericht über den Besuch Harrimans in Moskau, 15. 5. 1959.

habe". Diese wollte der Kremlchef dafür nutzen, weiter in die Offensive zu gehen. Deshalb schlug er am 8. Dezember 1959 im Alleingang dem Präsidium des ZK der KPdSU vor, mit einer einseitigen Streitkräftereduzierung um 1 bis 1,2 Millionen Mann „den Feinden des Friedens sowie den Anstiftern und Anhängern des Kalten Krieges einen nicht abzuwehrenden Schlag zu versetzen". Zugleich sei es möglich, mit diesem Schritt großen Einfluss auf die internationale Lage auszuüben und das Prestige der Sowjetunion „in den Augen aller Völker" zu heben[94].

Die sowjetischen Streitkräfte besäßen jetzt eine so große Auswahl an Raketen, dass mit ihnen „jedes militärische Problem" gelöst werden könnte. Dass dies freilich nicht der Wirklichkeit entsprach, verschwieg der Kremlchef seinen Genossen. Vielmehr teilte er mit, dass nun, wo man „diese Raketen in hoher Stückzahl" produziere, eine große Armee nicht mehr brauche, „da sie unser wirtschaftliches Potential verringere"[95]. Stattdessen schwebte Chruschtschow vor, zu einem Territorialmilizsystem überzugehen. Deren Angehörige sollten in der Produktion arbeiten, im Ernstfall zu Divisionen zusammengestellt und dann per Lufttransport an ihren Einsatzort z. B. in Deutschland gebracht werden. Die Anleihe hierfür hatte der sowjetische Parteichef möglicherweise einem Schreiben von Admiral Iwan S. Isakow, Generalinspekteur der Streitkräfte, entnommen, der gegenüber Chruschtschow entsprechende Ideen geäußert hatte[96]. Insgesamt wollte der Partei- und Regierungschef eine Armee, die „vernünftig, ohne Überflüssiges sowie kampffähig ist und den Anforderungen zur Gewährung der Sicherheit des Landes entspricht"[97].

Den Prototyp solcher Streitkräfte sah Chruschtschow in den nur wenig später, am 17. Dezember 1959, offiziell geschaffenen Strategischen Raketentruppen der UdSSR. Sie vereinten in den Augen des Kremlchefs hohe Schlagkraft, bedeutendes militärstrategisches Potential und wirtschaftliche Effektivität. Deshalb betrachtete der sowjetische Partei- und Regierungschef strategische Raketen als politisches Hauptargument seiner Auseinandersetzung mit dem Westen über Berlin. Folglich hatte der Ausbau der strategischen Raketentruppen höchste Priorität und gewann während der Berlin-Krise an atemberaubendem Tempo. Unterstanden Ende 1959 der Führung der Raketentruppen drei Divisionen, sieben Brigaden und 42 Regimenter, so waren es Mitte 1961 bereits zwei Armeen, fünf Korps und 33 Divisionen[98].

Dass die übrigen sowjetischen Streitkräfte vom angestrebten Ideal trotz der bereits seit 1955 erfolgten umfangreichen Reduzierungs- und Restrukturierungsmaßnahmen immer noch weit entfernt waren, stand außer Frage. Im Verlauf des Jahres 1958 hatte Chruschtschow bereits 300 000 Angehörige der Streitkräfte entlassen. Während die Freisetzung der Soldaten scheinbar ohne Probleme erfolgte,

---

[94] RGANI, 2/1/416, Bl. 3f., Schreiben von Chruščev an die Mitglieder und Kandidaten des Präsidiums des ZK der KPdSU, 8. 12. 1959.
[95] Ebenda, Bl. 6.
[96] Vgl. RGANI, 5/30/311, Bl. 12–18; Schreiben von Admiral Isakov an Chruščev, 26. 2. 1959.
[97] RGANI, 2/1/416, Bl. 10, Schreiben von Chruščev an die Mitglieder und Kandidaten des Präsidiums des ZK der KPdSU, 8. 12. 1959.
[98] Vgl. Solovcov/Ivkin, Mežkontinental'naja ballističeskaja raketa, S. 5f.; Chronika RVSN, S. 10–16. Eine Übersicht der seit den fünfziger Jahren aufgestellten Armeen, Korps, Divisionen und Brigaden der Strategischen Raketentruppen ist im Anhang, Abschnitt c) zu finden.

war die Verabschiedung von 63 500 Offizieren aus dem aktiven Dienst von zahlreichen Schwierigkeiten begleitet. Mehr als 35 Prozent der Entlassenen hatten trotz langjähriger Dienstzeiten keine Pensionsansprüche, da diese erst nach 20 Jahren in der Armee erworben werden konnten, sondern wurden mit einer Einmalzahlung des Soldes für zwei Monate „abgefunden". Über 47 674 der ehemaligen Offiziere besaßen keine Wohnung, jeder Zehnte von ihnen war ohne Arbeit[99]. Allein aus diesen Gründen gingen 1958 beim sowjetischen Verteidigungsministerium mehr als 9000 Beschwerden ein. Besonders beklagten zahlreiche Offiziere den buchstäblichen Rauswurf nach zahlreichen Dienstjahren: „In welcher Armee sehen Sie, dass Offiziere, die lange Zeit in der Armee dienten, ohne Pension herausgeworfen werden, obgleich ihnen die ganze Zeit gesagt wird, dass der Dienst in den Streitkräften ein Lebensberuf sei". Doch auch wer noch als Offizier unter Waffen stand, hatte zumeist keine einfachen Lebensbedingungen. Die überwältigende Masse der Armeeangehörigen gehörte nicht wie die Mitarbeiter des Generalstabes und Verteidigungsministeriums zum privilegierten „Militärbezirk Arbat" – scherzhaft benannt nach der Moskauer Prachtstraße. Ihre für die sowjetische Gesellschaft geschlossenen Standorte lagen zumeist in der weitläufigen Einöde des Landes und von größeren Siedlungen weit entfernt. Die Kasernen und Wohnungen waren – wenn überhaupt vorhanden und nicht Zelte und Erdhütten als provisorische Unterkunft dienen mussten oder außerhalb ein kaum erschwingliches Privatzimmer zu nehmen war – häufig in schlechtem Zustand, und für die Familienangehörigen fehlten nur zu oft entsprechende Arbeitsmöglichkeiten. Diese Umstände sorgten dafür, dass der scheinbar hohe Sold von den zahlreichen Ausgaben „aufgefressen" wurde und zudem nicht selten das in der Sowjetunion übliche zweite Gehalt der Frau fehlte. So schrieb ein Oberleutnant 1959 an den Verteidigungsminister: „Monatlich erhalte ich 1470 Rubel. Meine Familie besteht aus vier Personen. Meine Ausgaben: Steuern – 200 Rubel, Parteibeiträge – 45 Rubel, Miete – 300 Rubel, Fahrten zum Dienst – 100 Rubel, Rauchen – 50 Rubel, Hilfe für Eltern und Frau – 250 Rubel, insgesamt 945 Rubel. Verbleiben 525 Rubel zum Leben und zum Kauf von Kleidung für die Familie. Das Kind kann nicht in den Kindergarten aufgenommen werden, die Frau findet keine Arbeit, da man weiß, dass ein Offizier nicht lange an einem Ort bleibt."[100] Zum Vergleich: Der sowjetische Durchschnittslohn lag 1960 bei 899 Rubel[101]. Doch das drängendste Problem für viele Offiziersfamilien blieb die Wohnraumversorgung. Selbst bei den privilegierten Raketentruppen war die Zahl der Offiziere fünfmal höher als die der verfügbaren Zimmer[102].

Diese schwierigen Existenzbedingungen drückten natürlich auch auf die Motivation der Soldaten und Offiziere. Auch die Ablösung Shukows und die Stärkung des Parteieinflusses in der Armee hatten ihre Spuren in den Streitkräften hinterlassen. Die ständigen Angriffe von hochrangigen Parteifunktionären auf Truppen-

---

[99] Vgl. Schreiben von Malinovskij an das ZK der KPdSU über die Reduzierung der Streitkräfte, 8. 1. 1959, abgedruckt in: Sokraščenie Vooružennych Sil SSSR, S. 305 ff.
[100] RGANI, 5/30/289, Bl. 18, Schreiben von Malinovskij an Chruščev, 13. 3. 1959; Makarov, V General'nom štabe, S. 217–228.
[101] Vgl. Hildermeier, Geschichte der Sowjetunion, S. 912.
[102] Vgl. Belokorovičkaja Raketnaja Krasnoznamennaja, S. 38–45. Hier sei angemerkt, dass einer Offiziersfamilie ein Zimmer, keine Wohnung zustand.

kommandeure bis hinauf zum Befehlshaber der Fernfliegerkräfte untergruben die Autorität der Offiziere. Zudem machten sie den Weg frei für kaum nachweisbare Anschuldigungen. Vorwürfe wie „liberale Beziehungen zu Personen", „geringe Anforderungen an Unterstellte" oder „Rauswurf des Politstellvertreters aus dem Dienstzimmer" konnten zum raschen Ende der Karriere führen. Ein weiteres Problem stellte der chronische Alkoholmissbrauch in den Streitkräften dar, der auf allen Ebenen herrschte. Er war zudem nicht selten Grund für Misshandlungen und körperliche Übergriffe von Vorgesetzten an Unterstellten und unter den Soldaten. Diese versuchten durch unerlaubte Entfernung, Desertion oder gar Selbsttötung dem kaum auszuhaltenden Druck der Wehrdienstzeit zu entgehen[103].

Für den nicht zufrieden stellenden inneren Zustand der Armee sprechen beispielsweise auch die hohen Unfallzahlen der Luftstreitkräfte im 1. und 3. Quartal 1959. Während sechs Monaten ereigneten sich insgesamt 103 Flugunfälle und Havarien. Bei rund 60 Prozent der Abstürze waren Pilotenfehler die Ursache, 40 Prozent gingen auf das Konto des Ausfalls von Technik oder nicht fachgerechter Reparatur bzw. Wartung. Über 69 Jagdflugzeuge, 24 Bomber, drei Transporter und sechs Hubschrauber gingen verloren, was in etwa dem Bestand einer sowjetischen Luftwaffendivision entsprach, 124 Piloten verloren bei den Abstürzen ihr Leben[104].

Die Auswirkungen auf die Gefechtsbereitschaft waren entsprechend, zwischen September 1958 und Mai 1960 gelang es den sowjetischen Luftstreitkräften trotz entsprechender Befehle nicht, Flugzeuge fremder Staaten abzufangen, die nachweislich zu Aufklärungsmissionen in den Luftraum der UdSSR eingedrungen waren. Chruschtschow war beim Beschluss des „Abrüstungsprogramms" durchaus über die Lage in der Armee informiert. Was er für sein neues Streitkräftekonzept des „allumfassenden Kernwaffenkrieges" brauchte, waren modern ausgestattete, effiziente und effektive Einheiten. Über diese verfügte die Sowjetarmee aber nur zum Teil. Chruschtschows Abrüstungsplan sah vor, wenig effektive Kampfeinheiten aufzulösen und die so gesparten Kosten für die Aufstellung neuer moderner Verbände zu verwenden. Dieses Konzept musste an den sowjetischen Gegebenheiten scheitern.

Die vorgesehenen Massenentlassungen von 1,2 Millionen Armeeangehörigen, in der überwiegenden Anzahl Soldaten, konnten das sowjetische Verteidigungsbudget kaum merklich entlasten. Denn während die Mannschaften 59 Prozent der Streitkräfte stellten, gingen an sie nur sieben Prozent des Soldes. Demgegenüber erhielten die Offiziere, die in etwa 15 Prozent des Personalbestandes ausmachten,

---

[103] Vgl. RGANI, 5/30/311, Bl. 3–8, Schreiben des Chefs der Politischen Hauptverwaltung, Golikov, an das ZK der KPdSU, 25. 2. 1959; ebenda, Bl. 138 ff. Schreiben des Militärstaatsanwalts der 43. Luftarmee betreff des Kommandierenden der Fernluftwaffe Marschall Sudez an das ZK der KPdSU, 8. 9. 1959; ebenda, 5/30/312, Bl. 99, Schreiben des Hauptmilitärstaatsanwalts an das ZK der KPdSU über die versuchte Fahnenflucht eines Angehörigen der 7. Garde-Panzerdivision der GSSD, 11. 9. 1959.

[104] Vgl. RGANI, 5/30/311, Bl. 36–41; 143–148, Bericht an das ZK der KPdSU über Flugunfälle in den Streitkräften im 1. bzw. 3. Quartal 1959, 17. 4./15. 10. 1959. Trotzdem war es in diesem Jahr bereits durch Verfügungen des ZK gelungen, die Flugsicherheit zu erhöhen. Kam 1958 auf 8074 Flugstunden ein Flugzeugverlust, so waren es 1959 bereits 16738 Flugstunden pro Flugzeugverlust. Eine Übersicht zur Struktur der sowjetischen Luftstreitkräfte im Jahr 1959 ist im Anhang, Abschnitt d) zu finden.

80 Prozent der gesamten Dienstbezüge. Doch selbst hier gab es Unterschiede. Erhielt ein Zugführer im Rang eines Leutnants in etwa den achtfachen Soldatensold, so bekam ein Divisionskommandeur als Generalmajor bereits mehr als das 150fache der Dienstbezüge eines einfachen Soldaten. Zum Vergleich: in der US Army betrug dieses Verhältnis lediglich eins zu sechzehn[105]. Die sowjetische Militärführung hätte also wesentlich mehr höhere Offiziere entlassen müssen, um den von Chruschtschow gewünschten Effekt zu erreichen, was sie allerdings nicht tat. Also mussten andere Einsparungsmöglichkeiten gefunden werden. Diese sah man beispielsweise in der Änderung der Pensionsansprüche der Offiziere. Wenige Monate vor seiner Entlassungskampagne hatte das ZK am 27. Juli 1959 angewiesen, die Pensionen spürbar zu kürzen und nur noch an Offiziere auszuzahlen, die älter als 40 Jahre waren. Die Stimmung im Offizierskorps war dementsprechend verbittert[106]. Doch auch diese Kürzungen konnten nicht verhindern, dass die Ausgaben des Verteidigungsministeriums von 9,61 Milliarden Rubel im Jahr 1959 auf 11,57 Milliarden für 1960 stiegen[107].

Struktur der sowjetischen Landstreitkräfte zwischen 1957 und 1960

Zahl der Formationen	Mai 1957	Juni 1960
Allgemeine Armeen	15	16
Panzerarmeen	8	6
Schützenkorps	45	28
Gebirgsdivisionen	4	2
Motorisierte Schützendivisionen	156	123
Panzerdivisionen	47	42
Luftlandedivisionen	11	10
MG-Artillerie Divisionen/Brigaden	23	21

Quelle: Fes'kov/Kalašnikov/Golikov, Sovetskaja armija v gody „cholodnoj vojny", S. 165.

Wesentliche Ursache hierfür waren die zahlreichen Restrukturierungsprogramme für die sowjetischen Streitkräfte. Von ihnen waren besonders die Landstreitkräfte betroffen. Hier verringerte sich die Zahl der zur Verfügung stehenden Divisionen vor allem durch die Auflösung von Verbänden der 2. und 3. Kategorie, die als Reserveeinheiten im Innern der Sowjetunion fungierten. Auf ihre Kosten wurden die im Ausland stationierten Armeen sowie die in den westlichen Militärbezirken der UdSSR befindlichen Einheiten modernisiert und mit neuer Waffentechnik ausgerüstet. Auf das Raketenprogramm wird an anderer Stelle noch eingegangen, deshalb sollen hier lediglich einige Informationen zum Umbau der sowjetischen Luftverteidigung gegeben werden, die im Schatten der Interkontinentalraketenrüstung stand.

[105] Vgl. CIA: Pay for Personal of the Soviet Ground Forces, 16. 10. 1959.
[106] Vgl. Schreiben von Šelepin an Chruščev, 7. 9. 1959, in: G. K. Žukov, S. 226 ff.
[107] Vgl. RGAE, 4372/79/659, Bl. 2, Schreiben von Kosygin, Kozlov, Brežnev, Novikov, Malinovskij u. a. an das ZK der KPdSU, 23. 12. 1960; ebenda, 4372/79/792, Bl. 131, Spravka über das militärische Potential des Warschauer Paktes, 1. 3. 1961.

Die sowjetischen Luftverteidigungsstreitkräfte – die bislang maßgeblich aus Jagdfliegern und herkömmlicher Flugabwehr bestanden – wurden 1959 und 1960 im großen Umfang umstrukturiert und durch Einheiten ersetzt, die mit Flugabwehrraketen ausgerüstet waren. Wie aus der nachfolgenden Tabelle ersichtlich ist, wurde mit den Auflösungen zunächst die sinnlose Überdehnung der sowjetischen Streitkräfte vom Beginn der fünfziger Jahre beendet, wobei das hohe Niveau der Streitkräftestärke allerdings erhalten blieb. Zudem erreichte das Kommando der Luftverteidigung durch die Auflösung der Befehlsebenen von Armee und Korps bei Verschlankung der Strukturen eine straffere und effektivere Führung der Einheiten[108].

Reorganisation der Jagdfliegerkräfte der PWO 1948–1961

Jahr	Jagdflieger-armee	Jagdflieger-korps	Jagdflieger-division	Jagdflieger-regiment
1948	2	2	22	57
1957	2	6	55	174
1961	–	–	–	124

Quelle: Proivovozdušnaja oborona strany, S. 306.

Die nächste Tabelle zeigt deutlich, dass die Aufstellung neuer Einheiten sogar die Auflösung von Verbänden, die mit veralteter Technik ausgerüstet waren, überwog. Verfügte die UdSSR 1957 über 86 Flakregimenter so wurden diese bis 1961 durch mehr als 200 Fla-Raketenregimenter ersetzt. Nicht eingerechnet ist hier der Zuwachs an Kampfkraft, durch die Umrüstung auf die wesentlich moderneren Waffensysteme.

Reorganisation der sowjetischen Flugabwehr 1957–1961

Einheit	1957	1958	1959	1960	1961
Flak-Divisionen	28	30	22	16	3
Flak-Regimenter	86	142	95	47	20
Flak-Abteilungen	48	41	15	7	5
Fla-Raketenregimenter S-25	56	56	56	56	56
Fla-Raketenregimenter S-75	–	17	43	80	154
Fla-Raketenbrigaden S-75	–	–	2	6	22
Fla-Raketenregimenter S-125	–	–	–	–	6
Fla-Raketenbrigaden S-75, S-125	–	–	–	–	12

Quelle: Proivovozdušnaja oborona strany, S. 306.

[108] Vgl. RGASPI, 17/165/154, Bl. 75f., Redebeitrag Birjuzov auf der Sitzung des ZK der KPdSU mit den Kommandeuren, Stabschefs und Mitgliedern der Militärräte der Militärbezirke, 18.12.1959.

Bei der Fernbomberflotte war die Situation ähnlich. Hier wurden zwar zwischen 1958 und 1962 insgesamt 20 Regimenter formal aufgelöst, gleichzeitig übernahmen jedoch strategische Raketentruppen und die Marinefliegerkräfte das Personal von neun dieser Truppenteile[109].

Insgesamt kann deshalb davon ausgegangen werden, dass Chruschtschows Bemühungen, die sowjetischen Streitkräfte zu reduzieren, keinen besonderen Erfolg hatten. Als Mitte 1960 diese Entspannungsphase der zweiten Berlin-Krise mit dem Abschuss der U-2 und dem Scheitern des Pariser Gipfeltreffens endete, hatte die Sowjetarmee kaum mehr als 300 000 Soldaten entlassen[110]. Die verbliebenen Verbände wurden jetzt für eine neue Runde in der Konfrontation um Berlin gebraucht.

Die Sowjetunion und die militärische Absicherung des Mauerbaus

Wann die UdSSR mit ersten detaillierten Planungen zur Lösung der Berlin-Frage durch die strikte Abriegelung des Westteils der Stadt begann, ist immer noch unklar. Fest dürfte jedoch stehen – dass im Gegensatz zur DDR – im Herbst 1960 in Moskau hierfür noch keine näheren Überlegungen existierten. Dies legt ein Brief nahe, den Chruschtschow am 24. Oktober des Jahres an Ulbricht sandte. Der sowjetische Partei- und Regierungschef vertröstete seinen auf eine Regelung der Berlin-Frage drängenden Kollegen auf dessen nächste, im November bevorstehende Visite an der Moskau. Er verlangte zugleich, dass bis dahin „keine Maßnahmen durchgeführt werden sollen, die die Lage an der Grenze zu West-Berlin verändern"[111].

Gleichwohl lässt sich, wie schon erwähnt, vermuten, dass sich Chruschtschow für eine wie auch immer geartete militärische Lösung des Berlin-Problems wappnen wollte. Zumindest beendete er Mitte 1960 intern die offiziell immer noch propagierte Abrüstungspolitik der UdSSR und verfügte eine mehr als dreißigprozentige Erhöhung der Rüstungsausgaben für 1961[112]. Besonders den Bereich der strategischen Rüstung wollten die Kremlführung, die Militärs und vor allem der rüstungsindustrielle Komplex verstärkt sehen. Investierte die Sowjetunion 1959 noch 810 Millionen Rubel in die Ausstattung der Streitkräfte mit Atomraketen, so sollten es 1961 bereits 2,287 Milliarden Rubel sein, eine Steigerung um mehr als 250 Prozent[113]. Aus diesen Mitteln waren 125 Interkontinental-, 530 Mittelstrecken-,

---

[109] Vgl. Dal'naja aviacija, S. 217.
[110] Vgl. BA Koblenz, B 206/117, Militärischer BND-Lagebericht Dezember, zugleich Jahresabschlussbericht 1960, 20. 12. 1960.
[111] SAPMO-DDR, DY 30/3682, Bl. 39, Schreiben von Chruščev an Ulbricht, 24. 10. 1960.
[112] Vgl. RGAE, 4372/79/659, Bl. 2–15, Schreiben von Kosygin, Kozlov, Brežnev, Malinovskij u. a. an das ZK der KPdSU, 23. 12. 1960. Interessant dürfte sein, dass Chruščev die bereits 1960 beschlossene Erhöhung der sowjetischen Verteidigungsausgaben erst am 8. Juli 1961 offiziell verkündete und als eine Reaktion auf die Erhöhung der Militärausgaben der NATO darstellte. Vgl. hierzu Adomeit, Die Sowjetmacht in internationalen Krisen und Konflikten, S. 322 bzw. S. 350–355.
[113] Vgl. RGAE, 4372/79/659, Bl. 85f., Memorandum über den Umfang der Rüstungslieferungen an das Verteidigungsministerium 1959–1962, 16. 12. 1960.

1254 Kurzstreckenraketen sowie 1188 Flügelgeschosse nebst zugehöriger Starteinrichtungen zu beschaffen. Die absolute Mehrzahl dieser Waffen konnte mit Kernsprengköpfen ausgestattet werden[114]. Aber auch die konventionelle Rüstung wurde – entgegen bisherigen Annahmen – nicht vernachlässigt. Die Landstreitkräfte konnten mit mehr als 2600 neuen Panzern und 2000 Schützenpanzern rechnen, die Luftwaffe sollte bis zu 800 neue Kampfflugzeuge erhalten. Für die Luftverteidigung waren 10600 Flugabwehrraketen geplant, die Marine sollte 122 Kampfschiffe, darunter 30 U-Boote, hiervon sieben mit Atomantrieb, erhalten[115].

Chruschtschow ging es mit dieser Vorgehensweise augenscheinlich darum, seine bisherige Berlin-Politik endlich auch mit tatsächlich verfügbaren militärstrategischen Machtmitteln zu untermauern, um sie zum gegebenen Zeitpunkt modifizieren zu können. Er hatte erkennen müssen, dass seine Propaganda, die von einer immer wieder behaupteten strategischen Überlegenheit der UdSSR auf dem Gebiet der Raketenwaffen ausging, bislang weitgehend erfolglos war. Schlimmer noch, die Vereinigten Staaten forcierten unter dem Eindruck der ständigen sowjetischen Drohungen ihre eigenen Rüstungsbemühungen, sodass sich das militärische Kräfteverhältnis in raschem Tempo weiter zugunsten der USA entwickelte. Chruschtschows Versuche, die Erfolge der sowjetischen Raumfahrt als Beweis der militärischen Stärke der Sowjetunion erscheinen zu lassen, waren Ende 1960 endgültig gescheitert[116], und damit auch seine Politik, durch bloße Androhung von Gewalt die Westmächte zur Teilnahme am Abschluss eines Friedensvertrags zu bewegen. Infolge dessen war Chruschtschow bestrebt, die militärische Stärke der UdSSR wesentlich zu erhöhen und so das Bedrohungspotential gegenüber dem Westen zu verstärken, um diesen zu einer Lösung des Berlin-Problems im sowjetischen Sinne zu zwingen[117].

Doch noch hielt der sowjetische Partei- und Regierungschef die eigenen Kräfte für zu schwach und den Zeitpunkt für eine mögliche militärische Konfrontation um Berlin für verfrüht. Während des erwähnten Treffens im November 1960 in Moskau sperrte sich Chruschtschow deshalb weiterhin gegen die von Ulbricht erwogene Abriegelung West-Berlins. Der Kremlchef wollte zunächst noch die bevorstehenden Gespräche mit dem neuen US-Präsidenten Kennedy abwarten, um die Streitfragen über Berlin beizulegen bzw. um Zeit zu gewinnen. Gleichwohl bot er dem SED-Chef für 1961 die Unterzeichnung eines Friedensvertrages, notfalls auch einseitig mit der DDR, an. Ulbricht beantwortet dieses Angebot mit

---

[114] Vgl. RGAE, 4372/79/160, Spravka über die Produktion von Raketen im Jahr 1961, 9. 6. 1960. Eine Aufstellung der nuklearfähigen sowjetischen Raketenwaffen findet sich im Anhang.
[115] Vgl. RGAE, 4372/79/161, Bl. 2 f., Schreiben von GOSPLAN über die Produktion von Militärtechnik im ersten Kriegsjahr (1961), 24. 10. 1960. Damit ist Garder, Die Geschichte der Sowjetarmee, S. 164–167, überholt.
[116] Eine Schlüsselrolle spielten hierbei amerikanische Aufklärungssatelliten, die seit 1960 erfolgreich über der UdSSR eingesetzt wurden. Ihre Aufnahmen zeigten, dass die strategischen Waffenkapazitäten der Sowjetunion sehr begrenzt waren und kaum mehr als eine Handvoll atomar bestückter Interkontinentalraketen umfassten. Diese stellten nach US-Einschätzung zwar „a grave threat to a number of US urban areas" dar, waren jedoch gleichzeitig nur „a limited threat to US-based nuclear striking forces". Vgl. CIA National Intelligence Estimate Nr. 11–8/1–61: Strength and Deployment of Soviet Long Range Ballistic Missile Forces, 21. 9. 1961, S. 3.
[117] Vgl. hierzu Horelick/Rush, Strategic Power and Soviet Foreign Policy, S. 117–125; Adomeit, Imperial Overstretch, S. 102 f.; Wolfe, Soviet Power and Europe, S. 84–96.

einem kategorischen: „Nein!", da die eigenen Kräfte dafür noch nicht ausreichen würden[118].

Trotz des weiter bestehenden Nein aus Moskau setzte Walter Ulbricht seine Überlegungen zur Abriegelung West-Berlins fort. Ihm war vollkommen klar, dass eine mögliche Abriegelung des Westteils der Stadt ohne den Einsatz militärischer Mittel nicht möglich sein würde. Da die eigenen Kräfte hierfür nicht ausreichen würden, war er zwingend auf die Hilfe des sowjetischen „Waffenbruders" und seiner Streitkräfte angewiesen. Anfang Januar 1961 wies er deshalb seinen Verteidigungsminister, Generaloberst Heinz Hoffmann, an, mit dem Oberkommandierenden der Gruppe der Sowjetischen Streitkräfte in Deutschland, Generaloberst Iwan I. Jakubowskij, eine ganze Reihe von militärischen Fragen zu klären. Ihn interessierte, in welcher Krisensituation und in welchem Umfang die GSSD in der DDR eingreifen würde und ob sie die Schaffung eines ständigen einsatzbereiten Sperrsystems an der Westgrenze der DDR für erforderlich hielt[119]. Das deutet darauf hin, dass Ulbricht für eine Lösung des Berlin-Problems den Einsatz von bewaffneten Kräften fest ins Kalkül zog. Auf dem Treffen zwischen Hoffmann und Jakubowskij, das am 10. Februar 1961 stattfand und an dem überraschenderweise auch der Oberkommandierende der Vereinten Streitkräfte des Warschauer Paktes, Marschall Andrej A. Gretschko, teilnahm, berieten die Militärs dann tatsächlich über Fragen der zweckmäßigen Organisation des Einsatzes von sowjetischen Truppen in der DDR[120].

Am 29. März 1961 präsentierte Walter Ulbricht auf der Tagung des Politisch Beratenden Ausschusses des Warschauer Paktes seine Vorstellungen zur Lösung des Berlin-Problems. In seiner Rede bezeichnete er die Stadt nicht nur „als großes Loch inmitten unserer Republik"[121], sondern insistierte auch, die Zeit sei gekommen, „dass der Friedensvertrag [...] von der Sowjetunion und den Staaten, die dazu bereit sind, abgeschlossen wird"[122]. Weiter führte er aus, dass mit der Vorbereitung eines Friedensvertrages die Beseitigung der Anomalie der Lage in West-Berlin unmittelbar verbunden sei[123].

Mit seiner Rede und in sich daran anschließenden Vier-Augen-Gesprächen gelang es Ulbricht vermutlich, Chruschtschow erstmals von der Unvermeidbarkeit der Schließung der Grenzen in Berlin zu überzeugen. Denn wie die jetzt vorliegenden Informationen zeigen, gab der sowjetische Partei- und Regierungschef seine bisher ablehnende Haltung zu einseitigen Veränderungen des Status von

---

[118] Vgl. RGANI, 52/1/557, Bl. 99, Protokoll des Gespräches zwischen Ulbricht und Chruščev, 30. 11. 1961. Für den vollständigen Wortlaut des Potokolls siehe, Harrison, Ulbricht and the Concrete „Rose", S. 68–78.
[119] Vgl. BA-MA, AZN 32612, Bl. 72–75, Schreiben von Ulbricht an Hoffmann, 21. 1. 1961.
[120] Vgl. ebenda, DVW-1/18771, Bl. 25–29, Niederschrift über die Beratung im Ministerium für Nationale Verteidigung (MfNV), 10. 2. 1961. Hinsichtlich des Einsatzes sowjetischer Truppen im Inneren der DDR führte Marschall Grečko aus: „Ein einheitlicher Plan für das Handeln im Inneren ist notwendig, weil auch sowjetische Truppenteile im Interesse der Regierung der DDR eingesetzt werden. Es gab diesen Plan, er muss wieder erneuert werden. [...] Der Kreis der Personen muss sehr begrenzt bleiben (3–4 Mann). Den Ausführenden persönlich zuleiten. Ich war Teilnehmer (53) und kenne die Wichtigkeit dieses Planes." (Bl. 27).
[121] SAPMO-DDR, DY 30/3386, Bl. 166, Wortlaut der Rede Ulbrichts auf der Tagung des Politisch Beratenden Ausschusses des Warschauer Paktes, 29. 3. 1961.
[122] Ebenda, Bl. 173.
[123] Vgl. ebenda, Bl. 176.

West-Berlin auf und setzte zur Beilegung der Berlin-Krise nicht mehr ausschließlich auf die bevorstehenden Gespräche mit dem amerikanischen Präsidenten. Zugleich stellte er Ulbricht die Unterzeichnung des Friedensvertrags für die 1. Novemberhälfte in Aussicht[124].

Ende April/Anfang Mai 1961 begannen die sowjetischen Streitkräfte nach jetzt zugänglichen Informationen des Bundesnachrichtendienstes mit ersten konkreten Planungen für eine mögliche militärische Eskalation der Berlin-Krise. So informierte eine im Hauptquartier der GSSD in Wünsdorf installierte Quelle des bundesdeutschen Geheimdienstes die Zentrale in Pullach darüber, dass Oberbefehlshaber Jakubowskij am 2. Mai 1961 an einer Sitzung des sowjetischen Verteidigungsrats in Moskau teilzunehmen hatte. Dort sollte er die militärische und politische Führung des Landes – Chruschtschow war immerhin Vorsitzender des Gremiums – über notwendige Maßnahmen in der DDR informieren, die von der Militärführung der UdSSR in Verbindung mit der Vorbereitung einer neuen Berlin-Krise zu treffen waren. Der Oberbefehlshaber zählte dazu eine Verstärkung der eigenen Truppen in der DDR, deren verbesserte Bewaffnung sowie die Ausstattung mit modernen Kommunikationsmitteln. Insgesamt schlug Jakubowskij dem Verteidigungsrat in Moskau eine Erhöhung der Truppenstärke der GSSD um zwei motorisierte Schützendivisionen, zwei Panzerregimenter, drei Fallschirmjägerbrigaden sowie vier bis sechs Flugabwehr-Raketenregimenter, mithin 30 000 bis 40 000 Mann, vor[125].

Zugleich wurde in der Sowjetunion eine Spezialeinheit reaktiviert, die Anfang der sechziger Jahre einen militärischen Anachronismus darstellte. In Moskau erhielt im Frühjahr 1961 Oberst Alexander Bernstejn von der Hauptverwaltung für Artillerie- und Raketenbewaffnung des Generalstabes den Befehl, binnen drei Monaten zwei Abteilungen wieder aufzustellen, die mit Sperrballons ausgerüstet werden sollten. Entsprechende Einheiten der Sowjetarmee waren bereits vor fünf Jahren aufgelöst worden. Als Einsatzort der neuen Truppe nannten die Generalstäbler auf Anfrage: Groß-Berlin. Zugleich wurde ihm mitgeteilt, dass bislang kein offizieller Befehl vorliege, man habe den Auftrag aber direkt vom ZK der KPdSU erhalten. Bis zum Sommer sollten 216 Sperrballons, an deren Haltetrossen Sprengminen befestigt werden konnten, zum Einsatz bereitstehen[126]. Chruschtschow und seine Militärführung planten für den in Aussicht stehenden separaten Friedensvertrag mit der DDR, eine Blockade der West-Berliner Flughäfen, um sowohl ein weiteres Ausfliegen der „Republikflüchtigen" als auch eine Neuauflage einer westalliierten Luftbrücke zu verhindern[127].

Demselben Ziel diente auch der Aufbau eines Ringes aus Flugabwehrraketenstellungen rund um Berlin. Während nordöstlich der Stadt das Fla-Raketenregiment 16 der NVA Position bezog, gingen an den verbleibenden Teilen des Berliner

---

[124] Vgl. RGANI, 52/1/557, Bl. 117, Protokoll des Gespräches zwischen Ulbricht und Chruščev, 31. 3. 1961.
[125] Vgl. BA Koblenz, B 206/114, Standortkartei des BND – allgemeine Beobachtungen Panzertruppenschule Wünsdorf (Stab GSSD), Information S-Nr. 932 237, 26. 4. 1961.
[126] Vgl. Bernstejn, S čego načinals' „Berlinskaja stena", S. 39–42.
[127] Vgl. Protokoll der Sitzung des Präsidiums des ZK der KPdSU zur Frage des Meinungsaustausches mit Kennedy in Wien, 26. 5. 1961, in: Prezidium CK KPSS, S. 505.

Ringes Einheiten der Luftabwehr der GSSD in Stellung[128]. Der Einsatz des NVA-Regimentes erfolgte auf Anweisung des Stabschefs der Vereinigten Streitkräfte. Die Luftabwehreinheit sollte ihren Gefechtsauftrag im „unmittelbaren Zusammenwirken mit Teilen der GSSD" erfüllen, „welche die Sicherung von Berlin im Westen und Süden übernimmt"[129]. Bereits zuvor war die bisher in Rechlin liegende Funkmessstörkompanie der Luftstreitkräfte der DDR nach Potsdam-Gatow verlegt worden[130].

Die endgültige Entscheidung für den Einsatz militärischer Maßnahmen zur Sicherstellung seiner Berlinpolitik traf Chruschtschow zusammen mit dem Präsidium des ZK der KPdSU am 26. Mai 1961. Der sowjetische Partei- und Regierungschef betonte in seiner Rede auf der Präsidiumssitzung, dass die UdSSR seit November 1958 Geduld in der Berlin-Frage gezeigt habe. Jetzt aber sei es an der Zeit, endlich den Knoten West-Berlin zu zerschlagen und den Friedensvertrag zu unterzeichnen. Dass die NATO deshalb mit Krieg drohen werde, war dem sowjetischen Partei- und Regierungschef bewusst. Doch aufgrund der ihm vorliegenden Geheimdienstinformationen hielt Chruschtschow ein bewaffnetes Eingreifen der Engländer und Franzosen für unwahrscheinlich. Auch die Bundesrepublik bereite ihm keine Probleme, behauptete Chruschtschow und stellte sich damit in Gegensatz zu seiner andauernden Propaganda gegen die deutsche Wiederbewaffnung. Die gefährlichste Macht sei Amerika, denn die USA „könnten einen Krieg" beginnen. Insgesamt hielt der sowjetische Partei- und Regierungschef diese Möglichkeit aber für gering, ja, er sei sich zu 95 Prozent sicher, dass die Unterzeichnung des Friedensvertrages nicht zum Krieg führen werde. Zudem wolle man ja West-Berlin weder einverleiben noch blockieren, sondern *nur* „dessen Luftverbindungen unterbrechen". Einen Abzug der Truppen aus der Stadt werde er nicht fordern, betonte der Parteichef, die Lieferung von Lebensmittel sowie die anderen Versorgungsadern nicht abschneiden. Bei dieser Vorgehensweise, so war sich Chruschtschow gewiss, werde es keinen Krieg geben[131].

Dann wies er darauf hin, dass US-Botschafter Thompson bei ihrem letzten Treffen Verständnis für die Sorge geäußert habe, dass viele Leute aus der DDR fliehen und vorgeschlagen habe, „lassen Sie uns irgendwelche Maßnahmen dagegen unternehmen".

Vor diesem Hintergrund erklärte Chruschtschow, dass SED-Chef Ulbricht vor allem der Flugverkehr zwischen der Bundesrepublik und West-Berlin stark beunruhige. Deshalb müsse hier gehandelt werden: „Unsere Position ist sehr stark, allerdings müssen wir – falls nötig – auch real einschüchtern. Zum Beispiel, falls es

---

[128] Vgl. NSA, Berlin Crisis, box 29, USAREUR – Quarterly Intelligence Review Supplement, 31. 3. 1961, S. 9–14; EUCOM Special Report: SAM Missile Development in the Satellite Area, 6. 12. 1961.
[129] BA-MA, DLV-3/53452, Bl. 5 f., Schreiben von Hoffmann an Antonov, 2. 8. 1960. Während die DDR ursprünglich mit den von der Sowjetunion gelieferten Fla-Raketen ihre Industriezentren im Raum Halle, Leipzig und Chemnitz sichern wollte, musste sie auf Drängen der sowjetischen Militärs den Luftschutz der im Norden der DDR stationierten GSSD Divisionen übernehmen. Siehe hierzu auch BA-MA, DVL-3/53453, Bl. 1 f., Befehl des Chefs der LSK/LV Nr. 15/61, 12. 4. 1961.
[130] BA-MA, DVL-3/24780, Bl. 166, Befehl des Chefs der LSK/LV Nr. 46/60, 6. 12. 1960.
[131] Vgl. Protokoll der Sitzung des Präsidiums des ZK der KPdSU zur Frage des Meinungsaustausches mit Kennedy in Wien, 26. 5. 1961, in: Prezidium CK KPSS, S. 500–503.

Flüge gibt, müssen wir diese Flugzeuge abschießen. Können Sie zu Provokationen übergehen? Sie können. Wenn wir das Flugzeug nicht abschießen, heißt das, wir kapitulieren. [...] Mit einem Wort, Politik ist Politik. Falls wir unsere Politik durchsetzen wollen und wir möchten, dass man unsere Politik anerkennt, verehrt und fürchtet, so müssen wir hart sein."[132]

Dass dies bedeutete, im Notfall auch militärische Macht zu demonstrieren und für diesen Zweck die sowjetischen Streitkräfte in der DDR – wie bereits auf der Sitzung des Verteidigungsrates Anfang Mai besprochen – zu verstärken, machte Chruschtschow seinen Parteigenossen wenig später klar:

„Ich möchte, dass die Gen. Malinowskij, Sacharow und Gretschko gut überprüfen, wie für uns das Kräfteverhältnis in Deutschland ist und was notwendig wäre. Es kann sein, dass wir Bewaffnung schicken müssen, mit einem Wort für den Fall, dass dort Verstärkungen notwendig sind. Das muss man überlegen, um da nichts zu hastig zu machen. Zunächst müssen wir Artillerie- und Schützenwaffen senden und dann Soldaten schicken, damit wir dort für den Fall einer Provokation starke Positionen haben. Dafür geben wir euch einen Zeitraum von einem halben Jahr. Das ist keine eilige Sache, aber jetzt denken sie nach und dann in zwei Wochen tragen sie ihre Überlegungen vor. Falls eine ergänzende Mobilmachung nötig ist, kann man die durchführen, ohne öffentliche Ankündigung. Hier muss man verstärken, damit man Worte mit realen Maßnahmen unterstützen kann."[133]

Hier zeigt sich, dass Chruschtschow den Fehler des ersten Berlin-Ultimatums nicht wiederholen wollte. Diesmal strebte er danach, über genügend militärische Kräfte zu verfügen, um im Notfall seine politischen Forderungen auch mit Gewalt durchsetzen zu können. Er wollte jetzt aus einer Position der Stärke heraus agieren. Zugleich war der Kremlchef damit von seinem bisherigen Konzept für die Berlin-Frage abgewichen, indem er sich ausdrücklich das Recht auf den Erstgebrauch von militärischen Mitteln vorbehielt und damit selber die Verantwortung zum Schritt für einen möglichen Krieg mit dem Westen übernahm[134]. Selbst im Präsidium des ZK der KPdSU war man sich jetzt nicht mehr so sicher, dass bei dieser Vorgehensweise kein bewaffneter Konflikt ausbrechen könnte. Von den führenden Militärs nahm an dieser Sitzung niemand teil. Als dann in der Runde die Frage aufkam, ob man denn für alle Fälle Geschenke für das Treffen mit Kennedy vorbereiten müsse, antwortete Chruschtschow: „Augenscheinlich ja, sogar vor dem Krieg wird geschenkt."[135]

---

[132] Ebenda, S. 505.
[133] Ebenda, S. 505. Im Beschluss der Sitzung wurde festgehalten, dass Generalstabschef Zacharov innerhalb von zwei bis drei Wochen einen entsprechenden Maßnahmeplan auszuarbeiten hatte. Siehe: Protokoll Nr. 331 der Sitzung des Präsidiums des ZK der KPdSU, 26. 5. 1961, in: Prezidium CK KPSS, S. 499.
[134] Vgl. Wettig, Chruschtschows Berlin-Krise, S. 146.
[135] Vgl. Protokoll der Sitzung des Präsidiums des ZK der KPdSU zur Frage des Meinungsaustausches mit Kennedy in Wien, 26. 5. 1961, in: Prezidium CK KPSS, S. 507.

Militärische Vorbereitungen zur Grenzschließung in Ost-Berlin, Mai bis Juli 1961

Spätestens zwei Monate vor der nächsten, für Anfang August anberaumten Tagung des Politisch Beratenden Ausschusses des Warschauer Paktes setzte Ulbricht alles auf eine Karte. Noch vor dem Wiener Gipfeltreffen zwischen Chruschtschow und Kennedy unterrichtete der Botschafter der UdSSR in Ost-Berlin, Michail G. Perwuchin, am 19. Mai seinen Außenminister, die DDR denke entgegen der sowjetischen Linie an eine sofortige Schließung der Grenze[136]. Auf die in der Literatur viel zitierte Frage einer Reporterin der *Frankfurter Rundschau* während einer vier Wochen später, am 15. Juni 1961, abgehaltenen Pressekonferenz, ob die eventuelle Bildung einer „Freien Stadt" bedeuten würde, dass die DDR-Staatsgrenze am Brandenburger Tor errichtet werde, gab Partei- und Staatschef Ulbricht seine zum Klassiker gewordene Antwort: „Niemand hat die Absicht eine Mauer zu errichten". Wenn diese Antwort auch vielleicht mehr ein Signal oder ein Druckmittel gegenüber dem Kreml gewesen sein mochte[137], belegt sie bei genauerer Betrachtung doch, dass Ulbricht bereits über die prinzipielle Frage des *Ja* oder *Nein* zu einer Grenzabriegelung hinaus gelangt war und sich sogar Gedanken über die technische Umsetzung – eben eine Mauer, kein Zaun oder anderes – gemacht hatte. Obwohl die Vorbereitungen zur Grenzabriegelung zu diesem Zeitpunkt längst angelaufen waren, handelte es sich nicht einfach um eine simple Lüge des ostdeutschen Staats- und Parteichefs, als dieser ja tatsächlich die Befestigung der Staatsgrenze ursprünglich nicht favorisierte, sondern eben die Kontrolle der Zufahrtswege vorgezogen hätte, um auf diese Weise den Flüchtlingsstrom zu unterbinden[138]. Genau das aber konnte er vor und auch nach der Pressekonferenz im Juni in Moskau nicht durchsetzen, und so blieb Ulbricht bei der inzwischen gewählten Alternative der Grenzabriegelung.

Hierfür hatte der Nationale Verteidigungsrat der DDR bereits am 3. Mai 1961 erste vorbereitende Maßnahmen angeordnet[139]. Im Kern ging es um die Aufstellung von zwei Verbänden, die später innerhalb von Berlin einen wesentlichen Beitrag zur Grenzabriegelung leisten sollten. Ein so genanntes Sicherungskommando in Stärke von 1500 Mann war beim Präsidium der Volkspolizei zu bilden. Sein Auftrag: Schutz der Grenze innerhalb Berlins, die Kontrolle des Personen- und Fahrzeugverkehrs und die Organisierung der Tiefensicherung entlang der Grenze durch Posten- und Streifendienst. Dieses „Sicherungskommando" wurde ergänzt

---

[136] Vgl. Harrison, Driving the Soviets up the Wall, S. 170f.
[137] Hannes Adomeit sieht für den Fall, dass Ulbricht sich nicht nur versehentlich versprochen hat, sondern seine Bemerkung bewusst äußerte, zwei mögliche Intentionen des SED-Chefs: Die Beruhigung der Bevölkerung, um den Flüchtlingsstrom zu drosseln, oder im Gegenteil ihre *Beunruhigung*, um die Fluchtbewegung noch zu steigern und so Druck auf die eigenen Bündnispartner ausüben zu können und Chruščev zu überspielen. Vgl. Adomeit, Die Sowjetmacht in internationalen Krisen und Konflikten, S. 274 bzw. S. 377.
[138] Vgl. Wagner, Walter Ulbricht und die geheime Sicherheitspolitik der SED, S. 441f.; Kowalczuk/Wolle, Roter Stern über Deutschland, S. 184.
[139] Vgl. SAPMO-DDR, DY 30/3682, Bl. 128–146, Bericht der ZK-Abteilung für Sicherheitsfragen an Walter Ulbricht über die Kampf- und Einsatzbereitschaft der Kräfte des VP-Präsidiums in Berlin, 24. 7. 1961; vgl. BA-MA, DVW-1/39462, Bl. 82–87, 5. NVR-Sitzung, TOP 10.: Durchführung des Beschlusses über die Brigade Berlin, Anl. 9 u. 10, 3. 5. 1961

von einer neu aufzustellenden motorisierten Brigade der Bereitschaftspolizei mit über 3500 Mann, die als schnell verfügbare Reserve der SED-Bezirkseinsatzleitung Berlin fungieren sollte. Dies war ein Schritt, der gerade in organisatorischer Hinsicht aufgrund der enormen Bindung von Personal und Logistik nur dann plausibel erscheint, wenn der tatsächliche Einsatz bald bevorstand, bedeutete die Bildung der Brigade doch eine personelle Reduzierung der übrigen Bereitschaftspolizei-Verbände in der DDR um mehr als ein Drittel[140]. Tatsächlich bildeten die beiden neu aufgestellten Verbände des Ministeriums des Innern am 13. August 1961 auch das Rückgrat der ersten Staffel der Grenzsicherung in und um Berlin[141].

In die militärischen Vorbereitungen zur Abriegelung West-Berlins wurde auch die Nationale Volksarmee der DDR eingebunden. Am 22. Juni 1961 legte Oberstleutnant Horst Skerra, Leiter der Verwaltung Operativ des DDR-Verteidigungsministeriums, dem Chef des Hauptstabes, Generalmajor Sigfrid Riedel, eine erste Planskizze vor. Diese enthielt Maßnahmen, welche man im Hauptstab als zwingend notwendig für den „Abschluss eines Friedensvertrages mit der DDR Ende dieses Jahres" erachtete[142]. Hierzu zählte die Erhöhung der Kampffähigkeit der NVA, die Kontrolle des Luftverkehrs von und nach Berlin sowie die Sicherung der „Staatsgrenze West" und des Ringes um Berlin[143]. Zur Verstärkung der Kampfkraft der NVA sollten u.a. bis zum 1. November 1961 vierzehn motorisierte Schützenbataillone und dreißig Panzerkompanien neu aufgestellt werden[144].

Hinsichtlich der Kontrolle des Luftverkehrs von und nach West-Berlin sahen die Pläne der NVA folgende Maßnahmen vor: Auflösung des Internationalen Flugsicherungszentrums Berlin, Übernahme seiner Funktionen durch die DDR; Verlagerung des in West-Berlin abgewickelten zivilen Luftverkehrs nach Berlin-Schönefeld und eine mögliche Blockierung der Westberliner Flugplätze Tempelhof, Tegel und Gatow sowie ihrer Einflugschneisen durch Sperrflüge, Sperrballons und den gezielten Einsatz von Funkstörmaßnahmen. Da der DDR die für eine Sperrung der Flughäfen notwendigen technischen Mittel jedoch nicht zur Verfügung standen, sollte diese Aufgabe nach Einschätzung des Ministeriums für Nationale Verteidigung (MfNV) der Gruppe der Sowjetischen Streitkräfte in Deutschland zufallen. Hauptziel der Maßnahmen sollte es sein, den gesamten zivilen *und* militärischen Flugverkehr von und nach West-Berlin unter die Kontrolle der DDR zu zwingen. Das schloss ausdrücklich auch das Recht auf die Durchführung von Personenkontrollen der Passagiere ein, die mit amerikani-

---

[140] Bruno Wansierski – stellv. Leiter der SED Sicherheitsabteilung merkte in seinem Bericht an, dass damit die Einheiten der Bereitschaftspolizei in den übrigen DDR-Bezirken nicht mehr in der Lage wären, ihre Aufgaben zu erfüllen; vgl. SAPMO-DDR, DY 30/3682, Bl. 130, Bericht der ZK-Abteilung für Sicherheitsfragen über die Kampf- und Einsatzbereitschaft der Kräfte des Präsidiums der Deutschen Volkspolizei in Berlin, 24. 7. 1961. Vgl. auch Major, Torschlußpanik und Mauerbau, S. 238.
[141] Vgl. BA-MA, DVW-1/6284, Bl. 32–35, Befehl des Ministers für Nationale Verteidigung Nr. 1/61, 12. 8. 1961; Sälter, Zur Restrukturierung von Polizeieinheiten der DDR, S. 69ff.
[142] Vgl. BA-MA, DVW-1/18790, Bl. 1 f., Schreiben der Verwaltung Operativ des MfNV, ausgefertigt durch Oberstleutnant Horst Skerra, 22. 6. 1961.
[143] Vgl. ebenda, Bl. 6, Schreiben der Verwaltung Operativ des MfNV, 28. 6. 1961.
[144] Vgl. ebenda, Bl. 10–13, Schreiben der Verwaltung Operativ des MfNV, ausgefertigt durch Oberstleutnant Kurt Gottwald, 1. 7. 1961.

schen, britischen und französischen Fluggesellschaften Berlin verlassen wollten[145].

Dass gerade die in der DDR nicht vorhandenen Sperreinheiten in der Sowjetunion aufgestellt wurden, legt den Schluss nahe, dass die UdSSR bereits früh die strategische Militärplanung für den Friedensvertrag und die Grenzabriegelung übernommen hat. Die NVA der DDR sollte dabei als Hilfstruppe für die sowjetischen Truppen in Deutschland dienen, die im Hintergrund die eigentlichen Kräfte für die Durchführung der von Moskau und Ost-Berlin beschlossenen Maßnahmen stellten.

Ob die NVA-Führung schon Ende Juni/Anfang Juli 1961 die Möglichkeit diskutierte, die Sektorengrenzen zur gewaltsamen Abtrennung West-Berlins zu schließen, ist gegenwärtig nicht völlig geklärt. Allerdings erinnerte sich ein NVA-Offizier 2001, er sei bereits im Januar 1961 als Hauptmann aus einer Truppenverwendung in die Verwaltung Operativ des Verteidigungsministeriums nach Strausberg versetzt worden, um dort „große Aufgaben zur Sicherung der Staatsgrenze" mit vorzubereiten[146].

Zudem hatte Ulbricht im Frühjahr 1961 seinen Verkehrsminister Erwin Kramer bereits damit beauftragt, „Maßnahmen zur Sicherstellung der Kontrolle des Verkehrs zwischen der Deutschen Demokratischen Republik einschließlich ihrer Hauptstadt und Westberlin" zu erarbeiten. Der entsprechende Entwurf sah vor, zum gegebenen Zeitpunkt alle direkten Verkehrsverbindungen zwischen Ost- und West-Berlin zu kappen[147]. In den einzelnen DDR-Ministerien arbeiteten also besondere Planungsgruppen an ausgewählten Szenarien der Operation, sie besaßen keinen vollständigen Gesamtüberblick. Die Teams, die zumeist aus dem entsprechenden Minister und einzelnen hochrangigen Mitarbeitern bestanden, bekamen ihre Anweisungen direkt von Ulbricht, dem sie auch persönlich wieder berichten mussten. Dieser wiederum stimmte seine Schritte mit dem Partei- und Regierungschef der UdSSR ab. Chruschtschow selber veranlasste dann auf ähnlichem Wege wie Ulbricht die Ausarbeitung der sowjetischen Pläne für die Abriegelung West-Berlins. Eine gemeinsame Koordinierung der militärischen Handlungen beider Seiten hatte zu diesem Zeitpunkt allerdings noch nicht stattgefunden. Sie erfolgte erst ab Mitte Juli 1961[148].

Nach Julij A. Kwizinskij, späterer Botschafter der UdSSR in Bonn und damals junger Diplomat an der sowjetischen Vertretung in Ost-Berlin, erreichte Ulbricht bei Chruschtschow mit seinem beharrlichen Drängen nicht erst in der zweiten Juli-Hälfte, sondern bereits Anfang des Monats die Erlaubnis, die technischen

---

[145] Vgl. ebenda, Bl. 7f., Schreiben der Verwaltung Operativ des MfNV, 28. 6. 1961; ebenda, Bl. 22–32, Schreiben der Verwaltung Operativ, ausgefertigt durch Oberstleutnant Gottwald, 19. 7. 1961; SAPMO-DDR, DY 30/3508, Bl. 303–309, Maßnahmen zur Sicherstellung der Kontrolle des Luftverkehrs bei Abschluss eines Friedensvertrages, o. Datum. Ausgearbeitet wurden die Planungen zur Kontrolle über den Luftverkehr durch den damaligen Chef der Luftstreitkräfte/Luftverteidigung, Generalleutnant Heinz Keßler. Unklar ist, ob dies auf Anweisung Moskaus erfolgte.
[146] So der NVA-Oberstleutnant a. D. Klaus Nodes in der Reportage von Müller, Böhmerwald, S. 9.
[147] Vgl. SAPMO–BA, DY 30/3508, Bl. 328–332, Maßnahmen zur Sicherstellung der Kontrolle des Verkehrs zwischen der Deutschen Demokratischen Republik einschließlich ihrer Hauptstadt und Westberlin, o. Datum.
[148] Vgl. Uhl, „Für die Sicherung der Sektorengrenze und des Rings um Berlin wird durch den Stab der Gruppe der sowjetischen Streitkräfte in Deutschland […] ein Plan ausgearbeitet", S. 317–321.

Vorbereitungsmaßnahmen für eine Schließung der Sektorengrenze und der innerdeutschen Demarkationslinie in Gang zu setzen. In Wirklichkeit waren diese auf ostdeutscher Seite – wie bereits erwähnt – schon deutlich länger angelaufen. Zu diesem Zeitpunkt, Ende Juni oder Anfang Juli, lud Ulbricht Botschafter Perwuchin zusammen mit dem damaligen Attaché Kwizinskij in sein Haus am Döllnsee ein, um dort nochmals nachdrücklich die Schließung der Grenze einzufordern, weil ansonsten der Zusammenbruch der DDR unvermeidlich sei und er nicht garantieren könne, die Lage weiter unter Kontrolle zu behalten[149]. Perwuchin übermittelte daraufhin am 4. Juli dem sowjetischen Außenminister Andrej A. Gromyko erneut seine Einschätzung der Situation. Der Botschafter hielt die Schließung der Grenze für technisch schwierig und politisch nicht besonders klug, aber möglicherweise nicht mehr zu vermeiden[150]. Nach der weiteren Schilderung Kwizinskijs[151] fiel deshalb der Entschluss Chruschtschows zeitlich mit deutlichem Abstand vor der Konferenz des Warschauer Paktes. Kwizinskij glaubt sich zu erinnern, dass das endgültige „Ja" aus Moskau am 6. Juli 1961 in der Botschaft Unter den Linden eintraf und von Perwuchin und ihm sofort Ulbricht überbracht wurde, der sich gerade in der Volkskammer aufhielt[152].

Demgegenüber geht Gerhard Wettig in seiner neuesten Darstellung davon aus, dass Chruschtschow seinen Entschluss zur Abriegelung der Sektorengrenze „am 24. Juli oder kurz vorher" fasste. Während seines Sommerurlaubes auf der Krim habe er erkannt, dass die Unterbindung des Flüchtlingsstroms durch eine Unterbrechung der westlichen Zugangswege nach Berlin eine zu hohe Kriegsgefahr in sich berge. Nach Konsultationen mit Perwuchin und seinen Militärs habe der Kremlchef entschieden, Ulbricht und die DDR durch eine Schließung der Grenzen nach West-Berlin zu retten[153].

Für die Untersuchung der sowjetischen Militär- und Sicherheitspolitik steht die Frage des genauen Datums des Entschlusses zur Abriegelung West-Berlins nicht im Vordergrund. Denn die militärischen und sicherheitspolitischen Vorbereitungen der Sowjetunion als auch der DDR ließen sich sowohl für den Friedensvertrag wie auch für die Grenzabriegelung einsetzen. Wichtiger ist in dieser Hinsicht die bereits erwähnte Sitzung des Präsidiums des ZK der KPdSU vom 26. Mai 1961. Hier spätestens war der Entschluss gefallen, das Berlin-Problem nötigenfalls auch mit Waffengewalt zu lösen. Die danach einsetzenden militärischen Vorbereitungen hatten einen „dual use" – deshalb kann hier nicht klar zwischen Friedensvertrag und Mauerbauvorbereitung getrennt werden. Zudem war die Politik der Sowjetunion in der Berlin-Frage im Sommer 1961 sehr elastisch und passte sich jederzeit an die neu vorhandenen Bedingungen an.

---

[149] Vgl. Kvizinskij, Vremja i slučaj, S. 215 ff.; Wagner, Walter Ulbricht und die geheime Sicherheitspolitik der SED, S. 442.
[150] Vgl. Harrison, Driving the Soviet up the Wall, S. 182 ff.; Zubok/Pleshakov, Inside the Kremlin's Cold War, S. 250 f.
[151] Vgl. Kvizinskij, Vremja i slučaj, S. 215 ff.
[152] Vgl. Klaus Wiegrefe, Die Schandmauer, S. 71.
[153] Vgl. Wettig, Chruščevs Berlin-Krise, S. 169 f. Wettig stützt sich hierbei vor allem auf die Chruščev-Erinnerungen: Chruščev, Vremja. Ljudi. Vlast-2, S. 491 ff.; Chruščev, Roždenie sverchderžavy, S. 400–404.

Die bundesdeutsche Politik glaubte „basierend auf Berichten der eigenen und der alliierten Dienste" an drei mögliche Krisenszenarien, die gleichfalls vom Kreml in Erwägung gezogen worden waren[154]: erstens eine totale Blockade wie 1948/49, zweitens eine Forderung Moskaus nach Kontrolle der West-Berliner Flughäfen durch die Sowjets oder die DDR, oder drittens eine Abriegelung der Sektorengrenze. Eine vierte Alternative, nämlich die militärische Besetzung West-Berlins, wurde ausgeschlossen. „Das erste wäre der schlimmste Fall gewesen. Das zweite schien politisch utopisch zu sein – dass die Westmächte russische oder DDR-Kontrollen auf ihren Flugplätzen zulassen würden, war undenkbar. Der Mauerbau schließlich wurde als nicht sehr wahrscheinlich angesehen."[155] Nach Franz Josef Strauß, 1961 Bundesverteidigungsminister, rechnete Bonn also am ehesten mit der ersten und schlimmsten Option, einer Wiederholung der Blockade. Daher beobachtete der BND beispielsweise intensiv Manöverbewegungen in der DDR[156]. Aus den sowjetischen Truppenbewegungen – „wir besaßen ein detailliertes Feindlagebild" – schlossen westdeutsche Politiker aktuell auf eine wahrscheinlich erscheinende zweite Blockade Berlins[157]. Eine Behinderung des freien westalliierten Zugangs nach West-Berlin beherrschte auch die CIA-Analysen, und in Langley war man „zweifellos auf die radikalsten Krisenlösungsstrategien gefasst"[158]. Immerhin hatte Chruschtschow, wie bereits erwähnt, über eine Luftblockade West-Berlins nachgedacht und nur aus Sorge vor einer unbeabsichtigten Eskalation bis hinein in den Nuklearkrieg später wieder davon Abstand genommen.

Mitte Juli 1961 standen die Entscheidung zur Grenzabriegelung und die dafür konkret notwendigen Maßnahmen fest; das belegt auch der sonstige Schriftwechsel Ost-Berlins mit Moskau[159]. Am 24. Juli 1961 unterrichtete Bruno Wansierski, stellvertretender Leiter der im zentralen Parteiapparat für Sicherheitsfragen zuständigen ZK-Abteilung, SED-Chef Ulbricht persönlich in einem Bericht über die Durchführung von Maßnahmen zur erhöhten Sicherung der Grenze zwischen Ost- und West-Berlin.

Lange Zeit nahm die Forschung zum Mauerbau an, dass die operative Gruppe des Ministeriums für Nationale Verteidigung zur Erstellung der Einsatzpläne zur Grenzabriegelung erst am 9. August gebildet wurde[160]. Dreißig Jahre später gab der bereits erwähnte NVA-Oberstleutnant Skerra eine andere Darstellung. Danach wurde die Arbeitsgruppe im MfNV schon Ende Juli gegründet. Eine Verwechslung des Datums scheidet insofern aus, als Skerra berichtete, er sei als Angehöriger der operativen Gruppe zusammen mit Verteidigungsminister Hoffmann und Luftwaffenchef Heinz Keßler Anfang August mit der SED-Delegation unter Ulbrichts Führung zur Warschauer Pakt Konferenz in die sowjetische Hauptstadt geflogen: „Da ich an der Planungsgruppe, die sich mit der Heranführung der bei-

---

[154] Strauß, Die Erinnerungen, S. 382.
[155] Ebenda.
[156] Vgl. Zolling/Höhne, Pullach intern, S. 276.
[157] Strauß, Erinnerungen, S. 384.
[158] Stöver, Mauerbau und Nachrichtendienste, S. 140.
[159] Ausgiebige Textexegese und Quellenkritik bei Schmidt, Dialog über Deutschland, S. 72–76.
[160] Vgl. Diedrich, Die militärische Grenzsicherung, S. 136; Froh, Zur Geschichte des Militärbezirkes V, S. 168; Eisenfeld/Engelmann, 13. 8. 1961: Mauerbau, S. 47.

den [NVA-] Divisionen an die Staatsgrenze beschäftigt hatte, beteiligt war, wurde ich vom Minister mit nach Moskau genommen, um diesem eventuelle Auskünfte zu diesem Sachverhalt geben zu können."[161] Die Offiziere nahmen in Moskau an Besprechungen im Stab der Vereinten Streitkräfte teil, wo die militärischen Seiten der Aktion besprochen wurden[162]. Diese Angaben bestätigt auch der ehemalige ZK-Mitarbeiter und Dolmetscher Ulbrichts, Werner Eberlein. In seinen Memoiren berichtet er, dass parallel zur Sitzung der Parteichefs des Warschauer Paktes vom 3. bis 5. August, „die DDR-Minister für Verteidigung, für Staatssicherheit und für Verkehrswesen Verhandlungen mit ihren sowjetischen Partnern führten"[163]. All dies spricht dafür, dass intern, zwischen Chruschtschow und Ulbricht, die definitive Entscheidung für die Grenzschließung schon einige Zeit vor der Moskauer Tagung gefallen war. Andernfalls hätten die Militärs im Stab der Vereinten Streitkräfte mit ihren Planungen der politischen Entscheidung auf der zeitgleichen Konferenz vorgegriffen.

Zu einer ähnlichen Ansicht war auch der Bundesnachrichtendienst gelangt. Der routinemäßig an die Bundesregierung gehende militärische BND-Lagebericht vom Juli 1961 zeigte der politischen Führung in Bonn sehr präzise die sowjetischen Zielsetzungen, falls es zu einem separaten Friedensschluss mit Ost-Berlin kommen sollte: die politische und wirtschaftliche Isolierung West-Berlins, die Absperrung des Flüchtlingsstroms dorthin und die Unterbindung der Ausfliegepraxis von Flüchtlingen in die Bundesrepublik, also „damit Konsolidierung des SBZ-Regimes" und „de-facto-Anerkennung des Pankower Regimes"; in der Folge die Beseitigung der Ausstrahlungskraft des freien West-Berlin „in den Raum der SBZ" und die Herauslösung Ost-Berlins aus dem Viermächte-Statut mit anschließender endgültiger Integrierung „in die SBZ"[164]. Aus der Sicht Pullachs schienen sich Moskau und die SED-Führung darauf vorzubereiten, „seit langem systematisch" geschaffene Voraussetzungen „zur Abriegelung bzw. Überwachung der Zugänge aus Ost-BERLIN und der SBZ nach West-BERLIN"[165] in die Tat umzusetzen, entweder mit Abschluss eines Separatfriedensvertrages mit der DDR[166] oder bei weiter ansteigenden Flüchtlingszahlen bereits vorher: „Bei einer weiteren Steigerung des Flüchtlingsstromes nach West-BERLIN kann die Möglichkeit nicht ausgeschlossen werden, dass sich das sowjetische Regime bereits vor diesem Termin zu Sperrmaßnahmen entschließt."[167] Wie auch immer das geschehen sollte, die isolierte Lage der Stadt hatte zur Folge, so urteilte der BND-Bericht, dass Moskau und Berlin „eine fast unerschöpfliche Fülle von Handhaben, Schikanen und Pressionen zur Verfügung steht". Für den Bundesnachrichten-

---

[161] Zitiert nach Wagner, Stacheldrahtsicherheit, S. 123.
[162] Vgl. Wagner, Walter Ulbricht und die geheime Sicherheitspolitik der SED, S. 443. Nach Skerra fand diese Besprechung zeitgleich zur politischen Konferenz statt. Siehe hierzu auch: Gribkow, Der Warschauer Pakt, S. 137–139.
[163] Eberlein, Geboren am 9. November, S. 324.
[164] BA Koblenz, B 206/181, Militärischer Lagebericht Juli 1961, o. Datum, Bl. 22.
[165] Ebenda, Bl. 25.
[166] „In sowjetischer Sicht ist ein mit beiden Teilen DEUTSCHLANDs abgeschlossener Frieden zwar vorteilhafter als ein separater Friedensvertrag mit der SBZ. [...] Beide Möglichkeiten verhalten sich zueinander wie eine Maximal- zur Minimallösung, nicht aber wie ein reiner Gewinn zu einem reinen Verlust.", ebenda, Bl. 23 f.
[167] Ebenda, Bl. 25.

dienst lag zweifelsfrei auf der Hand, dass wegen der unbedingt notwendigen Verhinderung weiterer Fluchtbewegungen binnen kürzester Zeit mit einer „wirksamen Blockierung" der Fluchtwege gerechnet werden musste[168].

Frühsommer 1961 – Die militärischen Maßnahmen der Sowjetunion zur Absicherung der neuen Berlin-Politik Chruschtschows

Während Ulbricht in Berlin noch an den Vorschlägen und Varianten zur Abriegelung West-Berlins arbeitete, setzte auch die Sowjetunion ihre Planungen zur Vorbereitung der Aktion konsequent fort. Beschleunigt wurden diese durch das Scheitern des sowjetisch-amerikanischen Gipfeltreffens in Wien[169]. Da die UdSSR davon ausging, dass eine Schließung der Grenzen in West-Berlin mindestens einen bundesdeutschen Handelsboykott gegen die DDR zur Folge haben würde, wies Chruschtschow Anfang Juni 1961 GOSPLAN an, mit den Vorbereitungen für die Schaffung einer besonderen Materialreserve beim Ministerrat der UdSSR zu beginnen. Diese war für die unverzügliche Hilfeleistung der Sowjetunion im Fall eines Abbruchs der Handelsbeziehungen zwischen der DDR und der Bundesrepublik gedacht. Hierfür schlug GOSPLAN u.a. vor, mehr als 53 Tonnen Gold auf dem Weltmarkt zu verkaufen, um zusätzliche Rohstofflieferungen in die DDR finanzieren zu können[170]. Einen Tag vor dem Mauerbau, am 12. August 1961, bestätigte der Ministerrat der UdSSR den von GOSPLAN ausgearbeiteten Entwurf und erließ den Beschluß Nr. 761–327 zur „Schaffung einer speziellen Ministerratsreserve für die unverzügliche Hilfe für die DDR im Fall des Abbruchs der Wirtschaftsbeziehungen zur BRD"[171].

Auch die sowjetischen Militärs setzten ihre strategischen Vorbereitungen zur Abriegelung West-Berlins weiter fort. Ende Juni 1961 erhielt Jakubowskij aus Moskau die persönliche Anweisung Chruschtschows zu prüfen, ob es möglich sei, die Grenze in Berlin komplett zu schließen. Gleichzeitig sollte eine genaue Karte des Grenzverlaufs in Berlin erstellt werden. Diese Unterlagen seien dann, so die späteren Aussagen von Sergej Chruschtschow, dem Sohn des Parteichefs, auf die Krim geschickt worden. Zur Realisierung der Grenzabriegelung wurde dann ein konkreter Maßnahmeplan erarbeitet[172].

Obwohl dieser Plan bis heute für die Forschung nicht zugänglich ist, wird zumindest dessen Existenz indirekt durch den Tagesbericht des Verteidigungsminis-

---

[168] Ebenda, Bl. 28; 25.
[169] Vgl. Orlov, Tajnaja bitva sverchderžav, S. 417f.; Kornienko, Upuščennaja vozmožnost', S. 102–106.
[170] Vgl. RGAE, 4372/79/939, Bl. 58–67, Schreiben des Leiters von GOSPLAN, Vladimir N. Novikov, an das ZK der KPdSU, 29.7.1961.
[171] Vgl. RGANI, 3/14/494, Bl. 1f., Protokoll Nr. 340 der Sitzung des Präsidiums des ZK der KPdSU, TOP 1: Fragen die DDR betreffend, 12.8.1961.
[172] Vgl. Chruščev, Krizisy i rakety, S. 128. Neben dem Militär war auch das KGB in die Erarbeitung von Maßnahmeplänen eingebunden. Diese sollten vor allem die Aufmerksamkeit der USA und ihrer Verbündeten vom Krisenschauplatz West-Berlin ablenken. Vgl. Fursenko/Naftali, One Hell of a Gamble, S. 138f.

ters der UdSSR an das ZK der KPdSU über die Situation in Berlin und der DDR vom 16. August 1961 bestätigt. Hier heißt es: „Die Truppenteile und Einheiten [...] befinden sich in erhöhter Gefechtsbereitschaft und liegen in den Gebieten, die sie entsprechend dem Maßnahmeplan für Berlin eingenommen haben."[173] Auch der russische Historiker Alexander Fursenko bestätigt die frühzeitige Existenz eines entsprechenden sowjetischen Operationsplanes für die Abriegelung der Grenzen zu West-Berlin. Nach seinen Forschungen im Präsidentenarchiv der Russischen Föderation wurde der vom sowjetischen Oberkommando in Zusammenarbeit mit der GSSD ausgearbeitete Einsatzplan mit dem Titel: „Maßnahmen zur Durchführung einer verstärkten Kontrolle und Bewachung an den Außen- und Sektorengrenzen Groß-Berlins" bereits am 1. Juli 1961 in Moskau von der Führung der KPdSU bestätigt[174].

Nach Sergej Chruschtschow sah der Plan hinsichtlich der militärischen Fragen vor, dass die unmittelbare Abriegelung der Grenze durch die Truppen der NVA erfolgen sollte. Die sowjetischen Truppen erhielten die Aufgabe, sich in voller Kampfbereitschaft in der zweiten Reihe zu halten. Dadurch sollte den Westmächten klar gemacht werden, dass jeder Versuch, den Status an der Grenze zu ändern, unweigerlich zur militärischen Konfrontation mit der Sowjetunion führen würde[175].

Gleichzeitig wandte sich Chruschtschow aber jetzt gegen die vorliegende Variante der Sperrung des Luftverkehrs. SED-Chef Ulbricht hatte am 26. Juli 1961 das von Kramer und Keßler erarbeitete „Material über die Kontrollmaßnahmen für den Fernbahn- und Berliner S-Bahn-Verkehr sowie Material über die Kontrollmaßnahmen für den Flugverkehr in Verbindung mit Abschluss eines Friedensvertrages" über Botschafter Perwuchin zur Prüfung nach Moskau geschickt, wo es einen Tag später eintraf. Beigefügt hatte der sowjetische Spitzendiplomat noch einen vom ostdeutschen Innenministerium zusammen mit der GSSD-Führung ausgearbeiteten Maßnahmenkatalog „zum Schutz und zur strengen Kontrolle an den Grenzen um Berlin und an den Sektorengrenzen im Inneren der Stadt". Für die Umsetzung eines neuen „Kontroll- und Sicherungsregimes" an den Sektorengrenzen seien nicht mehr als acht Tage erforderlich, so Perwuchin. Abschließend teilte der Botschafter Chruschtschow mit, dass „W. Ulbricht vollständig mit Ihren Erwägungen hinsichtlich der Einführung eines neueren strengeren Regimes an der Sektorengrenze in Berlin einverstanden ist"[176]. Während das Kramer-Papier im Kreml uneingeschränkte Zustimmung fand, wurde der Entwurf Keßlers ohne Diskussion abgelehnt[177]. Chruschtschow hatte endgültig, nicht zuletzt wegen der ihm vorliegenden Informationen, die Einsicht gewonnen, dass eine Beschneidung der alliierten Rechte im Flugverkehr von und nach Berlin sehr ernste Folgen bis hin zu einem militärischen Konflikt haben würde. Aus diesem

---

[173] RGANI, 5/30/367, Bl. 5, Bericht des sowjetischen Verteidigungsministeriums an das ZK der KPdSU über die Situation in Berlin und der DDR, 16. 8. 1961.
[174] Vgl. Fursenko, Rossija i meždunarodnye krizisy, S. 233.
[175] Vgl. Chruščev, Roždenie sverchderžavy, S. 401 f.
[176] Fursenko, Rossija i mežduranodnye krizisy, S. 235 f.; SAPMO-DDR, DY 30/3478, Bl. 6, Schreiben von Ulbricht an Chruščev, o. Datum.
[177] Vgl. ebenda, DY 30/3508, Bl. 303–314, Maßnahmen zur Sicherstellung der Kontrolle des Verkehrs bei Abschluss eines Friedensvertrages, o. Datum.

Grund kam auch die in der Sowjetunion aufgestellte Sperrballoneinheit nie zum Einsatz und wurde im Frühjahr 1962 wieder aufgelöst[178].

Doch auch der Mauerbau, aus sowjetischer Sicht zunächst eine zweitrangige Option, bedurfte der militärischen Absicherung. Folgerichtig ging man daran, das für die Schließung der Grenzen in Berlin erforderliche Drohpotential der UdSSR zu verstärken. Im Frühsommer 1961 begannen Verlegungen sowjetischer Truppen – vor allem von Panzer- und Flugabwehrverbänden – in die DDR. Gleichzeitig erhielten die Einheiten der GSSD bessere Bewaffnung und Ausrüstung, wozu auch taktische Nuklearwaffen gehörten[179]. Damit bestätigen sich im Nachhinein auch die Angaben von Oberst Oleg Penkowskij, der Spitzenquelle des britischen und amerikanischen Geheimdienstes im militärischen Nachrichtendienst der UdSSR (GRU), der seinerzeit Verstärkungen der GSSD durch Truppenverlegungen aus der Sowjetunion meldete[180].

Obwohl bis heute entsprechende Akten des Moskauer Verteidigungsministeriums und der Kremlführung gesperrt sind, ist es auf Grundlage von kürzlich freigegebenem Material des Bundesnachrichtendienstes und des Führungsstabes der Bundeswehr möglich, den Umfang dieser Truppenverstärkungen wenigstens ungefähr zu bestimmen.

Die Ende Mai 1961 vom ZK der KPdSU festgelegten Waffen- und Truppentransporte in die DDR begannen bereits im Juni 1961. Den ganzen Juli über hielten die Truppenverlegungen aus der UdSSR in die DDR sowie an die polnische Westgrenze an. Die Sowjetunion verstärkte zwischen Mai und August 1961 ihre Truppen in der DDR um gut 37 500 Mann auf insgesamt 380 000 Mann. Die zusätzlichen Mannschaften wurden vor allem zur Auffüllung der im westlichen Teil der DDR gelegenen 3. Stoss-Armee und 8. Garde-Armee genutzt. Parallel dazu trafen im genannten Zeitraum mehr als 700 neue Panzer bei der GSSD ein. Diese Zuführungen entsprachen in etwa dem Äquivalent von zwei bis drei Panzerdivisionen. Zugleich wurden an der polnischen Westgrenze weitere 70 000 Soldaten stationiert – was fünf bis sechs zusätzliche Divisionen bedeutete, die aus Militärbezirken in der UdSSR dorthin verlegt worden waren. Die in Ungarn befindliche sowjetische Südgruppe der Streitkräfte verstärkte die Militärführung der UdSSR um 10 000 Mann. Damit war die Mannschaftsstärke der sowjetischen Truppen in Mitteleuropa im Vorfeld des Mauerbaus um etwa 25 Prozent auf mehr als 545 000 Mann erhöht worden. Die Sowjetunion hatte fast ein Drittel ihrer gesamten Land-

---

[178] Vgl. Bernstejn, S čego načinals' „Berlinskaja stena", S. 42 ff.

[179] Vgl. NSA, Berlin Crisis, box 29, Headquarters United States Army Europe (USAREUR) – Intelligence Estimate 1962 (U), 1.1. 1962, S. 14; BA Koblenz, B 206/107, Standortkartei des BND – Transporte Biesdorf/Kaulsdorf, Information 89870 US, Juli 1961; ebenda, B 206/109, Standortkartei des BND – allgemeine Beobachtungen Dresden, Querschnitt Dieter Thomas, 14. 7. 1961; ebenda, B 206/13, Standortkartei des BND – allgemeine Beobachtungen Rathenow, Nachricht E 46094, 12. 6. 1961. Die Quelle des BND meldete u. a.: „Im Stadtbild viele neue Soldaten. Fallen durch Einkauf von Süßigkeiten, längeres Stehenbleiben vor Schaufenstern usw. auf."

[180] Vgl. Penkowskij, Geheime Aufzeichnungen, S. 181 bzw. S. 286. Bei den „geheimen Aufzeichnungen" Penkowskijs handelt es sich in Wirklichkeit um eine offenbar von der CIA in Auftrag gegebene Überarbeitung der Gesprächsprotokolle zwischen dem GRU-Angehörigen und seinen amerikanischen und britischen Führungsoffizieren. Die Originale der Protokolle und anderes CIA-Material des Spionagefalls sind veröffentlicht auf: http://www.foia.ucia.gov/penkovsky.asp. Zu Penkowskij vgl. auch Schecter/Deriabin, Die Penkowskij-Akte.

streitkräfte für die militärische Absicherung der Grenzschließung in Berlin in der DDR, Polen und Ungarn konzentriert[181]. Auch die in der DDR stationierten sowjetischen Luftstreitkräfte wurden umfangreich verstärkt. Bis zum Sommer 1961 erhielt die 24. Luftarmee 143 zusätzliche neue Einsatzflugzeuge, darunter 120 Hochleistungsjäger des Typs MiG-21. Gleichzeitig wurde auch mit der Zuführung des Jagdbombers Su-7 begonnen, der fähig war, taktische Atombomben des Typs 244N abzuwerfen. Aus dem gleichen Grund verfügten die Luftstreitkräfte der GSSD jetzt erstmals auch über integrierte Einheiten für die Lagerung und den Einsatz von „Spezialmunition". Hinter diesem Begriff verbargen sich in der sowjetischen Militärsprache Atomwaffen[182].

Nachdem Moskau der von Ulbricht immer wieder geforderten Grenzschließung im Juli 1961 endgültig zugestimmt hatte, unterstützte die UdSSR die einmal getroffene Entscheidung in ihrer Durchführung nachhaltig und übernahm auch die strategische Führung des Mauerbaus. Bereits am 15. Juli 1961 ordnete der Oberkommandierende der Vereinten Streitkräfte des Warschauer Paktes, Marschall Andrej A. Gretschko, die Erhöhung der Gefechtsbereitschaft der NVA an. Gleichzeitig übertrug er dem Oberkommandierenden der GSSD das Weisungsrecht über die ostdeutschen Streitkräfte[183].

Am 25. Juli 1961 fand schließlich zur unmittelbaren Abstimmung der Grenzschließung ein Treffen zwischen dem Chef des Stabes der GSSD, Generalleutnant Grigorij I. Ariko, und dem Chef des NVA-Hauptstabes, Generalmajor Riedel, statt. Dort wurde die Sicherung der Sektorengrenzen in Berlin, am „Ring um Berlin" sowie an der „Staatsgrenze West" besprochen. Hinsichtlich der Sicherung der Berliner Sektorengrenzen legten die beiden Militärs fest,

„daß die Gruppe der sowjetischen Streitkräfte in Zusammenarbeit mit dem Ministerium des Inneren der DDR einen Plan zur Sicherung der Sektorengrenze erarbeitet. Hierbei ist vorgesehen, daß keine sowjetischen Truppen oder Truppenteile der Nationalen Volksarmee zur unmittelbaren Sicherung der Grenze herangezogen werden. Diese Aufgabe wird ausschließlich durch die Kräfte des Ministeriums des Inneren gelöst.
Außerdem wird durch die Gruppe der sowjetischen Streitkräfte ein Plan erarbeitet, der Aufgaben zur Sicherung Berlins von außen durch Kräfte der Gruppe der sowjetischen Streit-

---

[181] Vgl. BA Koblenz, B 206/118, Militärischer BND-Lagebericht Dezember, zugleich Jahresabschlussbericht 1961, 15. 12. 1961, Bl. 2 ff.; ebenda, B 206/181, Militärischer Monatsbericht August, 4. 9. 1961, Bl. 9–15; ebenda, Militärischer Monatsbericht September, 5. 10. 1961, Bl. 21–23; BA-MA, BW 2/2226, Berlin-Krise 1961/62 – Handakte General Gerhard Wessel – Ergänzung Lagebeitrag Heer, 10. 9. 1961, o. Bl. – Nicht auszuschließen ist, dass eventuell sogar die gesamte 5. Garde-Panzerarmee aus dem Militärbezirk Weißrussland in die DDR verlegt wurde. Zumindest machte die Bundeswehr im September 1961 in Fürstenwalde einen neuen Armeestab aus und auch russische Veröffentlichungen sprechen von einer 1961 in Ostdeutschland befindlichen 5. Panzerarmee. Siehe: BA-MA, BW 2/2226, o.Bl., Lagebeitrag Heer, 11. 9. 1961; Aleksandrov, Operacija „Tuman", S. 53.

[182] Vgl. RGANI, 89/70/6, Bl. 2–7, Vortrag des Befehlshabers der 24. Luftarmee, Generalleutnant Pstygo, auf der Parteikonferenz der GSSD, 23. 9. 1961; RGAE, 29/1/1715, Bl. 258 f., Schreiben von Ustinov an das ZK der KPdSU, 7. 3. 1960; BA-MA, BW 2/2226, o.Bl., Vortragsnotiz Führungsstab Luftwaffe für Lagebesprechung beim Führungsstab der Bundeswehr, 8. 9. 1961. Auffallend ist, wie gut die Bundeswehr über die Stärke der sowjetischen Luftstreitkräfte in der DDR informiert war, denn sie ging beispielsweise auch von 120–130 neuen MiG-21 bei der 24. Luftarmee aus.

[183] Vgl. BA-MA, AZN 32595, Bl. 25 f., Schreiben des Oberkommandierenden der Vereinten Streitkräfte des Warschauer Vertrages, Grečko, an den Minister für Nationale Verteidigung, Hoffmann, 15. 7. 1961

kräfte und der Nationalen Volksarmee enthält, falls die Kräfte des Ministeriums des Inneren hierfür nicht ausreichen. [...] Die unmittelbare Sicherung an der Grenze erfolgt durch die Deutsche Grenzpolizei. Für die eingeteilten Verbände der sowjetischen Streitkräfte und der Nationalen Volksarmee werden Abschnitte entlang der Grenze in einer Tiefe von 1 bis 2 Kilometern vorgesehen."[184]

Innerhalb der folgenden zehn bis vierzehn Tage war ein Plan zu erstellen, der die eigentliche Sicherungsaufgabe den Kräften des Ministeriums des Innern übertrug, während sich GSSD und NVA zurückzuhalten hatten[185].

Damit zeigt sich, dass die immer wieder zitierte Kennedy-Rede vom 25. Juli 1961 offenbar keinen Einfluss auf die sowjetische Entscheidungsfindung zum Mauerbau hatte. Als der US-Präsident seine in die Geschichte eingegangene Fernsehansprache hielt, war die Grenzschließung bereits beschlossene Sache. Die Rede des US-Präsidenten dürfte allenfalls dazu beigetragen haben, den ursprünglich geplanten Termin nach vorne zu verschieben[186].

Der DDR oblag fortan nur noch die Ausarbeitung derjenigen Details, die sich mit der direkten Abriegelung der einzelnen Grenzabschnitte beschäftigten.

Interessant ist vor diesem Hintergrund, dass am gleichen Tag das tschechoslowakische Politbüro eine Reihe von Mobilisierungsmaßnahmen erließ, die in unmittelbarem Zusammenhang „mit der Lösung der Deutschland- und Berlinfrage" standen. Aus diesem Grund sollten u. a. die Gefechts- und Mobilmachungsbereitschaft der Streitkräfte erhöht werden, bis zum 1. Oktober 1961 war zudem eine Verteidigungslinie an der Grenze zur Bundesrepublik zu errichten, die Arbeitsbereitschaft der unterirdischen Kommandozentrale der Regierung sicherzustellen und die Evakuierung von elf „Zielstädten" vorzubereiten usw. Ähnliche Maßnahmen wurden auf Weisung Moskaus auch in Polen, Bulgarien und nach gegenwärtigem Kenntnisstand möglicherweise auch in Ungarn durchgeführt[187].

Nur zwei Tage nach dem Treffen der beiden Stabschefs, am 27. Juli 1961, kamen Vertreter des MdI und der GSSD zusammen, um den geforderten Plan „zur Sicherung der Sektorengrenze" auszuarbeiten. Am Ende des Treffens lag schließlich eine genaue Karte der in und um Berlin durchzuführenden Sperrmaßnahmen vor[188]. Nachdem damit die entsprechenden Absprachen zwischen dem MdI und der GSSD erfolgt waren, befahl am 31. Juli 1961 Innenminister Karl Maron der Deutschen Grenzpolizei, „unter Wahrung strengster Geheimhaltung in kürzester Zeit den verstärkten pioniermäßigen Ausbau der Staatsgrenze der DDR zu West-

---

[184] Ebenda, DVW-1/18771, Bl. 13 f., Notiz über die Absprache zwischen dem Chef des Stabes der Gruppe der Sowjetischen Streitkräfte in Deutschland, Generalleutnant Ariko, und dem Stellvertreter des Ministers für Nationale Verteidigung und Chef des NVA-Hauptstabes, Generalmajor Riedel, o. Datum.
[185] Vgl. ebenda, Bl. 14, sowie, Bl. 19–22, Niederschrift zum Treffen am 25. Juli 1961 zwischen Ariko und Riedel, 31. 7. 1961.
[186] So auch Steininger, Der Mauerbau, S. 224–236; Eisenfeld/Engelmann, 13. 8. 1961: Mauerbau, S. 42–44.
[187] Vgl. Beschluss des Politbüros der ČSSR über Mobilmachungsmaßnahmen hinsichtlich der Berlin-Frage, 25. 7. 1961, abgedruckt in: A Cardboard Castle, S. 122–125.
[188] Vgl. BA-MA, DVW-1/6284-5, Bl. 832, Karte des Plans der Sicherung Berlins, ausgearbeitet vom MdI und der GSSD, 27. 7. 1961. Leider fanden sich weder im BA-MA Freiburg noch im BA Berlin schriftliche Notizen oder Protokolle dieses Treffens.

berlin zu planen und vorzubereiten"[189]. Am 1. August wurde dann an der Westgrenze der DDR damit begonnen, 18 200 Betonsäulen, 150 Tonnen Stacheldraht, 5 Tonnen Bindedraht und 2 Tonnen Krampen zum Transport nach Berlin vorzubereiten. Zwischen dem 7. und dem 14. August transportierten 400 LKW das Sperrmaterial in die Nähe Berlins[190].

Bis heute ist wegen fehlender Akteneinsicht leider nur bruchstückhaft bekannt, welche Schritte der Generalstab der Streitkräfte der UdSSR erwog, um die geplante Grenzschließung mit all ihren Eventualitäten abzusichern[191]. Durch Akteneinsicht in Doppelüberlieferungen gelang allerdings zumindest eine ansatzweise Rekonstruktion der sowjetischen Absichten. Feststehen dürfte, dass die Militärführung vor allem versuchte, ihr strategisches Bedrohungspotential gegenüber den USA in Stellung zu bringen, um diese von einem Eingreifen in Berlin abzuhalten[192]. Um dessen Zuverlässigkeit und Einsatzbereitschaft zu testen und dies zugleich auch den Vereinigten Staaten wirkungsvoll zu demonstrieren, fand am 16. Juli 1961 in Plesezk bei Archangelsk eine umfangreiche Übung der Strategischen Raketentruppen der UdSSR statt. In deren Verlauf starteten die sowjetischen Streitkräfte erstmals selbständig, das heißt ohne die Hilfe von technischen Beratern aus der Raketenindustrie, innerhalb von 24 Stunden zwei Interkontinentalraketen des Typs R-7A. Diese Fernlenkwaffe, die einen thermonuklearen Gefechtskopf des Typs 402G mit einer Sprengkraft von bis zu drei Megatonnen über eine Distanz von 12 800 Kilometern befördern konnte, war zum damaligen Zeitpunkt die einzige Fernwaffe der Sowjetarmee, mit der die USA ernsthaft bedroht werden konnten[193].

Eine besonders erfolgreiche Propagandaaktion, die der Weltöffentlichkeit vor allem die Stärke der sowjetischen Luftwaffe demonstrieren sollte, war die in Tuschino bei Moskau am 9. Juli 1961 durchgeführte Luftparade. Erstmals seit vier Jahren wieder abgehalten, wurden hier die neusten Typen von taktischen und strategischen Flugzeugen vorgeführt[194]. Dass viele der präsentierten Kampfflugzeuge noch gar nicht im Truppendienst standen oder wie der gezeigte strategische Bomber Mjasitschschew M-50 *Bounder* bzw. der Jäger MiG E-152 *Flipper* nie in die Bewaffnung der Streitkräfte aufgenommen wurden, tat dem Erfolg des Propagandacoups keinen Abbruch. Denn nicht nur die zur Parade geladenen Vertreter der

---

[189] BA-MA, DVW-1/14835, Bl. 34, Studie des Instituts für Deutsche Militärgeschichte „Die Nationale Volksarmee in der Aktion vom 13. August 1961", 20. 2. 1964.
[190] Vgl. ebenda, Bl. 35.
[191] Auch neuere Publikationen russischer Militärhistoriker geben hierüber nur sehr begrenzt Auskunft. Vgl. Rossii (SSSR) v lokal'nych vojnach, S. 137–139; Zolotarev/Saksonov/Tjuškevič, Voennaja istorija Rossii, S. 594 f.; Istorija voennoj strategii Rossii.
[192] Vgl. Adomeit, Militärische Macht als Instrument sowjetischer Außenpolitik, S. 200–235, hier S. 216.
[193] Vgl. Vgl. RGAE, 298/1/1433, Bl. 124–130, Befehl Nr. 456 des Vorsitzenden des Staatskomitees für Verteidigungstechnik „Über die Einführung der R-7A in den Truppendienst", 1. 10. 1960; Raketnyj ščit, S. 62; Raketnye Vojska Strategičeskogo Naznačenija, S. 199; Pervov, Raketnoe oružie RVSN, S. 64–67. Mitte 1961 verfügte die UdSSR über sechs Startrampen für die R-7A, von denen sich vier in Pleseck befanden. Zwei weitere lagen auf dem Territorium des Kosmodroms Bajkonur. Bereits seit 1948 überwachten Funkexperten britischer und amerikanischer Geheimdienste die Raketentests der UdSSR. Grundlage hierfür waren die bei jedem Start entstehenden Telemetriedaten der Rakete, die per funkelektronischer Überwachung aufgefangen wurden. Vgl. MacKenzie, Inventing Accuracy, S. 300–303; Prados, The Soviet Estimate, S. 57.
[194] Vgl. Adomeit, Die Sowjetmacht in internationalen Krisen und Konflikten, S. 322.

sozialistischen Staaten und des Auslands zeigten sich begeistert[195]. Westliche Geheimdienste wie CIA meldeten ebenfalls ihre auf der Flugshow gewonnenen Eindrücke von Moskau aus zur Analyse in ihre Hauptquartiere. Von Langley aus gelangten die Einschätzungen – die sich durchaus nicht unbeeindruckt von den gezeigten Flugzeugmustern zeigten – dann weiter ins Weiße Haus[196].

Eine weitere demonstrative Handlung stellte die Ernennung von Marschall Iwan S. Konew zum Oberkommandierenden der GSSD dar. Der hoch dekorierte Weltkriegsgeneral und Miteroberer Berlins war hierfür eigens aus dem Ruhestand reaktiviert worden. Die Berufung Konews, dessen war sich Chruschtschow bewusst, sollte vor allem eine außenpolitische Symbolwirkung haben[197]. Der mögliche „innenpolitische" Aspekt der Ernennung gegenüber der DDR wird zumeist übersehen. Schließlich hatte der Marschall 1956 bei der blutigen Niederschlagung des Volksaufstandes in Ungarn eine Schlüsselrolle gespielt[198]. Wenig bekannt ist darüber hinaus, dass an den sensiblen Westgrenzen des Warschauer Paktes ebenfalls erfahrene Weltkriegsgeneräle zum Einsatz kamen. Im Transkaukasischen Militärbezirk übernahm Marschall Konstantin K. Rokossowskij das Kommando und sicherte die exponierte Südflanke gegenüber der Türkei. Marschall Kirill A. Merezkow wurde zum Befehlshaber des Militärbezirks Turkestan ernannt, und Armeegeneral Pawel I. Batow erhielt das Kommando über die Südgruppe der sowjetischen Streitkräfte in Ungarn[199]. Die neu ernannten Oberbefehlshaber waren als unmittelbare Vertreter des Strategischen Oberkommandos (STAWKA)[200], anders als die bisherigen Kommandoinhaber, ortsungebunden. Sie konnten ihre Truppen bei Notwendigkeit auch von Moskau aus führen und besaßen wesentlich mehr Vollmachten als ihre Amtsvorgänger. Der entscheidende Punkt ist jedoch, dass sie direkt an Chruschtschow angebunden waren. Dadurch wollte er sicherstellen, dass sich die fähigsten Generäle einerseits an den entscheidenden Brennpunkten der Krise befanden, andererseits jedoch engsten Kontakt zur politischen Führung des Landes halten konnten. Die besondere Bedeutung dieser Maßnahme lag zum einen in ihrer Dringlichkeit und zum anderen in der Herstellung einer erhöhten Kampfbereitschaft der sowjetischen Truppen. Da die genannten neuen Befehlshaber, wie im Fall Konews, im

---

[195] Vgl. RGANI, 5/30/372, Bl. 166–169, Spravka von Intourist an das ZK der KPdSU mit Aussagen von Touristen zur Luftparade in Tušino, 14. 7. 1961. So äußerte z.B. Herr Mohr, Kriminalpolizist aus Stralsund: „Wenn Adenauer diese Parade gesehen hätte, wäre er nicht so aggressiv eingestellt wie jetzt."
[196] Vgl. Memo des stellv. CIA-Direktors Scoville an den Spezialberater des Präsidenten für Wissenschaft und Technologie, 20. 7. 1961.
[197] Vgl. RGANI, 3/14/494, Bl. 90f., Beschluss P 340/93 des Präsidiums des ZK der KPdSU „Über den Oberbefehlshaber der GSSD", 9. 8. 1961; Chruschtschow erinnert sich, S. 460f.
[198] Vgl. hierzu u.a. Sovetskij Sojuz i vengerskij krizis; Vida, Die Sowjetunion und die ungarischen Ereignisse, S. 79–112.
[199] Vgl. Gribkov, Neproiznesennoe vystuplenie; ders., Der Warschauer Pakt, S. 138.
[200] Zum System der Strategischen Führung der sowjetischen Streitkräfte vgl. Wagenlehner, Militärpolitik und Militärdoktrin der UdSSR, S. 22–33; Scott/Scott, The Armed Forces of the USSR, S. 97–126. In der sowjetischen Literatur wird das Strategische Oberkommando (STAVKA) auch als Hauptquartier des Kommandos des Obersten Befehlshabers bezeichnet und gilt als höchstes Organ zur strategischen Leitung der Kriegshandlungen der sowjetischen Streitkräfte. Seine Aufgabe: die unmittelbare Führung der Fronten und Teilstreitkräfte, die Organisation ihres Zusammenwirkens, Koordination ihrer Handlungen sowie deren Sicherstellung mit Kräften und Mitteln. Vgl. Panow, Geschichte der Kriegskunst, S. 434.

Unterschied zu ihren Vorgängern über besondere Nachrichtenverbindungen zum sowjetischen Verteidigungsminister, zum Oberbefehlshaber der Vereinten Streitkräfte sowie zu Chruschtschow und Ulbricht verfügten, ist davon auszugehen, dass sie im Konfliktfall als Oberkommandierende der entsprechenden Kriegsschauplätze fungieren sollten[201].

Doch es wurden nicht nur erfahrene und hochdekorierte Militärs in die westlichen und südwestlichen Militärbezirke der UdSSR versetzt; gleichzeitig verstärkte das sowjetische Oberkommando im Frühsommer 1961 systematisch die hier vorhandenen Truppenverbände. So wurde im Militärbezirk Transkarpaten die Zahl der Soldaten um rund 30 000, Odessa 15 000, Kiew 22 000, Baltikum 8500, Transkaukasus 4300 und Weißrussland um 16 500 Mann erhöht. Die Nordflotte erhielt 2000 zusätzliche Soldaten, die Schwarzmeerflotte 11 000. Doch auch die Mannschaftsstärke der innersowjetischen Militärbezirke wurde noch vor dem Mauerbau aufgestockt. In Turkestan zog man zusätzliche 3300 Mann ein, in Sibirien 3500 und im Ural 2200. Insgesamt waren die sowjetischen Streitkräfte zusammen mit den bereits erwähnten Verlegungen zusätzlicher Einheiten in die DDR, Polen und nach Ungarn bis Ende Juli 1961 um rund 280 000 Mann verstärkt worden[202]. Dies entsprach einer Erhöhung der allgemeinen Truppenstärke um mehr als zehn Prozent. Gleichwohl erklärte der sowjetische Regierungschef in seiner Rede vom 8. Juli 1961 vor Absolventen der Militärakademie lediglich, dass die Sowjetunion im Zuge der verschärften Spannungen um Berlin ihre im Januar 1960 angekündigte Truppenreduzierung einstelle[203].

Während Chruschtschow nicht ernsthaft damit rechnete, dass die Grenzschließung zu einem bewaffneten Konflikt mit den USA und ihren Verbündeten führen würde, schlossen die sowjetischen Militärs derartige Konsequenzen in ihren Planungen nicht aus und wollten deshalb für alle Eventualitäten gerüstet sein. So verlangte der Oberkommandierende des Warschauer Paktes, Marschall Gretschko, am 25. Juli 1961 von SED-Chef Ulbricht, unverzüglich beträchtliche zusätzliche Mobilmachungsressourcen für die GSSD und die NVA bereitzustellen, u. a. 135 000 Tonnen Treib- und Schmierstoffe, Ausrüstung und Material für zwei Straßenbrückenbau-Brigaden, drei Straßen-Kommandanten-Brigaden und vier Flugplatzbau-Bataillone. Ferner forderte Gretschko die Übergabe von Auszügen aus der Kraftfahrzeug-Hauptkartei der Volkspolizeikreisämter an die Wehrkreiskommandos der NVA für alle zur Verwendung bei den Streitkräften geeigneten PKW und LKW. Weiterhin war die Aufstellung von 50 Kraftfahrzeugkolonnen zu je 250 LKW vorzubereiten. Als Termin für den Abschluss der genannten Planungen, die unter allerstrengster Geheimhaltung erfolgen sollten, nannte der Marschall

---

[201] Vgl. BA Koblenz, B 206/114, Standortkartei Panzertruppenschule Wünsdorf – Stab GSSD: BND Wochenmeldung 47/61, November 1961, Bl. 6.
[202] Vgl. RGAE, 4372/79/882, Bl. 112–124, Schreiben des Chefs der rückwärtigen Dienste der Sowjetarmee, Marschall Ivan Ch. Bagramjan, an den Vorsitzenden von GOSPLAN, Vladimir N. Novikov, 28. 7. 1961. Die Zahl der Verstärkungen wurde aus den notwendigen zusätzlichen Lebensmittellieferungen an die Truppen errechnet. Diese wurden mit der gültigen Verpflegungsnorm abgeglichen und so die entsprechenden Zahlenangaben ermittelt. Siehe hierzu: CIA: The Military Food Ration in the USSR 1973, S. 4.
[203] Vgl. Rede Chruščevs vor Absolventen der Militärakademien, 8. 7. 1961, in: DzDP IV-6, S. 1216.

den 10. August 1961[204]. Auch die medizinische Versorgung im Falle bewaffneter Zusammenstöße wollte der Oberkommandierende der Vereinten Streitkräfte gesichert sehen. Aus diesem Grund befahl er, dass das Ministerium für Gesundheitswesen der DDR ebenfalls bis zu dem genannten Termin dem ostdeutschen Verteidigungsministerium eine Aufstellung aller Krankenhäuser und Sanatorien zu übergeben habe, die kurzfristig in Armeelazarette umgewandelt werden konnten. Diese 35 000 Betten sollten im Kriegsfall für Verwundete der GSSD-Truppen freigemacht werden. Gleichzeitig waren in den Bezirken und Kreisen der DDR 1500 Krankentransportfahrzeuge zu erfassen, um innerhalb eines Tages 15 Sanitätstransportkolonnen aufstellen zu können[205].

Die Moskauer Konferenz der Partei- und Staatschefs des Warschauer Paktes

Für alle unmittelbar an der Abriegelung der Grenzen zu West-Berlin Beteiligten in Moskau und Berlin stand Ende Juli/Anfang August 1961 fest, dass der Mauerbau kurz bevorstand. Lediglich die konkreten Einsatzbefehle für die vorgesehenen Einheiten mussten noch präzisiert werden. Die Zustimmung zur Grenzschließung während der Moskauer Konferenz[206] war deshalb nur noch ein Nachtrag, der auf die formelle Einwilligung der übrigen osteuropäischen Hauptstädte – nicht Moskaus – zielte. Der Kreml drängte anschließend auf ein schnelles Handeln, bevor der Entschluss vorzeitig bekannt würde. „Wir vertrauten damals nicht sehr darauf, dass unsere Freunde, insbesondere diejenigen in Polen und Ungarn, ‚wasserdicht' waren."[207] Hatte Chruschtschow der ihm von Ulbricht aufgedrängten Abriegelung zunächst zögerlich gegenübergestanden und dann vornehmlich aus einer Nützlichkeitserwägung als geringstem Übel zugestimmt, sicherten die Sowjets die einmal getroffene Entscheidung in ihrer Durchführung gleichermaßen mit praktischen wie mit demonstrativen Schritten ab. Offen blieb vorerst noch, an welchem Tag die von beiden Seiten perfekt vorbereitete Aktion durchgeführt werden sollte.

Am 1. August 1961 erörterten Chruschtschow und Ulbricht im vertraulichen Gespräch die Details der bevorstehenden Grenzschließung. Das jetzt zugängliche Protokoll dieses Treffens belegt, dass der sowjetische Partei- und Regierungschef in der Endphase der Vorbereitung des Mauerbaus die treibende Kraft war und dem SED-Chef klar und unmissverständlich seine Vorstellungen zur Schließung der Grenzen in und um Berlin diktierte: „Ich habe meinen Botschafter gebeten,

---

[204] Vgl. BA-MA, AZN 32612, Bl. 61–67, Schreiben von Verteidigungsminister Hoffmann an Ulbricht nebst Anlagen, 25. 7. 1961.
[205] Vgl. ebenda, Bl. 65.
[206] Entgegen der u. a. auch bei Frank, Walter Ulbricht, S. 348 f., gegebenen Darstellung ist festzuhalten, dass ein eindeutiger Beleg für den angeblich durch einen Flug nach Berlin am 4. August 1961 unterbrochenen Moskau-Aufenthalt Ulbrichts fehlt. Laut Konferenzprotokoll hielt Ulbricht an diesem Tag vormittags seine Rede und führte am Nachmittag/Abend den Vorsitz der Konferenz. Vgl. Bonwetsch/Filitow, Chruschtschow und der Mauerbau, S. 160; Steininger, Der Mauerbau, S. 242.
[207] Kwizinskij, Vor dem Sturm, S. 182.

Ihnen meine Überlegungen darüber darzulegen, dass die gegenwärtige Spannungssituation mit dem Westen genutzt werden sollte, um Berlin mit einem eisernen Ring zu umgeben. […] Ich glaube, dass unsere Streitkräfte einen solchen Ring bilden sollten, aber kontrollieren werden ihn Ihre Truppen. Erstens, das muss bis zum Abschluss des Friedensvertrages gemacht werden. Das wird unser Druckmittel, es zeigt, dass wir diese Frage ernsthaft angehen und dass wenn man uns einen Krieg aufdrängt, Krieg sein wird. […] Ich habe den Vortrag unseres Generalstabs gehört und wir tun alles, was nötig ist."[208]

Die Entscheidung über den genauen Termin des Einsatzes der Streitkräfte der DDR und UdSSR zur Grenzschließung in Berlin fiel dann dann kurz vor der Sitzung des Politisch Beratenden Ausschusses des Warschauer Paktes in Moskau. Am 3. August 1961, unmittelbar vor der Eröffnung des Treffens der Staats- und Parteichefs des sozialistischen Lagers, legte Chruschtschow während einer Vorbesprechung mit Ulbricht fest, die Grenze zu West-Berlin am 13. August 1961 abzuriegeln[209]. Handschriftlich hielt Walter Ulbricht fest, wie er und der sowjetische Partei- und Regierungschef sich die Abriegelung West-Berlins vorstellten:

„1. Äußeren Grenzring schließen. Einreise Bürger der DDR nur auf spezielle Passierscheine.
2. Einwohnern der DDR verbieten, ohne Genehmigung West-Berlin aufzusuchen. Alle Fußgänger, alle Passagen, alle Bahnen am Übergangskontrollpunkt kontrollieren. S-Bahn an Grenzstationen Kontrolle aller Reisenden. Alle müssen aus dem Zug nach Westberlin aussteigen, außer den Westberlinern.
3. Durchgangsverkehr von Potsdam Züge der Umgehungsbahn verstärken.
4. Westberliner Besuche von Hauptstadt der DDR und Westd. bis Abschluß Friedensvertrag bestehen lassen.
5. Ordnung an Berliner Grenzen für Diplomaten und Militär 4 Mächte bestehen lassen."[210]

Diese Notizen und das Gesprächsprotokoll belegen, dass die Tagung des Warschauer Paktes vom 3. bis 5. August 1961 in Moskau nicht, wie bisher oft vermutet[211], über die Möglichkeit der Schließung der Sektorengrenze in Berlin diskutierte[212]. Auf der Sitzung wurden lediglich die von der UdSSR und der DDR vorgelegten Pläne zur Kenntnis genommen. Akten aus dem Russischen Staatsarchiv für Zeitgeschichte zeigen zudem, dass alle von der Tagung des Politisch Beratenden Ausschusses verabschiedeten Beschlüsse und Dokumente bereits am Vormittag des 3. August 1961 vom Präsidium des ZK der KPdSU bestätigt wurden. Dies betrifft sowohl die Erklärung der Warschauer Vertrags-Staaten[213] als auch die

---

[208] RGANI, 52/1/557, Bl. 130–146, Protokoll des Gespräches zwischen Ulbricht und Chruščev, 1. 8. 1961. Für weitere Informationen zu diesem Gespräch siehe: Fursenko, Kak byla postroena berlinskaja stena, S. 78–79; ders., Rossija i meždunarodnye krizisy, S. 238–239. Das Gespräch fand 1. 8. 1961 zwischen 15.40–18.00 Uhr im Kreml statt. Siehe: Poseiteli kremlevskaja kabineta, S. 80.
[209] Vgl. SAPMO-DDR, DY 30/3682, Bl. 150, handschriftliche Notizen von Ulbricht über Unterredung mit Chruščev, 3. 8. 1961.
[210] Ebenda, Bl. 148 f.
[211] Vgl. u. a. Filitow, Die Entscheidung zum Mauerbau, S. 66–67; Eisenfeld/Engelmann, 13. 8. 1961: Mauerbau, S. 44; Kowalczuk/Wolle, Roter Stern über Deutschland, S. 184; McAdams, Germany divided, S. 52.
[212] Für Auszüge aus den Sitzungsprotokollen der Tagung des Warschauer Vertrages vgl. Bonwetsch/Filitow, Chruschtschow und der Mauerbau, S. 155–198.
[213] Vgl. RGANI, 3/14/494, Bl. 79, Beschluss P 340/58 des Präsidiums des ZK der KPdSU, 3. 8. 1961;

Mitteilung für die Ersten Sekretäre der Kommunistischen- und Arbeiterparteien über die Sitzung der Vertrags-Staaten[214]. Aufgrund der jetzt konkretisierten Zeitpläne begann noch während der Moskauer Tagung die Verlegung starker sowjetischer Truppenverbände nach Berlin. Allein zwischen dem 4. und 5. August 1961 trafen hier mehr als 4600 sowjetische Soldaten ein[215]. Insgesamt kann davon ausgegangen werden, dass bis zum 13. August 1961 drei Regimenter der 6. motorisierten Garde-Schützendivision der GSSD direkt nach Ost-Berlin verlegt wurden[216]. Am äußeren Ring der Stadt gingen zum Zweck der vollständigen Abriegelung West-Berlins neben der 1. Motorisierten Schützendivision der NVA aus Potsdam drei weitere Divisionen der 20. sowjetischen Gardearmee in Stellung[217]. Die in der Nacht zum 13. August aufmarschierenden ostdeutschen Verbände waren über deren Einsatzpläne für Berlin allerdings nicht informiert. „Erstaunt wurde registriert", so einer der beteiligten NVA-Offiziere, „dass bei Bernau Haubitz[en]batterien der GSSD in Feuerstellung entfaltet waren. Wozu? Am Sonntag?"[218]

Gleichzeitig brachte das Kommando der sowjetischen Streitkräfte in der DDR entlang der Autobahnstrecke Helmstedt-Berlin umfangreiche sowjetische Truppenverbände in Gefechtsposition. Ihr Auftrag: Die Abwehr von eventuellen Versuchen der Amerikaner, mit Waffengewalt vom Territorium der Bundesrepublik aus nach West-Berlin durchzubrechen[219]. Weder Ost-Berlin noch der Kreml waren sich darüber im Klaren, wie die Bevölkerung der DDR auf die Grenzschließung reagieren würde. Da die zuständigen Sicherheitsorgane die Gefahr eines eventuellen Volksaufstandes nicht ausschließen wollten, fuhren in einigen Städten der DDR, u.a. in Merseburg und Rostock, sowjetische Panzer auf. Ihre Aufgabe bestand darin, so der Verteidigungsminister der UdSSR, Marschall Rodion Mali-

---

ebenda, 3/14/469, Bl. 6–8, Anlage zum Punkt Nr. 58: Entwurf der Erklärung der Warschauer Vertragsstaaten, o. Datum.
[214] Vgl. ebenda, 3/14/494, Beschluss P 340/59 des Präsidiums des ZK der KPdSU, 3. 8. 1961, Bl. 80; ebenda, Bl. 9–11.3/14/469, Anlage zum Punkt Nr. 59: Entwurf der Mitteilung an die Ersten Sekretäre der Kommunistischen und Arbeiterparteien über die Sitzung der Warschauer Vertragsstaaten, o. Datum.
[215] Vgl. BA Koblenz, B 206/107, Standortkartei des BND – Lage Berlin, 64/61 – Transporte und Kolonnen nach Berlin, Information CCFFA (Befehlshaber der in Deutschland stationierten französischen Streitkräfte), 4.–5. 8. 1961.
[216] Vgl. RGANI, 5/30/367, Bl. 176, Bericht des sowjetischen Verteidigungsministeriums an das ZK der KPdSU über die Situation an der Grenze zu West-Berlin und zur Bundesrepublik, 27. 10. 1961; ebenda, 5/30/399, Bl. 45, Bericht des sowjetischen Verteidigungsministeriums an das ZK der KPdSU über die Situation an der Grenze zu West-Berlin und zur Bundesrepublik, 27. 1. 1962. Nach derzeitigen Erkenntnissen waren in Ost-Berlin während der Grenzschließung und der nachfolgenden Monate das 68. Panzerregiment sowie das 16. und 81. mot. Gardeschützenregiment der 6. mot. Gardeschützendivision der GSSD eingesetzt.
[217] Vgl. BA-MA, DVW-1/6284, Bl. 32–35, Befehl des Ministers für Nationale Verteidigung Nr. 01/61, 12. 8. 1961 (ausgearbeitet am 11. 8. 1961 durch Oberstleutnant Skerra); NSA, Berlin Crisis, box 29, United States Army Europe (USAREUR) – Intelligence Estimate 1962 (U), 1. 1. 1962, S. 13; BA Koblenz, B 206/181, Militärischer Monatsbericht August, 4. 9. 1961, Bl. 14.
[218] Löffler, Soldat im Kalten Krieg, S. 42.
[219] Vgl. BA Koblenz, B 206/107, Standortkartei des BND – allgemeine Beobachtungen Dessau, Auszug Wochenbericht NARZISSE (Deckname des BND für den französischen Geheimdienst) 33/61, 17.–24. 8. 1961; NSA, Berlin Crisis, box 35, USAREUR – Unilateral Planning for the Use of Tripartite Forces with Respect to Berlin, 21. 9. 1961.

nowskij, in den Zentren der Arbeiterklasse, „falls notwendig die Ordnung aufrechtzuerhalten"[220].

Vier Tage vor der geplanten Grenzschließung nahmen dann mehrere Vorbereitungsstäbe ihre Arbeit auf. Im Schloss Wilkendorf bei Strausberg trat am 9. August, um 10.00 Uhr, die laut Horst Skerra schon länger existierende operative Gruppe des MfNV zusammen. Sie wurde von Verteidigungsminister Hoffmann und von Hauptstabschef Riedel direkt geführt und bestand aus weiteren elf Offizieren. Aus Geheimhaltungsgründen erarbeitete diese Gruppe alle Einsatzpläne bis hinunter zur Regimentsebene für die 1. und 8. Motorisierte Schützendivision sowie alle notwendigen Maßnahmen für die erhöhte Gefechtsbereitschaft der gesamten NVA unter Umgehung der militärischen Kommandoebenen von Militärbezirk und Division[221]. Die Maßnahmen stimmte am 10. August 1961 Riedel noch einmal mit hochrangigen sowjetischen Offizieren ab. Nach einem gemeinsamen Mittagessen der zwölf beteiligten Personen, abgerechnet wurden drei Flaschen Wodka, acht Flaschen Selters und zwölf Tassen Kaffee, standen offensichtlich die letzten militärischen Details der Grenzabriegelung fest[222]. Die ausgefertigten Befehle und Unterlagen lagen dann am 12. August, um 6.00 Uhr, vor. Etwa zur selben Zeit wurde in der Polizeischule der Deutschen Volkspolizei in Biesenthal bei Berlin eine operative Gruppe des Ministeriums des Innern unter Leitung des Stellvertreters des Ministers für die bewaffneten Organe, Generalmajor Willi Seifert, gebildet[223]. Hinsichtlich der Koordination von GSSD, NVA und DGP konnte dabei auf bereits früher erarbeitete Planungen zurückgegriffen werden[224]. Im Ministerium für Staatssicherheit der DDR wurde die gesamte Führungsriege erst am frühen Abend des 11. August von Minister Mielke über die bevorstehende Aktion informiert[225].

Eine weitere operative Gruppe der NVA unter Führung des Stellvertretenden Verteidigungsministers, Generalmajor Kurt Wagner, nahm am 12. August um 14.00 Uhr ihre Arbeit auf. Als tatsächlich so bezeichneter „vorgeschobener Gefechtsstand" hielt sie in Karlshorst die Verbindung mit dem Kommando der sowjetischen Streitkräfte in Deutschland und war für die militärische Seite der Führung zuständig. Die für die Grenzschließung ausgewählten NVA-Verbände waren am 10. August alarmiert und unter dem Vorwand einer Übung zwei Tage später in Bereitstellungsräume nahe Berlin verlegt worden[226]. Die Kommandeure und Po-

---

[220] Vgl. RGANI, 5/30/367, Bl. 15, Bericht des Verteidigungsministeriums der UdSSR an das ZK der KPdSU über die Situation in Berlin und der DDR, 22. 8. 1961.
[221] Vgl. Paduch, Erlebnisse und Erfahrungen beim Berliner Mauerbau, S. 151.
[222] BA-MA, DVW-1/6148, Bl. 331, MfNV – Abteilung Wirtschaft – Rechnung Nr. 173/61, 10. 8. 1961.
[223] Vgl. BA-MA, DVW-1/14835, Bl. 33 f., Studie des Instituts für deutsche Militärgeschichte „Die Nationale Volksarmee in der Aktion vom 13. August 1961", 20. 2. 1964.
[224] Vgl. ebenda, Bl. 34. Während über diese operative Gruppe des MdI bisher kaum etwas bekannt ist, vgl. zum Einsatz der DGP, Bereitschafts- und Volkspolizei am 13. August 1961 u.a. Diedrich, Die Grenzpolizei der DDR/SBZ, S. 217–220; Wagner, Stacheldrahtsicherheit, S. 124–130; Geschichte der Deutschen Volkspolizei (I), S. 335–349.
[225] BStU, SdM 1557, Bl. 231–236, Protokoll über die Dienstbesprechung beim Minister, 11. 8. 1961.
[226] Vgl. Froh, Zur Geschichte des Militärbezirkes V, S. 169 bzw. S. 171; BA-MA, DVW-1/14835, Bl 46 f., Studie des Instituts für Deutsche Militärgeschichte „Die Nationale Volksarmee in der Aktion vom 13. August 1961", 20. 2. 1964.

litoffiziere der im Feldlager stehenden Verbände sowie andere Offiziere aus dem MfNV befahl die NVA-Führung am frühen Abend nach Schloss Wilkendorf, offiziell, um an einem Filmabend mit anschließendem Essen teilzunehmen. Am 12. August gegen 21.00 Uhr klärte Verteidigungsminister Hoffmann, der in Begleitung seines Politchefs Waldemar Verner und von NVA-Stabschef Riedel erschienen war, die dort versammelten Offiziere über die Abriegelung der Berliner Sektorengrenze auf: „Wir als Armeeangehörige hatten im Zusammenwirken mit der Sowjetarmee den rückwärtigen Raum zu sichern; darauf kam es für uns an."[227]

Nur wenig früher hatte Walter Ulbricht in seiner Funktion als Vorsitzender des Nationalen Verteidigungsrates die vorbereiteten Befehle unterzeichnet und beauftragte Erich Honecker als Sekretär des Gremiums mit ihrer Durchführung[228]. Anschließend empfing er die Mitglieder des Minister- und des Staatsrates sowie hohe SED-Funktionäre am Döllnsee zum Nachmittagskaffee und einem Spaziergang. Der Tag verging, so das ebenfalls anwesende Politbüro-Mitglied Alfred Neumann, „mit Plätscher, Plätscher, Witze erzählen und Musik hören"[229]. Erst nach dem Abendessen, zwischen 21.00 und 22.00 Uhr, berief Ulbricht dann in informeller Atmosphäre eine außerordentliche Sitzung des Ministerrates – unter Hinzuziehung der Staatsratsmitglieder – ein[230]. Gerade einmal zwei Stunden vor Auslösung des Alarms für die NVA durfte die versammelte Führungsspitze der DDR die schon seit Wochen in Berlin und Moskau intensiv angelaufenen Maßnahmen zur Grenzsperrung zur Kenntnis nehmen.

Die Grenzabriegelung

In der Nacht vom 12. auf den 13. August begann die Absperrung der Sektorengrenzen in Berlin[231]. An exponierten Stellen in und um Berlin gingen Teile der 1. und 8. Motorisierten Schützendivision der NVA in Stellung, die eine zweite Sicherungsstaffel in der Tiefe zu bilden hatten. Sie stellten sofort Verbindung zu den ebenfalls in und um Berlin eingesetzten sowjetischen Divisionen und zum Stab der GSSD her[232]. An der Grenze selber wurden zunächst entsprechend den mit der Gruppe der sowjetischen Streitkräfte in Deutschland ausgearbeiteten Plänen Grenz-, Bereitschaftspolizisten und Kampfgruppen aufgestellt. Zugleich war für die gesamte NVA erhöhte Gefechtsbereitschaft angeordnet worden. Die vorhandene Bewaffnung und Technik wurde entkonserviert und einsatzbereit gemacht;

---

[227] Archiv des Militärgeschichtlichen Forschungsamtes, Arbeitsgruppe Befragungen/Erinnerungen des Militärgeschichtlichen Instituts der DDR, Erinnerungsbericht Generalmajor a.D. Hans Leopold (1989), Bl. 5f., Zitat Bl. 6. Siehe hierzu auch: Zur geschichtlichen Entwicklung und Rolle der NVA, S. 170–174.
[228] Vgl. Honecker, Aus meinem Leben, S. 204.
[229] Poltergeist im Politbüro, S. 176.
[230] Vgl. BA Berlin, DC 20 I/3 345, Bl. 196f., 37. außerordentliche Sitzung des Ministerrates beim Vorsitzenden des Staatsrates, 12. 8. 1961; vgl. auch Otto, 13. August 1961 – eine Zäsur, S. 65.
[231] Die dafür erlassenen Befehle sind abgedruckt in: Im Schatten der Mauer, S. 12–23; Ulbricht, Chruschtschow und die Mauer, S. 106–116.
[232] Vgl. BA-MA, DVW-1/6284, Bd. 3, Bl. 444, Lagebericht 1. MSD, 14. 8. 1961; ebenda, DVH-17/8216, Bl. 510, Verbindungsübersicht 8. MSD, 17. 8. 1961.

alle beweglichen Vorräte auf Kraftfahrzeuge verladen; alle Kampfflugzeuge aufmunitioniert und für den Gefechtsstart vorbereitet[233].

Innerhalb kürzester Zeit wurden in Berlin die meisten innerstädtischen Grenzkontrollpunkte geschlossen und mittels Pioniermaßnahmen versperrt. Zugleich unterbrachen Grenzpolizisten den S- und U-Bahnverkehr von und nach West-Berlin[234]. Mit einem Personalaufwand von etwa 5000 Grenz- und ebenso vielen Volkspolizisten sowie 4500 Mitgliedern der Kampfgruppen und über 7300 NVA-Soldaten gelang bis 6.00 Uhr am Morgen des 13. August die Abriegelung West-Berlins[235].

Die gesamte Operation wurde von einem Zentralen Stab unter der Leitung von Erich Honecker überwacht[236]. Zur Einsatzleitung gehörten außerdem die vier Minister Hoffmann, Kramer, Maron und Mielke sowie verschiedene hochrangige Mitarbeiter aus dem Sicherheitsapparat. Bei den Besprechungen des Stabes waren zudem je ein Vertreter der sowjetischen Botschaft und der GSSD anwesend[237]. Die in Karlshorst befindliche operative Gruppe des MfNV dirigierte in Abstimmung mit den Sowjets die NVA-Kräfte, die Gesamtführung der bewaffneten Kräfte des MdI oblag der Bezirkseinsatzleitung Berlin. Ulbricht, der im Vorfeld detaillierte Vorstellungen zum Charakter der Operation entwickelt hatte, hielt sich aus der Durchführung überwiegend heraus. Er zeigte sich stattdessen vor Ort an der Grenze und übernahm die politische Rechtfertigung der Teilung Berlins.

Gleich am Anfang der Grenzschließung zeigte sich, dass die Sowjetunion das neu eingeführte Grenzregime wesentlich mitbestimmte. Ende September 1961 konnte Marschall Konew seine Forderung durchsetzen, in der 100-Meter-Sperrzone „ein strenges militärisches Regim[e] einzuführen" und „gegen Verräter und Grenzverletzer [...] die Schußwaffe anzuwenden"[238]. Der Oberkommandierende der GSSD hatte außerdem verlangt, Fluchtversuche von Militärangehörigen „als Verrat an der Deutschen Demokratischen Republik auszulegen"[239]. Die Forderung machte zum einen klar, dass die Sowjetunion den Anspruch erhob, die Gestaltung des Grenzregimes wesentlich mitzubestimmen oder gar das letzte Wort zu behalten. Zum anderen verdeutlicht die Einmischung Konews, dass das Grenzsystem aus sowjetischer Sicht – und in klarer Übereinstimmung mit Ulbrichts Intentionen – keine militärisch präventiv ausgelegte Funktion innehatte, sondern vielmehr eine „binnenorientiert-repressive" Funktion besaß[240]. Doch auch in die

---

[233] Vgl. BA-MA, DVW-1/6281, Bl. 22, Studie der Verwaltung Operativ über den Einsatz der NVA am 13. August 1961, April 1963.
[234] Vgl. Befehl von Innenminister Maron zur Veränderung des Verkehrsnetzes in Berlin, 12. 8. 1961, abgedruckt in: Im Schatten der Mauer, S. 16–19.
[235] Zahlen bei Diedrich, Die militärische Grenzsicherung, S. 137 f. und Froh, Zur Geschichte des Militärbezirkes V, S. 170.
[236] Vgl. Honecker, Aus meinem Leben, S. 204.
[237] Vgl. BA-MA, DVW-1/40338, Bl. 17, Aufstellung über die Teilnehmer an den Lagebesprechungen im Zusammenhang mit den Maßnahmen des 13. August 1961, 22. 2. 1980; ebenda, DVW-1/14835, Bl. 229, Studie des Instituts für Deutsche Militärgeschichte „Die Nationale Volksarmee in der Aktion vom 13. August 1961", 20. 2. 1964.
[238] BA-MA, DVW-1/39573, Bl. 97, Lagebesprechung des Zentralen Stabes, 20. 9. 1961.
[239] Vgl. Schreiben von Marschall Konev an Verteidigungsminister Hoffmann, 14. 9. 1961, abgedruckt in: Otto, 13. August (Teil 2), S. 92.
[240] Ebenda, S. 90; Wagner, Walter Ulbricht und die geheime Sicherheitspolitik der SED, S. 461 f.

innenpolitischen Angelegenheiten der DDR mischte sich Konew ein. Auf seine Anweisung hin musste beispielsweise das geplante Wehrdienstgesetz der DDR nochmals überarbeitet werden.

Da Stacheldraht und Mauer nicht sofort die von der SED gewünschte Wirkung, nämlich die Unterbindung der zahlreichen Republikfluchten zeigten, wurde an der neuen Grenze der Waffengebrauch zum normalen, bedarfsweise alltäglichen Zwangsmittel. Gegen „Verräter und Grenzverletzer" bestand in den Augen der politischen Führung der DDR Feuererlaubnis[241]. Das Kommando der GSSD und Botschafter Perwuchin wirkten allerdings trotz der von Konew selbst geforderten Härte zwischen August und Oktober 1961 mehrmals auf Ulbricht, Hoffmann und Honecker ein, an der Berliner Grenze nicht vorschnell auf Flüchtige zu schießen. Der sowjetische Generalstab war allerdings nicht darum bemüht, Menschenleben zu retten, sondern wollte die brisante Situation nach der Grenzschließung nicht durch zusätzliche Provokationen in der Stadt aufschaukeln[242].

Es war Auftrag der sowjetischen Truppen in DDR, durch ihre Präsenz vor allem die politischen Maßnahmen der Moskauer Führung „militärisch so abzusichern, dass westliche militärische Anstrengungen jeweils ausgeglichen und etwaige Neigungen der Alliierten zu aktiven Gegenmaßnahmen […] gedämpft oder notfalls vereitelt werden können"[243].

Deshalb befahl Moskau in der Nacht vom 12. zum 13. August 1961 für die gesamten Truppen der GSSD erhöhte Gefechtsbereitschaft. Während die Divisionen der um Berlin stationierten 20. Garde-Armee ihre vorher festgelegten Sicherungspositionen einnahmen, blieb die Masse der sowjetischen Streitkräfte in höchster Alarmbereitschaft in ihren Kasernen und setzte dort ihre Gefechtsausbildung fort. Bei den sowjetischen Luftstreitkräften in der DDR wurden 50 Prozent der Verbände in die höchste Bereitschaftsstufe versetzt[244]. Um dem Westen die sowjetische Kampfbereitschaft im Fall von Gegenmaßnahmen zu demonstrieren und um eigene Aufklärung zu betreiben, wurden zeitgleich Einheiten der GSSD in Kompanie- bis Bataillonsstärke entlang der gesamten innerdeutschen Grenze fünf bis zehn Kilometer hinter der Demarkationslinie als Sicherungsverbände postiert. Parallel errichteten die sowjetischen Streitkräfte zwischen Ostsee und Harz sowie entlang der Autobahn zwischen Helmstedt und Berlin eine ganze Reihe von Beobachtungsposten, die mit sowjetischen Offizieren besetzt wurden[245]. Die dabei

---

[241] Vgl. Diedrich, Die Grenzpolizei der SBZ/DDR, S. 219. Diedrich hält fest, dass Fluchtwillige damit „endgültig kriminalisiert" wurden. Die Anweisungen Marschall Konevs gingen in zwei Richtungen. Er verlangte „eine größere Klarheit und eine Erhöhung der Verantwortlichkeit der Grenzsoldaten", und zwar „sowohl für Untätigkeit bei vorliegender Notwendigkeit der Anwendung der Waffe als auch für eine Überschreitung der ihnen gewährten Rechte"; vgl. Schreiben Konevs an Verteidigungsminister Hoffmann, 14. 9. 1961, abgedruckt in: Otto, 13. August 1961 (II), S. 92.

[242] Vgl. RGANI, 5/30/367, Bl. 25–28, Bericht des Verteidigungsministeriums der UdSSR an das ZK der KPdSU über die Situation in Berlin und der DDR, 26. 8. 1961; Menning, The Berlin Crisis from the Perspective of the Soviet General Staff, S. 56–60.

[243] BA Koblenz, B 206/118, Militärischer BND-Lagebericht Dezember, zugleich Jahresabschlussbericht 1961, 15. 12. 1961, Bl. A I 5

[244] Vgl. RGANI, 5/30/367, Bl. 1–3, Bericht des Verteidigungsministeriums der UdSSR an das ZK der KPdSU über die Situation in Berlin und der DDR, 15. 8. 1961; BA-MA, BW 2/2226, o. Bl., Vortragsnotiz Führungsstab Luftwaffe für Lagebesprechung beim Führungsstab der Bundeswehr, 8. 9. 1961.

[245] Vgl. BA Koblenz, B 206/181, Militärischer Monatsbericht August, 4. 9. 1961, Bl. 9; BA-MA,

Die Grenzabriegelung 141

gewonnenen Informationen wurden von den Militärs vor Ort widersprüchlich gedeutet. Auf der einen Seite befürchteten sie – auch bedingt durch ihre politische Indoktrinierung – einen NATO-Angriff auf Berlin, auf der anderen bewertete man die Maßnahmen des Westens als genauso demonstrativ wie die der Sowjetunion[246].

Doch die Führung der GSSD beschränkte sich nicht nur auf demonstrative Maßnahmen. Da der sowjetische Partei- und Regierungschef immer noch das Ziel eines separaten Friedensvertrages mit der DDR verfolgte, wurden die militärischen Kräfte der Sowjetunion nochmals verstärkt. Am 29. August 1961 beschloss die sowjetische Führung, dass bis zur Unterzeichnung eines Friedensvertrages keine Entlassungen von Wehrdienstpflichtigen erfolgen sollten[247]. Am 14. September 1961 regelte der Befehl Nr. 217 des Verteidigungsministers der UdSSR dann die Details der Entlassungsverschiebung. Er besagte, dass Soldaten und Unteroffiziere bestimmter Waffengattungen und Teilstreitkräfte vorerst nicht zur Entlassung vorgesehen waren. Armeeangehörige, die keiner dieser nicht weiter spezifizierten Einheiten angehörten, sollten hingegen normal in die Reserve versetzt werden. Gleichzeitig wies das Verteidigungsministerium eine vorfristige Einberufung des Jahrgangs 1942 an. Durch diese Maßnahme erhöhte sich die Gesamtpersonalstärke der sowjetischen Streitkräfte nach vorliegendem russischen Archivmaterial um ungefähr 400 000 Mann. Der Bundesnachrichtendienst und die Bundeswehr gingen in ihren Einschätzungen zudem davon aus, dass durch die verdeckte Mobilisierung die Stärke der sowjetischen Truppen in der DDR um 90 000 auf bis zu 470 000 Mann steigen könnte. Insgesamt schätzte der bundesdeutsche Nachrichtendienst, dass nach dem Mauerbau die sowjetische Truppenstärke von 3,3 Millionen auf 3,887 Millionen Mann gestiegen war[248].

Dass am gleichen Tag die beiden Luftwaffenpiloten des Jagdbombergeschwaders 32, Stabsunteroffizier Hans Eberl und Feldwebel Peter Pfefferkorn, die sich mit ihren F-84 aufgrund eines Ausfalls der Navigationssysteme und daraus resultierender Flugfehler beim Rückflug von einer Übung aus Frankreich nach West-Berlin verirrt hatten, nur durch Zufall dem befohlenen Abschuss durch Jagdflieger der GSSD entgingen, zeigt die gespannte militärische Situation an der Grenze zwischen den beiden Militärblöcken. Zum Glück für die beiden bundesdeutschen Militärpiloten war die sowjetische Bodenkontrolle nicht in der Lage, ihre Abfangjäger so in die Nähe der beiden Flugzeuge zu leiten, dass deren Piloten die Bundeswehrmaschinen ausmachen konnten. Und das, obwohl mehr als zehn Jagd-

---

BW 2/2226, o. Bl., Zusammenfassung Lage durch Führungsstab Heer, 8. 9. 1961; Gespräch mit Matvej Burlakov, 20. 6. 2006. Der letzte Oberkommandierende der GSSD war im August 1961 als junger Bataillonskommandeur an der innerdeutschen Grenze eingesetzt.
[246] Vgl. Malešenko, Vspominaja službu, S. 191–196; Golicyn, Zapiski načal'nika voennoj razvedki, S. 119–125.
[247] Vgl. Beschluss des ZK der KPdSU über einen Entlassungsstopp in den Streitkräften, in: DzDP IV-7, S. 277–283.
[248] Vgl. Befehl des Verteidigungsministers der UdSSR Nr. 217/61, 14. 9. 1961, in: Krasnaja Zvezda, 15. 9. 1961; BA Koblenz, B 206/118, Militärischer BND-Lagebericht Dezember, zugleich Jahresabschlussbericht 1961, 15. 12. 1961, Bl. B I 2–5.; BA-MA, BW 2/2226, o. Bl., Lage Heer, o. Datum (Anfang September); RGAE, 4372/79/882, Bl. 125–128, Schreiben von Zacharov und Rjabikov an den Ministerrat der UdSSR über die Auslieferung zusätzlicher Lebensmittel und Verbrauchsgüter an das Verteidigungsministerium, 21. 9. 1961.

flugzeuge die Verfolgung aufgenommen hatten und sich teilweise bis zu 1000 Metern ihren Zielen nährten[249]. Wie der Befehlshaber der 24. Luftarmee, Generalleutnant Iwan I. Pstygo, wenig später auf der Sitzung des Parteiaktivs der GSSD feststellte, sei der „Fall des ungestraften Durchlassens feindlicher Flugzeuge eine Schande für den Zentralen Gefechtsstand und die Luftarmee"[250]. Die Führung in Moskau wurde freilich im Glauben gelassen, dass es mit der Gefechts- und Einsatzbereitschaft der GSSD zum Besten stünde. Ihr teilte der Generalstab wahrheitswidrig mit, dass schlechtes Wetter und geringe Sicht ein Abfangen unmöglich gemacht hätten[251]. Botschafter Smirnow, der den Vorfall mit dem U-2 Zwischenfall verglich, ließ der Bundesregierung sogar mitteilen, „wenn die beiden Flugzeuge [...] von den sowjetischen Abwehrkräften nicht abgeschossen worden seien, so habe das seine Ursache darin, dass einmal der Zivilverkehr auf der von beiden Flugzeugen beflogenen Strecke sehr stark sei und man daher größeres Unglück habe verhüten wollen und zweitens, dass man sich darüber klar gewesen sei, mit dem Abschuss dieser beiden Flugzeuge den von der Sowjetunion nicht gewünschten kriegerischen Konflikt auszulösen"[252]. Eine glatte diplomatische Lüge, die aber zeigt, welch fatale Auswirkungen dieser Beinaheabschuss hätte haben können.

Ebenfalls am 14. September klagte der sowjetische Verteidigungsminister in einem in der Prawda veröffentlichten Artikel die „Bonner Revanchisten" öffentlich an, weil sie bestrebt seien, „Atomwaffen in ihre Hände zu bekommen"[253]. Nur zehn Tage später verkündete Malinowskij allerdings auf einer Besprechung mit Ulbricht, Perwuchin, Konew, Hoffmann und Mielke in Karlshorst, überraschend, dass die DDR von der Sowjetunion in kürzester Zeit taktische Kernwaffenträger erhalte[254].

Während Ulbricht und seine Militärs Anfang September 1961 offensichtlich davon ausgingen, dass die Abriegelung der Grenzen in West-Berlin zu keinen größeren militärischen Spannungen führen würde, schätzte die UdSSR die Bedrohungssituation, wohl auch vor dem Hintergrund des immer noch ausstehenden Friedensvertrages, anders ein. Sie sah immer noch die Gefahr einer bewaffneten Konfrontation mit den USA und erhöhte deshalb weiter ihr Abschreckungspotential. Aus ihrer Sicht waren dazu offensive Maßnahmen das geeignete Mittel. Bereits am 28. August 1961 hatte Chruschtschow dem SED-Chef Ulbricht streng vertraulich mitgeteilt, dass die UdSSR in nächster Zeit das bisherige Teststoppmoratorium brechen werde. Die Kernwaffenversuche sollten, so der sowjetische Partei- und Regierungschef, die Bereitschaft demonstrieren, „jeglichen Abenteuern seitens der aggressiven Staaten gewappnet entgegenzutreten"[255]. Ab 1. September 1961

---

[249] Vgl. BA MA, BW 2/2226, o. Bl., Führungsstab Luftwaffe: Bericht über die Grenzverletzung von 2 Besatzungen des JaboG 32, 15. 9. 1961.
[250] RGANI, 89/70/6, Bl. 201, Auszüge aus dem Stenogramm der Parteikonferenz des GSSD, September 1961.
[251] Vgl. RGANI, 5/30/367, Bl. 61, Schreiben von Malinovskij an das ZK der KPdSU, 16. 9. 1961.
[252] Vgl. BA-MA, BW 2/2226, o.Bl., Schreiben Führungsstab Luftwaffe an SHAPE, 16. 9. 1961.
[253] Vgl. Pravda-Artikel Malinovskijs, 14. 9. 1961, in: DzDP IV-7, S. 442.
[254] Vgl. BA Koblenz, B 206/214, o.Bl., BND-Wochenbericht 40/61, 1961, S. 5. Der BND hielt die Information für wenig wahrscheinlich, Tatsache ist jedoch, dass bereits seit 1960 entsprechende Vorbereitungen zur Ausstattung der NVA mit Kernwaffenträgern liefen.
[255] Ebenda, DY 30/3386, Bl. 222–223, Schreiben von Chruščev an Ulbricht, 28. 8. 1961.

begann die Sowjetunion eine umfangreiche Kernwaffentestserie, die am 30. Oktober 1961 in der Erprobung einer 100 Megatonnen Bombe gipfelte, deren Sprengkraft jedoch auf 50 Megatonnen gedrosselt worden war[256].

Darüber hinaus plante der sowjetische Generalstab, wie auch schon 1959, in der DDR strategische Atomraketen zu stationieren. Die hierfür vorgesehenen Einheiten, ausgestattet mit neuen Mittelstreckenraketen des Typs R-12, sollten ihre Standorte erneut in Fürstenberg und Vogelsang beziehen. Ihre Reichweite von 2000 Kilometern gestattete es den sowjetischen Truppen, im Ernstfall von der DDR aus alle NATO-Ziele in Europa ins Visier nehmen zu können. Am 15. September 1961 erhielt der Kommandeur des zur Stationierung ausgewählten Regimentes beim Hauptstab der Raketentruppen in Moskau detaillierte Instruktionen für die Operation „Nebel", so der Deckname. Der Stabschef der strategischen Raketentruppen begründete den Einsatz in der DDR wie folgt: „Die Notwendigkeit der Änderung des Status von West-Berlin noch in diesem Jahr ruft eine alarmierende politische Situation hervor. In Verbindung damit besteht die Notwendigkeit, die Verteidigungskraft unseres Landes in dieser Richtung zu erhöhen."[257] Nach der Verlegung in die DDR sollte das Raketenregiment den Gefechtsdienst aufnehmen und zum „Prjammy vystrelu" – also dem sofortigen Abschuss der Raketen bereit sein. Die Wichtigkeit der Aufgabe unterstrich ein anschließender Empfang beim Oberkommandierenden der Raketentruppen, Marschall Semen K. Moskalenko. Innerhalb eines Monats sollten die Garnisonen in Fürstenberg und Vogelsang bereit für die Aufnahme des selbständigen Raketenregimentes mit der Feldpostnummer 54310 sein, das spätestens am 1. November eintreffen sollte. Der Truppenteil bestand aus zwei Abteilungen, die jeweils über vier Startrampen verfügten.

Nur zwei Tage später, am 17. September, traf der Regimentskommandeur in Wünsdorf ein und begann mit der Rekognoszierung der Standorte. Am 11. Oktober kehrte er in die Sowjetunion zurück. Am 1. November 1961 war das Regiment wie vorgesehen zur Verlegung in die DDR bereit. Doch der Befehl zum Einsatz erfolgte nicht, im Sommer 1962 wurde die Einheit 54310 wieder aufgelöst[258].

Zur gleichen Zeit versuchten in der westlichen Sowjetunion mit konventionellen Raketen der hoffnungslos veralteten 1. Generation ausgestattete Einheiten, die westlichen Nachrichtendienste über die wahre Anzahl und tatsächlichen Standorte von einsatzfähigen atomaren Mittelstreckenwaffen zu täuschen. Dafür transportierten die Tarneinheiten Raketentechnik in die Nähe größerer Städte und verluden sie so, dass sie für internationale Reisende einsehbar waren. Die Startpositionen selbst wurden in der Nähe der Westgrenze der UdSSR errichtet, so dass sie bei Aufklärungsflügen der Amerikaner auffallen mussten[259].

Am 13. Oktober 1961 befahl die sowjetische Militärführung, offensichtlich im Zusammenhang mit Manövern des Strategic Air Command, nun neben der GSSD auch für die Strategischen Raketentruppen, die Fernbomberverbände, die Luft-

---

[256] Vgl. Zaloga, The Kremlin's Nuclear Sword, S. 71–72; Sacharow, Mein Leben, S. 247–257; Adamskij/ Smirnov, 50-megatonnyj vzryv nad novoj zemlej, S. 1–54.
[257] Aleksandrov, Operacija „Tuman", S. 45.
[258] Vgl. ebenda, S. 47–63; Dolinin, Vremja „Č" tak i ne nastupilo, S. 2.
[259] Vgl. Polyvjanyj, Operacija „Tuman", S. 10.

verteidigung sowie die Jagdfliegerverbände der Militärbezirke und die im Ausland stationierten sowjetischen Streitkräfte erhöhte Gefechtsbereitschaft[260]. Nur wenige Tage später ordnete Chruschtschow an, die ersten zehn, ursprünglich für die Ausbildung vorgesehenen Startstellungen der Interkontinentalrakete R-16 ab 20. Oktober 1961 in den Gefechtsdienst der Strategischen Raketentruppen zu übernehmen[261]. Auch die NVA traf ab Mitte September 1961 – auf sowjetische Anweisung – umfangreiche Maßnahmen zur Erhöhung ihrer Gefechtsbereitschaft. Zugleich führten NVA, GSSD und Warschauer Pakt im Herbst 1961 auf dem Territorium der DDR eine Reihe von Übungen und Manövern durch, auf die an anderer Stelle noch eingegangen wird[262].

Gleichzeitig verstärkten auch die Truppen des Warschauer Paktes ihre Streitkräfte. Anfang Oktober 1961 wurden in Ungarn zusätzliche Einberufungen durchgeführt und zugleich die anstehenden Herbstentlassungen ausgesetzt. Weiterhin galt ab 1. des Monats eine totale Urlaubssperre. In Bulgarien kam es ebenfalls zu außerplanmäßigen Einberufungsmaßnahmen. Hier reichten die vorhandenen winterfesten Unterkünfte nicht aus, um all die neu einberufenen Soldaten unterzubringen[263]. Der Bundesnachrichtendienst ging in seiner Analyse der militärischen Situation nach dem Mauerbau davon aus, dass die Truppen der Paktstaaten um 324 000 Mann auf insgesamt mehr als 1,461 Millionen Soldaten verstärkt worden waren[264].

Bedingt durch die Verstärkung der eigenen Truppen und durch die von der Berlin-Konfrontation geschürte Kriegsgefahr, drängten die nicht-sowjetischen Mitgliedstaaten Ende 1961/Anfang 1962 in Moskau zudem auf zusätzliche Waffenlieferungen. Allein das kleine Ungarn erbat für 1962 die außerplanmäßige Lieferung von 137 Mig-21 Jägern, 3500 Luft-Luft-Raketen, 3600 Boden-Luft-Raketen, 416 taktischen Atom-Raketen des Typs Luna, 8400 Panzerabwehrlenkraketen, 1082 Panzern, 2400 Schützenpanzern und zahlreichem anderen Gerät[265]. Da die Sowjetarmee jedoch selber dringend die neuen Rüstungsgüter benötigte, wurden lediglich 14 veraltete Flak-Geschütze und Munition geliefert[266]. Ähnlich erging es auch der ČSSR, die 400 Mig-21, 85 Su-7b und zahlreiches anderes Gerät bestellte, aber nur etwas Munition erhielt. Gegenüber Rumänien, Polen und Bulgarien zeigte sich die UdSSR großzügiger. So bekam die polnische Volksarmee 180 gebrauchte Mig-17 aus sowjetischen Beständen, während Bulgarien 480 Pak-Geschütze, 30 000 Pistolen und rund 80 Millionen Schuss Gewehrmunition erhielt.

---

[260] Vgl. RGANI, 5/30/367, Bl. 132 f., Bericht des sowjetischen Verteidigungsministeriums an das ZK der KPdSU über die Situation in Berlin und der DDR, 14. 10. 1961.
[261] Vgl. RGAE, 4372/80/371, Bl. 135–136, Schreiben von Ustinov, Zacharov und Moskalenko an das ZK der KPdSU, 28. 12. 1961.
[262] Vgl. Kapitel 4.
[263] Vgl. BA-MA, DVW-1/6145, Bl. 212 f., Schreiben des Militärattachés in Ungarn an Leiter Auslandsabteilung, Oberst Schütz, 11. 10. 1961; ebenda, DVW-1/6332, Information des MfAA 159/1, 24. 1. 1962.
[264] Vgl. BA Koblenz, B 206/118, Militärischer BND-Lagebericht Dezember, zugleich Jahresabschlussbericht 1961, 15. 12. 1961, Bl. B I 4.
[265] Vgl. RGAE, 4372/80/193, Bl. 45–47, Anhang Nr. 3 zum Protokoll der Gespräche zwischen GOSPLAN und dem ungarischen Generalstab, 10. 1. 1962.
[266] Vgl. RGAE, 4372/80/193, Bl. 99, Anhang Nr. 2 zum Protokoll der Gespräche zwischen GOSPLAN und dem ungarischen Generalstab, 15. 5. 1962.

Den rumänischen Truppen lieferte die Sowjetunion 1962 zusätzlich 224 Pak-Geschütze, 100 000 Maschinenpistolen, 4100 MG und 60 Millionen Schuss Munition.[267]

Der Westen zeigte sich durch die zahllosen sowjetischen Militäraktionen und die Truppenverstärkungen des Warschauer Paktes sehr besorgt, etwa General Gerhard Wessel in einer Einschätzung für den Militärischen Führungsrat der Bundesrepublik: „Der Nervenkrieg hat mit der Atom- und Raketenversuchsserie und den Manövern von Kräften der Warschauer-Pakt-Staaten einen absoluten Höhepunkt erreicht. Dieser Höhepunkt dient als militärisches Druckmittel, um die angestrebten Verhandlungen über Berlin und Deutschland zu erzwingen und zu einem für die UdSSR positiven Ergebnis zu führen. Es ist daher zu erwarten, dass der jetzt erreichte Höhepunkt über einen längeren Zeitraum konstant bleiben wird. Die Gefahr, dass aus der zunächst für Manöver gebildeten Kräftekonzentration überraschend zu einer Offensive gegen Mitteleuropa angetreten wird, ist nicht ausgeschlossen, wenngleich Anzeichen für unmittelbar bevorstehende Angriffe nicht vorliegen. Die in den letzten Wochen wesentlich erhöhte Stärke und Einsatzbereitschaft der Feindkräfte im europäischen Raum erschwert jedoch rechtzeitiges Erkennen etwaiger feindlicher Angriffsabsichten. Dieser ernsten und schwierigen Lage sollten die eigenen Maßnahmen – im militärischen, wie im zivilen und im materiellen wie im geistigen Bereich – Rechnung tragen."[268]

Die wirksamste militärische Gegenmaßnahme des Westens war die Erhöhung seiner Truppenpräsenz und Streitkräftestärke in Westeuropa. Dies wurde von den sowjetischen Militärs sehr genau wahrgenommen und auch an das ZK der KPdSU berichtet. Zwischen dem 1. Juni und dem 1. Dezember 1961 hatten „in Verbindung mit der Berlinfrage die USA und die anderen Mitgliedstaaten der NATO ihre Einheiten in Europa um 30 Startrampen für operativ-taktische Raketen, 48 Atomgeschütze, 1080 Panzer, 275 Flugzeuge, 25 Kampfschiffe und 136 000 Mann verstärkt"[269]. Deshalb gelang es Chruschtschow zwar, die Schließung der Sektorengrenzen in Berlin sicherzustellen. Er scheiterte jedoch mit dem Versuch, den Westen durch militärischen Druck zurück an den Verhandlungstisch zu zwingen und damit an dessen demonstrierter Bereitschaft, die alliierten Rechte in Berlin, falls nötig auch mit Waffengewalt zu verteidigen[270].

Gleichwohl zeigten sich ab Ende August gelegentlich auch erste Anzeichen einer schrittweisen Entspannung der militärischen Situation um Berlin. Die 1. Motorisierte Schützendivision der NVA wurde mit Ausnahme eines motorisierten Schützenregiments am 28. August aus der unmittelbaren Grenzsicherung am Außenring um West-Berlin herausgezogen und in ihre Heimatstandorte verlegt. Die 8. Motorisierte Schützendivision blieb mit immer noch mindestens 3500 Mann in Ost-Berlin, die Hälfte ihres Personalbestandes nahm auf einem Truppenübungs-

---

[267] Vgl. ebenda, Bl. 19–156, Protokolle der Gespräche von GOSPLAN mit den jeweiligen Generalstäben, Januar-Mai 1962.
[268] BA-MA, BW 2/2226, o. Bl.; Beitrag Wessel für Vortrag für Militärischen Führungsrat, 7. 11. 1961, S. 9.
[269] RGANI, 5/30/368, Bl. 95 f., Bericht des Verteidigungsministeriums an das ZK der KPdSU über die Situation in Berlin und der DDR, 2. 12. 1961.
[270] An dieser Stelle wird darauf verzichtet, auf die westlichen Gegenmaßnahmen näher einzugehen. Siehe hierfür u. a.: Freedman, Kennedy's Wars.

platz bei Berlin allerdings wieder die normale Ausbildung auf. Erst in den Abendstunden des 20. Septembers wurde die 8. Motorisierte Schützendivision wieder in die Garnisonen zurückverlegt, die Verbindungsgruppe in Karlshorst anschließend aufgelöst.

Auch die Masse der Einheiten der 20. sowjetischen Garde-Armee zog sich in ihre Kasernen zurück, ohne dass freilich die erhöhte Gefechtsbereitschaft aufgehoben wurde. Trotzdem ordnete Armeegeneral Hoffmann die Verschiebung von turnusgemäßen Personalentlassungen, eine Urlaubssperre und die sofortige Einsatzbereitschaft der gesamten Nationalen Volksarmee an. Erst am 5. Dezember 1961 wurde die erhöhte Gefechtsbereitschaft für alle Teile der NVA-Streitkräfte endgültig aufgehoben[271].

Von der Konfrontation am Checkpoint Charlie zur Kuba-Krise

Erneut verschärft wurde die angespannte militärische Situation durch die Ereignisse am Checkpoint *Charlie*. Ab 15. Oktober begannen Volkspolizisten damit, von Amerikanern in Zivil Ausweise zu verlangen und ihre Einreise nach Ost-Berlin zu behindern. Als am 22. Oktober schließlich Allan Lightner, der stellvertretende Chef der US-Mission in Berlin, am Übergang in der Friedrichstraße gestoppt und zurückgewiesen wurde, fuhren am Checkpoint *Charlie* erstmals amerikanische Panzer auf, die sich später jedoch wieder zurückzogen. Am 25. Oktober eskalierte die Situation weiter. Der Befehlshaber der amerikanischen Streitkräfte in Berlin, General Lucius D. Clay, ließ nach erneuten Versuchen der ostdeutschen Grenzposten, amerikanischen Zivilpersonen die Einreise nach Ost-Berlin zu verweigern, wiederum Panzer auffahren, gleichzeitig löste er um 15.00 Uhr für die amerikanische Garnison Alarm aus[272].

Nur wenige Minuten später berichtete der stellvertretende Oberbefehlshaber der Gruppe der Sowjetischen Streitkräfte in Deutschland, Generalleutnant Petr A. Belik, über die Ereignisse in der Friedrichstraße direkt dem Generalstab nach Moskau, der unverzüglich Verteidigungsminister Malinowskij informierte. Dieser setzte umgehend Chruschtschow von der Situation in Kenntnis. Auf dessen Anweisung hin befahl Marschall Konew, der sich auf dem gerade stattfindenden 22. Parteitag der KPdSU befand, unverzüglich am Checkpoint *Charlie* einen sowjetischen Offizier zu postieren[273].

Ein Gespräch zwischen dem sowjetischen und dem amerikanischen Kommandanten von Berlin entspannte die Lage nicht[274]. Am Abend des 26. Oktober ließ

---

[271] Vgl. Froh, Zur Geschichte des Militärbezirkes V, S. 179–183.
[272] Für eine detaillierte Darstellung der Ereignisse siehe u.a.: Steininger, Der Mauerbau, S. 305–314; Smyser, From Yalta to Berlin, S. 172–178; Ausland, Kennedy, Khrushchev and the Berlin-Cuba-Crisis, S. 37–41.
[273] Vgl. RGANI, 5/30/367, Bl. 162f., Bericht von Generaloberst Ivanov an Malinovskij über die Situation in Berlin, 25. 10. 1961.
[274] Vgl. ebenda, Bl. 167–171, Bericht des Verteidigungsministeriums an das ZK der KPdSU über das Treffen zwischen Solov'ev und Watson, 26. 10. 1961.

Konew schließlich 30 Panzer in die Nähe des Checkpoints verlegen und in den umliegenden Straßen postieren. Der Einsatz dieses Panzerbataillons durfte nur auf persönliche Anweisung des Oberkommandierenden erfolgen[275]. Als Clay in den Nachmittagsstunden des 27. Oktobers erneut acht Panzer auffahren ließ, antwortete Konew entsprechend und brachte ebenfalls acht sowjetische Panzer auf der Friedrichstraße in Stellung. Mehr als 16 Stunden standen sich, zum ersten Mal in der Geschichte des Kalten Krieges, Panzer der Amerikaner und Sowjets mit scharfer Munition direkt gegenüber. Um Chruschtschow auf die Gefährlichkeit der Situation hinzuweisen, berichtete Verteidigungsminister Malinowskij erstmals nicht nur über die ständigen Luftpatrouillen des SAC, sondern auch über die Anwesenheit von vier amerikanischen Raketen-Atom-U-Booten der Polaris-Klasse auf Gefechtsposition im Nordmeer. Jedes davon wäre in der Lage gewesen, 16 Atomraketen auf Ziele in der Sowjetunion abzufeuern.[276]

Obwohl der Oberbefehlshaber der GSSD noch ein weiteres Panzerbataillon in den Raum Friedrichstraße verlegen ließ und sich damit 60 sowjetische Panzer in Berlin-Mitte befanden, zogen sich nach Geheimabsprachen zwischen Chruschtschow und Kennedy am Vormittag des 28. Oktobers zunächst die Sowjets und wenig später auch die Amerikaner vom Checkpoint *Charlie* zurück[277]. Während die USA und die UdSSR damit eine der gefährlichsten militärischen Konfrontationen des Kalten Krieges im gegenseitigen Einverständnis beendeten, musste DDR-Staats- und Parteichef Ulbricht eine herbe Niederlage einstecken. Chruschtschow machte Ulbricht wesentlich für die Oktoberereignisse mitverantwortlich und nahm dies zum Anlass, ihm die erhoffte Maximallösung, den separaten Friedensvertrag, zu verweigern[278].

Im Gespräch mit dem bundesdeutschen Botschafter in Moskau, Hans Kroll, machte Chruschtschow am 9. November 1961 noch einmal deutlich, dass er die Grenzschließung angewiesen habe: „Natürlich, ohne uns hätte die DDR die Grenze nicht geschlossen. Warum sollten wir uns hier hinter dem Rücken von Gen. Ulbricht verstecken? Sein Rücken ist in diesem Fall sowieso nicht so breit."[279]

Nach dem Ende der Konfrontation am Checkpoint *Charlie* entspannte sich trotz gelegentlicher Zwischenfälle die politische und militärische Lage um Berlin. Die überlegenen strategischen Kräfte der Amerikaner, deren Zweitschlagsfähigkeit größer war als die sowjetische Erstschlagskapazität, machten dem Kreml klar, dass keine Aussicht bestand, die alliierte Präsenz in Berlin zu beenden und damit die Stadt aus dem westlichen Bündnis herauszulösen[280]. Aus diesem Grund wurde am 10. Januar 1962, um 24.00 Uhr, die seit dem 13. August 1961 bestehende er-

---

[275] Vgl. ebenda, Bl. 177f., Bericht des Verteidigungsministeriums an das ZK der KPdSU über die Situation in Berlin und der DDR, 27. 10. 1961.
[276] Vgl. ebenda, Bl. 179–182, Bericht des Verteidigungsministeriums an das ZK der KPdSU über die Situation in Berlin und der DDR, 28. 10. 1961.
[277] Vgl. ebenda, Bl. 184ff., Bericht des Verteidigungsministeriums an das ZK der KPdSU über die Situation in Berlin und der DDR, 30. 10. 1961; Garthoff, Berlin 1961, S. 152f.
[278] Vgl. Steiniger, Der Mauerbau, S. 313; Wettig, Die UdSSR und die Krise um Berlin, S. 605.
[279] RGANI, 52/1/586, Bl. 143, Protokoll des Gespräches zwischen Kroll und Chruščev, 9. 11. 1961.
[280] Vgl. Protokoll Nr. 11 der Sitzung des Präsidiums des ZK der KPdSU, 8. 1. 1962, abgedruckt in: Prezidium CK KPSS 1954–1964, S. 535; Biermann, Kuba-Krise, S. 638.

höhte Gefechtsbereitschaft der GSSD aufgehoben[281]. Nur wenig später teilte das sowjetische Verteidigungsministerium dem ZK der KPdSU mit, dass „die Lage in Berlin und auf dem Territorium der DDR keine Notwendigkeit hervorrufe täglich zu berichten", deshalb werde man ab sofort, die Ereignisse um die geteilte Stadt in Wochenberichten zusammenfassen[282]. Gleichzeitig wurden die noch in Ost-Berlin stationierten sowjetischen Einheiten zu ihren ständigen Garnisonen abgezogen, konnten aber „falls notwendig, innerhalb von 1,5 bis 2 Stunden wieder in Berlin sein"[283]. Zugleich begann in der zweiten Januarhälfte 1962 die Rückverlegung der sowjetischen Truppen aus der DDR und Polen, die im Sommer 1961 im Zuge der Vorbereitung des Mauerbaus hier Stellung bezogen hatten. Zum Jahreswechsel 1961/62 räumten sowjetische Luftwaffeneinheiten zudem in Polen 18 Flugplätze, die sie im Herbst 1961 von den polnischen Streitkräften übernommen hatten[284].

Ende Januar 1962 versuchte Chruschtschow einen neuen Vorstoß gegen die alliierte Präsenz in Berlin. Die Gespräche mit den Amerikanern landeten rasch in einer Sackgasse und deshalb wies Chruschtschow an, dass die GSSD ihren militärischen Druck wieder erhöhe[285]. Diesmal waren die Luftkorridore das Ziel. Ab dem 8. Februar 1962 störten sowjetische Transportflugzeuge des Typs Li-2 – ein Nachbau der im Zweiten Weltkrieg eingesetzten amerikanischen Douglas DC-3 – auf Befehl des Oberkommandierenden der Gruppe den alliierten Luftverkehr zwischen der Bundesrepublik und West-Berlin. Am 15. Februar wurde sogar versucht, „alliierte Flugzeuge von ihrem Flugweg abzudrängen und zur Landung zu bringen"[286]. Bis Anfang März hielten die sowjetischen Einflüge in die alliierten Luftkorridore an, dann spitzte sich die Situation gefährlich zu. Waren die Li-2 in Verbänden von bis zu 25 Maschinen bisher in Höhen von 750 bis 2500 Metern geflogen, so führten sie ab dem 7. des Monats ihre bei der alliierten Luftüberwachungszentrale angemeldeten „Übungen" in einer Höhe von 3000 Metern durch. Diese war jedoch dem zivilen Flugverkehr von und nach West-Berlin vorbehalten, so dass es am 8. März einen Beinahezusammenstoss mit einem britischen Flugzeug gab, das auf Gegenkurs flog. Zwei Tage später begannen die sowjetischen Flugzeuge mit dem Abwurf von Funkmessstörkörpern, so genannte Düppel, was die Radarüberwachung in den Flugkorridoren empfindlich beeinträchtigte, und Jäger der 24. Luftarmee flogen wiederholt Scheinangriffe auf alliierte Transportmaschinen. Zur gleichen Zeit startete eine groß angelegte Luftverteidigungsübung des Warschauer Vertrages, an der 20 Maschinen der sowjetischen Fernluftwaffe

---

[281] RGANI, 5/30/399, Bl. 26, Bericht des sowjetischen Verteidigungsministeriums an das ZK der KPdSU über die Situation an der Grenze zu West-Berlin und zur Bundesrepublik, 11. 1. 1962.
[282] Vgl. RGANI, 5/30/399, Bl. 42, Bericht des Verteidigungsministeriums an das ZK der KPdSU über die Situation in Berlin und der DDR, 20. 1. 1962.
[283] Ebenda, Bl. 45, Bericht des sowjetischen Verteidigungsministeriums an das ZK der KPdSU über die Situation an der Grenze zu West-Berlin und zur Bundesrepublik, 27. 1. 1962.
[284] Vgl. BA-MA, BW 2/2226, o. Bl. Führungsstab Bundeswehr II 3 – Lagebeitrag, 23. 2. 1962; ebenda, Führungsstab Bundeswehr II 3 – Lagebeitrag, 9. 2. 1962.
[285] Vgl. Wettig, Chruschtschows Berlin-Krise, S. 216–219; Lemke, Die Berlinkrise, S. 186 ff.
[286] Vgl. BA-MA, BW 2/2226, o. Bl. Lagebeitrag Führungsstab Bundeswehr II 3, 23. 2. 1962. Ähnliche Vorfälle beschrieb mit anderer Schuldzuweisung: RGANI, 5/30/399, Bl. 57, Bericht des sowjetischen Verteidigungsministeriums an das ZK der KPdSU über die Situation an der Grenze zu West-Berlin und zur Bundesrepublik, 17. 2. 1962.

sowie Jagdflieger, Fla-Raketen- und Radareinheiten der Luftstreitkräfte der DDR, ČSSR, Bulgariens, Polens, Rumäniens und Ungarns beteiligt waren. Sie übten das Abfangen von eindringenden Bombern unter „Bedingungen von Radarstörungen"[287]. Die westliche Seite gelangte in ihren Lageeinschätzungen zu dem Schluss, „dass hier eine militärische Aktion eine politische Absicht verschleiern soll". Ziel des sowjetischen Vorgehens sei es, die Flugplanung und Flugsicherung für den zivilen Flugverkehr von und nach Berlin zusammenbrechen zu lassen oder zumindest stark zu gefährden. Hierdurch solle „internationaler Druck auf dem Weg zu einer Gipfelkonferenz ausgeübt werden, als auch versucht werden, die SBZ-Führung [...] stärker ins Spiel zu bringen"[288]. Entsprechend hatte sich Chruschtschow am 26. Februar 1962 in Moskau auch gegenüber Ulbricht geäußert. Der sowjetische Regierungschef zeigte sich befriedigt, dass es gelänge, den Flugverkehr der USA zu stören und die UdSSR die imperialistischen Kräfte zwinge, sich zu verteidigen. Gleichwohl musste er wenig später eingestehen, dass auch dieser Versuch, den Westmächten seine Bedingungen durch militärische Drohungen aufzuzwingen, zum Scheitern verurteilt war: „Man muß doch sehen, wie es ist. Wir stören den US-Flugverkehr. Sie müssen sich verteidigen. [...] Am 13. August haben wir erhalten, was maximal möglich ist."[289] Trotz dieses Eingeständnisses stellte die 24. Luftarmee der GSSD erst am 30. März 1962 die Einflüge ihrer Transportmaschinen in die westlichen Luftkorridore ein[290].

Obwohl die USA diesen Schritt begrüßten, entschärfte sich die militärische Situation – auch nach der am 19. April erfolgten Abberufung Konews – nicht. Denn immer noch drohte Chruschtschow Kennedy mit der Unterzeichung eines Friedensvertrages mit der DDR, falls es nicht endlich gelänge, eine sowjetisch-amerikanische Einigung über Berlin zu erzielen[291]. Nur wenige Monate später, Ende Juli 1962, wurde die GSSD wegen einer Luftwaffenübung des Warschauer Vertrages über der DDR, bei der sich gleichzeitig bis zu 600 Flugzeuge in der Luft befanden, erneut in „erhöhte Gefechtsbereitschaft" versetzt[292]. Obgleich der Alarmzustand wenige Tage später wieder aufgehoben wurde, bedeutete dieser Schritt keine wirkliche Entspannung. Denn der erste Jahrestag des Mauerbaus stand unmittelbar bevor. Weil das Oberkommando der Gruppe der sowjetischen Streitkräfte in Deutschland in diesem Zusammenhang Unruhen befürchtete, ließ es zwei in Berlin stationierte GSSD-Regimenter in „erhöhte Gefechtsbereitschaft"

---

[287] Vgl. RGANI, 5/30/398, Bl. 68ff., Bericht des sowjetischen Verteidigungsministeriums an das ZK der KPdSU über die Situation an der Grenze zu West-Berlin und zur Bundesrepublik, 10. 3. 1962.
[288] Vgl. BA-MA, BW 2/2226, o. Bl. Lagebeitrag Führungsstab Bundeswehr II 3, 16. 3. 1962.
[289] Zit. nach Wettig, Chruschtschows Berlin-Krise, S. 223. Siehe zu den Luftzwischenfällen auch Ausland, Kennedy, Khrushchev and the Berlin-Cuba Crisis, S. 49ff.
[290] Vgl. RGANI, 5/30/398, Bl. 81, Bericht des sowjetischen Verteidigungsministeriums an das ZK der KPdSU über die Situation an der Grenze zu West-Berlin und zur Bundesrepublik, 31. 3. 1962.
[291] Vgl. RGANI, 5/30/398, Bl. 90, Bericht des sowjetischen Verteidigungsministeriums an das ZK der KPdSU über die Situation an der Grenze zu West-Berlin und zur Bundesrepublik, 21. 4. 1962; BA-MA, BW 2/2226, o. Bl., Lagebeitrag Führungsstab Bundeswehr II 3, 7. 6. 1962; Wettig, Chruschtschows Berlin-Krise, S. 240.
[292] Vgl. RGANI, 5/30/399, Bl. 154, Schreiben von Malinovskij an das ZK der KPdSU, 4. 8. 1962; SAPMO-DDR, DY 30/IV 2/12/38, Bl. 187–194, Information über eine gemeinsame Übung von Streitkräften der Luftverteidigung der Warschauer Vertragsstaaten, 15. 8. 1962.

versetzen und ordnete zudem für die Stäbe der Gruppe, der fünf Armeen und der 20 Divisionen ständige Führungsbereitschaft an[293].

Zur gleichen Zeit begannen Einheiten der Grenzpolizei damit, auf der östlichen Seite der Sektorengrenze eine 100 Meter breite Sperrzone einzurichten und die Grenze weiter zu verstärken. Dass auch dieser Schritt eng mit dem Präsidium des ZK der KPdSU abgestimmt war, zeigt, dass die Sowjetunion immer noch maßgeblichen Einfluss auf die DDR und ihr Grenzregime ausübte[294].

Chruschtschows Berlin-Politik geriet im Frühsommer 1962 immer mehr in eine Sackgasse. Daher eröffnete er einen weiteren Schauplatz im Kalten Krieg, und wies die Stationierung von Mittelstreckenraketen auf Kuba an. Dadurch wollte Chruschtschow das bestehende Kräfteungleichgewicht zugunsten der Sowjetunion verschieben[295]. Ob er damit auch die festgefahrene Situation in Berlin zu seinem Vorteil verändern wollte, bleibt in der Forschung umstritten[296].

Als Beleg dafür, dass sich die militärische Situation an der Systemgrenze in Deutschland in den folgenden Monaten nicht wesentlich entspannte, soll hier kurz ein weiterer Luftzwischenfall dargestellt werden, in den ein Flugzeug der Bundeswehr und Jäger der 24. Luftarmee der GSSD verwickelt waren. Am 18. August 1962 eröffnete ein sowjetisches Jagdflugzeug auf persönliche Anweisung des Oberkommandierenden der GSSD, Armeegeneral Iwan I. Jakubowskij, nach der Abgabe von Warnschüssen gezielt das Feuer auf ein Flugzeug des Marinefliegergeschwaders 1, das sich über DDR-Territorium befand und sowjetischen Landungsaufforderungen nicht nachkam. Der Pilot, Kapitänleutnant Winkler, konnte seine schwer beschädigte Sea-Hawk-Maschine jedoch noch auf dem bundesdeutschen Militärflugplatz Ahlhorn notlanden[297].

Bereits am 11. September 1962 ließ Chruschtschow in Verbindung mit der sich verschärfenden Situation auf Kuba für die Strategischen Raketentruppen, die Fernbomberflotte, die Seestreitkräfte, die Luftverteidigung (PWO) sowie die Truppen der UdSSR im Ausland und damit auch die Gruppe der sowjetischen Streitkräfte in Deutschland erhöhte Gefechtsbereitschaft anordnen[298]. Nur wenige Tage später meldete Generalstabschef Marschall Matwej W. Sacharow dem ZK der KPdSU, dass das in Berlin befindliche 68. Panzerregiment der 6. Motorisierten Schützendivision nur 15 Minuten nach Auslösung des Alarms „vollständig zur Erfüllung der Gefechtsaufgabe bereit war"[299]. Doch diese Aufgabe, die militärische Besetzung Berlins, wurde nie gestellt. Dass sie vom Kreml zumindest in Erwägung gezogen wurde, legt das Protokoll der Sitzung des Präsidiums des ZK der

---

[293] Vgl. RGANI, 5/30/399, Bl. 157f., Schreiben von Grečko an das ZK der KPdSU, 9. 8. 1962.
[294] Vgl. ebenda, 5/30/398, Bl. 144, Bericht des sowjetischen Verteidigungsministeriums an das ZK der KPdSU über die Situation an der Grenze zu West-Berlin und zur Bundesrepublik, 21. 7. 1962; Lemke, Die Berlinkrise, S. 189f.
[295] Zur zahlreichen Literatur über die Kuba-Krise siehe: Fursenko/Naftali, One Hell of a Gamble; Strategičeskaja operacija „Anadyr'.
[296] Siehe hierzu z. B. Vor dem Abgrund.
[297] Vgl. RGANI, 5/30/399, Bl. 169, Schreiben von Grečko und Zimin an das ZK der KPdSU, 20. 8. 1962; BA-MA, DVW-1/13202, Bl. 99, Sammelbericht über Vorkommnisse im DDR-Luftraum, 1. 9. 1962.
[298] Vgl. RGANI, 5/30/399, Bl. 190, Schreiben von Zacharov an das ZK der KPdSU, 15. 9. 1962; Voennyj ėnciklopedičeskij slovar', S. 624.
[299] RGANI, 5/30/401, Bl. 91, Schreiben von Zacharov an das ZK der KPdSU, 20. 09. 1962.

KPdSU vom 22. Oktober 1962 nahe, als die Kremlführung über die „Position der weiteren Schritte hinsichtlich Kubas und Berlins" beriet[300]. Gezielt ließ man diese Absicht durchsickern. Der KGB-Resident in Washington, Alexander Feklisow, drohte seinem amerikanischen Gesprächspartner John Scali am 27. Oktober 1962 eine Eroberung der Stadt an, falls die sowjetischen Stellungen auf Kuba angegriffen würden[301]. Auch im eigenen Selbstverständnis sahen sich die sowjetischen Truppen in der DDR, wie ihr Oberkommandierender auf dem Höhepunkt der Kuba-Krise am 28. Oktober 1962 in der Armeezeitung *Krasnaja Swesda* betonte, als Vorhut der Streitkräfte der UdSSR, die über alle Mittel verfügte, „um einem Aggressor einen vernichtenden Schlag zu versetzen."[302]

Wie gezeigt, herrschte gerade bei den Soldaten und Offizieren der von Außeneinflüssen streng abgeschirmten GSSD damals das Gefühl, dass der Kalte Krieg in Deutschland ständig vor der Gefahr stand, zum „Heißen Krieg" zu werden. Sollte dieser eintreten, so wollte die Sowjetunion die letzte Auseinandersetzung mit dem „Imperialismus" offensiv zu ihren Gunsten entscheiden: „Wenn die Imperialisten einen Krieg entfesseln sollten, wird unserem Staat keine andere Wahl bleiben, bereits zu Kriegsbeginn ein Maximum militärischer Anstrengung aufzubringen, um rasch zu siegen. [...] Die sowjetische Militärdoktrin sieht in zielstrebigen Angriffshandlungen die einzig annehmbare Form strategischer Handlungen im Kernwaffenkrieg und hebt hervor, dass die strategische Verteidigung unserer Auffassung vom Charakter eines künftigen Kernwaffenkrieges und vom gegenwärtigen Stand der Streitkräfte widerspricht."[303]

Entsprechend dieser Doktrin handelte es sich bei der GSSD um eine zu jeder Zeit voll angriffsfähige Gruppierung, die während der Berlin- und Kuba-Krise ein beträchtliches Abschreckungspotential darstellte. Als Instrument sowjetischer Militärpolitik in Zentraleuropa kam ihr eine Schlüsselrolle zu, sollte sie doch durch die ständige Bedrohung West-Berlins die USA und ihre NATO-Verbündeten davon abhalten, mit aktiven Maßnahmen gegen die Raketenstellungen auf Kuba vorzugehen[304]. Da jedoch US-Präsident Kennedy nicht gewillt war, den Konflikt auf Europa auszudehnen, konnten die Truppen der GSSD während der Kuba-Krise einsatzbereit in ihren Kasernen bleiben und sahen sich nicht wie im Oktober 1961 gezwungen, mit Drohgebärden auf Demonstrativhandlungen der US-Streitkräfte in Europa zu reagieren. Die relative Ruhe an der gefährlichsten Nahtstelle zwischen beiden Bündnissystemen während des Konflikts war eine entscheidende Bedingung dafür, die Kuba-Krise mit friedlichen Mitteln beizulegen.

---

[300] Vgl. Protokoll Nr. 60 der Sitzung des Präsidiums des ZK der KPdSU, 22. 10. 1962, abgedruckt in: Prezidium CK KPSS 1954–1964, S. 617f.
[301] Vgl. Mitteilung der KGB-Residentur aus Washington, 27. 10. 1962, abgedruckt in: Očerki istorii rossijskoj vněsnej razvedky-5, S. 716.
[302] Krasnaja Zvezda, 28. 10. 1962.
[303] BA-MA, DVL-3/29942, Bl. 37f., Die Strategie des Kernwaffenkrieges, 1964. Dieses Buch wurde 1964 vom sowjetischen Verteidigungsministerium an die Führung bis hinunter zu den Oberkommandierenden der Militärbezirke ausgegeben. Das vorliegende deutsche Exemplar ist eine von der Sowjetunion nicht autorisierte Übersetzung, die für den Chef der Luftstreitkräfte/-verteidigung der DDR, Heinz Keßler, erstellt wurde.
[304] Arlt, Sowjetische Truppen in Deutschland, S. 609; Kowalczuk/Wolle, Roter Stern, S. 114–123.

Der sowjetische Militäreinsatz und die zweite Berlin-Krise: Ergebnisse

Die Abriegelung der Sektorengrenzen in Berlin vom August 1961 war in ihrer militärischen Durchführung eine erfolgreiche Operation der Sowjetunion und der DDR, deren Geheimhaltung hervorragend gelungen war. Sowohl die Mauer rings um West-Berlin als auch das Sperrsystem an der „Staatsgrenze West" richteten sich nur potentiell, aber nicht in der Praxis gegen bewaffnete Überfälle aus westdeutscher Richtung, wie es die offizielle DDR-Propaganda vom „antifaschistischen Schutzwall" stets suggerierte. Nirgendwo wurde von ostdeutschen und sowjetischen Dienststellen eine gezielte westdeutsche Provokation, der Aufmarsch westlicher Truppenverbände oder das Einschleusen von „Diversanten" oder kleinen Kampfgruppen der NATO-Streitkräfte („Rangern") gemeldet. Stattdessen handelte es sich bei den „Grenzverletzern" fast ausschließlich um fluchtwillige DDR-Bürger. Mit Recht hat Götz Aly in diesem Zusammenhang darauf hingewiesen, dass die Mauer die Funktion anderer großer historischer Bollwerke wie des Limes, der Maginot-Linie oder der mittelalterlichen Stadtbefestigungen verkehrte, war es doch nicht ihr Ziel, einen feindlichen Angriff aufzuhalten und zu brechen, sondern die eigene Bevölkerung einzusperren[305]. Äußere Angriffe gegen die DDR gab es zwar vor und nach 1961 vereinzelt in Form gewalttätiger Anschläge gegen die Grenzanlagen, nicht aber in auch nur ansatzweise *militärisch* bedrohlicher Gestalt.

Die DDR und die Sowjetunion bereiteten die Schließung der Grenzen in Berlin gemeinsam vor, wobei Ost-Berlin wesentlich früher als bisher angenommen – etwa seit dem Herbst 1960 – mit den Vorbereitungen dazu begann, ohne zu dieser frühen Zeit das Einverständnis des Kreml zu besitzen. Die Sowjetunion und ihre Streitkräfte sicherten die geplante Aktion als Kernstück der zweiten Berlin-Krise strategisch ab und mobilisierten hierfür die gesamte Militärmacht der UdSSR. Die DDR übernahm die Ausarbeitung der mit der Grenzschließung verbundenen praktischen und taktischen Maßnahmen. Ulbrichts weitergehende Versuche nach dem August 1961, West- (wie auch Ost-) Berlin dem Alliierten-Recht zu entziehen und faktisch in die DDR einzugliedern, zeigten dem SED-Chef indessen die Grenzen seines Erfolges vom Sommer 1961. Den ungehinderten Zugang der Westmächte nach Ost-Berlin konnte er auch weiterhin, trotz der Eskalation am Checkpoint *Charlie* Ende Oktober desselben Jahres, nicht verhindern, denn hinter den Kulissen machten der Kreml und der GSSD-Oberkommandierende der SED-Führung klar, dass die DDR im Grenzregime den Vorschlägen und Wünschen der UdSSR zu folgen habe.

Der amerikanischen Historikerin Hope Harrison ist zuzustimmen, wenn sie feststellt, dass sich im Ergebnis der Berlin-Krise 1961 zwischen der UdSSR und der DDR in verschiedenen Implikationen der östlichen Politik jeweils die Seite durchsetzen konnte, die an einzelnen Zielen das größere Interesse besaß:

---

[305] Vgl. Aly, Warte nur auf bessere Zeiten, S. 11 f., hier S. 11.

„Ulbricht obsiegte bei der Innenpolitik der DDR, der Wirtschaftshilfe durch die Sowjetunion und der Grenzschließung, während Chruschtschow sich bei Fragen durchsetzte, die unmittelbar die Beziehungen zum Westen betrafen: dem Friedensvertrag (der schließlich nicht unterzeichnet wurde), dem Status von West-Berlin (der nicht verändert wurde) und den Zugangswegen der Westmächte (deren Kontrolle nicht an die DDR übertragen wurde)."[306]
Ulbricht drängte Moskau im Frühjahr 1961 zum Mauerbau und erreichte die sowjetische Zustimmung. Danach wurde die Handlungsfreiheit des Partei- und Staatschefs der DDR jedoch massiv eingeschränkt. Hauptziel der sowjetischen Politik und ihres Militäreinsatzes war es, auf jeden Fall eine bewaffnete Auseinandersetzung um Berlin zu vermeiden[307]. Deshalb musste Ulbricht auf Anweisung aus Moskau Schritte zurücknehmen oder entschärfen, die dazu geführt hätten, die Situation weiter eskalieren zu lassen. Doch nur dadurch, dass er sich den sowjetischen Vorgaben unterordnete, gelang es Ulbricht, sein Ziel – die Schließung der Grenzen – durchzusetzen.

Die Westmächte akzeptierten die Abriegelung West-Berlins, um den zum damaligen Zeitpunkt gefährlichsten internationalen Krisenherd endlich zu beruhigen. Das Risiko einer direkten Konfrontation zwischen Ost und West wollten und konnten weder die USA noch die UdSSR eingehen. Deshalb wurde die dramatische Zuspitzung der Situation am Checkpoint Charlie am 27./28. Oktober 1961 zum endgültigen Wendepunkt. Der gleichzeitige Abzug der amerikanischen und sowjetischen Panzer von der Friedrichstraße zeigte, dass beide Supermächte die neue Situation und den Status quo in Berlin anerkannten. Die UdSSR vertraute diesem neuen Frieden jedoch noch nicht völlig. Die sowjetischen Einheiten in der DDR blieben immerhin bis zum 11. Januar 1962 in erhöhter Gefechtsbereitschaft[308].

Gleichzeitig wurde für die Weltöffentlichkeit durch die Ereignisse in der Friedrichstraße klar, wer in der DDR letztlich die Kommandogewalt innehatte. Die so genannte zweite Geburt des ersten sozialistischen Staates auf deutschem Boden wäre ohne die massive sowjetische Militärhilfe nicht geglückt. Sie verdeutlichte zugleich, dass auch nach mehr als elf Jahren ihres Bestehens die DDR ein Kunstprodukt war, deren Existenz, wie es der chinesische Militärattaché 1962 auf einem Empfang zum 6. Jahrestag der NVA ausdrückte, „allein auf der Anwesenheit sowjetischer Truppen beruh[t]e"[309].

---

[306] Harrison, Wie die Sowjetunion zum Mauerbau getrieben wurde, S. 90–91; vgl. auch dies., Driving the Soviets up the Wall, S. 68. Mit gleichem Tenor Lemke, Einheit oder Sozialismus, S. 463.
[307] Vgl. Zubok, Khrushchev and the Berlin Crisis, S. 27; Ausland, Kennedy, Khrushchev and the Berlin-Cuba Crisis, S. 2.
[308] Vgl. RGANI, 5/30/399, Bl. 26, Bericht des sowjetischen Verteidigungsministeriums an das ZK der KPdSU über die Situation an der Grenze zu West-Berlin und zur Bundesrepublik, 11. 1. 1962; Steininger, Der Mauerbau, S. 306–314; Smyser, From Yalta to Berlin, S. 167–192; Menning, The Berlin Crisis from the Perspective of the Soviet General Staff, S. 49–56.
[309] Vgl. RGANI, 5/30/398, Bl. 12, Schreiben des KGB-Vorsitzenden Semičastnyj an das ZK der KPdSU, 10. 3. 1962.

4. Von der Verteidigung zum Angriff – Der militärische Strategiewechsel der Sowjetunion in der zweiten Berlin-Krise

Während der ersten Berlin-Krise 1948/49 waren Nuklearwaffen kein Bestandteil der amerikanischen contingency Planung für Berlin, die UdSSR entwickelte gerade ihre erste Atombombe. Weder die USA noch die Sowjetunion zeigten die Bereitschaft, wegen des Konfliktes um Berlin eine globale militärische Auseinandersetzung zu riskieren[1]. Damit blieb die erste Berlin-Krise trotz ihrer enormen Bedeutung für Europa im Wesentlichen ein „lokales" Ereignis. Im Gegensatz zu 1948/49 waren in der zweiten Berlin-Krise Nuklearwaffen für die westlichen wie für die östlichen Krisenszenarien von zentraler Bedeutung. Sowohl die USA als auch die UdSSR gingen davon aus, dass sich jeder militärische Konflikt um Berlin binnen kürzester Zeit zum „all-out nuclear war" bzw. „umfassenden Kernwaffenkrieg" entwickeln würde und machten dieses Faktum zur unabdingbaren Voraussetzung für ihre jeweiligen strategischen Planungen. Ein, wenn nicht gar der entscheidende Unterschied zwischen der ersten und der zweiten Berlin-Krise liegt also in der nuklearen Dimension der Konfrontation[2].

Im Verlauf der Krise erkannte die politische und militärische Führung der USA allerdings, dass das bisherige Strategiekonzept der *massive retaliation* zu wenig flexibel und insgesamt nicht mehr tauglich war. Im Rahmen der contingency Planung für Berlin erfolgte deshalb ein allmählicher Strategiewechsel, der 1967 in der offiziellen Bestätigung der *flexible response* endete. Die Idee der *flexible response* wurde also im westlichen Bündnis während der zweiten Berlin-Krise geboren. Die Auslösung eines *all-out nuclear war* als Antwort auf einen zunächst lokalen militärischen Konflikt um West-Berlin wollten die politischen Entscheidungsträger in Washington, Paris und London nicht mehr verantworten[3].

In der Sowjetunion hingegen verhalf die zweite Berlin-Krise der Strategie des allumfassenden Kernwaffenkrieges zum Durchbruch. Denn die politische Führung und vor allem das sowjetische Militär gingen davon aus, dass sich entspre-

---

[1] Entgegen immer wieder kolportierten Behauptungen wurden während der ersten Berlin-Krise weder Atomwaffen noch dafür vorgesehene Trägerflugzeuge aus den USA nach Westeuropa verlegt. Die drei nach Großbritannien und Westdeutschland verlegten B-29 Gruppen waren ausschließlich für konventionelle Einsätze ausgelegt. Zudem verfügten die US-Luftstreitkräfte im Juni 1948 lediglich über 48 für Kernwaffeneinsätze ausgebildete Bomberbesatzungen und 38 hierfür modifizierte B-29. Vgl. History of the Strategic Arms Competition, S. 32 f.; Wainstein, The Evolution of U.S. Strategic Command, S. 72–75.
[2] Vgl. Schake, The Berlin Crises of 1948–49 and 1958–62, S. 70–72.
[3] Vgl. Pommerin, Die Berlin-Krise von 1961 und die Veränderung der Nuklearstrategie, S. 127–139; Schake, NATO-Strategie und deutsch-amerikanisches Verhältnis, S. 369–372; Trachtenberg, A Constructed Peace, S. 283–351.

chend der These der „Unvermeidbarkeit der Eskalation" jeder begrenzte Konflikt binnen kürzester Zeit zum unbegrenzten Atomkrieg entwickeln würde. Dieser sollte durch offensives Vorgehen und massiven Kernwaffeneinsatz zugunsten des sozialistischen Lagers entschieden werden. Deshalb sahen die sowjetischen Szenarien für die zweite Berlin-Krise und die daraus entwickelten Kriegspläne des Warschauer Paktes, die hier vor allem auf der Grundlage der Kommandostabsübung Burja diskutiert werden, vor, die USA durch einen Nuklearschlag auszuschalten und Westeuropa nach einem überwältigenden Atomschlag durch konventionelle Truppen zu besetzten[4].

Burja war im Herbst 1961 die erste gemeinsame Kommandostabsübung des Warschauer Paktes, die umfassend die Operationen der Vereinten Streitkräfte auf dem westeuropäischen Kriegsschauplatz unter den Bedingungen der seit 1960 geltenden Strategie des unbegrenzten Kernwaffenkrieges simulierte. Die Generalstäbe der Sowjetarmee, der Polnischen Armee, der Tschechoslowakischen Volksarmee und der Hauptstab der Nationalen Volksarmee der DDR probten zu diesem Zweck unter der Leitung des Oberkommandierenden der Vereinten Streitkräfte erstmalig Elemente des offensiven Zusammenwirkens im strategischen, operativen und taktischen Rahmen. Gleichzeitig trainierten die Militärs des östlichen Verteidigungsbündnisses den Einsatz ihrer Streitkräfte in der Anfangsperiode eines Raketen-Kernwaffenkrieges. Im Ergebnis der Übung zeigte sich, dass die Militärführung des Warschauer Paktes davon ausging, die in Westeuropa stationierten NATO-Truppen in kürzester Zeit zu schlagen. Burja schien die damalige Ansicht des sowjetischen Generalstabes zu bestätigen, dass sich mittels massiven Nuklearwaffeneinsatzes ganz Kontinentaleuropa innerhalb von zehn bis fünfzehn Tagen unter die Kontrolle des Warschauer Paktes bringen lassen würde. Die Kommandostabsübung belegt damit eindeutig den während der zweiten Berlin-Krise stattgefundenen Strategiewechsel der sowjetischen Militärdoktrin. Seit 1960 galt der Militär- und Staatsführung der UdSSR Verteidigung als obsoletes strategisches Mittel. An ihre Stelle traten Angriff und Offensive, denn: „Under the condition of nuclear war only „blitz" operations can promise victory."[5]

Zunächst soll auf der Basis der zeitgenössischen militärwissenschaftlichen Literatur die Herausbildung der sowjetischen Militärdoktrin des unbegrenzten Kernwaffenkrieges diskutiert werden. Dann werden der Ablauf der Kommandostabsübung untersucht und Rückschlüsse auf die Kriegspläne des Warschauer Paktes während der zweiten Berlin-Krise gezogen. Hierfür wurden ostdeutsche und teilweise auch sowjetische Akten ausgewertet, die sich im Bundesarchiv-Militärarchiv befinden. Zu den wichtigsten Dokumenten zählen dabei Vorträge, Reden und Analysen des Oberkommandierenden der Vereinten Streitkräfte sowie des sowjetischen und ostdeutschen Verteidigungsministers zur Auswertung der Kommandostabsübung Burja. Sie geben Auskunft über die damaligen strategi-

---

[4] Vgl. Militärmacht Sowjetunion, S. 44; Wolfe, Sowjetische Militärstrategie, S. 130ff.; A Cardboard Castle, S. 19–28.
[5] Gastilovich, The Theory of Military Arts Need Review, S. 6. Bei diesem Artikel handelt es sich um eine englische Übersetzung der streng geheimen Sonderausgabe der sowjetischen Militärzeitschrift *Voennaja Mysl'*, die nur einem Personenkreis ab Armeekommandeur aufwärts zugänglich war. Zwischen 1960 und 1962 übergab GRU-Oberst Penkovskij der CIA drei Jahrgänge dieser Ausgabe, die jetzt auf der CIA-Webseite zugänglich sind.

schen Auffassungen des Warschauer Vertrages und über die möglichen sowjetischen Kriegspläne für Westeuropa. Dem gleichen Zweck dienen die für Burja verwendeten Übungsunterlagen der Nationalen Volksarmee der DDR. Erstmals konnten auch vor kurzem freigegebene Dokumente aus dem Führungsstab der Bundeswehr und des Bundesnachrichtendienstes ausgewertet werden. Sie ermöglichen es vor allem, die Wahrnehmung von Burja durch die westliche Seite darzustellen.

Aus jetzt zugänglichen russischen Veröffentlichungen wird allerdings ein noch größerer strategischer Zusammenhang deutlich. Während die Vereinten Streitkräfte die Zerschlagung der NATO in Europa übten, simulierten die strategischen Raketentruppen zur gleichen Zeit erstmals eine umfassende Raketenoffensive gegen die USA[6]. Sichtbar wird damit das sowjetische Bemühen, die Auswirkungen einer globalen militärischen Auseinandersetzung zu untersuchen und die neue Angriffsstrategie auf ihre Wirksamkeit hin zu testen. Hiermit markiert Burja deutlich den Anfang der sechziger Jahre vollzogenen Strategiewechsel des Warschauer Paktes von der Verteidigung zum Angriff. Zugleich diente Burja als militärpolitische Drohkulisse des sowjetischen Partei- und Regierungschefs in der zweiten Berlin-Krise. Das Manöver erhöhte nicht nur die Einsatz- und Kriegsbereitschaft der Truppen des Warschauer Paktes in Zentraleuropa, sondern galt im außenpolitischen Spiel der UdSSR mit dem Westen um Berlin als wichtiges Druckmittel[7].

Vom Konzept der „strategischen Verteidigung" zum „unbegrenzten Kernwaffenkrieg"

Nach dem Ende des Zweiten Weltkrieges war Stalin zunächst auf den Erhalt und die Festigung der neu gewonnenen Positionen in Europa bedacht. Vor diesem Hintergrund galt es, die sowjetischen Einflussgebiete in Ostmittel- und Osteuropa gegen gedachte westliche Angriffe zu verteidigen. Hierbei schloss der Diktator ob der strategischen Schwäche der eigenen Streitkräfte aktive Offensivmaßnahmen vorerst aus. Beispielsweise sahen die 1951 unter sowjetischer Regie erarbeiteten Operativpläne für Polen und die ČSSR vor, sich ausschließlich auf Verteidigungsoperationen des eigenen Territoriums zu beschränken[8]. Der vom sowjetischen Generalstab 1947 vorgelegte „Plan der aktiven Verteidigung des Territoriums der Sowjetunion" hatte zum Ziel, dass Abwehrarmeen zunächst den Gegner in der grenznahen Verteidigungszone zerschlagen sollten. Zusammen mit der Reserve des Oberkommandos war dann der Gegenangriff zu führen, der dem Angreifer eine vernichtende Niederlage zufügen und damit „die Unverletzlichkeit

---

[6] Vgl. Raketnye vojska strategičeskogo naznačenija: istoki i razvitie, S. 242–249; Glavnyj štab RVSN, S. 143.
[7] Vgl. BA-MA, BW 2/2226, o.Bl., Lagebericht des Führungsstabes der Bundeswehr II 3, 18.10.1961; BA-Koblenz; Wehrpolitische Information, Ausgabe Nr. 45, 9.11.1961, S. 7ff.; Pilster, Das erste große Warschauer-Pakt Manöver, S. 543–547.
[8] Vgl. Mastny, Imagining war in Europe, S. 16; Luňák, War Plans from Stalin to Brezhnev, S. 73–76.

der in internationalen Verträgen nach dem Zweiten Weltkrieg festgelegten Grenzen" sichern sollte[9].

Anfang der fünfziger Jahre wurde die sowjetische Militärstrategie auf ihre neuen Gegner, die USA und die europäischen NATO-Länder, umorientiert. Der nuklearen Überlegenheit der Amerikaner stellte die Sowjetunion zunächst ein Übergewicht an konventioneller Bewaffnung entgegen. Obwohl der erste sowjetische Atombombentest bereits 1949 erfolgte, gelangten die Kernwaffen erst wesentlich später in großer Stückzahl zur Truppe. Die Luftstreitkräfte bekamen ihre ersten einsatzfähigen Atombomben im Jahre 1954, ein Jahr später begann die Einlagerung von Nuklearbomben in den Zentral- und Streitkräftedepots des Ministeriums für mittleren Maschinenbau. Die Landstreitkräfte und die Seekriegsflotte erhielten nukleare Gefechtsköpfe erst Ende der 50er Jahre, die Truppen der Luftverteidigung sogar noch später[10].

Infolgedessen musste die sowjetische Militärstrategie noch in der zweiten Hälfte der 50er Jahre auf starke konventionelle Kräfte setzen, da Kernwaffen nur in einem sehr begrenzten Umfang zur Verfügung standen. Gleichwohl sollten die Operationen so geplant werden, „that Soviet Forces will reach the English channel on the second day of war"[11]. Wie dieses hochgesteckte Ziel erreicht werden sollte, ist unklar. Denn das damalige durchschnittliche Angriffstempo pro Tag betrug nicht mehr als 30–35 Kilometer, und zudem war die in der DDR stationierte GSSD noch nicht zu einer Angriffsgruppierung umgeformt worden. Ihre Aufgabe sah die sowjetische Militärführung darin, 46 Stunden die NATO-Truppen im Fall eines Angriffes aufzuhalten, dann sollte die 2. Strategische Staffel eintreffen und zum Angriff bis zur Kanalküste übergehen[12].

Anfang der 50er Jahre ging die sowjetische Militärführung davon aus, dass in einem zukünftigen Krieg das angestrebte strategische Ziel nur durch eine Reihe von Operationen zu erreichen sei. Angriffsoperationen sollten auf einem oder mehreren Kriegsschauplätzen gleichzeitig stattfinden und von allen Teilstreitkräften getragen werden. Strategische Verteidigung wurde als zeitweise Form der Kampfhandlungen angesehen und war im Wesentlichen von Frontgruppen in wichtigen strategischen Richtungen für die Vorbereitung eines Gegenangriffes zu führen. Entsprechend diesen Vorgaben sah der 1950 vom Generalstab verabschiedete „Große Operativplan" den westlichen Kriegsschauplatz als entscheidendes Schlachtfeld an. Hier sollten die sowjetischen Streitkräfte im Ernstfall folgende Aufgaben durchführen: Präventivschlag gegen den Gegner, Erringung der strategischen Initiative, Niederwerfung des Widerstandes der gegnerischen Gruppierungen, Vordringen bis zu einer Grenze, die „vorteilhafte Bedingungen für die weitere Führung des Krieges sicherstellt"[13].

---

[9] Vgl. Garelov, Otkuda ugroza, S. 24 f.; Glantz, The Military Strategy of the Soviet Union, S. 180–188.
[10] Vgl. Strategičeskoe jadernoe vooruženie Rossii, S. 3–6; Pervov, Zenitnoe raketnoe oružie, S. 104 f.; Roždennye atomnoj eroj, S. 64–68.
[11] CIA Information Report, 29. 3. 1957.
[12] Vgl. ebenda; RGASPI, 17/165/154, Bl. 108, Rede Malinovskijs auf ZK-Sitzung mit Chefs der Militärbezirke, 18. 12. 1959.
[13] Vgl. General'nyj štab Rossijskoj armii, S. 255–257.

Nach der Gründung der Warschauer Vertragsorganisation im Mai 1955, also der Bildung der Vereinten Streitkräfte, entwickelte sich die militärpolitische Konfrontation zwischen der UdSSR und den USA zu einer Konfrontation zwischen den Militärblöcken von NATO und Warschauer Pakt. Diese Auseinandersetzung wurde ab Ende der fünfziger Jahre wesentlich durch die rasante Entwicklung der Militärtechnik bestimmt. Wichtigstes Ziel war die Schaffung und vorrangige Entwicklung strategischer Nuklearstreitkräfte. Die Sowjetunion griff hierfür in erster Linie auf die strategischen Raketentruppen zurück. Gleichzeitig wurde in diesem Zeitraum eine neue Militärstrategie – die Strategie des allgemeinen Raketenkernwaffenkrieges – ausgearbeitet. Sie veränderte die bisherigen sowjetischen Ansichten über Bedingungen, Charakter, Verlauf und Ausgang von bewaffneten Auseinandersetzungen radikal[14]. 1954 gab das Verteidigungsministerium erstmals Dienstvorschriften für die Besonderheiten bei Kampfhandlungen unter Kernwaffeneinsatz von der Front- bis zur Bataillonsebene heraus. Zugleich erhielt die Masse der sowjetischen Armeeangehörigen jetzt Zugang zu Informationen über Kernwaffen. Allein im Winter 1954 sahen 90 000 Offiziere einen Lehrfilm über die Wirkungen einer Atombombenexplosion. 1955 gab die für Nuklearwaffen zuständige 6. Verwaltung des Verteidigungsministeriums 21 Bücher mit einer Gesamtauflage von 5 Millionen Exemplaren sowie 600 000 Lehrplakate über Kernwaffen und Atomschutz heraus. Gleichzeitig wurden den Soldaten und Offizieren Filme wie „Physikalische Grundlagen der Atomwaffen", „Handlungen von Streitkräften in Gebieten von Atomexplosionen bei Angriff und Verteidigung" sowie „Strahlenkrankheit" vorgeführt[15].

Der Aufbau der 1959 gegründeten strategischen Raketentruppen führte zu scharfen Diskussionen über Einsatzwert der verschiedenen Teilstreitkräfte und ihre Rolle in einem zukünftigen Krieg. Zahlreiche sowjetische Generäle und Militärtheoretiker, darunter viele Befehlshaber der Militärbezirke, vertraten die Meinung, dass auch unter den Bedingungen eines Kernwaffenkrieges die Landstreitkräfte weiterhin die wichtigste Hauptteilstreitkraft bleiben würden, da ein Krieg in Europa nur nach der Besetzung des gegnerischen Territoriums beendet werden könnte[16]. Chruschtschow sowie der sowjetische Generalstab waren hingegen der Ansicht, dass gerade bei der Lösung der strategischen Aufgaben in einem zukünftigen Krieg die strategischen Raketentruppen die Hauptrolle spielen würden. Chruschtschow und die Führung des Verteidigungsministeriums um Marschall Malinowskij konnten sich schließlich gegen die „konservativen Militärs" in den Streitkräften durchsetzen. Anfang 1960 wurden ihre strategischen Ansichten zur offiziellen Militärdoktrin der UdSSR. Infolge dessen stattete die Rüstungsindustrie die sowjetische Armee mit zahlreichen Raketen aus, die vor allem als Kernwaffeneinsatzmittel Verwendung fanden[17].

[14] Vgl. Istorija voennoj strategii Rossii, S. 383; Gretschko, Die Streitkräfte des Sowjetstaates, S. 98–101; Gribkow, Der Warschauer Pakt, S. 34ff.
[15] Vgl. Roždennye atomnoj eroj, S. 69f.
[16] Vgl. RGANI, 5/30/341, Bl. 73–93, Schreiben von Generalmajor Nikolaj L. Kremnin an Chruščev, 27. 4. 1960; Tolkonyuk, Some Problems of Modern Operations, S. 7.
[17] Vgl. Die sowjetische Militärmacht, S. 202–206; Voenačal'niki RVSN, S. 8–10; Garthoff, Soviet Strategy, S. 224ff.

Mit der Einführung von Raketenkernwaffen vollzog sich eine revolutionäre Entwicklung in den sowjetischen Streitkräften, die zur einer völligen Veränderung des bisherigen Kriegsbildes führte. Das bisher geltende Verhältnis zwischen Strategie, operativer Kriegskunst und Taktik wandelte sich grundlegend. Daraus resultierend gewannen neue militärtheoretische Gesetzmäßigkeiten an Bedeutung: Erstens wuchs die Rolle der Strategie. Sie erhielt im Zusammenhang mit der Bildung der strategischen Raketentruppen die Möglichkeit, unmittelbar auf den Verlauf eines Krieges einzuwirken und entscheidende Ergebnisse zu erzielen. Es entstand in den Augen der sowjetischen Militärplaner die hohe Wahrscheinlichkeit, dass die Endziele eines Krieges durch den Einsatz der strategischen Waffen erreicht werden konnten. In diesem Fall sollte die operative Kriegskunst den strategischen Erfolg unter Einsatz der taktischen Mittel ausweiten[18].

Zweitens veränderten sich die bisherigen Zeitparameter für die strategischen Handlungen der Streitkräfte. Es wurden die Voraussetzungen dafür geschaffen, die anvisierten Kriegsziele in einer Operation oder sogar mit einem Schlag zu erreichen. Dementsprechend traten tiefe Veränderungen in den Vorstellungen über den Krieg als mehr oder wenig andauernde Periode der Fortsetzung der Politik mit gewaltsamen Mitteln ein. Dabei zeichnete sich die Tendenz zur Umwandlung des Krieges in einen Momentakt ab.

Drittens gewannen die strategischen Operationen gegenüber dem Zweiten Weltkrieg an räumlicher Ausdehnung. Die Einsatzgebiete der strategischen Waffen umfassten jetzt alle Kontinente, Meere und Ozeane. Die Grenze zwischen Front und Hinterland wurde endgültig aufgehoben. Alle Kampfhandlungen würden sich nun von Anfang an auch auf das tiefe Hinterland der kriegsführenden Länder erstrecken. Fortan gab es keinen strategischen Raum, der nicht schon in den ersten Minuten des Krieges einem Angriff ausgesetzt sein konnte.

Damit war die sowjetische Militärstrategie ebenso wie die der USA direkt abhängig vom Einsatz strategischer Kernwaffen. Im Rahmen der einheitlichen Militärstrategie der UdSSR formierten sich dabei zunächst zwei Richtungen:
– die Strategie tiefer Raketenkernwaffenschläge in Verbindung mit Handlungen aller Teilstreitkräfte zur gleichzeitigen Bekämpfung und Vernichtung des ökonomischen Potentials und der Streitkräfte des Gegners auf der ganzen Tiefe seines Territoriums mit dem Ziel, den Krieg in kürzester Zeit zu beenden;
– die Strategie des Krieges mit dem Einsatz konventioneller Kampfmittel, der aufeinander folgenden Bekämpfung und Vernichtung der Streitkräfte und der Hauptelemente des ökonomischen Potentials des Gegners und dem Erringen des Sieges sowohl im schnellen, als auch im langwierigen Kampf[19].

Dass Chruschtschow im Januar 1960 schließlich auf der IV. Tagung des Obersten Sowjets der UdSSR die Strategie des allumfassenden Raketenkernwaffenkrieges öffentlich zur neuen Militärdoktrin der UdSSR erhob, zeigt, dass der strategische Einsatz von ausschließlich konventionellen Kräften Anfang der sechziger Jahre von der politischen Führung nicht als reale Option angesehen wurde. Zu

---

[18] Vgl. Raketnyj šit otečestva, S. 52 ff.; Die Streitkräfte der UdSSR, S. 658 ff.; Korabljow/Anfilow/Mazulenko, Kurzer Abriß der Geschichte der Streitkräfte der UdSSR, S. 305 f.
[19] Vgl. BA-MA, DVW-1/5203, Bl. 2, Rede des stellv. Verteidigungsministers der UdSSR, Andrej Grečko, bei der Auswertung einer Kommandostabsübung von GSSD und NVA, Mai 1961.

Von der „strategischen Verteidigung" zum „unbegrenzten Kernwaffenkrieg"   161

stark hatten Raketen und Kernwaffen die Einsatzmöglichkeiten der Streitkräfte geändert. Ihre atomare Feuerkraft erreichte eine neue Dimension, die es möglich machte, „jedem Aggressor eine vernichtende Niederlage auf dessen Territorium zu erteilen[20]".

Die aus der wissenschaftlich-technischen Revolution in den Streitkräften hervorgegangenen neuen Vorstellungen über das Wesen und den Inhalt der Militärstrategie im Kernwaffenzeitalter waren in der Sowjetunion schon Anfang der fünfziger Jahre entwickelt worden[21]. Jedoch bestimmten sie erst ab Anfang der sechziger Jahre als wesentlicher Bestandteil und führender Bereich die sowjetische Kriegskunst. Einen großen Anteil an der Entwicklung der neuen militärstrategischen Ansichten hatten der Generalstab, die Hauptstäbe der Teilstreitkräfte, die Militärakademien sowie die wissenschaftlichen Forschungsorganisationen des Verteidigungsministeriums.

Entscheidende Bedeutung besaß dabei die Erarbeitung neuer Vorschriften zur Organisation und Führung der strategischen Operationen. Hierbei entwickelte sich unter den Bedingungen der Praxis die Strategie nach dem Zweiten Weltkrieg sehr viel schneller als die Theorie. Die entsprechenden militärischen Vorschriften zur Organisation und Führung von Operationen mit strategischem Charakter, die man 1948, 1952 und 1955 ausgearbeitet hatte, wurden deshalb von der Partei- und Staatsführung nie bestätigt. Das erste offizielle Handbuch zur neuen Strategie des Kernwaffenkrieges war die 1961 vom sowjetischen Verteidigungsministerium veröffentlichte Studie „Die Operationen der Streitkräfte der UdSSR"[22].

Die aus der Strategie resultierenden Fragestellungen wurden in ständigen Übungen analysiert, in zahlreichen akademischen Werken, Lehrbüchern, Monographien, Dissertationen und Aufsätzen theoretisch ausgearbeitet und untersucht. Bereits 1953 spiegelte sich das ganze Spektrum der neuen strategischen Fragen in dem Buch: „Der Charakter des modernen Krieges und seine Probleme" wieder, das ein Autorenkollektiv der Militärakademie des Generalstabs verfaßt hatte. 1959 erfolgte schließlich die Veröffentlichung des Werks „Der moderne Krieg und die Militärwissenschaft". Ein wichtiger Beitrag für die Entwicklung und Umsetzung der Strategie des Kernwaffenkrieges war 1960–1961 das Erscheinen des Standardwerks „Der moderne Krieg", das ebenfalls im Generalstab entstanden war. Als Überraschung für westliche Analysten erwies sich das erstaunlich offene Buch „Die Militärstrategie", das 1962 von einem Autorenkollektiv unter Leitung vom Marschall Wassilij D. Sokolowskij herausgegeben wurde. Besonders in den zwei letztgenannten Büchern legten sowjetische Spitzenmilitärs zum ersten Mal umfassend und tiefgründig die neue Militärstrategie der UdSSR und die hierfür vorgesehenen Methoden des Kernwaffenkrieges dar[23].

---

[20] Vgl. Rede von Chruščev auf der IV. Tagung des Obersten Sowjets, Pravda, 14. 1. 1960; Bechler, Der Raketenkernwaffenkrieg, S. 658 ff.
[21] Vgl. Schreiben von Vasilevskij und Sokolovskij an Stalin, 21. 1. 1953, RGASPI, 17/164/682, Bl. 60–64; Erläuterung zur Dislokation von Flugplätzen für Fernbomber, 10. 1. 1953, RGASPI, 17/164/697, Bl. 13–17.
[22] Vgl. Kokošin, Armija i politika, S. 137–146; Istorija voennoj strategii Rossii, S. 399 f.
[23] Vgl. Die Streitkräfte der UdSSR, S. 656 f.; Zaloga, The Kremlin's Nuclear Sword, S. 78 f.; Horelick/Rush, Strategic Power and Soviet Foreign Policy, S. 29.

4. Von der Verteidigung zum Angriff

In den fünfziger und sechziger Jahren des 20. Jahrhunderts wurden praktisch alle bisher gültigen Prinzipien der Strategie fast vollständig revidiert. In den vorangegangenen Kriegen ließ sich ein militärischer Erfolg nicht anders erreichen als durch die Massierung der Kräfte und Mittel an den wichtigsten Frontabschnitten, um eine Überlegenheit über den Gegner in den entscheidenden Handlungsrichtungen zu erreichen. Unter den Bedingungen eines Kernwaffenkrieges, so die sowjetischen Militärtheoretiker um Marschall Sokolowskij, verlor dieses Prinzip nicht nur seine Bedeutung, sondern wurde gefährlich, da starke Truppenkonzentrationen verlockende Ziele für die Nuklearwaffen des Gegners darstellten. Damit erhielt das Manöver mit den Kernwaffen- und Feuerschlägen sowie die richtige Bestimmung der Reihenfolge der Bekämpfung der Ziele entscheidende Bedeutung[24].

Das Prinzip der Aufsparung von Kräften und Mitteln revidierte der sowjetische Generalstab ebenfalls. Im Unterschied zu den früheren Ansichten, die eine schrittweise Verstärkung der Anstrengungen in der Operation voraussetzten, wurde jetzt die Forderung nach der Notwendigkeit der Konzentrierung aller Kräfte und Mittel am Anfang des Krieges erhoben. Nach den Vorstellungen der Militärtheoretiker hatten die ersten Schläge und Operationen eines Krieges entscheidende Bedeutung. In diesem Zusammenhang veränderte sich auch die Einschätzung des bisherigen Prinzips des Teilsieges. Der alte Grundsatz, dass der Enderfolg im Krieg aus den Teilsiegen an den verschiedenen Fronten und auf den verschiedenen Gebieten des bewaffneten Kampfes besteht, wurde durch folgenden ersetzt: Der Sieg ist ein Ergebnis der einaktigen Anwendung des ganzen Potentials eines Staates, das vor dem Krieg geschaffen wurde[25].

Anfang der sechziger Jahre wurde die Theorie des unbegrenzten Kernwaffenkrieges weiter ausgebaut. Obwohl verschiedene Militärs einzelne Gedanken über die radikale Veränderung des Charakters des Krieges auch früher geäußert hatten, wurden sie bis 1960 nicht zu einem einheitlichen System zusammengefasst[26]. Der Prozess der Entwicklung einer neuen Fassung der Theorie des Kernwaffenkrieges begann mit dem Vortrag des Generalstabschefs Sokolowskij an der Akademie des Generalstabs. Dieser Vortrag war auf der Grundlage umfassender theoretischer Forschungen des Generalstabs und der Hauptstäbe der Teilstreitkräfte ausgearbeitet worden. Er enthielt einerseits eine scharfe Kritik der Hauptprinzipien der alten Strategie, andererseits neue Ideen über den Charakter und die Methoden der Führung des Krieges und der Operationen, den strategischen und operativen Einsatz der Streitkräfte sowie die Organisierung der rückwärtigen Sicherstellung der Kampfhandlungen[27].

---

[24] Vgl. Sokolovskij, Voennaja strategija, S. 19–22.
[25] Vgl. Kozlov, O sovetskoj voennoj nauke, S. 65 f.
[26] Siehe z. B. CIA-Information Report: Zhukov's visit of GSFG, 29. 3. 1957, auf: PHP-19; CIA-Report on remarks by the Soviet Defense Minister and other USSR officials on Soviet military strategy, 20. 2. 1959, Nuclear History, Doc. 00113. Žukov stellte auf seinen Treffen mit der GSSD-Führung u. a. fest, „that strategic and tactical doctrines under which the GSFG operates are obsolete, and that operations must now be planned so that Soviet forces will reach the English channel on the second day of war".
[27] Vgl. Istorija voennoj strategii Rossii, S. 399 ff.

Die wesentlichen Gedanken dieses Vortrages wurden später im bereits erwähnten Buch „Militärstrategie" sowie in anderen militärtheoretischen Werken weiterentwickelt. Wichtigste Art der Kampfhandlungen, so die Autoren, seien die Raketenkernwaffenschläge der kriegführenden Seiten. Deshalb lehnten sie die Notwendigkeit der frühzeitigen Entfaltung der Streitkräfte ab und betrachteten die Zerschlagung des wirtschaftlichen Potentials des angenommenen Gegners als wichtigstes Ziel der militärischen Operationen[28].

Im Zusammenhang hiermit revidierte der Generalstab auch seine Ansichten zu den Formen und Methoden der Führung von strategischen Operationen der sowjetischen Streitkräfte. In der bisherigen Theorie der strategischen Handlungen hatten die Landstreitkräfte eine Schlüsselrolle inne, dies entsprach jedoch nicht mehr den Forderungen eines Raketenkernwaffenkrieges. Die führende Rolle im Krieg ging jetzt auf die strategischen Raketentruppen, die strategischen Fernfliegerkräfte sowie die kernkraftgetriebenen Raketen-U-Boote über. Denn durch sie wurden die Wirtschaft, das System der staatlichen Verwaltung, die strategischen Kernwaffenmittel und die Streitkräfte der kriegsführenden Seiten auf jedem Punkt der Erde verwundbar und konnten in kürzester Zeit nicht nur auf dem Kriegsschauplatz, sondern auch in der gesamten Tiefe des Hinterlandes vernichtet werden[29].

Unter diesen Bedingungen war die Notwendigkeit der Unterteilung der strategischen Handlungen in strategische Offensive und strategische Verteidigung gegenstandslos geworden. Verteidigung als Gefechts- und Strategieform war nur im Operativ- oder Armeemaßstab zulässig. Die sowjetischen Militärtheoretiker äußerten sich eindeutig dahingehend, dass es im Kernwaffenkrieg nur die Alternative gibt: entweder Angriff oder Niederlage[30]. „Die sowjetische Militärdoktrin sieht in zielstrebigen Angriffshandlungen die einzig annehmbare Form strategischer Handlungen im Kernwaffenkrieg und hebt hervor, dass die strategische Verteidigung unserer Auffassung vom Charakter eines künftigen Kernwaffenkrieges und vom gegenwärtigen Stand der sowjetischen Streitkräfte widerspricht. [...] Unter modernen Bedingungen sind passive Handlungen zu Kriegsbeginn ausgeschlossen, weil dies gleichbedeutend mit Vernichtung wäre."[31] Aus diesem Grund kam damals folgenden Hauptarten von strategischen Kampfhandlungen eine Schlüsselrolle zu: Raketenoperationen, Operationen zum Schutz des Territoriums des Landes und der eigenen Truppengruppierungen vor den Kernwaffenschlägen des Gegners, strategischen Angriffsoperationen auf den kontinentalen Kriegsschauplätzen und Kampfhandlungen auf den Seekriegsschauplätzen[32].

---

[28] Vgl. Sokolovskij, Voennaja strategija, S. 378–382.
[29] Vgl. Material über die Entwicklung der Kriegskunst unter den Bedingungen der Führung eines Raketenkernwaffenkrieges – Schreiben von Generaloberst Petr I. Ivašutin (Chef GRU) an Marschall Matvej V. Zacharov (Leiter der Akademie des Generalstabes), 28. 8. 1964, auf: PHP-Collection 1; Voenno-tehničeskij progress, S. 239–244, 314–318; Zolotarev/Saksonov/Tjuškevič, Voennaja istorija Rossii, S. 619.
[30] Vgl. Wolfe, Soviet Power and Europe, S. 199 ff.; Ljoschin, Die Streitkräfte der UdSSR zwischen Berlin- und Kubakrise, S. 36.
[31] Vgl. BA-MA, DVL-3/29942, Bl. 38; 238, Die Strategie des Kernwaffenkrieges, 1964.
[32] Vgl. ebenda, DVW-1/5203, Bl. 52, Rede von Malinovskij zur Auswertung der Kommandostabsübung Burja, Oktober 1961; Panow, Geschichte der Kriegskunst, S. 523 f.

Die Raketenoperationen hatten das Ziel, die strategischen Kernwaffenkräfte und Kernbereiche des rüstungswirtschaftlichen Potentials des Gegners zu vernichten, das System der staatlichen und militärischen Verwaltung zu zerstören und die Hauptgruppierungen der gegnerischen Truppen zu zerschlagen. Die hierfür vorgesehenen strategischen Handlungen erfolgten in Form von Raketenkernwaffen-Antwortschlägen der strategischen Raketentruppen sowie von Luftoperationen der Fernfliegerkräfte[33].

Von besonderer strategischer Bedeutung waren die Maßnahmen zum Schutz des eigenen Territoriums und der eigenen Truppen vor den Kernwaffenschlägen des Gegners. Das dafür entwickelte System sollte die Abwehr der Kernwaffenschläge des Gegners gegen die wichtigsten politischen und ökonomischen Zentren, Streitkräftegruppierungen und andere Objekte sicherstellen. Unter diesen Handlungen verstand der sowjetische Generalstab vor allem Verteidigungsoperationen der Truppen der Luftverteidigung des Landes mit Unterstützung der strategischen Raketentruppen und Raketenabwehr[34].

Die strategische Offensive auf den kontinentalen Kriegsschauplätzen sollte der völligen Zerschlagung der Gruppierungen des Gegners, der Einnahme der strategisch wichtigsten gegnerischen Objekte und Gebiete sowie der Besetzung seines Territoriums dienen[35]. Die Kampfhandlungen auf den Seekriegsschauplätzen verfolgten das Ziel, die gegnerischen Flottengruppierungen zu zerschlagen, die Seeverbindungen des Gegners zu stören, die eigenen Seeverbindungen zu schützen[36]. Als Hauptwaffe hierfür sollten vor allem U-Boote mit Raketenbewaffnung dienen, denn, „die Fernluftwaffe erweist sich nicht als so fern, um den Ozean zu erreichen"[37].

Die bisherigen Ausführungen versuchten, ein Bild der Anfang der sechziger Jahre offiziell gültigen sowjetischen Militärdoktrin zu zeichnen. Die Kommandostabsübung Burja fügte sich in einen strategischen Rahmen ein, der darauf ausgerichtet war, den vermeintlichen Gegner durch massiven Kernwaffeneinsatz vernichtend zu schlagen. Leider sind die in den Archiven des russischen Generalstabs befindlichen operativen Gesamtpläne der sowjetischen Streitkräfte aus dieser Zeit bis heute nicht zugänglich. Die strategischen Einsatzziele der vor allem gegen die USA gerichteten Fernbomber und Interkontinentalraketen lassen sich deshalb bis heute nur vermuten. Auf Grundlage der Kommandostabsübung Burja können jedoch zumindest die Einsatzpläne des Warschauer Vertrages gegen die auf dem westeuropäischen Kriegsschauplatz vorhandenen NATO-Kräfte teilweise rekonstruiert werden.

---

[33] Vgl. BA-MA, DVW-1/4358, Bl. 94 ff., Studienmaterial des Hauptstabes der NVA: Angriffsoperationen einer Allgemeinen Armee in der Anfangsperiode des Krieges, 5. 12. 1958. Eine Übersicht der Struktur der sowjetischen Fernfliegerkräfte im Jahr 1962 ist im Anhang, Abschnitt e) zu finden.
[34] Vgl. Zaloga, Soviet Air Defence Missiles, S. 5–25; Evteev, Iz istorii sozdanija zenitno-raketnogo ščita, S. 54–80.
[35] Vgl. Pavlovskij, Suchoputnye vojska SSSR, S. 212.
[36] Vgl. Gorškov, Morskaja mošč', S. 361–380.
[37] RGASPI, 17/165/154, Bl. 76, Redebeitrag Čabanenko auf der Sitzung des ZK der KPdSU mit den Kommandeuren, Stabschefs und Mitgliedern der Militärräte der Militärbezirke, 18. 12. 1959.

Das sowjetische Szenario für den einseitigen Friedensvertrag – Die Kommandostabsübung Burja

Das Übungsszenario, das den Ausbruch von Kampfhandlungen zwischen der NATO und dem Warschauer Pakt im Herbst 1961 vorstellte, war direkt auf die Berlin-Krise und die Situation der geteilten Stadt nach dem Mauerbau bezogen. Deshalb erfolgten die Planungen zu Burja unter den realen Bedingungen der auf dem westlichen Kriegsschauplatz vorhandenen Streitkräfte der beiden Militärblöcke, wobei das Operationsgebiet des Manövers die westliche Sowjetunion, Polen, die ČSSR und die DDR umfasste. Zudem simulierten die beteiligten Militärs des östlichen Bündnisses Kampfhandlungen und Gefechte auf dem Territorium der Bundesrepublik, Dänemarks, Belgiens und Frankreichs[38].

Als Ausgangslage der Übung nahm das Vereinte Oberkommando der Streitkräfte des Warschauer Vertrages an, dass am 4. Oktober 1961 die UdSSR den einseitigen Friedensvertrag mit der DDR unterzeichnen würde. Damit war den Westmächten eine Verbindung nach West-Berlin nur noch mit Genehmigung der DDR möglich. Diese hätte jedoch alle Kontrollpunkte geschlossen und für Flugzeuge der westlichen Besatzungstruppen die Nutzung der Luftkorridore verboten. Aus den Versuchen der Westmächte am Nachmittag des 5. Oktober 1961 die Verbindung nach West-Berlin mit militärischen Mitteln wiederherzustellen, entwickelte sich – so die Planungen des Oberkommandos der Vereinten Streitkräfte und des sowjetischen Generalstabes – am 6. Oktober, um 12.00 Uhr, ein Raketenkernwaffenkrieg, der am 16. Oktober 1961 mit der Einnahme von Paris und dem Durchbruch von Truppen des Warschauer Paktes zur Kanalküste geendet hätte[39].

Hauptübungsziele des Großmanövers Burja waren: 1. Das Heranführen großer Truppengruppierungen aus der Tiefe zur Front auf eine Entfernung von mehr als 1000 km; 2. die Vorbereitung und Durchführung der ersten Operationen in der Anfangsperiode eines Krieges; 3. das Einführen der Fronten und Armeen in die Schlacht; 4. das Zusammenwirken der Truppen des Warschauer Paktes; 5. der Einsatz von Raketen-Kernwaffen bei Kriegsbeginn und das Ausnutzen der Kernwaffenschläge; 6. die Organisation und Durchführung von Angriffshandlungen unter modernen Bedingungen sowie 7. die materiell-technische Sicherstellung und medizinische Versorgung der Kampfhandlungen[40].

Da der Übungsraum den gesamten westeuropäischen Kriegsschauplatz umfassen sollte, nahmen an dem Manöver die Stäbe aller der für diesen Handlungsraum vorgesehenen Fronten[41] des Warschauer Paktes teil. Bei Übungsbeginn befanden sich die 1. Zentralfront, die sich aus den Truppen der GSSD und der NVA der DDR zusammensetzte, sowie die von der tschechoslowakischen Armee und der

---

[38] Vgl. Zeittafel zur Militärgeschichte der DDR, S. 147; Forster, NVA, S. 224.
[39] Vgl. BA-MA, DVW-1/6103, Bl. 138–141, Vortrag von Armeegeneral Hoffmann zur Auswertung der Kommandostabsübung Burja, o. Datum.
[40] Vgl. BA-MA, DVW-1/6103, Bl. 152, Referat Hoffmanns zur Auswertung der Kommandostabsübung Burja, 14.11.1961.
[41] Unter einer Front wird in der sowjetischen Militärsprache ein operativ-strategischer Verband von Streitkräften verstanden, der aus Verbänden und Truppenteilen verschiedener Teilstreitkräfte besteht. Sie ist in etwa mit einer westlichen „Army Group" vergleichbar, verfügt jedoch im Gegensatz zu dieser über organisch zusammengesetzte Streitkräfte.

4. Von der Verteidigung zum Angriff

Südgruppe der sowjetischen Streitkräfte gebildete Süd-Westfront in voller Gefechtsbereitschaft, das heißt, sie konnten unverzüglich zu Kampfhandlungen mit den ihnen gegenüberstehenden NATO-Truppen übergehen. Insgesamt verfügten damit die Streitkräfte des Warschauer Paktes am 1. Kampftag über 42 einsetzbare Divisionen. Im Verlauf der geplanten Operationen sollten dann innerhalb von drei bis fünf Tagen drei weitere Fronten als so genannte 2. Staffel in die Schlacht eingeführt werden. Dabei handelte es sich um die von der polnischen Armee gestellte Küstenfront sowie die 2. Zentralfront und die Westfront, die vom Territorium der ČSSR aus operierten und sich aus sowjetischen Streitkräften zusammensetzten. Mit der Einführung dieser drei zusätzlichen Fronten hätten dem Oberkommando der Vereinten Streitkräfte bereits am fünften Operationstag mehr als 100 Divisionen zum Angriff auf Westeuropa zur Verfügung gestanden[42].

Diese 100 Divisionen waren in insgesamt fünf Panzerarmeen und zwanzig allgemeine Armeen gegliedert. Eine Panzerarmee hatte zum damaligen Zeitpunkt drei Panzerdivisionen und eine motorisierte Schützendivision in ihrem Bestand. Damit verfügte sie über 12–14 Startrampen für operativ-taktische und taktische Raketen, 1300 Panzer, 850 Schützenpanzerwagen und 210 Geschütze. Die Panzerarmeen galten als die wichtigste Stoßkraft der Fronten. Sie besaßen in den Augen der sowjetischen Militärführung eine große Schlagkraft, hohe Beweglichkeit und geringe Anfälligkeit gegenüber den Atomwaffen des Gegners. Als Panzerkeile sollten sie nach den ersten Kernwaffenschlägen tief in die operative Gliederung des Gegners eindringen, seine strategische Front aufreißen und der NATO die Möglichkeit eines weiteren organisierten Widerstandes nehmen. Mit einem durchschnittlichen Angriffstempo von 100 Kilometer pro Tag hatten die Panzerarmeen des Warschauer Vertrages tiefe und vernichtende Schläge gegen das Verteidigungssystem der NATO zu führen. Ziel war das schnelle Erreichen der Atlantikküste. Der sowjetische Verteidigungsminister Malinowskij musste jedoch im Verlauf des Manövers erkennen, dass es die Stäbe der Fronten nur unzureichend vermochten, die Panzerarmeen entsprechend ihren Kampfmöglichkeiten einzusetzen[43].

Während die Panzerarmeen in der gesamten Tiefe der Frontoperationen eingesetzt werden konnten, plante die Militärführung des Warschauer Paktes für die allgemeinen Armeen eine Angriffstiefe von bis zu 400 Kilometern. Auch hier sollte die tägliche Angriffsgeschwindigkeit nicht unter 100 Kilometern pro Tag liegen. Zu diesem Zweck verfügte eine allgemeine Armee über drei motorisierte Schützendivisionen und eine Panzerdivision mit insgesamt 14 Abschussrampen für operativ-taktische und taktische Atomraketen, mehr als 1000 Panzer, rund 1300 Schützenpanzer sowie 350 Geschütze und Granatwerfer. Mit Hilfe der ihnen zur Verfügung stehenden Kernwaffen waren sie in der Lage, große Truppengrup-

---

[42] Vgl. BA-MA, DVW-1/6289-2, Bl. 305, Lagekarte der Übung Burja zwischen dem 1. Oktober, 10.00 Uhr, und dem 5. Oktober 1962, 22.00 Uhr, o. Datum; ebenda, DVW-1/6103, Bl. 137, Vortrag von Armeegeneral Hoffmann zur Auswertung der Kommandostabsübung Burja, o. Datum; BA Koblenz, B 206/181, o. Bl., Monatsbericht Oktober, o. Datum, S. 5–7.
[43] Vgl. BA-MA, DVW-1/5203, Bl. 56 ff., Auszug aus der Rede Malinovskijs zur Auswertung der Kommandostabsübung „Burja", o. Datum; Drogovoz, Tankovy meč SSSR, S. 10–16.

pierungen des Gegners eigenständig zu vernichten und „alles von ihrem Weg fortzufegen, was ihrer Vorwärtsbewegung Widerstand leistet und sie behindert"[44].

Insgesamt verfügten die Vereinten Streitkräfte damit auf dem westeuropäischen Kriegsschauplatz über rund 35 Panzer- und 65 motorisierte Schützendivisionen. Gegen die NATO konnten hier mehr als 350 Startanlagen für taktische und operativ-taktische Kernwaffen mit Reichweiten zwischen 30 und 200 Kilometern zum Einsatz gebracht werden. Zur Durchführung der geplanten Angriffsoperation standen damit rund 1 Millionen Soldaten zur Verfügung, die mit 26 000 Panzern, 30 000 Schützenpanzern und 8000 Geschützen ausgerüstet waren. Aus der Luft wurde diese Streitmacht von drei sowjetischen Luftarmeen und den Luftstreitkräften der DDR, Polens und der CSSR unterstützt. Sie verfügten über rund 3000 Flugzeuge und 500 Startrampen für Fla-Raketen, darunter 1500 Jagdflugzeuge sowie 1000 Bomber und Jagdbomber, von denen mehr als 100 für den Abwurf von Atombomben ausgerüstet waren[45].

Die NATO-Streitkräfte stellten nach Angaben des Militärgeheimdienstes der DDR dieser Gruppierung am ersten Kampftag 29 Divisionen, davon sieben Panzerdivisionen mit etwas mehr als 682 000 Mann entgegen. An Kernwaffeneinsatzmitteln standen ihnen 300 atomfähige Artilleriegeschütze und 334 Startanlagen für Raketen der Typen „Honest John" (212 Stück), „Lacrosse" (69 Stück), „Corporal/Sergeant" (50 Stück) sowie „Redstone" (4 Stück) zur Verfügung. Die Ausrüstung der NATO-Truppen bestand ferner aus rund 6370 Panzern, 3460 Geschützen und Granatwerfern sowie 1735 Panzerabwehrmitteln. Bis zum 5. Kampftag wären diese Truppen, so die Einschätzung der ostdeutschen Geheimdienstoffiziere, um weitere acht Divisionen verstärkt worden, am 10. Kampftag hätte die NATO im Bereich Westeuropa über 47 Divisionen mit rund 1,3 Millionen Mann verfügt. Für die Durchführung von Luftoperationen der NATO-Streitkräfte standen in Westeuropa 3526 Flugzeuge, darunter 220 strategische Bomber, 1550 Bomber und Jagdbomber sowie 1340 Jäger zur Verfügung. Mehr als 800 Flugzeuge davon waren als Kernwaffenträger ausgerüstet, ferner konnten die NATO-Luftstreitkräfte 36 Startanlagen für atomare Flügelgeschosse zum Einsatz bringen[46].

Mit der Kommandostabsübung Burja versuchte das Vereinte Oberkommando des Warschauer Paktes nun erstmals, eine militärische Auseinandersetzung zwischen den Kräftegruppierungen von NATO und Warschauer Pakt mit Hilfe eines umfassenden Manövers zu simulieren. Die dabei für Burja angenommene Ausgangslage beruhte auf einer der vom sowjetischen Generalstab für möglich gehaltenen Varianten der Kampfhandlungen auf dem zentraleuropäischen Kriegsschauplatz in der Anfangsperiode eines Raketen-Kernwaffen-Krieges.

Für die vom 28. September bis 10. Oktober 1961 dauernde Kommandostabsübung wurde in den Stäben der teilnehmenden Armeen folgendes Szenario erarbeitet:

---

[44] Vgl. ebenda, Bl. 57.
[45] Vgl. BA-MA, DVW-1/6103, Bl. 137 f., Vortrag von Armeegeneral Hoffmann zur Auswertung der Kommandostabsübung Burja, o. Datum.
[46] Vgl. ebenda, DVW-1/25816, Bl. 6–13, Kurze Angaben über die Mobilisierungsmöglichkeiten der westeuropäischen NATO-Staaten, 1. 7. 1962.

Die internationale Lage verschlechtert sich nach dem Mauerbau im August 1961 und den sowjetischen Bemühungen um den Abschluss eines Friedensvertrages mit der DDR weiter. Infolgedessen führt die NATO Ende September 1961 in Mitteleuropa eine gedeckte Mobilmachung durch, gleichzeitig werden Gruppierungen der strategischen Luftwaffe aus den USA nach Europa verlegt. Im westlichen Atlantik und in der Nordsee bringt die NATO Flugzeugträger und Stoß-Verbände in Stellung, während West-Berlin als „Zentrum der Provokation und als Ausgangspunkt für eine Aggression" dient[47]. Nachdem die Unterzeichnung des einseitigen Friedensvertrages mit der DDR kurz bevorsteht, geht das Vereinte Oberkommando davon aus, dass ein militärischer Zusammenstoß zwischen beiden Blöcken unvermeidbar ist. Deshalb werden am 30. September 1961 die Einheiten der NVA in erhöhte Gefechtsbereitschaft versetzt und ihre aktiven Truppen am 1. Oktober 1961 dem Oberbefehlshaber der 1. Zentralfront, Marschall Ivan Konew, unterstellt. Gleichzeitig wird die Mobilmachung befohlen[48]. Unmittelbar danach verlassen die der 1. Zentralfront unterstellten NVA-Einheiten ihre Friedensgarnisonen und verlegen in grenznahe Räume, wo sie zusammen mit den Truppen der GSSD ihre Ausgangsstellungen für den bevorstehenden Angriff beziehen[49].

Die Sowjetunion unterzeichnet Anfang Oktober 1961 den Friedensvertrag mit der DDR. Ab 4. 10., 24.00 Uhr, ist die Verbindung der Westmächte mit ihren Garnisonen in West-Berlin nur noch mit Genehmigung der DDR möglich. Deshalb erfolgen die Schließung der Kontrollpassierpunkte und die Sperrung der Luftkorridore für Flugzeuge der Westmächte. Daraufhin versuchen die Westmächte mit militärischer Gewalt die Verbindung nach West-Berlin herzustellen. Ab 5. 10., 15.00 Uhr, dringen Kräfte einer US-Division längs der Autobahn von Helmstedt nach Berlin vor, gleichzeitig versuchen zunächst Transportflugzeuge, die nachfolgend von Kampfflugzeugen unterstützt werden, nach West-Berlin durchzubrechen. Nachdem der Westen feststellen muss, dass ein gewaltsamer Durchbruch am Widerstand von GSSD und NVA scheitert, entfesselt er am 6. 10., 12.00 Uhr, den Krieg in Europa mit einem Raketen-Kernwaffenschlag[50].

Wer den ersten Atomschlag geführt hätte, ist aus den vorliegenden Planungsunterlagen der DDR nicht eindeutig ersichtlich. In einem Papier für den Nationalen Verteidigungsrat heißt es, die „Westlichen" entfesselten „an x+1 um 12.00 mit einem Raketen-Kernwaffenschlag den Krieg"[51]. Die persönlichen Notizen von DDR-Verteidigungsminister Heinz Hoffmann halten hingegen folgendes Szenario fest:

„Den Krieg entfesselten die „Westlichen" an x+1, 12.08 Uhr, mit Schlägen ballistischer Raketen und der Luftwaffe. Die „Östlichen" stellten mit allen Arten der Aufklärung den Anflug großer Gruppen der strategischen und taktischen Luftwaffe von den Flugplätzen in Europa und den USA fest und führten als Antwort um 12.05 den ersten massierten Raketen-Kernschlag."[52]

---

[47] Vgl. ebenda, BA-MA, DVW-1/6289, Bl. 28 ff., Direktive der Kommandostabsübung Burja, 30. 9. 1961; ebenda, Bl. 15, Ausgangslage für die Stabsübung Burja, 26. 9. 1961.
[48] Vgl. ebenda, Bl. 57 f., Direktive Nr. 01/61 des Ministers für Nationale Verteidigung, 29. 9. 1961; ebenda, DVW-1/6302, Bl. 2, Material zur Kommandostabsübung Burja, o. Datum.
[49] Vgl. ebenda, DVW-1/6289, Bl. 65, Schreiben von Konev an Hoffmann, 1. 10. 1961; DVW-1/6289-2, Bl. 305, Lagekarte der Übung Burja zwischen dem 1. Oktober 10.00 Uhr und dem 5. Oktober 1962 22.00, o. Datum.
[50] Vgl. ebenda, DVW-1/6103, Bl. 138 f., Vortrag Hoffmanns zur Auswertung der Kommandostabsübung „Burja", o. Datum.
[51] Vgl. ebenda, DVW-01/5173, Bl. 7 f., Bericht Hoffmanns vor dem Nationalen Verteidigungsrat über die Kommandostabsübung „Burja", 29. 11. 1961.
[52] Vgl. ebenda, DVW-1/6103, Bl. 138, Vortrag Hoffmanns zur Auswertung der Kommandostabsübung „Burja", o. Datum.

Neue russische Veröffentlichungen belegen die 2. Variante[53]. Aufgabe des Raketenbegegnungsschlages des Warschauer Vertrages war es, eine Verschiebung des Kräfteverhältnisses zu Gunsten der NATO zu verhindern: „Das Hauptziel des ersten strategischen Kernwaffenschlages besteht darin, die militärische und ökonomische Stärke des Gegners weitestgehend zu schwächen, von Kriegsbeginn an die strategische Initiative zu behaupten, bereits in den ersten Kriegsstunden Länder oder Staatengruppen der gegnerischen Koalition auszuschalten, günstige Bedingungen für erfolgreiche strategische Operationen auf den Kriegsschauplätzen und das Erreichen der politischen Kriegsziele binnen möglichst kurzer Zeit zu schaffen. [...] Für den ersten strategischen Kernwaffenschlag müssen seiner Bedeutung wegen soviel Raketenstartanlagen, U-Boote, Flugzeuge und andere Mittel wie möglich herangezogen werden."[54]

Insgesamt gingen die militärischen Planer im sowjetischen Oberkommando bei ihren Studien für „Burja" von mehr als 2200 Kernwaffeneinsätzen auf dem westlichen Kriegsschauplatz aus. Dabei standen den „Westlichen" 1200 Kernmittel (davon 30 Prozent Raketen, 70 Prozent Flugzeuge) zur Verfügung, während die „Östlichen" auf 1003 Kernmittel (von 85 Prozent Raketen, 15 Prozent Flugzeuge) der Strategischen Raketentruppen, Fronten und Armeen zurückgreifen konnten. Die Gesamtsprengkraft der von NATO und Warschauer Vertrag eingesetzten Kernwaffen wäre in etwa gleich gewesen[55].

Diese Manöverangaben decken sich mit den Berechnungen des sowjetischen Generalstabes. Dieser ging Ende 1959/Anfang 1960, so Chruschtschow in einer internen Beratung der sowjetischen Militärführung, davon aus, dass die Zerstörung von 1200 Zielen notwendig sei, „um unsere potentiellen Gegner auszuschalten". Dass hiermit nicht die Zerstörung des unmittelbaren militärischen Potentials sondern vor allem der kriegswirtschaftlichen und allgemeinen Lebensgrundlagen gemeint war, machte er unmissverständlich klar: „das heißt, Verwaltungs- und Industriezentren in Europa, wie in Asien und Amerika, hauptsächlich aber in Amerika zu zerstören"[56]. Um in Europa „unsere Feinde zu zerschlagen" waren, so der sowjetische Partei- und Regierungschef, rund 700 Kernwaffeneinsätze notwendig[57].

Die Bundeswehr schätzte aufgrund ihrer Erkenntnisse, dass die Streitkräfte des Warschauer Vertrages auf dem europäischen Kriegsschauplatz mit dem ersten strategischen Kernwaffenschlag innerhalb von 30 Minuten insgesamt 1200 ortsfeste NATO-Ziele angreifen würden. Von diesen befanden sich 422 in der Bundesrepublik, hinzu kämen ungefähr 400 Kernwaffenangriffe auf bewegliche Objekte wie Truppenverbände und Atomwaffen. Durch diese hohe Zahl von Kernwaffenangriffen wäre die politische und militärische Führung der Bundesrepublik für 8–10 Tage völlig gelähmt. Das strukturelle Gefüge Westdeutschlands löst sich in dieser Situation völlig auf, das zivile Leben erstarrt oder mündet in Panik und

---

[53] Vgl. Raketnye vojska strategičeskogo naznačenija: istoki i razvitie, S. 245.
[54] BA-MA, DVL-3/29942, Bl. 86f., Die Strategie des Kernwaffenkrieges, 1964.
[55] Vgl. ebenda, DVW-1/6103, Bl. 153f., Referat Hoffmanns zur Auswertung der Kommandostabsübung Burja, 14. 11. 1961; Raketnye vojska strategičeskogo naznačenija: istoki i razvitie, S. 244f.
[56] RGASPI, 17/165/153, Bl. 15, Rede Chruščevs auf der Sitzung des ZK der KPdSU mit den Kommandeuren, Stabschefs und Mitgliedern der Militärräte der Militärbezirke, 18. 12. 1959.
[57] Ebenda, Bl. 17.

Flucht, jeder Verkehr wäre für 2–3 Wochen weitgehend lahmgelegt. Lediglich in inselförmigen Teilgebieten bleiben Mindestfunktionen einer öffentlichen Ordnung erhalten. Der gewaltige Anfall von Toten, Verletzten und Strahlungskranken stellt das militärische wie auch zivile Sanitätswesen vor unlösbare Aufgaben. Die NATO-Streitkräfte würden durch den ersten Atomschlag schwerste Verluste erleiden. 75 Prozent des in der Bundesrepublik stationierten Kernwaffenpotentials wären sofort zerstört, ebenso 90 Prozent der Radarstellungen und der Flugplätze. In ihren Einsatzräumen fallen 40 Prozent des Truppenpersonals den Atomwaffen zum Opfer. Die Einbußen an Waffen, Gerät und Technik liegen bei bis zu 60 Prozent. Damit wäre der Gefechtswert der aktiven NATO-Divisionen in der Bundesrepublik so weit herabgesetzt, dass sie nicht mehr zu einer aktiven Kampfführung fähig sind[58].

Am 1. Kriegstag führen die „Westlichen" 68 Erddetonationen von Nuklearwaffen im Raum Oder-Neiße und den Sudeten durch, um eine Kernwaffenbarriere zu errichten. Dadurch sollte ein Heranführen der strategischen Reserven der „Östlichen" aufgehalten werden. Insgesamt wird so eine Fläche von mehr als 140000 Quadratkilometern mit einer Strahlung von 100 Röntgen pro Stunde[59] und mehr aktiviert. Gleichzeitig finden zwischen der Ostsee und der nördlichen Grenze Österreichs schwere Begegnungsschlachten statt. Das 41. Armeekorps der NVA wehrt dabei Durchbruchsversuche der „Westlichen" entlang der Autobahn Helmstedt-Berlin-West ab. Da die „Östlichen" den Nuklearangriff der „Westlichen" mit einem vorzeitigen Kernwaffengegenschlag „beantworten", gelingt es der NATO nicht, das Kräfteverhältnis zu ihren Gunsten zu verändern. Die östlichen Streitkräfte gehen durch den sofortigen Angriff starker Streitkräfte in die Offensive und dringen rasch auf westliches Territorium vor.

7. 10. – zweiter Kampftag: Die „Östlichen" reißen durch den Einsatz operativer und taktischer Nuklearwaffen die Initiative an sich und erreichen in Richtung Ruhr, Frankfurt und München Einbrüche von 80 bis 160 Kilometern. „Westliche" Streitkräfte stoßen zur selben Zeit in der Küsten- und Leipziger Richtung vor und dringen 40–50 Kilometer tief in DDR-Territorium ein. Gleichzeitig führen sie Schläge auf die Flanken der 1. Zentralfront mit dem Ziel, den Angriff der 1. strategischen Staffel des Warschauer Paktes zu zerschlagen. Die „Östlichen" führen daraufhin an der Ostsee die Küstenfront (polnische Truppen) in die Kampfhandlungen ein, die in Richtung Hamburg vorstoßen soll[60]. Während die 51. Polnische Armee über Hamburg, Cuxhaven und Wesermünde Richtung holländische Grenze vordringen soll, ist es Aufgabe der 52. Polnischen Armee Bremen zu besetzen und schließlich über Enschede nach Brüssel vorzustoßen. Gleichzeitig erhält die 50. Polnische Armee den Auftrag, Schleswig-Holstein zu besetzen und

---

[58] Vgl. ebenda, BW 2/2228, Bl. 4–15, Studie des Führungsstabes der Bundeswehr III 6: Kriegsbild – Fall A, 15. 12. 1961.
[59] Strahlendosisleistung, die innerhalb einer Stunde auftritt. Bereits 100 Röntgen pro Stunde, also ein einstündiger Aufenthalt im aktivierten Gebiet, würden zur Strahlenkrankheit I. Grades führen. Eine fünf- bis sechsstündige Verweildauer hätte den sicheren Tod bedeutet. Vgl. Schutz vor Massenvernichtungsmitteln, S. 53 f.
[60] Vgl. ebenda, DVW-1/6103, Bl. 139 f., Vortrag von Armeegeneral Hoffmann zur Auswertung der Kommandostabsübung Burja, o. Datum; ebenda, Bl. 153 ff., Referat Hoffmanns zur Auswertung der Kommandostabsübung Burja, 14. 11. 1961.

über die Jütländische Halbinsel nach Dänemark einzudringen. Zur selben Zeit erfolgen Luft- und Seelandungen von zwei polnischen Divisionen auf der dänischen Insel Falster. Luftlandetruppen besetzen auch die strategisch wichtige Brücke bei Nyköbing und sichern damit das Vorrücken in Richtung der Insel Seeland[61].

8. 10. – dritter Kampftag: Die „Östlichen" führen als 2. strategische Staffel die Westfront und die 2. Zentralfront ein. Während erstere in Richtung Ruhr vorstößt, hat die zweite die Aufgabe, in den Großraum Stuttgart vorzudringen. Der Warschauer Pakt verändert damit das bestehende Kräfteverhältnis weiter zu seinen Gunsten, und seine Truppen erreichen am Ende des Tages die Linie: dänische Grenze, Weser, Ruhrgebiet und bilden am Westufer des Rheins im Abschnitt Mainz und Worms erste Brückenköpfe. Gleichzeitig besetzen die „östlichen" Streitkräfte Nürnberg und München. Die „Westlichen" gehen demgegenüber zur hinhaltenden Verteidigung über, um ihre Truppen über den Rhein zu führen und dort den Angriff der „Östlichen" aufzuhalten.

9. 10. – vierter Kampftag: Die „Östlichen" setzen ihre Angriffe fort.

10. 10. – fünfter Kampftag: Die Panzergruppierung der 1. Zentralfront überschreitet, unterstützt durch Kernwaffenschläge, im Raum Bonn-Mannheim mit zwei Panzerarmeen den Rhein und dringt 140 Kilometer weiter in westlicher Richtung vor. Gleichzeitig besetzen die Streitkräfte der Küsten- und Westfront den Nordteil der Jütländischen Halbinsel und erreichen die Grenzen Hollands und Belgiens. Demgegenüber versuchen die „Westlichen", ihre noch vorhandenen Reserven zu konzentrieren: in den Niederlanden und Belgien werden drei Armeekorps bereitgestellt, zwei Armeekorps im Raum Nancy und zwei Armeekorps im Raum Paris. Ihre Aufgabe ist die Wiederherstellung der Lage am Rhein. Am Ende dieses Tages erhalten die fünf Fronten des Warschauer Paktes vom Vereinten Oberkommando den Auftrag, den Kampf fortzusetzen und am 10. Kampftag die Linie Seine, Burgunder Kanal, Châlons-sur-Saône und Morez zu erreichen. Mit der Aufgabenstellung zur weiteren Zerschlagung der NATO-Streitkräfte auf dem Territorium der Be-Ne-Lux-Staaten und Frankreichs wurde das Kriegsspiel beendet[62].

Insgesamt zeigt die Übung Burja, dass die sowjetische Militärführung Anfang der sechziger Jahre davon ausging, durch massierten Kernwaffeneinsatz kombiniert mit dem Angriff starker konventioneller Kräfte die NATO-Verbände in Westeuropa in kürzester Zeit entscheidend schlagen zu können. Die damals herrschende „Verteidigungsdoktrin" des Warschauer Vertrages war die der weitreichenden strategischen Offensive, die die Kräfte des angenommenen Gegners auf seinem eigenen Territorium vernichten sollte: „Nur durch zielstrebigen Angriff

---

[61] Vgl. ebenda, DVW-1/6289, Bl. 78, Lagebericht der Volksmarine, 8. 10. 1961; ebenda, DVW-1/6289-2, Bl. 304, Lagekarte der Kommandostabsübung Burja, o. Datum; Dyrektywa Operacyjna Nr. 002, Sztab Frontu Nadmorskiego, 4. 12. 1961, auf: PHP-Collection 12. Für genauere Informationen zum polnischen Truppeneinsatz beim Manöver Burja siehe: Piotrowski, A Landing Operation in Denmark.

[62] Vgl. ebenda, DVW-1/6103, Bl. 139 f., Vortrag von Armeegeneral Hoffmann zur Auswertung der Kommandostabsübung Burja, o. Datum; ebenda, Bl. 153 ff., Referat Hoffmanns zur Auswertung der Kommandostabsübung Burja, 14. 11. 1961; ebenda, DVW-1/6303, Bl. 25, Karte der Handlungen der 40. Armee und des 41. Armeekorps der NVA, o. Datum; Meldunek Dowódcy Frontu Nadmorskiego według sytuacji, 10. 10. 1961, auf: PHP-Collection 12.

einiger Fronten in einer strategischen Operation sind auf dem Kriegsschauplatz die Ergebnisse der Kernwaffenschläge mit größter Effektivität auszunutzen, kann der Gegner innerhalb kurzer Zeit völlig zerschlagen und sein Territorium besetzt werden."[63]

Gleichwohl wird auf den ersten Blick deutlich, dass einige entscheidende Fragen einer möglichen bewaffneten Auseinandersetzung zwischen NATO und Warschauer Pakt von den sowjetischen Militärs nicht bis zu Ende gedacht waren. Dies betraf vor allem die Rolle der strategischen Kräfte der USA in diesem Konflikt. In allen bisher aufgefundenen Archivunterlagen zu Burja sind jedenfalls keine Hinweise darauf zu finden. Auf der Grundlage eines 1964 vom sowjetischen Verteidigungsminister herausgegebenen geheimen Handbuches über die Strategie des Kernwaffenkrieges und anderen sowjetischen Quellen ist jedoch anzunehmen, dass der Generalstab der sowjetischen Armee hoffte, schon in der Anfangsphase des Krieges das strategische Potential der Amerikaner weitestgehend auszuschalten. Zugleich ging die militärische Führung der Sowjetunion davon aus, Westeuropa von den Verbindungslinien zum amerikanischen Kontinent abschneiden zu können und somit jede Verstärkung der NATO-Kräfte in Europa zu verhindern[64].

Dieses allgemeine Bild wird durch neue russische Veröffentlichungen ergänzt. Aus ihnen wird deutlich, dass auch die strategischen Raketentruppen der UdSSR in die Kommandostabsübung Burja eingebunden waren. Sie sollten den oben erwähnten Raketenschlag durchführen und die in Mitteleuropa stattfindende Begegnungsschlacht zwischen NATO und Warschauer Pakt zugunsten des Ostblocks entscheiden. In Auswertung des Manövers führten die Raketentruppen im November 1961 die strategische Kommandostabsübung Strela durch. Hier wurde erstmals im großen Umfang auch der Einsatz von Interkontinentalraketen gegen die USA trainiert. An der Übung waren die Stäbe von zwei Raketenarmeen, fünf Raketenkorps, einer Interkontinentalraketenabteilung (UAP), 32 Raketendivisionen und 72 Raketenregimentern beteiligt. Sie übten die Vernichtung von 974 Objekten in zehn verschiedenen Zielgebieten. Hierfür sollten 1708 Raketen, im einzelnen 894 R-12, 90 R-14 – beides Mittelstreckenraketen – und 712 Interkontinentalraketen R-16 sowie 12 R-7A eingesetzt werden. Als Einsatzmethode wurde wie auch bei Burja der Raketenbegegnungsschlag gewählt. Das heißt, die „Westlichen" feuerten ihre Waffen um 4.45 Uhr ab, die „Östlichen" um 4.50 Uhr. Als Folge des westlichen Einsatzes gingen 30 Prozent der östlichen Startanlagen verloren. Dennoch kam die sowjetische Militärführung im Ergebnis von Strela zu dem Schluss, dass der Raketen-Atomschlag in einem künftigen Krieg die Grundform der strategischen Operation sei[65].

Vom 20. bis 25. Mai 1961 hatten die strategischen Raketentruppen im Rahmen eines Kriegsspiels auch den atomaren Erstschlag geübt. Durch den Einsatz der 23. Raketenarmee und des 41. Raketenkorps – dargestellt von Akademien der Raketentruppen – und den Abschuss von 460 Mittelstrecken- und 108 Interkonti-

---

[63] BA-MA, DVL-3/29942, Bl. 131, Die Strategie des Kernwaffenkrieges, 1964.
[64] Vgl. ebenda, Bl. 26–219.
[65] Vgl. Raketnye vojska strategičeskogo naznačenija: istoki i razvitie, S. 245–249; Glavnyj štab RVSN, S. 143; Aleksandrov, Operacija „Tuman", S. 53–58.

nentalraketen sollte innerhalb von zwei Tagen „auf einem der kontinentalen Kriegsschauplätze der Überraschungsangriff des Gegners durch das Führen von massiven Raketen-Atom-Schlägen auf seine Objekte zerschlagen werden"[66]. Dieser bevorstehende „Angriff" war wenige Stunden vor seinem Beginn durch einen atomaren Präventivschlag abzuwehren. Dass 70 Prozent der Ziele rüstungswirtschaftliche Zentren, strategische Flugplätze und Raketenstartanlagen waren, von denen 60 Prozent mit Flugkörpern mittlerer Reichweite zu vernichten waren, legt den Schluss nahe, dass hier ein präventiver Kernwaffenkrieg in Europa geübt wurde. Dies wird bestätigt durch die Tatsache, dass vom 24. Mai bis zum 2. Juni 1961 in der DDR westlich von Berlin ein Manöver von GSSD und NVA stattfand, das den „Angriff in die Tiefe und Forcieren des Rheins" zum Thema hatte. Hierfür standen auf östlicher Seite 26 Divisionen, 140 Kernwaffeneinsatzmittel, 389 Atomwaffen sowie mehr als 1000 Flugzeuge und 230 Schiffe und U–Boote bereit. Der Westen konnte dem Angriff 19 Divisionen, 250 Kernwaffeneinsatzmittel (Geschütze und Startrampen), 400 Atomwaffen, 1200 Flugzeuge und 150 Kampfschiffe entgegensetzen[67]. Auch im Rahmen dieser Übung gelang es den Truppen des Warschauer Paktes, den Krieg in Europa durch den Einsatz zahlreicher Nuklearwaffen für sich zu entscheiden: „Mit dem Übergang über den Rhein wurde der Ausgang der Operation entschieden. Der Gegner hatte keine realen Möglichkeiten, das Erreichen der Küste des Kanals und des Atlantiks zu verhindern."[68]

Dass die USA eine Niederlage auf dem westlichen Kriegsschauplatz – also Europa – auf keinen Fall hinnehmen würden, verdeutlicht ein kurzer Blick auf die strategischen Nuklearplanungen der USA. Der im April 1961 in Kraft getretene „Single integrated operation plan 62" hatte als massiver atomarer Zweitschlag nach einem ersten sowjetischen Nuklearangriff das Ziel, die UdSSR und ihre Bündnispartner derartig zu zerstören, das eine weitere Kriegsführung unmöglich sein würde[69]. Um diese militärpolitische Vorgabe zu erreichen, sollten mehr als 2200 strategische Kernwaffenträger der USA über 3700 Ziele im Ostblock und China, darunter 295 industrielle Ballungszentren, mit 3267 Atomwaffen angreifen, die über 1077 so genannten „erwünschten nuklearen Nullpunkten" zum Einsatz gebracht werden sollten. Als Folge dieses massiven Kernwaffenschlages wären nach den amerikanischen Berechnungen 74 Prozent der sowjetischen Industriefläche und 82 Prozent der gesamten Gebäudefläche zerstört worden. Innerhalb von 72 Stunden hätten 71 Prozent der sowjetischen Stadtbevölkerung und 39 Prozent der Landbevölkerung, insgesamt 54 Prozent der Gesamtbevölkerung der UdSSR, die Folgen des Kernwaffenangriffes nicht überlebt. Insgesamt rechnete das amerikanische Oberkommando in den Ländern des Warschauer Vertrages und China mit 360–540 Millionen Toten. Zugleich wurde deutlich, dass trotz der wesentlich geringeren strategischen Nuklearkapazitäten der Sowjetunion auch die USA im Konfliktfall ernste Verluste hätten hinnehmen müssen. Allein im „güns-

---

[66] Vgl. Raketnye vojska strategičeskogo naznačenija: istoki i razvitie, S. 242 ff.
[67] Vgl. ebenda, S. 243 f.; Kürschner, Zur Geschichte des Militärbezirkes III, S. 157 f.
[68] BA-MA, DVW-1/8754, Bl. 231, Rede von DDR-Verteidigungsminister Hoffmann vor dem Nationalen Verteidigungsrat, 28. 6. 1961.
[69] Vgl. Memo for the Joint Chiefs of Staff: Target Coordination and Associated Problems, 26. 4. 1960, auf: <http://www.gwu.edu/~nsarchiv/NSAEBB/NSAEBB130/index.ht>.

tigsten" Fall – wenn nur die wenigen zur Verfügung stehenden sowjetischen Interkontinentalraketen ihre Ziele in den USA treffen würden – ging man von bis zu 16 Millionen toten US-Bürgern aus[70].

In der Bundesrepublik scheuten die Militärs hingegen derartige Berechnungen. Doch auch sie erkannten die katastrophalen Auswirkungen eines Atomkrieges und die besondere Verwundbarkeit der Bundesrepublik „wegen der verhältnismäßig hohen Anzahl ihrer Großstädte, der vorwiegend in bestimmten Gebieten zentralisierten Industrie und den dadurch zu erklärenden Menschenzusammenballungen. [...] Aus der geographischen Lage der BRD und der unverkennbaren, besonderen psychologischen Situation sind Folgerungen zu ziehen, wobei von der Tatsache auszugehen ist, dass im Kriegsfalle das gesamte Bundesgebiet unmittelbar zur Kampfzone wird. Mit extrem chaotischen Verhältnissen muss daher gerechnet werden, mindestens in der ersten Periode eines gegnerischen Angriffs."[71]

Welche konkreten zivilen und militärischen Auswirkungen ein massiver Kernwaffeneinsatz in Europa auf die Operationen der Streitkräfte haben würde, spielte in den Planungsüberlegungen zu Burja hingegen keine Rolle. Vielmehr galt die These, dass durch die Struktur des Wirtschaftssystems und die politische Einheit der Völker das sozialistische Lager dem ersten Nuklearschlag des Feindes widerstehen könne. Der „imperialistische Block" besaß diese Fähigkeit selbstverständlich nicht[72].

Klar war den die Kommandostabsübung leitenden Generalstabsoffizieren jedoch, dass vor allem die 2. strategische Staffel durch die Luftangriffe der NATO-Streitkräfte verheerende Verluste erleiden würde. Sowjetische Militärärzte rechneten 1961 damit, dass in der Anfangsperiode eines Raketenkernwaffenkrieges 300 bis 400 Atombomben gegen die Streitkräfte der UdSSR zum Einsatz kämen. Sie würden in den Hauptkampfrichtungen mehr als 50 Prozent des Personalbestandes der Fronten außer Gefecht setzen. An eine geordnete medizinische Versorgung der Verwundeten sei deshalb nicht mehr zu denken: „Der Umfang der medizinischen Hilfe muss deshalb stark eingeschränkt werden und nur den Verwundeten erteilt werden, die noch Lebenszeichen zeigen und von denen zu erwarten ist, dass sie wieder zum Verband zurückkehren."[73]

Es gab jedoch auch einige sowjetische Generäle und Admirale, die durchaus die Probleme des „unbegrenzten Kernwaffenkrieges" sahen. So merkte Konteradmiral Derewjanko in einem Brief an Chruschtschow zur „nuklearen Romantik" seiner Generalstabskollegen an: „Nur eine Kleinigkeit wäre interessant. Auf welchen Planeten glauben diese Leute in Zukunft zu leben und auf welche Erde denken sie Truppen zur Eroberung der Territorien zu senden. Wofür ist sie uns in diesem Zustand nütze? Können sie sich überhaupt das Chaos vorstellen, in das sie unsere Truppen werfen. [...] Ich kenne es nicht, aber ich vermute, das nächste strategische

---

[70] Vgl. Memorandum from Carl Kaysen for General Maxwell Taylor – Strategic Air Planning and Berlin, 5. 9. 1961, auf: <http://www.gwu.edu/~nsarchiv/NSAEBB/NSAEBB56/#doc>.
[71] BA-MA, BW 2/1799, Bl. 49, Notiz der Inneren Führung für den Generalinspekteur, 16. 10. 1959. Siehe hierzu auch: Thoß, NATO-Strategie und nationale Verteidigungsplanung, S. 604–719.
[72] Vgl. Gastilovich, The Theory of Military Arts Need Review, S. 4.
[73] Vgl. RGAE, 4372/80/331, Bl. 20, Schreiben von N. Vovgaj an S. I. Semin, 10. 7. 1962.

Ziel unserer Streitkräfte in der Anfangsperiode des Krieges wird die Besetzung der Territorien der Aggressorenstaaten in der westeuropäischen Zentralrichtung durch einen schnellen Vorstoß und Angriff unserer Streitkräfte (vor allem von Luftlande- und motorisierten Einheiten) mit dem raschen Erreichen der Atlantikküste sein. Was für ein begrenzter Mensch muss man sein, wenn man auf dem Weg unserer Truppen auf der gesamten Breite der Front radioaktive Sperren und verseuchte Erde, Wasser und Luft schafft. Niemals erhalten wir ein Angriffstempo von 100 Kilometern am Tag. Im Gegenteil, der Angriff wird sich totlaufen. Wir nehmen nicht nur Millionen verstrahlte Zivilisten in Kauf, sondern werden auch auf Jahrzehnte hinaus durch den unbedachten massiven Kernwaffeneinsatz auf einem kleinen und engen Territorium wie Westeuropa Millionen unserer eigenen Leute verstrahlen: Streitkräfte und Bevölkerung der sozialistischen Staaten und bei den vorherrschenden westlichen Winden auch unser Land bis zum Ural. [...] Wir müssen das triumphierende Denken beenden, das sich mit der Macht unserer Atomraketen verbindet. Sie besitzen ihre strategischen Möglichkeiten, können aber nicht die vielen unterschiedlichen Erscheinungen und Prozesse des modernen bewaffneten Kampfes entscheiden."[74] Der sowjetische Regierungschef nahm diese gewichtigen Einwände nicht zur Kenntnis, sondern ließ den Brief ungelesen an die Sekretäre des ZK der KPdSU und Verteidigungsminister Malinowskij weiterleiten.

Das Manöver Burja zeigte auch, dass wichtige Fragen der materiell-technischen Sicherstellung des Vormarsches so großer Truppengruppierungen zum Teil noch völlig ungeklärt waren. Zudem offenbarten sich erhebliche Schwächen und Mängel in der Gefechtsausbildung und Truppenführung der beteiligten Streitkräfte. Noch gravierender waren jedoch die Mängel im Zusammenwirken zwischen den Armeen der einzelnen Staaten des Warschauer Paktes. Verbindungen zwischen den benachbarten Fronten und Armeen kamen nur unter allergrößten Schwierigkeiten zu Stande und rissen immer wieder ab. Ein koordiniertes Führen der Gefechtshandlungen war damit unmöglich, die nationalen Befehlshaber wussten kaum, was in ihren Nachbarabschnitten vor sich ging. So hatte beispielsweise die Volksmarine der DDR während der Übung, trotz mehrmaliger Bemühungen, keinerlei Kenntnisse über die Absichten der in ihrem Abschnitt handelnden 50. Armee der polnischen Küstenfront. Ursache für diese Kommunikationsschwierigkeiten waren neben mangelnder Nachrichtentechnik vor allem Sprachprobleme. Nur wenige ostdeutsche Kommandeure verfügten über solche Sprachkenntnisse, dass sie in der Lage waren, Gespräche mit sowjetischen oder polnischen Führungsstäben ohne Dolmetscher zu führen. Ein Teil der eingesetzten NVA-Stabsoffiziere konnte nicht einmal die russischen Beschriftungen auf den Karten lesen. Die bei der Übung eingesetzten Truppen entsprachen damit wohl kaum den sowjetischen Vorstellungen von Vereinten Streitkräften[75]. Gleichwohl gilt: auf dem

---

[74] RGANI, 5/30/372, Bl. 207–209, Schreiben von Konteradmiral Derevjanko an Chruščev, 1. 8. 1961.
[75] Vgl. Schunke, Feindbild und militärische Beurteilung des Gegners, S. 187 f.; BA-MA, DVW-1/ 5191, Bl. 69 ff., Rede des Oberkommandierenden der Vereinten Streitkräfte Marschall, Grečko, zur Auswertung der Übung Burja, 14. 10. 1961; ebenda, DVW-1/6303, Bl. 20–23, Probleme der Kommandostabsübung Burja, o. Datum.

Höhepunkt von Berlin- und Kubakrise hielt zumindest die Militärführung des Warschauer Vertrages einen Atomkrieg in Mitteleuropa nicht nur für führbar, sondern sah in ihm sogar das entscheidende Mittel zur Vernichtung des vermeintlichen Gegners.

Berlin, Burja und die neue sowjetische Kernwaffenstrategie

Die Kommandostabsübung Burja war nicht nur eine demonstrative militärische Maßnahme der UdSSR nach dem Mauerbau. Sie überprüfte vielmehr erstmals die neue strategische Rolle des Einsatzes der Vereinten Streitkräfte auf dem westlichen Kriegsschauplatz. Nach Einschätzung des Oberkommandierenden der Vereinten Streitkräfte würde diese Arena von zwei Weltkriegen auch bei einem künftigen Konflikt zwischen NATO und Warschauer Pakt Hauptkriegsschauplatz sein: „Er hat besondere wirtschaftliche Bedeutung, besonders große Menschenreserven, auf ihm befindet sich ein solcher Staat wie Westdeutschland, die beiden Weltsysteme stoßen hier mit ihren Staatsgrenzen aufeinander, hier sind die größten Reserven der NATO entfaltet."[76]

Burja bestätigte trotz aller während des Manövers aufgetretenen Probleme in den Augen des Vereinten Oberkommandos des Warschauer Vertrages die Richtigkeit der Theorie des „unbegrenzten Raketenkernwaffenkrieges" für den westeuropäischen Kriegsschauplatz. Wie der sowjetische Verteidigungsminister Malinowskij in seiner Rede zur Auswertung des Kriegsspiels betonte, hatte die Übung gezeigt, dass „die Hauptaufgabe zur Zerschlagung des Gegners" unter „modernen Bedingungen durch Schläge der Kernwaffen" erfüllt werde. Die Aufgabe der Landstreitkräfte sei es, „seine völlige Zerschlagung auf die Perspektive zu vollenden"[77].

Genau diesen Auftrag, so der Marschall weiter in seinen Ausführungen, hatten die Führungsstäbe der sowjetischen, polnischen, tschechoslowakischen und ostdeutschen Armeen mit Burja praktisch geübt. Die Landstreitkräfte nutzten im Verlaufe des Manövers die Ergebnisse der Atomwaffenschläge der strategischen Raketentruppen und eigenen Kernwaffeneinsatzmittel erfolgreich aus und bewegten sich entschlossen in die Tiefe des Kriegsschauplatzes vorwärts, wobei Stäbe, Nachrichtenstellungen, Raketenbasen und Truppen des Gegners zerschlagen wurden. Die anschließend in die Schlacht eingeführte 2. Staffel vernichtete durch Flanken- und Rückenangriffe die noch Widerstand leistenden gegnerischen Streitkräftegruppierungen. Hierfür wurde im großen Umfang auf die operativ-taktischen Kernwaffen der auf dem Kriegsschauplatz eingesetzten Fronten und Armeen zurückgegriffen, da die Masse der strategischen Atomwaffen bereits in den ersten Operationstagen verbraucht worden war[78].

---

[76] Vgl. BA-MA, DVW-1/5203, Bl. 1, Rede des stellv. Verteidigungsministers Grečko auf der Auswertung einer gemeinsamen Kommandostabsübung von GSSD und NVA, Mai 1961.
[77] Ebenda, Bl. 53, Rede von Malinovskij zur Auswertung der Kommandostabsübung Burja, Oktober 1961.
[78] Vgl. ebenda, Bl. 52.

Hierbei bemängelte der sowjetische Verteidigungsminister bei seiner Übungsauswertung jedoch, dass beim operativ-taktischen Kernwaffeneinsatz immer noch veraltete artilleristische Schablonen zur Anwendung gekommen seien. Die Oberkommandierenden der Fronten verwendeten 60 Prozent der zur Verfügung stehenden Kernwaffen zur Lösung der ersten Angriffsaufgabe und 30 Prozent zur Lösung der sogenannten „weiteren Aufgabe". Lediglich 10 Prozent würden als Reserve zurückgehalten. Diesem Schema folgend, verbrauchte während der Kommandostabsübung die Süd-Westfront, so Malinowskij, innerhalb der ersten zwei Operationstage alle ihr unterstellten Atomwaffen. Einen ähnlichen Kernwaffeneinsatz, beanstandete der sowjetische Verteidigungsminister, planten auch die Fronten der 2. Staffel, obwohl sie einem bereits geschwächten Gegner gegenüberstanden. Damit würden Kernwaffen für die Lösung der Angriffsaufgaben in der Tiefe fehlen, wo die Streitkräfte auf große operative und strategische Reserven des Gegners treffen könnten[79].

Malinowskij forderte deshalb: „Wenn die Truppen nach dem Kernwaffenschlag mit strategischen Raketen zum Angriff übergehen, so ist es offensichtlich nicht unbedingt notwendig, zu Beginn der Operation im breiten Maße die operativ-taktischen Raketen einzusetzen. Sie muß man aufheben für die Lösung von Aufgaben *in der Tiefe*, wo Kernwaffen äußerst nützlich sein können, wenn die strategischen Raketen den Fronten keine Hilfe geben können."[80]

Diese Ausführungen bestätigen zugleich nochmals, dass Burja die erste strategisch ausgerichtete Kommandostabsübung des Warschauer Paktes unter den Bedingungen des umfassenden Raketenkernwaffenkrieges war. Denn 1961 kannte die sowjetische Militärstrategie, wie aufgezeigt, nur eine Form des Kernwaffeneinsatzes: den strategischen Atomwaffenschlag, der von den Kernwaffeneinsatzmitteln aller Befehlsebenen gemeinsam geführt wurde. Er richtete sich zeitgleich gegen Ziele im strategischen und kontinentalen Bereich, aber auch gegen solche auf Kriegsschauplatz und Gefechtsfeld. Der darauf unmittelbar folgende Angriff überlegener konventioneller Kräfte in Europa hatte die hier vorhandenen NATO-Streitkräfte unter dem Einsatz weiterer Atomwaffen endgütig zu vernichten. Auf dem westeuropäischen Kriegsschauplatz rechnete der sowjetische Generalstab in Fall eines NATO-Angriffes mit einem überwältigenden Erfolg der Streitkräfte des Warschauer Paktes.

Die Sonderrolle der GSSD im Rahmen der für den Kriegsfall vorgesehenen Operationen als besonders kampf- und schlagkräftige Gruppierung, die als *„gepanzerte Faust"* der Sowjetarmee in einer der wichtigsten strategischen Richtungen dienen sollte, bestätigte Verteidigungsminister Malinowskij 1961 auch noch einmal auf der Parteikonferenz der Gruppe der Truppen: „Wenn uns die Gefahr des Ausbruchs eines Krieges dazu zwingt, den Speer zu schleudern, dann kann sie [die GSSD – d.Verf.] nur der Ärmelkanal aufhalten, und dies nur zeitweise"[81].

Gerade in der aggressiven sowjetischen Offensivstrategie lag eine besondere Gefahr für die westliche Idee der „nuklearen Pause", die während der Berlin-

---

[79] Vgl. ebenda, Bl. 58f.
[80] Ebenda.
[81] Geraskin, Zapiski voennogo kontrrazvedčika, S. 126.

Krise von der USA-Führung entwickelt worden war. Diese sah vor, einen sowjetischen Angriff durch konventionelle Kräfte „frühzeitig und ohne beträchtlichen Geländeverlust aufzuhalten für die Dauer einer Pause, in der es ihm [dem sowjetischen Gegner – d. A.] klar wird, dass sein nächster Schritt ihn über die Schwelle zum nuklearen Krieg führt"[82]. Für die Umsetzung dieses Konzeptes sei es allerdings – auch nach Einsicht der NATO – notwendig, „dass nach Ausbruch von Feindseligkeiten Stillstand in den Kampfhandlungen eintreten könnte". Zugleich war klar: „Solcher Stillstand setzt jedoch offenes und stillschweigendes Einverständnis des Gegners voraus – Form des Waffenstillstandes. Derartige Entwicklung im Falle Sowjet-Angriffes niemals zu erwarten. Vielmehr muss Gegner durch eigene Kampfführung frühzeitig dazu gezwungen werden, seine Absichten zu erkennen zu geben Durchführung unserer Verteidigungsplanung muss sichergestellt sein! Hierdurch oberste mil. Führung in der Lage, der politischen Spitze Unterlagen für ihren Entschluss – nukleare Waffen anzuwenden oder nicht – zu geben."[83] Doch genau die Option des konventionellen Angriffes schloss die sowjetische Militärstrategie während der zweiten Berlin-Krise, wie gezeigt, aus.

Noch gefährlicher wäre allerdings der von den Westalliierten geplante demonstrative Einsatz von Nuklearwaffen im Fall eines bewaffneten Konfliktes um die Zugangswege nach Berlin gewesen. Entsprechend den hierfür nach dem Mauerbau entwickelten Planungen sollte das aus drei Divisionen bestehende VII. US Korps einen 20 bis 30 Kilometer breiten Korridor entlang der Autobahn Helmstedt-Berlin freikämpfen. Gleichzeitig war die Elbbrücke bei Magdeburg durch Luftlandeinheiten zu besetzten und der Flussübergang durch Flugabwehrraketen zu sichern. Sollte die GSSD den militärischen Aktionen zur Öffnung des Berlin-Zuganges ernsten Widerstand entgegensetzen, „the Western Allies would launch selective nuclear attacks for the preliminary purpose of demonstrating their will to use nuclear weapons"[84]. Dies sollte der letzte westalliierte Versuch sein, die UdSSR von einem Eingreifen in die Berlin-Krise mit Kernwaffen abzuhalten. Die Sowjetunion jedoch hätte auf diese atomaren Schläge, so sie denn überhaupt ihren „demonstrativen Charakter" erkennen konnte, mit einem massiven nuklearen Gegenschlag antworten müssen. Denn ihr zur Verfügung stehendes strategisches Arsenal war denkbar klein. Jeden nuklearen Angriff der USA hätte die Militärführung der UdSSR entsprechend ihrer Doktrin als Versuch angesehen, dieses Potential noch weiter zu verringern. Da die sowjetische Seite fürchten musste, die wenigen verwundbaren Stellungen für den Abschuss von Interkontinentalraketen zu verlieren, wäre ihr sofortiger Einsatz die einzig denkbare Alternative gewesen. Darauf, dass die USA einen solchen Präventivschlag ins Auge fassten, sei hier kurz verwiesen. Im Fall eines unmittelbar bevorstehenden sowjetischen Angriffes sollten 55 US-Bomber im Tiefstflug in den Luftraum der UdSSR eindringen und dort 16 ICBM-Stellungen und 46 Heimatflughäfen sowie 26 Ausweichflugplätze der strategischen Luftwaffe angreifen und damit das gesamte strategische Arsenal der UdSSR ausschalten. Die dabei auf sowjetischer Seite eintretenden Verluste wur-

---

[82] Vgl. BA-MA, BW 2/2440, o. Bl., Notiz von Oberst i.G. Hans Hinrichs an den Oberbefehlshaber über eine SACEUR-Konferenz der Befehlshaber der Landstreitkräfte, 4. 12. 1961.
[83] Ebenda, BW 2/2526, o. Bl., Konzeption NATO-Politik, 25. 5. 1961.
[84] The U.S. Army in Berlin, 1945–1961, 30. 1. 1963, S. 72.

den auf 500 000 bis 1 000 000 Menschen geschätzt. Dadurch, dass sich die amerikanischen Atomangriffe eindeutig gegen militärische Ziele und nicht gegen Bevölkerungszentren richteten, wollte die USA einen nuklearen Overkill verhindern und die Kremlführung zur Rücknahme möglicher Blockademaßnahmen gegen Berlin zu zwingen[85]. Ob dies im Konfliktfall tatsächlich gelungen wäre, muss dahingestellt bleiben. Zumindest die technischen Möglichkeiten zur Durchführung eines solchen Überraschungsschlages wären gegeben gewesen. Nicht nur die CIA meldete im Juli 1961, dass die sowjetischen Luftverteidigungskapazitäten gegen Tiefflugangriffe nur begrenzt seien. Nur zwei Monate zuvor hatte der Generalstabschef der Sowjetarmee, Sacharow, bekennen müssen, „dass im Luftverteidigungssystem gegenwärtig effektive Mittel für den Kampf mit Zielen fehlen, die in Höhen zwischen 100 und 500 Metern fliegen"[86]. Bereits ein Jahr zuvor hatte der Oberkommandierende der Heimatluftverteidigung, Marschall Birjusow, zugeben müssen, dass lediglich 16 Prozent der ihm unterstehenden Jagdflugzeuge mit Radargeräten ausgerüstet waren, so dass die absolute Mehrzahl der Maschinen lediglich bei Tage und unter guten Wetterbedingungen eingesetzt werden konnte[87].

Der Militärführung der Sowjetunion hatte Burja gezeigt, dass trotz der gestiegenen Bedeutung der Raketen zur Umsetzung ihrer Angriffsstrategie weiterhin starke konventionelle Kräfte erforderlich waren. Deshalb betonte Marschall Malinowskij auf dem XXII. Parteitag der KPdSU Ende Oktober 1961, „dass der endgültige Sieg über den Aggressor nur infolge gemeinsamer Aktionen aller Arten der Streitkräfte erzielt werden kann"[88].

Für die strategische Gesamtführung des Warschauer Paktes blieb jedoch, wie ein Jahr später die Kuba-Krise eindrucksvoll zeigte, die militärische Stellung der USA im Konfliktfall ungeklärt. Ihr hatten weder die Sowjetunion noch der Warschauer Pakt reale strategische Machtmittel entgegenzusetzen. Deshalb war es in den Planungen zu Burja überaus unrealistisch anzunehmen, dass die Vereinigten Staaten eine Niederlage ihrer NATO-Partner einfach hinnehmen würden. Doch tauchte die Frage, wie einem strategischen Atomwaffeneinsatz durch die USA auf dem westeuropäischen Kriegsschauplatz begegnet werden könnte, weder in den Unterlagen zu Burja noch zu späteren Kommandostabsübungen des Warschauer Paktes auf.

Gleichwohl scheint auf Grundlage der jetzt zugänglichen Dokumente klar zu sein, dass Burja keine abstrakte Übung war, sondern vor allem dazu diente, die Realität der Operationspläne des sowjetischen Generalstabes für Zentraleuropa zu prüfen. Jedenfalls decken sich die 1961 im Operationsplan (OP-61) der polnischen Armee aufgeführten strategischen Ziele eindeutig mit den Manöverzielen für die polnische Küstenfront während der Kommandostabsübung Burja. Unter-

---

[85] Vgl. Kaplan, JFK's First-Strike Plan, S. 81–86; Thoß, NATO-Strategie und nationale Verteidigungsplanung, S. 325 f.; Memo: Strategic Air Planning and Berlin, 6. 9. 1961, auf: Burr, First Strike Options and the Berlin Crisis.
[86] RGAE, 29/1/1741, Bl. 199–204, Schreiben von Generalstabschef Zacharov an den Vorsitzenden des GKAT Demet'ev, 10. 5. 1961.
[87] Vgl. RGASPI, 17/165/154, Bl. 76, Redebeitrag Birjuzovs auf der Sitzung des ZK der KPdSU mit den Kommandeuren, Stabschefs und Mitgliedern der Militärräte der Militärbezirke, 18. 12. 1959.
[88] Rede des sowjetischen Verteidigungsministers Malinovskij auf dem XXII. Parteitag der KPdSU, in: Neues Deutschland, 23. 10. 1962.

schiede sind lediglich in der Zuordnung der Operationsziele der einzelnen Armeen sowie in geringfügigen Verschiebungen der vorgesehenen Zeitpläne auszumachen. So übernahm die 50. Armee die Rolle der 4. Armee des OP-61. Da sie bereits voll mobilisiert war, stieß sie bereits am 2. Operationstag über Schleswig-Holstein Richtung Dänemark vor. Demgegenüber wurden die im Operationsplan vorgesehenen Aufgaben der 1. und 2. Armee während der Kommandostabsübung von den Einheiten der 51. und 52. Armee übernommen, wobei letztere wegen ihres längeren Anmarschweges erst ab dem 3. Operationstag an der Offensive teilnahm[89]. Auch für die Nationale Volksarmee der DDR überprüfte der sowjetische Generalstab offensichtlich die von ihm erarbeiteten Einsatzpläne. Allerdings wurden diese der DDR erst im Sommer 1962 ausgehändigt. Inwieweit die tschechoslowakischen Manöverziele mit dem ebenfalls im Sommer 1961 vom sowjetischen Oberkommando bestätigten Operationsplan übereinstimmten, wäre noch genauer durch tschechische Akten zu prüfen[90]. Auch nach der abschließenden Einschätzung von Marschall Gretschko, der die Kommandostabsübung leitete, konnte Burja als zielstrebiges Manöver gelten, das dem Charakter der auf diesem Kriegsschauplatz zu lösenden Gefechtsaufgaben entsprach[91].

Zugleich erwies sich Burja auf dem Höhepunkt der Berlin-Krise als wichtiges und auch wirkungsvolles militärisches Drohmittel der politischen Führung der Sowjetunion gegenüber dem Westen, wie der BND in seinem Monatsbericht für September 1961 anmerkte: „Die Ankündigung der Manöver und die voraussichtliche Durchführung in der Zeit der beginnenden Ost/West-Verhandlungen sind nicht nur als spektakuläres Schauspiel militärischer Macht zu werten. Sie sind auch im Rahmen der psychologischen Kriegsführung der Sowjets von besonderem Wert. Sie müssen im Westen echte Besorgnis erregen, da angebliche Manövervorbereitungen auch eine hervorragende Tarnung für Mobilisierungs- und Aufmarschmaßnahmen sein können."[92] Mit dieser Politik der Stärke versuchten Chruschtschow und seine Militärführung, den Westen einzuschüchtern und ihn gegenüber politischen Forderungen nachgiebiger zu machen.

Gleichzeitig ist jedoch nicht von der Hand zu weisen, dass die bei Burja aufgetretenen Mängel und gravierenden Schwächen, insbesondere im Zusammenwirken zwischen den einzelnen Teilnehmerstaaten des Warschauer Paktes, offensichtlich ein Umdenken in der politischen und militärischen Führung hinsichtlich des Abschlusses eines einseitigen Friedensvertrages mit der DDR bewirkten. Gerade weil sich Chruschtschow, wie die Kommandostabsübung zeigte, der militärischen Stärke der eigenen Streitkräfte und der Bündnispartner nicht sicher sein konnte, rückte er im Spätherbst 1961 von seinen ursprünglichen politischen Zielen ab. Die Unterzeichung des Friedensvertrages stand jedenfalls nicht mehr zur

---

[89] Vgl. Piotrowski, A Landing Operation in Denmark; BA-MA, DVW-1/6289-2, Bl. 304, Lagekarte der Kommandostabsübung Burja, o. Datum.
[90] Vgl. A Cardboard Castle, S. 20–23; Mastny, Imagining war in Europe, S. 22–28; Luňák, Planning for Nuclear War, S. 289–297. Gegenwärtig liegt zwar ein Operativer Plan der ČSSR aus dem Jahr 1964 vor, welche Manöverziele die tschechoslowakischen Truppen jedoch während Burja hatten, ist bislang unbekannt.
[91] Vgl. BA-MA, DVW-1/5191, Bl. 59, Rede des Oberkommandierenden der Vereinten Streitkräfte, Marschall Grečko, zur Auswertung der Übung Burja, 14. 10. 1961.
[92] BA Koblenz, B 206/181, o. Bl., BND-Monatsbericht September, S. 26.

Debatte. Letztlich verzichtete der sowjetische Generalstab in Moskau in der Auswertung von Burja sogar auf für den November 1961 geplante größere Manöver des Warschauer Paktes, die auch vom Westen immer wieder erwartet wurden[93].

Abschließend sei Folgendes festgestellt: In den sechziger Jahren waren die Militärdoktrin, die Strategie und die operative Kriegskunst des Warschauer Paktes voll auf die Zerschlagung der europäischen NATO-Streitkräfte in schnellen tiefen Operationen mit täglichem Angriffstempo von 80 bis 100 km und der Eroberung des Territoriums bis zum Atlantik in zwölf bis sechzehn Tagen eingestellt. Erst die politischen, wirtschaftlichen und militärtechnischen Entwicklungen der siebziger und achtziger Jahre führten zu einer realistischeren Einschätzung der operativen Möglichkeiten des Warschauer Paktes. Die strategischen Planungen für den europäischen Kriegsschauplatz zielten jetzt nur noch auf ein Herausbrechen der vorderen NATO-Länder aus dem Krieg. Erst 1987 – unter dem neuen sowjetischen Generalsekretär Michail S. Gorbatschow – erhielt der Warschauer Pakt eine Militärdoktrin, die endgültig jegliche Angriffsoption und den Ersteinsatz von Kernwaffen ausschloß und nur noch die Verteidigung des eigenen Territoriums vorsah. Als die entsprechende defensive Umstrukturierung des Warschauer Pakts begann, waren seine Tage bereits gezählt und die halbherzigen Änderungen in Struktur, Stärke und Strategie beschleunigten den Niedergang nur noch[94].

---

[93] Vgl. Schunke, Feindbild und militärische Beurteilung des Gegners, S. 187 f.; BA-MA, AZN 32595, Bl. 72 ff., Schreiben von Antonov an Hoffmann, 14. 9. 1961; ebenda, BW 2/2226, o. Bl., Lageberichte des Führungsstabes der Bundeswehr, Oktober–November 1961.
[94] Vgl. Kießlich-Köcher, Kriegsbild und Militärstrategie der UdSSR, S. 581–587.

5. Die Rüstungsindustrie – Akteur und Profiteur in der Berlin-Krise

Die sowjetische Propaganda während der Krisen der 1960er Jahre war von einer massiven atomaren Drohung geprägt. Inzwischen ist bekannt, dass jedoch gerade im strategischen Bereich gravierende Lücken vorhanden waren[1]. Tatsächlich war die UdSSR bis 1963 nicht in der Lage, die USA ernsthaft zu gefährden, wie US-Aufklärungssatelliten ab 1960 zweifelsfrei zeigten. Die Auswirkungen auf die sowjetische Position in der Berlin-Krise sind bekannt, denn mit diesen begrenzten militärstrategischen Mitteln musste jeder Versuch scheitern, durch bloße Androhung von Gewalt die Westmächte zur Teilnahme am Abschluss eines Friedensvertrages zu zwingen. Gerade deshalb dürfte Chruschtschow der von Ulbricht vorgeschlagenen Minimallösung des Mauerbaus nach einigem Zögern zugestimmt haben.

Auch die Kuba-Krise hat letztlich ihre Ursachen in der strategischen Schwäche der Sowjetunion. Durch die Stationierung von Mittelstreckenraketen auf der Insel sahen die Militärs die Chance, ihre Schlagkraft gegenüber den USA zu verdreifachen. Statt 24 Zielen, so die Planungen des sowjetischen Generalstabs Ende Mai 1962, hätten bei einem möglichen ersten Kernwaffenschlag jetzt 64 Ziele in den USA angegriffen werden können. Die Raketen auf Kuba dienten damit, wie Verteidigungsminister Malinowskij am 20. Mai 1962 auf einer Besprechung mit Chruschtschow bemerkte, „nicht nur der Verteidigung Kubas, sondern vor allem den Interessen der Verteidigungsfähigkeit der UdSSR"[2]. Anstrengungen zur Mobilisierung einer modernen Rüstungsindustrie, gerade im Hinblick auf die Produktion von strategischen Raketenwaffen, bildeten also einen weiteren politischen Schwerpunkt. Dabei wirkte sich die zweite Berlin-Krise insbesondere auf die Produktion und Struktur des sowjetischen militärisch-industriell-akademischen Komplexes aus, wobei die konventionelle Rüstung, wie im Folgenden gezeigt wird, nicht vernachlässigt wurde.

Produktion und Entwicklung des sowjetischen MIAK während der zweiten Berlin-Krise

In dem bislang gesichteten und zugänglichen Archivmaterial des militärisch-industriell-akademischen Komplexes der UdSSR findet sich kein direkter schriftlicher Hinweis auf einen Zusammenhang zwischen Rüstungsproduktion und Ber-

---

[1] Vgl. Zaloga, The Kremlin's Nuclear Sword, S. 70–85.
[2] Zit. nach Operacija „Anadyr", S. 85.

lin-Krise. Die Worte „Berlin-Frage" oder „Berlin-Krise" tauchen im Schriftverkehr der Rüstungsministerien nicht einmal auf. Allerdings belegen die jetzt in den Archiven erstmals zugänglichen internen sowjetischen Zahlen durchaus einen Zusammenhang von Rüstungsproduktion und Berlin-Krise. Allein von 1959 bis 1963 stiegen die Ausgaben des Verteidigungsministeriums der UdSSR von 9,61 Milliarden Rubel auf 13,94 Milliarden Rubel[3].

Ausgaben des Verteidigungsministeriums der UdSSR 1958–1963

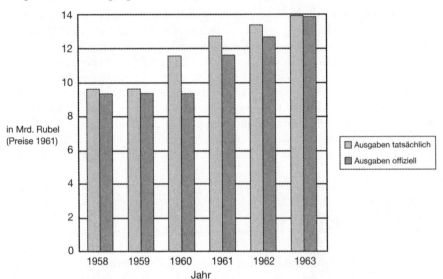

Quelle: RGAE, 4372/79/659, Bl. 2, Schreiben von Kosygin, Kozlov, Brežnev, Novikov, Malinovskij u. a. an das ZK der KPdSU, 23. 12. 1960; ebenda, 4372/79/792, Bl. 131, Spravka über das militärische Potential des Warschauer Paktes, 1. 3. 1961; ebenda, 4372/80/348, Bl. 228, Spravka von Gosplan, 27. 4. 1962.

Das bedeutet, dass während der zweiten Berlin-Krise – trotz der von Chruschtschow immer wieder beteuerten Abrüstungsmaßnahmen – die Ressortausgaben für das sowjetische Militär um fast 50 Prozent gestiegen sind. Zugleich stieg ihr Anteil am Staatshaushalt von 13,5 Prozent auf 17,5 Prozent, was auch die relative Zunahme des Streitkräftebudgets belegt. Dass die staatlichen Aufwendungen für den Unterhalt der Sowjetarmee jedoch nicht den tatsächlichen Verteidigungsausgaben entsprachen, liegt auf der Hand. Erstmals ist es jetzt auf der Grundlage sowjetischer Dokumente möglich, zumindest für das Jahr 1962 die Gesamtverteidigungsausgaben der UdSSR annähernd konkret zu beziffern. Demnach wurden mehr als ein Viertel des Staatshaushalts für äußere Verteidigungszwecke ausgege-

[3] Vgl. RGAE, 4372/79/659, Bl. 2, Schreiben von Kosygin, Kozlov, Brežnev, Novikov, Malinovskij u. a. an das ZK der KPdSU, 23. 12. 1960; ebenda, 4372/79/792, Bl. 131, Spravka über das militärische Potential des Warschauer Paktes, 1. 3. 1961; ebenda, 4372/80/348, Bl. 228, Spravka von Gosplan, 27. 4. 1962.

Sowjetische Verteidigungsausgaben 1962

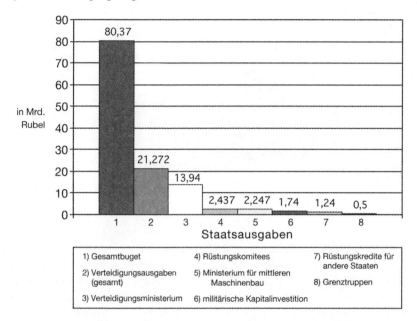

Quelle: RGAE, 4372/80/348, Bl. 226, Spravka über die Verteidigungsausgaben 1962, 27. 4. 1962

ben. Nicht eingerechnet sind hier die Aufwendungen für die innere Sicherheit, also den KGB, die Miliz, die Justiz usw.

Diese 26,5 Prozent des Gesamthaushaltes entsprachen 21,272 Milliarden Rubeln. Der Löwenanteil hiervon ging mit 13,94 Milliarden bzw. 63 Prozent an das Verteidigungsministerium. Die Rüstungskomitees und das für die Produktion von Kernwaffen zuständige Ministerium für mittleren Maschinenbau erhielten jeweils ungefähr zehn Prozent der sowjetischen Verteidigungsaufwendungen. Acht Prozent der Gelder verwendete die Führung der UdSSR für Kapitalinvestitionen im Bereich der Rüstungswirtschaft, weitere sechs Prozent wurden für Rüstungskredite zugunsten anderer Staaten aufgewendet. Vergleichsweise günstig gestaltete sich die Grenzsicherung, die lediglich zwei Prozent der Verteidigungsausgaben beanspruchte[4].

Demgegenüber lag 1962 der Anteil der zivilen Kapitalinvestitionen nur knapp über den Aufwendungen für das Verteidigungsministerium. Bereits zu diesem Zeitpunkt deutete sich also an, dass das sowjetische Wirtschaftssystem langfristig an den überproportionalen Rüstungsaufwendungen des Staates scheitern musste.

Denn die Rüstungsindustrie sog während der zweiten Berlin-Krise immer umfangreichere Ressourcen an Material, Investitionen und Arbeitskräften auf. Deshalb musste auch Chruschtschows Versuch scheitern, durch eine Reduzierung der

[4] Vgl. RGAE, 4372/80/348, Bl. 226, Spravka über die Verteidigungsausgaben 1962, 27. 4. 1962.

5. Die Rüstungsindustrie

Sowjetische Verteidigungsausgaben 1962

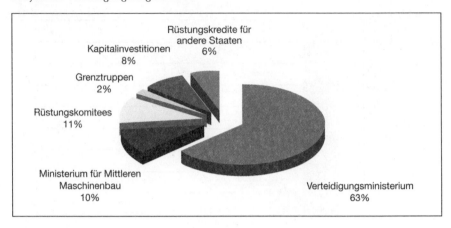

Streitkräfte zusätzliches Personal für die Wirtschaft freizumachen. Die hieraus gewonnenen Effekte für die angespannte sowjetische Arbeitskräftesituation wurden durch die immense Ausweitung der Rüstungsindustrie zwischen 1958 und 1962 mehr als aufgewogen. Durch die Anfang 1958 erfolgte und bereits beschriebene Umstrukturierung der Rüstungswirtschaft[5] fällt es jedoch schwer, diese Prozesse in ihrer Gesamtheit nachzuzeichnen. Allein die Untersuchung der für die Rüstungsproduktion wichtigen Staatskomitees für Verteidigungstechnik, Flugzeugtechnik, Schiffbau und Fernmeldetechnik zeigt bereits eindeutige Ergebnisse. Allein zwischen 1960 und 1963 stieg die Zahl der in den vier Rüstungskomitees beschäftigten Wissenschaftler und Arbeiter von rund 650 000 auf mehr als eine Million[6]. Als Beispiel hierfür sei in den nachfolgenden Diagrammen die Personalentwicklung im Staatskomitee für Verteidigungstechnik und im Staatskomitee für Flugzeugtechnik zwischen 1957 und 1963 dargestellt.

Eine Gesamtbilanz der personellen Veränderungen in der sowjetischen Rüstungsindustrie während der zweiten Berlin-Krise lässt sich deshalb erst nach der Wiederausgliederung der Rüstungsbetriebe aus den örtlichen Wirtschaftsräten ziehen. Diese zeigt, dass zwischen 1956 und 1965 knapp 1,7 Millionen Menschen eine Neuanstellung innerhalb des militärisch-industriell-akademischen Komplexes erhalten hatten und die Zahl der dort Beschäftigten auf 170 Prozent gestiegen war (Tabelle S. 188).

Doch nicht nur die Zahl der in der Rüstung Berufstätigen hatte stark zugenommen. Noch größer fiel das Wachstum der Rüstungsproduktion selber aus. Die Bruttoproduktion der sowjetischen Rüstungsunternehmen stieg im angegebenen Zeitraum auf mehr als 220 Prozent. Deutlich wird diese Entwicklung auch an der nachfolgend aufgeführten Steigerung der Bruttoproduktion in den genannten vier

---

[5] Siehe hierzu Abschnitt 2.4.
[6] Vgl. RGAE, 1562/33/4080, Bericht der Zentralen Statistischen Verwaltung über die Arbeiterschaft in der Verteidigungsindustrie, 1. 4. 1960; ebenda, Akten 5469–5472, Jahresberichte der Staatskomitees der Verteidigungsindustrie 1963, 1964.

Beschäftigte des Staatskomitees für Flugzeugtechnik (GKAT) 1957–1963

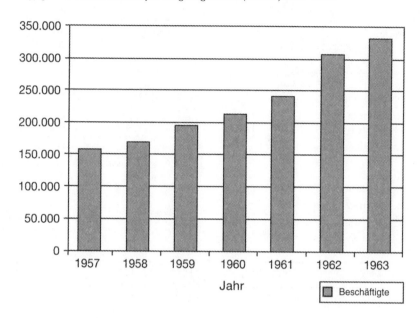

Beschäftigte des Staatskomitees für Verteidigungstechnik (GKOT) 1957–1963

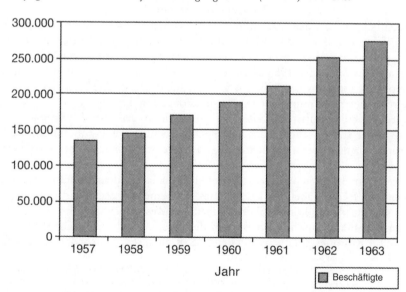

Quelle: RGAE, 1562: Zentrale Statistische Verwaltung der UdSSR, Jahresberichte von GKOT und GKAT zwischen 1958–1963.

Unternehmen, Beschäftigte und Bruttoproduktion im sowjetischen militärisch-industriell-akademischen Komplex, 1956 und 1964

Ministerium	Anzahl der Einrichtungen		Beschäftigte		Bruttoproduktion (in Mill. Rubeln)	
	1956	1965	1956	1965	1956	1965
Ministerium für Verteidigungsindustrie	210	196	1 111 800	1 118 500	2 936,5	4 836,0
Ministerium für Luftfahrtindustrie	220	192	972 200	1 231 400	2 715,0	4 266,2
Ministerium für Schiffbau	135	188	383 000	551 000	15 770,0	27 353,3
Ministerium für Fernmeldeindustrie	216	290	383 000	806 600	1 046,0	3 454,0
Ministerium für Elektroindustrie	–	204	–	391 100	–	1 539,0
Ministerium für Maschinenbau	–	62	–	434 000	–	1 433,9
Gesamt	781	1132	2 850 000	4 532 000	8 267,5	18 282,4

Quelle: Simonov, Voenno-promyšlennyj kompleks SSSR, S. 293.

Staatskomitees zwischen 1955 und 1963. Die hierfür gewonnenen Daten stammen aus dem Bestand der Zentralen Statistischen Verwaltung beim Ministerrat der UdSSR. Auf eine genaue Quellenangabe muss aufgrund der Vielzahl der gesichteten Akten an dieser Stelle leider verzichtet werden.

Deutlich sind bei den Staatskomitees für Verteidigungs- und Flugzeugtechnik die Effekte der Berlin-Krise hinsichtlich einer gestiegenen Waffenentwicklung und -produktion auszumachen. Beim letztgenannten Rüstungskomitee fällt zudem auf, dass zwischen 1958 und 1960 die Produktion stagnierte und erst danach überproportional anstieg (Tabellen S. 189). Dies dürfte darin begründet sein, dass während dieses Zeitraumes heftige Diskussionen um die weiteren Entwicklungstendenzen in den Luftstreitkräften liefen und die sowjetische Militärführung den Ausbau der strategischen Raketentruppen gegenüber der Fernbomberflotte bevorzugte, da man hierin die finanziell günstigere und militärisch bessere Alternative sah[7].

Die Daten des Staatskomitees für Funktechnik laufen demgegenüber scheinbar gegen den Trend (Tabelle S. 190). Dieses Phänomen ist gegenwärtig noch nicht schlüssig zu klären, könnte aber durchaus im Zusammenhang mit der sowjetischen Preisbildungspolitik im Bereich der Rüstungsindustrie stehen. Denn die Preise für Rüstungsgüter waren in der UdSSR nicht statisch, sondern erheblichen

[7] Vgl. RGAE, 29/1/600, Bl 131–134, Schreiben an das ZK der KPdSU über die Entwicklungsperspektiven von Fern- und strategischen Bombern, 13. 3. 1959; Solovcov/Ivkin, Mežkontinental'naja ballističeskaja raketa, S. 7. So war nach internen Berechnungen die Aufstellung einer mit R-12 Raketen ausgerüsteten Division 184 Mio. Rubel günstiger als die Ausrüstung einer entsprechenden Bomberdivision mit dem Fernbomber Tu-16.

Bruttoproduktion des Staatskomitees für Verteidigungstechnik (GKOT) 1955–1963

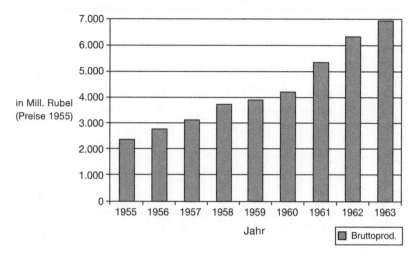

Bruttoproduktion des Staatskomitees für Flugzeugtechnik (GKAT) 1955–1963

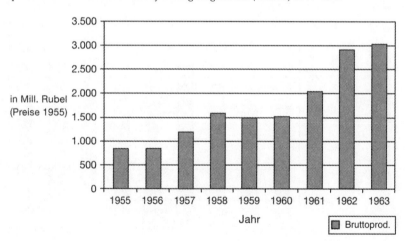

Schwankungen unterworfen. Ursprünglich sollten die Preise für Waffen die Selbstkosten und drei Prozent „Gewinn" decken. Durch die hohen Serienproduktionszahlen sanken allerdings nicht selten die Kosten, so dass die „Gewinnspannen" der Rüstungsbetriebe nicht selten zwischen 5 bis 25 Prozent lagen. Das Militär war demgegenüber bemüht, die sich öffnende Schere zwischen Selbstkosten und Rentabilität zu schließen, um die eigenen Beschaffungsausgaben reduzieren zu können. Deshalb wurden beispielsweise am 1. Januar 1959 neue Preise für Rüstungsgüter eingeführt[8].

[8] Vgl. RGAE, 4372/77/198, Bl. 14f., Schreiben von Konev an den Ministerrat, 24. 4. 1958.

190 5. Die Rüstungsindustrie

Bruttoproduktion des Staatskomitees für Schiffbau (GKSP) 1955–1963

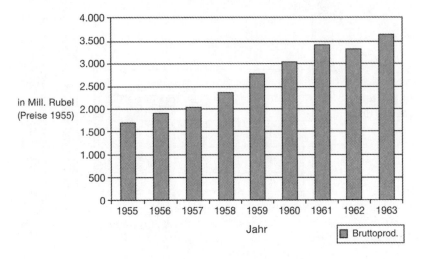

Bruttoproduktion des Staatskomitees für Funktechnik (GKRT) 1955–1963

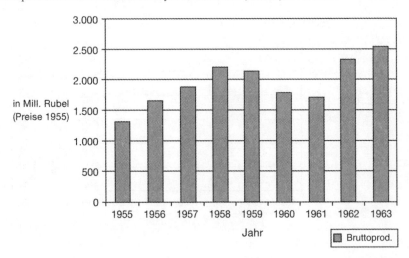

Vor diesem Hintergrund scheint es überaus klar, dass die Zahlen für die finanziellen Aufwendungen zur Beschaffung von Rüstungsgütern nur allgemeine Tendenzen widerspiegeln können. Gleichwohl werden die Bemühungen der sowjetischen Partei- und Staatsführung, während der Berlin-Krise die Schlag- und Kampfkraft ihrer Streitkräfte zu erhöhen, durch die Beschaffungsausgaben des Verteidigungsministeriums deutlich. Während der Gesamtetat des Ministeriums um ca. 50 Prozent anwuchs, verdoppelten sich im gleichen Zeitraum die Beschaffungsausgaben. Sie stiegen von 2,91 Milliarden Rubel im Jahr 1957 auf 5,86 Milli-

Rüstungslieferungen an das Verteidigungsministerium der UdSSR 1957–1963

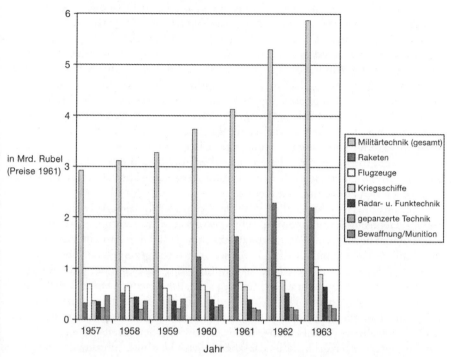

Quelle: RGAE, 4372/76/320, Bl. 7, Spravka über Ausgaben des Verteidigungsministeriums für Beschaffung von Bewaffnung, 28. 11. 1957; ebenda, 4372/79/59, Bl. 85–86, Spravka über Lieferungen von Rüstungsgütern an das Verteidigungsministerium, 16. 12. 1960; ebenda, 4372/80/185, Bl. 274, Spravka über Rüstungslieferungen an das Verteidigungsministerium 1961–1963, 24. 9. 1962.

arden Rubel im Jahr 1963[9]. Damit zeigt sich erneut, dass die von Chruschtschow durchgeführte Streitkräftereduzierung vor allem dazu diente, zusätzliche Mittel für die verbesserte Bewaffnung der sowjetischen Armee freizubekommen. Wichtigste Ursache für die drastische Erhöhung der Beschaffungsausgaben war das Bestreben der Militärs ihre Truppen mit strategischen, operativen und taktischen Raketenwaffen auszustatten, denn „die wichtigsten strategischen Aufgaben sollten mit ballistischen Raketen gelöst werden"[10]. In diesem Bereich stiegen die Ausgaben zwischen 1957 und 1963 von 320 Millionen Rubel auf 2,206 Milliarden Rubel bzw. mehr als 700%. Weiterhin ist festzustellen, dass Luftwaffe und Marine ebenfalls im beträchtlichen Umfang vom erhöhten Beschaffungsetat profitierten

[9] Vgl. RGAE, 4372/76/320, Bl. 7, Spravka über Ausgaben des Verteidigungsministeriums für Beschaffung von Bewaffnung, 28. 11. 1957; ebenda, 4372/79/59, Bl. 85–86, Spravka über Lieferungen von Rüstungsgütern an das Verteidigungsministerium, 16. 12. 1960; ebenda, 4372/80/185, Bl. 274, Spravka über Rüstungslieferungen an das Verteidigungsministerium 1961–1963, 24. 9. 1962.
[10] RGAE, 29/1/600, Bl. 134, Schreiben an das ZK der KPdSU über die Entwicklungsperspektiven von Fern- und strategischen Bombern, 13. 3. 1959.

und erhebliche Modernisierungs- bzw. Neubewaffnungsprogramme durchführen konnten. (U-Boote mit ballistischen Raketen, Atom-U-Boote, Fla-Raketen, Bomber mit Flügelraketenbewaffnung usw.). Die bisherige Annahme, dass dem gegenüber die konventionelle Rüstung Einbußen hinnehmen musste, bestätigt sich nicht. So stiegen beispielsweise die Ausgaben für gepanzerte Fahrzeuge leicht an, lediglich die Aufwendungen für Artillerie, Munition und Schützenwaffen wurden leicht zurückgefahren. Die Kampfkraft der sowjetischen Streitkräfte dürfte hierdurch nicht übermäßig geschwächt worden sein, hatte die Armee doch in den Jahren zuvor erhebliche Mengen an modernen Geschützen und Geschosswerfern erhalten. Zudem existierte, resultierend aus dem Zweiten Weltkrieg, in diesem Bereich immer noch ein gewaltiger Überhang.

Vergleicht man allerdings diese finanziellen Aufwendungen mit den hier erstmals veröffentlichten tatsächlichen Produktionszahlen während der Berlin-Krise, so ergeben sich einige Besonderheiten.

Zunächst muss ins Auge fallen, dass die überproportionalen Aufwendungen für die Raketentechnik nur eine vergleichsweise geringe Steigerung der strategischen Kapazitäten bewirkten. Wenn man zusätzlich bedenkt, dass fast ein Viertel dieser Fernlenkwaffen zudem vom Typ R-7A war, der – wie gezeigt – nur über eine begrenzte Einsatzkapazität verfügte, so wird die Unterlegenheit der UdSSR gegenüber den USA erneut mehr als sichtbar. Gleichzeitig ist jedoch ein erheblicher Zuwachs der gegen Europa einsetzbaren militärischen Kapazitäten auszumachen. Allein im Bereich der Mittel- und Kurzstreckenraketen wurden zwischen 1957 und 1963 mehr als 7000 Flugkörper für die sowjetischen Streitkräfte produziert. Dies ist ein weiterer Beleg dafür, dass die sowjetische Militärführung den europäischen Kontinent als „Entscheidungsschlachtfeld" für den möglichen bewaffneten

Lieferungen an das sowjetische Verteidigungsministerium 1957–1963

	1957	1958	1959	1960	1961	1962	1963	Gesamt
Ballistische Raketen	264	477	829	1409	1811	1620	2010	8420
Davon interkontinental	0	3	20	40	92	195	200	550
R-7A	–	3	20	40	35	12	–	110
Startanlagen R-7A	–	–	3	2	–	–	–	5
R-9A	–	–	–	–	10	35	40	85
Startanlagen R-9A	–	–	–	–	–	16	16	32
davon verbunkert	–	–	–	–	–	6	6	12
R-16	–	–	–	–	47	148	160	354
Startanlagen R-16	–	–	–	–	49	45	81	175
davon verbunkert	–	–	–	–	15	12	21	48
Mittelstrecken	130	225	365	550	507	540	320	2637
R-5M	80 (+50 R-2)	200	25	–	–	–	–	305
Startanlagen R-5M	12	36	36	–	–	–	–	84
R-12	–	25	340	550	452	420	200	1987
Startanlagen R-12	–	6	54	160	236	151	12	619
R-14	–	–	–	–	55	120	120	295
Startanlagen R-14	–	–	–	10	37	27	38	112

Produktion und Entwicklung des sowjetischen MIAK 193

	1957	1958	1959	1960	1961	1962	1963	Gesamt
Kurzstrecken	134	190	390	679	1 092	725	1 380	4 590
R-11/R-11M	134	190	390	314	234	–	150	1 412
Startanlagen R-11	4	45	56	34	42	–	–	181
R-17	–	–	–	–	68	225	300	593
Startanlagen R-17	–	–	–	–	13	70	70	153
Luna/Luna-M	–	–	–	365	790	500	900	2 555
Startanlagen Luna	–	–	–	80	100	100	92	372
Temp	–	–	–	–	–	–	30	30
Seegestützte Raketen	–	59	54	140	120	160	110	643
R-11FM	–	59	54	50	–	–	–	163
R-13	–	–	–	90	120	150	80	440
R-21	–	–	–	–	–	10	30	40
PRTB	k.A.	10	55	96	119	34	83	397
Fla-Raketen (SAM)	1 796	2 699	5 884	8 218	8 894	9 000	10 320	46 811
S-25	1 218	1 400	1 130	600	65	900	800	6 113
S-75	578	1 299	4 754	7 581	8 404	6 900	7 990	37 506
S-125	–	–	–	100	425	1 200	1 500	3 225
S-200	–	–	–	–	–	–	30	30
Startbatterien SAM	30	130	182	205	250	255	235	1 287
Luft-Luft-Raketen	4 000	7 300	11 192	12 308	17 724	8 480	13 265	74 269
Flügelgeschosse	371	642	668	1 113	1 054	1 380	1 035	6 263
Kampfflugzeuge	1 031	696	525	883	722	513	712	5 064
Jäger	613	546	348	689	496	297	418	3 407
Jagdbomber	–	–	102	118	177	104	199	700
Bomber (TU-16/22)	382	125	37	50	39	102	85	820
Bomber, strategische:	36	25	38	26	10	10	10	155
Tu-95	14	10	18	17	10	10	10	89
3M	26	15	20	9	–	–	–	70
Transportflugzeuge	5	53	150	110	58	100	140	616
Hubschrauber	239	273	k.A.	240	148	245	150	k.A.
Panzer	2 436	2 380	2 281	2 599	2 723	2 270	2 588	17 277
Schützenpanzer	2 366	2 202	2 255	2 065	2 046	2 520	2 154	15 608
PALR	–	–	–	–	2 000	5 200	5 000	12 200
Startanlagen hierfür	–	–	–	–	80	220	120	420
Artilleriesysteme	4 885	2 897	1 634	1 287	720	580	895	12 898
U-Boote – Atom	-	1	1	4	6	12	9	33
U-Boote – Diesel	27	13	19	18	19	11	7	114
Kreuzer	–	1	–	–	–	1	–	2
Zerstörer	9	4	–	5	4	2	1	25
Fregatten	8	8	2	6	5	7	11	47
U-Jäger	9	50	60	2	–	13	20	154
Raketenschnellboote	–	7	k.A.	22	12	14	13	k.A.

Quelle: RGAE, 4372 – Bestand GOSPLAN, 1957–1963.

Systemkonflikt ansah. Das wird auch durch die weiterhin hohe Produktion von Panzern, Schützenpanzern, Geschützen und Kampfflugzeugen bestätigt.

Gleichzeitig fällt auf, dass erst ab 1961 die sowjetischen Streitkräfte umfassend für einen nuklearen Konflikt ausgerüstet waren. Bis zu diesem Zeitpunkt verfügte die Sowjetarmee nur über begrenzte Atomkapazitäten, was sich vor allem in der Zahl der für die für die Montage und den Einsatz der Atomsprengköpfe zuständigen Sondereinheiten (PRTB) ausdrückte. Erst Anfang der 60er Jahre erhielt die Sowjetarmee auch auf der Kommandoebene von Armee und Division Kapazitäten zum Einsatz von operativen und taktischen Kernwaffen.

Zugleich zeigt sich, dass darüber hinaus die Entwicklung und der Bau von Atomsprengköpfen höchste Priorität besaß. Zwischen 1959 und 1965 entstanden in den Forschungszentren des Ministeriums für mittleren Maschinenbau mehr als 50 verschiedene Kernsprengköpfe, die für zahlreiche Waffensysteme Verwendung fanden. So erhielten beispielsweise die Luftstreitkräfte bis 1965 insgesamt 5 Typen von Atombomben und 4 nuklearfähige Flügelraketen. Die Landstreitkräfte wurden im gleichen Zeitraum mit sieben Typen von ballistischen Atomraketen und zwei Arten von Flügelgeschossen ausgestattet, die für einen Nuklearwaffeneinsatz ausgelegt waren. Der Marine führte die Rüstungsindustrie jeweils drei Typen von Flügelraketen und ballistischen Raketen zu, die mit einem Atomsprengkopf versehen werden konnten. Die Luftverteidigungskräfte erhielten zwei Boden-Luft-Raketentypen und eine Luft-Luft-Rakete, die kernwaffenfähig waren. In Bewaffnung der Strategischen Raketentruppen wurden bis 1965 insgesamt sieben Raketentypen aufgenommen, die Atomsprengköpfe verschießen konnten[11].

Neben diesem beträchtlichen Zuwachs an nuklearen Offensivkapazitäten überrascht der hohe Produktionsausstoß von Defensivwaffen wie Flugabwehr- und Panzerabwehrlenkraketen. Doch auch diese fügten sich nahtlos in die sowjetische Offensivstrategie ein. Erstere hatten die Aufgabe, die überdehnte und verletzbare Infrastruktur gegen die „Interdiction-Taktik" der NATO zu schützen, die damit im Konfliktfall den Kräftenachschub aus der Sowjetunion nach Mitteleuropa verlangsamen wollte. Die Panzerabwehrlenkraketen sollten mögliche westliche Flankenangriffe mit gepanzerten Verbänden abwehren[12].

Insgesamt machen die hier dargestellten Rüstungszahlen nicht nur den erheblichen Umfang der sowjetischen Aufrüstungsbemühungen während der zweiten Berlin-Krise deutlich. Sie zeigen auch klar, dass erst ab 1960 die Produktion deutlich anstieg. Ein weiterer Beweis dafür, dass Chruschtschow zunächst nicht besonders auf das Militär gesetzt hatte, um seine Berlin-Forderungen gegenüber den Aliierten durchzusetzen. Das änderte sich nach dem Scheitern des 1. Berlin-Ultimatums und der möglichen Verständigung mit den USA. Jetzt versuchte der sowjetische Partei- und Regierungschef, die Streitkräfte mit dem nötigen militärischen Know-how auszustatten, dass für deren militärpolitischen Einsatz in der Berlin-Krise erforderlich war. Dies gelang jedoch wie gezeigt nur zum Teil. Dem-

---

[11] Vgl. Roždennye atomnoj eroj, S. 130–134. Eine Übersicht über die Entwicklung von Kernsprengköpfen und entsprechenden Trägersystemen, die allerdings keinen Anspruch auf Vollständigkeit erhebt, ist im Anhang in den Abschnitten f) und g) zu finden.
[12] Vgl. Lemke/Krüger/Rebhan/Schmidt, Die Luftwaffe, S. 199–248; Hammerich/Kollmer/Rink/Schlaffer, Das Heer, S. 107–117.

gegenüber konnte der MIAK seine Position im sowjetischen System so weit festigen, dass bis zum Zerfall der UdSSR keine weitreichende Entscheidung mehr ohne seine Zustimmung getroffen werden konnte. Damit bedeutete die zweite Berlin-Krise für die sowjetische Rüstungsindustrie einen „take-off", der bis zum Ende der Sowjetunion anhielt. Zwar bestimmte bereits vor 1959 der MIAK die Wirtschaftsentwicklung der UdSSR maßgeblich mit, doch wagte nach dem Ende der zweiten Berlin-Krise niemand mehr, die Kosten- und Effizienzfrage gegenüber der Rüstungsindustrie zu stellen.

Die Berlin-Krise und die Aufrüstung des Warschauer Paktes

Im Sommer 1965 kam eine Studie der Central Intelligence Agency (CIA) zu dem Schluss, dass sich der Warschauer Pakt binnen weniger Jahre von einer lediglich auf dem Papier existierenden Organisation in ein wichtiges Element sowjetischer Sicherheits- und Militärpolitik gewandelt habe. Seit Anfang der sechziger Jahre, so die Analyse der Nachrichtendienstler, versuche die UdSSR erfolgreich, das militärische Potential ihrer osteuropäischen Verbündeten zu erhöhen und den Warschauer Pakt in eine schlagkräftige Militärorganisation umzuwandeln. Hierbei spielte die Ausstattung der NVA und der anderen Armeen des Bündnisses mit Kernwaffeneinsatzmitteln und moderner Bewaffnung während des Höhepunktes der Berlin-Krise eine Schlüsselrolle[13].

Die wichtigsten Grundlagen für diesen radikalen Wandel des Warschauer Paktes waren auf der Tagung seines Politisch Beratenden Ausschusses am 28. und 29. März 1961 in Moskau gelegt worden. Hier hatten Chruschtschow, Ulbricht und die anderen Partei- und Staatschefs des sozialistischen Lagers nicht nur über eine Lösung der sich ständig verschärfenden Berlin-Krise diskutiert, sondern zeitgleich auch das bisher umfassendste Programm zur Neubewaffnung und Modernisierung der Armeen der osteuropäischen Staaten des Warschauer Vertrages beschlossen[14].

Damit sollten die Streitkräfte der europäischen Verbündeten der UdSSR an die neue Nuklearstrategie der Sowjetunion angepasst und zugleich auf einen möglichen militärischen Konflikt in der Berlin-Frage vorbereitet werden. Der Stand der Gefechtsbereitschaft und die Ausrüstung der Streitkräfte des Warschauer Paktes mit modernster Technik und Bewaffnung mussten deshalb so beschaffen sein, dass nach den Vorstellungen des sowjetischen Generalstabes der „imperialistische Gegner" durch einen plötzlichen Überfall mit Kern- und Raketenwaffen keine entscheidenden Anfangserfolge erzielen konnte. Vielmehr sollten die eigenen Truppen in „Blitzkriegschnelle" die Kernwaffeneinsatzmittel des Gegners ver-

---

[13] Vgl. CIA – National Intelligence Estimate (NIE) 12–65: Eastern Europe and the Warsaw Pact vom 26. 8. 1965, auf: http://www.isn.ethz.ch/php/documents/collection_7/docs/nbb36_1.pdf.
[14] Vgl. RGAE, 4372/79/659, Bl. 190, Schreiben von Zacharov an das ZK der KPdSU, 15. 09. 1962; ebenda, 4372/79/792, Bl. 96 ff., Entwurf für einen Beschluss des Politisch Beratenden Ausschusses des Warschauer Vertrages (versehen mit dem handschriftlichen Vermerk: bestätigt am 29. 3. 1961), 19. 3. 1961; Johnson/Dean/Alexiev, Die Streitkräfte des Warschauer Pakts, S. 31–32.

nichten und sofort zum nuklearen Gegenangriff übergehen[15]. Um dieses Ziel zu erreichen, mussten jedoch die nicht-sowjetischen Bündnisarmeen des Warschauer Paktes erheblich modernisiert und mit den neuesten Waffenentwicklungen der UdSSR ausgestattet werden.

Zu diesem Zweck sollten zwischen 1962 und 1965 die Streitkräfte der DDR, ČSSR, Bulgariens, Rumäniens, Polens und Ungarns mehr als 880 neue Kampfflugzeuge, 555 Hubschrauber, 6075 Panzer, 17312 gepanzerte Fahrzeuge und zahlreiches anderes Gerät erhalten. Für die NVA waren hiervon 76 Kampfflugzeuge, 12 Hubschrauber, 380 Panzer sowie 744 Schützenpanzer vorgesehen. Gleichzeitig wurde auf Anweisung der UdSSR damit begonnen, die Armeen aller genannten Staaten erstmals mit modernsten Raketenwaffen auszurüsten. Zu diesem Zweck wollte die Sowjetunion an ihre Verbündeten im genannten Zeitraum 3112 Flugabwehrraketen des Typs S-75 *Dvina*/SA-2 *Guideline*, 4320 Panzerabwehrlenkraketen des Typs 3M6 *Schmel*/AT-1 *Snapper*, 120 Küstenverteidigungsraketen des Typs S-2 *Sopka*/SSC-2b *Samlet* und 3966 Luft-Luft-Raketen des Typs K-13/AA-2 *Atoll* liefern. Insgesamt sollten die europäischen Bündnisarmeen der UdSSR damit bis Ende 1965 folgende mit Lenkwaffen ausgerüstete Einheiten neu aufstellen: 104 Fla-Raketenabteilungen, 84 Panzerabwehrlenkraketenbatterien sowie fünf Küstenraketenverteidigungsbatterien. Die NVA hatte hierbei die Aufstellung von 16 Fla-Raketenabteilungen für die Formierung von vier Fla-Raketenregimentern, 14 Panzerabwehrlenkbatterien und einer Küstenraketenverteidigungsbatterie sicherzustellen. Hierfür lieferte die Sowjetunion 384 Flugabwehrraketen des Typs S-75 *Dvina*/SA-2 *Guideline*, 720 Panzerabwehrlenkraketen des Typs 3M6 *Schmel*/AT-1 *Snapper*, 24 Küstenverteidigungsraketen des Typs S-2 *Sopka*/SSC-2b *Samlet* und 480 Luft-Luft-Raketen des Typs K-13/AA-2 *Atoll* samt den erforderlichen technischen Einrichtungen an die ostdeutschen Streitkräfte. Die Flotten Polens, Bulgariens, Rumäniens und der DDR erhielten gleichzeitig insgesamt 28 Raketenschnellboote Projekt 205/OSA-1, die als Einsatzmittel für 301 Seezielraketen des Typs P-15 *Termit*/SS-N-2 *Styx* dienten. Von dieser Lieferung gingen insgesamt zwölf Schiffe und 144 Flugkörper an die Volksmarine der DDR. Der Gesamtwert dieser vornehmlich sowjetischen Rüstungslieferungen an die Staaten des Warschauer Paktes zwischen 1962 und 1965 wurde auf 2,8 Milliarden Rubel veranschlagt, wobei die NVA Rüstungsgüter im Wert von rund 220 Millionen Rubeln erhielt[16]. Zum Vergleich: 1961 bezifferte das Staatliche Pla-

---

[15] Vgl. Material über die Entwicklung der Kriegskunst unter den Bedingungen der Führung eines Raketenkernwaffenkrieges – Schreiben von Generaloberst Petr I. Ivašutin (Chef GRU) an Marschall Matvej Vasil'evič Zacharov (Leiter der Akademie des Generalstabes) vom 28. 8. 1964, auf: http://www.isn.ethz.ch/php/documents/collection_1/docs/ivashutin-I.pdf; Kozlov, O sovetskoj voennoj nauke, S. 65f.; Voennaja istorija Rossii, S. 619.

[16] Vgl. RGAE, 4372/79/792, Bl. 106f., Spravka über die Befriedigung des Bedarfs der Armeen der Staaten des Warschauer Vertrages mit Militärtechnik im 1961 bis 1965, März 1961; BA-MA, DVW-1/53111, Bl. 1–10, Abkommen zwischen der DDR und der UdSSR über die Lieferung von spezieller Ausrüstung in den Jahren 1961–1965, 6. 9. 1961. Der Verfasser dankt Herrn Fritz Minow für die freundliche Überlassung des Dokuments. Siehe hierzu auch: Locher/Nünlist/Uhl, PHP Collection Nr. 8: The 1961 Berlin Crisis and Soviet Preparations for War in Europe, auf: http://www.isn.ethz.ch/php/documents/collection_8.htm.

nungskomitee der UdSSR die gesamte sowjetische Rüstungsproduktion dieses Jahres auf 4,1 Milliarden Rubel[17].

Doch nicht nur die konventionelle Rüstung der Armeen des Warschauer Vertrages wollten der sowjetische Generalstab und das Vereinte Oberkommando (VOK) verstärkt wissen. Mit seinem Beschluss vom 29. März 1961 legte der Politisch Beratende Ausschuss gleichfalls fest, die Streitkräfte der sowjetischen Bündnispartner erstmals mit operativen und taktischen Kernwaffenträgern auszustatten[18].

Damit wurde nicht nur die militärische Schlagkraft des Bündnisses wesentlich erhöht. Vielmehr orientierte die sowjetische Armeeführung die Streitkräfte des Warschauer Paktes auf die im Januar 1960 von Chruschtschow verkündete neue Militärdoktrin der UdSSR, die auf einen umfassenden Einsatz von strategischen, operativen und taktischen Nuklearwaffen ausgerichtet war. In Hinblick auf die Realisierung der Strategie des „allumfassenden unbegrenzten Kernwaffenkrieges" musste die militärische Struktur des Warschauer Paktes verändert und die Armeen seiner Mitgliedstaaten auf den Einsatz unter Kernwaffenbedingungen umgestellt werden. Neben der sowjetischen Armee waren die Streitkräfte des Warschauer Paktes und damit auch die NVA „zu offensiven Handlungen zur schnellen Zerschlagung des Gegners in kürzester Frist auf seinem eigenen Territorium vorzubereiten"[19]. Deshalb wurden auf Anweisung der politischen und militärischen Führung der UdSSR, die dem Vereinten Oberkommando unterstellten Truppen der europäischen Bündnispartner der UdSSR mit operativen und taktischen Kernwaffeneinsatzmitteln ausgerüstet[20].

Im Warschauer Pakt verfügte nur die Sowjetunion in Form der Strategischen Raketentruppen, der Atom-Raketen-U-Boote und der Fernbomberflotte über strategische Kernwaffen. Als solche galten Trägersysteme, die großkalibrige nukleare Gefechtsköpfe über eine Reichweite von mehr als 1200 Kilometern befördern konnten. Sie waren zur Vernichtung wichtiger strategischer Ziele auf dem europäischen und amerikanischen Kriegsschauplatz vorgesehen. Als operative Kernwaffeneinsatzmittel galten vorwiegend Raketen und Flugkörper mit einer Reichweite von 100 bis zu 1000 Kilometern, die mit Kernladungen von mittlerer bis großer Detonationsstärke bestückt waren. Ihre Ziele waren gegnerische Kernwaffeneinsatzmittel, wichtige Gefechtsstände und Nachrichtenzentren, Flugplätze, Konzentrierungsräume von großen Truppenverbänden, Häfen, Lager und Verkehrsknotenpunkte, also Objekte von operativer Bedeutung. Folglich unterstanden derartige Kernwaffeneinsatzmittel auch den Streitkräftegruppierungen des Warschauer Paktes, denen das Vereinte Oberkommando operative Aufgaben übertragen hatte, das heißt, den Fronten und Armeen seiner Mitgliedstaaten. Taktische Atomwaffen befanden sich zumeist als Kurzstreckenraketen in der Ausrüs-

---

[17] Vgl. RGAE, 4372/79/759, Bl. 36, Bericht von GOSPLAN an das ZK der KPdSU über die zu erwartende Produktionserfüllung bei Rüstungslieferungen, 20. 12. 1961.
[18] Vgl. ebenda, 4372/79/792, Bl. 106f., Spravka über die Befriedigung des Bedarfs der Armeen der Staaten des Warschauer Vertrages mit Militärtechnik von 1961 bis 1965, März 1961; Zur geschichtlichen Entwicklung und Rolle der NVA, S. 200.
[19] BA-MA, DVW-1/5203, Bl. 7, Rede von Malinovskij zur Auswertung einer Kommandostabsübung von GSSD und NVA, Mai 1961.
[20] Vgl. Istorija voennoj strategii Rossii, S. 402–408; Militär-Strategie, S. 275–297.

tung der Divisionen. Mit ihnen konnten sowohl Ziele auf dem Gefechtsfeld als auch in der taktischen Tiefe des Gegners bekämpft werden. Die Reichweite dieser gelenkten aber auch ungelenkten Raketen betrug bis zu 100 Kilometer und sie waren mit Kernsprengköpfen kleinerer bis mittlerer Detonationsstärke bestückt[21].
Warum hatte die Einführung entsprechender Systeme für den Warschauer Vertrag so lange gedauert? Nach dem Ende des Zweiten Weltkrieges sah sich die politische und militärische Führung der UdSSR zunächst gezwungen, alle ihr zur Verfügung stehenden Ressourcen für die Entwicklung und den Bau strategischer Atomwaffen sowie der hierfür benötigten Trägermittel zu verwenden. Demgegenüber wurde taktischen Kernwaffen zunächst nur eine geringe Aufmerksamkeit geschenkt, vertraute die Militärführung doch auf die verfügbaren starken konventionellen Kräfte der sowjetischen Armee. Aufgeschreckt durch Geheimdienstberichte über die beginnende Ausstattung der US-Streitkräfte mit taktischen Nuklearwaffen, befahl Mitte der fünfziger Jahre Parteichef Chruschtschow, unverzüglich die Sowjetarmee ebenfalls mit derartigen Waffen auszurüsten[22].
Wie erwähnt, setzte die sowjetische Militärführung zunächst auf den Bau von großkalibrigen Atomgeschützen. Die erwiesen sich jedoch als derart unbrauchbar, dass ein Truppeneinsatz nicht in Frage kam. Als wenig erfolgreiche Entwicklungen erwiesen sich auch die taktischen Atomraketen der Typen *Filin/FROG-1* und *Mars/FROG-2*. Der Raketenkomplex *Filin/FROG-1* wurde nie in die Bewaffnung der sowjetischen Streitkräfte aufgenommen, sondern fand lediglich als Erprobungsträger Verwendung. Demgegenüber hatte es das Waffensystem *Mars/FROG-2* zumindest geschafft, ab März 1958 offiziell zur Ausrüstung der Sowjetarmee zu gehören. Da die verwendete Rakete jedoch lediglich in der Lage war, einen Atomsprengkopf des Typs RDS-9 mit einer Sprengkraft von zehn Kilotonnen über eine Reichweite von bis zu 17,9 Kilometern zu befördern, wurde die Produktion nach dem Bau von 300 Raketen und 25 Startrampen wieder eingestellt[23].
Im Januar 1959 versuchte das ZK der KPdSU endlich, das bisherige Entwicklungschaos bei den taktischen Nuklearwaffen zu beenden. Die Partei- und Staatsführung befahl, die Arbeiten ausschließlich auf das neue Waffensystem *Luna/FROG-5* zu konzentrieren und erheblich zu beschleunigen. Alle früheren Projekte für taktische Atomraketen waren unverzüglich einzustellen. Drei Monate später drängten Chruschtschow und seine Militärs, immer unzufriedener über das Fehlen eines einsatzbereiten taktischen Raketensystems, auf eine erneute Tempoverschärfung des Projekts *Luna/FROG-5*. Die Entwicklungsarbeiten sollten bis zum Juli 1959 abgeschlossen werden, und noch im gleichen Jahr waren zehn Raketen und 25 Startrampen an das Verteidigungsministerium zu übergeben. Wegen technischer Probleme und Lieferschwierigkeiten konnten die Vorgaben jedoch nicht eingehalten werden. Erst 1960 gingen 80 Startrampen und 365 Raketen an die sowjetischen Streitkräfte, 1961 folgten weitere 100 Startrampen und 790 Rake-

---

[21] Vgl. Kunze, Das nukleare Trägerpotential, S. 206–215; Deim, Operative Ausbildung, S. 327f.; Zaloga, The Kremlin's Nuclear Sword, S. 60–81.
[22] Vgl. RGANI, 5/30/399, Bl. 41 ff., Schreiben des stellv. GRU-Chefs, Generalleutnant Fedor A. Fedenko, an Nikita S. Chruščev, 31. 12. 1954.
[23] Vgl. RGAE, 298/1/77, Bl. 60–63, Befehl des Staatskomitees für Rüstungsindustrie der UdSSR Nr. KS-125/58 zur Aufnahme des Raketensystems „Mars" in die Bewaffnung der Sowjetarmee, 20. 3. 1958; Karpenko, Raketnye kompleksy, S. 3–7; Burakowski/Sala, Rakiety, S. 340f.

ten. Mit der Lieferung von 192 Startrampen und 1400 Raketen zwischen 1962 und 1963 war die Ausrüstung der sowjetischen Streitkräfte mit ihrem ersten einsatzfähigen taktischen Kernwaffeneinsatzmittel auf Divisionsebene weitgehend abgeschlossen[24].

Demgegenüber begann ab Januar 1958 die Ausrüstung der sowjetischen Streitkräfte mit der oben erwähnten operativ-taktischen Rakete R-11M/*SCUD-A*. Das ballistische Fernlenkgeschoss war als spätes Nachfolgemodell der deutschen V-2 seit 1955 unter der Leitung des bekannten Raketenkonstrukteurs Sergej P. Koroljow entwickelt worden. Zunächst waren drei Brigaden der Raketentruppen der Strategischen Reserve des Oberkommandierenden mit diesem Kernwaffeneinsatzmittel ausgerüstet worden. Da mit diesem Waffensystem nur operative Ziele zu treffen waren, entschied die Armeeführung, die Brigaden Mitte 1958 an die Landstreitkräfte abzugeben. Bis Ende 1961 lieferte die Rüstungsindustrie der UdSSR an die Sowjetarmee insgesamt 1262 R-11M/*SCUD-A* sowie 155 Abschussrampen des Typs 8U218. Mit dieser Ausrüstung konnten mindestens 25 Raketenbrigaden aufgestellt werden. Da die Streitkräfte der UdSSR zu diesem Zeitpunkt über 21 Armeen verfügten, ist davon auszugehen, dass bis 1961 die Ausstattung der Sowjetarmee mit einem operativ-taktischen Kernwaffeneinsatzmittel abgeschlossen war. Jetzt konnten auch die restlichen Streitkräfte des Warschauer Paktes mit Atomraketen dieses Typs ausgestattet werden[25].

Für die Schaffung einer nuklearen Einsatzfähigkeit aller Streitkräfte des Warschauer Paktes sah der Beschluss des Politisch Beratenden Ausschusses vom 29. März 1961 die Lieferung von 14 Raketenbrigaden des Typs R-11M/*SCUD-A* und von 40 Raketenabteilungen des Typs *Luna*/*FROG-5* an die Armeen seiner nicht-sowjetischen Mitgliedstaaten vor. Eine Brigade des Typs R-11M/*SCUD-A* verfügte über insgesamt sechs Startrampen, mit denen Raketen verschossen werden konnten, die in der Lage waren, nukleare Gefechtsköpfe über eine Reichweite von 150 Kilometern zu befördern. Für den Kernwaffeneinsatz standen zwei verschiedene Atomsprengköpfe zur Verfügung. Während der Typ 17 eine Sprengkraft von 5,6 Kilotonnen besaß, verfügte der Typ 407 über eine Sprengkraft von bis zu 40 Kilotonnen. Ungarn und die DDR sollten jeweils eine der 4,8 Millionen Rubel teuren Brigade erhalten, Rumänien und Bulgarien zwei sowie Polen und die ČSSR vier[26].

Die R-11/*SCUD-A* war, wie oben erwähnt, für den Einsatz von Nuklearmitteln auf der Kommandoebene der Armee gedacht, der Raketenkomplex *Luna*/

---

[24] Vgl. RGAE, 298/1/676, Bl. 32–37, Befehl des Staatskomitees für Rüstungsindustrie der UdSSR Nr. KS-9/59 zur Beschleunigung der Arbeiten zu taktischen und operativen Raketen, 13. 1. 1959; ebenda, 4372/80/183, Bl. 41–53, Planentwurf für die sowjetische Rüstungsproduktion für 1963, 28. 9. 1962; Širokorad, Ènciklopedija, S. 93–97.

[25] Vgl. CIA – National Intelligence Estimate (NIE) 11–14–63: Capabilities of Soviet General Purpose Forces, 1963–1969 vom 1. 8. 1965, auf: http://www.foia.cia.gov/docs; Raketno-kosmičeskaja korporacija, S. 57f.; Uhl, Stalins V-2, S. 230; Chronika RVSN, S. 7; Fes'kov/Kalašnikov/Golikov, Sovetskaja armija v gody „cholodnoj vojny", S. 165.

[26] Vgl. RGAE, 298/1/77, Bl. 118–122, Befehl des Staatskomitees für Rüstungsindustrie der UdSSR Nr. KS-150/58 zur Aufnahme der Rakete R-11M in die Bewaffnung der Sowjetarmee, 23. 4. 1958; RGAE, 4372/79/792, Bl. 24–65, Anhang zum Beschlussentwurf für den Politisch Beratenden Ausschuss des Warschauer Vertrages – Listen für Rüstungslieferungen in die jeweiligen Teilnahmestaaten von 1962 bis 1965, März 1961.

FROG-5 hingegen diente als Kernwaffeneinsatzmittel der Divisionen. Die sowjetischen Planungen gingen davon aus, allen Divisionen des Warschauer Vertrages eine Raketenabteilung *Luna/FROG-5* zuzuteilen. Jede Abteilung verfügte über zwei Startrampen und kostete 190 000 Rubel, pro Flugkörper berechnete die UdSSR 18 000 Rubel. Die Startgeräte verschossen ungelenkte Raketen, die in der Lage waren, nukleare Gefechtsköpfe des Typs 901 mit einer Sprengkraft von bis zu 18 Kilotonnen über eine Reichweite von 32 Kilometern zu befördern. Da die UdSSR jedoch wegen der vorrangigen Ausstattung der eigenen Streitkräfte offensichtlich Lieferschwierigkeiten hatte, konnten zunächst nur die sechs Divisionen der DDR komplett mit diesem taktischen Kernwaffeneinsatzmittel ausgestattet werden. In den anderen Ländern des Warschauer Vertrages reichte dagegen zunächst die Zahl der gelieferten Waffensysteme nicht aus, um alle dem Vereinten Oberkommando unterstellten Verbände damit auszurüsten. Beispielsweise erhielt Polen, das laut Protokoll 14 Divisionen unter das Kommando des Warschauer Vertrages stellte, nur acht Raketenabteilungen *Luna/FROG-5* zugewiesen, Rumänien erhielt statt benötigter acht Abteilungen zunächst lediglich fünf[27].

Diese vermutliche Sonderstellung der DDR bei der bevorzugten Ausstattung mit taktischen Kernwaffeneinsatzmitteln, die offenbar auf ihrer vorgeschobenen Stellung im Bündnissystem beruhte, lässt sich jedoch nicht für den Bereich der operativen Raketen ausmachen. Obwohl bereits Anfang Dezember 1960 das Vereinte Oberkommando der NVA-Führung auf einem gemeinsamen Treffen mitgeteilt hatte, dass die DDR demnächst Flugkörper des Typs R-11M/*SCUD-A* samt Abschusseinrichtungen erhalten werde, erfolgte die Lieferung der Raketen erst im Herbst 1962. Bulgarien, Polen, Rumänien und die ČSSR hingegen erhielten ihre ersten Lieferungen des operativ-taktischen Kernwaffeneinsatzmittels bereits Ende 1961. Lediglich die Ungarische Volksarmee übernahm noch später als die DDR das Waffensystem R-11M/*SCUD-A* in ihre Bewaffnung. Rascher erfolgte jedoch in der NVA die Zuführung der Einsatzmittel für die taktischen Nuklearsprengköpfe. Bis Mai 1963 war die Ausrüstung aller sechs aktiven NVA-Divisionen mit dem Waffensystem *Luna/FROG-5* abgeschlossen.

Die Ursache für diese unterschiedliche Herangehensweise des Vereinten Oberkommandos bei der Ausstattung der ostdeutschen Streitkräfte mit Kernwaffeneinsatzmitteln dürfte relativ leicht zu erklären sein. Anfang der sechziger Jahre sahen die operativen Planungen des sowjetischen Generalstabes vor, große Teile der NVA im Kriegsfall unter das Kommando der Gruppe der sowjetischen Streitkräfte in Deutschland zu stellen. Auch den verbleibenden Teilen der ostdeutschen Streitkräfte hatte das Oberkommando in Moskau keine eigenständige Rolle zugedacht. Sie sollten als Armeekorps die aus polnischen Verbänden gebildete Küstenfront unterstützen. Damit benötigte die NVA, da die sowjetischen bzw. polnischen Armeen genügend operative Kernwaffeneinsatzmittel besaßen, zunächst

---

[27] Vgl. ebenda, 298/1/2374, Analyse der in der UdSSR vorhandenen und gegenwärtig entwickelten operativ-taktischen Raketensysteme der Klasse „Boden-Boden", 22. 8. 1961; RGAE, 4372/79/792, Bl. 24–65, Anhang zum Beschlussentwurf für den Politisch Beratenden Ausschuss des Warschauer Vertrages – Listen für Rüstungslieferungen in die jeweiligen Teilnahmestaaten von 1962 bis 1965, März 1961. Für nähere Informationen zu den Kernwaffeneinsatzmitteln R-11 und *Luna* siehe: Nielsen, Die DDR und die Kernwaffen.

nicht vordringlich derartige Waffensysteme. Erst nachdem die Ausrüstung der polnischen, bulgarischen, tschechoslowakischen und rumänischen Streitkräfte mit der R-11M/*SCUD-A* abgeschlossen war, erhielt die NVA bis Anfang 1963 die ihr zugesprochene Raketenbrigade. Die ostdeutschen Streitkräfte „verfügten nun über die geplanten Raketentruppen und die Voraussetzungen um selbständig und in operativen Gruppierungen massierte Kernwaffenschläge zu führen und damit günstige Bedingungen für die Erfüllung der Tagesaufgabe der Verbände in der operativen Tiefe von 80–100 km zu schaffen"[28].

Für diese These spricht auch, dass ebenfalls Ungarn, wo die Südgruppe der sowjetischen Streitkräfte zunächst den Atomwaffeneinsatz auf Armeeebene übernommen hätte, erst 1963 über eine eigene Raketenbrigade verfügen konnte. Demgegenüber gehörten die Divisionen der NVA zur 1. strategischen Staffel des Warschauer Paktes. Weil sie unmittelbar nach Kriegsausbruch an den Gefechtshandlungen teilzunehmen hatten und diese entsprechend der sowjetischen Militärdoktrin einen eigenständigen Nuklearwaffeneinsatz auf Verbandsebene vorsahen, waren die NVA-Divisionen bereits zu Friedenszeiten nahezu vollständig komplettiert und erhielten deshalb auch vorrangig das taktische Kernwaffeneinsatzmittel *Luna* zugewiesen[29].

Bereits 1962 hatten nach der Lieferung der ersten Raketen und der entsprechenden Ausbildung zahlreiche Verbände des Warschauer Paktes eine Stufe erreicht, die in den Augen des sowjetischen Oberkommandos zum praktischen Kernwaffeneinsatz berechtigte. Erstmals plante beispielsweise im Rahmen der 1962 stattfindenden Übung „Nordwind" das Kommando eines NVA-Armeekorps selbständig den Einsatz der ihm unterstehenden operativen und taktischen Atomraketen. Die höheren NVA-Stäbe waren damit, so die Einschätzung des Oberkommandierenden der Vereinten Streitkräfte, Marschall Andrej A. Gretschko, in der Lage, bei modernen Operationen und Gefechten die Raketen-Kernwaffen wirksam einzusetzen. Damit hatten die NVA-Führung und die Streitkräfte der anderen Warschauer-Pakt-Staaten bis Ende 1962 neben den technischen und strukturellen Grundlagen auch die theoretischen sowie ausbildungsmäßigen Voraussetzungen für einen Nuklearwaffeneinsatz an der Seite der Sowjetarmee geschaffen[30].

Ziel: Interkontinentalrakete – Die sowjetischen Raketenbauprogramme unter Chruschtschow

Als nach dem Tod Stalins der gewaltsame Druck im sowjetischen Herrschaftssystem nachließ, wirkte sich dies auch auf das Raketenbauprogramm der UdSSR aus. Die internen Machtkämpfe zwischen Berija, Malenkow und Chruschtschow

---

[28] Zit. nach Kopenhagen, Die Landstreitkräfte, S. 59.
[29] Vgl. Kowalczuk/Wolle, Roter Stern, S. 116f., Arlt, Sowjetische Truppen, S. 606–609; Surikov, Boevoe primenenie, S. 69–83.
[30] Vgl. BA-MA, AZN 32597, Bl. 43–45, Schreiben des Oberkommandierenden der Vereinten Streitkräfte, Marschall Andrej Antonovič Grečko, an Verteidigungsminister Hoffmann, 26. 10. 1962; BA-MA, DVW-1/5195, Bl. 285–283, Anordnung Nr. 01 für den Gefechtseinsatz der Raketentruppen und Artillerie des 35. Armeekorps im Rahmen der Übung Nordwind, 28. 6. 1962.

um die Nachfolge Stalins lähmten zumindest zeitweise wichtige Raketenbauprogramme der sowjetischen Rüstungsindustrie. Erst als sich Chruschtschow gegenüber seinen Mitkonkurrenten durchgesetzt und die enorme politische Außenwirkung der Raketenwaffe erkannt hatte, begann wieder eine massive Förderung der laufenden Entwicklungsprogramme.

Dabei zeigte sich, dass Chruschtschow anders als Stalin nicht auf ausgewogene strategische Streitkräfte setzte, sondern unter dem Einfluss der Technokraten der Rüstungsindustrie fast ausschließlich Raketenwaffen favorisierte. Schwere Bomber betrachtete der neue sowjetische Partei- und Regierungschef als teurer und perspektivlos, während er in den Fernlenkwaffen eine billige und vor allem zukunftsträchtige Alternative sah. Zudem hatten Chruschtschow und seine Militärs erkannt, dass Atomraketen es möglich machten, militärpolitische Macht in bisher nicht gekanntem Maß über große Entfernungen zu verlagern. Mit dem bloßen Vorhandensein einsatzbereiter Nuklearwaffen und der Androhung ihres Einsatzes ließen sich nach Chruschtschows Vorstellung gezielt politische Forderungen bzw. eine günstigere Verhandlungsposition durchsetzen. Drohungen wurden somit zu einem wichtigen Bindeglied zwischen dem Raketenpotential und außenpolitischen Zielsetzungen und zu einem bestimmenden Charakteristikum der Berlin-Politik Chruschtschows.

1957 konnte er mit dem erfolgreichen Sputnikstart einen weltpolitisch bedeutenden Propagandasieg verbuchen. Gleichwohl gelang es den Konstrukteuren nicht, aus der Weltraumrakete rasch eine einsatzfähige Atomwaffe zu machen. Im Juli 1958 stellte das ZK der KPdSU deshalb wichtige Weichen für den weiteren Fortgang des Raketenbauprogramms der UdSSR. Hinsichtlich der Interkontinentalraketen wies die sowjetische Parteiführung zunächst an, Stationierungsprojekte für die R-7 wie das Bauvorhaben „Wolga" wegen der zu hohen Kosten wieder einzustellen. Stattdessen sollten neue und günstigere Stationierungsräume gesucht werden[31]. Im Gegensatz dazu waren die Arbeiten am vorgesehenen Objekt „Angara" in Plezesk bei Archangelsk zu beschleunigen. Die erste Startanlage für die R-7 sollte im III. Quartal 1959 einsatzbereit sein, die zweite hatte ab Ende 1959 für Gefechtsstarts zur Verfügung zu stehen. Um diese Termine einzuhalten, verpflichte die ZK-Führung die Parteisekretäre der am Projekt beteiligten Verwaltungsgebiete, persönlich für die Erfüllung der gestellten Aufgaben im festgelegten Zeitraum zu garantieren[32].

Am gleichen Tag hatte das Politbüro, weil es sich mit der während der Erprobungen erreichten tatsächlichen Reichweite der R-7 mehr als unzufrieden zeigte und die Rakete deshalb nur als Interimslösung ansah, auch ihre Weiterentwicklung zur R-7A angewiesen. Durch eine Steigerung der bisherigen Reichweite von 8300 Kilometern auf mehr als 12 000 Kilometer sollten endlich mehr als 90 Prozent der strategischen Ziele in den USA ins Visier genommen werden können. Die Zielabweichung des thermonuklearen Gefechtskopfes mit mehr als 1,5 Megaton-

---

[31] Vgl. RGAE, 298/1/74, Bl. 2f., Befehl des GKOT Nr. 255-ov, 16. 7. 1958. Die Baukosten für „Volga" sollten rund 1,3 Mrd. Rubel betragen, zudem hätten die dort herrschenden klimatischen Bedingungen (starke Stürme, Wintertemperaturen bis −55°C) keine ständige Einsatzbereitschaft gewährleistet. Vgl. ebenda, 298/1/2071, Bl. 278–280, Schreiben von Korolev an Rudnev, 18. 4. 1958.
[32] Vgl. ebenda, 298/1/74, Bl. 15–24, Befehl des GKOT Nr. 278-ov, 24. 7. 1961.

nen Sprengkraft sollte dabei bis zu 15 Kilometern betragen dürfen. Das war kaum genug, um selbst weiche militärische Ziele ernsthaft bedrohen zu können, reichte aber für die völlige Zerstörung von Großstädten mehr als aus[33].

Gleichzeitig arbeiteten sowjetische Konstrukteure fieberhaft an den Projekten „Buran" und „Burja", die gleichfalls der Stärkung der strategischen Kapazitäten der Sowjetarmee dienen sollten. Bei beiden Vorhaben handelte es sich um Flügelraketen, die Nuklearsprengköpfe im gelenkten aerodynamischen Flug bis zu einer Reichweite von 8000 Kilometern befördern sollten. Doch auch hier liefen die Kosten schnell aus dem Ruder und die zahlreichen technischen Schwierigkeiten des ambitionierten Vorhabens waren kaum in den Griff zu gekommen. Aus diesem Grund hatte das ZK bereits im September 1957 die Rüstungsindustrie angewiesen, das Projekt „Burja" zu stoppen und die weitere Förderung auf das Konkurrenzunternehmen „Buran" zu konzentrieren. Hier erfolgte am 1. August 1957 immerhin ein erster Flugtest, der allerdings fehlschlug. In den weiteren drei Jahren erfolgten insgesamt neunzehn weitere Tests, von denen vierzehn mehr oder weniger erfolgreich waren. Nachdem im März 1960 das Geschoss immerhin eine Reichweite von 6500 Kilometern bei einer Zielgenauigkeit von +/- 10 Kilometern erreicht hatte, wurde das Unternehmen jedoch gleichfalls auf Anweisung der ZK-Spitze eingestellt. Grund hierfür dürften neben den hohen Kosten auch die Befürchtungen des Militärs gewesen sein, dass sich ein solcher Flugkörper trotz seiner Geschwindigkeit von über 3 Mach von der amerikanischen Luftabwehr abfangen ließ. Beide Projekte, die merkwürdigerweise von der sonst gut informierten US-Aufklärung gegen die Sowjetunion kaum beachtet wurden, sind erneut ein Beweis dafür, wie fieberhaft Chruschtschow danach strebte, Atomwaffen in die Hand zu bekommen, mit denen sich Amerika ins Visier nehmen ließ[34]. Aus diesem Grunde beauftragte der sowjetische Partei- und Regierungschef seine Militärs auch mit der ernsthaften Begutachtung von abenteuerlichen Projekten, wie beispielsweise der Errichtung von künstlichen Raketenabschussbasen im Westatlantik, die den Einsatz von Mittelstreckenraketen gegen die Vereinigten Staaten ermöglichen sollten. Es kann kaum verwundern, dass Generalstabschef Sokolowskij Chruschtschow beschied, dass aus militärischen Gesichtspunkten das Vorhaben keine Beachtung verdiene[35].

Am 2. Juli 1958 beschlossen ZK und Ministerrat ein neues Bauprogramm für Mittelstreckenraketen. Die hierfür vorgesehene Rakete des Typs R-14 sollte mit mehr als 4000 Kilometern eine doppelt so große Reichweite wie das Vorläufermodell R-12 haben. Auch die R-14 war mit einem 1,5 Megatonnensprengkopf ausgestattet, wobei die Zielabweichung aufgrund der geringeren Reichweite 6–8 Kilometer betrug. Mit der R-14 sollte es nach dem Willen der Militärstrategen endlich gelingen, ganz Westeuropa vom europäischen Teil der UdSSR aus mit Atomraketen bedrohen zu können. Für wie wichtig die Staats- und Militärführung der

---

[33] Vgl. RGAE, 298/1/78, Bl. 49–52, Befehl des GKOT Nr. 256-ov, 16. 7. 1961.
[34] Vgl. RGAE, 29/1/601, Bl. 77, Schreiben von Veršinin an den Ministerrat, 10. 2. 1959; ebenda, 29/1/602, Schreiben von Dement'ev an Chruščev über den Stand der Arbeiten zu Burja, 9. 12. 1959; Zaloga, The Kremlin's Nuclear Sword, S. 43–51.
[35] Vgl. RGANI, 5/30/311, Bl. 91–113, Schreiben von Ingenieur-Major Irošnikov an Chruščev, 13. 5. 1959; ebenda, Bl. 114–115, Gutachten von Sokolovskij zum Projekt, 1. 7. 1959.

UdSSR dieses Programm hielt, belegt das Faktum, das für die Entwicklung der R-14 die gleichen Prämien und Vergünstigungen ausgelobt worden, wie beim Bau der ersten sowjetischen Interkontinentalrakete[36].

Doch es brauchte drei Jahre, bis die sowjetischen Konstrukteure und Ingenieure die für den Sputnik verwendete Trägerrakete *Voschod* zur Interkontinentalrakete R-7 (SS-6 Sapwood) weiterentwickelt hatten. Probleme bereitete vor allem die geringe Zielgenauigkeit der Rakete. Ferner hatten die Konstrukteure immer wieder damit zu kämpfen, dass der Atomsprengkopf den beim Wiedereintritt in die dichteren Schichten der Erdatmosphäre auftretenden Kräften nicht standhielt und zerstört wurde. Erst nach umfangreichen und zeitraubenden technischen Veränderungen sowie erheblichen finanziellen Aufwendungen gelang es Koroljow, Anfang 1960 die R-7 zur Einsatzreife zu bringen. Am 20. Januar wurde die R-7 als erste sowjetische Interkontinentalrakete offiziell in die Bewaffnung der Streitkräfte der UdSSR aufgenommen. Die 33 Meter lange und 278 Tonnen schwere Rakete konnte einen thermonuklearen Gefechtskopf mit einer Sprengkraft von 2,9 Megatonnen über eine Reichweite von bis zu 8800 Kilometern befördern. Die maximale Zielabweichung lag bei 10 Kilometern, wobei die Militärführung den Konstrukteuren wegen der immer noch geringen Treffergenauigkeit gestattete, dass zehn Prozent der produzierten Raketen bis zu 15 Kilometer vom Ziel abweichen durften. Bis Anfang 1962 wurden insgesamt nur fünf Startanlagen für die R-7 gebaut, von denen sich vier im nordrussischen Plesezk und eine auf dem Raketentestgelände Bajkonur befanden. Ein weiterer entscheidender Mangel der R-7 bestand in ihrer geringen Einsatzdauer. Während für die komplette Startvorbereitung einer Rakete mehr als 24 Stunden notwendig waren, konnte eine betankte R-7 nur acht Stunden gefechtsbereit gehalten werden. Danach war wegen der großen Verdampfungsverluste des Flüssigsauerstoffes kein Start mehr möglich. Die Raketen musste komplett enttankt, anschließend überprüft und wieder neu betankt werden, ein komplizierter Prozess der mehr als 48 Stunden dauerte[37]. Die erste sowjetische Interkontinentalrakete R-7 war folglich für militärische Einsätze völlig ungeeignet. Dennoch erwies sie sich als eine der wirksamsten Propagandawaffen des Kalten Krieges und der Berlin-Krise. Der sowjetische Partei- und Regierungschef konnte Dank der Erfolge der R-7 als kosmische Trägerrakete der Weltöffentlichkeit den Eindruck vermitteln, die Sowjetunion verfüge über zahlreiche und jederzeit einsatzbereite Interkontinentalraketen.

Die sowjetischen Militärs aber auch Chruschtschow selber drängten insgeheim Koroljow sowie dessen ehemaligen Mitstreiter und neuen Konkurrenten, Michail K. Jangel, endlich eine militärisch einsatzfähige Interkontinentalrakete zu entwickeln. Der bereits 1958 eingeschlagene Weg einer Modernisierung der R-7 zur R-7A konnte dabei nur eine Interimslösung sein. Zwar gelang es, die Reichweite auf 12000 Kilometer zu steigern, womit endlich mehr als 90 Prozent der strategischen Ziele in den USA ins Visier genommen werden konnten, doch die Kardinalprobleme der R-7, hohe Verwundbarkeit und geringe Einsatzfähigkeit ließen sich

---

[36] Vgl. RGAE, 298/1/78, Bl. 87–94, Befehl des GKOT Nr. 269-ov, 22. 7. 1961.
[37] Vgl. RGAE, 298/1/1429, Bl. 115–130, Befehl Nr. 42/60 des Staatskomitees für Verteidigungstechnik der UdSSR, 1. Februar 1960; Tschertok, Raketen und Menschen, S. 21.

so nicht lösen³⁸. Während Jangel davon überzeugt war, letzteres Problem durch den Einsatz lagerfähigerer Treibstoffe zu lösen, setze Koroljow weiter auf den Einsatz von Flüssigsauerstoff, um die vom Militär geforderte Reichweite erzielen zu können.

Beide Entwicklungsprogramme hatten von Anfang an mit erheblichen technischen Schwierigkeiten zu kämpfen, die nicht zuletzt dem hohen Zeitdruck geschuldet waren. Denn bereits im Mai 1959 hatte das ZK wegen der „besonderen Wichtigkeit der Ausstattung der Sowjetarmee mit ballistischen Fernkampfraketen mit mobiler und vereinfachter Startausrüstung" das Staatskomitee für Verteidigungstechnik angewiesen, die ursprünglich vorgesehenen Entwicklungszeiträume drastisch zu verkürzen³⁹. Bereits beim ersten Teststart der von Jangel entwickelten Interkontinentalrakete, die den Index R-16 (*SS-7 Saddler*) trug, kam es infolge des überhasteten Entwicklungsprogramms zur Katastrophe. Am 24. Oktober 1960, eine halbe Stunde vor dem angesetzten Start, explodierte der Flugkörper auf der Abschussrampe. 126 Personen, unter ihnen auch der Chef der neu gegründeten strategischen Raketentruppen, Marschall Mitrofan I. Nedelin, verloren ihr Leben, mehr als 50 wurden zum Teil schwer verletzt. Als Ursache für die Katastrophe erwies sich ein Fehler im Elektrosystem, der kurz vor dem Start der Rakete entdeckt worden war. Um Zeit zu sparen und den erfolgreichen Erststart der R-16 der sowjetischen Führung zum 43. Jahrestag der Oktoberrevolution präsentieren zu können, entschieden Nedelin und die anwesenden Chefkonstrukteure alle bestehenden Sicherheitsvorschriften zu ignorieren und den Fehler an der bereits betankten Rakete zu beheben. Der Marschall demonstrierte sein Vertrauen in die Technik damit, dass er einen Stuhl kommen ließ und sich unmittelbar neben die Rakete setzte. Damit konnten sich seine Untergebenen schwerlich in den sicheren Startbunker zurückziehen. Beim Versuch die Stellmotoren des Lenksystems der 2. Stufe in die Ausgangsstellung zurückzufahren, zündete spontan deren Marschtriebwerk und schweißte den unter ihr befindlichen Tank der 1. Stufe auf. Die explodierende Wolke aus hochtoxischem Treibstoff ließ den um die Rakete versammelten Menschen keine Chance zum Überleben. Raketenkonstrukteur Jangel entging dem Inferno nur dadurch, dass er sich kurz vor der Explosion zu einer Rauchpause in sicherer Entfernung von der Rakete entschlossen hatte⁴⁰. Vor der sowjetischen Öffentlichkeit und dem Rest der Welt wurde die Katastrophe in Bajkonur allerdings geheim gehalten. Die Regierungszeitung *Prawda* ließ lediglich vermelden, Marschall Nedelin sei bei einem Flugzeugabsturz ums Leben gekommen.

Trotz des Unfalls wurden die Arbeiten an der R-16 mit großer Eile fortgesetzt. Bereits am 2. Februar 1961 erfolgte ein erneuter Startversuch, der sich jedoch auch als Fehlschlag erwies. Nach nur 586 Kilometern Flug stürzte die Rakete ab. Die nachfolgenden Tests verliefen erfolgreicher und noch vor Abschluss der Flugerprobungen ordnete Chruschtschow die Aufnahme der Serienfertigung an. Bereits

---

³⁸ Vgl. RGAE, 298/1/1433, Bl. 124–130, Befehl Nr. 456/1960, 1. 10. 1960.
³⁹ Vgl. RGAE, 298/1/680, Bl. 7–23, Befehl Nr. 183/1959, 28. 5. 1959.
⁴⁰ Vgl. Bericht der Untersuchungskommission des R-16 Unglücks an das ZK der KPdSU, 20. 1. 1962, abgedruckt in: Pervyj raketny maršal, S. 185–190.

am 1. November 1961 nahmen die ersten drei mit der neuen Interkontinentalrakete bewaffneten Regimenter ihren Gefechtsdienst auf[41].

Obgleich die R-16 in ihren Leistungen die R-7 wesentlich übertraf, blieb sie doch weit hinter den Erwartungen der sowjetischen Militärs zurück. Für einen Einsatz unter realen Gefechtsbedingungen besaß sie noch immer entscheidende Nachteile. Obwohl durch die Verwendung lagerfähiger Treibstoffe die Einsatzbereitschaft ausgedehnt werden konnte, blieb diese doch auf 30 Tage begrenzt. Dann begann der hochaggressive Treibstoff UDMH Tanks und Leitungen zu zersetzen. Das hatte zur Folge, dass die Raketenregimenter ihren Gefechtsdienst zumeist mit unbetankten Raketen versehen mussten. Dadurch stieg jedoch die Vorbereitungszeit zum Start auf mehr als eine Stunde. Das bedeutete, dass die R-16 in ihren offenen Startstellungen bei einem angenommenen amerikanischen Angriff äußerst verwundbar waren, da sie nicht mehr rechtzeitig hätten gestartet werden können.

Auch die von Koroljow entwickelte R-9 (*SS-8 Sasin*) erwies sich mehr oder weniger als Fehlkonstruktion. Bei den Flugtests versagten fast fünfzig Prozent der abgeschossenen Flugkörper. Vor allem das Hochgeschwindigkeitspumpensystem, dass den als Oxydator benötigten Flüssigsauerstoff in wenigen Minuten in die Treibstofftanks pumpen sollte, sorgte immer wieder für Schwierigkeiten. Hinzu kamen ständige Probleme mit dem RD-111 Triebwerk. Dass die Rakete dennoch in die Bewaffnung der sowjetischen Streitkräfte aufgenommen wurde, lag weniger an ihren Leistungsparametern als am politischen Einfluss Koroljows. Chruschtschow konnte den von ihm betriebenen Entwicklungsstopp nicht gegen die Interessen des militärisch-industriell-akademischen Komplexes durchsetzen. Der Rüstungswettlauf während der zweiten Berlin-Krise hatte dessen Macht so sehr anwachsen lassen, dass er kostspielige Waffenprojekte, die Ressourcen und Prestigegewinn versprachen, auch gegen die Interessen der sowjetischen Staatsführung durchzusetzen vermochte. Wie die spätere Entmachtung Chruschtschows zeigte, durfte die Kosten- und Effizienzfrage bei der militärischen Verteidigung des Sozialismus nicht gestellt werden[42].

Die R-9 war ebenso wie die R-16 und die R-7 aufgrund ihrer langen Zeit zur Startvorbereitung auch nach Einschätzung der sowjetischen Militärführung eine Waffe die sich lediglich für den Erst- bzw. Begegnungsschlag eignete[43]. Genau deshalb aber konnten sie nicht dazu beitragen, die sicherheitspolitische Situation der Sowjetunion zu verbessern, da die Amerikaner bestrebt sein mussten, diese für sie gefährlichen Waffen mit einem Überraschungsschlag auszuschalten. Um zumindest die Überlebensfähigkeit ihrer strategischen Raketenwaffen zu erhöhen, entschied die sowjetische Führung im Frühjahr 1960 schließlich, zumindest die

---

[41] Vgl. RGAE, 298/1/2750, Bl. 212–216, Ergebnisse der Erprobung von R-16 und R-9A, 28. 4. 1962; ebenda, 4372/80/371, Bl. 135 f. Schreiben von Ustinov, Zacharov und Moskalenko an das ZK, 28. 12. 1961.

[42] Vgl. Protokoll Nr. 120 der Sitzung des Präsidiums des ZK der KPdSU, 21. 10. 1963, in: Prezidium CK KPSS 1954–1964, S. 761.

[43] Vgl. Raketnyj ščit otečestva, S. 60–68. Die Startzeit für die R-7 aus der höchsten Bereitschaftsstufe lag bei 1,5 Stunden. Die R-16 benötigte 30 Minuten, um nach Erhalt des Befehls abgefeuert werden zu können, die R-9A 15–20 Minuten. Vgl. RGAE, 298/1/2071, Bl. 117, Spravka über Raktenstartzeiten, 2. 1. 1961. Demgegenüber waren für den Abschuss einer Minuteman-Rakete nur wenige Sekunden erforderlich.

R-9 und die R-16 in unterirdischen Silos zu stationieren. Damit folgte die UdSSR technologisch den Amerikanern, die bereits 1957 beschlossen hatten, verbunkerte Startsysteme für ihre Interkontinentalraketen zu bauen. Im Juli 1963 nahm der erste unterirdische Startkomplex für die R-16 seinen Gefechtsdienst auf[44].

Zu diesem Zeitpunkt hatte sich die strategische Situation für die Sowjetunion vollständig geändert. Wollte die UdSSR der Gefahr eines atomaren Enthauptungsschlages entgehen, musste endlich eine Rakete konstruiert werden, die die Anforderungen eines militärischen Einsatzes voll erfüllte und billig sowie in großer Stückzahl herzustellen war. Da Chruschtschow jedoch Ende 1964 gestürzt wurde, blieb es seinem Amtsnachfolger Leonid I. Breschnew vorbehalten, das strategische Gleichgewicht mit den USA herzustellen.

[44] Vgl. RGAE, 298/1/1432, Bl. 66–70, Befehl Nr. 261/60 des Staatskomitees für Verteidigungstechnik der UdSSR, 14. 6. 1960; Istorija voennoi strategii Rossii, S. 420.

6. Die Informationen der sowjetischen Nachrichtendienste und die zweite Berlin-Krise

Am 26. Mai 1961 forderte der sowjetische Partei- und Regierungschef auf einer Sitzung des engsten Führungszirkels der KPdSU den Abschuss westalliierter Flugzeuge über dem Territorium der DDR, falls diese versuchen sollten, eine beabsichtigte sowjetische Luftblockade der West-Berliner Flughäfen zu durchbrechen. Nur wenig später rückte er von diesem Vorhaben wieder ab. Der KGB hatte ihn schriftlich informiert, dass die Amerikaner eine derartige Anwendung militärischer Gewalt als Grund für einen Krieg mit der Sowjetunion betrachten würden. Da Chruschtschow wegen Berlin keine bewaffnete Auseinandersetzung mit den USA und der NATO riskieren wollte, verzichtete er auf militärische Maßnahmen, die dazu geeignet waren, die ohnehin bereits angespannte Situation weiter anzuheizen. Seine Nachrichtendienste hatten ihn damit vor einem verhängnisvollen und unkalkulierbaren Schritt in seinen Bestrebungen gewarnt, Berlin unter sowjetische Kontrolle zu zwingen[1].

Dieses Kapitel will anhand ausgewählter Dokumente des militärischen Nachrichtendienstes GRU und des Auslandsnachrichtendienstes des KGB untersuchen, wie die Geheimdienste während der zweiten Berlin-Krise Lagebilder und Analysen erstellten und inwieweit diese von den politischen Entscheidungsträgern berücksichtigt wurden. Damit soll auf der einen Seite gezeigt werden, dass unter Chruschtschow eine weitere Professionalisierung der sowjetischen Auslandsnachrichtendienste erfolgte, auch wenn diese – wie bereits dargestellt – nicht mehr unmittelbar in die wichtigsten Entscheidungsprozesse der Partei- und Staatsführung eingebunden waren. Ihre Lageanalysen und Berichte veranlassten die Kremlführung jedoch, sich bei zentralen Beschlüssen nicht allein auf politische oder ideologische Vorgaben zu stützen, sondern für die eigene Strategie auch Geheimdienstinformationen zu berücksichtigen und diese mit zur Grundlage bestimmter Entscheidungen zu machen.

Gleichwohl muss an dieser Stelle darauf hingewiesen werden, dass dieser Abschnitt eher eine „Baustelle" darstellt. Da die Archive des militärischen Nachrichtendienstes und der politischen Auslandsaufklärung für eine wissenschaftliche Nutzung gesperrt sind, blieb die Arbeit zu diesem Kapitel auf Einzeldokumente angewiesen. Diese fanden sich zum Beispiel in den Beständen der allgemeinen Abteilung des ZK im RGANI. Warum ausgerechnet dort einzelne Geheimdienstdossiers abgelegt wurden, konnte nicht geklärt werden. Dieser Glücksfall ermöglichte es jedoch, Zugriff auf Dokumente der GRU zu erhalten, die sonst vollkom-

---

[1] Vgl. Protokoll der Sitzung des Präsidiums des ZK der KPdSU zur Frage des Meinungsaustausches mit Kennedy in Wien, 26. 5. 1961, in: Prezidium CK KPSS, S. 500–507.

men unzugänglich sind. Zweite wichtige Quelle für die Bewertung der Tätigkeit sowjetischer Nachrichtendienste in der zweiten Berlin-Krise stellten Dokumentenbände dar, die vom SWR – dem Nachfolger der politischen Auslandsaufklärung des KGB – selbst herausgegeben wurden. Der Inhalt dieser Geheimdienstpapiere ist stellenweise äußerst interessant, doch bleiben dem Nutzer Auswahlkriterien, Signaturen und Hinweise auf andere Aktenbestände verborgen. Ähnlich verhält es sich mit einer Vielzahl von russischen Veröffentlichungen zur Problematik. Diese lassen nur allzu oft einen wissenschaftlichen Apparat vermissen, so dass im Dunkeln bleiben muss, aus welchen Quellen die Autoren ihre Informationen beziehen. Dass aus ihnen dennoch für die historische Forschung neue Erkenntnisse gewonnen werden können, liegt zum Teil darin begründet, dass ihre Verfasser nicht selten aus den entsprechenden Behörden stammen oder über exzellente Kontakte dorthin verfügten. Eine Anfrage des Verfassers bei BStU zu Dokumenten über die Kooperation zwischen MfS und den sowjetischen Nachrichtendiensten während der zweiten Berlin-Krise blieb leider erfolglos. Bislang konnten im Archiv der Behörde keine aussagenkräftigen Akten aufgefunden werden.

Die sowjetischen Nachrichtendienste und Chruschtschows erstes Berlin-Ultimatum

Zwei Tage bevor Chruschtschow mit seinem Ultimatum vom 27. November 1958 die Berlin-Krise auslöste, hatte ihm der militärische Nachrichtendienst nochmals versichert, dass nach seinen Erkenntnissen „das State Department angeblich zu verstehen [gibt], dass die westlichen Staaten mit der neuen Situation leben könnten, unter der Bedingung, dass die Übertragung der Rechte der Sowjetunion auf die Regierung der DDR auf flexible Art und Weise vonstatten gehen würde, ohne Prestigeverlust für die USA"[2]. Auch die Berliner Bevölkerung – so die GRU in einem weiteren Geheimdienstbericht – würde Chruschtschows Plan für die Umwandlung der Stadt in eine neutrale Einheit „im großen und ganzen" befürworten. Diese beiden Dossiers dürften bei dem sowjetischen Partei- und Regierungschef zu Beginn des Konfliktes um die geteilte Stadt die Illusion gestärkt haben, dass es ohne größere Probleme gelingen könnte, die Westmächte zu einer Veränderung des Status quo in Berlin zu bewegen[3].

Bereits kurz nach diesen Berichten ließ Chruschtschow allerdings die bisherige Führung des Militärgeheimdienstes auswechseln und bestimmte den bisherigen KGB-Chef Iwan Serow zum neuen Leiter der GRU[4]. Die Gründe für diese „Degradierung" des Geheimdienstchefs, der formal zur „Stärkung der Führung" zum Militärgeheimdienst versetzt worden war, sind vielfältig. Zum einen sind sie darin begründet, dass es Serow nicht verstand, seine Position als Geheimdienstchef im

---

[2] Zit. nach Zubok, Der sowjetische Geheimdienst in Deutschland und die Berlinkrise 1958–1961, S. 128. Das Original des Berichtes soll sich im RGANI, 17/51/2, Bl. 49–52, befinden, ist gegenwärtig aber wieder für die wissenschaftliche Nutzung gesperrt.
[3] Vgl. ebenda.
[4] Vgl. Protokoll Nr. 194 des Präsidiums des ZK der KPdSU, 3. 12. 1958, abgedruckt in: Prezidium CK KPSS 1954–1964 – Postanovlenija 1954–1958, S. 896, 1040 f.

Intrigenspiel des Sekretariates des ZK zu behaupten. Zudem hatte er mit ZK-Sekretär Nikolaj F. Ignatow einfach auf den falschen Verbündeten gesetzt. Zum anderen wurde dem bisherigen KGB-Chef – wie bereits auch dem 1957 abgelösten Verteidigungsminister Shukow – unterstellt, nicht vollkommen loyal zur Partei zu stehen. Zugleich war Chruschtschow bemüht, den KGB zu reformieren, sein Personal zu verringern und ein anderes Image aufzubauen. Da kam es ihm gerade recht, einen Mann in die zweite Reihe zurückzunehmen, der an zahlreichen stalinistischen Verbrechen beteiligt gewesen war. Nicht unerwähnt soll auch bleiben, dass Serow entgegen der Anweisung des ZK in seinem Safe immer noch Ermittlungsakten gegen hochrangige Parteimitglieder lagerte. An seine Stelle als KGB-Chef trat Alexander N. Schelepin, ein Mann von dem man später sagte, dass er mehr Zeit beim 1. Sekretär als in der Lubjanka verbracht hätte[5].

Serow, der seiner KGB-Karriere offenbar nur wenig nachtrauerte, ging rasch daran, den Militärnachrichtendienst nach seinen Vorstellungen zu verändern und zu einer professionelleren Arbeitsweise zu zwingen. Jedenfalls äußerten Geheimdienstmitarbeiter auf internen Parteiversammlungen, „dass wir uns jetzt wirklich richtig mit unserer Arbeit beschäftigen und nicht aus ausländischen Zeitungen Boulevardnachrichten abtippen"[6]. So verstärkte die GRU die Agententätigkeit und versuchte gleichzeitig, ihre konspirative Arbeit zu verbessern. Denn der Verratsfall Pjotr Popow – ein bei der GSSD tätiger GRU-Oberstleutnant – der zwischen 1953 und 1959 mehr als 650 Mitarbeiter des Militärnachrichtendienstes für die CIA identifiziert hatte und Hunderte Hinweise auf Quellen des Geheimdienstes gab, hatte große Lücken in den Militärnachrichtendienst gerissen. Offenbar blieben die Bemühungen Serows nicht ohne Erfolg, denn Anfang 1960 konnte er der Parteispitze berichten, dass es gelungen sei „Dokumente und Material zu beschaffen, die einen hohen Wert für die Verteidigung des Landes besaßen und worüber dem ZK der KPdSU Bericht erstattet wurde"[7].

Am 30. September 1959 legte die GRU beispielsweise der sowjetischen Führungsspitze die Informationsmitteilung Nr. 119 vor, die detaillierte Angaben zu den Militärausgaben der NATO zwischen 1949 und 1959 enthielt. Hintergrund für dieses Memorandum waren offensichtlich die verstärkten Aufrüstungsbestrebungen des nordatlantischen Militärbündnisses infolge von Chruschtschows Drohungen gegen den Fortbestand der alliierten Präsenz in West-Berlin. Ziel des Militärgeheimdienstes dürfte gewesen sein, den sowjetischen Regierungschef davon zu überzeugen, die eigenen Rüstungsbestrebungen zu forcieren, wollte die UdSSR im selbstprovozierten Konflikt um Berlin keine Niederlage erleiden. Denn Chruschtschow hatte gerade in der ersten Phase der zweiten Berlin-Krise die militärstrategische und sicherheitspolitische Komponente der Auseinandersetzung unterschätzt und darauf vertraut, dass seine ständigen Drohungen hin-

---

[5] Vgl. Petrov, Prevyj predsedatel' KGB, S. 179–190; Gladkov, Lift v razvedku, S. 563 f.
[6] Vgl. RGANI, 5/30/454, Bl. 59, Bittschreiben von Serow an das Präsidium des ZK der KPdSU, 19. 11. 1964.
[7] Vgl. RGANI, 5/30/318, Bl. 25 f., Schreiben von Serow an das Präsidium des ZK der KPdSU, 10. 3. 1960; Kolpakidi/Prochorov, Imperija GRU-2, S. 18–38. Zum Fall des 1960 hingerichteten Popow siehe: Bailey/Kondraschow/Murphy, Die unsichtbare Front, S. 329–338; Prochorov/Lemechov, Perebežčiki, S. 151–159; Lubjanka-2, S. 264–272.

sichtlich des Einsatzes von – tatsächlich aber kaum vorhandenen – Atomraketen entsprechende Wirkung zeigen würden.

Demgegenüber fürchtete das sowjetische Militär ein Zurückbleiben des Landes im Rüstungswettlauf des Kalten Krieges und nutzte das entsprechende Dossier wahrscheinlich auch, um durch den Hinweis auf die verstärkte Rüstung der NATO, Chruschtschows Maßnahmen zur Truppenreduzierung zu stoppen und eine Steigerung der eigenen Verteidigungsausgaben zu befördern. Vor allem wurde von den Nachrichtendienstoffizieren darauf hingewiesen, dass die USA 45 Prozent ihres Militärbudgets für die Beschaffung von Waffen und Militärtechnik ausgaben, während in der Sowjetunion lediglich 40 Prozent des Verteidigungshaushaltes in die Beschaffung neuer Rüstungsgüter investiert wurden[8]. Mehr als drei Viertel dieses Betrages investierten die amerikanischen Streitkräfte in die Ausrüstung mit Atomsprengköpfen und Offensivbewaffnung. So stiegen nach Informationen des Militärgeheimdienstes zwischen 1950/51 und 1958/59 die Aufwendungen für die Produktion von Nuklearwaffen um das dreifache, für den Bau von Kampfschiffen um das 4,4fache und für die Fertigung von gelenkten Raketengeschossen sogar um das 160fache[9].

Da der gerade von seiner relativ erfolgreichen USA-Reise zurückgekehrte Chruschtschow nach einer politischen Verständigung mit den Vereinigten Staaten und einer weiteren Verringerung der eigenen Streitkräfte strebte, blieb der GRU-Bericht Nr. 119 zunächst ohne unmittelbare politische Folgen. Im Gegenteil, Anfang 1960 verkündete der sowjetische Partei- und Regierungschef neue Abrüstungsvorschläge und stellte die Entlassung von weiteren 1,2 Millionen Soldaten und Offizieren der Sowjetarmee in Aussicht[10]. Ohne Auswirkungen scheint das Dokument jedoch nicht geblieben zu sein. Im Zuge der erneuten Zunahme der Spannungen zwischen den USA und der Sowjetunion verzichtete die sowjetische Führung im Mai 1960 auf die angestrebte umfangreiche Verschrottung bzw. Produktionseinstellung von modernen Kriegswaffen. Statt wie geplant auf den Bau von Interkontinentalbombern, Panzern und anderer Rüstungstechnik im Wert von zunächst 1,6 und später sogar 2,1 Milliarden Rubeln zu verzichten[11], gaben

---

[8] Vgl. RGAE, 4372/79/792, Bl. 132, Spravka über das rüstungswirtschaftliche Potential der Länder des Warschauer Vertrages und der NATO, 3. 4. 1961.
[9] Vgl. RGANI, 5/30/311, Bl. 132–134, GRU-Informationsmitteilung Nr. 119 an das ZK der KPdSU, 30. 9. 1959.
[10] Vgl. RGANI, 2/1/416, Bl. 3–11, Schreiben von Chruščev an das ZK der KPdSU über eine weitere Reduzierung der Streitkräfte der UdSSR, 8. 12. 1959. Am 14. Dezember 1959 wurden Chruščevs Vorschläge im Präsidium des ZK der KPdSU diskutiert und am 14. Januar 1960 vom Obersten Sowjet verabschiedet. Im Zuge der weiteren Entwicklung der Berlin-Krise erfolgte allerdings keine komplette Umsetzung der geplanten Streitkräftereduzierung. Siehe: Protokoll Nr. 253 des Präsidiums des ZK der KPdSU, 14. 12. 1959, in: Prezidium CK KPSS 1954–1964, S. 393–397; Rede von Chruščev vor der IV. Tagung des Obersten Sowjets, 14. 1. 1960, in DzDP, IV/4, S. 75–84; BA-Koblenz, B-206/117, Bl. C III 1–4, Militärischer Lagebericht des BND für den Monat Dezember 1960 – zugleich Jahresabschlussbericht – Abschnitt C III: Die Entwicklung des Personalbestandes der Sowjetstreitkräfte, 20. 12. 1960.
[11] Vgl. RGAE, 4372/79/264, Bl. 27, Spravka über die ungefähre Verringerung des Planes der Lieferungen von Rüstungsgütern an das Verteidigungsministerium der UdSSR für 1960, 8. 1. 1960; RGAE, 4372/79/271, Bl. 79–87, Schreiben des Chefs der Verwaltung für Mob-Bewaffnung und materiell-technische Sicherstellung des Generalstabes, Generalleutnant Michajlov, an GOSPLAN der UdSSR, 7. 1. 1960; ebenda, Bl. 245–282, Schreiben von Generalstabschef, Generaloberst Vladimir D. Ivanov, an den stellv. Vorsitzenden von GOSPLAN, Michail V. Chruničev, 26. 2. 1960.

die Generäle des Verteidigungsministeriums jetzt lediglich ihr Einverständnis für die Verschrottung von veralteten Handfeuerwaffen und Artilleriegeschützen, die z.T. noch aus der Zeit vor den dreißiger Jahren stammten[12].

Der Auslandsnachrichtendienst des KGB hingegen konzentrierte sich vor allem auf die politische Nachrichtenbeschaffung. Bereits wenige Tage nachdem Chruschtschow am 27. November 1958 sein Ultimatum zur Umwandlung Berlins in eine „selbständige politische Einheit" an die Westmächte überreicht hatte, gelang der Ersten Hauptverwaltung des KGB ein spektakulärer Erfolg. Als am 3. Dezember 1958 der NATO-Rat über das sowjetische Ultimatum beriet, lag das für diese Tagung von der Bundesregierung vorbereitete Memorandum an die anderen NATO-Partner bereits in Moskau vor. Das Dokument mit dem Titel „Juristische und politische Konzeption der Regierung der Bundesrepublik Deutschland zur Frage über den Status von Berlin" enthielt nichts weniger als die Verhandlungsposition Bonns, das auf eine Erhaltung des bestehenden Viermächtestatus' für Berlin drängte, sich zugleich aber auch bewusst war, dass Gespräche mit den Sowjets über den Status der Stadt wohl nicht zu vermeiden waren. Deshalb empfahl Bonn den Westmächten zum „politischen Angriff" überzugehen und gegenüber der UdSSR mit zahlreichen Forderungen aufzutreten. Die aus dem Papier gewonnenen Geheimdienstinformationen flossen zudem in die Note der sowjetischen Regierung vom 10. Januar 1959 ein, in der Chruschtschow den Entwurf für einen Friedensvertrag vorlegte, der von zwei deutschen Staaten und einer entmilitarisierten „Freien Stadt Berlin" ausging[13].

Welche Bedeutung der KGB der Gewinnung weiterer Informationen zur Verhandlungsposition der Westalliierten in der Berlin-Frage beimaß, wird u. a. daraus ersichtlich, dass der sowjetische Geheimdienst im Frühjahr 1959 selbst im Vatikan umfangreiche nachrichtendienstliche Erkenntnisse zum Berlin-Konflikt sammelte. Am 28. Mai 1959 legte der stellvertretende Chef der Ersten Hauptverwaltung, Michail G. Kotow, dem stellvertretenden Außenminister, Georgij M. Puschkin, einen fünfseitigen Bericht zur Position des Vatikans in der Berlin-Frage vor. Aus ihm wurde deutlich, wie unterschiedlich die Meinungen im Vatikan hinsichtlich West-Berlins waren. Während der Nuntius in Bonn, Aloysius Muench, sowie die Kardinäle Giuseppe Pizzardo, Clemente Micara und Alfredo Ottaviani für eine Unterstützung Konrad Adenauers und eine harte Haltung hinsichtlich Berlins eintraten, setzten sich Kardinäle wie Valerio Valeri, Frederico Tedeschini und Giovanni Montini für Verhandlungen mit der Sowjetunion und sogar für eine mögliche Anerkennung der DDR ein[14]. Nur wenig später meldete der Auslandsnachrichtendienst, dass auch Papst Johannes XXIII. eine Verhandlungslösung zwischen dem Westen und der Sowjetunion anstrebe[15]. Am 1. Juni 1959 teilte Kotow schließlich Puschkin die offizielle Verhandlungsposition des Vatikans in der

---

[12] Vgl. RGANI, 5/30/341, Bl. 48–56, Schreiben von Malinovskij an der ZK der KPdSU, 24. 5. 1960.
[13] Vgl. Očerki istorii rossijskoj vněšnej razvedk-5, S. 112 f.; Steininger, Der Mauerbau, S. 41–58.
[14] Vgl. Schreiben von Michail G. Kotov an Georgij M. Puškin, 28. 5. 1959, abgedruckt in: Očerki istorii rossijskoj vněšnej razvedki-5, S. 690–692. Bei dem in der Veröffentlichung angegebenen Datum vom 28. 5. 1958 handelt es sich offensichtlich um einen Druckfehler, denn aus dem Text geht eindeutig hervor, dass das Dokument aus dem Jahr 1959 stammen muss.
[15] Vgl. Schreiben des Chefs der Ersten Hauptverwaltung, Fedor K. Mortin, an A.V. Zacharov, Mai 1959, abgedruckt in: ebenda, S. 692 f.

Deutschland- und Berlin-Frage mit, die Rom an die päpstlichen Vertreter in den NATO-Ländern und den Berliner Kardinal Julius Döpfner übermittelt hatte. Auf Grundlage dieser Spionageinformationen wurde für Moskau deutlich, dass sich im Vatikan eindeutig die antikommunistischen Kräfte durchgesetzt hatten. Rom sah in der Bundesrepublik den einzigen rechtmäßigen deutschen Staat und schloss Verhandlungen mit der DDR aus. Die Truppen der Westmächte, so der Vatikan, sollten auf jeden Fall in West-Berlin bleiben, da neben den strategischen Gründen ein Rückzug „die antikommunistische Einstellung der Katholiken in den Ländern, die von der UdSSR kontrolliert werden, schwächen würde". Eine Wiedervereinigung Deutschlands, so der Vatikan weiter, müsse auf der Grundlage freier Wahlen stattfinden. Zugleich hielt das Positionspapier fest, dass der Westen auf keinen Fall von seinen Forderungen in der deutschen Frage abweichen dürfe. Außerdem machte Rom ernste Zweifel an den sowjetischen Bemühungen um eine zukünftige Neutralität Deutschlands und dessen geplanter Demilitarisierung deutlich. Moskau lasse sich beim Konflikt um Berlin – so der Vatikan in seinem Schreiben an die päpstlichen Vertreter – nicht durch die „Gefahr einer erneuten deutschen Aggression" leiten, sondern im Gegenteil „vom Wunsch einen Grund für einen Krieg gegen den Westen in naher Zukunft zu finden"[16].

Nachdem Chruschtschow im Mai 1959 sein Ultimatum ergebnislos hatte verstreichen lassen, zeichnete sich im Sommer 1959 mit der Einladung des sowjetischen Partei- und Regierungschefs in die USA eine vorsichtige Entspannung der Krise ab[17]. Um das bevorstehende Treffen zwischen Eisenhower und Chruschtschow gegenüber vermeintlichen Provokationen des Vatikans abzusichern, wurde der KGB erneut im Kirchenstaat aktiv. Am 16. September 1959, einen Tag nach der Ankunft des sowjetischen Parteichefs in Washington meldete der stellvertretende Chef der Ersten Hauptverwaltung und Leiter der illegalen Spionage, Alexej A. Krochin, besorgt an den stellvertretenden Außenminister Valerian A. Sorin, dass im Juli Kardinal Ottaviani in die USA gereist sei, um „in der amerikanischen Öffentlichkeit eine breite Kampagne gegen das Treffen von N.S. Chruschtschow mit Eisenhower" zu organisieren. Dem gleichen Ziel diente wenig später auch eine Visite von Kardinal Giacomo Lercaro in den Vereinigten Staaten. Dieser erklärte am 24. August 1959 auf einer Pressekonferenz in Chicago, dass „der Westen viel verlieren und nichts gewinnen kann durch einen Besuch Chruschtschows", da die USA in den Augen der Völker hinter dem Eisernen Vorhang ihre führende Rolle im Kampf gegen den Weltkommunismus verlieren könnten. Zugleich wies der Geheimdienst allerdings darauf hin, dass der Papst selbst ein Treffen zwischen den beiden Staatsmännern befürwortete, da dies der Entspannung der internationalen Lage diene. Den Grund für diese Position sahen die sowjetischen Quellen in Rom in dem Bemühen Johannes XXIII., sein Vorhaben des II. Vatikanischen Konzils zum Erfolg zu führen.

Da Kanzler Adenauer seinen Sommerurlaub in Italien verbrachte, konnte der KGB das Außenministerium zusätzlich über dessen Positionen im Berlin-Kon-

---

[16] Vgl. Schreiben von Michail G. Kotov an Georgij M. Puškin, 1. 6. 1959, abgedruckt in: ebenda, S. 693 f.
[17] Vgl. Jochum, Eisenhower und Chruschtschow, S. 108 ff.; Steininger, Der Mauerbau, S. 130–136.

flikt unterrichten. In vertraulichen Gesprächen mit dem italienischen Ministerpräsidenten Antonio Segni kündigte der Bonner Regierungschef für den Fall amerikanischer Konzessionen in der Berlin-Krise an, „mit Frankreich Gespräche über die Bildung einer „dritten Kraft" in Europa zu forcieren"[18].

Da die Verhandlungen zwischen Chruschtschow und Eisenhower in den USA jedoch mit einem faktischen Berlin-Moratorium endeten, ergab sich aus den gesammelten Nachrichtendienstinformationen zunächst kein dringender Handlungsbedarf[19].

Dennoch war der Hunger der sowjetischen Entscheidungsträger nach Geheimdienstinformationen weiterhin groß. Anfang 1960 wurde deshalb beim KGB sogar eine besondere Arbeitsgruppe für die Beschaffung von nachrichtendienstlichem Material zur Berlin-Frage geschaffen. Ihre Leitung übernahm der Deutschlandspezialist des Geheimdienstes und Chefresident des KGB in der DDR, Alexander M. Korotkow. Aus Ost-Berlin, dem Haupteinsatzort des Geheimdienstteams, gingen im Zuge umfangreicher nachrichtendienstlicher Operationen zahlreiche Dokumente nach Moskau, die Aufschluss über die jeweiligen Verhandlungspositionen der Bundesregierung, der USA, Großbritanniens und Frankreichs gaben. Dazu gehörten u. a. Protokolle der Kabinettssitzungen der Bundesregierung, Material des Bundesnachrichtendienstes sowie Dokumente aus dem Kanzleramt über Gespräche Adenauers mit Vertretern der Westmächte[20].

Die Quelle für das Material aus Pullach ist relativ leicht auszumachen. Der ehemalige SS-Obersturmführer des Reichssicherheitshauptamtes, Heinz Felfe, war 1950 vom KGB angeworben worden und arbeitete seit 1951 für den als Organisation Gehlen firmierenden Auslandsnachrichtendienst der Bundesrepublik. Ab 1953 in der Pullacher Zentrale eingesetzt hatte er, seit 1958 als Leiter des Referats Gegenspionage Sowjetunion, Zugang zu fast allem Material, das von hier aus nach Bonn ging. Kopien der Dokumente stellte Felfe seinem KGB-Führungsoffizier „Max" zur Verfügung. Insgesamt lieferte Agent „Kurt" – so Felfes Deckname – gegen die Zahlung von 150000 DM mehr als 15000 Dokumentenkopien und über 20 Tonbänder sowie zahlreiche Abschriften von Funkmeldungen. Außerdem enttarnte er bis zu seiner Verhaftung im November 1961 insgesamt 94 V-Männer des BND, die im Ostblock operierten[21].

Auch die GRU verfügte über hochrangige Quellen in der Bundesrepublik. Eine von ihnen war bis zu seinem Tod im Frühjahr 1960 Edgar Feuchtinger. Den ehemaligen Wehrmachtsgeneral hatten 1953 Angehörige des Militärgeheimdienstes in Krefeld angeworben. Die Mitarbeit für den militärischen Nachrichtendienst erfolgte nicht freiwillig. Feuchtinger wurde von der GRU ein kompromittierendes Papier aus den letzten Kriegstagen präsentiert, dass seine verheimlichte Degradierung zum Soldaten und Fahnenflucht belegte. Der Ex-General beschaffte für die

---

[18] Vgl. Schreiben von Aleksej A. Krochin an Valerian A. Zorin, 16. 9. 1959, abgedruckt in: Očerki istorii rossijskoj vnešnej razvedki-5, S. 694f.
[19] Vgl. Bremen, Die Eisenhower-Administration in der zweiten Berlinkrise 1958–1961, S. 435–438; Wettig, Chruschtschows Berlin-Krise, S. 72f.
[20] Vgl. RGANI, 5/49/288, Bl. 43–47, Schreiben von KGB-Chef Alexander N. Šelepin an das ZK der KPdSU mit Auszügen aus den Wochenberichten des BND für November 1959, 18. 2. 1960.
[21] Vgl. Zolling/Höhne/, Pullach intern, S. 284–291; Höhne, Der Krieg im Dunkeln, S. 548–551; Felfe, Im Dienst des Gegners.

GRU vor allem Akten aus dem Bundesministerium der Verteidigung, zu denen er über ehemalige Generalskollegen Zugang erhielt, aber auch geheime NATO-Unterlagen. Im Januar 1960 erlitt er während eines Treffens mit seinem Führungsoffizier in Berlin einen Schlaganfall und verstarb kurz darauf. Bis zu diesem Zeitpunkt hatte Feuchtinger mehr als 1000 Seiten streng geheime Dokumente nach Moskau geliefert[22].

Der nachrichtendienstliche Alltag war allerdings weniger durch Topspione als vielmehr von unspektakulären geheimdienstlichen Routinegeschäften geprägt, zu denen vor allem Order-of-Battle-Aufklärung, also die Nachrichtengewinnung über Umfang, Dislokation, Gliederung und Bewegungen der NATO-Streitkräfte in Europa gehörte. Hierfür benötigten die sowjetischen Nachrichtendienste und ihre Verbündeten eine Vielzahl von Agenten, weil ihnen technische Mittel wie Satelliten und Luftaufklärung nur unzureichend zur Verfügung standen. Diese lieferten durch die Beobachtung ihres denkbar kleinen Spionageausschnitts im NATO–Militärbetrieb, zu dem beispielsweise die Überwachung der Belegungsstärke von Kasernen, von Infrastruktur und die Kontrolle von Aktivitäten auf Truppenübungsplätzen zählten, kaum Informationen, die für sich allein spektakulär waren. Erst durch die Arbeit der Auswertungsstellen wurden die so gewonnenen Mosaiksteine geordnet und zu einem Puzzele zusammengestellt, das im Allgemeinen ein zutreffendes Lagebild ergab und mit dem die sowjetische Seite zu jeder Zeit während der Krise um die geteilte Stadt auf die sich verändernde militärische Situation in Westeuropa und um Berlin reagieren konnte[23]. Beispielsweise übermittelte die Leitung des Verteidigungsministeriums nach dem Mauerbau bis zum Januar 1962 der ZK-Führung auf der Grundlage der Agenteninformationen täglich einen militärischen Lagebericht zur Situation in Westeuropa und Berlin. Während der Konfrontationen am Checkpoint *Charlie* im Oktober 1961 meldeten die Standortüberwacher der GRU nicht nur die exakte Zahl der in der Luft im Einsatz befindlichen sowie in Europa stationierten Bomber des SAC, sondern auch die genaue Zahl der im Nordmeer operierenden bzw. in Holy Loch stationierten Atom-Raketen-Boote der US Navy[24]. Dies dürfte mit dazu beigetragen haben, dass sich Chruschtschow dafür entschied, die Konfrontation am Checkpoint mit dem Rückzug seiner Panzer beizulegen.

Welchen Umfang diese Spionageaktivitäten hatten, wird mit wenigen Zahlen deutlich. Allein 1959 wurden in der Bundesrepublik 2802 „feindliche Agenten" verhaftet, von denen etwa 30 Prozent auf militärische Ziele angesetzt waren. In den ersten zehn Monaten des Jahres 1960 nahm die US-Militärabwehr insgesamt 348 Personen fest, die Einrichtungen der amerikanischen Streitkräfte in Europa, vor allem aber in der Bundesrepublik, ausspionierten. 266 der inhaftierten Agenten arbeiteten für das MfS, 66 für sowjetische Nachrichtendienste. Weitere 58 lieferten den anderen Geheimdiensten des Warschauer Paktes Informationen.

---

[22] Vgl. Ėnciklopedija voennoj razvedki Rossii, S. 246f.; Piekalkiewicz, Weltgeschichte der Spionage, S. 444–448.
[23] Vgl. USAREUR-Periodic Intelligence Report 1-59 (U), 1. 4. 1959, S. 106–110, veröffentlicht auf: PHP-Collection 7. Zur Standortüberwachung in der DDR allgemein: Felfe, Im Dienst des Gegners, S. 62f. sowie Wagner/Uhl, BND contra Sowjetarmee.
[24] Vgl. RGANI, 5/30/367, Bl. 174–182, Berichte des Verteidigungsministeriums der UdSSR an das ZK der KPdSU über die Situation in Berlin, der DDR und Westeuropa, 27.–28. 10. 1961.

Knapp 60 Prozent der Spionageangriffe galten der Order-of-Battle Aufklärung, wobei Einheiten und deren Bewaffnung von 31 Prozent der Agenten ausgeforscht wurden. Kasernen und militärische Anlagen überwachten 14 Prozent, weitere 13 Prozent der Spione kundschafteten mit Nuklearwaffen und Raketen bewaffnete Truppen und deren Standorte aus. Knapp 20 Prozent der weiteren Aufklärungsaktivitäten richteten sich gegen die US-Spionageabwehr, weitere zehn Prozent versuchten, gezielt Personal der US-Army auszuforschen, Manöver und Alarme verfolgten fünf Prozent der festgenommenen Agenten. Dass Berlin wichtigster Brennpunkt der östlichen Geheimdienstaktivitäten war, wird durch das Faktum belegt, dass knapp ein Drittel der Spione in den Westsektoren der geteilten Stadt verhaftet wurde. Auch Baden-Württemberg, Bayern, Hessen und Rheinland-Pfalz lagen entsprechend der Dislokation der US-Truppen im Visier der sowjetischen Geheimdienste. Hingegen waren US-Anlagen in Frankreich und Italien nur von untergeordnetem Interesse. Gegen sie richteten sich sieben bzw. drei Prozent der östlichen Spionageangriffe. Vor diesem Hintergrund kann es kaum verwundern, dass die US-Truppen in Europa im Verlauf der Berlin-Krise die sowjetischen Spionageangriffe „als wichtigste momentane Gefahr" einschätzten[25].

Geführt wurden die sowjetischen Quellen zumeist aus der DDR, wo KGB und GRU über zahlreiche Residenturen verfügten. Westliche Nachrichtendienste gingen davon aus, dass allein der sowjetische Militärgeheimdienst in Ostdeutschland auf über 400 bis 600 Nachrichtendienstoffiziere zurückgreifen konnte. Rund 250 von ihnen waren im Stab der GSSD in Wünsdorf stationiert, weitere Stützpunkte existierten in Erfurt, Schwerin, Leipzig und Magdeburg. Auch die Nachrichtendiensteinheiten der einzelnen GSSD-Armeen bekamen im Rahmen der sowjetischen Order-of-Battle Aufklärung entsprechende Spionageziele zugewiesen. So „bearbeitete" die Aufklärungsabteilung der bei Berlin stationierten 20. Garde-Armee alliierte Einrichtungen in West-Berlin und beobachtete die Westberliner Polizei. Zudem konnte die Militäraufklärung die sowjetischen Verbindungsmissionen in Frankfurt/Main und Baden-Baden für ihre Spionageaktivitäten nutzen. Die Stärke der KGB-Mitarbeiter in der DDR wurde auf rund 800 geschätzt, der Großteil von ihnen operierte von Ost-Berlin aus gegen westalliierte Einrichtungen. Überdies konnte der politische Auslandsnachrichtendienst bei seinen Aktivitäten auf seine legalen Residenturen in den sowjetischen Botschaften Westeuropas zurückgreifen[26].

Dem KGB gelang so beispielsweise die Beschaffung von Unterlagen aus dem französischen und britischen Außenministerium. Ferner hörten Spezialeinheiten des Nachrichtendienstes die amerikanische Botschaft in Moskau ab. Aus den USA fand schließlich ein Papier für die Arbeitsgruppe der Vier Mächte über den „Modus Vivendi" für Berlin den Weg nach Moskau. Beschafft wurden ebenfalls Doku-

---

[25] Vgl. USAREUR Intelligence Estimate-1961 (U), 1. 1. 1961, S. 271–280, veröffentlicht auf: PHP-Collection 7. Auch die westliche Seite und hier vor allem der BND bedienten sich in großem Umfang des Mittels der Standortüberwachung. Für Details hierzu siehe: Uhl/Wagner, Pullachs Aufklärung gegen sowjetisches Militär in der DDR.

[26] Vgl. ebenda, S. 287–291; USAREUR Intelligence Estimate-1965 (U), 15. 2. 1965, S. 354 f., veröffentlicht auf: PHP-Collection 7; CIA-Summery: The Soviet Establishment in Karlshorst, 7. 5. 1959, abgedruckt in: On the Front Lines of the Cold War, S. 255–258; Golicyn, Zapiski načal'nika voennoj razvedki, S. 118–125.

mente für die Planungen einer erneuten Luftbrücke für den Fall einer Blockade West-Berlins[27].

Da die für Mitte Mai 1960 geplante Vier-Mächte-Gipfelkonferenz in Paris jedoch u. a. durch den Abschuss einer U-2 der CIA über Swerdlowsk am 1. Mai 1960 scheiterte, konnte Chruschtschow das KGB-Wissen über die westlichen Verhandlungspositionen nicht ausnutzen[28]. Dennoch ging die Sammlung von nachrichtendienstlichem Material auch nach der gescheiterten Pariser Gipfelkonferenz weiter. Bis zum Ende des Jahres 1960 fing die Funkaufklärung des KGB mehr als 209 000 diplomatische Telegramme von Botschaften aus 51 Staaten ab und entschlüsselte diese. 133 200 dieser Informationen wurden vom Geheimdienst zur weiteren Verwendung an das ZK der KPdSU, hier vor allem an die Internationale Abteilung, weitergeleitet. Zudem erstellte die Auswertungsabteilung des Geheimdienstes für ZK und Ministerrat 1960 insgesamt 4144 Einzelberichte sowie 68 Wochen- und Monatsberichte. Außerdem gelangen dem KGB in diesem Jahr die Neuanwerbung von 375 ausländischen Agenten und die Legalisierung von 32 Nachrichtenoffizieren für Spionageeinsätze im Ausland. Diese und andere Quellen des Geheimdienstes – wie beispielsweise der im NATO-Hauptquartier bei Paris tätige Hugh George Hambleton, der im Führungsstab des französischen Verteidigungsministerium beschäftigte Georges Pâques oder der britische MI 6 Mitarbeiter George Blake – versorgten Moskau mit einem ständigen Strom geheimer Akten aus den Safes von Regierungs-, Geheimdienst- und Militärbehörden, „die dokumentarische Beweise über die militärpolitischen Planungen der Westmächte und der NATO-Allianz" lieferten. Mehr als 4300 dieser vom KGB beschafften Dokumente gingen in Kopie an Außenminister Gromyko, weitere 3470 wurden Verteidigungsminister Malinowskij und dem Chef seines Generalstabes übergeben[29]. Auch die sowjetischen Verbündeten lieferten von ihren Nachrichtendiensten beschaffte Geheimpapiere nach Moskau. So sandte beispielsweise der bulgarische Staatssicherheitsdienst Anfang 1961 elf Dokumente des US-Verteidigungsministeriums mit insgesamt mehr als 200 Blatt an den KGB[30]. Die Papiere, unter denen sich detaillierte Organisationsschemata der US-Militäraufklärung und Telefonlisten dieser Behörde befanden, die es ermöglichten, 728 ihrer Mitarbeiter samt Klarnamen und Wohnadresse zu identifizieren, hatte der bulgarische Geheimdienst aus der Diplomatenpost des US-Militärattaches in Sofia abfotografiert[31].

---

[27] Vgl. Gosudarstvennaja bezopasnost' Rossii, S. 648f.; Prokof'ev, Aleksandr Sacharovskij, S. 104ff.
[28] Vgl. Bailey/Kondraschow/Murphy, Die unsichtbare Front, S. 386; Jochum, Eisenhower und Chruschtschow, S. 147–162.
[29] Vgl. Zubok, Spy vs. spy, S. 23. Generalstabschef der Sowjetarmee war allerdings nicht wie Zubok schreibt Vasilevskij, sondern bis April 1960 Sokolovskij, der dann von Zacharov abgelöst wurde. Prochorov, Razvedka ot Stalina do Putina, S. 267f.; Rower/Schäfer/Uhl, Lexikon der Geheimdienste, S. 65f.; 189; 340; Andrew/Mitrochin, Das Schwarzbuch des KGB, S. 240f.
[30] Vgl. Schreiben des bulgarischen Staatssicherheitsdienstes an den KGB, Januar 1961, veröffentlicht auf: Bulgarian Intelligence & Security Services in the Cold War Years (CD).
[31] Vgl. AMVR, 2/1/887, Bl. 27–35, Informationsbulletin Nr. 56 der 2. Verwaltung des Staatssicherheitsdienstes, 21. 11. 1960; ebenda, Bl. 240f., Information der 2. Verwaltung des Staatssicherheitsdienstes, Dezember 1960. Der Verfasser dankt Herrn Jordan Baev für die Beschaffung dieser Dokumente.

Bei den Entscheidungen zur weiteren Fortsetzung seiner Berlin-Politik konnte der Kreml folglich auf zahlreiche nachrichtendienstliche Informationen zurückgreifen. Sie legten die Verhandlungstaktik der Westmächte und ihrer Verbündeten für Moskau offen und zeigte auch, wo sich Risse in den Positionen des Bündnisses auftaten. Dass Chruschtschow es vorerst nicht vermochte, diese Erkenntnisse rasch in politische Erfolge umzuwandeln, lag in der Entscheidung des sowjetischen Partei- und Regierungschefs begründet, nach dem geplatzten Gipfeltreffen in Paris die Entscheidung über Berlin ein weiteres Mal für sechs bis acht Monate zu vertagen. Offensichtlich hoffte er, in Kennedy einen besseren Verhandlungspartner zu haben und setzte zugleich darauf, dass er in der gewonnenen Zeit seine Kräfte verstärken und in eine bessere Position bringen konnte. Nach wie vor ging Chruschtschow davon aus – auch unter dem Eindruck der vorliegenden Geheimdienstinformationen –, die Westmächte aus Berlin vertreiben zu können und damit die Chance auf eine Neutralisierung Westdeutschlands zu haben[32].

Der Einfluss von KGB und GRU auf die politischen Entscheidungen des Kremls während des Mauerbaus – Möglichkeiten und Grenzen

Während im Gegensatz zum KGB-Material bisher kaum GRU-Berichte aus dem Jahr 1960 ausfindig gemacht werden konnten, nimmt die Zahl der im Archiv zugänglichen Informationen des Militärgeheimdienstes an das ZK der KPdSU ab 1961 sprunghaft zu. Im April 1961 lieferte die GRU eine Zusammenstellung der „rüstungswirtschaftlichen Maßnahmen der BRD 1960" an das ZK. Dem insgesamt 19 Seiten langen Bericht hatte die GRU-Führung eine zweieinhalbseitige Zusammenfassung vorangestellt, welche die Kernpunkte des Geheimdienstdossiers knapp zusammenfasste[33].

Zunächst stellten die Analysten fest, dass die Rüstungsmaßnahmen der Bundesregierung auf „den weiteren Ausbau der Streitkräfte, die Erhöhung der Produktion von Rüstungsgütern, die Entwicklung neuer Waffen, die Schaffung der Grundlagen für eine Atomindustrie und die Vorbereitung der Wirtschaft des Landes auf den Kriegsfall" gerichtet sind. 1960 hätte die Bundesrepublik insgesamt 11,79 Milliarden DM für Verteidigungszwecke ausgegeben, 1961 sollten hierfür bereits 15 Milliarden DM aufgewendet werden[34]. Ein Großteil dieses Geldes wurde in die Beschaffung schwerer Kampftechnik investiert, die überwiegend im Ausland, vor allem in den USA, angekauft wurde. Allein 1960 bestellte die Bundeswehr, nach Informationen der GRU, 557 strahlgetriebene Jäger und Jagd-

---

[32] Vgl. Wettig, Chruschtschows Berlin-Krise, S. 84f.; Harrison, Driving the Soviets up the Wall, S. 136ff.
[33] Vgl. RGANI, 5/30/372, Bl. 37–58, Zusammenstellung der GRU über die rüstungswirtschaftlichen Maßnahmen der BRD 1960, 22. 4. 1961; Ènciklopedija voennoj razvedki Rossii, S. 459f.
[34] Vgl. ebenda, Bl. 37. Wie diese Zahlen berechnet wurden, ist unklar. Fest steht, sie entstammen keiner öffentlichen Quelle. Nach dem statistischen Jahrbuch der Bundesrepublik für 1963 wendete der Bund 1960 8,538 Milliarden DM für Verteidigung auf. 1961 stieg dieser Betrag auf 13,311 Milliarden DM. Siehe: Statistisches Jahrbuch für die Bundesrepublik Deutschland 1963, S. 430.

bomber, je 24 Flügelgeschosse der Typen *Matador* und *Mace*, 100 Kurzstreckenraketen *Sergeant*, 312 Kurzstreckenraketen *Honest John* sowie 300 Flugabwehrraketen *Nike*. Die Boden-Boden-Fernlenkwaffen sowie ein Teil der Flugabwehrraketen waren hierbei zum Einsatz von Nuklearsprengköpfen ausgerüstet. Hinzu kamen 23 460 Panzerabwehrlenkraketen der Typen SS-10 und SS-11 sowie 751 amerikanische M48-Panzer und zahlreiches weiteres Kriegsgerät[35]. Zugleich sei die Bundesrepublik – so der Militärgeheimdienst – dazu übergegangen, in ihren 75 Rüstungsbetrieben mit ca. 75 000 Beschäftigten die eigene Rüstungsproduktion weiter auszubauen. 1960 waren hier nach den Erkenntnissen des Militärnachrichtendienstes 288 Kampfflugzeuge, 345 gepanzerte Transporter, 10 000 Militärfahrzeuge, 26 000 automatische Gewehre und 27 kleinere Kriegsschiffe hergestellt worden. Einen weiteren Schwerpunkt legte der GRU-Bericht auf die erfolgreiche Rüstungskooperation der Bundesrepublik mit anderen NATO-Partnern. Als Beispiele wurden hier die Gemeinschaftsprogramme zur Fertigung der Fla-Rakete *Hawk* und der Luft-Luft-Rakete *Sidewinder* sowie zur Entwicklung von Kampfflugzeugen wie der *Breguet Atlantic* und der *C-160 Transall* genannt. Insgesamt kam der Bericht zu dem Schluss, dass es die Bemühungen der Bundesregierung, gerade auch hinsichtlich der Kooperation mit den NATO-Partnern, ermöglichen, die Bundeswehr mit modernen Waffen auszurüsten, und der bestehende Vorsprung anderer Staaten bei der Entwicklung neuer Rüstungstechnik aufgeholt werden konnte[36]. Durch diesen Bericht wurde für das ZK der KPdSU deutlich, dass sich die Rüstungsspirale immer weiter drehte. Chruschtschow war von der noch Anfang 1960 angestrebten allgemeinen Abrüstung weiter entfernt als je zuvor. Dass sich die Rüstungsbemühungen des Westens nicht nur auf die Bundesrepublik beschränkten und gerade nach dem Amtsantritts Kennedys weiter an Tempo gewannen, zeigten der Kremlführung auch andere Informationen des Militärgeheimdienstes.

Am 5. Juni 1961 legte die GRU dem ZK zunächst einen Bericht zur Restrukturierung der Forschungs- und Entwicklungszentren der US Air Force vor. Ziel dieser Maßnahmen, so der militärische Nachrichtendienst, sollte eine Steigerung des Tempos bei der Entwicklung und dem Bau von kosmischen Waffen, strategischen Raketen, Raketenabwehrsystemen und elektronischen Führungssystemen für die Luftstreitkräfte sein. Für die bessere Koordinierung dieser Arbeiten schuf die Air Force ein neues Kommando für die Entwicklung von entsprechenden Waffensystemen. Es hatte seinen Dienstsitz auf der Andrews-Airbase und wurde von General Bernard A. Schriever – einem Spezialisten für Raketenentwicklung – geleitet, dessen Biographie dem Schreiben beigefügt war[37]. Die Reorganisationen

---

[35] Vgl. ebenda, Bl. 44 f. Das Waffensystem *Matador* wurde Ende der fünfziger Jahre von der Bundeswehr in nur vier Versuchsexemplaren nebst 24 Flugkörpern, die „keinen Einsatzwert" hatten, eingeführt und rasch durch das Raketensystem *Pershing I* ersetzt. Vom Waffensystem *Mace* plante die Bundesrepublik insgesamt 96 Flugkörper zu beschaffen. Auf das Vorhaben wurde jedoch zugunsten der *Pershing I* verzichtet. Gleichwohl befanden sich auf dem Territorium der Bundesrepublik 1965 bis zu 113 *Mace*-Flugkörper, die der US Air Force unterstanden. Siehe hierzu u.a.: Lemke/Krüger/Rebhan/Schmidt, Die Luftwaffe, S. 619f.
[36] Vgl. RGANI, 5/30/372, Bl. 56–58, Zusammenstellung der GRU über die rüstungswirtschaftlichen Maßnahmen der BRD 1960, 22. 4. 1961.
[37] Vgl. RGANI, 5/30/372, Bl. 75–83, Schreiben von Matvej V. Zacharov und Ivan A. Serov an das ZK der KPdSU, 5. 6. 1961.

im Bereich der Waffenentwicklungen der US Air Force und die Ernennung von Schriever deuteten nach Ansicht der GRU darauf hin, „das der Schwerpunkt in der Tätigkeit des neuen Kommandos auf der Entwicklung von Raketen- und kosmischen Waffen liegen wird"[38]. Offenbar unzufrieden wegen der Probleme bei der eigenen Raketenentwicklung und mit der Befürchtung, dass sich der bestehende Vorsprung der USA noch weiter vergrößern werde, erhielt der Leiter der Rüstungskommission beim ZK, Dimitrij F. Ustinow, auf Anweisung von Verteidigungsminister Malinowskij umgehend eine Kopie des Schreibens zugestellt. Dieser setze seine Stellvertreter, Georgij A. Titow und Georgij N. Paschkow, vom Inhalt des GRU-Schreibens in Kenntnis und verlangte unverzüglich über entsprechend nötige Schritte vorzutragen[39]. Da die Unterlagen der Rüstungskommission jedoch immer noch für die wissenschaftliche Nutzung gesperrt sind, ist es gegenwärtig nicht möglich, den Vorgang weiterzuverfolgen. Auffallend bleibt jedoch, dass Anfang 1962 die Raketenindustrie mehrere Auskunftsschreiben an das ZK mit Vergleichsdaten zur Entwicklung sowjetischer und amerikanischer Interkontinentalraketen sandte, aus denen zumindest eine partielle Überlegenheit der Amerikaner klar hervorging. In diesem Zusammenhang umriss das Staatskomitee für Verteidigungsindustrie insgesamt neun Projektentwürfe für neue Typen schwerer und überschwerer Interkontinentalraketen, die nukleare Gefechtsköpfe von einer Sprengkraft von bis zu 200 Megatonnen Richtung USA befördern sollten, um den amerikanischen Vorsprung aufzuholen[40].

Der KGB versuchte unterdessen – wie schon 1960 – Geheimdienstmaterial für das in Wien bevorstehende Treffen mit dem US-Präsidenten zu sammeln. Diese Bemühungen waren von Erfolg gekrönt, denn auf der vorbereitenden Sitzung des Präsidiums des ZK am 26. Mai 1961 verlas der sowjetische Partei- und Regierungschef mehrere vom Nachrichtendienst beschaffte Geheimdokumente, darunter einen Bericht von Botschafter Kroll nach Bonn. Doch auch andere Papiere des Nachrichtendienstes – darunter ein Memorandum für die französische Regierung über die Gespräche mit deutschen Vertretern zur Vorbereitung einer NATO-Tagung – dienten dem Kremlchef zur Vorbereitung seiner Verhandlungsposition für die Gespräche mit Kennedy. Aus diesen Geheimpapieren – wobei es sich um unkommentierte Abschriften der entsprechenden Dokumente gehandelt haben dürfte – gewann er den Eindruck, dass es in den Wiener Gesprächen gelingen könnte, die USA und die Westmächte in unterschiedliche Positionen zu manövrieren[41].

Wie die Verhandlungen in Österreich zeigten, war Chruschtschow offenbar auch unter dem Eindruck des Geheimdienstmaterials einem Fehlurteil aufgeses-

---

[38] Ebenda, Bl. 77.
[39] Vgl. ebenda, Bl. 75 (handschriftliche Bemerkung Malinovskij); Schreiben von Dimitrij F. Ustinov an Georgij N. Paškov und Georgij A. Titov, 17. 6. 1961, RGANI, 5/30/372, Bl. 74.
[40] Vgl. RGAE, 298/1/2748, Bl. 72–76, Auskunftsschreiben des NII 88 über Vergleichsdaten einheimischer und amerikanischer strategischer Raketen, 10. 2. 1962; ebenda, Bl. 157 ff., Auskunftsschreiben amerikanischer Raketenentwicklungen, o. Datum (1962); RGAE, 298/1/2749, Bl. 102 f., Auskunftsschreiben zu sowjetischen Interkontinentalraketen, die sich in der Produktion und Entwicklung befinden, 17. 2. 1962.
[41] Vgl. Protokoll der Sitzung des Präsidiums des ZK der KPdSU zur Frage des Meinungsaustausches mit Kennedy in Wien, 26. 5. 1961, in: Prezidium CK KPSS, S. 500–507.

sen. Kennedy war auf keinen Fall bereit, West-Berlin aufzugeben, und der US-Präsident drohte dem sowjetischen Parteichef mit einem „kalten Winter", falls er den Friedensvertrag mit der DDR unterzeichnen würde[42].

Am 22. und 23. Juni 1961 übermittelte die GRU dem ZK der KPdSU erneut zwei umfangreiche Schreiben mit alarmierendem Ton, die zum einen über den weiteren Ausbau des Arsenals an taktischen und operativ-taktischen Atomraketen der US Army und zum anderen über Kennedys Pläne zur weiteren Verstärkung der US-Streitkräfte informierten. Der erste Bericht gab der sowjetischen Führungsriege einen detaillierten Überblick über die Ausstattung der US-Landstreitkräfte mit taktischen Nuklearraketen. Zugleich wurde vom militärischen Nachrichtendienst auf zukünftige Entwicklungen der US Army in diesem Bereich aufmerksam gemacht. Durch die Weiterentwicklungen der bisherigen Typen *Honest John*, *Corporal*, *Sergeant* und *Redstone* würden die US-Landstreitkräfte „leichte, mobile, mit hohen taktisch-technischen Leistungen ausgestattete Atomraketen erhalten, die für den Transport mit Flugzeugen und Hubschraubern der US Army geeignet waren"[43].

Doch auch bereits zum jetzigen Zeitpunkt seien die US-Streitkräfte durch ihre Ausstattung mit den unterschiedlichen Typen taktischer Nuklearwaffen in der Lage, die notwendigen atomaren Feueraufgaben ihrer Feldarmeen auf der gesamten Breite und Tiefe der Frontoperationen ohne Änderung der Startpositionen zu gewährleisten. Damit seien die Atomraketen zur wichtigsten Schlagkraft der Landstreitkräfte und zum entscheidenden Faktor bei der Organisation und Führung des Bodenkampfes geworden. Zugleich erhöhten sich durch die umfangreiche Ausstattung mit taktischen Nuklearwaffen die Operationsmöglichkeiten der US-Landstreitkräfte beträchtlich, da sie jetzt in der Lage seien, mit weniger Kräften auf einer zwei bis dreimal so großen Fronttiefe bzw. -breite als bisher zu operieren und damit das Gebiet ihres Verteidigungsbereiches erheblich zu vergrößern.

Gleichzeitig machte der GRU-Bericht der Kremlführung deutlich, wie sehr sich binnen kurzer Zeit das atomare Kräfteverhältnis in Europa geändert hatte. Verfügte 1958 eine hier stationierte US-Feldarmee mit ihren zwölf Divisionen über sechs Batterien taktischer Kurzstreckenraketen und 21 Batterien nuklearfähiger Geschütze, so standen 1960 der gleichen Gruppierung bereits eine Abteilung Mittelstreckenraketen *Redstone*, 21 Batterien taktischer Kurzstreckenraketen und 19 Batterien Atomgeschütze zur Verfügung. Hinzu kam jetzt noch pro Division eine Batterie taktischer Atomraketen des Typs *Honest John*. Obgleich die Masse der vorhandenen Raketen nur eine Reichweite von bis zu 40 Kilometern hatte und lediglich die *Corporal* über 130 Kilometern bzw. die *Redstone* bis zu 320 Kilometern verschossen werden konnte, waren die Folgen für die sowjetische Strategie enorm. In Zukunft, so die GRU, würden sich diese noch verstärken, da die Amerikaner mit hohem Tempo und Aufwand an der Modernisierung und Weiterentwicklung von Kurz- und Mittelstreckenraketen arbeiteten[44].

---

[42] Vgl. Niederschrift der Unterhandlungen von Chruščev und Kennedy in Wien, 3.–4. 6. 1961, abgedruckt in: 1961 – Mauerbau und Außenpolitik, S. 345–407.
[43] RGANI, 5/30/372, Bl. 124 f., Schreiben von Generalstabschef Matvej V. Zacharov und GRU-Chef Ivan A. Serov an das ZK der KPdSU, 22. 6. 1961.
[44] Vgl. ebenda, Bl. 127 f.

Die bisherige konventionelle Überlegenheit der Landstreitkräfte der UdSSR konnte mit den taktischen Kernwaffen der US Army wirkungsvoll gebrochen werden, da sie die US-Streitkräfte in Europa in die Lage versetzten, bei einem möglichen Konflikt die Masse der sowjetischen Panzerarmeen in strahlenden Schrott zu verwandeln. Oder wie es der Befehlshaber der Northern Army Group, General Sir James Cassels, auf einer Besprechung mit SACEUR General Lauris Norstad Ende 1961 ausdrückte: „Wenn Sie mir den Auftrag geben, unter Ausnutzung der WESER [-Linie] mit nuklearen Waffen zu verteidigen, dann bin ich zuversichtlich, diesen Auftrag erfüllen zu können. Wenn Sie mich aber beauftragen weiter nach vorn zu gehen oder mich nur mit konventionellen Mitteln zu verteidigen, dann muss ich Ihnen sagen, dass ich diesen Auftrag nicht erfüllen kann."[45] Die Sowjetunion selber versuchte, der neu entstandenen Lage durch die zunehmende Ausstattung ihrer eigenen Landstreitkräfte mit taktischen Kernwaffen zu begegnen[46]. Mit ihrem Einsatz sollten im Kriegsfall, so die ab 1960 gültige sowjetische Militärdoktrin, „bedeutende strategische Kernwaffeneinsatzmittel des Gegners vernichtet, den Gruppierungen seiner Truppen ernste Verluste zugefügt [...] in der Tiefe umfangreiche Zerstörungszonen und aktivierte Gelände geschaffen werden, was dem Gegner das Manöver mit seinen Truppen erschwert. All dies schafft günstige Bedingungen dafür, dass die Fronttruppen ihre Operationsziele schnell erreichen"[47].

Zugleich scheint klar, dass die GRU auf die möglichen Konsequenzen eines bewaffneten Konfliktes um Berlin aufmerksam machen wollte. Das Papier sollte den Entscheidungsträgern im Kreml verdeutlichen, dass die immer wieder propagierte Überlegenheit der sowjetischen Streitkräfte in der Realität nicht existierte und eine militärische Konfrontation mit den Westalliierten für die UdSSR mit erheblichen Risiken verbunden war. Die Sowjetunion würde auf einen gerüsteten und gut vorbereiteten Gegner treffen.

Dies zeigte auch ein zweites GRU-Schreiben, das einen Tag später an das ZK übermittelt wurde. Mit seinem Titel „Analyse der Planungsänderungen des Aufbaus der amerikanischen Streitkräfte und des Verteidigungsbudgets der USA für 1961/62" untersuchte es die Vorschläge Kennedys zum weiteren Ausbau der US-Streitkräfte, die dieser dem Kongress am 28. März bzw. am 25. Mai 1961 unterbreitet hatte. Für besonders wichtig erachteten die Militärs die Ankündigung des US-Präsidenten die Verteidigungsausgaben um 3,771 Milliarden Dollar zu erhöhen. Zugleich informierten sie das ZK darüber, dass Kennedy befohlen habe, die US-Streitkräfte um 25 000 Mann zu vergrößern, so dass bis zum 30. Juni 1962 ihre Mannschaftsstärke bei 2,518 Millionen Mann liegen sollte. Besonders alarmierend war jedoch für den Kreml, dass Kennedy auf den weiteren raschen Ausbau der

---

[45] BA-MA, BW-2/2440, o. Bl., Notiz von Oberst i.G. Hans Hinrichs an den Oberbefehlshaber über eine SACEUR-Konferenz der Befehlshaber der Landstreitkräfte, 4. 12. 1961. Siehe hierzu auch: Pommerin, Die Berlin-Krise und die Veränderung der Nuklearstrategie, S. 124–138; Freedman, Kennedy's Wars, S. 45–111.

[46] Vgl. RGAE, 298/1/2374, Bl. 16–22, Grundlegende taktisch-technische Daten von operativ-taktischen Raketen der Klasse „Boden-Boden", 20. 7. 1961.

[47] BA-MA, DVL-3/29942, Bl. 53, nicht-autorisierte Übersetzung des Handbuches für die Befehlshaber der sowjetischen Militärbezirke: Die Strategie des Kernwaffenkrieges, hrsg. von Rodion Ja. Malinovskij, Moskau 1964.

strategischen Streitkräfte der USA drängte. So sollten bis Ende 1964 jeweils zwölf Geschwader aufgestellt werden, die mit Interkontinentalraketen der Typen *Atlas* und *Titan* ausgerüstet waren. Zugleich schlug der US-Präsident vor, das *Minuteman*-Projekt erheblich zu beschleunigen und bis Anfang 1965 ebenfalls zwölf Geschwader aufzustellen. Die *Minuteman* erwies sich als leichte, relativ billige und treffgenaue Atomrakete mit interkontinentaler Reichweite, die aus verbunkerten Anlagen gestartet werden konnte. Auch der rasche Ausbau der Flotte von Atomraketen-U-Booten stellte die UdSSR vor eine äußerst schwierige strategische Herausforderung. Bis Ende 1964 wollte Kennedy insgesamt 29 Atom-U-Boote der mit 16 Polaris-Raketen ausgestatteten *George Washington*-Klasse in Dienst stellen, die der USA erstmals eine wirkliche Zweitschlagskapazität verliehen und gegen die die Sowjetunion keine wirksamen Abwehrmittel besaß[48].

Damit war für den sowjetischen Regierungschef eindeutig klar, dass sein bisheriges strategisches Konzept für eine militärpolitische Auseinandersetzung mit den USA gescheitert war. Ursprünglich war Chruschtschow davon ausgegangen, die USA Mitte der sechziger Jahre mit 150 bis 200 Interkontinentalraketen in Schach halten zu können. Diesen Plänen gemäß standen den strategischen Raketenstreitkräften der UdSSR ab 1964 fünf Startanlagen für die R-7, 172 für die R-16 und elf für die R-9 zu Verfügung[49]. Doch diese Annahme wurde rasch von der Wirklichkeit überholt. Zunächst sorgten die amerikanischen Spionageflüge der U-2 und der ab August 1960 erfolgte Einsatz von Aufklärungssatelliten für die Lokalisierung der streng geheimen sowjetischen Abschussbasen, die damit für Überraschungsangriffe äußerst verwundbar wurden. Entsprechende Pläne wurden im Sommer 1961 von der US-Führung diskutiert. Mit dem unter Kennedy initiierten *Minuteman*-Programm begannen die USA zudem nun mit der massenhaften Stationierung vergleichsweise billiger Atomraketen auf Feststoffbasis. Diese waren dank ihrer hohen Treffsicherheit in der Lage, die relativ wenigen und zudem großenteils ungeschützten sowjetischen Abschussbasen für Atomraketen sowie die sowjetischen Langstreckenbomberbasen mit einem Erstschlag auszuschalten. Die Sowjetunion sah sich jetzt einer eigenen „Raketenlücke" gegenüber. Hatte das Verhältnis zwischen sowjetischen und amerikanischen Raketen, die das Territorium des jeweils anderen Staates erreichen konnten, 1961 noch bei 1:3 gelegen, so betrug es 1964 1:5,5[50].

Für Chruschtschow wurde auf der Grundlage der GRU-Berichte deutlich, dass sich das strategische Gleichgewicht rasch zuungunsten der Sowjetunion entwickelte. Für eine Lösung der Berlin-Krise in seinem Sinne blieb immer weniger Zeit, so dass er sich im Juli 1961 dazu entschloss, das Problem zunächst durch eine

---

[48] Vgl. RGANI, 5/30/372, Bl. 99–122, Schreiben von Generalstabschef Matvej V. Zacharov und GRU-Chef Ivan A. Serov an das ZK der KPdSU, 23. 6. 1961.
[49] Vgl. Protokoll Nr. 30 der Sitzung des Präsidiums des ZK der KPdSU, 11. 5. 1962, abgedruckt in: Prezidium CK KPSS 1954–1964, S. 555; Raketnyj ščit otečestva, Moskau 1999, S. 68; Strategičeskoe jadernoe vooruženie Rossii, Moskau 1998, S. 114 f.
[50] Vgl. Taubman, Secret Empire, S. 169–324; Eye in the Sky, S. 215–228; Thoß, NATO-Strategie und nationale Verteidigungsplanung, S. 325 f.; Kaplan, JFK's First-Strike Plan, S. 81–86. Die entsprechenden US-Dokumente für diese Überlegungen sind zu finden bei: Burr, First Strike Options and the Berlin Crisis.

Abriegelung des Westteils der Stadt zu regeln[51]. Begünstigend für die Durchführung der Operation war dabei die genaue Kenntnis der Planungen der Westalliierten für den Fall eines bewaffneten Konfliktes um Berlin sowie der vorgesehenen politischen und wirtschaftlichen Maßnahmen des Westens für den Krisenfall. Eine wichtige Rolle spielten hierbei erneut KGB und GRU. Der Ersten Hauptverwaltung war es im Laufe des ersten Halbjahres 1961 gelungen, verschiedene Schlüsseldokumente des streng geheimen Planungsstabes für Berlin, *Live Oak,* zu beschaffen und diese auf den Tisch der politischen Führung in Moskau zu legen. Dies betraf vor allem alliierte Planungen zur Durchführung einer Luftbrücke für den Fall, dass der Landweg nach Berlin durch die Sowjetunion und die DDR unterbrochen würde[52]. Die genaue Kenntnis des alliierten Vorgehens für diesen Fall, das unter anderem bewaffneten Begleitschutz für die Lufttransporte und die Zerstörung von Flugabwehrstellungen auf dem Gebiet der DDR einschloss, bewog Chruschtschow dazu, von seinen ursprünglichen Plänen einer Luftblockade Berlins – für deren Umsetzung bereits entsprechende Spezialtruppen aufgestellt wurden – Abstand zu nehmen, da eine unbeabsichtigte militärische Eskalation des Konfliktes bis hin zu einem Kernwaffenkrieg nicht ausgeschlossen werden konnte[53]. Verstärkt wurde diese Entscheidung von der sowjetischen Kenntnis der operativen Pläne der US-Luftstreitkräfte in Europa Nr. 129/60 und Nr. 156/60, die Informationen darüber gaben, mit welchen Kräften und Mitteln die US Air Forces in Europe den militärischen Schutz der Luftbrücke bzw. den Durchbruch westalliierter Verbände entlang der Autobahn Helmstedt–Berlin unterstützen wollten[54].

Für die besonders kritische Phase kurz vor und während des Mauerbaus sollten sich zwei Geheimdienstberichte als besonders wertvoll erweisen. Zunächst hatte KGB-Chef Schelepin Chruschtschow am 20. Juli 1961 über die neuesten Erkenntnisse des politischen Auslandsnachrichtendienstes zu den Plänen und Maßnahmen der Westmächte hinsichtlich des geplanten separaten Friedensvertrages der UdSSR mit der DDR informiert. Dabei machte er nicht nur auf die unterschiedlichen Positionen der Amerikaner, Engländer und Franzosen aufmerksam. Vielmehr wies der KGB-Chef darauf hin, dass trotz der umfangreichen Planungen von *Live Oak,* die er in dem Papier noch einmal kurz in ihren entscheidenden vier

---

[51] Vgl. Fursenko, Kak byla postroena berlinskaja stena, S. 73; Taubman, Khrushchev, S. 504 f.; Ulbricht, Chruschtschow und die Mauer, S. 24–38. Für Details der Entschlussfassung siehe: Wettig, Chruschtschows Berlin-Krise, S. 157–172.
[52] Vgl. Kolpakidi/Prochorov, Vnešnjaja razvedka Rossii, S. 66 f.; Ėnciklopedija sekretnych služb Rossii, S. 293 f. Zu Live Oak siehe u. a. Maloney, Notfallplanung für Berlin, S. 3–15; Bremen, Das Contingency Planning der Eisenhower-Administration, S. 117–147.
[53] Noch Ende Mai 1961 hatte Chruščev auf einer Sitzung des ZK erwogen, westalliierte Flugzeuge während einer Luftblockade West-Berlins abzuschießen: „Unsere Position ist sehr stark, aber wir müssen natürlich hier auch real einschüchtern. Wenn es z. B. Flüge gibt, dann müssen wir die Flugzeuge abschießen. Können sie auf Provokationskurs gehen? Sie können. Wenn wir das Flugzeug nicht abschießen, kapitulieren wir. […] Mit einem Wort, Politik ist Politik. Wenn wir unsere Politik durchführen wollen und wenn wir möchten, dass unsere Politik anerkannt, geachtet und gefürchtet wird, müssen wir hart sein." Aussagen Chruščevs auf der Sitzung des Präsidiums des ZK der KPdSU zur Frage des Meinungsaustausches mit Kennedy in Wien, 26. 5. 1961, in: Prezidium CK KPSS, S. 505. Siehe auch: Bernštejn, S čego načinalas' „berlinskaja stena", S. 39–43.
[54] Vgl. Očerki istorii rossijskoj vnešnej razvedki-5, S. 116; National Security Archive, Berlin crisis, box 34, United States Air Force in Europe – Annual Historical Report 1961, 21. 2. 1962.

Phasen skizzierte, die Westmächte noch „keinen abschließenden Plan der durchzuführenden politischen, wirtschaftlichen und militärischen Maßnahmen" für den Fall des Abschlusses eines Friedensvertrages besäßen. Zugleich versteckte Schelepin in seinem Schreiben an Chruschtschow allerdings den Hinweis, dass die NATO im Fall eines bewaffneten Konfliktes mit dem Warschauer Pakt um Berlin gezwungen sein werde, Nuklearwaffen einzusetzen, da sie den konventionellen Kräften des östlichen Militärpaktes unterlegen war. Dass dieser jedoch eintreten werde, sei eher unwahrscheinlich, so der KGB-Chef, denn weder die USA, noch Großbritannien und Frankreich seien an einem tatsächlichen Einsatz von Atomwaffen gegen die UdSSR interessiert.

Genauso wichtig war für Chruschtschow allerdings auch die Information, dass im US State Department sein Berlin-Spiel offensichtlich endgültig durchschaut wurde. Das amerikanische Außenministerium ging in seinen Überlegungen davon aus, „dass die Politik der UdSSR hinsichtlich der Berlin-Frage ein bedeutendes Bluff-Element enthalte und die „Sowjetunion kaum das Risiko des Ausbruchs eines Atomkrieges um West-Berlin eingehen werde"[55]. Deshalb, so die Amerikaner, müsse die Politik des Westens hart sein und die Sowjetunion auf allen Kanälen über die möglichen Folgen eines bewaffneten Konfliktes um Berlin gewarnt werden. Ziel dieser Maßnahmen war es, der UdSSR bewusst zu machen, dass die Berlin-Krise eine „reale Bedrohung der Sicherheit der Sowjetunion" darstelle. Darüber hinaus sollten die westlichen Streitkräfte demonstrativ auf Kriegsstärke gebracht und der UdSSR über inoffizielle Kanäle die erarbeiteten Notfallpläne für den Fall der Sperrung des Zugangs nach West-Berlin „zugespielt" werden. Als besondere Desinformationsmaßnahme sollte die sowjetische Regierung mit der vermeintlichen Übergabe von nuklearen Vollmachten an die Bundesrepublik konfrontiert werden. Abschließend wies der KGB-Chef darauf hin, dass von der für Anfang August geplanten Außenministerkonferenz der Westmächte in Paris ebenfalls Spionagematerial zu erwarten sei, das Aufschluss über die weiteren Schritte der ehemaligen Verbündeten in der zweiten Berlin-Krise gebe[56].

Chruschtschow jedoch hatte die Zeichen der Zeit bereits erkannt und drängte auf die rasche Durchführung des Mauerbaus. Fünf Tage nach dem Erhalt des KGB-Dokumentes trafen sich in Ost-Berlin die Stabschefs von NVA und GSSD, um die militärischen Details der Schließung der Sektorengrenze zu besprechen. Am 27. Juli 1961 lag schließlich eine genaue Karte der zu treffenden Sperrmaßnahmen vor, und am 1. August 1961 begannen Polizeieinheiten damit, das notwendige Baumaterial für die Schließung der Grenze nach Berlin zu transportieren[57].

Wenige Tage zuvor hatte KGB-Chef Schelepin ein weiteres Schreiben an Chruschtschow geschickt, indem er vorschlug, „in verschiedenen Teilen der Welt [eine Situation zu schaffen], die geeignet wäre, die Aufmerksamkeit und die Kräfte der USA und ihrer Satelliten zu binden und sie während der Regelung der Berlin-

---

[55] Schreiben von KGB-Chef Aleksandr N. Šelepin an Chruščev, 20. 7. 1961, in: Očerki istorii rossijskoj vnešnej razvedki-5, S. 704.
[56] Vgl. ebenda, S. 704f.
[57] Vgl. Harrison, Ulbricht and the Concrete „Rose", S. 48–57; Ulbricht, Chruschtschow und die Mauer, S. 35–38; 89–94.

Frage und der Frage eines deutschen Friedensvertrages zu beschäftigen"[58]. Im Rahmen dieses Planes, der von Chruschtschow am 1. August 1961 bestätigt wurde, sollten nationale Befreiungsbewegungen in Südamerika, dem Nahen Osten und Asien bei bewaffneten Aufständen unterstützt werden, um „den Westmächten zu zeigen, dass das Auslösen eines militärischen Konfliktes um Westberlin zum Verlust ihrer Position nicht nur in Europa, sondern auch in einer Reihe von Ländern in Lateinamerika, Asien und Afrika führen würde". Als zweiter Teil des Plans waren „aktive Maßnahmen [...] zur Demoralisierung bundesdeutscher Militärangehöriger (durch Agenten, Flugblätter und Broschüren) und sogar terroristische Anschläge auf Depots und die Logistik in Westdeutschland und Frankreich" vorgesehen. Mit einer dritten Teiloperation waren die westlichen Nachrichtendienste gezielt über das militärische Potential der Sowjetarmee zu täuschen. Durch ein vom KGB geschnürtes Paket von Desinformationsmaßnahmen sollte die nur schleppende Raketenentwicklung in der UdSSR kaschiert und der Westen „von einem beachtlichen Anstieg abschussbereiter Raketen und einer gesteigerten Zahl Abschussrampen" überzeugt werden. Auch über die Leistungsfähigkeit und die Anzahl der konventionellen Bewaffnung der sowjetischen Streitkräfte war der Gegner zu verwirren. Dieser Plan schien zumindest bis zum 21. Oktober 1961 auch aufzugehen. An diesem Tag aber legte der stellvertretende US-Verteidigungsminister Roswell Gilpatric vor der Weltöffentlichkeit das tatsächlich bestehende Kräfteungleichgewicht zugunsten der Vereinigten Staaten dar[59].

Am 3. August 1961 bestimmten Chruschtschow und Ulbricht unmittelbar vor der Sitzung des Politisch Beratenden Ausschusses des Warschauer Paktes dann den 13. August als Datum für die Durchführung des Mauerbaus[60]. Ob zu diesem Zeitpunkt in Moskau bereits die ersten Geheimdienstinformationen über das Pariser Außenministertreffen vorlagen, ist unklar. Fest steht auf jeden Fall, dass am 25. August 1961 Verteidigungsminister Malinowskij auf der Grundlage von GRU-Erkenntnissen Parteichef Chruschtschow über die wichtigsten Ergebnisse der Konferenz informierte. Der ließ das Dokument mit der Bemerkung seines persönlichen Sekretärs im Archiv ablegen, dass der KGB diese Informationen bereits zu einem früheren Zeitpunkt an den sowjetischen Partei- und Regierungschef übermittelt hatte[61].

Die Angaben über das Außenministertreffen in Paris erwiesen sich als höchst interessant, gaben sie doch der sowjetischen Führung Einblick in streng vertrauliche Abstimmungsmechanismen zwischen den Westalliierten und der Bundesrepublik Deutschland. Den Informationen seines Geheimdienstes konnte Chruschtschow entnehmen, dass sich die Bundesrepublik vehement gegen Gespräche mit der UdSSR über den Status quo von Berlin stemmte. Demgegenüber setzte sich US-Außenminister Dean Rusk für Verhandlungen mit Moskau ein: „Jeder weiß, dass die Sowjetunion die Ostzone niemals freigeben wird. Deshalb

---

[58] Zit. nach Zubok, Die sowjetischen Geheimdienste in Deutschland und die Berlinkrise, S. 134 f.
[59] Vgl. ebenda, S. 136 f.; derselbe, Spy vs. spy, S. 28 f.
[60] Vgl. SAPMO-DDR, DY30/3682, Bl. 150, Handschriftliche Notizen Ulbrichts während seines Treffens mit Chruščev, 3. 8. 1961.
[61] Vgl. RGANI, 5/30/365, Bl. 142, Schreiben des stellv. GRU-Chefs, Generalleutnant Alexander S. Rogov, an Verteidigungsminister Rodion Ja. Malinovskij, 24. 8. 1961. Zum Pariser Treffen der Außenminister siehe: Steininger, Der Mauerbau, S. 249–257.

ist eine Lösung der Berlinfrage im Rahmen der Lösung des gesamtdeutschen Problems, wie das Bonn empfiehlt (was natürlich im Interesse des Westens wäre) gegenwärtig nicht realistisch. Gleichzeitig sei jedoch in Washington der Eindruck entstanden, dass die UdSSR bereit sei, Gespräche über die Bewahrung der Rechte der Westmächte in Berlin zu führen, wenn die Westmächte durch Gespräche mit der DDR deren faktische Existenz anerkennen würden"[62]. Zugleich machte Rusk in Paris deutlich, dass, wenn der Westen ausreichend seine Entschlossenheit zeigen würde, Berlin mit militärischen Mitteln zu verteidigen, eine diplomatische Lösung möglich sei. Für den Fall des Abschlusses eines separaten Friedensvertrages favorisierte der US-Außenminister gegenüber militärischen Maßnahmen, die mit hoher Wahrscheinlichkeit zu einem bewaffneten Konflikt mit dem Warschauer Pakt führen würden, ein umfassendes Wirtschaftsembargo. Gleichwohl wurde im Laufe der Diskussion klar, dass die gegenwärtige militärische Lage der NATO im Konfliktfall den Einsatz von Atomwaffen erfordern würde. Der Westen stände beim Ausbruch einer militärischen Auseinandersetzung vor der Wahl „Alles oder nichts!". Zugleich waren sich die Westalliierten darüber klar, dass ein eventueller Aufstandsversuch in der DDR ohne westliche Unterstützung chancenlos bleiben würde. Deshalb müsse alles dafür getan werden, eine Aufstandssituation gar nicht erst zuzulassen. Allerdings müsse man der Sowjetunion aber auch zu verstehen geben, dass Polen, die DDR und die ČSSR für sie keine sicheren Bastionen seien.

Deutlich wurden für die sowjetische Führung abermals die umfangreichen militärischen Vorbereitungen des Westens, die im Zuge der Zuspitzung des Konflikts um Berlin durchgeführt wurden. Dazu gehörte die Einberufung von Reservisten, um innerhalb kürzester Zeit Verbände für den Gefechtseinsatz bereitzumachen, ebenso die geplante Unterstellung der Atomraketen-U-Boote der *Washington*-Klasse unter das Alliierte Oberkommando in Europa (SACEUR) sowie eine Verstärkung der im Atlantik stationierten 2. US-Flotte. Ziel dieser Maßnahmen sollte nach Ansicht der Analysten der GRU sein, „nachdrücklich die militärische Bereitschaft des Westens zu Kampfhandlungen zu unterstreichen"[63]. Dies sei zudem eine unabdingbare Voraussetzung für Verhandlungen mit der UdSSR, der klar gemacht werden müsse, dass im Fall des Scheiterns der Gespräche ihre Drohungen auf militärischen Widerstand treffen würden.

Chruschtschow war auf der Grundlage dieser Informationen bewusst, dass jede zusätzliche Verschärfung der Krise in Berlin die unkalkulierbare Gefahr des Ausbrechens eines militärischen Konfliktes mit den Westmächten barg. Deshalb wies er nach Schließung der Grenzen in Berlin seine Militärs an, die Lage zunächst nicht durch weitere Schritte zu verschärfen. So wirkten die Führung der GSSD und Botschafter Perwuchin zwischen August und Oktober 1961 mehrmals auf Ulbricht, Hoffmann und Honecker ein, an der Berliner Grenze nicht vorschnell auf Flüchtige zu schießen. Der sowjetische Generalstab war darum bemüht, die brisante Situation nach der Grenzschließung nicht durch zusätzliche Provokatio-

---

[62] RGANI, 5/30/365, Bl. 145, Schreiben des stellv. GRU-Chefs, Generalleutnant Alexander S. Rogov, an Verteidigungsminister Rodion Ja. Malinovskij, 24. 8. 1961.
[63] Ebenda, Bl. 148.

nen in der Stadt aufzuschaukeln⁶⁴. Zudem sandte das KGB eine 24köpfige Geheimdienstgruppe nach Berlin, die den Auftrag hatte, „Konjew dahingehend zu unterstützen, dass von Seiten der SBZ-Regierung oder anderer Stellen der Zone keine Zwischenfälle hervorgerufen werden, die zu einer Versteifung der Lage führen könnten"⁶⁵.

Bestärkt wurden die sowjetischen Militärs in ihrer zurückhaltenden Politik durch weitere Geheimdienstinformationen der GRU, die aus dem NATO-Hauptquartier in Paris stammten. Hier führte Kapitän I. Ranges Viktor A. Ljubimow eine Quelle mit dem Decknamen *Murat*. Wer sich dahinter verbarg, ist bis heute ungeklärt. Fest steht nur, dass der Agent im Generalsrang Moskau mit hochbrisanten Informationen versorgte. Dazu gehörten u. a. Erkenntnisse über die Verlegung von US-Einheiten nach Berlin und die Panzerkonfrontation am Checkpoint *Charlie*. Weitaus wichtiger waren jedoch die NATO-Dokumente, die *Murat* an seine Auftraggeber in Moskau lieferte. Bereits 1958/59 hatte er der GRU den „Joint Atomic Plan Nr. 81/58" und den „SACEUR's Atomic Strike Plan Nr. 110/59" übergeben. Diese streng geheimen Schlüsseldokumente der NATO gaben dem sowjetischen Militär Aufschluss über die nuklearen Zielplanungen der NATO für den Kriegsfall und Informationen darüber, welche militärischen, politischen und wirtschaftlichen Ziele mit was für Kernwaffen angegriffen werden sollten. Zu Beginn der 60er Jahre folgten weitere streng vertrauliche Einsatz- und Führungsdokumente der NATO wie etwa der „Joint Atomic Plan Nr. 200/63" und das „NATO Nuclear Weapons Employment Handbook"⁶⁶.

Doch auch aus anderen Quellen gelangten Informationen über die Atomwaffen der NATO nach Moskau. Zwischen dem 20. Februar 1963 und dem 30. Januar 1964 lieferte der ebenfalls von Ljubimow geführte Agent *Hektor* (Warrant Officer: Joseph G. Helmich) ungefähr 200 Dokumente über die Stationierung und Lagerung von US-Kernwaffen in Europa an die GRU. Zudem übergab der Spion umfassende technische Berichte zu den Raketensystemen *Pershing* und *Nike*. In einem Schreiben an Chruschtschow bewertete Verteidigungsminister Malinowskij den Wert des Geheimdienstmaterials wie folgt: „Die innerhalb weniger als in einem Jahr gesammelten Informationen erlaubten es, einige besonders wichtige Angaben zu Fragen der Vorbereitung der Streitkräfte der USA und der NATO zum Einsatz von Atomraketen auf dem europäischen Kriegsschauplatz zugänglich zu machen und zu bestätigen."⁶⁷

Zugleich muss an dieser Stelle angemerkt werden, dass die sowjetischen Nachrichtendienste neben beträchtlichen Erfolgen auch empfindliche Rückschläge hin-

---

⁶⁴ Vgl. RGANI, 5/30/367, Bl. 25–28, Bericht des Verteidigungsministeriums der UdSSR an das ZK der KPdSU über die Situation in Berlin, der DDR und Westeuropa, 26. 8. 1961; Menning, The Berlin Crisis from the Perspective of the Soviet General Staff, S. 49–62; Lemke, Die Berlinkrise 1958 bis 1963, S. 174.

⁶⁵ BA Koblenz, B-206/822, o. Bl., BND-Fernschreiben Nr. PA-00232: Verstärkung des sowjetischen Nachrichtendienstes in der SBZ, 18. 8. 1961.

⁶⁶ Vgl. Ljubimov, Voennaja razvedka i karibskij krizis, S. 118; Roewer/Schäfer/Uhl, Lexikon der Geheimdienste, S. 308; Lur'e/Kočik, GRU, S. 426; Boltunov, Agenturoj GRU ustanovleno, S. 141–174.

⁶⁷ Schreiben von Verteidigungsminister Malinovskij und Generalstabschef Birjuzov an Chruščev, 25. 2. 1964, abgedruckt in: Lota, GRU i atomnaja bomba, S. 320; siehe hier auch: S. 312–329; derselbe, Gorizonty Viktora Ljubimova.

zunehmen hatten. Der wohl bekannteste dürfte Oleg Penkowskij sein. Der GRU-Oberst lieferte seit 1960 seine intimen Kenntnisse über den sowjetischen Militärnachrichtendienst und die Streitkräfte der UdSSR als so genannter Selbstanbieter an CIA und MI 6. 1961 erfolgten mehrere geheime Treffen in London und Paris, wo der Nachrichtendienstoffizier auf entscheidende Schwachpunkte des sowjetischen Militärs aufmerksam machte und erstmals aus interner Quelle belegte, dass die Sowjetunion kaum über einsatzbereite Interkontinentalraketen verfügte. Zugleich übergab Penkowskij mehrere Nummern der streng geheimen Ausgabe der Zeitschrift *Woennaja mysl*, die den westlichen Analysten umfangreiche Erkenntnisse zur neuen sowjetischen Militärstrategie lieferte. Seine ebenfalls an CIA und MI 6 übergebenen Dokumente zur sowjetischen Raketenentwicklung und einzelnen im Einsatz befindlichen Typen sollte sich vor allem während der Kuba-Krise als außerordentlich wertvoll erweisen. Ob der am 2. November 1962 verhaftete Penkowskij allerdings tatsächlich, wie in einem Buchtitel behauptet wird, „die Welt rettete", bleibt allerdings zweifelhaft. Denn seit Winter 1961 wurde der Oberst vom KGB der Spionage verdächtigt und überwacht. Möglicherweise diente er so auch als Kanal für sowjetische Desinformationen in den Westen[68]. In Moskau jedenfalls löste die Verhaftung Penkowskijs ein politisches Erdbeben aus. GRU-Chef Serow wurde abgelöst und vom Armeegeneral zum Generalmajor degradiert, sein Orden „Held der Sowjetunion" aberkannt. Binnen 24 Stunden hatte sich der entlassene Geheimdienstchef auf seinem neuen Posten als Ausbildungsoffizier in Tiblissi zu melden[69].

Doch auch der KGB blieb von spektakulären Verratsfällen nicht verschont. Am 12. August, einen Tag vor dem Mauerbau, wechselte Bogdan Staschinskij die Seiten. Der Geheimdienstoffizier hatte 1957 und 1959 Mordanschläge gegen den NTS-Ideologen Lew Rebet bzw. gegen OUN-Führer Stepan Bandera verübt, die den russischen bzw. ukrainischen Dissidenten das Leben kosteten. Sein nach dem Seitenwechsel erfolgtes Geständnis und der nachfolgende Prozess in Karlsruhe riefen weltweites Aufsehen hervor und führten in Moskau zur Entlassung von siebzehn hochrangigen KGB-Offizieren. Erneut hatte der sowjetische Geheimdienst demonstriert, dass er bei der Erfüllung der von der Parteiführung gestellten Aufgaben nicht vor Mord und Terror zurückschreckte. Mindestens genauso folgenschwer war im Dezember 1961 das Überlaufen des KGB-Residenten in Helsinki, Anatolij Golizyn, der zahlreiche sowjetische Spitzenquellen an den CIA verriet[70].

Abschließend kann eingeschätzt werden, dass auf der Grundlage der Informationen von GRU und KGB für die sowjetische Führung während der Berlin-Krise die politischen und militärischen Maßnahmen des Westens in einem hohen Maße transparent waren. Die Informationen der sowjetischen Nachrichtendienste ge-

---

[68] Vgl. Schecter/Deriabin, Die Penkowskij Akte; Penkowskij, Geheime Aufzeichnungen, Lubjanka-2, S. 272–283. Teile der Treffberichte Penkovskijs mit seinen CIA- und MI 6-Führungsoffizieren sowie Auszüge aus dem von ihm übergebenen Material sind zu finden auf: Lt. Col. Oleg Penkovsky: Western Spy in Soviet GRU.
[69] Vgl. RGANI, 2/1/642, Stenogramm der 5. Sitzung des Plenums des ZK, 18. 4. 1963; Petrov, Prevyj predsedatel' KGB, S. 194–197.
[70] Vgl. Prochorov/Lemechov, Perebežčiki, S. 207–233; Andrew/Mitrochin, Das Schwarzbuch des KGB, S. 454–462.

währten Chruschtschow Einblick in fast alle wichtigen Entscheidungen der Westmächte bis hinauf zu den höchsten Regierungsebenen. Für seine Politik hinsichtlich Berlins besaßen diese Spionageerkenntnisse einen hohen Wert. Denn dem sowjetischen Partei- und Regierungschef war dadurch klar, wie weit er mit seinem Bluff im Poker um Berlin gehen konnte. Die im Rahmen dieser Arbeit erschlossenen Dokumente legen nahe, davon auszugehen, dass die Geheimdienste – obwohl sie gerade in der ersten Phase der Krise gelegentlich auch die Wunschvorstellungen der Kremlführung bedienten – tatsächlich mäßigend auf Chruschtschows Außenpolitik wirkten. Die „pragmatische, klardenkende Orientierung des KGB und GRU" ließ den „leidenschaftlichen und etwas waghalsigen" Chruschtschow bei Höhepunkten der Krise vor abenteuerlichen Entscheidungen zurückschrecken und die Lage realistisch bewerten. Dies führte während der Berlin-Krise zum Rückzug der Panzer vom Checkpoint *Charlie* wie auch später in der Kuba-Krise zum Abzug der sowjetischen Raketen von der Insel[71]. Dass Chruschtschow trotz der umfassenden Geheimdienstinformationen Fehlern und Fehleinschätzungen in seiner Berlin-Politik unterlag, bleibt freilich unbestritten. Zu sehr bestimmten ideologische Leitmotive sein politisches Handeln. Nicht immer konnten sich deshalb die Geheimdienstoffiziere mit ihren analytischen Situationsberichten gegen die Selbstannahmen des Kremlchefs durchsetzen. Zudem bestand nicht selten die Möglichkeit, dass er – wie gezeigt – ihre Informationen entsprechend seiner Eigeninterpretation falsch deutete.

Abschließend wissenschaftlich zu überprüfen, inwieweit die Geheimdienstinformationen tatsächlich die Politik des Kremls in der Berlin-Frage beeinflussten, ist zum gegenwärtigen Zeitpunkt nicht möglich. Der Zugang zu den im Präsidentenarchiv der Russischen Föderation verwahrten Schlüsseldokumenten der sowjetischen Führung zur zweiten Berlin-Krise ist immer noch nicht freigegeben. Allenfalls einige ausgewählte Schriftstücke, aus denen die Motivation des engsten politischen Führungszirkels der Sowjetunion in der zweiten Berlin-Krise sichtbar wird, sind bislang an die Öffentlichkeit gelangt. Deshalb sind auch Aussagen darüber, inwieweit die sowjetischen Geheimdienste Einfluss auf die Außenpolitik Chruschtschows nahmen, trotz der etwas verbesserten Quellenlage gegenwärtig immer noch zum Teil auf Mutmaßungen und Spekulationen angewiesen. Ob der sowjetische Partei- und Regierungschef allerdings auf Grundlage der zur Verfügung stehenden Geheimdienstinformationen tatsächlich, wie Zubok schreibt, mit der unmittelbar bevorstehenden „Kapitulation" des Westens in der Berlin-Frage rechnete, scheint auf Grund der jetzt vorliegenden KGB-Lageberichte und GRU-Dokumente zweifelhaft[72]. Vielmehr kann gegenwärtig davon ausgegangen werden, dass die hier dargestellten analytischen Lageberichte der sowjetischen Geheimdienste mit dazu beitrugen, den Konflikt um Berlin mit friedlichen Mitteln beizulegen.

---

[71] Zur sowjetischen Haltung in der Kuba-Krise und zu den geheimdienstlichen Kanälen bei der Beilegung der Spannungen siehe: Fursenko/Naftali, „One Hell of a Gamble"; dieselben, Der Umgang mit KGB-Dokumenten: Der Scali-Feklisov-Kanal in der Kuba-Krise, S. 76–85.
[72] Vgl. Zubok, Der sowjetische Geheimdienst in Deutschland und die Berlinkrise 1958–1961, S. 142f.

7. Zusammenfassung

Die vorliegende Studie zeigt, dass sich die sowjetische Führung über das Risiko eines Krieges um Berlin bewusst war. Wegen eines erhofften außenpolitischen Prestigegewinns und der angestrebten Stabilisierung des Bündnispartners DDR ließ sie jedoch diese Bedenken beiseite. Zugleich wird deutlich, dass die politische Führung den Militärs während jeder Phase der Krise enge Handlungsspielräume setzte. Immer bestand ein eindeutiges Primat des Politischen über das Militärische, das Militär blieb stets ein Werkzeug in den Händen der politischen Führung.

Die Analyse der jetzt zugänglichen Quellen belegt, dass während der zweiten Berlin-Krise die sowjetische Führung in der militärstrategischen Seite des Konfliktes ab Herbst 1960 eine entscheidende Komponente sah. Bis zu diesem Zeitpunkt erfolgte der Einsatz der Sowjetarmee zur Umsetzung von Chruschtschows Berlin-Vorstellungen allenfalls halbherzig. Wollte der Kremlchef eine Verständigung über West-Berlin in seinem Sinne erreichen, so musste er nach dem Verstreichen seines ersten Ultimatums die bisherige Militärpolitik radikal ändern. Bluff reichte nicht mehr aus. Vielmehr mussten die militärischen Kapazitäten der Sowjetunion für weitere Schritte in der Berlin-Frage mobilisiert und in Position gebracht werden.

Chruschtschow hatte sich 1961 gemeinsam mit Ulbricht entschlossen, das Problem West–Berlin durch eine strikte Teilung der Stadt zu beenden. Hierin sah er das geringste Risiko einer Gegenreaktion durch die Westmächte. Alle anderen Planungen hätten sein Hauptziel gefährdet, die Lösung der Berlin-Krise ohne den Ausbruch einer bewaffneten Auseinandersetzung mit den USA und ihren Verbündeten zu realisieren.

Der sowjetische Partei- und Regierungschef hatte keine andere Alternative. Für eine wirklich offensive Auseinandersetzung mit den Westalliierten fehlte – trotz aller Aufrüstung – das Potential. Folglich blieb nur die Defensivmaßnahme „Abriegelung". Doch auch sie war ein Vabanquespiel. Der von sowjetischer Seite aus hierfür zu spielende Einsatz war die Positionierung ihrer überwältigenden konventionellen Kräfte in Mitteleuropa, um die Grenzschließung gegen alle Eventualitäten abzuschirmen. So verstärkte die Führung der UdSSR während des Mauerbaus die in Osteuropa stationierten sowjetischen Streitkräfte um mehr als 120000 Mann auf rund 545000 Soldaten. Damit hatte die UdSSR in ihrem europäischen Vorfeld fast ein Drittel ihrer Landstreitkräfte konzentriert. Auch die in den westlichen Bezirken der Sowjetunion stationierten militärischen Kräfte wurden nachhaltig personell aufgefüllt. Ziel der sowjetischen Maßnahmen auf sicherheitspolitischem Gebiet war die Minimierung des als möglich angesehenen Kriegsrisikos, denn trotz aller propagandistischen Ankündigungen fürchtete die politische Führung der Sowjetunion den Ausbruch eines bewaffneten Konfliktes.

Die im Rahmen der zweiten Berlin-Krise erarbeiteten sowjetischen Pläne für einen bewaffneten Konflikt in Europa ließen sich zumindest teilweise rekonstruieren. Festzuhalten bleibt, dass die sowjetische Militärführung Anfang der 60er Jahre davon ausging, durch massierten Kernwaffeneinsatz kombiniert mit dem Angriff starker konventioneller Kräfte die NATO-Verbände in Westeuropa in kürzester Zeit entscheidend schlagen zu können. Der rasche Vorstoß zum Atlantik binnen weniger Tage sollte den Krieg in Europa zugunsten der Sowjetunion entscheiden. Die einzig damals herrschende „Verteidigungsdoktrin" des Warschauer Vertrages war die der weitreichenden strategischen Offensive, die Kräfte des angenommenen Gegners sollten auf seinem eigenen Territorium vernichtet werden. Deutlich wird aber auch, dass die Sowjetunion während der zweiten Berlin-Krise über keine ausreichenden militärstrategischen Machtmittel verfügte, um die USA zur Preisgabe West-Berlins zu bewegen.

Die vorliegende Studie konnte zudem klar die enormen Aufrüstungsanstrengungen der UdSSR während der zweiten Berlin-Krise gerade im strategischen Bereich zeigen. Erfolgreich waren diese nur zum Teil, während der gesamten Krise gelang es nicht, die strategische Dominanz der USA zu durchbrechen. Vielmehr verschob sich durch den von der Sowjetunion initiierten Rüstungswettlauf das strategische „Gleichgewicht" noch weiter zugunsten der USA. An Hand der archivalischen Quellen muss gleichzeitig konstatiert werden, dass die konventionelle Rüstung gegenüber der strategischen Aufrüstung nicht an Bedeutung verlor. Eines der wichtigsten Ergebnisse der Recherchen ist, dass die zwischen 1958 und 1960 durchgeführten Streitkräftereduzierungen genutzt wurden, um zusätzliche finanzielle Mittel für den Rüstungssektor zu gewinnen. Zur Reduzierung der Verteidigungsaufwendungen führten sie nicht. Im Gegenteil, die Ausgaben des Verteidigungsministeriums der UdSSR stiegen zwischen 1959 und 1962 von rund neun Milliarden auf knapp vierzehn Milliarden Rubel. 1962 wurden fast 27 Prozent des sowjetischen Staatshaushaltes für militärische Zwecke aufgewendet. Ein wichtiges Indiz dafür, dass die Sowjetunion für die Durchsetzung ihrer außenpolitischen Ziele verstärkt auf den Einsatz militärstrategischer Mittel setzte. Zugleich wird deutlich, dass die zweite Berlin-Krise einen bedeutenden Zuwachs des militärisch-industriell-akademischen Komplexes insgesamt bewirkte. Am Ende der Krise arbeiteten in ihm mehr Menschen, als in den sowjetischen Streitkräften dienten. Die immer stärkere Auffächerung der Rüstungsindustrie bewirkte aber auch eine Inflation von Projekten, die sich nicht selten gegenseitig behinderten und letztlich zu einer Vielzahl von Waffenentwicklungen führten, die für die Streitkräfte oft nur von begrenztem Wert waren. Doch während der Berlin-Krise hatte die sowjetische Führung weitgehend die Fähigkeit verloren, sich gegen waffentechnische Fehlentwicklungen des MIAK durchzusetzen. Der von der Sowjetunion initiierte Rüstungswettlauf hatte Macht und Einfluss der Rüstungsindustrie so stark anwachsen lassen, dass sie kostspielige Waffenprojekte, die Ressourcen und Prestigegewinn versprachen, auch gegen die gesamtwirtschaftlichen Interessen der Staatsführung durchsetzen konnte. Letztlich ist der militärisch-industriell-akademische Komplex als eigentlicher Gewinner der zweiten Berlin-Krise zu bezeichnen.

Hinsichtlich der Geheim- und Nachrichtendienste sind die Forschungsergebnisse ob der unzureichenden Quellenlage immer noch unbefriedigend. Deshalb sind Aussagen, inwieweit die sowjetischen Geheimdienste Einfluss auf die sowjetische Außenpolitik unter Chruschtschow nehmen konnten, immer noch auf Mutmaßungen angewiesen. Die vorliegenden Dokumente lassen gleichwohl den Schluss zu, dass die Nachrichtendienste neben spannungsverschärfenden Schritten auf den Höhepunkten der Krisen dazu beitrugen, den Konflikt um Berlin mit friedlichen Mitteln beizulegen.

Im Vergleich der sowjetischen Militär- und Sicherheitspolitik während der Berlin-Krisen von 1948/49 und 1958/62 werden eine Reihe von Gemeinsamkeiten, aber auch einige entscheidende Unterschiede deutlich, von denen hier die Wichtigsten genannt werden sollen:
1. Sowohl Stalin als auch Chruschtschow setzten auf die Gruppe der sowjetischen Besatzungsstreitkräfte in Deutschland bzw. die Gruppe der sowjetischen Streitkräfte in Deutschland als wichtigstes militärische Druckmittel und verstärkten während der Krise diese Truppen zum Teil beträchtlich. Ziel der sowjetischen Politik war es jeweils, den herrschenden Status quo in Zentraleuropa zu ändern. Hierbei wurde Berlin als entscheidende Schwachstelle im westlichen Bündnis ausgemacht und mit zahlreichen Mitteln danach gestrebt, die westlichen Alliierten zum Abzug aus der Stadt zu bewegen, um West-Berlin unter sowjetische Kontrolle bringen zu können.
2. Beide sowjetischen Parteichefs scheuten sich davor, das gesamte ihnen zur Verfügung stehende militär- und sicherheitspolitische Potential der Sowjetunion zur Durchsetzung ihrer Berlin-Forderungen einzusetzen. 1948 hätte die Sowjetunion die Luftbrücke leicht durch den Einsatz von Militär unterbrechen oder gar völlig unterbinden können. Stalin jedoch lehnte ob der strategischen Überlegenheit der USA diesen Schritt ab. Auch Chruschtschow verzichtete unter dem Eindruck der westlichen Konfrontationsbereitschaft – die bis zum Einsatz nuklearer Waffen ging – in den entscheidenden Momenten auf eine Verschärfung der Krise bis hin zum militärischen Konflikt. So ließ er sowohl 1959 als auch 1961 selbst gestellte Ultimaten ergebnislos verstreichen, als deutlich wurde, dass sich die westliche Allianz seinen Forderungen nicht beugen würde und er zur Durchsetzung seiner politischen Linie notfalls auch militärische Gewalt hätte einsetzen müssen.
3. Sowohl die erste als auch die zweite Berlin-Krise führten zum Abbruch der jeweils laufenden Programme zur Demobilisierungs- bzw. Streitkräftereduzierung. Nicht nur die Truppenstärke der sowjetischen Armee sondern auch die Verteidigungsausgaben stiegen wie gezeigt während der Krisen zum Teil beträchtlich.
4. Noch stärker als der Anstieg der Verteidigungsausgaben waren allerdings die Ausgabensteigerungen bei den Beschaffungsaufwendungen für die Streitkräfte. Sowohl während der ersten als auch während der zweiten Berlin-Krise wurden umfangreiche Rüstungsprogramme, vor allem für die Stärkung der strategischen Kapazitäten, aufgelegt.
5. Gleichzeitig kam es jeweils zu einem raschen und umfangreichen Ausbau des militärisch-industriell-akademischen Komplexes in der UdSSR, wobei dieser

jedoch unter Chruschtschow wesentlich stärker ausfiel als während der ersten Berlin-Krise unter Stalin. In der zweiten Berlin-Krise ist sogar zu beobachten, dass erstmals in der Geschichte der UdSSR die Zahl der in der Rüstungsindustrie Beschäftigten die Anzahl der in der Sowjetarmee dienenden Soldaten und Offiziere überstieg. Ein deutlicher Hinweis darauf, dass der militärisch-industriell-akademische Komplex an erheblicher Bedeutung gewonnen hatte und sich anschickte, der Armee den Rang streitig zu machen.

Die Gegensätze zwischen der ersten und der zweiten Berlin-Krise liegen zum einen in der verfeinerten sowjetischen diplomatischen Taktik. Während Stalin im Allgemeinen auf verstärkten militärischen Druck setzte und Verhandlungen mit dem Westen zumeist ablehnte, ging Chruschtschow wesentlich differenzierter vor. Geschickt wechselte er nicht nur zwischen militärischer Eskalation und Entspannungsschritten, sondern versuchte zugleich auch, durch gezielte diplomatische Schritte die westliche Allianz auseinander zu dividieren, um die eigene Verhandlungsposition zu verbessern.

Der entscheidende Unterschied zwischen der ersten und der zweiten Berlin-Krise liegt jedoch in der nuklearen Dimension[1]. 1948/49 waren Nuklearwaffen kein Bestandteil der amerikanischen contigency Planung für Berlin, und die UdSSR entwickelte gerade erst ihre erste Atombombe. Weder die USA noch die Sowjetunion zeigten Bereitschaft, eine globale militärische Auseinandersetzung wegen des Konfliktes um Berlin zu riskieren. Damit blieb die erste Berlin-Krise trotz ihrer enormen Bedeutung für Europa im Wesentlichen ein „lokales" Ereignis. Im Gegensatz hierzu waren in der zweiten Berlin-Krise Nuklearwaffen sowohl für die westlichen als auch für die östlichen Krisenszenarien von zentraler Bedeutung. Sowohl die USA als auch die UdSSR gingen davon aus, dass sich jeder militärische Konflikt um Berlin binnen kürzester Zeit zum „all-out nuclear war" bzw. „umfassenden Kernwaffenkrieg" entwickeln würde, und machten dieses Faktum zur unabdingbaren Voraussetzung für ihre jeweiligen strategischen Planungen. Ein nuklearer Krieg um Berlin in Europa, den die sowjetische Führung seit Frühjahr 1961 plante und auch in militärischen Großmanövern real durchspielte, hätte jedoch durch die ausgelöste militärische Kettenreaktion in einer globalen Katastrophe geendet[2].

Damit ging die sowjetische Führung in ihrer Militär- und Sicherheitspolitik während der zweiten Berlin-Krise ein Risiko ein, dass sich kaum noch kalkulieren ließ. Dabei war sich Chruschtschow durchaus der Gefahr einer militärischen Eskalation des Konfliktes bewusst – im Mai 1961 schätzte das Politbüro die Gefahr einer bewaffneten Auseinandersetzung um Berlin auf zehn Prozent – und nahm diese billigend in Kauf, um seine politischen Ziele zu erreichen.

Dass es dennoch nicht zum „Krieg um Berlin" kam, war vor allem der eindeutigen Position der Westmächte und insbesondere der USA geschuldet, Berlin auf keinen Fall preiszugeben, selbst wenn hierfür der Einsatz von Nuklearwaffen erforderlich sein würde. Erst diese Drohung zwang den sowjetischen Parteichef

---

[1] Vgl. Schake, Kori, The Berlin Crises of 1948–49 and 1958–62, S. 70–72.
[2] Vgl. Raketnye vojska strategičeskogo naznčenija: Istoki i razvitie, S. 244–247; Uhl, Storming on to Paris:, S. 46–71.

zum Einlenken und zur Aufgabe seines politischen Hauptzieles West-Berlin als „Freie Stadt" unter die Kontrolle des sowjetischen Machtbereichs zu zwingen.

Zum heilsamen Schock für die Supermächte wurde allerdings erst die Kuba-Krise. Sie machte als „Katalysator der Entspannungspolitik" den Weg frei für eine Verständigung zwischen USA und UdSSR[3]. Beide Seiten versuchten, sich über eine Détente zu verständigen. In den letzten beiden Jahren der Regierung Chruschtschows und Kennedys wurden die Spannungen zwischen den Blöcken reduziert. Der neu eingerichtete heiße Draht erlaubte jetzt im Krisenfall eine direkte Kommunikation zwischen den politischen Entscheidungsträgern. Das 1963 unterschriebene Verbot über Kernwaffentests in der Atmosphäre war ein Zeichen dafür, dass sich beide Seiten in strittigen Fragen arrangieren konnten. Zugleich einigten sich die Konfliktparteien auf den Status quo in Europa und steckten damit ihre Macht- und Einflusszonen bis zum Ende des Kalten Krieges ab.

---

[3] Vgl. Rupieper, Auswirkungen der Berlin- und Kubakrise, S. 122.

Anhang

a) Struktur und Einheiten der sowjetischen Truppen in Deutschland 1945–1965

Struktur der Gruppe der sowjetischen Besatzungstruppen – November 1945

Armee	Panzer-division	Mechanisierte Division	Schützenkorps; (zugehörige Schützendivisionen)	Stabsitz Armee
1. Garde-Panzer-armee	9., 11. Gd.	8. Gd.	–	Radebeul
2. Garde-Panzer-armee	1. Gd., 9. Gd., 12. Gd.	1.	–	Fürstenberg
8. Garde-Armee	–	–	4. Gd. SK: (35. Gd., 47. Gd., 57. Gd.); 28. Gd. SK: (39. Gd., 79. Gd., 88. Gd.); 29. Gd. SK: (27. Gd., 74. Gd., 82. Gd.)	Weimar
47. Armee	–	–	9. Gd. SK: (12. Gd., 75. Gd., 77. Gd.); 125. SK: (60., 175., 185.); 129. SK: (132., 143., 260.)	Halle
2. Stoß-Armee	–	–	108. SK: (46., 90., 372.); 116. SK: (86., 321., 326.); 134. SK: (101. Gd., 102. Gd., 272.)	Schwerin
3. Stoß-Armee	11.	–	7. SK: (146., 265., 364.); 12. Gd. SK: (23. Gd., 52. Gd., 33.); 79. SK: (150., 171., 207.)	Stendal
5. Stoß-Armee	–	–	9. SK: (230., 248., 301.); 26. Gd. SK: (89. Gd., 94. Gd., 266.); 32. SK (60. Gd., 295., 416.)	Potsdam
Gesamt:	6	2	45	Gesamt: 53

Struktur der Gruppe der sowjetischen Besatzungstruppen im Sommer 1946

Armee	Panzerdivision	Mechanisierte Division	Schützenkorps: (zugehörige Schützendivisionen)	Stabsitz Armee
1. Garde-Mechanisierte Armee	9., 11. Gd.	8. Gd., 19. Gd.		Dresden
2. Garde-Mechanisierte Armee	1. Gd., 9. Gd., 12. Gd.	1. Gd.		Fürstenberg
8. Garde-Armee	–	20. Gd., 21. Gd	28. Gd. SK: (39. Gd.); 29. Gd. SK: (57. Gd., 82. Gd.)	Nohra
3. Stoß-Armee	11.	18., 19. Gd.	9. SK: (94. Gd.); 79. SK: (207.)	Magdeburg
Gesamt:	6	7	5	Gesamt: 18

Struktur der Gruppe der sowjetischen Besatzungstruppen im Juni 1953

Armee	Panzerdivision	Mechanisierte Division	Schützenkorps: (zugehörige Schützendivisionen)	Stabsitz Armee
1. Garde-Mechanisierte Armee	9., 11. Gd.	8. Gd.		Dresden
2. Garde-Mechanisierte Armee	9. Gd., 12. Gd.	1. Gd., 14. Gd.		Fürstenberg
3. Garde-Mechanisierte Armee	6. Gd., 7. Gd.,	9.		Jüterbog
4. Garde-Mechanisierte Armee	10. Gd., 25.	6. Gd., 7. Gd.		Eberswalde
8. Garde-Armee	–	20. Gd., 21. Gd	28. Gd. SK: (39. Gd.); 29. Gd. SK: (57. Gd.)	Nohra
3. Stoß-Armee	–	18., 19. Gd.	9. SK: (94. Gd.); 79. SK: (207.)	Magdeburg
Gesamt:	8	10	4	Gesamt: 22

Struktur der Gruppe der sowjetischen Streitkräfte in Deutschland im Mai 1955

Armee	Panzerdivision	Mechanisierte Division	Schützenkorps: (zugehörige Schützendivisionen)	Stabsitz Armee
1. Garde-Mechanisierte Armee	9., 11. Gd.	8. Gd., 19. Gd.		Dresden
2. Garde-Mechanisierte Armee	9. Gd., 12. Gd., 25.	1.		Fürstenberg
3. Garde-Mechanisierte Armee	6. Gd., 7. Gd.,	9., 14. Gd.		Jüterbog
4. Garde-Mechanisierte Armee	10. Gd.	6. Gd., 7. Gd.		Eberswalde
8. Garde-Armee	–	20. Gd., 21. Gd	28. Gd. SK: (39. Gd.); 29. Gd. SK: (57. Gd.)	Nohra
3. Stoß-Armee	–	18.	9. SK: (94. Gd.); 79. SK: (32.)	Magdeburg
Gesamt:	8	10	4	Gesamt: 22

Struktur der Gruppe der sowjetischen Streitkräfte in Deutschland im Juni 1957

Armee	Panzerdivision	Motorisierte Divisionen	Stabsitz Armee
1. Garde-Panzerarmee	13. (s), 11. Gd.,	20. Gd.	Dresden
2. Garde-Panzerarmee	9. Gd., 12. Gd., 25. (s)	19.	Fürstenberg
18. Garde-Armee	6. Gd., 7. Gd.,	82., 14. Gd.	Jüterbog
20. Garde-Armee	10. Gd.	6. Gd., 11. Gd.	Eberswalde
8. Garde-Armee	27. Gd.	21. Gd, 39. Gd., 57. Gd.	Nohra
3. Armee	26. Gd.	21., 32., 94. Gd.	Magdeburg
Gesamt:	10	12	Gesamt: 22

Struktur der Gruppe der sowjetischen Streitkräfte in Deutschland – 1961/62

Armee	Panzerdivision	Motorisierte Divisionen	Stabsitz Armee
1. Garde-Panzerarmee	13. (s), 11. Gd., 26. Gd.	–	Dresden
2. Garde-Panzerarmee	9. Gd., 12. Gd., 25. (s)	–	Fürstenberg
18. Garde-Armee	6. Gd., 7. Gd.,	20. Gd.	Jüterbog
20. Garde-Armee	10. Gd.	6. Gd., 14. Gd., 19.	Eberswalde
8. Garde-Armee	27. Gd.	21. Gd, 39. Gd., 57. Gd.	Nohra
3. Armee	–	21., 32., 94. Gd.	Magdeburg
Anzahl:	10	10	Gesamt: 20

Struktur der Gruppe der sowjetischen Streitkräfte in Deutschland – 1965

Armee	Panzerdivision	Motorisierte Divisionen	Stabsitz Armee
1. Garde-Panzerarmee	9., 11. Gd., 47.	-	Dresden
2. Garde-Panzerarmee	16. Gd., 12. Gd., 25.	-	Fürstenberg
18. Garde-Armee	6. Gd.	20. Gd.	Jüterbog
20. Garde-Armee	10. Gd.	6. Gd., 14. Gd., 35.	Eberswalde
8. Garde-Armee	79. Gd.	27. Gd, 39. Gd., 57. Gd.	Nohra
3. Armee	7. Gd.	21., 94. Gd., 207.	Magdeburg
Anzahl:	10	10	Gesamt: 20

b) Einzelaufstellung der Verbände der GSBT/GSSD

1. Garde-Panzerkorps/Kommando GSBT → Juli 1945: Verlegung nach Güstrow → Sommer 1945: 1. Garde-Panzerdivision → 1946: Unterstellung 2. Garde-Panzerarmee → 1947: formale Auflösung und Aufteilung der Panzerregimenter unter den Schützendivisionen der Gruppe

1. Mechanisiertes Korps/2. Garde-Panzerarmee: → Juni 1945: 1. Mechanisierte Division – Standort: Dallgow/Döberitz → 1957: in 19. Motorisierte Schützendivision umbenannt und der 20. Garde-Armee unterstellt → 1965: in 35. Motorisierte Schützendivision umbenannt → 1974: Verlegung zum Standort Krampnitz

6. Garde-Panzerkorps → Juni 1945: 6. Garde-Panzerdivision/3. Garde-Mechanisierte Armee → 1946/47: Verlegung aus Österreich in die SBZ – Standort: Jüterbog → 1957: Unterstellung: 18. Garde-Armee → 1979: Verlegung in die UdSSR/Grodno, dort der 28. Armee unterstellt

6. Garde-Mechanisiertes Korps/4. Garde-Mechanisierte Armee: → Juni 1945: 6. Garde-Mechanisierte Division → 1946/47: Verlegung aus Österreich in die SBZ – Standort: Bernau → 1957: 6. Garde-Motorisierte Schützendivision/20. Garde-Armee → 1982: zur 90. Garde-Panzerdivision umformiert

7. Garde-Panzerkorps: → Juni 1945: 7. Garde-Panzerdivision/3. Garde-Mechanisierte Armee → 1946/47: Verlegung aus Österreich in die SBZ – Standort: Rosslau → 1957: Unterstellung: 18. Garde-Armee → 1965: Unterstellung 3. Stoß-Armee

7. Garde-Mechanisiertes Korps/4. Garde-Mechanisierte Armee: → Juni 1945: 7. Garde-Mechanisierte Division → 1946/47: Verlegung aus Österreich in die SBZ – Standort: Fürstenwalde → 1957: 11. Garde-Motorisierte Schützendivision/20. Garde-Armee → 1958: als Kaderdivision in den Militärbezirk Moskau verlegt → Anfang der 60er Jahre wieder vollaufgefüllt → 1968 im Rahmen der Spannungen mit der VR China dem Militärbezirk Transbaikal unterstellt

8. Garde-Mechanisiertes Korps/1. Garde-Panzerarmee: → Juni 1945: 8. Garde-Mechanisierte Division – Standort: Grimma → 1957: 20. Garde-Motorisierte Schützendivision → 1959: Unterstellung 18. Garde-Armee → 1979: Unterstellung 1. Garde-Panzerarmee

9. Garde-Panzerkorps/2. Garde-Panzerarmee – Standort: Neustrelitz → Sommer 1945: 9. Garde-Panzerdivision → 1965: in 16. Garde-Panzerdivision umbenannt

9. Panzerkorps/1. Garde-Panzerarmee – Standort: Riesa → Sommer 1945: 9. Panzerdivision → 1957: in die 13. schwere Panzerdivision umgewandelt → 1965: in 9. Panzerdivision zurück benannt

9. Mechanisiertes Korps/3. Garde-Mechanisierte Armee: → Sommer 1945: 9. Mechanisierte Division → 1946/47: Verlegung aus Österreich in die SBZ – Standort: Cottbus → 1957: 9. Motorisierte Schützendivision/18. Garde-Armee → 1958: als 82. Motorisierte Schützendivision in die UdSSR verlegt und teilweise aufgelöst

10. Garde-Panzerkorps/4. Garde-Mechanisierte Armee → Sommer 1945: 10. Garde-Panzerdivision → 1946/47: Verlegung aus Österreich in die SBZ – Standort: Krampnitz → 1957: Unterstellung 20. Garde-Armee → 1974: Unterstellung 3. Stoß-Armee und Verlegung nach Altengrabow

11. Garde-Panzerkorps/1. Garde-Panzerarmee – Standort: Dresden → Sommer 1945: 11. Garde-Panzerdivision

11. Panzerkorps/Kommando GSBT → Juli 1945: Verlegung nach Weimar → Sommer 1945: 11. Panzerdivision → 1946: Unterstellung 3. Stoß-Armee → 1947 in die UdSSR verlegt und dort aufgelöst

12. Garde-Panzerkorps/2. Garde-Panzerarmee – Standort Neuruppin → Sommer 1945: 12. Garde-Panzerdivision → 1979: Unterstellung 3. Stoß-Armee

14. Garde-Mechanisierte Division/4. Garde-Mechanisierte Armee → Sommer 1945: aus der 9. Garde-Luft-Landedivision gebildet → 1946/47: Verlegung aus Österreich in die SBZ – Standort: Jüterbog → 1957: in 14. Motorisierte Schützendivision umbenannt → 1982: zur 32. Garde-Panzerdivision umgebildet → 1989: aus der DDR abgezogen

25. Panzerkorps/4. Garde-Mechanisierte Armee → Sommer 1945: 25. Panzerdivision → 1946/47: Verlegung aus Österreich in die SBZ – Standort: Vogelsang → 1955: der 2. Garde-Panzerarmee unterstellt → 1957: in 25. schwere Panzerdivision umbenannt → 1965: zur 25. Panzerdivision umgebildet → 1979: an die 20. Garde-Armee übergeben → 1989: aus der DDR abgezogen

27. Garde-Schützendivision/8. Garde-Armee → Ende 1945: 21. Garde-Mechanisierte Schützendivision/8. Garde-Armee – Standort: Halle → 1957: 21. Garde-Motorisierte Schützendivision → 1965: 27. Garde-Motorisierte Schützendivision

39. Garde-Schützendivision/8. Garde-Armee – Standort: Ohrdruf → 1957: 39. Garde-Motorisierte Schützendivision

47. Garde-Schützendivision/8. Garde-Armee – Standort: Chemnitz → Sommer 1945: zur 19. Garde-Mechanisierten Division umgebildet → 1946: der 1. Garde-Mechanisierten Armee unterstellt → Anfang der 50er Jahre: Verlegung zum neuen Standort: Hillersleben, Unterstellung 3. Stoß-Armee → 1957: Umbildung zur 26. Garde-Panzerdivision, Umstellung 1. Garde-Panzerarmee → 1965: Umbenennung in 47. Garde-Panzerdivision

57. Garde-Schützendivision/8. Garde-Armee – Standort: Naumburg → 1957: 57. Garde-Motorisierte Schützendivision

79. Garde-Schützendivision/8. Garde-Armee – Standort: Jena → Sommer 1945: zur 20. Garde-Mechanisierten Schützendivision umgebildet → 1957: Umbildung zur 27. Garde-Panzerdivision → 1965: Umbenennung in 79. Garde-Panzerdivision

94. Garde-Schützendivision/5. Stoß-Armee – Standort: Schwerin → 1946: Übergabe an die 3. Stoß-Armee → 1957: 94. Garde-Motorisierte Schützendivision → 1979: 2. Garde-Panzerarmee unterstellt

207. Schützendivision/3. Stoß-Armee – Standort: Stendal → 1955: 32. Schützendivision → 1957: 32. Motorisierte Schützendivision → 1965: 207. Motorisierte Schützendivision → 1979: Unterstellung 2. Garde-Panzerarmee

416. Schützendivision/5. Stoß-Armee – Standort: Perleberg → Ende 1945: 18. Mechanisierte Division/3. Stoß-Armee → 1957: 21. Motorisierte Schützendivision → 1979: Unterstellung 2. Garde-Panzerarmee

c) In den 50er und 60er Jahren unter Chruščev aufgestellte Einheiten der strategischen Raketentruppen der UdSSR (ab Brigade)

Einheit (ab wann Gefechtsdienst)	Aufstellungs-jahr	Standort	Vorgänger	aufgelöst
77. Ingenieurbrigade	26. 2. 1953	Belokorowitschi		August 1958 (an Landstreitkräfte übergeben)
80. Ingenieurbrigade	26. 2. 1953	Belokorowitschi		31. 5. 1960
72. Ingenieurbrigade (R-5M) – Mai 1959 (DDR)	15. 3. 1953	Medwed (1953–1959) Fürstenberg (1959) Gwardejsk (ab 1959)	22. Sonderbrigade RVGK	1. 7. 1960
73. Ingenieurbrigade	15. 3. 1953	Kamyschin	23. Sonderbrigade RVGK	1. 7. 1960
85. Ingenieurbrigade	15. 3. 1953	Kapustin Jar	54. Sonderbrigade RVGK	1. 7. 1960
90. Ingenieurbrigade	15. 3. 1953	Krementschuk	56. Sonderbrigade RVGK	August 1958 (an Landstreitkräfte übergeben)
5. wissenschaftlicher Versuchsschießplatz (R-7A) – 1. 2. 1961 (R-16U) – 5. 2. 1963 (R-9A) – 20. 12. 1963	12. 2. 1955	Belokorowitschi		
233. Ingenieurbrigade	23. 6. 1955	Klincy	Artilleriebrigade	August 1958 (an Landstreitkräfte übergeben)
25. Garde-Luftwaffendivision	31. 12. 1958	Walga / Wypolsowo	11. schwere Garde-Bomberdivision	Mai 1960
83. Luftwaffendivision	31. 12. 1958	Beloi Zerkwi		1. 7. 1960
96. Luftwaffendivision	31. 12. 1958	Spasske-Dalnem		1. 7. 1960
12. Ingenieurbrigade	1. 1. 1959	Postawy		1. 7. 1960
15. Ingenieurbrigade	1. 1. 1959	Mosyr		1. 7. 1960
22. Ingenieurbrigade	1. 1. 1959	Luzk		1. 7. 1960
3. Lehr-Artillerie-Schießplatz (R-7A) – 1. 1. 1960 (R-16U) – 20. 10. 1961 (R-9A) – 11. 12. 1963	9. 2. 1959	Plesezk		1963 (in Testschießplatz umgewandelt)

Einheit (ab wann Gefechtsdienst)	Aufstellungsjahr	Standort	Vorgänger	aufgelöst
24. Lehr-Artillerie-Schießplatz	30. 6. 1959	Kirow	91. MSD, 10. Armeekorps	28. 2. 1961
27. Lehr-Artillerie-Schießplatz	1. 9. 1959	Omsk	109. MSD	28. 2. 1961
46. Lehr-Artillerie-Schießplatz	1. 9. 1959	Wladimir	10. Artillerie-Durchbruchsdivision	28. 2. 1961
57. Lehr-Artillerie-Schießplatz	1. 111959	Blagowetschensk		28. 2. 1961
7. Garde-Raketenbrigade	31. 5. 1960	Wypolsowo	19. Garde-Feldartillerie-Brigade, 38. MSD, 18. Flak-Division	April 1961
8. Raketenbrigade	31. 5. 1960	Ostrow		April 1961
29. Raketenbrigade (R-5M) – 10. 5. 1959 (R-14) – 4. 6. 1960	31. 5. 1960	Perwomaisk		April 1961
46. Raketenbrigade	31. 5. 1960	Ordshonikidse	65. schwere Werferbrigade, 6. Artillerie-Durchbruchsdivision	April 1961
80. Raketenbrigade (R-12) –1. 101960	31. 5. 1960	Welikorowitsch		April 1961
97. Raketenbrigade	31. 5. 1960	Dshambul		April 1961
119. Raketenbrigade	31. 5. 1960	Nertschinsk	116. Feldartillerie-Brigade, Teile 46. PD, 98. und 36. Flugzeugmechaniker-Schule	April 1961
124. Raketenbrigade	31. 5. 1960	Olowjannaja		April 1961
165. Garde-Raketenbrigade	31. 5. 1960	Kostroma	26. Garde-Artilleriebrigade, Teile 45. PD	April 1961
197. Raketenbrigade	31. 5. 1960	Taikowo	7. Artillerie-Durchbruchsdivision, 541. Artillerieregiment, 207. Flugzeugmechanikerschule	April 1961
198. Garde-Raketenbrigade	31. 5. 1960	Koselsk	28. Garde-Artilleriebrigade, Teile 114. MSD	April 1961
200. Raketenbrigade	31. 5. 1960	Romny		April 1961

Einheit (ab wann Gefechtsdienst)	Aufstellungs-jahr	Standort	Vorgänger	aufgelöst
201. Raketenbrigade	31. 5. 1960	Joschkar-Ola	234. Haubitzen-Artilleriebrigade, 222. Korps-Artillerieregiment, 88. sst. Panzerjäger-Abteilung, 215. und 74. Flugzeugmechaniker-Schule	April 1961
202. Raketenbrigade	31. 5. 1960	Nishnij Tagil	6. Artillerie-Durchbruchsdivision, 19. Panzerlehrregiment	April 1961
205. Garde-Raketenbrigade	31. 5. 1960	Schadrinsk	4. Garde-Artilleriedivision	April 1961
206. Raketenbrigade	31. 5. 1960	Berschet	98. Flakdivision, 35. Luftwaffenschule, 15. Panzerlehrregiment	April 1961
211. Raketenbrigade	31. 5. 1960	Krasnojarsk	4. Haubitzenartilleriedivision, Teile 45. PD, Tomsker Nachrichtenschule	April 1961
212. Raketenbrigade	31. 5. 1960	Nowosibirsk	21. Haubitzenartilleriebrigade, Sibirsker Fliegerschule	April 1961
213. Raketenbrigade (R-12) – 30. 5. 1960	31. 5. 1960	Lida	18. Armeekorps, 34. Werferbrigade	April 1961
216. Raketenbrigade	31. 5. 1960	Tjumen	138. Garde-Flakbrigade, Teile 36. MSD	April 1961
23. Garde-Raketendivision (R-12) – 14. 1. 1961	1. 7. 1960	Walga	25. Garde-Luftwaffendivision	
24. Garde-Raketendivision (R-12) – 2. 2. 1961	1. 7. 1960	Gwardeisk	72. Ingenieur-Brigade	31. 4. 1991
29. Garde-Raketendivision (R-5M) – 15. 5. 1960 (R-12) – 16. 5. 1960	1. 7. 1960	Schjauljaj	85. Ingenieurbrigade	
31. Garde-Raketendivision (R-12) – 15. 5. 1960	1. 7. 1960	Pinsk / ab 1961 Prushany	83. Luftwaffendivison	31. 1. 1990
32. Raketendivision (R-14) – 12. 1. 1962	1. 7. 1960	Postawy	12. Ingenieurbrigade	1. 9. 1993

Anhang 247

Einheit (ab wann Gefechtsdienst)	Aufstellungsjahr	Standort	Vorgänger	aufgelöst
33. Garde-Raketendivision (R-12) – 1. 10 1961	1. 7. 1960	Mosyr	15. Ingenieurbrigade, 7. Garde-Werferbrigade	
37. Garde-Raketendivision (R-12) – 5. 9. 1960	1. 7. 1960	Luzk	22. Ingenieurbrigade	31. 12 1992
44. Raketendivision (R-5M) – 30. 12. 1960 (R-12) – 30. 12. 1961	1. 7. 1960	Kolomyja	23. Sonderbrigade, 73. Ingenieurbrigade	31. 3. 1990
45. Raketendivision (R-5M) – 18. 4. 1961 (R-12) – 21. 1. 1961	1. 7. 1960	Ussurijsk	96. Luftwaffendivision	15. 9. 1970
25. Raketenbrigade	31. 8. 1960	Kirow	21. und 33. Gefechtsstart-Station des 24. Lehrartillerie-Regiments	April 1961
43. Raketenarmee	01. 09. 1960	Winniza	43. Luftarmee	31. 12. 1992 (an Ukraine übergeben)
50. Raketenarmee	01. 09. 1960	Smolensk	50. Luftarmee	30. 11. 1990
19. Raketendivision (R-12) – 31. 12. 1961	01. 12. 1960	Gainsin, ab 1964 Siedlung Rakowo	7. Artillerie-Durchbruchsdivision	30. 12. 1992 (an Ukraine übergeben)
3. Garde-Raketenkorps	28. 2. 1961	Wladimir	46. Lehr-Artillerie-Schießplatz	April 1970 (in 27. Garde-Raketenarmee umgebildet)
5. Raketenkorps	28. 2. 1961	Kirow	24. Lehr-Artillerie-Schießplatz	8. 7. 1970 aufgelöst
7. Garde-Raketenkorps	28. 2. 1961	Omsk	27. Lehr-Artillerie-Schießplatz / 109. MSD	April 1970 (in 33. Garde-Raketenarmee umgebildet)
8. Raketenkorps	28. 2. 1961	Tschita		April 1970 (in 53. Raketenarmee umgebildet)
9. Raketenkorps	28. 2. 1961	Blagowetschensk / Chabarowsk	57. Lehr-Artillerie-Schießplatz	im April 1970 aufgelöst
4. Raketendivision (R-16U) – 5. 3. 1963	30. 4. 1961	Nertschinsk, ab 1965 Gornyj	119. Raketenbrigade	

Einheit (ab wann Gefechtsdienst)	Aufstellungsjahr	Standort	Vorgänger	aufgelöst
7. Garde-Raketendivision (R-16U) – 11. 2. 1963	30. 4. 1961	Wypolsowo	7. Raketenbrigade	
8. Raketendivision (R-16U) – 1. 11. 1961	30. 4. 1961	Jurja	25. Raketenbrigade	
10. Garde-Raketendivision (R-16U) – 12. 2. 1962	30. 4. 1961	Kostroma	165. Garde-Raketenbrigade	
14. Raketendivision (R-16U) 12. 2. 1962	30. 4. 1961	Joschkar-Ola	201. Raketenbrigade	
18. Garde-Raketendivision	30. 4. 1961	Schadrinsk	205. Garde-Raketenbrigade	1. 9. 1962
28. Garde-Raketendivision (R-9A) – 14. 12. 1964	30. 4. 1961	Koselsk	198. Raketenbrigade	
35. Raketendivision (R-12) – 21. 6. 1961 (R-14) – 5. 2. 1963	30. 4. 1961	Ordshonikidse	46. Raketenbrigade	
36. Garde-Raketendivision (R-16U) 24. 2. 1964	30. 4. 1961	Krasnojarsk	211. Raketenbrigade	
39. Garde-Raketendivision (R-16U) – 5. 3. 1963	30. 4. 1961	Nowosibirsk	212. Raketenbrigade	
40. Raketendivison (R-12) – 15. 2. 1961	30. 4. 1961	Ostrow	8. Raketenbrigade	31. 7. 1990
41. Garde-Raketendivision	30. 4. 1961	Tjumen, ab 1964 Alejsk	216. Raketenbrigade	
42. Raketendivision (R-16) – 31. 10. 1960	30. 4. 1961	Nishnij Tagil	202. Raketenbrigade	
43. Garde-Raketendivision (R-12) – 10. 1. 1962 (R-14) – 1. 1. 1962	30. 4. 1961	Romny	200. Raketenbrigade	31. 12. 1992
46. Raketendivision	30. 4. 1961	Perwomaisk	29. Raketenbrigade	an Ukraine übergeben
47. Raketendivision (R-16) – 20. 1. 1964	30. 4. 1961	Olowjannaja	124. Raketenbrigade	31. 2. 1992
49. Garde-Raketendivision	30. 4. 1961	Lida	213. Raketenbrigade	
50. Raketendivision (R-12)	30. 4. 1961	Welikorowitsch	80. Raketenbrigade	30. 4. 1991
52. Raketendivision (R-16U) – 12. 2. 1962	30. 4. 1961	Berschet	206. Raketenbrigade	

Einheit (ab wann Gefechtsdienst)	Aufstellungsjahr	Standort	Vorgänger	aufgelöst
53. Raketendivision	30. 4. 1961	Dshambul	97. Raketenbrigade	1965 zur 48. Raketenbrigade umformiert
54. Garde-Raketendivision (R-16U) – 10. 2. 1962	30. 4. 1961	Taikowo	197. Raketenbrigade	
58. Raketendivision (R-12) – 10. 5. 1960	30. 4. 1961	Karmelawa	265. Jagdfliegerdivision	31. 8. 1990
60. Raketendivision (R-14) – 1963	30. 4. 1961	Birobidshan / ab 1964 Tatischtschewo	229. Jagdfliegerdivision	
27. Raketendivision	30. 5. 1961	Belogorsk	133. Raketenbrigade	1. 4. 1994
51. Raketendivision	15. 6. 1962	Kuba	43. Garde-Raketendivision	31. 12 1962
10. Raketenbrigade (R-9A)	15. 11. 1964	Tjumen	Raketenregiment	1. 11. 1976
17. Raketenbrigade (R-16U)	15. 11. 1964	Schadrinsk	18. Raketendivision	20. 12. 1979
32. Raketenbrigade (R-16U)	15. 11. 1964	Itatka	Raketenregiment	April 1972

d) Struktur der sowjetischen Luftstreitkräfte 1959[1]

	Divisionen	Regimenter	Flugzeuge	Jährliche Unterhaltskosten pro Division
Fernluftwaffe	4 (Tu-95, 3M)	8	164	979 Mil.
	8 (Tu-16)	24	680	450 Mil.
Frontbomber	20 (Il-28)	58	1617	155,5 Mil.
Jagdflieger	34 (Mig-17, Mig-19, Mig-21, Su-7)	99	ca. 3000	102 Mil.
Transportflieger	4	19	1208 Il-14, Il-12, Li-2, 186 Tu-4D, 122 An-8, An-12, 705 Mi-4, 462 Mi-1	k.A.
Aufklärer	-	7 Tu-16 14 Il-28 12 Mig-17, 19, 21	ca. 210 Tu-16 ca. 420 Il-28 ca. 360	k.A.
Mittelstreckenraketen	3 R-12	18 R-12	72 Startrampen	287 Mil.
Piloten	25 878			
Fliegertechnische Ingenieure	22 037			
Techniker	71 756			
Flugzeugmechaniker	72 123			
Mechaniker – Spezialdienste	115 408			

[1] Vgl. RGASPI, 17/165/154, Bl. 43–52, Rede Veršinins auf der Sitzung des ZK der KPdSU mit den Kommandeuren, Stabschefs und Mitglieder der Militärräte der Militärbezirke, 18. 12. 1959.

e) Struktur der sowjetischen Fernfliegerkräfte 1962

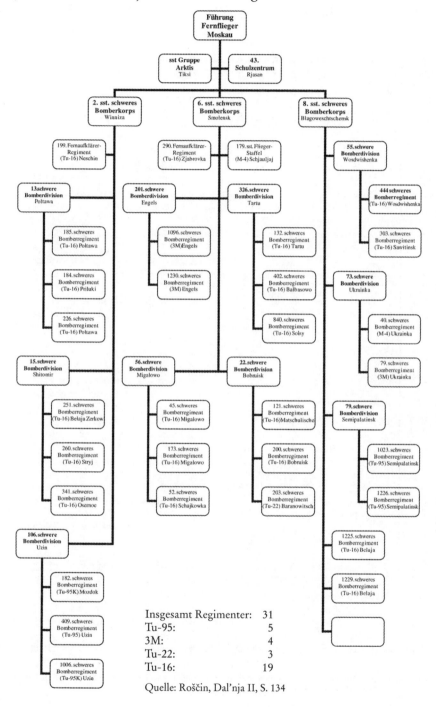

Insgesamt Regimenter: 31
Tu-95: 5
3M: 4
Tu-22: 3
Tu-16: 19

Quelle: Roščin, Dal'nja II, S. 134

f) Entwicklung sowjetischer Kernwaffen zwischen 1945 und 1964 (Auswahl)[2]

Typ Sprengkopf	Sprengkraft (in TNT)	Getestet	Gewicht Ladung	Gewicht gesamt	vorgesehene Kernwaffenträger	PRTB	Stand Projekt
4	10–40 kt		980 kg		P-6, P-35		In Bewaffnung
17	5,6–16 kt	5.–13. 9. 1961			R-11M, R-17	„Celina"	In Bewaffnung
17M	6 kt	22. 8. 1962			K-10S	5050 (F), 5040 (A) „Step"	In Bewaffnung
19	3,5 kt	21. 9. 1955/ 19. 1. 1957	380 kg		T-5, 215 (S-25)		In Bewaffnung
24M	10–40 kt		680 kg		FKR-1		In Bewaffnung
25	2 kt				K-80		In Bewaffnung
27					Tu-22		In Bewaffnung
37d	2,9 Mt	3. 10. 1957		2500 kg	Ch-20M	5050 (F), 5040 (A) „Step"	In Bewaffnung
44	1 Mt				R-15, K-10 Meteor		
46A/46K	2,9 Mt	18. 10. 1958	2330 kg	5300 kg	R-7, P-20, Burja		In Bewaffnung (1960–1966)
49/TK-11	650 kt	10. 9. 1961	905 kg	1000 kg	R-12; R-21, P-5, P-7, S-5/P-5D, Tu-22	8M250 (A), „Bereg" (M), „Prostor"	In Bewaffnung
49EK			850 kg		R-12, R-16, R-21		
49FUE	650 kt		850 kg		D-6		Test
49G	1,2 Mt	12. 9. 1961	850 kg		R-21, Ch-22, R-5M, R-12	8M250 (A)	In Bewaffnung
106G	500 kt		365 kg		RT-2, RT-15, RT-25		
105G/RA6	15 kt				V-760 (S-75M)	5K25	In Bewaffnung

[2] Die hier aufgeführten Daten stammen zum größten Teil aus RGAE-Archivbeständen der Staatskomitees für Bewaffnung (f. 298) und Luftfahrttechnik (f. 29).

Anhang 253

202	50 Mt	30.10.1961	26000 kg		Tu-95-202		Test
205	400 kt			2700 kg	Flügelrakete S		Projekt
205K	400 kt			1800 kg	Buran, S-30, M-61		Test
206			2300 kg		Ch-20M		
209				465 kg	V-1000		
218/S-6			247 kg	280 kg	218 (S-25)		In Bewaffnung
219			265 kg		V-760 (S-75M)		Projekt
219Ja			260 kg		Luna, Luna-M, Ladoga		
244N (8U69)	5–11 kt	27.8.1962	1100 kg		Mig-19, Mig-21, Su-7	5050 (F), 5015 (A)	In Bewaffnung
245N	3,1 Mt	15.9.1962			Tu-16, T-95, M-4		In Bewaffnung
246N	3,2 Mt	16.9.1962			Tu-16, Tu-95, Tu-22	5050 (F)	In Bewaffnung
255	1,5 Mt		1200 kg		RS		Projekt
255A13	1,5 Mt	20.10.1961	1200 kg		R-13 (U-Boote: 629; 658)		In Bewaffnung
269A	100 kt		987 kg	1016 kg	R-17		In Bewaffnung (ab 1964)
279			120 kg		K-15		
306G	10–12 Mt		3400 kg	5240 kg	R-7A, R-36, 8K712, GR-1, R-56 (4x)		In Bewaffnung
402G	3 Mt		1488 kg	3000 kg	R-7A, R-36, R-9A, R-16		In Bewaffnung
404G	1,65 Mt	8.9.1962	950 kg	1150 kg	R-14, R-26, R-9A, R-36, R-16, R-16U	8M260 (A) 8M110 (E)	In Bewaffnung
407/TK-34	10–40 kt		680 kg		R-11FM (U-Boote: AV-611; 629), Ch-22, KS-1, K-10S	5050 (F) „Step"	In Bewaffnung

Typ Sprengkopf	Sprengkraft (in TNT)	Getestet	Gewicht Ladung	Gewichtgesamt	vorgesehene Kernwaffenträger	PRTB	Stand Projekt
407N	10–12 kt		680 kg		Il-28	5050 (F), 5015 (A)	In Bewaffnung
410G	4,6 Mt		1540 kg		UR-100, UR-200, R-36		In Bewaffnung
412	1,3 Mt		680 kg		UR-100, R-100M		In Bewaffnung
412G	500 kt		680 kg		RT-2, D-9, RT-15M, RT-21		Test
412GEK			1000 kg		R-14, R-16, R-36G		
418G	4 Mt		1550 kg	2400 kg	GR-1, UR-200, R-36, R-9A, R-16U, R-7A, R-14		In Bewaffnung
424G	2,3 Mt		960 kg	1540 kg	R-9A, R-16, GR-1, UR-200, R-16U, RT-2		In Bewaffnung
602G	50–100 Mt		23000 kg	35000 kg	R-56, N-1		Test
703			100 kg		Maljutka		Projekt
901	12–18 kt		300 kg	500 kg	Luna, Schkwal, Onega, Ladoga	„Step'"	In Bewaffnung (1960–1967)
901A4M	10 kt		300 kg	500 kg	Luna, Luna-M	„Step'-2"	In Bewaffnung
902G					R-27		
904G	800 kt		340 kg		RT-40		
906G	300 kt		660 kg		R-17, T-65 (Torpedo), A-350, R-5M, Temp		In Bewaffnung (1965–1986)
910	300 kt		530 kg	682 kg	Temp		In Bewaffnung
916G	600 kt		500 kg		RT-1		Projekt

A-106G	500 kt		365 kg	RT-15M (vorgesehen: U-Boot 667A), RT-2, RT-25	Projekt
A-111			155 kg	Schkwal	In Bewaffnung
A-112 / 219Ja			250 kg	Luna-M	In Bewaffnung
A-114G			375 kg	RT-2	Projekt
A-412GM			680 kg	RT-1, RT-25	Projekt
A-424GEK	2,3 Mt		1000 kg	R14, R-16, R-36G, R-9A, GR-1	In Bewaffnung
A-604G	20 Mt		4600 kg	UR-200, R-36	In Bewaffnung
A-910	300 kt		380 kg	R-17M	In Bewaffnung
A-916G	600 kt		500 kg	D-9, RT-1, RT-25, RT-15M, R-27, UR-100	In Bewaffnung
A-923/TV-3			225 kg	Wirch, Wjuga	Projekt
ASBZO	4,8 kt	23. 10. 1961		ASBZO Universeller atomarer Gefechtskopf für Marinetorpedos	In Bewaffnung
K4	10–40 kt		900 kg	K-10S	In Bewaffnung
R-354G	8,3 Mt		2800 kg	R-7, R-36, R-14, UR-200	8M110 (E) In Bewaffnung
R-4	40 kt	2. 2. 1956	900 kg	1200 kg	R-5M	In Bewaffnung (1955–1960)
R-414	2,5 Mt		950 kg	R-16, R-9A	In Bewaffnung
R-456			625 kg	R-17M	In Bewaffnung
RDS-1	22 kt	29. 8. 1949			Test

Typ Sprengkopf	Sprengkraft (in TNT)	Getestet	Gewicht Ladung	Gewicht gesamt	vorgesehene Kernwaffenträger	PRTB	Stand Projekt
RDS-2	38 kt	24. 9. 1951					Test
RDS-3	41,2 kt	18. 10. 1951			Tu-4, Tu-16, Tu-95		In Bewaffnung
RDS-3I	62 kt				Bombe		In Bewaffnung
RDS-3T	41 kt				Tu-4		In Bewaffnung
RDS-4T	30 kt	23. 8. 1953	1200 kg		taktische Atombombe, Il-28		In Bewaffnung (1954-1965)
RDS-5	5,8 kt	3. 9. 1953			Tu-4, Tu-16		In Bewaffnung
RDS-6	400 kt	12. 8. 1953	5000 kg		Tu-95		In Bewaffnung
RDS-6S	350 kt		2300 kg		T-15, Ch-20 T-15 überschwerer Torpedo für Angriffe auf US-Hafenstädte – Projekt 1955 eingestellt		Test
RDS-9	10 kt	19. 10. 1954		500 kg	Mars, Filin-1, Luna, Torpedo 53-58	„Step"	In Bewaffnung
RDS-27	250 kt	6. 11. 1955					In Bewaffnung
RDS-37	1,7 Mt	22. 11. 1955			Tu-16, Tu-95		In Bewaffnung
RDS-37d	2,9 Mt	6. 10. 1957	3000 kg		Tu-16, M-4, 3M, Tu-95		In Bewaffnung
RDS-41	14 kt	16. 3. 1956			452 mm Atom-Artilleriegranate		Test

g) Auswahl sowjetischer Fernlenkwaffenprojekte der Chruschtschow-Zeit[3]

Typ Konstrukteur	Verwendungszweck	Status	Reichweite in km	Treffsicherheit in km	Gewicht Gefechtskopf	Typ Ladung (Sprengkraft – Mt Gewicht – kg)	Startmasse in t	Länge/Breite in m	Treibstoffe
Burja Lawotschkin	Interkontinental-Flügelrakete	1957/60 Flugtests	7500–8500	+/– 10	2350	46 (2,9/1230)	97	20/2	TG-02/ AK-27I
Buran Nasarow	Interkontinental-Flügelrakete	1957 Arbeiten eingestellt	9150	+/– 10	3500	205K (0,4/1800)	125	23/2	Kerosin / Flüssigsauerstoff
R-7 Koroljow	Interkontinentalrakete	20.1.1960 in Bewaffnung	8800	+/– 15	3000	46A (2,9/1230)	280	31/11,2	Kerosin / Flüssigsauerstoff
R-7A Koroljow	Interkontinentalrakete	12.9.1960 in Bewaffnung	12 000	+/– 10	3000	402 G (3,0/1488) 306 G (12/3400)	276	31/10,3	Kerosin / Flüssigsauerstoff
R-16 Jangel	Interkontinentalrakete	20.10.1962 in Bewaffnung	12 000 – 13 000	+/– 14	1600	404 G (1,65/900) 424 G (2,3/980)	140	31/3	DMG / AK-27I
R-9A Koroljow	Interkontinentalrakete	21.7.1965 in Bewaffnung	12 000 – 13 000	+/– 5	1700	404 G (1,65/900) 424 G (2,3/980) 418 G (4,0/1500)	80	24,2/3,2	Kerosin / Flüssigsauerstoff
UR-100 Tschelomej	Interkontinentalrakete	21.7.1967 in Bewaffnung	5000–11 000	+/– 1,4	760–1600	A 916G (0,6/500) 410G (4,6/1540) 412 (1,3/680)	42,3	16,7/2	NDMG / Stickstofftetroxid

[3] Die hier aufgeführten Daten stammen zum größten Teil aus RGAE-Archivbeständen der Staatlichen Plankommission (f. 4372), des Staatskomitees für Bewaffnung (f. 298) und des Staatskomitees für Luftfahrttechnik (f. 29).

Typ / Konstrukteur	Verwendungszweck	Status	Reichweite in km	Treffsicherheit in km	Gewicht Gefechtskopf	Typ Ladung (Sprengkraft – Mt Gewicht – kg)	Startmasse in t	Länge/Breite in m	Treibstoffe
R-36 Ballistische Variante Jangel	Interkontinentalrakete	21. 7. 1967 in Bewaffnung	18 000 16 000 12 000	+/- 7 +/- 6 +/- 4,5	3400 3900 4700	418 G (4,0/1500) 306 G (12/3400)	164	31/3	DMG / AT
R-36 Orbitalvariante Jangel	Interkontinentalrakete	19. 11. 1968 in Bewaffnung	Unbegrenzt		3000	404 G (1,65/950)	164	31/3	DMG / AT
RT-2 Koroljow	Interkontinentalrakete	18. 12. 1968 in Bewaffnung	10000– 12000	+/- 4	500 890	A106G (0,5/365) 412 G (0,5/680)	35–50	19,8/1,8	Festbrennstoff
8K712 Koroljow	Interkontinentalrakete	Flugerprobung	12 000	+/- 5	6500	306 G (12,0/3 400)	305	38/10,3	Kerosin / Flüssigsauerstoff
R-26 Jangel	Interkontinentalrakete	1962 Bodentests	12 000	+/- 12	1500	404 G (1,65/900)	85	23,7/3	DMG / AK-27P
GR-1 Orbitalvariante Koroljow	Interkontinentalrakete	Prototypen gebaut	Unbegrenzt	+/- 5	1500	424 G (2,3/980)	115	35/3,5	Kerosin / Flüssigsauerstoff
GR-1 ballistische Variante Koroljow	Interkontinentalrakete	Prototypen gebaut	12 000	+/- 4	2200 – 4000	418 G (4,0/1 500) 306 G (12,0/3 400)	115	35/3,5	Kerosin / Flüssigsauerstoff
UR-200 Orbitalvariante Tschelomej	Interkontinentalrakete	1963–64 Flugtests	Unbegrenzt	+/- 5	1500	424 G (2,3/900)	115	28,3/3	DMG / AT

Name	Typ	Status						Treibstoff
UR-200 Ballistische Variante Tschelomej	Interkontinentalrakete	1963–1964 Flugtests	12000	+/- 5	2500	418 G (4,0/1500) R 345G (8,3/2 800)	115	28,3/3	DMG / AT
RT-40 Jangel	Interkontinentalrakete	Projekt	12000	+/- 5	600	904 G (0,8/340)	30	18/1,4	Festbrennstoff
UR-500 Orbitalvariante Tschelomej	Interkontinentalrakete	Test bis 1965	Unbegrenzt	+/- 5	12000	? (22–25/5500)	500–550		DMG / AT
UR-500 Ballistische Variante Tschelomej	Interkontinentalrakete	Tests bis 1965	12000	+/- 4	15000	? (40–50/10000)	500–550		DMG / AT
R-56 Orbitalvariante Jangel	Interkontinentalrakete	Projekt	Unbegrenzt		34000	602 G (50–100/23 000)	1200	46/9,7	DMG / AT
R-56 Ballistische Variante Jangel	Interkontinentalrakete	Projekt	16000	+/- 5	35000	602 G (50–100/23 000) 4x306G (12,0/3 400)	1200	46/9,7	DMG / AT
N-1 Orbitalvariante Koroljow	Interkontinentalrakete	1969 Flugtests	Unbegrenzt	+/- 5	64000	602 G (50–100/52 000)	2150	75/16	Kerosin / Flüssigsauerstoff
N-1 Ballistische Variante Koroljow	Interkontinentalrakete	1969 Flugtests	12000	+/- 3	84000	602 G (100–200/64 000) ? 25x5/75000)	2150	75/16	Kerosin / Flüssigsauerstoff
S Tupolew	Flügelrakete	Projekt, 1960 eingestellt	3880	+/- 10	2700	205 (0,4/2700)	32,6	24,7/8,4	
S-1 Tupolew	Flügelrakete	Projekt	3500–4500	+/- 5		205 (0,4/2700)			

Typ Konstrukteur	Verwendungszweck	Status	Reichweite in km	Treffsicherheit in km	Gewicht Gefechtskopf	Typ Ladung (Sprengkraft – Mt Gewicht – kg)	Startmasse in t	Länge/Breite in m	Treibstoffe
S-300 Tupolew	Flügelrakete	Projekt	3500–4500	+/− 5		? (?/800)			
RS Zybin	Flügelrakete	Projekt	6500	+/− 5		255 (1,5/1200)	21,6	27,5/9	
S-30 (RSS) Zybin	Flügelrakete	Projekt, 1960 eingestellt	5000			205K (0,4/1800)	22	22/1,5	
M-44 Zybin	Flügelrakete	Projekt	2000		2700	205K (0,4/1 800)	11	14/1,4	
M-61 Zybin	Flügelrakete	Projekt	1000			205K (0,4/1800)	16		
R-5M Koroljow	Mittelstreckenrakete	21. 6. 1956 Bewaffnung	1200	+/− 1,5	1400	4 (30kt/900) 49G (1,2/850) 906G (0,3/660)	28	20,7/ 1,65	Alkohol/ Flüssigsauerstoff
R-12 Jangel	Mittelstreckenrakete	4. 3. 1959 in Bewaffnung	800–2000	+/− 5	1600	49 (0,65/1 000) 49G (1,2/850))	47	22,8/ 1,65	Schwefelsäure AK-27/ Kerosin TM-185
R-14 Jangel	Mittelstreckenrakete	24. 4. 1961 in Bewaffnung	4500	+/− 8	1540	402 G (3,0/1 488) 404 G (1,65/900) 418 G (4,0/1 500) 424 G (2,3/980)	85	24/2,4	DMG/ Kerosin

Name	Typ	Status	Reichweite	Genauigkeit	Nutzlast	Gefechtskopf	?	Maße	Treibstoff
RT-1 Koroljow	Mittelstreckenrakete	1962/63 Flugtests	2000	+/- 5	800	A-916G (0,6/500) A-412GM (?/680)	36	18/2	Feststoff RSD-4K
RT-25 Zirulnikow	Mittelstreckenrakete	Projekt	4000–5000			A-916G (0,6/500) A-412GM (?/680)	42	16/2	Feststoff
Filin Masurow	Kurzstreckenrakete	1957 in Bewaffnung	24–26		1200	RDS-9 (10 kt/500)	4,93	10/0,6	Feststoff
Mars Masurow	Kurzstreckenrakete	20. 3. 1958 in Bewaffnung	8–18	+/- 0,5	500	RDS-9 (10 kt/500)	1,75	9/0,41	Feststoff
R-11M Koroljow	Kurzstreckenrakete	1. 4. 1958 in Bewaffnung	60–150	+/- 3	1000	17 (6 kt/770)	5,4	10,6/0,8	AK-20I / Kerosin
Luna Masurow	Kurzstreckenrakete	1961 in Bewaffnung	32	+/- 0,73	550	901 (12–18 kt/500)	2,1	10,7/ 0,41	Feststoff NMF-3k
R-17 Makeew	Kurzstreckenrakete	24. 3. 1962 in Bewaffnung	50–240	+/- 2,5	1000	17 (5,6 kt/700) 407 (12 kt/680) 906G (300 kt/660)	5,8	11,2/0,8	UDHM / AK-27I
Luna-M Nadiradze	Kurzstreckenrakete	5. 8. 1964 in Bewaffnung	15–60	+/- 1,2	420	3N14 (10–12 kt/420) 219Ja (40 kt/265)	2,5	8,67/0,5	Feststoff NMF-2
Maljutka Tschelomej	Kurzstreckenrakete	Projekt	14–50	+/- 0,3		703 (?/100)	1,2		Flüssig
Ladoga Zirulnikow	Kurzstreckenrakete	Tests	45–120	+/- 1	450–600	2, 9, 16 kt	3,5	9,1/0,5	Feststoff NMF-2
Temp Nadiradze	Kurzstreckenrakete	Tests	100–425	+/- 3	900	906G (300 kt/660)	10,0	11,4/1,5	Feststoff NMF-2

Typ Konstrukteur	Verwendungszweck	Status	Reichweite in km	Treffsicherheit in km	Gewicht Gefechtskopf	Typ Ladung (Sprengkraft – Mt Gewicht – kg)	Startmasse in t	Länge/Breite in m	Treibstoffe
R-11FM/D-1 Koroljow	U-Boot-Rakete	20. 2. 1959 in Bewaffnung	50–150	+/– 4	975	407 (10–40 kt/680)	5,5	10/0,9	AK-20I / Kerosin
R-13/D-2 Makeew	U-Boot-Rakete	16.10.1960 in Bewaffnung	150–560	+/– 6	1600	255A13 (1,5/1200)	13,7	18/1,3	AK-27I / TG-02
R-21/D-4 Jangel/Makeew	U-Boot-Rakete	15. 5. 1963 in Bewaffnung	400–1420	+/– 5,5	1170	49 G (1,0/900)	20,0	14,5/1,3	AK-27I / TG-02
R-27/D-5 Makeew	U-Boot-Rakete	13. 3. 1968 in Bewaffnung	2500	+/– 5	650	A916G (0,6/500)	14,2	9/1,5	TG-02 / AK-27I
R-29/D-9 Makeew	U-Boot-Rakete	12. 3. 1974 in Bewaffnung	8000	+/– 1,5		412 (1,3/680) A916G (0,6/500)	33	13/1,8	NDMG / Stickstofftetroxid
R-15/D-3 Jangel	U-Boot-Rakete	Projekt, 1958 eingestellt	1000			44 (1/?)	21,5	15/1,56	NDMG / AK-27I
D-6 Tjurin	U-Boot-Rakete	Projekt, 1961 eingestellt	1100	+/– 5	850	49FUE (0,65/850)	23	15/1,85	Feststoff Nylon-S
RT-15M/D-7 Tjurin/Makeew	U-Boot-Rakete	1966/70 Flugtests	800–2000	+/– 6	535	106 (0,5/365)	17,5	12/1,9	Feststoff T9-BK-6
R-100M/D-8 Tschelomej	U-Boot-Rakete	Projekt, Mitte 70er Jahre eingestellt	8000	+/– 4,5	680	412 (1,3/680)	42,3	16,7/2	NDMG / Stickstofftetroxid
P-5 Tschelomej	U-Boot-Flügelrakete gegen Bodenziele	19. 6. 1959 in Bewaffnung	200–500	+/– 9	1000	49 (0,65/1000)	5,5	11,75/ 0,9	Kerosin
P-5D Tschelomej	U-Boot-Rakete gegen Bodenziele	30.12.1961 in Bewaffnung	80–500	+/– 4	1000	49/3N23 (0,65/1000)	5,4	11,75/ 0,9	Kerosin

Anhang 263

P-7 Tschelomej	U-Boot-Rakete gegen Bodenziele	1959–1962 Flugtests	900–1000	+/– 6	1000	49 (0,65/1000)	6,6	12/0,9	Kerosin
P-10 Berijew	U-Boot-Rakete gegen Bodenziele	Flugtests	600			Nuklear	5,2	11/3,7	Flüssig
P-20/P-22 Iljuschin	U-Boot-Rakete gegen Bodenziele	Projekt, Flugtests, 5. 2. 1960 eingestellt	3200–3500	+/– 10	1500	46k (2,9/1230)	20	21/2	Flüssig
P-6/P-35 Tschelomej	U-Boot-Rakete gegen Seeziele / P-35 Schiffsgestützte Version	23. 6. 1964 in Bewaffnung	340–350		550	4 (10–40 kt/ 980 kg)	5,6	10,8/0,9	Kerosin
P-70 Ametist Tschelomej	U-Boot-Rakete gegen Seeziele	3. 6. 1968 in Bewaffnung	70		1000	? (0,2/900)	2,9	7/0,55	Flüssig
P-120 Malachit Tschelomej	U-Boot-Rakete gegen Seeziele	1972 in Bewaffnung	15–110		850	? (0,2/900)	3,8	9/0,8	Flüssig
X-20 Gurewitsch	Luftgestützte Rakete gegen Bodenziele	Tests	260–450		2500	RDS-6s (300 kt/2300)	12	15/1,8	Kerosin
X-20M Gurewitsch	Luftgestützte Rakete gegen Bodenziele	9. 9. 1960 in Bewaffnung	380–600		2300	37d/206 (2,9/2000)	12	15/1,8	Kerosin
K-10S Gurewitsch	Luftgestützte Rakete gegen Bodenziele	12. 8. 1961 in Bewaffnung	110–325	+/– 0,5– 1,5	940	TK-34 (6 kt/900) K-4 (10–40 kt/900)	4,5	9,7/0,9	Kerosin
KSR-5 Beresnjak	Luftgestützte Rakete gegen Bodenziele	4. 12. 1969 in Bewaffnung	280	+/– 1,5	700	906G (0,3/660)	3,9	10,5/0,9	TG-02 / AK-27P

Typ Konstrukteur	Verwendungszweck	Status	Reichweite in km	Treffsicherheit in km	Gewicht Gefechtskopf	Typ Ladung (Sprengkraft – Mt Gewicht – kg)	Startmasse in t	Länge/ Breite in m	Treibstoffe
X-22 Beresnjak	Luftgestützte Rakete gegen Bodenziele	1972 in Bewaffnung	140–400		1000	49 (0,65/1 000) 407 (12 kt/680)	5,7	12/0,9	Kerosin
FKR-1 Gurewitsch	Landgestützte Flügelrakete	22. 3. 1957 in Bewaffnung	25–125	+/– 0,5	700	24M (10–40kt/680)	3,6	7,5/6,3	Kerosin
S-5 Tschelomej	Landgestützte Flügelrakete	30. 12. 1961 in Bewaffnung	80–500	+/– 4	1000	49/3N23 (0,65/1000)	5,4	11,75/ 0,9	Kerosin

Quellen- und Literaturverzeichnis

Ungedruckte Quellen

*Archiv Ministerstvo na v'trešnite raboty –
Archiv des bulgarischen Innenministeriums, Sofia (AMVR)*

fond 2, opis' 1

Bundesarchiv, Berlin (BA Berlin)

DC 20   Ministerrat der DDR

Bundesarchiv, Koblenz (BA Koblenz)

B 206   Bundesnachrichtendienst

Bundesarchiv-Militärarchiv, Freiburg (BA-MA)

BW 2   Führungsstab der Bundeswehr
DVW-1   Ministerium für Nationale Verteidigung der DDR
DVH-27   Kommando Deutsche Grenzpolizei
DVL-3   Kommando der Luftstreitkräfte/Luftverteidigung

*Die Bundesbeauftragte für die Unterlagen des Staatssicherheitsdienstes der
ehemaligen DDR, Berlin (BStU)*

Sekretariat des Ministers (SdM)

*Gosudrarstvennyj Archiv Rossijskoj Federacii – Staatsarchiv der
Russischen Föderation, Moskau (GARF)*

fond 9401, opis' 2   Innenministerium der UdSSR – Sondermappen Stalin, Molotow, Berija, Malenkow

National Security Archive, Washington, D.C. (NSA)

box 29   Berlin Crisis

*Rossijskij gosudarstvennyj archiv novejšej istorii – Russisches Staatsarchiv für
Zeitgeschichte, Moskau (RGANI)*

fond 2, opis' 1   Stenogramme des ZK der KPdSU
fond 3, opis' 14   Protokolle des Politbüros des ZK der KPdSU

fond 5, opis' 30   Allgemeine Abteilung beim ZK der KPdSU (1953–1966)
fond 52, opis' 1   Bestand Nikita S. Chruschtschow
fond 89   Sammelbestand freigegebener Dokumente

Rossijskij gosudarstvennyi archiv social'no-političeskoj istorii –
Russisches Staatsarchiv für soziapolitische Geschichte, Moskau (RGASPI)

fond 17, opis' 164   Kommissionen des Politbüros des ZK der KPdSU (1921–1953)
fond 17, opis' 165   Politbüro des ZK der KPdSU (1919–1974)

Rossijskij gosudarstvennyi archiv ėkonomiki – Russisches Staatsarchiv für
Wirtschaft, Moskau (RGAĖ)

fond 29, opis' 1   Staatliches Komitee für Flugzeugtechnik
fond 298, opis' 1   Staatliches Komitee für Verteidigungstechnik
fond 1562, opis' 33   Zentrale Statistische Verwaltung des Ministerrats der UdSSR
fond 4372   Staatliche Plankommission (GOSPLAN)
fond 7733   Finanzministerium der UdSSR

Stiftung Archiv der Parteien und Massenorganisationen der DDR im
Bundesarchiv, Berlin (SAPMO-DDR)

DY 30   Büro Ulbricht
DY 30/J IV 2/2 A   (Arbeits-) Protokolle des Politbüros der SED (1953–1965)
DY 30/IV 2/12   ZK-Abteilung für Sicherheitsfragen

Gedruckte Quellen

A Cardboard Castle? An Inside History of the Warsaw Pact 1955–1991, edited by Vojtech Mastny and Malcolme Byrne, Budapest/New York 2005.
Atomnyj proekt SSSR: Dokumenty i materialy: V 3-ch tomach, Moskva 1999–2002.

Bonwetsch, Bernd/Filitow, Alexei: Chruschtschow und der Mauerbau. Die Gipfelkonferenz der Warschauer-Pakt-Staaten vom 3.–5. August 1961, in: Vierteljahrshefte für Zeitgeschichte 48 (2000), Heft 1, S. 155–198.
Brown, Anthony Cave (Ed.), Dropshot: The United States' Plan for War with the Soviet Union in 1957, New York 1978.

Christoforov, Vasilij S., Dokumenty Central'nogo archiva FSB Rossii o sobytijach 17 ijunja 1953 g. v GDR, in: Novaja i novejšaja istorija, Nr. 1, 2004, S. 72–124.
CIA's Analysis of the Soviet Union 1947–1991: A Documentary Collection, edited by Gerald K. Haines and Robert E. Leggett, Washington, D.C. 2001.
Ciesla, Burghard, Freiheit wollen wir! Der 17. Juni 1953 in Brandenburg, Berlin 2003.

Dokumente zur Außenpolitik der Regierung der Deutschen Demokratischen Republik, Band 2, Berlin 1954.
Dokumente zur Außenpolitik der Regierung der Deutschen Demokratischen Republik, Band 5, Berlin 1958.

Garelov, M. A., Otkuda ugroza, in: Voenno-istoričeskij žurnal (VIŽ), Nr. 2, 1989, S. 16–31.
Ders., M. A., Woher droht Gefahr?, in: Militärgeschichte, Nr. 2, 1989, S. 349–364.

Georgij Žukov. Stenogramma oktjabr'skogo (1957 g.) plenuma CK KPSS I drugie dokumenty, Moskva 2001.
G. K. Žukov: neizvestnye stranicy biografii, in: Voennye archivy Rossii, Nr. 1, 1993, S. 175–245.
Greiner, Bernd/Steinhaus, Kurt (Hrsg.), Auf dem Weg zum 3. Weltkrieg? Amerikanische Kriegspläne gegen die UdSSR. Eine Dokumentation, Köln 1981.

Hershberg, James G./Zubok, Vladislav, Russian Documents on the Korean War, 1950–1953, in: Cold War International History Project Bulletin, Nr. 14/15, 2003/2004, S. 369–383.
History of the Strategic Arms Competition 1945–1972, ed. by Alfred Goldberg, o.Ort 1981.

Im Schatten der Mauer. Dokumente. 12. August bis 29. September 1961, hrsg. von Hartmut Mehls, Berlin 1990.
Iz Varšavy. Moskva, tovarišču Berija …: Dokumenty NKVD SSSR o pol'skom podpole. 1944–1945 gg., pod redakcija A. F. Noskva, Moskva/Novosibirsk 2001.

KPdSU(B), Komintern und die Sowjetbewegung in China. Dokumente, Bd. I–III, hrsg. von Mechthild Leutner, Paderborn/Münster 2000.

Lubjanka. Organy VČK – OGPU – NKVD – NKGB – MGB – MVD – KGB 1917–1991. Spravočnik, Moskva 2003.
Lubjanka: Stalin i NKVD-NKGB-GUKR „Smerš": 1939-mart 1946. Archiv Stalina. Dokumenty vysšich organov partijnoj i gosudarstvennoj vlasti, pod obšč. Red. Akad. A.N. Jakovleva; Sost. V.N. Chaustov, V.P. Naumov, N.S. Plotnikova, Moskva 2006.
Luňák, Petr, Planning for Nuclear War: The Czechoslovak War Plan of 1964, in: Cold War International History Project Bulletin, Issue 12/13, Washington D.C. 2001, S. 289–298.

Mastny, Vojtech/Byrne, Malcom, A Cardboard Castle? A Inside History of the Warsaw Pact 1955–1991, Budapest/New York 2005.

NKVD i pol'skoe podpol'e 1944–1945 (po „osobym papkam" I.V. Stalina), Moskva 1994.
NKWD i polskie podziemie 1944–1945. Z „teczek specjalnych" Józefa W. Stalina, Kraków 1998.

Omeličev, B. A., S pozicii sily i ugroz, in: Voenno-istoričeskij žurnal (VIŽ), Nr. 8, 1989, S. 14–29.
On the Front Lines of the Cold War: Documents on the Intelligence War in Berlin, 1946 to 1946, ed. by Donald P. Steury, Washington, D.C. 1999.
Ostermann, Christian F., „This is not a Politburo, but a Madhouse". The Post-Stalin Succession Struggle, Soviet Deutschlandpolitik and the SED: New Evidence from Russian, German and Hungarian Archives, in: Cold War International History Project Bulletin, Nr. 10, 1998, S. 61–110.
Ders., Christian F., Uprising in East Germany 1953. The Cold War, the German Question, and the First Major Upheaval Behind the Iron Curtain, Budapest 2001.

Pervyj raketnyj maršal: M. I. Nedelin v dokumentach i vospominanijach sovremennikov, Moskva 2003.
Pod maskoj nezavisimosti (Dokumenty o vooružennom nacionalističeskom podpol'e v Latvii v 40–50-ch gg.), in: Izvestija CK KPSS, Nr. 11, 1990, S. 112–123.
Policy of Occupation Powers in Latvia: 1939–1991; a Collection of Documents, Riga 1999.
Posetiteli kremlevskogo kabineta I. V. Stalina, in: Istoričeskij archiv, Nr. 4, 1998, S. 4–203.

Posetiteli kremlevskogo kabineta N. S. Chruščeva. 1958–1964 gg., in: Istočnik, Nr. 4, 2003, S. 56–112.
Prezidium CK KPSS 1954–1964. Černovye protokol'nye zapisi zasedanij. Stenogrammy. Postanovlenija, Tom 1: Černovye protokol'nye zapisi zasedanij. Stenogrammy, hrsg. von A. A. Fursenko, Moskva 2003.
Prezidium CK KPSS 1954–1964. Černovye protokol'nye zapisi zasedanij. Stenogrammy. Postanovlenija, Tom 2: Postanovlenija 1954–1958, hrsg. von A. A. Fursenko, Moskva 2006.
Prosim rassmotret' i utverdit', in: Istočnik, Nr. 5, 2001, S. 96–129.

Russkij archiv: Velikaja Otečestvennaja: Bitva za Berlin (Krasnaja Armija v poveržennoj Germanii), Tom 15 (4–5), Moskva 1995.
Russkij archiv: Velikaja Otečestvennaja: Krasnaja Armija v stranach Central'noj, Severnej Evropy i na Balkanach: Dokumenty i materialy: 1944–1945, Tom 14 (3–2), Moskva 2000.
Russkij archiv: Velikaja Otečestvennaja: Prikazy Narodnogo komissara oborony SSSR (1943–1945 gg.), Tom 13 (2–3), Moskva 1997.

Sbornik osnovnych aktov i dokumentov verchovnogo Soveta SSSR po vnešnepolitičeskim voprosam 1956–1962, Moskva 1962.
Schreiben des Volkskommissars für Staatssicherheit der UdSSR, Vsevolod M. Merkulov, mit Agenturberichten aus Berlin an Stalin, 17. 6. 1941, in: Rodina, Nr. 4, 2005, S. 2.
Sokraščenie Vooružennych Sil SSSR v sredine 50-ch godov, in: Voennye archivy Rossii, Nr. 1, 1993, S. 271–308.
Sovetskij faktor v Vostočnoj Evrope. 1944–1953 gg. V 2-ch tt. Dokumenty, Moskva 1999–2002.
Sovetskij Sojuz i vengerskij krizis 1956 goda: dokumenty, Moskva 1998.
Stalin's Conversations. Talks with Mao Zedong, December–January 1950, and with Zhou Enlai, August–September 1952, in: Cold War International History Project Bulletin, Nr. 6/7, 1995, S. 4–29.
Statistisches Jahrbuch für die Bundesrepublik Deutschland 1963, Stuttgart 1963.

The 1956 Hungarian Revolution: A History in Documents, edited by Csaba Békés, Malcolm Byrne and János M. Rainer, Budapest/New York 2002.
The Papers of General Lucius D. Clay; Germany 1945–1949, ed. by Jean Edward Smith, Bloomington 1974.

Die UdSSR und die deutsche Frage 1941–1948. Dokumente aus dem Archiv für Außenpolitik der Russischen Föderation, hrsg. von Jochen P. Laufer und Georgij P. Kynin unter Mitarbeit von Viktor Knoll, Bd. I–III, Berlin 2004.
Ulbricht, Chruschtschow und die Mauer. Eine Dokumentation, hrsg. von Matthias Uhl und Armin Wagner, München 2003.

Venona: Soviet Espionage and the American Response 1939–1957, ed. by Robert L. Benson and Michael Warner, Washington, D.C. 1996.
Voenno-Vozdušnye Sily Rossii. Neizvestnye dokumenty (1931–1967gg.), Moskva 2003.
Včera eto bylo sekretom (Dokumenty o litovskich sobytijach 40–50-ch gg.), in: Izvestija CK KPSS, Nr. 10, 1990, S. 129–139.

Wainstein, L., Study S-467 – The Evolution of U.S. Strategic Command and Control and Warning 1945–1972 (U), Arlington 1975.

Zubok, Vladislav M., The Mao-Khrushchev Conversations, 31. July–3. August 1958 and 2 October 1959, in: Cold War International History Project Bulletin, Issue 12/13, Washington D.C. 2001, S. 244–272.

Erinnerungsliteratur

Aleksandrov, Vladimir E., Operacija „Tuman", in: 50 Raketnaja Armija. Kniga 2: Gody i sud'by. Čast' 2. Sbornik vospominanij veteranov-raketčikov, Smolensk 1998, S. 43–63.

Bailey, George/Kondraschow, Sergej A./Murphy, David, Die unsichtbare Front. Der Krieg der Geheimdienste im geteilten Berlin, Berlin 2000.

Clay, Lucius D., Entscheidung in Deutschland, Frankfurt/Main 1950.
Chruščev, Nikita S., Vremja. Ljudi. Vlast. (Vospominanija v 4-ch kn.), Moskva 1999.
Chruščev, Sergej N., Roždenie sverchderžavy: Kniga ob otce, Moskva 2000.
Chruschtschow erinnert sich. Die authentischen Memoiren, hrsg. von Strobe Talbott, Reinbek bei Hamburg 1992.

Eberlein, Werner, Geboren am 9. November: Erinnerungen, Berlin 2000.
Eisenhower, Dwight D., Die Jahre im Weissen Haus 1953–1956, Düsseldorf 1964.

Falin, Valentin, Politische Erinnerungen, München 1993.
Felfe, Heinz, Im Dienst des Gegners. Autobiographie, Berlin (Ost) 1988.

Grinevskij, Oleg, Tysjača i odin den' Nikity Sergeeviča, Moskva 1998.

Honecker, Erich, Aus meinem Leben, Berlin ³1981.

Kwizinskij, Julij A., Vor dem Sturm. Erinnerungen eines Diplomaten, Berlin 1993.

Löffler, Hans-Georg, Soldat im Kalten Krieg. Erinnerungen 1955–1990, Bissendorf 2002.

Malinovskij, G. N., Zapiski raketčika, Moskva 1999.

Paduch, Walter, Erlebnisse und Erfahrungen als Chef Nachrichten beim Berliner Mauerbau, in: Vom Kalten Krieg zur deutschen Einheit. Analysen und Zeitzeugenberichte zur deutschen Militärgeschichte 1945 bis 1995, hrsg. von Bruno Thoß, München 1995, S. 149–156.
Pavlov, Vitalij G., Operacija „sneg". Polveka vo vnejšnej razvedke KGB, Moskva 1996.
Poltergeist im Politbüro. Siegfried Prokop im Gespräch mit Alfred Neumann, Frankfurt/Oder 1996.

Sacharow, Andrej, Mein Leben, München/Zürich 1991.
Strauß, Franz Josef, Die Erinnerungen, Berlin 1989.
Sudoplatov, Pavel A., Pobeda v tajnoj vojne. 1941–1945 gody, Mosvka 2005.
Ders., Razvedka i Kreml'. Zapiski neželatel'nogo svidetelja, Mosvka 1996.
Ders., Specoperacii. Lubjanka i Kreml' 1930–1950 gody, Mosvka 1998.
Sudoplatow, Pawel A./Sudoplatow, Anatolij, Der Handlanger der Macht. Enthüllungen eines KGB-Generals, Düsseldorf u. a. 1994.
Šerbašin, Leonid, Ruka Moskvy, Moskva 2002.

Truman, Harry S., Years of Trial and Hope. 1946–1952. Memoirs, New York 1965.

Sekundärliteratur

1961 - Mauerbau und Außenpolitik, hrsg. von Heiner Timmermann, Münster 2002.

16-ja Vozdušnaja. Voenno-istoričeskij očerk o boevm puti 16-j vozdušnoj armii (1942-1945), Moskva 1997.

Adamskij, V. B./Smirnov, Ju. N., 50-megatonnyj vzryv nad novoj zemlej, in: Voprosy istorii estestvoznanija i techniki, Nr. 3, 1995, S. 1-54.

Adomeit, Hannes, Die Sowjetmacht in internationalen Krisen und Konflikten: Verhaltensmuster, Handlungsprinzipien, Bestimmungsfaktoren, Baden-Baden 1983.

Ders., Imperial Overstretch. Germany in Soviet Policy from Stalin to Gorbachev: An Analysis Based on New Archival Evidence, Memoirs and Interviews, Baden-Baden 1998.

Ders., Militärische Macht als Instrument sowjetischer Außenpolitik: Überholt? Unbrauchbar? Unentbehrlich?, in: Die Sowjetunion als Militärmacht, hrsg. von Hannes Adomeit, Hans-Hermann Höhmann und Günther Wagenlehner, Stuttgart u. a. 1987, S. 200-235.

Albrecht, Ulrich/Nikutta, Randolph, Die sowjetische Rüstungsindustrie, Opladen 1989.

Alexander, Arthur J., Decision-making in Soviet Weapons Procurement, London 1979.

Aly, Götz, Warte nur auf bessere Zeiten. Die Berliner Mauer hielt die deutsche Frage 28 Jahre lang offen, in: *Berliner Zeitung* vom 6. August 2001, S. 11 f.

Al'perovič, K. S., Rakety vokrug Moskvy: Zapiski o pervoj otečestvennoj sisteme zentinogo upravljaemogo raketnogo oružija, Moskva 1995.

Andrew, Christopher/Mitrochin, Wassili, Das Schwarzbuch des KGB. Moskaus Kampf gegen den Westen, München 2001.

Andrjušin, I. A./Černyšev, A. K./Judin, Ju. A., Ukroščenie jadra. Stranicy istorii jadernogo oruija i jadernoj infrastruktury SSSR, Sarov 2003.

Andronikow, I. G./Mostowenko, W. D., Die roten Panzer. Geschichte der sowjetischen Panzertruppen 1920-1960, München 1963.

Anfänge westdeutscher Sicherheitspolitik 1945-1956, Bd. 1: Von der Kapitulation bis zum Pleven-Plan, hrsg. vom Militärgeschichtlichen Forschungsamt, München/Wien 1982.

Anfänge westdeutscher Sicherheitspolitik 1945-1956, Bd. 2: Die EVG-Phase, hrsg. vom Militärgeschichtlichen Forschungsamt, München 1990.

Antonov-Ovseenko, Anton V., Berija, Moskva 1999.

Arlt, Kurt, Fremdbestimmung der DDR zwischen 1953 und 1961 am Beispiel der sowjetischen Truppen in Deutschland, in: Staatsgründung auf Raten? Auswirkungen des Volksaufstandes 1953 und des Mauerbaus 1961 auf Staat, Militär und Gesellschaft der DDR, hrsg. von Torsten Diedrich und Ilko-Sascha Kowalczuk, Berlin 2005, S. 169-185.

Ders., Sowjetische (russische) Truppen in Deutschland (1945-1994), in: Im Dienste der Partei: Handbuch der bewaffneten Organe der DDR, hrsg. von Torsten Diedrich, Hans Ehlert und Rüdiger Wenzke, Berlin ²1998, S. 593-632.

Auf Gefechtsposten. Ein Buch über die Gruppe der Sowjetischen Streitkräfte in Deutschland, Berlin (Ost) 1977.

Aufstände im Ostblock. Zur Krisengeschichte des realen Sozialismus, hrsg. von Henrik Bispink, Jürgen Danyel, Hans-Hermann Hertle und Hermann Wentker, Berlin 2004.

Ausland, John C., Kennedy, Khrushchev and the Berlin-Cuba-Crisis 1961-1964, Oslo u. a. 1996.

Babakov, Aleksandr A., Vooružennye Sily SSSR posle vojny (1945-1986 gg.): Istorija stroitel'stva, Moskva 1987.

Baberowski, Jörg, Der rote Terror. Die Geschichte des Stalinismus, München 2003.

Baltijskij flot. Tri veka na službe Otečestvu, St. Peterburg 2002.

Baluevskij, Jurij N., Dejatel'nost' General'nogo štaba v pervye poslevoennye gody, in: VIŽ, Nr. 1, 2003, S. 14-19.

Barber, John/Harrison, Mark, The Soviet Defence-Industry Complex from Stalin to Khrushchev, Houndsmills/Basingstoke/Hampshire/London 2000.
Baschin, Joachim/Stulle, Ulrich, Heißer Himmel im Kalten Krieg, in: Fliegerrevue Extra, Nr. 4, 2004, S. 32–49.
Bassistow, Juri W., Die DDR – ein Blick aus Wünsdorf, in: Jahrbuch für historische Kommunismusforschung – 1994, Berlin 1994, S. 214–224.
Baxter, James P., Scientists Against Time, Cambridge/London 1968.
Bayer, Wolfgang, Geheimoperation Fürstenberg, in: Der Spiegel, Nr. 3, 2000, S. 42–46.
Bechler, Bernhard, Der Raketenkernwaffenkrieg eine neue Qualität des bewaffneten Kampfes, in: Militärwesen, Nr. 5, 1962, S. 650–662.
Bechtol, Bruce E., Jr., Paradigmenwandel des Kalten Krieges. Der Koreakrieg 1950–1953, in: Heiße Kriege im Kalten Krieg, hrsg. von Bernd Greiner, Christian Th. Müller und Dierk Walter, Hamburg 2006, S. 141–166.
Behind the Facade of Stalin's Command Economy. Evidence from the Soviet State and Party Archive, ed. by Paul R. Gregory, Stanford 2001.
Belokorovičkaja Raketnaja Krasnoznamennaja: Istoričeskij očerk o 50-j raketnoj divizii 43-j raketnoj armii RVSN, Moskva 2004.
Berghe, Yvan Vanden, Der Kalte Krieg 1917–1991, Leipzig 2002.
Berija, Sergo, Moj otec – Lavrentij Berija, Moskva 1994.
Bernštejn, A. I., S čego načinalas' „berlinskaja stena", in: Voenno-istoričeskij archiv, Nr. 12, 2003, S. 39–43.
Bezymenskij, Lev A., Sovetskaja razvedka pered vojnoj, in: Voprosy istorii, Nr. 9, 1996, S. 78–90.
Biermann, Harald, Die Kuba-Krise. Höhepunkt oder Pause im Kalten Krieg?, in: Historische Zeitung 273/3 (2002), S. 637–673.
Biörklund, Elis, Lenkwaffen und die Zukunft, in: Wehrwissenschaftliche Rundschau, 1957, Heft 11, S. 599–615.
Bluth, Christopher/Boden, Ragna/Jakir, Alexander/Plaggenborg, Stefan, Die Streitkräfte, in: Handbuch der Geschichte Russlands, Band 5: 1945–1991. Vom Ende des Zweiten Weltkrieges bis zum Zusammenbruch der Sowjetunion, Stuttgart 2003, S. 1025–1087.
Boltunov, Michail E., Agenturoj GRU ustanovleno ..., Moskva 2003.
Bondarenko, Andrej, Osobaja tajna Vtoroj armii, in: Aviacija i Kosmonavtika, Nr. 7, 1998, S. 24–27.
Borisov, Vladimir S./Lebed'ko, Vladimir G., Podvodnyj front „cholodnoj vojny", Moskva 2002.
Bremen, Christian, Das Contingency Planning der Eisenhower-Administration während der zweiten Berlinkrise, in: Militärgeschichtliche Mitteilungen, 57, Nr. 1, 1998, S. 117–147.
Ders., Die Eisenhower-Administration in der zweiten Berlin-Krise 1958–1961, Berlin/New York 1998.
Bruce, Gary, Die Sowjetunion und die ostdeutschen Krisen 1953 bis 1961, in: Staatsgründung auf Raten? Auswirkungen des Volksaufstandes 1953 und des Mauerbaus 1961 auf Staat, Militär und Gesellschaft der DDR, hrsg. von Torsten Diedrich und Ilko-Sascha Kowalczuk, Berlin 2005, S. 39–64.
Burakowski, Tadeusz und Aleksander Sala, Rakiety bojowe 1900–1970, Warsawa 1973.
Burlakow, Matwej, Wir verabschieden uns. Als Freunde. Der Abzug – Aufzeichnungen des Oberkommandierenden der Westtruppe der sowjetischen Streitkräfte, Fribourg 1994.
Burr, William, Avoiding the Slippery Slope: The Eisenhower Administration and the Berlin Crisis from 1958 to 1959, in: Diplomatic History, 18/2, Spring 1994, S. 177–205.
Bystrova, Irina V., Razvitie voenno-promyšlennogo kompleksa, in: SSSR i cholodnaja vojna, pod redakciej V. S. Lel'čuka, E. I. Pivovara, Moskva 1995, S. 160–202.
Dies., Sovetskij voenno-promyšlennyj kompleks: problemy stanovlenija I razvitija (1930–1980-e gody), Moskva 2006.

Dies., Voenno-promyšlennyj kompleks SSSR v gody cholodnoj vojny. (Vtoraja polovina 40-ch – načalo 60-ch godov), Moskva 2000.

Ch'ên, Jerome, Mao and the Chinese Revolution, London/New York/Kuala Lumpur 1965.

Chajrjuzov, Valerij N., Vozdušnyj meč Rossii: dal'naja aviacija ot roždenija do sego dnja, Moskva 2006.

Chronika osnovnych sobytij istorii Raketnych Vojsk Strategičeskogo naznačenija, Moskva 1996.

Chruščev, Sergej, Nikita Chruščev: Krizisy i rakety, Tom 2, Moskva 1994.

Ciesla, Burghard/Mick, Christoph/Uhl, Matthias, Rüstungsgesellschaft und Technologietransfer (1945–1958). Flugzeug- und Raketenentwicklung im Military-Industrial-Academic-Complex der UdSSR, in: Sowjetische Demontagen in Deutschland 1944–1949. Hintergründe, Ziele und Wirkungen, hrsg. von Rainer Karlsch und Jochen Laufer, Berlin 2002, S. 187–225.

Cockburn, Andrew, Die sowjetische Herausforderung: Macht und Ohnmacht des militärischen Giganten. Wie stark ist die Sowjetunion wirklich: an Kampfkraft, Waffen, Technologie, Aufbau, Organisation, Logistik, in: Führung, Kadern, Mannschaften, München/Wien/Bern 1983.

Cooper, Julian, Technologisches Niveau der sowjetischen Verteidigungsindustrie, in: Die Sowjetunion als Militärmacht, hrsg. von Hannes Adomeit, Hans-Hermann Höhmann und Günther Wagenlehner, Stuttgart u. a. 1987, S. 184–199.

Dal'njaja aviacija. Pervye 90 let, Moskva 2004.

Davison, Phillips W., The Berlin Blockade. A Study in Cold War Politics, Princeton 1958.

Deim, Hans Werner, Operative Ausbildung in der Nationalen Volksarmee im Kontext militärstrategischen Denkens und militärstrategischer Dispositionen, in: Rührt euch! Zur Geschichte der NVA, hrsg. von Wolfgang Wünsche, Berlin 1998, S. 325–362.

Die Toten des Volksaufstandes vom 17. Juni 1953, hrsg. von Edda Ahrberg und der Stiftung zur Aufarbeitung der SED-Diktatur, Münster 2004.

Diedrich, Torsten, Die Grenzpolizei der SBZ/DDR (1946–1961), in: Im Dienste der Partei: Handbuch der bewaffneten Organe der DDR, hrsg. von Torsten Diedrich, Hans Ehlert und Rüdiger Wenzke, Berlin ²1998, S. 201–223.

Ders., Die militärische Grenzsicherung an der innerdeutschen Demarkationslinie und der Mauerbau 1961, in: Vom Kalten Krieg zur deutschen Einheit. Analysen und Zeitzeugenberichte zur deutschen Militärgeschichte 1945 bis 1995, hrsg. von Bruno Thoß, München 1995, S. 127–143.

Ders., Waffen gegen das Volk: Der 17. Juni 1953 in der DDR, München 2003.

Ders.; Wenzke, Rüdiger, Die getarnte Armee: Geschichte der Kasernierten Volkspolizei der DDR 1952–1956, Berlin 2001.

Dilanjan, P. P., O nekotorych voprosach borby organov gosbezopasnosti SSSR s razvedyvatel'no-podryvnoj dejatel'nost'ju amerikanskoj i anglijskoj razvedok, in: Istoričeskie čtenija na Lubjanke – 2001, Moskva/Velikij Novgorod 2002, S. 33–37.

D'jakov, Ju. L./Bušueva, T. S., Fašistkij meč kovalsja v SSSR. Krasnaja Armija i Rejchsver. Tajnoe sotrudničestvo. 1922–1933. Neizvestnye dokumenty, Moskva 1992.

Docenko, V. D., Voenno-morskaja strategija Rossii, Moskva 2005.

Dolinin, Aleksandr, Sovetskie rakety na nemeckoj zemle, in: Krasnaja zvezda, 10. 4. 1999, S. 6.

Ders., Vremja „Č" tak i ne nastupilo, in: Krasnja Zvesda, 16. Oktober 1999, S. 2.

Drogovoz, Igor' G., Bol'šoj flot Strany Sovetov, Moskva 2003.

Ders., Raketnye vojska SSSR, Moskva 2005.

Ders., Tankovy meč SSSR, Moskva 1999.

Ders., Tankovyj meč Strany Sovetov, Moskva 2003.

Ders., Vozdušnyj ščit Strany Sovetov, Moskva 2002.

Duskin, Eric J., Stalinist Reconstruction and the Confirmation of a New Elite, 1945–1953, Houndmills/New York 2001.

Eisenfeld, Bernd/Engelmann, Roger, 13. 8. 1961: Mauerbau. Fluchtbewegung und Machtsicherung, Bremen 2001.

Enciklopedija sekretnych služb Rossii, Moskva 2000.

Engel, Franz-Wilhelm, Handbuch der NATO, Frankfurt/Main 1957.

Erdmann, Andrew P. N., "War No Longer Has Any Logic Wathever": Dwight D. Eisenhower and the Thermonuclear Revolution, in: Cold War Statesmen Confront the Bomb: Nuclear Diplomacy since 1945, edited by John Lewis Gaddis, Philip H. Gordon, Ernest R. May and Jonathan Rosenberg, Oxford 1999, S. 111–115.

Evangelista, Matthew, Innovation and the Arms Race: How the United States and the Soviet Union Develop New Military Technologies, Ithaca/London 1988.

Ders., "Why Keep Such an Army": Khrushchev's Troop Reductions, Cold War International History Project, Working Paper 19, Washington, D.C. 1997.

Evteev, Michail D., Iz istorii sozdanija zenitno-raketnogo ščita, Moskva 2000.

Eye in the Sky: The Story of the Corona Spy Satellites, edited by Dwayne A. Day, John M. Logsdon and Brian Latelli, Washington D.C. 1998.

Eyermann, Karl-Heinz: Raketen. Schild und Schwert, Berlin 1967.

Fes'kov, V. I./Kalašnikov, K. A./Golikov, V. I., Sovetskaja armija v gody „cholodnoj vojny" (1945–1991), Tomsk 2004.

Filitow, Alexej, Die Entscheidung zum Mauerbau als die Folge der inneren Spannungen im „sozialistischen" Lager, in: 1961 – Mauerbau und Außenpolitik, hrsg. von Heiner Timmermann, Münster 2002, S. 57–70.

Filtzer, Donald, Die Chruschtschow-Ära. Entstalinisierung und die Grenzen der Reform in der UdSSR. 1953–1964, Mainz 1995.

Firth, Noel E./Noren, James H., Soviet Defense Spending. A History of CIA Estimates 1950–1990, College Station, Texas 1998.

Fischer, Siegfried/Trenin, Dimitri, Das sowjetische Nukleardenken, in: Satansfaust. Das nukleare Erbe der Sowjetunion, hrsg. von Siegfried Fischer und Otfried Nassauer, Berlin 1992, S. 91–122.

Foitzik, Jan, Organisationseinheiten und Kompetenzstruktur des Sicherheitsapparates der Sowjetischen Militäradministration in Deutschland (SMAD), in: Sowjetische Speziallager in Deutschland 1945 bis 1950, hrsg. von Sergej Mironenko, Lutz Niethammer, Alexander von Plato, Bd. 1: Studien und Berichte, Berlin 1998, S. 117–131.

Ford, Brian, Geheime alliierte Waffen. Von der Atombombe bis zur chemischen Keule, Berlin 1994.

Forster, Thomas M., NVA – Die Armee der Sowjetzone, Köln 1967.

Fowkes, Ben, Aufstieg und Niedergang des Kommunismus in Osteuropa, Mainz 1994.

Frank, Mario, Walter Ulbricht. Eine deutsche Biografie, Berlin 2001.

Freedman, Lawrence, Kennedy's Wars: Berlin, Cuba, Laos and Vietnam, Oxford 2002.

Ders., The Cold War: A Military History, London 2001.

Ders., The Evolution of Nuclear Strategy, London u. a. [2]1989.

Freundt, Lutz, Sowjetische Fliegerkräfte in Deutschland 1945–1994, Bd. 1–3: Flugzeugtypen, Flugplätze und Truppenteile, Diepholz 1998–1999.

Froh, Klaus, Zur Geschichte des Militärbezirkes V von 1956 bis 1961. Unveröffentlichte Dissertation (A), Militärgeschichtliches Institut der DDR, Potsdam 1987.

Fronty, floty, armii, flotilii perioda Velikoj Otečestvennoj vojny 1941–1945 gg.: Spravčnik, Moskva 2003.

Fursenko, Aleksandr A., Kak byla postroena berlinskaja stena, in: Istoričeskie zapiski, Nr. 4, 2001, S. 73–90.

Ders., Rossija i meždunarodnye krizisy: seredina XX veka, Moskva 2006.

Ders./Naftali, Timothy, Der Umgang mit KGB-Dokumenten: Der Scali-Feklisov-Kanal in

der Kuba-Krise, in: Die Kubakrise 1962: Zwischen Mäusen und Moskitos, Katastrophen und Tricks, Mongoose und Anadyr, hrsg. von Heiner Timmermann, Hamburg/London 2003, S. 76–85.
Dies., „One Hell of a Gamble". Khrushchev, Castro, and Kennedy, 1958–1964, New York u. a. 1997.

Gaddis, John Lewis, We now Know. Rethinking Cold War History, Oxford 1997.
Ganin, S. M./Karpenko, A. V./Kolnogornov, V. V./Trušenkov, V. V., Tjaželye bombardirovščiki. Otečestvennaja boevaja aviatechnika, Bd. 1, St. Peterburg 1998.
Garder, Michael, Die Geschichte der Sowjetarmee, Frankfurt/Main 1968.
Garthoff, Raymond L., Berlin 1961: The Record Corrected, in: Foreign Policy 8 (1991), S. 42–56.
Ders., Die sowjetischen Spionageorganisationen, in: Liddell Hart, Basil H., Die Rote Armee, Bonn o.J., S. 280–289.
Ders., Sowjetstrategie im Atomzeitalter, Düsseldorf 1959.
Ders., Soviet Strategy in the Nuclear Age, New York 1958.
General'nyj štab Rossijskoj armii: istorija i sovremennost', Moskva 2006.
Geraskin, B. V., Za sem'ju pečatjami: Zapiski voennogo kontrrazvedčika, Moskva 2000.
Geschichte der Deutschen Volkspolizei – Band 1: 1945—1961, Berlin ²1987.
Gladkov, Teodor K., Lift v razvedku. „Korol nelegalov" Aleksandr Korotkov, Moskva 2002.
Glantz, David M., The military strategy of the Soviet Union: a history, London/Portland 1992.
Glavnyi štab Raketnych vojsk strategičeskogo naznačenija. Istoričeskij očerk, Moskva 2005.
Gleichschaltung unter Stalin? Die Entwicklung der Parteien im östlichen Europa 1944–1949, hrsg. von Stefan Creuzberger und Manfred Görtemaker, Paderborn 2002.
Gobarev, Victor, Soviet Military Planning and Activities during the East German Uprising of June 1953, in: Slavic Military Studies, Nr. 4, 1997, S. 1–29.
Ders., Soviet Military Plans and Actions during the First Berlin Crisis, 1948–1949, in: Slavic Military Studies, Nr. 3, 1997, S. 1–24.
Göllner, Ralf Thomas, Die ungarische Revolution von 1956, in: Oppositions- und Freiheitsbewegungen im früheren Ostblock, hrsg. von Manfred Agethen und Günter Buchstab, Freiburg 2003, S. 89–129.
Golicyn, Pavel A., Zapiski načal'nika voennoj razvedki, Moskva 2002.
Gorškov, Sergej G., Morskaja mošč' gosudarstvo, Moskva 1976.
Gosudarstvennaja bezopasnost' Rossii: Istorija i sovremenost', pod. obšč. red. R. N. Bajguzina, Moskva 2004.
Gosztony, Peter, Die Rote Armee. Geschichte und Aufbau der sowjetischen Streitkräfte seit 1917, München u. a. 1980.
Ders., Stalins fremde Heere. Das Schicksal der nichtsowjetischen Truppen im Rahmen der Roten Armee 1941–1945, Bonn 1991.
Gretschko, Andrej A., Die Streitkräfte des Sowjetstaates, Berlin 1975.
Gribkov, Anatolij Neproiznesennoe vystuplenie, in: Pravda, Nr. 47, 27. April 2001.
Ders., Der Warschauer Pakt. Geschichte und Hintergründe des östlichen Militärbündnisses, Berlin 1995.
Gribovskij, V. Ju., Pervaja polsevoennaja korablestroitel'naja programma VMF SSSR (1946–1955 gody), in: Gangut, Nr. 12, 1997, S. 2–24.

Hagen, Manfred, DDR – Juni '53. Die erste Volkserhebung im Stalinismus, Stuttgart 1992.
Halliday, Jon/Cumings, Bruce, Korea: the unknown war, London u. a. 1988.
Hammerich, Helmut R./Kollmer, Dieter H./Rink, Martin/Schlaffer, Rudolf J., Das Heer 1950 bis 1970: Konzeption, Organisation, Aufstellung, München 2006.
Handzik, Helmut, Politische Bedingungen sowjetischer Truppenabzüge 1925–1958, Baden-Baden 1993.

Hardesty, Von, Made in the USSR, in: Air & Space Smithsonian, Volume 15, Nr. 6, 2001, S. 68–79.
Harrison, Hope M., Driving the Soviets up the Wall: Soviet-East German Relations, 1953–1961, Princeton/Oxford 2003.
Dies., The Bargaining Power of Weaker Allies in Bipolarity and Crisis. The Dynamics of Soviet – East German Relations, 1953–1961. Ph.D. Columbia University, New York 1993.
Dies., Ulbricht and the Concrete „Rose": New Archival Evidence on the Dynamics of Soviet-German Relations and the Berlin Crisis, 1958–1961, Cold War International History Project: Working Paper Nr. 5, Washington, D.C. 1993.
Dies., Ulbricht, Khrushchev, and the Berlin Wall, 1958–1961: New Archival Evidence from Moscow and Berlin, in: Ost-West-Beziehungen. Konfrontation und Détente, 1945–1989. 2. Bd., hrsg. von Gustav Schmidt, Bochum 1993, S. 333–348.
Harrison, Mark, Accounting for War. Soviet Production, Employment and the Defence Burden, 1940–1945, Cambridge 1996.
Hildermeier, Manfred, Geschichte der Sowjetunion 1917–1991. Entstehung und Niedergang des ersten sozialistischen Staates, München 1998.
Höhne, Heinz, Der Krieg im Dunkeln. Die deutsche und russische Spionage, Augsburg 1998.
Holloway, David, Innovation in the Defence Sector: Battle Tanks and ICBMs, in: Industrial Innovation in the Soviet Union, ed. by Ronald Amann and Julian Cooper, New Haven/London 1982, S. 368–414.
Ders., Stalin and the Bomb: The Soviet Union and Atomic Energy, 1939–1956, New Haven/London 1994.
Ders., The Soviet Union and the Arms Race, New Haven/London 1983.
Horelick, Arnold L./Rush, Myron, Strategic Power and Soviet Foreign Policy, Chicago/London 1966.

Il'in, V. E./Levin, M. A., Bombardirovščiki, tom 2, Moskva 1997.
Das internationale Krisenjahr 1956, hrsg. von Winfried Heinmann und Norbert Wiggershaus, München 1999.
Isaacs, Jeremy/Dowing, Taylor, Der Kalte Krieg. Eine illustrierte Geschichte, 1945–1991, München/Zürich 1998.
Istorija sovetskogo atomnogo proekta: dokumenty, vospominanija, issledovanija, Vyp. 2, St. Peterburg 2002.
Istorija vnešnej politiki SSSR, tom 2 1945–1975 gg., Moskva 1976.
Istorija voennoj strategii Rossii, pod redakciej V. A. Zolotareva, Moskva 2000.
Ivkin, Vladimir I./Uhl, Matthias, „Operation Atom". The Soviet Union's Stationing of Nuclear Missiles in the German Democratic Republic 1959, in: Cold War International History Project Bulletin, Issue 12/13, Washington D.C. 2001, S. 299–308.

Jadernye ispytanija SSSR. Obščie charakteristiki. Celi. Organizacija jadernych ispytanij SSSR, Moskva 1997.
Jochum, Michael, Eisenhower und Chruschtschow. Gipfelpolitik im Kalten Krieg 1955–1960, Paderborn u. a. 1996.
Johnson, Ross A./Dean, Robert W./Alexiev, Alexander, Die Streitkräfte des Warschauer Pakts in Mitteleuropa: DDR, Polen und ČSSR, Stuttgart 1982.

Kaplan, Fred, JFK's First-Strike Plan, in: The Atlantic Monthly, vol. 288, Nr. 3, 2001, S. 81–86.
Karlsch, Rainer, Allein bezahlt? Die Reparationsleistungen der SBZ/DDR 1945–1953, Berlin 1993.
Karpenko, A. V., Otečestvennye taktičeskie raketnye kompleksy, St. Peterburg 1999.

Karpenko, A. V./Utkin, A. F./Popov A. D, Otečestvennye strategičeskie raketnye kompleksy, St. Peterburg 1999.
Keiderling, Gerhard, Die Berliner Krise 1948/49: zur imperialistischen Strategie des kalten Krieges gegen den Sozialismus und die Spaltung Deutschlands, Berlin 1982.
Kießlich-Köcher, Harald, Kriegsbild und Militärstrategie der UdSSR, in: Rührt euch! Zur Geschichte der NVA, hrsg. von Wolfgang Wünsche, Berlin 1998, S. 576–588.
Kirpičenkov, V. A., Razvedka vychodit iz zony molčanija, in: VIŽ, Nr. 2, 1995, S. 80–87.
Kisun'ko, Grigorij, Sekretnaja zona. Ispoved' general'nogo konstruktora, Moskva 1996.
Kokošin, Andrej A., Armija i politika: Sovetskaja voennopolitičeskaja i voennostrategičeskaja mysl' 1918–1991, Moskva 1995.
Kołakowski, Pjotr, Die Unterwanderung des polnischen Untergrundes durch den Nachrichtendienst und Sicherheitsapparat der UdSSR 1939 bis 1945, in: Die polnische Heimatarmee: Geschichte und Mythos der Armija Krajowa seit dem Zweiten Weltkrieg, hrsg. von Bernhard Chiari, München 2003, S. 187–216.
Kolpakidi, Aleksandr I./Prochorov, Dmitrij P., Imperija GRU: Očerki istorii rossijskoj voennoj razvedki, kn. 1 und 2, Moskva 2001.
Dies., Vnešnjaja razvedka Rossii, Moskva 2001.
Korabljow, J. I./Anfilow, W. A./Mazulenko, W. A., Kurzer Abriß der Geschichte der Streitkräfte der UdSSR von 1917 bis 1972, Berlin (Ost) 1976.
Kornienko, G. M., Upuščennaja vozmožnost'. Vstreča N. S. Chruščeva i Dž. Kennedi v Vene v 1961 g., in: Novaja i novejšaja istorija, Nr. 2, 1992, S. 102–106.
Kosenko, I. N., Tajna „aviacionnogo dela", in: VIŽ, Nr. 8, 1994, S. 55–64.
Kostev, Georgij G., Voenno-morskoj flot Sovetskaja Sojuza i Rossii 1945–2000, Moskva 2004.
Kowalczuk, Ilko-Sascha, 17. 6. 1953: Volksaufstand in der DDR. Ursachen – Abläufe – Folgen, Bremen 2003.
Ders./Wolle, Stefan, Roter Stern über Deutschland. Sowjetische Truppen in der DDR, Berlin 2001.
Kozlov, S. N., O sovetskoj voennoj nauke, Moskva 1964.
Kranzberg, Melvin, Science-Technology and Warfare. Action, Reaction, and Interaction in the Post-world War II Era, in: Science, Technology and Warfare, Washington 1969, S. 124–155.
Kruglov, Arkadij K., Kak sozdavalas' atomnaja promyčlennost' v SSSR, Moskva 1995.
Ders., Štab Atomproma, Moskva 1998.
Kürschner, Dieter, Zur Geschichte des Militärbezirkes III von 1956 bis 1961. Unveröffentlichte Dissertation (A), Militärgeschichtliches Institut der DDR, Potsdam 1987.
Kulikov, S. M., Aviacija i jadernye ispytnija, Moskva 1998.
Kunze, Martin, Das nukleare Trägerpotential der Nationalen Volksarmee, in: Im Gleichschritt? Zur Geschichte der NVA, hrsg. von Walter Jablonsky und Wolfgang Wünsche, Berlin 2001, S. 197–240.
Kursom česti i slavy: VMF SSSR/Rossii v vojnach I konfliktach vtoroj poloviny XX veka, Moskva 2006.
Kuznetsov, I. I., Stalin's Minister V. S. Abakumov 1908–1954, in: Slavic Military Studies, Nr. 1, 1999, S. 149–165.
Kvizinskij, Julij A., Vremja i slučaj. Zametki professionala, Moskva 1999.

Laufer, Jochen, Die UdSSR und die Ursprünge der Berlin-Blockade 1944–1948, in: Deutschlandarchiv 31 (1998), S. 564–579.
Lavrenov, S. Ja./Popov, I. M., Sovetskij sojuz v lokal'nych vojnach i konfliktach, Moskva 2003.
Lazarev, V. I., Sotrudničestvo organov gosudarstvennoj bezopasnosti SSSR so specslužbami socialističeskich gosudarstv v poslevoennyj period (1945–1954 gg.), in: Istoričeskie čtenija na Lubjanke 2003, Moskva 2004, S. 168–174.

Lemke, Bernd/Krüger, Dieter/Rebhan, Heinz/Schmidt, Wolfgang, Die Luftwaffe 1950–1970: Konzeption, Aufbau, Integration, München 2006.

Lemke, Michael, Die Berlinkrise 1958 bis 1963: Interessen und Handlungsspielräume der SED im Ost-West-Konflikt, Berlin 1995.

Ders., Die SED und die Berlin-Krise 1958 bis 1963, in: Die sowjetische Deutschlandpolitik in der Ära Adenauer, hrsg. von Gerhard Wettig, Bonn 1997, S. 123–137.

Ders., Einheit oder Sozialismus? Die Deutschlandpolitik der SED 1949–1961, Köln u. a. 2001.

Lenskij, A. G./Cybin, M. M., Sovetskie Suchoputnye vojska v poslednij god Sojuza SSR. Spravočnik, St. Peterburg 2001.

Liddell Hart, Basil H., Die Rote Armee, Bonn o. J.

Lippert, Günter, Die GSTD: Speerspitze der Roten Armee, in: Internationale Wehrrevue, Nr. 5, 1987, S. 553–563.

Ljoschin, Michail G., Die Streitkräfte der UdSSR zwischen Berlin- und Kubakrise: Wandlungen strategischer Prinzipien und Einsatzmuster?, in: Vor dem Abgrund. Die Streitkräfte der USA und UdSSR sowie ihrer deutschen Bündnispartner in der Kubakrise, hrsg. von Dimitrij N. Filippovych und Matthias Uhl, München 2005, S. 27–38.

Ljubimov, Viktor A., Voennaja razvedka i karibskij krizis, in Voennyj parad, Nr. 2, 1998.

Löhn, Hans-Peter, Spitzbart, Bauch und Brille sind nicht des Volke Wille! Der Volksaufstand am 17. Juni 1953 in Halle an der Saale, Bremen 2003.

Lota, Vladimir, Gorizonty Viktora Ljubimova, in: Krasnaja Zvesda, 1. 8. 2001.

Ders., GRU i atomnaja bomba, Moskva 2002.

Lubjanka, 2. Iz istorii otečestvennoj kontrrazvedki, Moskva 1999.

Lubjanka. VČK – OGPU – NKVD – NKGB – MGB – MVD – KGB 1917–1960 Spravočnik, Moskva 1997.

Luks, Leonid, Geschichte Russlands und der Sowjetunion. Von Lenin bis Jelzin, Regensburg 2000.

Luňák, Peter, War Plans from Stalin to Brezhnev: the Czechoslovak pivot, in: War Plans and Alliances in the Cold War. Threat Perceptions in the East and West, ed. by Vojtech Mastny, Sven G. Holtsmark, Andreas Wenger, Anna Locher, and Christian Nuenlist, London 2006, S. 72–94.

Lur'e, Vjačeslav M./Kočik, Valerij Ja., GRU: dela i ljudi, Moskva 2002.

Luženenko, V. K., Gosudarstvennyj komitet oborony, in: Voenno-istoričeskij archiv, 1999, Heft 7, S. 82–124.

MacKenzie, Donald, Inventing Accuracy. An Historical Sociology of Nuclear Missile Guidance, Cambridge/London 1990.

Major, Patrick, Torschlußpanik und Mauerbau. „Republikflucht" als Symptom der zweiten Berlinkrise, in: Sterben für Berlin? Die Berliner Krisen 1948–1958, hrsg. von Burghard Ciesla, Michael Lemke und Thomas Lindenberger, Berlin 2000, S. 221–243.

Makarov, Vasilij I., V General'nom štabe nakanunie grjaduščich peremen: Avtobiografičeskie zapiski oficera General'nogo štaba, Moskva 2004.

Malešenko, E. I., Vspominaja službu v armii, Moskva 2003.

Maloney, Sean M., Notfallplanung für Berlin. Vorläufer der Flexible Response 1958–1963, in: Militärgeschichte, Nr. 1, 1997, S. 3–15.

Mastny, Vojtech, Die NATO im sowjetischen Denken und Handeln 1949 bis 1956, in: Konfrontationsmuster des Kalten Krieges 1946–1956, hrsg. von Norbert Wiggershaus und Dieter Krüger, München 2003, S. 383–472.

Ders., Imagining War in Europe: Soviet Strategic Planning, in: War Plans and Alliances in the Cold War. Threat Perceptions in the East and West, ed. by Vojtech Mastny, Sven G. Holtsmark, Andreas Wenger, Anna Locher, and Christian Nuenlist, London 2006, S. 15–45.

Ders., The Cold War and Soviet Insecurity: The Stalin Years, New York/Oxford 1998.

McAdams, James A., Germany Divided: From the Wall to Reunification, Princeton, New Jersey 1993.
Medvedev, Roy A., Khrushchev, Oxford 1982.
Ders./Medvedev, Zhores A., Khrushchev: The Years in Power, New York 1978.
Mel'tjuchov, M. I., Sovetskaja razvedka i problema vnezapnogo napadenija, in: Otečestvennaja istorija, Nr. 3, 1998, S. 3–20.
Menning, Bruce W., The Berlin Crisis from the Perspective of the Soviet General Staff, in: International Cold War Military Records and History. Proceedings of the International Conference on Cold War Military Records and History held in Washington, D.C., 21–26 March 1994, edited by William W. Epley, Washington, D.C. 1996, S. 49–62.
Mezelev, Lev M., Oni byli pervymi. (Iz istorii jadernych ispytanij), kniga 1–2, Moskva 2001–2002.
Mick, Christoph, Forschen für Stalin. Deutsche Fachleute in der sowjetischen Rüstungsindustrie 1945–1958, München/Wien 2000.
Militärlexikon, Berlin 1971.
Militärmacht Sowjetunion: Politik, Waffen und Strategien, hrsg. von Alfred Mechtersheimer und Peter Barth, Darmstadt 1985.
Militär-Strategie, hrsg. von Wasilij Danilowitsch Sokolowskij, Köln 1965.
Milward, Alan S., Die deutsche Kriegswirtschaft 1945–1945, Stuttgart 1966.
Möller, Kathrin, Wunder an der Warnow? Zum Aufbau der Warnowwerft und ihrer Belegschaft in Rostock-Warnemünde (1945 bis 1961), Bremen 1998.
Moldenhauer, Harald, Der sowjetische NKVD und die Heimatarmee im „Lubliner Polen" 1944/45, in: Die polnische Heimatarmee: Geschichte und Mythos der Armija Krajowa seit dem Zweiten Weltkrieg, hrsg. von Bernhard Chiari, München 2003, S. 275–299.
Moroz, Sergej, Dal'nie bombardirovščiki M-4 i 3M, Moskva 2004.
Müller, Volker, Böhmerwald im August. Ein NVA-Offizier erinnert sich an den Mauerbau und den Feldzug gegen den „Prager-Frühling, in: Berliner Zeitung, 28. 8. 2001.

Nadžafov, D. G., K voprosy o genezie cholodnoj vojny, in: Cholodnaja vojna. 1945–1963 gg. Istoriceskaja retrospektiva, hrsg. von N. I. Egorova und A. O. Čubar'jan, Moskva 2003, S. 65–105.
Naimark, Norman M., The Russians in Germany: A History of the Soviet Zone of Occupation, 1945–1949, Cambridge/London 1995.
Narinskij, M. M., Berlinskij krizis 1948–1949 gg. Novye dokumenty iz rossijskich archivov, in: Novaja i novejšaja istorija, Nr. 3, 1995, S. 16–29.
Nash, Philip, The other Missiles of October: Eisenhower, Kennedy and the Jupiters, Chapel Hill/London 1997.
NATO: Strategie und Streitkräfte. Die Rolle der Militärorganisation des Nordatlantikpakts in der aggressiven Politik des Imperialismus 1949–1975 – Militärhistorischer Abriss, Berlin 1976.
Nauka i učenye Rossii v gody Velikoj Otečestvennoj vojny. 1941–1945. Očerki. Vospominanija. Dokumenty, Moskva 1996.
Nielsen, Harald, Die DDR und die Kernwaffen: Die nukleare Rolle der Nationalen Volksarmee im Warschauer Pakt, Baden-Baden 1998.
Nove, Alec, Das sowjetische Wirtschaftssystem, Baden-Baden 1980.

Očerki istorii Ministerstva inostrannych del Rossii. 1802–2002: V 3 t. T. 2. 1917–2002 gg. Moskva 2002.
Očerki istorii rossijskoj vnešnej razvedki: T. 2.: 1917–1933 gody, Moskva 1996.
Očerki istorii rossijskoj vnešnej razvedki: T. 3.: 1933–1941 gody, Moskva 1997.
Očerki istorii rossijskoj vnešnej razvedki: T. 5.: 1945–1965 gody, Moskva 2003.
Operacij „Anadyr'": Fakty. Vospominanija. Dokumenty, Moskva 1997.
Ordena Lenina Moskovskij Okrug PVO, Moskva 1981.

Organisatorische Veränderungen in der Roten Armee, in: Wehrkunde, 4. Jg., Nr. 9, 1955, S. 403–404.
Orlov, Aleksandr Semenovič, Tajnaja bitva sverchdažav, Moskva 2000.
Ders., Vozdušnaja razvedka SŠA nad territoriej SSSR v 1950–1955 gg., in: Novaja i novejšaja istorija, Nr. 6, 2000, S. 35–47.
O'Sullivan, Donald, Die Sowjetunion, der Kalte Krieg und das internationale System 1945–1953, in: Handbuch der Geschichte Russlands, hrsg. von Stefan Plaggenborg, Bd. 5, Stuttgart 2001, S. 131–173.
Ders., Stalins „Cordon sanitaire". Die sowjetische Osteuropapolitik und die Reaktionen des Westens 1939–1949, Paderborn u. a. 2003.
Otto, Wilfriede, 13. August 1961 – eine Zäsur in der europäischen Nachkriegsgeschichte, in: Beiträge zur Geschichte der Arbeiterbewegung 39 (1997), Heft 1, S. 40–74, Heft 2, S. 55–92.

Paczkowskij, Andrzej, Terror und Überwachung: Die Funktion des Sicherheitsdienstes in Polen von 1944 bis 1956, Berlin 1999.
Panow, B. W., Geschichte der Kriegskunst, Berlin (Ost) 1987.
Parrish, Michael, The Last Relic: Army General I.E. Serov, 1905–90, in: The Journal of Slavic Military Studies, 1997, Vol. 10, S. 109–129.
Parrish, Thomas, Berlin in the Balance, 1945–1949: The Blockade, the Airlift, the First Major Battle of the Cold War, Reading, Massachusetts 1998.
Pavlov, Anatolij G., Sovetskaja voennaja razvedka nakanune Velikoj Otečstvennoj vojny, in: Novaja i novejšaja istorija, Nr. 1, 1995, S. 49–60.
Pavlovskij, I. G., Suchoputnye vojska SSR. Zaroždenie, razvitie, sovremennost', Moskva 1985.
Pečatnov, V.O., Ot sojuza – k vražde (sovetsko-amerikanskie otnošenija 1945–1946 gg.), in: Cholodnaja vojna. 1945–1963 gg. Istoriceskaja retrospektiva, hrsg. von N. I. Egorova und A. O. Čubar'jan, Moskva 2003, S. 21–64.
Pedlow, George W., Allied Crisis Management for Berlin: The LIVE OAK Organisation, 1959–1963, in: International Cold War Military Records and History. Proceedings of the International Conference on Cold War Military Records and History held in Washington, D.C., 21–26 March 1994, edited by William W. Epley, Washington, D.C. 1996, S. 87–116.
Penkowskij, Oleg, Geheime Aufzeichnungen, München/Zürich 1966.
Pervoe raketnoe soedinenie vooružennych sil strany. Voenno istoričeskij očerk, Moskva 1996.
Pervov, Michail P., Mežkontinental'nye ballističeskie rakety SSSR i Rossii. Kratkij istoričeskij očerk, Moskva 1998.
Ders., Raketnye kompleksy RVSN, Moskva 1999.
Ders., Raketnoe oružie Raketnych vojsk strategičeskogo naznačenija, Moskva 1999.
Ders., Zenitnoe raketnoe protivovozdušnoj oborony strany, Moskva 2001.
Petrov, Nikita V., Pervyj predsedatel' KGB general Ivan Serov, in: Otečestvennaja istorija, Nr. 5, 1997, S. 23–43.
Ders., Prevyj predsedatel' KGB Ivan Serov, Moskva 2005.
Peščerskij, V.L., Dva dos'e „Krasnoj kapelly", in: VIŽ, Nr. 6, 1995, S. 18–30.
Ders., „Vrag moego vraga…", in: VIŽ, Nr. 3, 1998, S. 59–71.
Pichoja, Rudol'f G., Sovetskij sojuz: Istorija vlasti. 1945–1991, Moskva 1998.
Piekalkiewicz, Janusz, Kennwort: Rote Kapelle. Das von Moskau gelenkte Spionage- und Widerstandsnetz in Westeuropa in den Jahren 1939–1942, in: Spione, Agenten, Soldaten. Geheime Kommandos im Zweiten Weltkrieg, München 1988, S. 168–183.
Ders., Weltgeschichte der Spionage, München 1988.
Pilster, Hans-Christian, Das erste große Warschauer-Pakt Manöver gegenüber Mitteleuropa, in: Soldat und Technik, Nr. 10, 1981, S. 543–547.

Ders., Russland – Sowjetunion. Werden, Wesen und Wirken einer Militärmacht, Herford 1981.
Pochlebkin, V. V., Velikaja vojna I nesostojavšijsja mir 1941–1945–1994. Voennyj I venšnepolitičeskij spravočnik, Moskva 1999.
Podvodnyj flot Rossii, Moskva 2005.
Podvodnye sily Rossii 1906–2006, Moskva 2006.
Polyvjanyj, N. B., Operacija Tuman, in: Veteran Raketčik, Nr. 1, 2006, S. 10.
Pommerin, Reiner, Die Berlin-Krise von 1961 und die Veränderung der Nuklearstrategie, in: Das Zeitalter der Bombe. Die Geschichte der atomaren Bedrohung von Hiroshima bis heute, hrsg. von Michael Salewski, München 1995, S. 120–140.
Poslevoennaja konversivja: K istorii „cholodnoj vojny". Sbornik dokumentov, Moskva 1998.
Poznjakov, V. V., Razvedka, razvedyvatel'naja informacija i process prinjatija rešenij: povorotnye punkty rannego peridoa cholodnoj vojny (1944–1953 gg.), in: Cholodnaja vojna. 1945–1963 gg. Istoričeskaja retrospetiva, Moskva 2003, S. 321–368.
Ders., Tajnaja vojna Iosifa Stalina: Sovetskie razvedyvatel'nye služby v SŠA nakanune i v nae cholodnoj vojny. 1943–1953 gg., in: Stalinskoe desjatiletie cholodnoj vojny: fakty in gipotezy, Moskva 1999, S. 188–208.
Prados, John, The Soviet Estimate. US Intelligence Analysis and Soviet Strategic Force, Princeton 1986.
Prochorov, Dmitrij P., Razvedka ot Stalina do Putina, St. Peterburg 2004.
Ders./Lemechov, Oleg I., Perebežčiki. Zaočno rasstreljany, Moskva 2001.
Prokof'ev, Valerij I., Aleksandr Sacharovskij. Načal'nik vnejšnej, Moskva 2005.
Protivozdušnaja oborona strany (1914–1995 gg.). Voenno-istoričeskij trud, Moskva 1998.

Raketnye vojska strategičeskogo naznačenija: istoki i razvitii, obšč. red. N. E. Solovcov, Moskva 2004.
Raketnyj ščit otečestva, Moskva 1999.
Razvedka i kontrrazvedka v licach. Enciklopedičeskij slovar' rossijskich specslužb, Moskva 2002.
Rigmant, Vladimir, Pod znakami „ANT" i „TU", in: Aviacija i Kosmonavtika – včera, segodnja, zavtra, Nr. 7, 1998, S. 41–43.
Roewer, Helmut/Schäfer, Stefan/Uhl, Matthias, Lexikon der Geheimdienste im 20. Jahrhundert, München 2003.
Rogoza, Sergej L./Ačkasov, Nikolaj B., Zasekrečennye vojny 1945–2000 gg., Moskva 2005.
Rošin, Gennadij Petrovič, Istorija Dal'nej aviacii. Voenno-istoričeskij očerk. Čast' II: Vozdušnye parady – Jadernoe oružie – Katastrofy, Moskva 2003.
Rossija i SSSR v vojnach XX veka: Statističeskoe issledovanie, Moskva 2001.
Rossija (SSSR) v lokal'nych vojnach i vooruženných konfliktach vtoroj polovinyj XX veka, pod redakciej V. A. Zolotareva, Moskva 2000.
Rossija (SSSR) v vojnach vtoroj poloviny XX veka, Moskva 2002.
Roth, Heidi, Der 17. Juni 1953 in Sachsen, Köln/Weimar/Wien 1999.
Roždennye atomnoj eroj. 12 Glavnoe upravlenie Ministerstva oborony Rossijskoj Federacii: opyt i razvitija, Moskva 2002.
Rubin, N., Lavrentij Berija: Mif i real'nost, Moskva/Smolensk 1998.
Rupieper, Hermann-J., Auswirkungen der Berlin- und Kubakrise auf die Strategie der UdSSR und USA in der weiteren Blockkonfrontation, in: Vor dem Abgrund. Die Streitkräfte der USA und UdSSR sowie ihrer deutschen Bündnispartner in der Kubakrise, hrsg. von Dimitrij N. Filippovych und Matthias Uhl, München 2005, S. 121–131.

Sälter, Gerhard, Zur Restrukturierung von Polizeieinheiten der DDR im Kontext des Mauerbaus, in: Archiv für Polizeigeschichte, H. 3, 2002, S. 66–73.
Samuelson, Lennart, Plans for Stalin's War Machine. Tukhachevskii and Military-Economic Planning, 1925–1941, Basingstoke 2000.

Ders., Soviet Defence Industry Planning. Tukhachevskii and Military-Industrial Mobilisation, 1926–1937, Stockholm 1996.
Schake, Kori, NATO–Strategie und deutsch-amerikanisches Verhältnis, in: Die USA und Deutschland im Zeitalter des Kalten Krieges 1945–1968, hrsg. von Detlef Junker, Stuttgart/München 2001, S. 363–374.
Ders., The Berlin Crises of 1948–49 and 1958–62, in: Securing Peace in Europe, 1945–62, ed. by Beatrice Heuser and Robert O'Neill, London 1992, S. 65–83.
Schecter, Jerrold L./Deriabin, Peter S., Die Penkowskij Akte. Der Spion, der den Frieden rettete, Frankfurt/Main 1993.
Scherstjanoi, Elke, Die deutschlandpolitischen Absichten der UdSSR. Erkenntnisstand und forschungsleitende Problematisierungen, in: Das letzte Jahr der SBZ: Politische Weichenstellungen und Kontinuitäten im Prozeß der Gründung der DDR, hrsg. von Dierk Hoffmann und Hermann Wentker, München 2000, S. 39–54.
Schmidt, Gustav, Strukturen des „Kalten Krieges" im Wandel, in: Konfrontationsmuster des Kalten Krieges 1946–1956, hrsg. von Norbert Wiggershaus und Dieter Krüger, München 2003, S. 3–380.
Schmidt, Karl-Heinz, Dialog über Deutschland. Studien zur Deutschlandpolitik von KPdSU und SED (1960–1979), Baden-Baden 1998.
Schröder, Hans-Henning, Geschichte und Struktur der sowjetischen Streitkräfte: Ein Überblick, in: Die Sowjetunion als Militärmacht, hrsg. von Hannes Adomeit, Hans-Hermann Höhmann und Günther Wagenlehner, Stuttgart u. a. 1987, S. 41–72.
Schunke, Joachim, Feindbild und militärische Beurteilung des Gegners in der NVA, in: Im Gleichschritt? Zur Geschichte der NVA, hrsg. von Walter Jablonsky und Wolfgang Wünsche, Berlin 2001, S. 152–196.
Schutz vor Massenvernichtungsmitteln. Lehrbuch der Zivilverteidigung, Berlin 1976.
Schwarz, Hans-Peter, Adenauer. Der Staatsmann: 1952–1967, Stuttgart 1991.
Schwendmann, Heinrich, Die wirtschaftliche Zusammenarbeit zwischen dem Deutschen Reich und der Sowjetunion von 1939 bis 1941. Alternative zu Hitlers Ostprogramm?, Berlin 1993.
Širokorad, A. B., Ėnciklopedija otečestvennogo raketnogo oružija 1817–2002, Moskva, Minsk 2003.
Scott, Harriet Fast/Scott, William F., The Armed Forces of the USSR, Boulder/London 1981.
Semirjaga, Michail I., Kak my upravljali Germaniej, Moskva 1995.
Sibirskij, B.N., Jadernyj blickrig SŠA, in: VIŽ, Nr. 5, 2003, S. 34–39.
Siddiqi, Asif A., Challenge to Apollo: The Soviet Union and the Space Race, 1945–1974, Washington, D.C. 2000.
Simonov, Nikolaj S., Voenno-promyšlennyj kompleks SSSR v 1920–1950-e gody: tempy ekonomičeskogo rosta, struktura, organizaija proizvodstva i upravlenie, Moskva 1996.
Skvorcov, A. S., General'nyj štab v sisteme organov central'nogo voennogo upravlenija strany, in: VIŽ, Nr. 1, 2003, S. 2–11.
Smirnov, Jurij N., Cholodnaja vojna kak javlenie jadernogo veka, in: Cholodnaja vojna. 1945–1963 gg. Istoričeskaja retrospektiva, pod redakcija N. I. Egorova i A. O. Čubar'jan, Moskva 2003, S. 597–621.
Smyser, William R., From Yalta to Berlin. The Cold War Struggle Over Germany, New York 1999.
Sobolev, D. A., Nemeckij sled v istorii sovetskoj aviacii. Ob učastii nemeckich specialistov v razvitii aviastroenija v SSSR, Moskva 1996.
Sokolovskij, Vasilij D., Voennaja strategija, Moskva 1963.
Solovcov, Nikolaj E./Ivkin, Vladimir, „Mežkontinental'naja ballističeskaja raketa – eto absoljutnoe oružie", in: VIŽ, Nr. 12, 2004, S. 2–7.
Sontag, Sherry/Drew, Christopher, Jagd unter Wasser: die wahre Geschichte der U-Boot-Spionage, München 2000.

Sovet Narodnych Komissarov SSSR. Soviet Ministrov. Kabinet Ministrov SSSR. 1923–1991. Ènciklopedičeskij spravočnik, Moskva 1999.
Sovetskaja voennaja mošč' ot Stalina do Gorbačeva, Moskva 1999.
Sovetskie vooružennye sily. Istorija stroitel'stva, Moskva 1978.
Sowjetische Demontagen in Deutschland 1944–1949. Hintergründe, Ziele und Wirkungen, hrsg. von Rainer Karlsch und Jochen Laufer, Berlin 2002.
Die sowjetische Militärmacht. Geschichte, Technik, Strategie, Bayreuth 1979.
Sozdateli raketno-jadernogo oružija i veterany-raketčiki rasskazyvajut, Moskva 1996.
Speier, Hans, Die Bedrohung Berlins. Eine Analyse der Berlin-Krise von 1958 bis heute, Köln/Berlin 1962.
Starkov, Boris, The Security Organs and the Defence-Industry Complex, in: The Soviet Defence-Industry Complex from Stalin to Khrushchev, ed. by John Barber and Mark Harrison, Houndsmills/Basingstoke/Hampshire/London 2000, S. 246–268.
Staroverov, Vasilij A., Rol' specslužb v obespečenii sovetskogo atomnogo proekta, in: Trudy Obščestva izučenija istorii otečestvennych specslužb, T. 1, Moskva 2006, S. 168–177.
Steininger, Rolf, Der Mauerbau. Die Westmächte und Adenauer in der Berlin-Krise 1958–1963, München 2001.
Ders., Der vergessene Krieg: Korea 1950–1953, München 2006.
Ders., Die Berlin-Krise und der 13. August 1961, in: Bilanz und Perspektiven der DDR-Forschung. Festschrift für Hermann Weber, hrsg. Von Rainer Eppelmann, Bernd Faulenbach und Ulrich Mählert, Paderborn 2003, S. 60–68.
Stepakov, Viktor, Specnaz Rossii, Moskva 2003.
Sterben für Berlin? Die Berliner Krisen 1948: 1958, hrsg. von Burghard Ciesla/Michael Lemke und Thomas Lindenberger, Berlin 2000.
Stoecker, Sally W., Forging Stalin's Army: Marshal Tukhachevsky and the Politics of Military Innovation, Boulder, Colorado 1998.
Stöver, Bernd, Der Kalte Krieg 1947–1991. Geschichte eines radikalen Zeitalters, Bonn 2007.
Ders., Die Befreiung vom Kommunismus: Amerikanische Liberation Policy im Kalten Krieg 1947–1991, Köln/Weimar/Wien 2002.
Ders., Mauerbau und Nachrichtendienste. Die CIA und der Wandel der US-Politik in Ostmitteleuropa, in: Mauerbau und Mauerfall. Ursachen - Verlauf - Auswirkungen, hrsg. von Hans-Hermann Hertle, Konrad Jarausch und Christoph Kleßmann, Berlin 2002, S. 139–146.
Strategičeskaja operacija „Anadyr'". Kak eto bylo. Memuarno-spravočnoe izdanie, pod redakciej V. I. Esina, Moskva 1999.
Strategičeskoe jadernoe vooruženie Rossii, Moskva 1998.
Die Streitkräfte der UdSSR. Abriß ihrer Entwicklung von 1918 bis 1968, Berlin (Ost) 1974.
Subok, Wladislaw/Pleschakow, Konstantin, Der Kreml im Kalten Krieg: Von 1945 bis zur Kubakrise, Hildesheim 1997.
Suchina, Grigorij A./Ivkin, Vladimir I./Reznik, Aleksandr V., Strategičeskie raketčiki Rossii, Moskva 2004.
Surikov, B. T., Boevoe primenenie raket, Moskva 1965.
Sutton, Anthony C., Western Technology and Soviet Economic Development 1930 to 1945, Vol. 1–3, Stanford, CA, 1971 ff.
Suworow, Viktor, GRU: Die Speerspitze. Spionage-Organisation und Sicherheitsapparat der Roten Armee – Aufbau, Ziele, Strategie, Arbeitsweise und Führungskader, Bern/München/Wien 1985.
Sweringen, Bryan T. van, Sicherheitsarchitektur im Wandel: Die amerikanischen Streitkräfte in Deutschland 1945–1990, in: Die USA und Deutschland im Zeitalter des Kalten Krieges 1945–1990. Ein Handbuch, hrsg. von Detlef Junker, Band 1: 1945–1968, Stuttgart/München 2001, S. 335–349.

Taubman, Philip, Secret Empire: Eisenhower, the CIA, and the Hidden Story of America's Space Espionage, New York u. a. 2003.
Taubman, William, Khrushchev: the Man and his Era, New York/London 2003.
Taylor, Brian D., Politics and the Russian Army: Civil-Military Relations, 1689–2000, Cambridge 2003.
Thoß, Bruno, NATO-Strategie und nationale Verteidigungsplanung. Planung und Aufbau der Bundeswehr unter den Bedingungen einer massiven atomaren Vergeltungsstrategie 1952 bis 1960, München 2006.
Torkunov, Anatolij V., Zagadočnaja vojna: korejskij konflikt 1950–1953 godov, Moskva 2000.
Trachtenberg, Marc, A Constructed Peace: the Making of the European Settlement, Princeton 1999.
Trepper, Leopold, Die Wahrheit, München 1975.
Tri veka Rossijskogo flota v trech tomach, pod. Redakciej I.V. Kastonova, Bd. 3, St. Peterburg 1996.
Tsarev, Oleg, Soviet Intelligence on British Defense Plans 1945–1950, in: Intelligence in the Cold War: Organisation, Role and International Cooperation, ed. By Lars Christian Jenssen and Olav Riste, Oslo 2001, S. 53–63.
Tschertok, Boris E., Raketen und Menschen, Bd. 3: Heiße Tage des kalten Krieges, Klitzschen 2001.
Čertok, Boris E., Rakety i ljudi, Moskva 1994.
Čuprin, Konstantin, Bomby s laskovymi imenami, in: Nezavisimoe voennoe obozrenie, Nr. 21; 2005.
Tuten, Charles, Making the (right) Connections. A Cautionary Account of WMD Intelligence, o.O. 2004.
Turantajew, Wladimir Wladimirowitsch, Die Gruppe der sowjetischen Streitkräfte in Deutschland beim Schutz der Westgrenze des sozialistischen Lagers, in: Zeitschrift für Militärgeschichte, 1969, Nr. 1, S. 7–18.

Uhl, Matthias, Die Rolle von Gosplan bei der Entwicklung der sowjetischen Rüstungsindustrie. Ausgewählte Dokumente aus dem Russischen Staatsarchiv für Wirtschaft, in: Osteuropa, Nr. 5, 2000, S. A 175–189.
Ders., „Für die Sicherung der Sektorengrenze und des Rings um Berlin wird durch den Stab der Gruppe der sowjetischen Streitkräfte in Deutschland [...] ein Plan ausgearbeitet". Die militärischen Planungen Moskaus und Ost-Berlins für den Mauerbau, in: 1961 – Mauerbau und Außenpolitik, hrsg. von Heiner Timmermann, Münster 2002, S. 81–99.
Ders., „Rakete ist Verteidigung und Wissenschaft." Die militärische Raketenentwicklung der Sowjetunion im Kalten Krieg, in: Peenemünde: Mythos und Geschichte der Rakete 1923–1989, hrsg. von Johannes Erichsen und Bernhard M. Hoppe, Berlin 2004, S. 87–98.
Ders., Storming on to Paris: The 1961 „Buria" Exercise and the Planned Solution of the Berlin Crisis, in: War Plans and Alliances in the Cold War. Threat Perceptions in the East and West, ed. by Vojtech Mastny, Sven G. Holtsmark, Andreas Wenger, Anna Locher, and Christian Nuenlist, London 2006, S. 46–71.
Ders., Stalins V-2. Der Transfer der deutschen Fernlenkwaffentechnik in die UdSSR und der Aufbau der sowjetischen Raketenindustrie, Bonn 2001.
Ders., „Und deshalb besteht die Aufgabe darin, die Aufklärung wieder auf die Füße zustellen" – Zu den Großen Säuberungen in der sowjetischen Militäraufklärung, in: Jahrbuch für Historische Kommunismusforschung 2004, Berlin 2004, S. 80–97.
Ders., Von Peenemünde nach Kapustin Jar. Der Transfer der deutschen Raketentechnologie in die UdSSR 1944–1955, in: Raketenrüstung und internationale Sicherheit von 1942 bis heute, hrsg. von Thomas Stamm-Kuhlmann und Reinhard Wolf, Stuttgart 2004, S. 39–54.
Umbach, Frank, Das rote Bündnis: Entwicklung und Zerfall des Warschauer Paktes 1955–1991, Berlin 2005.

Umrüstung der Sowjetarmee in Deutschland, in: Allgemeine Schweizerische Militärzeitschrift, 127. JG, Nr. 5, 1961, S. 207–208.
Usenko, N.V./Kotov, P.G., Kak sozdavalsja atomnyj podvodnyj flot Sovetskogo Sojuza, Moskva 2004.
Ustinov, Ivan L., Krepče stali: Zapiski veterana voennoj kontrrazvedki, Moskva 2005.
Vartanov, Valerij, Die Sowjetunion und die Ereignisse in Ungarn im Herbst 1956, in: Die Ungarnkrise 1956 und Österreich, hrsg. von Erwin A. Schmidl, Wien/Köln/Weimar 2002, S. 73–88.
Vida, István, Die Sowjetunion und die ungarischen Ereignisse im Herbst 1956, in: Entstalinisierungskrise in Ostmitteleuropa 1953–1956: vom 17. Juni bis zum ungarischen Volksaufstand. Politische, militärische, soziale und nationale Dimensionen, hrsg. von Jan Foitzik, Paderborn u. a. 2001, S. 79–112.
Voenačal'niki Rakenych vojsk strategičeskogo naznačenija. Sbornik očerkov, Moskva 1997.
Voennyj ènciklopedičeskij slovar', Moskva 2002.
Voennyj ènciklopedičeskij slovar' Raketnych vojsk strategičeskogo naznačenija, Moskva 1999.
Vojska protivo-vozdušnoj oborony strany. Istoričeskij očerk, Moskva 1968.
Volkogonov, Dmitrij, Sem' voždej. Galerija liderov SSSR v 2-ch knigach, Moskva 1995.
Ders., Stalin. Politčeskij portret v 2-ch knigach, Moskva 1992.
Volksarmee schaffen – ohne Schrei! Studien zu den Anfängen einer ‚verdeckten Aufrüstung' in der SBZ/DDR 1947–1952, hrsg. von Bruno Thoß, Oldenbourg 1994.
Volokitina, T.V., Stalin i smena strategičeskogo kursa Kremlja v konce 40-ch gogov: ot kompromissov k konfrontacii, in: Stalinskoe desjatiletie cholodnoj vojny: fakty in gipotezy, Moskva 1999, S. 10–22.
Vor dem Abgrund. Die Streitkräfte der USA und UdSSR sowie ihrer deutschen Bündnispartner in der Kubakrise, hrsg. von Dimitrij N. Filippovych und Matthias Uhl, München 2005.

Wagenlehner, Günther, Militärpolitik und Militärdoktrin der UdSSR, in: Die Sowjetunion als Militärmacht, hrsg. von Hannes Adomeit, Hans-Hermann Höhmann und Günther Wagenlehner, Stuttgart u. a. 1987, S. 11–40.
Wagner, Armin, Stacheldrahtsicherheit. Die politische und militärische Planung und Durchführung des Mauerbaus 1961, in: Mauerbau und Mauerfall. Ursachen – Verlauf – Auswirkungen, hrsg. von Hans-Hermann Hertle, Konrad H. Jarausch und Christoph Kleßmann, Berlin 2002, S. 119–137.
Ders., Walter Ulbricht und die geheime Sicherheitspolitik der SED: Der Nationale Verteidigungsrat der DDR und seine Vorgeschichte (1953–1971), Berlin 2002.
Ders./Uhl, Matthias, BND contra Sowjetarmee. Westdeutsche Militärspionage in der DDR, Berlin 2007.
Walter, Franz, Zivile Wirtschaft und Rüstungswirtschaft, in: Länderbericht Sowjetunion, hrsg. von Hellmuth G. Bütow, Bonn 1986, S. 363–387.
Weathersby, Kathryn, Soviet Aims in Korea and the Origins of the Korean War, 1945–1950: New Evidence from Russian Archives, Washington, D.C. 1993.
Weingartner, Thomas, Die Außenpolitik der Sowjetunion seit 1945. Eine Einführung, Düsseldorf 1973.
Weinstein, Allen/Vassiliev, Alexander, The Haunted Wood: Soviet Espionage in America – the Stalin Era, New York 2000.
Werth, Alexander, Russia at War 1941–1945, London 1964.
Wettig, Gerhard, Chruschtschows Berlin-Krise 1958 bis 1963: Drohpolitik und Mauerbau, München 2006.
Ders., Die sowjetische Politik während der Berlinkrise 1958 bis 1962. Der Stand der Forschungen, in: Deutschland Archiv 30 (1997), S. 383–398.

Ders., Die UdSSR und die Krise um Berlin. Ultimatum 1958 – Mauerbau 1961 – Modus vivendi 1971, in: Deutschland Archiv 34 (2001), S. 592–613.
Wetzlaugk, Udo, Berlin und die deutsche Frage, Köln 1985.
Ders., Die Alliierten in Berlin, Berlin 1988.
Wiegrefe, Klaus, Die Schandmauer, in: Der Spiegel, Nr. 32, 2001, S. 64–77.
Ders., Helden im Zwielicht, in: Der Spiegel, Nr. 20, 2003, S. 64.
Wiggershaus, Norbert, Bedrohungsvorstellungen Bundeskanzler Adenauers nach Ausbruch des Korea-Krieges, in: Militärgeschichtliche Mitteilungen, Nr. 1, 1979, S. 79–122.
Wolfe, Thomas W., Soviet Power and Europe 1945–1970, Baltimore/London 1970.
Ders., Sowjetische Militärstrategie, Köln/Opladen 1967.

Zalesskij, Konstantin A., Imperija Stalina. Biografičeskij ėnciklopedičeskij slovar', Moskva 2000.
Zaloga, Steve, Defending the Capitals: The First Generation of Soviet Strategic Air Defense Systems 1950–1960, in: Slavic Military Studies, Nr. 4, 1997, S. 30–43.
Ders., Soviet air defence missiles. Design, development and tactics, Coulsdon 1989.
Ders., The Kremlin's nuclear sword: the rise and fall of Russia's strategic nuclear forces, 1945–2000, Washington/London 2002.
Zavališin, Jurij K., Ob'ekt 551, Saransk 1996.
Zavermbovskij, V. L./Kolesnikov, Ju. I., Morskoj specnaz. Istorija (1938–1938 gg.), St. Petersburg 2001.
Zeittafel zur Militärgeschichte der Deutschen Demokratischen Republik 1949–1968, Berlin 1969.
Zeittafel zur Militärgeschichte der Deutschen Demokratischen Republik 1949–1988, Berlin 1989.
Zentner, Christian, Die Kriege der Nachkriegszeit. Eine illustrierte Geschichte militärischer Konflikte seit 1945, München 1969.
Zilian, Frederick Jr., Gleichgewicht und Militärtechnologie in Mitteleuropa, in: Die USA und Deutschland im Zeitalter des Kalten Kriegs, Band 1: 1945–1968, hrsg. von Detlef Junker, München [2]2001, S. 350–362.
Zolling, Hermann/Höhne, Heinz, Pullach intern. General Gehlen und die Geschichte des Bundesnachrichtendienstes, Hamburg 1971.
Zolotarev, V. A./Saksonov, O. V./Tjuškevič, S. A., Voennaja istorii Rossii, Moskva 2000.
Zubok, Vladislav, Der sowjetische Geheimdienst in Deutschland und die Berlinkrise 1958–1961, in: Spionage für den Frieden? Nachrichtendienste in Deutschland während des Kalten Krieges, hrsg. von Wolfgang Krieger und Jürgen Weber, München 1997, S. 121–143.
Zubok, Vladislav M., Stalin and the Nuclear Age, in: Cold War Statesmen Confront the Bomb: Nuclear Diplomacy since 1945, edited by John Lewis Gaddis, Philip H. Gordon, Ernest R. May and Jonathan Rosenberg, Oxford 1999, S. 39–61.
Ders./Harrison, Hope M., The Nuclear Education of Nikita Khrushchev, in: Cold War statesmen Confront the Bomb: Nuclear Diplomacy since 1945, edited by John Lewis Gaddis, Philip H. Gordon, Ernest R. May and Jonathan Rosenberg, Oxford 1999, S. 141–168.
Ders./Pleshakov, Constanine, Inside the Kremlin's Cold War: From Stalin to Khrushchev, Cambridge/London 1996.
Zur geschichtlichen Rolle und Entwicklung der Nationalen Volksarmee der Deutschen Demokratischen Republik, Berlin 1974.

Internet

1992–1996 Findings of the Cold War Working Group, auf: <http://www.aiipowmia.com/koreacw/cwwg96a.html>.

Blasser, Danz, Research in the U.S. – Russian Archives: The Human Dimension, auf: <http://www.koreacoldwar.org/news/usrarcconfblasser.html>.
Burr, William, First Strike Options and the Berlin Crisis, September 1961, auf: <http://www.gwu.edu/~nsarchiv/NSAEBB/NSAEBB56/>.
CIA Information Report, 29. 3. 1957: Zhukov's speech to commanders of the GSFG, auf: <http://www.php.isn.ethz.ch/collections/colltopic.cfm?lng=en&q=hva&id=16599&navinfo=14861>.
CIA – National Intelligence Estimate (NIE) 12–65: Eastern Europe and the Warsaw Pact, 26. 8. 1965, auf: <http://www.isn.ethz.ch/php/documents/collection_7/docs/nbb36_1.pdf>.
CVG 102 Action Report 28 October 1952 through 22 November 1952, 22. 11. 1952, auf: <http://home.att.ne/~historyworld/VF-781.htm>.
Falin, Valentin Michajlovič, Diplomat, političeskij i občšetvennyj dejat'el, auf: <http://www.biograph.comstar.ru/bank/falin.htm>.
FBI Belmont to Boardman Memo, 26. 111957, auf: <http://foia.fbi.gov/venona/venona.pdf>.
Gastilovich, A., The Theory of Military Arts Need Review, in: Voennaja mysl' – streng geheime Ausgabe –, Nr. 1, 1960, auf: <http://www.foia.cia.gov/docs/DOC_0000012299/0000012299_0001.gif>.
Harris, William R., March Crisis 1948, Act I, in: Studies in Intelligence, 1966, Bl. 1–22, auf: <http://www.foia.cia.gov>.
Interview des John A. Adams '71 Center for Military History and Strategic Analysis im Rahmen des Cold War Oral History Projects mit Colonell Ross Schmoll, Februar 2004, auf: <http://www.vmi.edu/archives/Adams_Center/SchmollR/SchmollR_interview.pdf>.
Korovin, Vladimir/Fomičev, Aleksej, Rakety nenačavšejsja vojny, in: Aviapanorama; Nr. 1, 1997, auf <http://www.aviapanorama.narod.ru/journal/1997_1/missiles.htm>.
Kotlobovskij, Aleksandr/Seidov, Igor', Gorjačee nebo „cholodnoj vojny" (I), in: Mir Aviacii, Nr. 2, 1995, auf: <http://www.airforce.ru/awm/hotsky/hotsky.htm>.
Lednicer, David, Aircraft Downed During the Cold War and Thereafter, auf: <http://home.spinet.com/~anneled/ColdWar.html>.
Lt. Col. Oleg Penkovsky: Western Spy in Soviet GRU, auf: <http://www.foia.cia.gov/penkovsky.asp>.
Malinovskiy, Rodion, Some Thoughts on the Development of the Soviet Army Tank Troops, in: Voennaja mysl' – streng geheime Ausgabe –, Nr. 1; 1962, auf: <http://www.foia.cia.gov/docs/DOC_0000012371/0000012371_0001.gif>.
Mjasiščev M-4, auf: <http://www.airwar.ru/enc/bomber/m4.html>.
Occupation Forces in Europe Series, 1948: The Fourth Year of the Occupation, 1 July–31 December 1948, Volume V, auf: <http://www.history.hqusareur.army.mil/Archives/occupation.htm>.
Parallel History Project: Collections, auf: <http://www.php.isn.ethz.ch/collections/index.cfm>.
Piotrowski, Paweł, A Landing Operation in Denmark, auf: <http://www.isn.ethz.ch/php/collections/coll_12.htm>.
Štutman, S.M., 70-ja armija i Velikoj Otečestvennoj vojne, auf: <http://sergant.genstab.ru/70army.htm>.
Taking Lyon on the Ninth Day? The 1964 Warsaw Pact Plan for Nuclear War in Europe and Related Documents, auf: <http://www.isn.ethz.ch/php/collections/coll_1.htm>.
The Numbered Factories and other Establishments of the Soviet Defence Industry, 1927–1967. A Guide. Part I: Factories and Shipyards. Part II: Research and Design Establishments, ed. by Julian Cooper, Keith Dexter, Mark Harrison and Ivan Rodionov, Warwick 2000, auf: <http://www.warwick.ac.uk/economics/harrison/vpk/>.
The U.S. Army in Berlin, 1945–1961 (U), 30. 1. 1963, auf: <http://www.history.hqusareur.army.mil/pubs.htm>.
Tolkonyuk, I., Some Problems of Modern Operations, in: Voennaja mysl' – streng geheime

Ausgabe –, Nr. 1, 1960, auf: <http://www.foia.cia.gov/docs/DOC_0000012313/0000012313_0001.gif>.

Uhl, Matthias, Die militärischen Informationen der „Organisation Gehlen" über den 17. Juni 1953, auf: <http://www.17juni53.de/chronik/5306/UHL-BND.pdf>.

Ural'skij doborvol'českij tankovyj korpus – Tankovaja divizija, auf: <http://www.pobeda.nexcom.ru/td.htm>.

US Nuclear History, auf: <http://www.gwu.edu/~nsarchiv/nsa/NC/nuchis.html>.

Vooružennye sily SSSR (konec 80-načalo 90gg.), Rossii i stran SNG, auf: <http://www.8.brinkster.com/vad777/>.

CD-ROM

Bulgarian Intelligence & Security Services in the Cold War Years, edited by Jordan Baev, Sofia 2005.

CIA's Analysis of the Soviet Union 1947–1991, Volume I–II, Washington, D.C. 2001.

Rossija atomnaja: Jadernyj šit, Moskva 1998.

Abkürzungsverzeichnis

A	Typkennung der US Luftstreitkräfte für leichte und mittlere Bomber
AA	Air-to-Air Missile
a.D.	außer Dienst
AK	Armija Kraiowa – Heimatarmee
AK	Asotnaja kislota – Salpetersäure
AMVR	Archiv Ministerstvo na v'trešnite raboty – Archiv des bulgarischen Innenministeriums
ASTER	BND-Kennwort für nachrichtendienstliches Informationsaufkommen des britischen Partnerdienstes
AT	Anti-Tank Missile
AT	azotnyj tetroksid – Stickstofftetroxid
AZN	Archivzugangsnummer
B	Typkennung der US Luftstreitkräfte für schwere Bomber
BA Berlin	Bundesarchiv Berlin
BA Koblenz	Bundesarchiv Koblenz
BA-MA	Bundesarchiv-Militärarchiv
BND	Bundesnachrichtendienst
BSSO	British Services Security Organization
BTR	Bronetransporter – Schützenpanzerwagen
CENTAG	Central Army Group, Central Europe (NATO)
CIA	Central Intelligence Agency
CINCLANT	Commander in Chief Atlantic
CINCPAC	Commander in Chief Pacific
CK	Cental'nyj komitet – Zentralkomitee
ČSSR	Československá Socialistická Respublika – Tschechoslowakische Sozialistische Republik
CVG	Carrier Air Group
DC	Flugzeuge der Douglas Aircraft Company
DDR	Deutsche Demokratische Republik
DGP	Deutsche Grenzpolizei
DIANA	BND-Kennwort für nachrichtendienstliches Informationsaufkommen aus der routinemäßigen Befragung von DDR-Flüchtlingen
DMG	Dimetilgidrazin – Dimethylhydrazin
DzDP	Dokumente zur Deutschlandpolitik
FBI	Federal Bureau of Investigation
Flak	Flugabwehrkanone
FROG	Free Rocket Over Ground
FSB	Federal'naja služba bezopasnosti Rossijskoj Federacii – Föderaler Sicherheitsdienst der Russischen Föderation
GARF	Gosudarstvennyj Archiv Rossijskoj Federacii – Staatsarchiv der Russischen Föderation

Gd. SK	Garde-Schützenkorps
GKAT	Gosudarstvennyj komitet po aviacionnoj technike – Staatskomitee für Flugzeugtechnik
GKOT	Gosudarstvennyj komitet po oboronoj technike – Staatskomitee für Verteidigungstechnik
GKRT	Gosudarstvennyj komitet po radioelektronnoj promyšlennosti – Staatskomitee für Funktechnik
GKSP	Gosudarstvennyj komitet po sudostroitel'noj promyšlennosti – Staatskomitee für Schiffbau
GMSD	Garde-motorisierte Schützendivision
GOSPLAN	Gosudarstvennaja planovaja komissija – Staatliche Plankommission
GPD	Garde-Panzerdivison
GRU	Glavnoe razvedyvatel'noe upravlenie – Hauptverwaltung Aufklärung (militärischer Nachrichtendienst der UdSSR)
GSBT	Gruppe der sowjetischen Besatzungstruppen in Deutschland
GSD	Garde-Schützendivision
GSFG	Group of Soviet Forces in Germany
GSSD	Gruppe der sowjetischen Streitkräfte in Deutschland
GuLag	Glavnoe upravlenie lagerej – Hauptverwaltung Lager
ICBM	Intercontinental Ballistic Missile
Il	Flugzeuge aus dem Konstruktionsbüro Il'jušin
INO	Inostrannyj otdel' – Auslandsabteilung (Politischer Nachrichtendienst der UdSSR 1920–1954)
IS	Iosif Stalin – Josef Stalin (Abkürzung für schwere Panzer der Sowjetunion)
Jak	Flugzeuge aus dem Konstruktionsbüro Jakovlev
JCS	Joint Chiefs of Staff
JFD	Jagdfliegerdivision
KB	Konstruktorskoe bjuro – Konstruktionsbüro
KfZ	Kraftfahrzeug
KGB	Komitet gosudarstvennoj bezopasnosti – Komitee für Staatssicherheit
KI	Komitet informacii – Komitee für Information
KPD	Kommunistische Partei Deutschlands
KPdSU	Kommunistische Partei der Sowjetunion
KPSS	Kommunističeskaja partija Sovetskogo Sojuza – Kommunistische Partei der Sowjetunion
kt	Kilotonne
Li	Flugzeuge aus dem Konstruktionsbüro Lisunov
LKW	Lastkraftwagen
M	Flugzeuge aus dem Konstruktionsbüro Mjasiščev
MdI	Ministerium des Innern
Mech. D	mechanisierte Division
Mech. GD	mechanisierte Garde-Division
MfNV	Ministerium für Nationale Verteidigung
MG	Maschinengewehr
MGB	Ministerstvo gosudarstvennoj bezopasnosti – Ministerium für Staatssicherheit der UdSSR
Mi	Hubschrauber aus dem Konstruktionsbüro Mil'
MIAK	Militärisch-industriell-akademischer Komplex

MiG	Flugzeuge aus dem Konstruktionsbüro Mikojan/Gurevič
MSD	motorisierte Schützendivision
Mt	Megatonne
MVD/MWD	Ministerstvo vnutrennych del – Innenministerium der UdSSR
NARZISSE	BND-Kennwort für nachrichtendienstliches Informationsaufkommen des französischen Partnerdienstes
NATO	North Atlantic Treaty Organization
NDMG	nezimmetričnyj Dimetilgidrazin – unsymmetrisches Dimethylhydrazin
NIE	National Intelligence Estimate
NII	Naučno-issledovatel'skij institut – wissenschaftliches Forschungsinstitut
NKGB	Narodnyj kommissariat gosudarstvennoj bezopasnosti – Volkskommissariat für Staatssicherheit der UdSSR
NKVD/NKWD	Narodnyj kommissariat vnutrennych del – Volkskommissariat für Inneres der UdSSR
NORAD	North American Air Defense Command
NORTHAG	Northern Army Group, Central Europe (NATO)
NSA	National Security Archive
NTS	Narodno-trudovoj sojuz – Völkischer Arbeitsbund
NVA	Nationale Volksarmee
NVR	Nationaler Verteidigungsrat
OP	Operationsplan
OUN	Organisation Ukrainischer Nationalisten
P	Typkennung der US Luftstreitkräfte für Jagdflugzeuge
P	Proekt – Projekt (sowjetische Bezeichnung für seegestützte Flügelraketen)
Pak	Panzerabwehrkanone
PALR	Panzerabwehrlenkrakete
Pe	Flugzeuge aus dem Konstruktionsbüro Pel'tjakov
PD	Panzerdivision
PGU	Pervoe glavnoe upravlenie – Erste Hauptverwaltung (Politischer Nachrichtendienst der UdSSR 1954–1991)
PRTB	Podvižnaja raketno-tehničeskaja baza – Bewegliche raketen-technische Basis (zuständig für Montage von Kernsprengköpfen)
PVO/PWO	Protivovozdušnaja oborona strany – Heimatluftverteidigung
R	Raketa – Rakete (Index für ballistische Fernlenkraketen der UdSSR)
RD	Raketnyj dvigatel' – Raketentriebwerk
RDS	Reaktivnyj dvigatel' S – Reaktives Triebwerk S (sowjetische Tarnbezeichnung für die ersten Atom- und Wasserstoffbomben)
RGAE	Rossijskij gosudarstvennyi archiv ekonomiki – Russisches Staatsarchiv für Wirtschaft
RGANI	Rossijskij gosudarstvennyj archiv novejšej istorii – Russisches Staatsarchiv für Zeitgeschichte
RGASPI	Rossijskij gosudarstvennyj archiv social'no-političeskoj istorii – Russisches Staatsarchiv für soziapolitische Geschichte
RVGK	Rezerv verchovnogo glavnokomandovanija – Reserve des Obersten Kommandos
RVSN	Raketnye vojska strategičeskogo naznačenija – Strategische Raketentruppen
S	sistem – System (sowjetische Bezeichnung für Flugabwehrraketen)
SA	Surface-to-Air Missile

SAC	Strategic Air Command
SAPMO-DDR	Stiftung Archiv der Parteien und Massenorganisationen der DDR im Bundesarchiv
S-Bahn	Stadtbahn
SBZ	Sowjetische Besatzungszone
SBZD	Sowjetische Besatzungszone Deutschlands
SD	Schützendivision
SED	Sozialistische Einheitspartei Deutschlands
SFL	Selbstfahrlafette
SHAPE	Supreme Headquarters Allied Powers Europe (NATO)
SMAD	Sowjetische Militäradministration in Deutschland
SPD	Sozialdemokratische Partei Deutschlands
SPW	Schützenpanzerwagen
SS	Surface-to-Surface Missile
SSC	Surface-to-Surface Cruise Missile
SŠA	Soedinennye Štaty Ameriki – Vereinigte Staaten von Amerika
SS-N	Surface-to-Surface (Naval) Missile
SSSR	Sojuz Sovetskich socialističeskich respublik – Union der sozialistischen Sowjetrepubliken
STAVKA/ STAWKA	Strategisches Oberkommando
Su	Flugzeuge des Konstruktionsbüros Suchoj
T	Tank – Panzer
TG-02	Toplivo GIPCh-02 – Treibstoff des Staatlichen Instituts für angewandte Chemie, Moskau (flüssiger Raketentreibstoff auf Basis der deutschen Entwicklung Tonka-250)
TNT	Trinitrotoluol
TOP	Tagesordnungspunkt
Tu	Flugzeuge des Konstruktionsbüro Tupolev
UAP	Učebnyj artillerijskij poligon – Lehr-Artillerie-Schießplatz (sowjetische Tarnbezeichnung für Interkontinentalraketenstellung)
U-Bahn	Untergrundbahn
U-Boot	Unterseeboot
UDMH	Unsymmetrisches Dimethylhydrazin
UdSSR	Union der Sozialistischen Sowjetrepubliken
UN	United Nations
UPA	Ukrajinskaja Povstanska Armija – Ukrainische Aufständische Armee
US	United States
USA	United States of America
USAREUR	United States Army Europe
USCINEUR	Commander in Chief, U.S. European Command
V	Vergeltungswaffe
VEB	Volkseigener Betrieb
VOK	Vereintes Oberkommando der Streitkräfte des Warschauer Vertrages
VP	Volkspolizei
VPK(b)	Vsesojuznaja Kommunističeskaja partija (bol'ševikov) – Kommunistische Partei der Sowjetunion (Bolschewiki)
ZK	Zentralkomitee
ZSBB	Zentrales Sonderbaubüro

Personenregister

Das Register erfasst alle im darstellenden Text genannten Personen. Funktionsbezeichnungen sind, soweit ermittelbar, durch die entsprechenden Namen aufgelöst.

„Hektor" alias Helmich, Joseph G. 229
„Max" alias Korotkow, Witalij W. 215
„Murat" 229

Acheson, Dean G. 19
Adenauer, Konrad 53, 213–215
Adomait, Hannes 38
Albrecht, Ulrich 57
Alexandrow, Wladimir Elladewitsch (Regimentskommandeur Einheit 54310) 143
Allachwerdow, Michail A. 73
Aly, Götz 152
Antonow, Alexej I. (Stabschef der Vereinigten Streitkräfte) 118
Ariko, Grigorij I. (Stabschef GSSD) 2, 129 f., 226
Arlt, Kurt 50

Bandera, Stepan 230
Batow, Pawel I. 132
Baev, Jordan 8
Belik, Petr A. 146
Beresnjak, Alexander I. 263 f.
Berija, Lawrentij P. 59, 73, 89, 201
Berijew, Georgi M. 263
Bernstejn, Alexander I. 117
Birjusow, Sergej S. 105, 179
Blake, George 218
Bonwetsch, Bernd 7
Brentano, Heinrich von 103
Breschnew, Leonid I. 91, 207
Bulganin, Nikolaj A. 31, 36, 84, 94 f.

Cassels, Sir James H. 223
Chaustov, Wladimir N. 8
Chiang, Kai-shek 18
Chinesischer Militärattache 153
Chruschtschow, Nikita S. 1–5, 15, 30 f., 34–36, 38, 50–52, 56, 65 f., 70, 72, 81–85, 87–91, 93–95, 99 f., 102 f., 105, 107–109, 111, 114–119, 122–127, 132–135, 141 f., 144–150, 153, 159 f., 169, 174 f., 180, 183–185, 191, 194 f., 197 f., 201–204, 206 f., 209–215, 218–222, 224–228, 231, 233, 235–237
Chruschtschow, Sergej N. 126 f.
Chudjakow, Sergej A. 11
Ciesla, Burghard 8
Clay, Lucius D. 45, 146 f.
Coplon, Judith 78

Derewjanko, K. K. 174
Deutsch, Arnold 71
Dibrowa, Pawel A. 49
Domratschew, Alexander W. 68
Döpfner, Julius 214

Eberl, Hans 141
Eberle, Henrik 8
Eberlein, Werner 125
Eisenhower, Dwight D. 103–105, 108, 214 f.

Falin, Valentin M. 85
Feklisow, Alexander S. 151
Felfe, Heinz 215
Feuchtinger, Edgar 215 f.
Filippovych, Dimitrij N. 8
Filitow, Alexej M. 8
Frunse, Michail W. 56
Fursenko, Alexander A. 127

Ganeval, Jean (französischer Stadtkommandant Berlin) 45
Gilpatric, Roswell L. 227
Golizyn, Anatolij M. 230
Gorbatschow, Michail S. 181
Gretschko, Andrej A. (Oberkommandierender Vereinigte Streitkräfte) 48, 116, 119, 129, 133 f., 176, 180, 201
Gromyko, Andrej A. 50, 88, 120, 123, 218
Grotewohl, Otto 47

Gurewitsch, Michail I. 263f.
Hambleton, Hugh G. 218
Harriman, Averell W. 102, 108
Harrison, Hope M. 152
Herbert, Edwin Otway (britischer Stadtkommandant Berlin) 45
Hoffmann, Heinz 116, 124f., 137–140, 142, 146, 168, 228
Honecker, Erich 138–140, 228

Ignatow, Nikolaj G. 211
Iljitschow, Iwan I. 74, 81
Iljuschin, Sergej W. 263
Isakow, Iwan S. 109

Jakubowskij, Iwan I. 116f., 126, 129, 150f.
Jangel, Michail K. 204f., 257–260, 262
Johannes XXIII. 213f.

Kaganowitsch, Lasar M. 31
Kennedy, John F. 2f., 115, 117, 119f., 130, 147, 149, 151, 219–223, 237
Kerr, Archibald C. 9
Keßler, Heinz 124, 127
Kim Il Sung 19
Kiritschenko, Alexej I. 62
Konew, Iwan S. 132, 139f., 142, 146–149, 152, 168, 229
Koroljow, Sergej P. 91, 199, 204–206, 257–262
Korotkow, Alexander M. 79, 215
Kotow, Michail G. 213
Kramer, Erwin 122, 125, 127, 139
Krochin, Alexej A. 214
Kroll, Hans 147, 221
Kulik, Grigorij I. 11
Kurtschatow, Igor W. 10, 61, 75
Kusnezow, Nikolaj G. 11
Kwizinskij, Julij A. 122f.

Lawotschkin, Semjon A. 257
Lercaro, Giacomo 214
Lightner, Allan 146
Ljubimov, Viktor A. 229
Löffler, Hans-Georg 136
Lunew, Konstantin F. 84

MacArthur, Douglas 20
Makeew, Wiktor P. 261f.
Malenkow, Georgij M. 30, 73, 82, 84, 89, 201
Malinowskij, Rodion Ja. 38, 52, 54, 105, 110, 119, 126f., 133, 136f., 141f., 146f., 159, 166, 175–177, 179, 183, 218, 221, 227, 229
Mao Tse-tung 18
Maron, Karl 130, 139
Masurow, Nikolaj P. 261
Merezkow, Kirill A. 132
Merkulow, Wsewolod N. 73
Micara, Clemente 213
Mielke, Heinz 125, 137, 139, 142
Mikojan, Anastas I. 73
Mjasischtschew, Wladimir M. 90
Möller, Horst 7
Molotow, Wjatscheslaw M. 31, 73, 75
Montini, Giovanni 213
Moskalenko, Semen K. 143
Muench, Aloysius 213
Murphy, Robert D. 103

Nadiradze, Alexander D. 261
Nasarow, G. N. 257
Nedelin, Mitrofan I. 29, 205
Nesterow, S. I. 99
Neumann, Alfred 138
Nikolskij, M. K. 99
Nikolskij, Michail A. (Stabschef Raketentruppen) 143
Nikutta, Randolph 57
Nodes, Klaus 122
Norstad, Lauris 223
Nowikow, Alexander A. 10

Ottaviani, Alfredo 213f.

Pantenburg, Isabel 8
Pâques, Georges 218
Paschkow, Georgij N. 65, 221
Pawlowskij, Alexander O. 95
Penkowskij, Oleg W. 128, 230
Perwuchin, Michail G. 120, 123, 127, 134, 140, 142, 228
Pfefferkorn, Peter 141
Philby, Kim 71
Pizzardo, Guiseppe 213
Popow, Pjotr S. 211
Proskurow, Iwan I. 72
Prosumenschtschikow, Michail Ja. 7
Pstygo, Iwan I. 142
Puschkin, Georgij M. 213
Puzik, Petr P. 95

Rebet, Lew 230
Riedel, Sigfrid 2, 121, 129f., 137f., 226
Rokossowskij, Konstantin K. 132

Roschtschin, Wasilij P. 80
Rudnew, Konstantin N. 68
Rusk, Dean 227f.

Sacharow, Matwej W. 99, 106, 119, 150, 179, 218
Sacharowskij, Alexander M. 81
Sasonkina, Irina W. 7
Scali, John 151
Schalin, Michail A. 88
Schelepin, Alexander N. 211, 225f.
Schriever, Bernhard A. 220
Schulze-Boysen, Harro 73
Schuprikow (Politchef Kommandantur Berlin) 49
Segni, Antonio 215
Seifert, Willi 137
Semenow, Wladimir S. 47
Serow, Iwan A. 81, 210f., 230
Shukow, Georgij K. 11, 31, 35, 38–40, 43, 51f., 54, 110, 211
Skerra, Horst 121, 124, 137
Smirnow, Andrej A. 142
Smirnow, Leonid W. 68
Sokolowskij, Wasilij D. 41, 44, 80, 161f., 203
Solowjow, Andrej I. (sowjetischer Kommandant Berlin) 146
Sorge, Richard 71
Sorin, Valerian A. 214
Stalin, Josef W. 1, 9–11, 13–21, 25, 28–30, 40, 43–46, 56, 59f., 62, 64–66, 69, 72–83, 85, 157, 202, 235f.
Staschinskij, Bogdan N. 230
Stöbe, Ilse 71
Strauß, Franz Josef 124
Sudez, Wladimir A. (Befehlshaber Fernfliegerkräfte) 111
Sudoplatow, Pawel A. 77
Swerew, Sergej A. 68
Syngman Rhee 19

Tarasow, Alexander P. 49
Tedeschini, Frederico 213
Thompson, Llewellyn E. 118
Titow, Georgij A. 221
Tjurin, Petr A. 262
Tjurina, Jelena A. 7
Trepper, Leopold 71
Tschelomej, Wladimir N. 257–259, 261–264
Tschou En-lai 21
Tupolew, Andrej N. 14, 90, 259f.
Tuten, Charles 106
Twining, Nathan F. 107

Ulbricht, Walter 2f., 47, 89, 114–118, 120, 122–127, 129, 133–135, 138- 140, 142, 147, 149, 152f., 183, 195, 227f., 233
Urickij, Semen P. 81
US-Militärattache in Sofia 218
Ustinow, Dimitrij F. 67, 221

Valeri, Valerio 213
Verner, Waldemar 138

Wagner, Kurt 137
Wannikow, Boris L. 9
Wansierski, Bruno 124
Wasilewskij, Alexander M. 29, 31
Wasilijew, N. A. 19
Watson, Albert II (amerikanischer Stadtkommandant Berlin) 146
Wessel, Gerhard 145
Wettig, Gerhard 8, 88, 123
Winkler 150
Woronow, Nikolaj N. 29
Woronzow, Michail A. 70
Woroschilow, Kliment J. 31
Wunnicke, Ruth 8

Zirulnikow, M. Ju. 261
Zybin, Pawel W. 260